KB143899

HANGIL
GREAT BOOKS

인류의위대한지적유산

HANGIL
GREAT BOOKS
103

순수현상학과 현상학적 철학의 이념들 2

구성에 대한 현상학적 연구

에드문트 후설 지음 | 이종훈 옮김

한길사

HANGIL
GREAT BOOKS
103

Edmund Husserl
Ideen zu einer reinen Phänomenologie
und phänomenologischen Philosophie II

Translated by Lee Jonghoon

Published by Hnagilsa Publishing Co. Ltd., Korea, 2009

에디트 슈타인(Edith Stein, 1891-1942)
슈타인은 후설의 지도 아래 '감정이입의 문제'로 박사학위를 받았고,
1916년부터 18년까지 후설의 개인조교로 있으면서 『이념들』 제2권과 『시간의식』 등
후설의 원고를 수정하고 정리했다. 유대인인 그녀는 가톨릭으로 개종해 수녀가 되었고
1942년 8월 아우슈비츠에서 처형당했다.

1917년 강의 '현상학과 인식론'의 속기원고

후설은 강의나 연구의 원고를 대부분 이처럼 일반인이 쉽게 읽을 수 없는 속기로 작성한 다음
지속적으로 수정하고 보완해갔다.

III. Das Ursprungsgebiet des radikalen Transzendenzproblems

§ 1.

Um uns die richtige Problemstellung zur Klarheit zu bringen, schalten wir nun alle historischen Motivationen und Problemformulierungen aus, die unser Nachdenken bisher bestimmten und uns vielleicht Scheinklarheiten, Scheinselbstverständlichkeiten hinnehmen liessen. Gerade in der historischen Anknüpfung kommt man ja am schwersten von der Bindung an gewohnheitsmässig verfestigte Vormeinungen los.

Wir beginnen also unsere Betrachtungen in der natürlichen Einstellung, die wir alle als Menschen im natürlichen Leben haben. Beständig ist uns da die Natur gegeben und wir selbst, die Personen, sind für uns wie für andere gegeben als eingeordnet in die Natur. Über diese Natur, die physische Natur und die Menschenwelt mit ihren sozialen Formen, ihren Kulturgebilden usw. machen wir unsere Erfahrungen, vollziehen unsere Aussagen, arbeiten wir wissenschaftlich denkend unsere Theorien aus; wir verständigen uns, wir vollziehen logisch eine wissenschaftliche Kritik und erreichen die Werte der bleibenden Theorie. In all dem (und weiterhin auch in unseren ästhetischen oder sonstigen Werten, in unserem künstlerischen oder sonstigen werktätigen Schaffen) betätigt sich unser aktuelles Leben. Also bei alledem leben wir im Erfahren und Erfahrungsdenken, im Schliessen und Beweisen, im Werten und werktätigen Schaffen jeder Art. So zu leben ist – und das ist durchaus schon eine Aussage der Reflexion – in einem gewissen Sinne ein Erleben, es ist als solches Bewusstsein von etwas, von den oder jenen Dingen, Veränderungen, Kausalitäten der Natur, und im Denkleben von Sätzen, von Folgesätzen, die aus Prämissensätzen hervorgehen, von Beweisen, von Theorien usw.

타이프로 정리된 강의 '현상학과 인식론'의 원고
슈타인은 후설이 작성한 수많은 속기원고들을 타이프로 정리했을 뿐 아니라 그 내용에 대해서도 함께 토론하고 연구했다.

괴팅겐 대학 연구실에서 작업 중인 후설
제1차 세계대전에 두 아들이 참전하고, 자신도 병으로 고생하던 시절임에도
연구에 몰두하고 있는 모습이다. 1915년 무렵에 찍은 사진이다.

HANGIL GREAT BOOKS 103

순수현상학과 현상학적 철학의 이념들 2

구성에 대한 현상학적 연구

에드문트 후설 지음 | 이종훈 옮김

한길사

순수현상학과 현상학적 철학의 이념들 2

· 구성에 대한 현상학적 연구

제1장 물질적 자연의 구성

제1절 자연 일반의 이념

제2절 직관적 사물 자체의 존재적 의미 층

순수현상학과 현상학적 철학의 이념들 1
· 순수현상학의 일반적 입문

엄밀한 이성비판으로서의 선험적 현상학 | 이종훈
머리말

제1장 본질과 본질인식
제1절 사실과 본질

제2절 자연주의의 오해

순수현상학과 현상학적 철학의 이념들 3

· 현상학과 학문의 기초

일러두기

1. 제1권은 에드문트 후설이 1913년 발표한 『순수현상학과 현상학적 철학의 이념들』 (*Ideen zu einer reinen Phänomenologie und phänomenologischen Philosophie*)의 「순수현상학의 일반적 입문」(*Allgemeine Einführung in die reine Phäno.*)을 완역한 것이다. 제2권과 제3권은 비멜(M. Biemel)이 편집해 1952년 후설전집 제4권과 제5권으로 출간한 「구성에 대한 현상학적 분석」(*Phäno. Untersuchungen zur Konstitution*)과 「현상학과 학문의 기초」(*Phäno. und die Fundamente der Wissenschaften*)를 완역한 것이다.

2. 제1권의 원전은 슈만(K. Schumann)이 새롭게 편집한 후설전집 제3-1권(Den Haag, Martinus Nijhoff, 1976)이다. 번역에는 커스텐(F. Kersten)의 영어 번역본 *Ideas pertaining to a pure Pheno. and to a pheno. Philosophy*, First Book, *General Introduction to a pure Pheno.*(The Hague, Martinus Nijhoff, 1982), 로체비크(R. Rojcewicz)와 슈베어(A. Schuwer)의 영역본 Second Book. *Studies in the Pheno. of Constitution*(Dordrecht, Kluwer, 1989) 그리고 클라인(T. Klein)과 폴(W. Pohl)의 영역본 Third Book. *Pheno. and the Foundations of the Sciences*(The Hague, Martinus Nijhoff, 1980)도 참조했다.

3. 원문에서 격자체나 이탤릭체 또는 겹따옴표(" ")로 묶어 강조한 부분은 모두 고딕체로 표기했다. 그리고 긴 문장 가운데 중요한 용어나 몇 가지 말로 합성된 용어는 원문에 없는 홑따옴표(' ')로 묶었다.

4. 긴 문장 가운데 부분적인 내용을 부각시키기 위해 원문에는 없는 홑따옴표(' ')로 묶었으며, 관계대명사로 길게 이어지는 문장은 짧게 끊었다. 또한 이렇게 하는 것이 오히려 문장을 읽고 이해하는 데 어려움을 준다고 판단될 경우, 우리 글에서는 낯설지만, 그것이 수식하는 말의 앞과 뒤에 선(—)을 넣었다.

5. 본문 중 괄호 ( )는 원문 그대로 한 것이며, 문맥의 흐름을 원활하게 하기 위해 또는 독자의 이해를 돕기 위해 필요한 말은 역자가 꺾쇠괄호([ ]) 안에 보충했다. 괄호 안에 또 괄호가 필요한 경우, 이 괄호는 꺾쇠괄호로 표기했다. 그리고 너무 긴 문단은 옮긴이의 판단을 토대로 그 내용에 따라 새롭게 단락을 나누었다.

제1장 물질적 자연의 구성

제1절 자연 일반의 이념

1. 자연과 경험 개념에 대한 잠정적 소묘(의미술어는 배제)

새로운 논의를 자연, 특히 자연과학의 대상인 자연에서 시작하자. 우선 자연이란 공간–시간의 총체적 '세계 전체'(Weltall), 즉 가능한 경험의 총체적 영역이다. 그래서 실제로 자연과학이라는 표현과 경험과학이라는 표현을 동일한 의미로 사용하는 경향이 있다.

세계 전체는 모든 '세계적인 것'(Weltliches)을 포괄하지만, 완전한 의미에서 모든 것, 즉 모든 개별적 대상 일반을 포괄하지 않는다. 따라서 어떻게 자연(Natur)과 자연에 대한 지각과 경험이 곧바로 규정되는가 하는 물음이 제기된다. 그런데 처음에 자연은 초월적 실재성, 더구나 공간적–시간적 실재성의 장(場)이라 했다. 그러나 곧 밝혀지겠지만, 실재적인 공간–시간의 대상성이라는 개념은 충분하지 않다. 사실 공간–시간의 실재성에 부여되고 또한 우리가 실제로 부여한 모든 술어는 바로 그렇기 때문에 자연과학의 이념(Idee)의 상관자인 자연객체(Naturobjekt)의 본질에 속하지 않는다는 사실이 즉시 명백해진다. 어쨌든 이러한 상관관계(Korrelation)의 의미에서 자연을 고찰해갈 것이다. 그런데 그 객체들을 선택하거나 그 객체들에 관련된 술어를 선택하는 데 스스로를 자의로 제한하는 것은 결코 자연과학의 본성이 아니다. 오히려 자연과학에는 근본적으로 명시되지는 않아도, 자연에 관한 본질적 이념이 놓여 있다. 이와 상관적으로 자연과학적 경험으로 또한 자연과학적 경험에 적합한 사고로 기능하는 의식은 자신의 본질적인 현상학적 통일성을 띠며, 이 의식은 자연 속에 자신의 본질적 상관자를 갖는다. 즉 주도적 '통각'(Apperzeption)*은 무엇이 자연과학의 객체인지를 미리 규정하고, 따라서 무엇이 자연과학의 의미에서 자연인지도 미리 규정한다.

이 점을 명백히 밝히는 것이 중요하다. 이러한 관점에서 우리가 사물들에 '안락함, 아름다움, 유용함, 실천적으로 적당함, 완벽함'이라는 명칭으로 부여한 모든 술어(가치·선善·목적객체·도구·수단 등)를 전혀 고려하지 않는다는 사실은 처음부터 분명하다. 이 술어들은 자연과학자와 관련 없으며, 그 의미상 자연에 속하지도 않는다.

2. 이론적 태도로서의 자연과학 태도

자연과학으로 직관하고 사고하는 주체가 취한 태도(Einstellung)의 본성을 더 정확하게 고찰하면, 위에서 언급한 사실이 이해될 것이다. 우리는 '자연'이라 부른 것이 곧 이러한 태도로 수행된 경험의 지향적 상관자라는 사실을 이에 관한 현상학적 기술(記述)을 통해 알게

---

* 이 말은 라틴어 'appercipere'(덧붙여 지각한다)에서 유래하며, 직접 지각함(Perception) 이외에 잠재적으로 함축된 감각들도 간접적으로 지각하는 것을 뜻한다. 칸트 이후에는 새로운 경험(표상)을 이전의 경험(표상)과 종합하고 통일해 대상을 인식하는 의식의 작용을 뜻하기도 한다.

된다. 먼저 다음과 같은 단서를 추적하자. 즉 자연적 경험과 이 경험을 탐구하는 자연과학자가 주제로 삼는 태도는 속견의-이론적(doxisch-theoretisch) 태도다. 이에 대립해 다른 태도들이 있는데, 가령 가치를 평가하는(가장 넓은 의미로는 아름다움과 좋음을 평가하는) 태도와 실천적 태도다. 태도에 관한 논의는 그때그때의 주체를 분명히 지시하며, 따라서 우리는 이론적 주체 또는 인식하는 주체, 가치를 평가하는 주체 그리고 실천적 주체를 언급하게 된다.

자연은 이론적 주체에 대해 현존하고, 이 주체의 상관자 영역에 속한다. 물론 이것이 단순히 자연은 하나의 가능한 이론적 주체, 인식하는 주체의 상관자로서 이미 완전하게 규정되어 있다는 사실을 주장하지 않는다. 자연은 가능한 인식의 대상이지만, 이것이 그와 같은 대상들의 전체 영역을 남김없이 모두 포괄하지는 않는다. 자연은 단순한 자연으로서 어쨌든 가능한 인식과 학문의 대상들인 어떤 가치나 예술작품 등도 포함하지 않는다.

그렇지만 우선 일반적인 것을 고찰하자.

3. 이론적 태도와 이론적 관심에 대한 분석

이론적 태도는 과연 무엇을 뜻하는가? 그것은 속견의(객관화하는) 작용, 즉 표상하고 판단하며 사고하는 작용(이 경우 우리는 곧 언제나 비-중립화된[1]* 작용에 주목하려 한다)이라 부르는 의식체험을 통해

---

1) 중립화의 개념은 『이념들』 제1권, 264쪽 이하를 참조할 것.
* '중립화'(Neutralisierung)는 어떠한 입장을 취하지 않는 것, 신념의 확실성이나 개연성에 대해 어떠한 정립도 하지 않는 것을 뜻한다. 그렇지만 이것도 여전히 그 무엇에 대한 의식, 즉 지향적 의식이다. 물론 '중립화'는 태도변경을 통해 정립성으로 또 그 반대로도 전환될 수 있다.

단순히 규정되지 않는다. 속견적 체험은 가치를 평가하는 태도와 실천적 태도에서도 등장하기 때문이다. 오히려 그 특성은 이 체험들이 인식의 기능 속에 어떻게 수행되는가 하는 방식(Weise)에 있다.

어쨌든 이론적 태도의 특성은 주체의 시선이 단지 의식체험을 관통해 표상된 것, 지각된 것, 기억된 것, 사유된 것으로 나아간다는 사실에서만 발생하지 않는다. 오히려 주체는 현상학적으로 부각된 방식으로 이 작용들 속에 살아간다. 다음 두 가지는 서로 다르다. 하나는 보는 것, 즉 일반적으로 체험하고 경험하며 지각의 장 속에 어떤 것을 갖는 것이다. 다른 하나는 특별한 의미에서 봄(Sehen)을 주목해 수행함, 우선적으로 보는 가운데 '살아감', 특별한 의미에서 자아로서 '믿고' 판단하면서 실행함, 하나의 사유주체(cogito)로서 판단하는 작용을 수행함, 활발한 시선으로 대상적인 것을 향함, 특히 생각하면서 '향해 있음'이다. 요컨대 '푸른 하늘이 있다'는 것을 의식해 갖는 것은 '하늘이 지금 푸르다'는 판단을 함에서 깨닫고 파악하며 특히 생각하면서 사는 것과 다르다. 이러한 태도, 즉 ('나는 생각한다' '나는 특별한 의미에서 어떤 작용을 한다' '나는 주어를 정립하고 그 위에 술어를 정립한다' 등) 이러한 방식으로 수행하는 속견의 체험을 나는 '이론적 작용'이라 부른다. 이 작용 속에 대상은 자아에 대해 적어도 현존할 뿐 아니라, 자아는 그 대상을 깨닫고(그런 다음 사유하면서 활발하게 정립하는), 동시에 그 대상을 파악하면서 향해 있다. 그것은 '이론적 자아'로서 현실적 의미에서 객관화하는 것[2]이다.

---

2) 4항의 중간을 참조할 것.

4. 이론적 작용과 '미리 부여하는' 지향적 체험

주체(여기에는 항상 모든 사유주체에 불가분하게 속한 자아[Ego], 즉 순수 주체로 이해된 주체)는 이러한 의미에서 이론적 주체라 가정하자. 물론 주체가 언제나 이론적 주체는 아니다. 따라서 특별한 의미로 '객관화하는' 주체, 그때그때 의미의 대상성을 (존재에 대한 의견의 타당성양상 속에) 존재하는 것으로 파악해 정립하는 주체, 더구나 해명하는 종합 속에 어쩌면 술어로-판단에 따라 규정하는 주체일 것이다. 그렇다면 관련된 대상성은 이 이론적 작용 이전에 벌써 어떤 지향적 체험을 통해 의식된 채 구성되었고, 이때 순수 주체 속에 그 대상성과 관련된 것으로 지적될 수 있는 모든 체험을 통해 구성된 것은 결코 아니다. 즉 어떤 지향적 체험이 대상성에 관련되는 것은 모든 이론적 작용 속에 지배하는 특별히 생각하는(Meinen) 시선이 예컨대 체험을 관통해간다는 사실을 뜻하지 않는다. 오히려 그 시선은 이론으로 파악된 대상 자체에 의미를 부여하거나 규정하는 체험만 관통해간다. 그밖의 체험, 가령 감정의 체험, 이러저러한 특수한 종류의 체험은 체험되고, 또한 지향적 체험으로 구성하는 것이다. 즉 그 체험은 관련된 대상에 새로운 대상 층(層)을 구성한다(konstituieren).* 그러나 이것은 주체가 그것에 이론으로 태도를 취하지 않는 대상 층이다. 따라서

---

* 칸트에서 '구성'(Konstruktion)은 감성의 직관형식인 시간과 공간을 통해 잡다하게 주어진 것을 오성의 아프리오리한 사유형식인 범주를 집어넣어 구축(인식)하는 것이다. 그런데 후설에서는 인식의 형식뿐 아니라 내용도 아프리오리하다. 하지만 그 내용은 완성된 채 주어지지 않기 때문에 경험이 발생하는 지향적 구조를 분석해야 한다. 결국 '구성'은 "이미 현존하는 것을 다시 확립하는 작용, 대상에 의미를 부여해 체계적으로 명료하게 밝히는 작용"(『이념』, 71쪽), 즉 실재세계를 '창조'하는 형이상학 개념이 아니라, 의식의 구조와 존재의미를 '해명'하는 방법론 개념이다.

그 체험은 그때그때 이론으로 생각되고 판단에 적합하게 규정된 대상 자체를 구성하지(또는 이론적 기능으로 이 대상을 규정하게 도와주지) 않는다.

이론적 시선의 전환, 또는 이론적 관심의 변경을 통해 비로소 체험은 이론 이전에 구성하는 단계에서 이론으로 구성하는 단계로 드러난다. 새로운 의미 층은 이론적 의미의 테두리 속에 들어오고, 새로운 대상 또는 새롭고 훨씬 본래의 의미에서 생각된 대상은 새로운 이론적 작용 속에 파악되고 이론으로 규정되는 객체이기 때문이다. 이 경우 의식의 전체 지향(Intention)은 본질적으로 변경된 것이며, 그것과 다른 의미부여에 책임 있는 작용들도 현상학적으로 변양된다. 이것이 어느 정도 필연적 사태인지는 순수 주체를 구성적 의미에 따라 한정된 주어진 객체(예컨대 자연의 객체)에 관련시키는 이론적 작용조차, 주어화(主語化)하고 수식어화(修飾語化)하며 수집하거나 상대화하는 그밖의 작용이라도, 즉시 구성하는 작업수행(Leistung)*도 실행한다는 사실을 토대로 밝혀진다. 즉 '범주적' 대상성**(완전히 특정한 의미에서 사유의 대상성)이 구성된다. 그러나 이 대상성은 이론적 주체가 이 새로운 대상성(따라서 우선 사태·집합 등)을 생각하면서 태도를 취하고 그래서 이 대상성을 그 존재 속에 파악하고 이론적으로 규정하

---

* '산출, 수행, 수행된 결과, 기능, 성취' 등을 뜻하는 이 용어는 일상적으로 은폐된 의식을 현상학적 환원을 통해 드러내 밝히는 선험적 주관성의 다양한 지향적 활동을 지칭한다. 또한 경험한 내용이 축적되고, 이것이 다시 기억되거나 새로운 경험을 형성하는 복잡한 심층구조를 지닌 발생적 역사성을 함축한다. 그래서 의식의 단순한 '작용'(Akt)과 구별하여 '작업수행'으로 옮긴다.

** '대상성' 또는 '대상적인 것'은 대상뿐 아니라, 그 사태·징표·관계 등 어떤 상황을 형성하는 비-독립적 형식을 가리킨다(『논리연구』 제2-1권, 38쪽 주1 참조). 따라서 사태나 관계 등 '범주적 대상성'은 '오성(Verstand)의 대상성'이며, 현상학에서 본질직관은 감성적 직관에 그치지 않고, 이 대상성을 있는 그대로 파악하는 '범주적 직관', 즉 '이념화작용'(Ideation)을 포함한다.

는 새로운 작용을 수행하는 경우에만 비로소 그것의 측면에서 **이론적 객체**가 된다. 그러므로 이것들은 더 높은 단계의 주어-작용, 술어-작용이다.

더 높은 단계의 이 작용 —— 항상 독특한 '반성'(Reflexion)이라 할[3] 특별히 생각하는 시선전환으로 시작된 작용 —— 과 관련해, 앞선 이론적 작용을 통해 구성된 범주적 대상성은 미리 주어진 것(감정의 작용이 미리 구성함으로 기능하는 다른 경우에도 유사하게 타당한 상태)이다. 시선이 전환되면, 미리 부여하는 작용 —— 우리의 경우 범주적 작용 —— 은 그 근원적 수행양상 속에 이미 경과되었고, 따라서 이제 더이상 자발적으로 생각하고 이론으로 규정하는, 즉 주어를 정립하고 그 위에 술어를 정립해 점차 결집하는 등, 능동적 단계가 아니다. 그것은 구성된 것을 '여전히' 의식해 가짐(noch Bewußt-haben)과 간직해 유지함(im Griff Behalten)(그러한 것은 연쇄 속에 선행된 것에 범주적 작용을 계속 형성하는 경우에도 이미 일어난다), 게다가 바로 생각하는 시선발산을 그 종합적 '결과물'로 되돌리는 본질적으로 변양된 형식에서만 생생하다.

그러므로 이 미묘한 관계를 충분히 이해하고 주목해야 한다. 동시에 이론적 작용 속에 비로소 이론적인 것이 되는 대상이 일정한 방식으로 이미 앞서 놓여 있다는 것이 이론적 태도와 그 이론적 작용(이것을 실행함으로써 주체는 이론적 주체가 된다)의 고유한 본성에 속한다는 사실을 명백히 해야 한다. 따라서 대상은 이미 이론 이전에 구성되어 있다. 다만 그 대상은 이론으로 전용되지 않은, 부각된 의미에서 생

---

3) 여기에서 '반성'은 작용들의 파악함뿐 아니라 '뒤로 방향을 전환함' 또는 자연적 태도방향에서 객체 자체로 전향함도 포괄하는 가장 넓은 의미로 이해된다. 예를 들어 이것에는 그 다양성이 동일한 사물을 나타남(Erscheinung)으로 이끄는 인식대상이 된 것들(Noemata)로 주의를 향함도 속한다.

각된 객체가 아니며, 심지어 이론으로 그것을 규정하는 작용의 객체가 아닐 뿐이다.

  방금 언급한 것에서 알 수 있듯이, '미리 주어진' 객체 자체는 근원적으로 이론적 작용에서 '유래할' 수 있고, 이와 관련해 이미 이론적 객체일 수 있다. 이것은 다른 방식, 우선 이론적 객체가 '본래'(따라서 자발적으로) 수행된 이론적 작용 속에 즉시 근원적으로 구성되는 방식으로, 또한 추후에 파악하면서 생각하는 이론적 주체의 시선이 이렇게 구성된 것을 향하는 방식으로 일어날 수 있다. 이것은 개별적인 자발적 작용의 단계는 그것이 수행된 후에도 의식 속에 과거지향으로(retentional)* 지속한다는 사실, 더구나 수동적 상태의 변양된 형식으로 지속한다는 사실, 결국 전체 사유과정의 끝에는 통일적 상태의 하나의 의식이 있으며, 이것은 단순한 표상과 유사하게 미리〔대상을〕부여하는 의식으로 기능할 수 있고, 이러한 의식 속에 통일적으로 의식된 객체로 향한 새로운 이론적 시선방향을 받아들일 수 있다는 사실에 의해 가능할 수 있다.

  그러나 다른 경우도 분명히 가능하다. 그래서 예컨대 기억에 적합한 착상의 형식으로는 자발적이며 분절된 사유 속에 이전에 구성된 사태가 '다시 떠오를' 수 있다. 그 착상은 이전의 사유가 이어진 최

---

* 시간의식의 구조를 분석하는 데 매우 중요한 이 용어는 라틴어 'retentare'(굳게 보존한다)에서 유래하는데, 방금 전에 나타나 사라져버리는 것을 생생하게 유지하는 작용을 뜻하며, 그 변용인 '미래지향'(Protention)은 유형(Typus)을 통해 이미 친숙하게 알려진 것에 근거해 직관적으로 예측하는 작용을 뜻한다. 그런데 '과거지향'은 방금 전에 지나가버린 것이 현재에 직접 제시되는 지각된 사태로서 1차적 기억(직관된 과거)인 반면, '회상'(Wiedererinnerung)은 과거에 지각된 것을 현재에 다시 기억하는 것으로 연상적 동기부여라는 매개를 통해 간접 제시되기 때문에 그 지속적 대상성이 재생산된 2차적 기억(기억된 과거)이다. 이에 관해서는『시간의식』, 11~19항을 참조할 것.

종결과물의 재생산적 변양을 매개로 그러한 것을 실행한다. 이 변양은 이제 새로운 이론적 태도의 작용에 대해 미리 부여하는 의식으로 기능한다. 이것은 새로운 사태, 따라서 단순히 기억에 적합하게 다시 현전화(現前化)된 것이 아닌 사태가 확실성·가능성·개연성으로 떠오르고 이와 관련된 사유에 대해 '자극'(Reiz)으로 기능하는 이론적 '착상'과 똑같은 사정이다. 이론적 태도의 어떤 작용(즉 근원적인 사유의 자발성 속에 수행된 범주적 작용)이 미리 주어져 있음은 그 작용이 유래한 이론적 작용을 항상 다시 소급해 지시할 수 없다는 사실은 자명하다. 그러므로 어떤 경우에도 이론적 작용에서 유래하지 않는 미리 주어진 대상성에 이르게 되는데, 이 대상성은 자신에게 어떤 논리적-범주적 형식화도 제시하지 않는 지향적 체험 속에 구성된 것이다.

여기에서는 항상 이론적 작용이 대상으로 미리 주어져 있음에 관해 논의한다. 그러나 동일한 것이 다른 자발적 작용과 이 작용이 미리 주어져 있음에도 적용된다. 따라서 이제 논의를 보완해야 한다.

가치론과 실천의 태도는 가능성으로서 이론적 태도와 평행하게 진행한다. 이러한 관점에서 유사한 결과물이 확인될 수 있다. 가치를 평가하는 작용(감정의 영역에서 다양한 태도를 취함으로써, 하나의 감정의식의 통일성, 즉 의식에 본질적으로 고유한 종합 속에 다양한 태도를 취함으로써 실행된 좋아하거나 싫어하는 모든 작용으로 최대한 넓은 의미에서 파악된 작용)은 미리 주어진 대상성에 관련될 수 있으며, 이때 그 지향성(Intentionalität)*은 논리적 영역의 범주적 대상성

---

* 항상 '무엇을 향한다'(sich richten auf……)는 의식의 '지향성'은 "현상학 전체를 포괄하는 문제"(『이념들』 제1권, 303쪽)이지만, 현상학에 관한 수많은 오해와 끊임없는 편견 역시 이것을 제대로 이해하지 못한 데서 연유한다. 후설은 이 개념을 물리적 현상과 심리적 현상을 구별하기 위해 사용한 브렌타노(F. Brentano)에게서 받아들였지만, 본질적으로 시간적 구조 속에 발생하는 대상

과 유사한 더 높은 대상성에 대해 구성적인 것으로 동시에 입증된다. 따라서 자발적 산출물로서, 즉 그것을 산출하는 다수 정립으로 (polythetisch) 통일된 (구성하는 작용의 통일성에 결합된) 작용의 다수 정립에 의한 형성물인 일정한 부류의 대상성과 관계된다. 이것은 일반적으로 기초지어진 대상성과 이러한 의미에서 더 높은 단계의 대상성일 뿐 아니라, 곧바로 자발적 산출물로서 근원적으로 구성되고 그러한 것으로서만 원본적으로 주어질 수 있는 대상성이다.

이것을 예를 들어 분명하게 밝혀보자. 우리는 앞에서 푸른 하늘을 단지 바라보며 의식해 갖는 것과 이러한 작용을 이론으로 수행하는 것을 대립시켰다.[4] 그러나 빛나는 푸른 하늘을 보며 이에 넋을 잃고 살 때 더 이상 이렇게 두드러진 방식으로 봄(Sehen)을 수행하지는 않는다. 그렇게 하면, 우리는 이론적 태도나 인식하는 태도가 아니라, 감정의 태도 속에 있는 것이다. 반대로 이론으로 태도를 취하는 동안 좋아함은 매우 당연하게 현존할 수 있지만, 우리가 물리학자로서 관찰하며 빛나는 푸른 하늘을 향해 있다면 우리는 이제 좋아함 속에 살지 않는다. 이것이 어떤 태도에서 다른 태도로 이행함에 따른 좋아함, 봄, 판단함의 본질적인 현상학적 변양이다.

이처럼 독특한 태도변경은 이념적 가능성으로서 모든 작용에 속하며, 모든 작용에 상응하는 현상학적 변양은 그 태도변경에 상응한다. 즉 처음부터 이론적이지는 않은 모든 작용은 태도변경을 통해 이론적 작용으로 변화될 수 있다. 예를 들어 어떤 그림을 '즐기며' 눈여겨볼 수 있다. 이 경우 우리는 감성으로 좋아하며, 곧 일종의 '즐김'인 좋

을 의식이 통일적 의미를 지닌 대상성으로 종합하고 구성해 불가분적 상관관계의 작용으로 발전시키면서 그 침전된 역사성을 분석함으로써 근대 이후 주·객 이원론적 사고방식을 근본적으로 극복하려 했다.

4) 앞의 3항을 참조할 것.

아하는 태도 속에 산다. 그런 다음 그 그림을 예술비평가나 예술사가의 눈으로 '아름답다'고 판정할 수 있다. 이때 우리는 이론적 태도나 판단의 태도를 수행하는 가운데 살지, 더 이상 가치를 평가하는 태도나 좋아하는 태도 속에 살지 않는다. '가치를 평가함'이나 '가치를 인정함'이라는 용어로 감정의 상태, 더구나 우리가 그 속에 사는 감정의 상태를 이해하면, 그것은 전혀 이론적 작용이 아니다. 그러나 종종 애매한 방식으로 일어나듯이, 그 용어를 판단에 적합하게 '가치를 인정함'이나 가치에 대해 진술함으로 이해하면, 그것으로 표현되는 것은 이론적 태도가 아니라 감정의 태도다. 후자의 경우, 즉 순수하게 즐기며 내맡기는 태도에서 생긴 것처럼 가치로서 판정하는 예술작품은 완전히 다른 방식에서 대상이 된다. 즉 그것은 직관된 것이지만, 감성으로 직관된 것(우리는 지각작용을 수행하는 가운데 살지 않는다)일 뿐 아니라 가치론으로도 직관된 것이다.

우리는 감성으로 '좋아해 그것에 몰두해 있음', 즉 작용으로서 이해된 감성적 즐거움을 능동적으로 내맡기는 가운데 객체는 즐김의 객체라고 말했다. 다른 한편, 감성으로 판정하고 감정(鑑定)함에서 그것은 더 이상 단순히 즐기면서 내맡기는 객체가 아니라, 특별히 속견정립의(doxothetisch) 의미에서 객체다. 즉 직관된 것은 감성적 기쁨의 속성적(그렇게 존재함So-sein을 구성하는) 특성 속에 주어진다. 이것은 새로운 '이론적' 대상성, 더구나 더 높은 단계의 독특한 대상성이다. 가장 낮은 단계인 단순히 감성적으로 직관하는 가운데 살고 이것을 이론으로 수행하면서 우리는 어떤 단순한 사태(Sache)를 극히 단적인 방식에서 이론적으로 파악했다. 감성으로 가치를 파악하고 가치를 판정함으로 이행하면 단순한 사태 이상을 지니게 되고, 가치가 그렇게 존재함[가치내용]의 특성(또는 표현적 술어)을 띤 사태, 즉 가치 있는 사태를 지닌다. 그 대상적 의미에서 가치가 그렇게 존재함의 특성을 포함한 이 가치객체는 이론으로 가치를 파악하는 상관자다. 따라서 그것은 더 높은 단계의 객체다.

일반적-원본적 가치를 판정함, 일반적으로 말하면 어떤 가치객체 자체를 원본적으로 구성하는 모든 의식은 감정의 영역에 속한 구성요소를 필연적으로 지니는 사실에 주목하자. 가장 근원적인 가치구성은 느끼는 자아주체가 그 이론 이전에 (넓은 단어의미로) 즐겨 내맡김으로 감정 속에 수행되는데, 이에 대해 나는 10여 년 전 강의들*에서 이미 '가치를 취함'(Wertnehmung)이라는 표현을 사용했다. 따라서 그 표현은 느낌의 영역에 속한 지각과 유사한 것, 즉 속견의 영역 속에 자아가 근원적으로 (자신을 파악하면서) 대상 자체의 바로 곁에 존재함(Dabeisein)을 뜻하는 것을 표시한다. 그래서 감정의 영역 속에 자아가 객체 '자체'에서 느끼며 바로 곁에 존재한다고 의식하며 사는 '느끼는 작용', 그것은 곧 즐기는 것에 관한 논의를 뜻한다.

그러나 이른바 멀리 떨어진 표상작용, 즉 그 자체로 대상 바로 곁에 존재하지 않는 공허하게 표상하는 생각작용이 있듯이, 대상에 공허하게 관련된 느끼는 작용도 있다. 그리고 전자(前者)가 직관적 표상작용 속에 충족되듯이, 공허한 느끼는 작용은 즐기는 작용으로 충족된다. 두 가지 측면에서 우리는 평행해 노력하는 지향, 즉 표상하는(인식하는, 인식을 겨냥한) 노력과 가치를 평가하고 기대나 즐거움을 겨냥한 노력을 지닌다. 이 유사성은 평행하는 어구인 '지각함[참을 취함] (Wahrnehmen)-가치를 취함(Wertnehmen)'으로 표현될 수

---

* 이것은 후설이 1889~90년부터 1924년까지 (종종 칸트와 관련지어) 수행한 강의 「윤리학」을 지칭한다. 여기서 그는 윤리학을 '느낌의 논리학'(Gefühlslogik)으로 일컬을 만큼, 윤리학에서 느낌을 중요한 계기로 파악했다(A. Roth, 이길우 옮김, 『후설의 윤리연구』, 세계, 1991 참조). 결국 후설에서 이성은 항상 '이론적·실천적·가치설정적(윤리적) 이성 일반'(의식의 통일적 흐름)이다.

도 있다. 가치를 느낌은 가치를 의식함에 대한 더 일반적인 표현으로 남고, 느끼는 작용으로서 그것은 그러한 의식의 모든 양상, 또한 원본적이지 않은 양상 속에 놓여 있다.

물론 이 경우 가치를 취하는 (속견으로 전환되면, 가치를 직관하는) 의식에서도 직관이 '비-충전적으로'(inadäquat),* 즉 외적 지각과 유사하게 예측하며 그래서 느낌을 미리 포착하는 공허한 지평(Horizont)**과 더불어 부여될 수 있다는 사실에 주목해야 한다. 예컨대 첫눈에 나는 단지 대강 훑어 가치를 취하는 가운데 완전히 파악하는 오래된 고딕〔양식의 건물〕의 아름다움을 그에 상응하는 속견의 전환에 따라 더 완전한 가치직관을 제공하며 파악한다. 일시적 시선은, 가장 작은 것도 실제로 파악하지 못한 채 마치 어떤 표시에 따라 아름다움을 미리 파악해가듯이, 결국 완전히 공허한 예측일 수밖에 없다. 더구나 이 느낌의 예측은 속견의 전환과 술어화(述語化)에 충분하다. 이것은 어디서나 동일한 방식이며, 의지의 영역도 마찬가지다. 현실

---

* 후설은 명증성(Evidenz)을 주어진 사태가 의식과 일치(adaequatio)한 '충전적 명증성'과, 주어진 사태를 결코 의심할 수 없는 '필증적(apodiktisch) 명증성'으로 구분한다. 그런데 그는 정적 분석에서 진리를 충전적 명증성과 필증적 명증성의 합치로 보았지만, 발생론적 분석에서는 명석함과 판명함의 정도에 따라 단계지어지며, 충전적이 아닌 것에도 필증적 명증성은 있으므로 필증적 명증성이 최고의 권위를 지닌다고 주장한다. 의식초월적 대상이라도 필증적 명증성을 근거로 경험의 지향적 지평구조에 따라 '사태 그 자체'에 부단히 접근할 수 있기 때문이다.

** 후설은 그리스어 'horizein'(경계를 짓다)에서 유래한 이 용어를 제임스(W. James)가 의식의 익명성을 밝히려고 사용한 '언저리'(Fringe) 개념에서 받아들였다. 모든 의식작용에는 기억이나 예상으로 함께 주어지는 국면들이 있는데, 이것들은 경험이 발생하는 틀을 형성한다. 즉 '지평'은 신체가 움직이거나 정신이 파악해감에 따라 점차 확장되고 접근할 수 있는 문화와 역사, 사회적 조망을 지닌 무한한 영역, 인간이 세계와 자기 자신을 항상 새롭게 이해할 수 있는 전제조건이다.

적 욕구(Wollen), 의지의 태도 속에 삶(Leben)은, 실천적으로 요구된 것 등 욕구된 것을 이론적 태도를 취해 정립함(Setzen)이나 판정함 (Beurteilen)과 구별된다. 우리는 욕구하는 결심 또는 이 결심을 하는 행위 속에 살 수 있다. 그렇다면 어떤 표상하는 작용, 경우에 따라 다른 단계의 사유작용과 평가하는 작용이 전제되어 있다.* 그러나 전체로 이 작용들은 두드러진 의미에서 수행된 것이 아니다. 그 본래의 수행은 욕구함과 행함 속에 놓여 있다. 이론으로 파악하면서 결심이나 행위 등에 주목하고 경우에 따라 이렇게 이론으로 직관하거나 표상하는 태도에 근거해 판단한다면, 태도는 변경되어 이론적 태도가 된다.

사실 여기에서는 기초지어 구축된 모든 작용에 속하는 일반적 본질특유성이 문제다. 어쨌든 체험하는 주체는 무엇보다도 어떤 작용을 수행하는 가운데 살 수 있으며, 동일한 뜻의 표현이지만, 두드러진 의미에서 자아는 대상적으로 주어진 것을 향해 있고, 대상적인 것 (Gegenständliches)에 내맡긴다. 그래서 대상적인 것은 작용의 근본본성에 따라 다른 방식으로, 즉 판단대상·가치대상·의지대상으로 의식되어 특성지어진다. 그러나 이러한 상태에는 주체가 태도를 변경할 '가능성'이 아프리오리(apriori)**하게 속한다. 이 태도변경의 가

---

* 후설은 『논리연구』 제2-1권에서 어떻게 경험적인 것이 이념적인 것 속에 내재하며 인식될 수 있는가 하는 문제를 해명하고자 지향적 의식체험의 본질구조 (내적 시간의식은 이것의 심층구조이다)를 분석한다. 또한 그는 매우 복잡한 의식작용의 다층구조를 표상(지각과 판단)작용·정서작용·의지작용으로 구분하고, 객관화하는 표상작용은 의식의 각 영역에 공통적으로 포함된 기본적인 1차적 지향작용, 정서작용과 의지작용을 2차적 지향작용이라고 한다. 즉 다른 모든 작용이 태도변경을 통해 표상작용의 형태로 표현될 수 있는 "모든 작용의 근본토대"(439쪽)이다.
** '논리상 경험에 앞서며, 인식상 경험에 의존하지 않는다'는 의미의 이 라틴어

능성에 의해 주체는, 처음부터 이론적 태도 속에 있지 않았을 경우, 언제나 이론적 태도로 이행할 수 있다. 그래서 이론적 태도 속에 대상적인 것은 이론적 대상, 즉 그 속에 자아가 살고 대상적인 것을 파악하며 존재하는 것으로서 포착하고 정립하는 현실적으로 수행된 존재정립의 대상이 된다.

5. 자발성과 수동성. 의식의 현실성과 비-현실성

주체의 '나는 할 수 있다'는 이 능력은 항상 주제화할 수 있고, 그 고유한 방식으로 파악될 수 있다. 그래서 '이론 이전에' 의식되고 대상적이었던 것은 추후에 '드러내 밝히는' 반성하는 이론적 파악을 통해 그 대상성에서 '본래' 의식된다. 그러므로 여기서는 이론적 작용과 그밖의 작용이 복잡하게 얽혀 있는 경우 이것들을 판명하게 묘사하는 것보다 쉽게 간파할 수 있는 본질적인 현상학적 차이가 등장한다는 사실에 주의해야 한다.

무엇보다 이러한 차이를 고려해 이론적 태도, 가치론적 태도 그리고 실천적 태도에 관해 논의하자. 이와 함께 '지향적 체험을 의식연관 속에 가짐'과 '자발성인 작용을 자체로 수행함'은 그 대상으로 태도를 취할 수 있음, 특히 이론으로 태도를 취함, 가치로 태도를 취함, 행위 일반, 아무리 넓은 의미를 지녔더라도 실천으로 태도를 취함 만큼 뜻한

는 칸트 이후 '경험의 확실성과 필연성의 근거형식'을 뜻했으나, 후설은 발생론적 분석에서 '그 자체로 미리 주어지고 경험되는 질료'를 포함해 사용한다. 따라서 이것을 '선천적' 또는 '생득적'으로 옮기는 것은 부당하다. '선험적'으로 옮기는 것도 근원을 부단히 되돌아가 묻는 후설 현상학의 근본태도를 지칭한 '선험적'(transzendental)과 혼동되기 때문에 적합하지 않다. 그래서 일단 원어 그대로 표기한다.

다는 사실도 암시하려 그와 같은 태도에 관해 논의한다. 따라서 우리는 어떤 우선적 의미로 관련된 작용 속에 살거나 우선적으로 그 대상을 향해 있을 때만 그러한 태도를 취한다.

여기에서 두 가지 차이가 서로 얽힌다.

첫째, 자발적으로 (분절된 단계에서 많은 단계의 작용의 경우) 수행된 작용과, 이 작용을 통해 구성될 수 있는 대상성이 혼란된 상태에서 '수동적으로' 의식되는 의식의 차이다. 모든 자발적 작용은 수행된 다음 필연적으로 혼란된 상태로 이행한다. 자발성(Spontaneität) 또는 본래 능동성(Aktivität)은, 이미 언급했듯이 근원적으로 자발적이며 분절된 수행을 소급해 지시하더라도, 수동성(Passivität)으로 이행한다.* 이 소급해 지시함은 그것에 명증하게 속한 '나는 할 수 있다' 또는 그 상태를 '복원할'(reaktivieren) 수 있는 능력, 즉 그 상태를 '반복'으로서 의식하게 이끌어내는 산출로 전환하는 능력을 통해 그렇게 특성지어진다. 물론 이 산출로부터 그 상태는 이전에 발생했고, 결국 이 산출을 통해 '다시' 같은 상태로 발생하며, 그 자체로 동일한 최종의미로서 또한 동일한 타당성에서 동일한 결과를 발생시킨다. 그러나 이미 살펴보았듯이, 그 상태는 2차적 수동성으로서 방금 전에 경과된 자발성에서 이러한 방식으로 생기지 않아도 마찬가지로 의식 속에 등장할 수 있다.

둘째, 만약 지금 자발적 작용수행의 영역에 머물면, 위에서 명백히 제시한 것에 따라 서로 중첩된 다른 종류의 자발성이 다른 현상학적 권위를 지니고 등장할 수 있다. 즉 한편으로는 우리가 우선적으로 사는 이른바 주도적 자발성이고, 다른 한편으로는 측면에, 배경 속에 머

---

* 이처럼 후설의 '수동성'과 '능동성'은, 칸트의 '감성'과 '오성'의 역할처럼, "고 정된 것이 아니라, 지향적 현상을 기술하는 방편으로서 상대적인 의미가 있다" (『경험과 판단』, 119쪽 참조).

무르는, 따라서 우선적으로 살지 않는 부수적 자발성(그밖의 유類에 적합한-지향적 특색과 관계없이 '관심'Interesse의 작용으로 특성지어진 작용)이다. 예컨대 우리는 기쁜 소식을 듣고, 기쁨 속에 산다. 우리는 이론적 작용 속에 우리에게 그 소식이 구성된 사유작용을 수행한다. 그러나 이 작용은 우리가 우선적으로 사는 감정의 작용에 기초로만 이바지한다. 기쁨 속에 우리는 감정에 따른 '관심'의 방식으로 '생각하면서'(감정으로 생각하면서) 기쁨의 객체 자체에 향한다. 여기서 기쁨으로 향한 작용은 더 높은 권위를 지닌다. 그래서 이것은 주된 작용이다. 거꾸로도 가능하다. 즉 기쁨의 태도에서 이론적 태도로 태도가 변경될 수 있다. 그렇다면 우리는 ('이론으로 관심을 쏟는') 이론적 의식 속에 살며, 이론적 작용은 '주된 사태'를 부여한다. 그래서 어쨌든 우리는 기쁘지만, 기쁨은 배경 속에 머문다. 모든 이론적 탐구에서도 그렇다. 이론적 탐구에서 우리는, 예를 들면 물리적-광학적 탐구에서 나타나는 현상의 아름다움에 대한 생생한 느낌처럼 자발적으로 좋아함을 향함과 생생하게 좋아함을 동시에 겨냥해도, 이론으로 태도를 취한다. 이 경우 여전히 실천적 태도 속에 있지 않고 오히려 지속적으로 이론적 태도의 '주제'(요컨대 이론적 주제)를 견지하는 동안, 아름다운 현상을 어떤 친구에게 보여주려는 결심이 배경 속에 파악될지도 모른다.

그 반대로 그밖의 이론적 관심을 끄는 어떤 현상이 우연히 관심을 불러일으킬 때, 우리가 실천적 태도 속에 있고 그 속에 머물며 '실천적 주제'를 견지하는 것도 가능하다. 하지만 그렇다고 이것이 이론적 주제가 되지는 않으며, 만약 실천적 태도를 이론적 태도와 혼동하고 이론적 주제를 포착하기 위해 실천적 주제를 포기하지 않으면, 곧 실천의 연관에 부수적인 주제로 머문다. 아마 이처럼 불완전하게 기술하더라도 내가 여기서 주목한 현상학적 차이를 독자에게 아주 명확하게 제시하는 데 충분할 것이다.

그러므로 이렇게 주제로 얽혀 있다면, 항상 새로운 대상성이 구성된다. 이 대상성이 이론적 작용이나 가치를 평가하는 작용, 또는 실천적 작용에서 유래하는지에 따라 또는 태도에 따라 다른 의미에서 주제의 의의를 갖는 항상 더 높은 구성적 층을 지닌 새로운 대상성이 구성된다. 특히 이론적 태도로 이행함으로써 그 대상성은 언제나 다시 이론적 주제가 된다. 그러면 이 대상성은 특별한 의미에서 대상이 되며, 파악되고, 그것을 이론으로 규정하는 술어들의 주어 등이 된다.

물론 이에 상응해 주제 외적인 영역, 수동성의 영역에서 의식에 적합하게, 따라서 아무리 '혼란된' 것이라도 그것이 의식되는 지향성을 통해 그러한 연관을 소급해 지시하는 다양한 대상성에 직면하게 된다.

6. 이론적 태도로 이행하는 것과 반성으로 이행하는 것의 차이

여기서 의도한 이론적 태도로 이행하는 것과, 모든 작용이 원리상 허용한 그 작용을 향한 내재적 지각 또는 그 작용이 순간적으로 지나가버린 경우 내재적 과거지향(Retention)으로 이행하는 것의 차이에 매우 주목해야 한다. 이것도 이론적 태도이며, 지각이나 과거지향은 일반적 객관화(Objektivation)이며, 우리는 이른바 작용에 대한 내재적 반성에서 이 객관화하는 가운데 수행하며 살고, 따라서 이론으로 태도를 취한다.

그러나 여기서 [내재적 반성과는] 다른 태도, 즉 매우 진기하며 원리적으로 모든 작용에 속한 이론적 태도에 주목한다. 감각으로 좋아함에서 감각으로 좋아하는 것, 아름다운 것을 의식한다. 그렇다면 출발점이 된 단서는 우리가 감각으로 좋아하는 가운데 산다는 사실, 따라서 나타나는 객체에 좋아하며 우리를 내맡긴다는 사실일 것이다.

그래서 '나는 그것에 대한 좋아함을 지닌다'[나는 그것을 좋아한다] 고 진술할 때와 같이, 좋아함에 대해 반성할 수 있다. 이러한 판단은 실로 내가 좋아하는 작용에 대한 판단이다. 그러나 시선을 대상으로 또 그 아름다움으로 향하는 것은 완전히 다른 것이다.

나는 어떤 대상에서 아름다움을 직관하지만, 물론 그 색깔이나 형태처럼 단적인 감성적 지각 속에 직관하지 않는다. 그러나 나는 대상 자체에서 아름다움을 발견한다. '아름다운'은, 예를 들어 내가 '그는 내가 좋아하는 사람이다'라고 말할 때처럼, 결코 반성의 술어를 뜻하지 않는다. '좋은' '기쁜' '슬픈' 같은 대상의 모든 술어는 그 객체적 의미상 작용에 관련된 관계의 술어가 아니다. 이 술어들은, 이 경우 관련된 작용이 함께 전제되어 있기 때문에, 우리가 기술한 태도변경을 통해 발생한다. 나는 여전히 좋아하고, 여전히 기쁨과 슬픔 등을 느낀다. 그렇지만 단순히 기뻐하고 슬퍼하는 대신, 따라서 이러한 심정의 작용을 수행하는 대신, 나는 태도변경을 통해 이 작용을 다른 양상으로 이끌며, 여전히 체험인 이 작용 속에 부각된 의미로 살지 않는다. 나는 그 대상을 주시하고, 변경된 태도(지금은 이론적 태도)를 통해 이것에서 이 감정작용의 상관자, 즉 '기쁜', 대상적-객관적으로 '슬픈', '아름다운', '추한' 등의 층인 감성적 술어의 층 위에 중첩된 객관적 층을 발견한다. 반성의 이론적 태도에서 나는 어떠한 객관적 술어도 발견할 수 없고, 단지 의식에 상관적인 술어만 발견할 수 있다.[5]

그래서 대상, 그 술어, 속성, 관계, 이에 속한 사태, 예를 들면 법칙에 관한 모든 논의는 대상이 주어지고 지각되거나 다른 방식으로 간취되

---

5) 그러나 그러한 감정의 술어는 어쨌든 특별한 의미에서 단순히 주관적이며, 가치를 평가하는 주체를 지시하고, 동시에 그 술어가 모든 사람이 아니라 그 주체에 대해 구성되는 이 주체의 작용을 지시한다는 사실과 왜 그런지 하는 이유도 상세하게 논의되어야 할 것이다.

고 이론으로 해명되고 사고되거나 사고될 수 있는 이론적 작용을 소급해 지시한다. 만약 모든 지향적 체험, 따라서 모든 감정의 체험에 이것들이 감정의 방식으로 태도를 취하게 된 대상성—즉 '가치의 대상' '실천적 대상' 등의 명칭 아래 대상—을 부여하면, 명백히 이러한 일은 그와 같은 대상—이 가운데는 가치(Werte)가 가치를 평가하는 작용(Werten)에 속하듯이, 작용들의 모든 근본종류에 특유하게 속한 대상도 있다—이 감정의 행동 속에 이른바 함축적으로 놓여 있는 것으로서 파악할 수 있는 다른 이론적 시선방향이 원리상 모든 작용의 본질에 속한다는 사실을 고려함으로써만 일어난다.[6]

7. 객관화하는 작용과 객관화하지 않는 작용, 그 상관자

바로 여기에서 더 상세하게 구분한다. 작용의 모든 근본종류는 '작용의 성질'(Aktqualität)의 고유한 근본종류를 통해 특성지어진다. 따라서 객관화하는 작용은 속견(Doxa), 다른 변양에서 '신념'(Glauben)의 성질을 통해 특성지어진다. 즉 그와 같은 넓은 의미에서 '평가하는 것'으로 부르는 작용의 근본종류는 곧 평가작용의 성질을 통해 특성지어진다. 이론적 작용은 본래 또는 명시적으로 객관화하는 작용이며, 본래 '객체를 가짐' '대상을 가짐'에는 이론적 주체가 독특하게

---

6) 그러나 여기에서 감정의 술어는 진술한 방식으로 감정 속에 구성된 바로 그와 같은 대상인 대상에 관해 규정하는 술어를 뜻한다는 사실이 즉시 첨부되어야 한다. 그리고 그러한 한에서 그것은 대상적 술어, 또한 일반적으로 논의하는 의미에서 객관적 술어라고 한다. 다른 한편 어쨌든 그것은 충분한 의미에서 정당하게 그 의미 자체에서 가치를 평가하는 주체들과 이 주체들이 가치를 평가하는 작용을 소급해 지시하는 술어로서 '주관적' 술어이기도 하다. 그렇지만 이것은 그 고유한 의미에서 주체와 이 주체의 작용들 가운데 어떤 것도 지시하지 않는 단순히 자연적인 술어, 순수한 실질적 술어와는 대립해 있다.

파악하는 태도, 즉 정립하는 태도가 요구된다. 객관화하지 않는 모든 작용은 일정한 전환, 즉 태도변경(Einstellungsänderung)을 통해 그 자신으로부터 대상성을 이끌어내게 만든다.

따라서 모든 작용은 그 본질상 암묵적으로 동시에 객관화하는 것이다. 즉 모든 작용은 본질적으로 더 높은 단계에서 객관화하는 작용 위에 구축될 뿐 아니라, 새롭게 첨가하는 것에 따라 객관화한다. 그래서 이 객관화하는 가운데 파묻혀 살 수 있으며, 이 객관화를 통해 토대가 된 객관화의 대상뿐 아니라 새로운 감정의 층으로 새롭게 객관화된 것도 이론으로 주어진다.[7] 좋아함이 단적으로 객관화하는 지각작용에 근거하면, 나는 지각된 것뿐 아니라 좋아함을 통해 새롭게 객관화된 것도 이론으로 파악할 수 있고, 위에서 상세히 논의했듯이, 가령 지각된 것의 이론적 술어로서 아름다움을 파악할 수 있다.

이제 두 가지 가능성이 명백하게 현존한다.

① 어떤 작용은 처음부터 오직 객관화하는 것(이것이 과연 가능하다면)이거나, 새로운 객관화와 본질적으로 얽혀 있는 층을 갖더라도 여전히 다른 성질을 지녔다면, 우리는 그것을 배제시키고 그 속에서 살지 않을 수 있다. 그러면 우리는 단순한 사태와 이 사태의 단순한 논리적 특성을 파악한다. 새로운 작용이나 성질에 상응하는 대상의 특성은 처음부터 거기에 없거나(이것이 과연 가능하다면), 그것은 작용이 중지되고 고려되지 않는다. 이 경우 아름답거나 추한, 기쁘거나 슬픈, 유용하거나 좋은 어떤 것도, 컵·스푼·포크 등의 어떤 일용품도 존재하지 않는다. 그와 같은 모든 낱말은 그 의미상 객관화하지 않는 작용에서 유래하는 술어를 이미 포함한다.

---

7) 이에 관해서는 『이념들』 제1권 81쪽 이하, 237쪽 이하, 283쪽 이하의 상세한 논의를 참조할 것.

② 또는 우리는 새롭고 기초지어진 성질의 영역 속에 움직인다. 우리는 이론적 관심의 영역으로, 즉 이론적 태도의 테두리와 이 작용에 상관적인 술어로 나아간다. 그러면 단순한 사태뿐 아니라 곧 가치·재산 등도 지닌다.

8. 구성적인 근원적 대상인 감성의 대상

분명히 대상이 구성되는 이 모든 형식에서 우리는, 그 자발성이 이론적이든 평가적이든 실천적이든, 근원적으로 어떤 자발성에서 발생된 일종의 미리 주어진 대상을 더 이상 소급해 지시하지 않는 대상으로 소급된다. 요컨대 주어진 어떤 대상의 지향적 구조와 2차적 수용성의 형식으로 의식에 적합하게 미리 놓여 있는 배후의 의의를 추적하면, 관련된 대상성을 완전히 고유하게 원본적으로 주어지게 이끄는 자발성을 산출하면, 우리는 아마 일련의 단계를 통해 기초짓는 대상성 또는 인식대상이 된 것(Noemata)으로 되돌아간다. 이것은 어떤 배후의 의의도 포함하지 않고, 극히 단적인 정립(Thesen) 속에 근원적으로 파악되거나 파악될 수 있으며, 대상의 구성적 내용에 기여하는—앞서 놓여 있거나 우선 복원될 수 있는—어떤 정립도 소급해 지시하지 않는다. 이러한 특유성에 따라 현상학적으로 특성지어진 대상, 즉 가능한 모든 대상이 그 현상학적 구성에 따라 소급해 지시하는 근원적 대상은 감각대상이다.

그럼에도 이렇게 주어진 특성묘사는 여전히 완전하지 않으며, 사정은 맨 처음 나타난 것보다 더 어렵다. 이와 관련해 '감각사물'이라는 개념은, 이와 상관적으로 적확한 의미에서 표상이라는 개념, 즉 이 감성적 표상(감성적 지각, 감성적 기억 등)이 명백하지 않듯이, 명백하지 않다.

9. 범주적 종합과 감각적('감성적') 종합

범주적(형식적, 어떤 의미로는 분석적) 종합과 감각적(감성적) 종합의 차이에서 출발하자. 우리는 비록 구성된 대상(완전히 임의의 영역의 대상, 임의의 유類와 종種의 대상)이라도 일정한 범주적 종합을 위한 기체(Substrat)일 수 있고, 높은 단계의 대상의 '범주적' 형성물 속에 구성적 요소들로 나타날 수 있다는 사실을 안다. 후자에는 A와 B의 관계나 'A는 a이다' 등의 성질관계처럼, 모든 종류의 결합·분리·사태가 속한다. 우리는 술어정립을 위한 토대로서 주어정립 등 속견의 정립이 잇달아 구축되는 속견의 영역 속에, 또한 의지정립에 근거해 다른 의지정립(목적과 수단) 등이 수행되는 감정의 영역과 의지의 영역 속에 그러한 형성물을 발견한다.[8] 이 경우 우리는 감정의 행동과 의지의 행동의 통일체뿐 아니라, 이것에 본질적으로 배속된 형성물에도 직면한다. 이 형성물에서 사태는 직관적이지 않아도 명백하게 주어지며, 그래서 결국 그 본질에 따라 모두가 사태 또는 사태의 가능한 부분이나 계기인 논리적 형성물이 된다.

이제 대상은 여러 겹의 정립을 통해 범주로[9] 구성될 수도 있고, 이 정립은 그 구성적 작업수행 속에 범주로 결합될 수도 있다. 또한 여러 겹의 정립은 다른 방식으로 대상의 구성에 기여할 수도 있다. 물론 하나의 대상의 원본적 구성은 언제나 하나의 정립적 의식을 통해 수행되며, 대상적 '내용'(Inhalt), 즉 대상적 의미(Sinn)를 제공하면서 통일적 정립을 위한 '질료'(Materie)로 기능하는 것은 자신의 측면에서 여러

---

8) 이에 관해서는 『이념들』 제1권, 293쪽을 참조할 것.
9) 여기에서 '범주적'이라는 용어는 형식적-논리적인 것으로 이해될 뿐 아니라, 『이념들』 제1권 [제1장] 제1절에서 윤곽을 지은 범주론의 의미에서 모든 대상 영역의 형식적인 것으로도 이해된다.

겹의 정립을 소급해 지시할 수 있다. 그러나 대상의 통일이 언제나 범주적 종합을 전제할 필요는 없으며, 따라서 자신의 의미 속에 범주적 종합을 포함할 필요는 없다.

그러므로 모든 단적인 **사물지각**(따라서 어떤 사물이 현재 현존재함을 원본적으로 부여하는 의식)은 우리를 지향적으로 소급해 이끌고, 이것은 지속적 정립의 통일성에 따라 포괄되지만 명백히 많은 개별적 정립이 결코 범주적 종합의 형식으로 통일되지 않은 방식으로 포괄된 개별적 고찰, 개별적 훑어봄, 일련의 지각을 향해 이행하게끔 요구한다. 이 개별적 정립에 통일성을 부여하는 것은 '감각적 종합'이라는 완전히 다른 종류의 종합이다. 이 둘을 그 특유성에서 명확하게 한정하면, 우리는 첫 번째 구별징표로서 하나의 종합인 범주적 종합은 자발적 작용이며, 이에 반해 감성적 종합은 자발적 작용이 아니라는 사실을 발견한다. 전자에서 그 결합은 그 자체로 하나의 자발적 행동, 즉 고유한 능동성이며, 후자에서는 그렇지 않다. 순수한 감각대상의 대상적 의미(순수한 사태)는 다시 감각적 종합을 통해 이루어지지 않는 요소들의 종합이며, 이것들은 궁극적인 감성적 징표다.[10]

더구나 감각적 종합의 특성묘사에는 어떤 사물이나 그것의 고유한 본질적 부분과 측면에 대한 개별적 파악은 '2차적 수동성'[11]의 형식으로 의미를 규정하며 그 이후 지각의 경과를 동기짓는 부분적 의견을 내포한다는 사실이 제시될 수 있다. 따라서 어느 한 측면에서 일

---

10) 감각적 종합에 관해 우리는 ① 분리된 것(Gesondertes)을 지시하는 표현인 고유한 결합·연결로서의 종합과, ② 지속적 융합(Verschmelzung)인 지속적 종합의 근본적 차이를 소개할 필요는 없는가? 첫 번째 종류의 모든 감각적 종합은 궁극적 요소들로 이끈다. 감각적 결합의 형성물인 사물은 그것들의 측면에서 지속적 종합에서 유래하는 감성적 징표들로부터 구축되었다.

11) '2차적 수동성'의 개념에 관해서는 5항 초반을 참조할 것.

정한 사물의 형태를 포착하는 것에는 이 동일한 형태를 다른 측면에서 포착하는 지속적 경과가 지향적으로 함께 포함되어 있다.

물론 이러한 언급이 감각적 종합을 남김없이 기술하기에는 부족하다. 이를 위해서는 독자적인 엄청난 연구가 필요할 것이다. 여기에서는 단지 감각적 종합의 기능이 다른 **층** 속에 있는 감각적 종합의 기능을 추적해야 한다는 사실이 부각되어야 한다. 어떤 사물을 고찰할 때 우리는 필연적으로 항상 그것을 일정한 **관점**에서 고찰한다. 즉 이 경우 순수한 감각적 의미의 특수한 계기로서 특별히 파악하는 '징표'—위에서 인용한 예로는 형태—를 겨냥한다. 더구나 순수한 시각적 파악에 우리 자신을 제한할 수 있고, 그렇다면 이 분야 안에서 종합적으로 통일된 부분적 의견들을 발견한다. 따라서 이 경우 이 부분적 의견들이 언제나 '2차적 수동성'의 형식을 띨 필요는 없으며, 그래서 이미 그 **자체**에 대해 포착되었던 것을 부각시키는 작용을 그 자체로 소급해 지시할 필요는 없다. 그러므로 통일적인 일정한 표면을 포착함에는, 개별적인 부분적 표면이 이전에는 분리된 것으로서 함께 주어지지 않았더라도, 개별적인 부분적 표면을 경험하게끔 이끄는 작용이 잠재적으로 포함되어 있다. 이와 비슷한 것이 모든 '감성영역'에 대해서도 명백해질 수 있다.

감각적 종합의 또 다른 기능은 다른 개별적 감성영역 속에 구성되었던 대상성을 서로 함께, 예를 들어 사물의 시각 층을 촉각 층에, 통일시키는 것이다.

결국 포착하는 시선발산이 관통해가는 '사물이 나타남'의 계기와 이것에 상관적인 '지각의 상황'(가령 봄에서 눈의 자세, 만짐에서 팔·손·손가락의 자세)—이것들은 실로 자연적 태도에서 지각의 객체를 파악하거나 본래 함께 생각하지 않았다[12]—의 관계를 수립하는 종합을 지적해야 한다.

그렇기 때문에 사물은, 술어적 의미의 어떤 개념이나 판단이 매개되지 않더라도, 이러저러한 것으로 줄곧 주어진다. 우리는 항상 그 어떤 '징표'(Merkmal)에 주목하며, 어떤 사물을 어느 한 징표의 관점에서 고찰하는 동안 그 사물은 동시에 다른 징표들을 갖는 것으로서 지향적으로 거기에 있다. 한편 부분적으로 이것들은 이미 지각의 장(場) 속에 파악되지 않은 채 놓여 있는 규정된 징표이며, 우리는 지향을 충족시키기 위해, 또는 직관적으로 부여하지 않지만 규정되거나 규정되지 않은 채 파악하는 지향으로 변경시키기 위해 오직 그것을 파악하는 시선을 주목해야 한다. 물론 이것은 후자의 관점에서 사물의 보이지 않은 측면(Unsichtiges)에 대해서도 타당하다. 다른 한편 그것들은 규정되지 않은 징표다. 이 경우 지평과 어쩌면 활성화되지 않은 '혼란된' 형식으로 포착하는 의미에 기여하는 일정하게 방향이 정해진 의견의 발산이 복원된다.

어쨌든 이미 언급했듯이, 분석은 복원함일 필요가 없다. 물론 우리는 어떤 분석도 일정한 방식으로 이미 함축된 종합 속에 함축적으로 은폐되어 있지 않았던 것을 부각시킬 수 없다는 사실, 비록 혼란된 함께 생각하는(Mitmeinung) 형식이라도 포착함을 변경함으로써 부분들을 집어넣어 생각했던 곳에서 오직 그 부분들만 이끌어내 부각시킬 수 있다는 사실을 주장할 수 있을 것이다. 따라서 사물에 대한 우리의 포착은 끊임없이 변화되며, 이것은 사물[에 관한]의식이 미리 기술하는 통일적 양식 안에서 포착하는 계기를 받아들인다. 그래서 뒤따른 해명은 혼란된 함께 포착함(Mitauffassung)을 혹시 주제의 정

---

12) 감각적-인과적인 것으로서의 감각적 종합은 사물을 구성하는 더 높은 층들(칸트는 '종합'이라는 개념을 논의할 때 오직 이것들만 주목한다)에서도 작용한다는 사실은 우리가 사물의 구성에 대한 연구에서 거기까지 파고들어가자마자 곧바로 밝혀질 것이다(15항 c) 이하를 참조할 것).

립, 즉 대부분 더 상세한 규정과 함께 또한 더 상세하게 직관하는 운동감각 경과와 일치해 쌍을 이루는 이론적 파악으로 변화된다. 그러나 그러한 포착함의 변화가 사물을 포착함의 본질에서 미리 가능한 한(그렇지만 이것은 공허한 가능성이 아니라, 동기가 부여된 가능성이다), 어쨌든 근원적 포착함 속에 내실적으로(reell) 묘사되지 않았던 부분들을 포착함이 '암묵적으로' 현존한다.

10. 사물, 공간적 환상 그리고 감각자료

지금까지 감각대상을 재현하는 것으로 이바지한 대상은 모든 사유작용(종합적-범주적 작용의 모든 활동)에 앞서 '감성적 지각' 속에 주어진 것과 같은 실재적 사물이었다. 이것은 자발적 산출물(진정한 능동성이나 활동성을 전제한 본래 의미의 산출물)이 아니라, 어쨌든 구성요소들로부터의 '종합적' 통일체(똑같이 필연적으로 종합적으로 결합될 필요가 없는 통일체)다. 시각적 감각사물의 통일체는 촉각의 감각사물의 통일체와 필연적으로 결합할 것을 요구하지 않는다.

이것만이 아니다. 감성의 공간적인 것 자체의 구성 속에 이미, 비록 순수하게 시각의 공간적 환영(Phantom)(촉각의 자료나 다른 감성의 그밖의 자료와 관련되지 않을 뿐 아니라, '물질성'Materialität의 계기契機들, 따라서 그 어떤 실재적-인과적 규정성과 전혀 관련되지 않은 순수하게 색채로 충족된 어떤 형태)이라도, 우리는 은폐되었지만 어쨌든 분석적으로 제시될 수 있는 구성적 종합의 형성물을 지닌다. 실로 이 '나타남'(Erscheinung)은 자신이 속한 운동감각의(kinaesthetisch)*

---

* 이 용어는 그리스어 'kinesis'(운동)와 'aisthesis'(감각)의 합성어이다. 운동감각은 직접 자유롭게 움직일 수 있는 의식주체(신체)의 의지적 기관으로, 감각적 질료가 주어지는 지각은 이 운동감각의 체계에 따라 '만약 ……하면, ……

'상황'을 소급해 지시한다. 항상 더 분석적으로 소급하면 결국 또 다른 의미에서 감각대상에 이르는데, 이 대상은 모든 공간대상,[13) 따라서 질료적 실재성의 모든 사물대상에 (즉 구성적으로 이해된) 토대로 놓여 있는 대상에 이른다. 이 대상은 다시 일정한 궁극적 종합으로 소급하지만, 그 종합은 모든 정립에 앞서 놓여 있다.

가장 적절한 예로 울려 퍼지는 바이올린 음을 살펴보자. 그것은 실재의 바이올린 음, 따라서 공간적-실재적 사건으로 포착될 수 있다. 그렇다면 내가 그 음에서 멀어지든 가까이 다가가든, 그 음이 울려 퍼지는 옆방 문이 열렸든 닫혔든, 동일한 것이다. 질료적 실재성을 추상화함으로써 나는, 일정한 방향 속에 나타나고 일정한 공간위치에서 나가며 그 공간을 관통해 울려 퍼지는 등, 하나의 음향적 공간환영을 여전히 간직할 수 있다. 결국 공간적 포착은 수행되지 않고 정지될 수도 있고, 그래서 그 음은 공간적으로 울려 퍼지는 음 대신 단순한 '감각자료'로 받아들여진다. 가까이 다가가든 멀리 떨어지든 변화되지 않은 음으로 밖의 공간 속에 의식된 것 대신, 음은 감각자료로 향한 시선전환을 통해 지속적으로 변화되는 것으로 나타난다.

그러므로 우리의 예에서는 단지 추상적으로 제쳐놓았던 공간적 파악 또는 잘못된 표현을 바로잡으면, 수행이 정지되었지만 변경된 양상에서 여전히 체험──곧 공간적 음을 미리 부여하는 체험──인 공간적 파악이 결코 수행되지 않았더라도, 그러한 음(音)의 자료가 구성될 수 있다는 사실이 이해될 수 있다. 그러나 우리는 이 음이 결코 필연적으로 미리 주어진 것이라고 주장하지 않는다. 모든 공간적 포착함이 없는 어떤 음을 생각할 수는 있을 것이다. 여기에서 우리는

하다'(Wenn……, So……)의 형식으로 동기지어진 결과다.
13) '사물'이 아닌 공간의 대상으로 가령 방금 언급한 '환영'을 예로 들 수 있다.

순수한 감각자료의 경우 아직 대상을 대상으로 구성하기 이전에 놓여 있는 미리 주어진 것에 직면하게 된다.

이것을 다음 두 가지 가능한 경우를 대조해봄으로써 기술할 수 있다.

첫째 가능성은 의식의 배경 속에 이미 대상으로 포착되었지만 예를 들어 자아가 다른 대상에 주의를 기울여서 아직 파악되지는 않은 어떤 음이 울려 퍼지는 데 있다.

둘째 가능성의 경우 울려 퍼지는 음에 관한 논의는 자아와 관련해 자극으로 기능하지만, 울려 퍼지는 음이 대상으로 의식되는 대상의 식의 특성을 소유하지는 않은 감각상태를 뜻한다. 여기에서 발생적 논의가 이 점을 명료하게 해줄 수 있다. 아직 어떤 음을 전혀 '지각하지 않은', 따라서 자신에 대해 하나의 대상으로 파악하지 않은 의식 주체에는 일정한 대상인 음도 대상으로 파고들어올 수 없다. 일단 수행된 파악함(근원적 대상의식)은, 유사한 음에 대한 기억의 형식이든 새롭게 울려 퍼지는 음에 관한 배경의식의 형식이든(우리는 여기서 후자의 경우를 사용한다), 생각하는 주의를 기울임 없이 대상을 포착함으로 이끌 수 있다. 물론 어떤 음에 주의를 기울이는 모든 것이 구성된 대상인 음에 주의를 기울임으로 발생적으로 소급할 수 있는 것은 아니다. 대상으로 포착함이나 파악함이 아닌 음을 감각함(Ton-empfinden)이 분명히 존재할 수도 있고, 미리 부여하는 의식(본래 미리 부여하는 의식은 아니지만, 바로 이미 대상으로 포착하는 의식)으로서 앞서 놓여 있는 대상인 음의 근원적 구성이 분명히 존재할 수도 있다. 발생적 숙고(그래서 여전히 경험적-심리학적일 필요가 없는 숙고)를 무시한다면, 현상학적으로 가능한 두 가지 경우가 구별된다. 즉 하나의 객관화하는 의식이지만 주의를 기울임과 파악함으로서 부각된 의식에 대립되는 변양된 의식인 단순히 대상을 포착하는 경우와, 다른 한편으로는 아직 대상을 포착한 것이 아닌 감각상태인 경우다. 따라서 여기에서 단순히 포착함(Auf fassung)은, 재생산적 기억이 지각에서 파생된 것과 어느 정도 비슷하게, 파악함(Er fassung)에서 지향적으로 파생된 것으로 주어진다.

어떤 대상은 자발성을 통해 근원적으로 구성된다. 가장 낮은 단계의 자발성은 곧 파악하는 자발성이다. 그러나 파악은 일종의 복원(Reaktivierung), 즉 이미 의식된 대상적인 것을 파악하는 자아의 시선 속으로 이끌어오는 변양된 파악의 복원, 또는 대상을 가장 근원적으로 구성하는 근원적 작용일 수 있다.

그러므로 공간적 사물의 모든 객관화는 결국 감각으로 소급된다. 우리는 모든 대상성에 관해 범주적 대상성에서 감각적 대상성으로 소급된다. 한편으로 감각적 대상성이 그러한 것으로 고려되어야 하는데, 이 대상성은 어떤 의미에서 '독자적으로 감각된 것'(aistheta idia),* 즉 오직 하나의 감성영역이 재현하는 것을 포함하며, 그래서 이 대상들이 어떤 함축적인 특별한 포착도 포함하지 않고, 따라서 복원을 통해 본래의 것이 되는 은폐된 정립을 지향적으로 소급해 지시하지 않는다.

이러한 예로 우리가 사실상 믿고 있듯이, 그와 같은 [감각적] 대상성에서 본래의 의견을 통해 충족될 수 있을지도 모를 지각상황을 지향적으로 소급해 지시하는 어떤 것도 놓여 있지 않다는 것이 옳은 한, 이미 공간적인 것으로 포착된 음을 들 수 있다.

그렇지만 우리는 그러한 대상들로부터 결국 가장 원초적으로 구성된 감각자료, 근원적 시간의식(Zeitbewußtsein)** 속에 통일체인 구성

---

* 아리스토텔레스의 구분에 따르면, '공통으로 감각된 것'(aistheta koina)은 형태·운동·정지·크기 등처럼 다수의 감각기관에 의해 감각되는 성질이며, '독자적으로 감각된 것'은 색깔·소리·맛·냄새 등처럼 특정한 감각기관에 의해 감각되는 성질이다.

된 감각자료로 인도된다.

감각대상이든 어느 한 감각영역 속에 이미 사물처럼 구성된 통일체이든 (완전한 의미에서 실재적 대상이 아니더라도) 모든 원초적 대상은 단순한 한 줄기 빛〔시선발산〕을 통해 '수용'(Rezeption)됨으로써 대상으로서 원본적으로 주어진다. 여러 가지 감각영역에 관여함으로써 구성된 사물대상도 더 넓은 의미에서 수용적이지만, 이것은 본래 주어지기 위해 위에 상술한 분절된 과정, 즉 일련의 수용함이 필요하다. 원초적 대상은 단순히 '수동적으로 파악'되며, 구성된 사물대상은 '적극적으로 파악'(akzipieren)되는 동시에 '수동적으로 파악'(rezipieren)된다고 할 수도 있다. 즉 대상이 함축적 존립요소로서 활발하지 않은 능동적 파악함을 소급해 지시하는 지향적 구성요소를 포함하는 한, 수용된다.

11. 단순한 사태의 영역인 자연

이제 근대 자연과학의 상관자인 자연의 이념으로 다시 돌아가자. 이것을 철저하게 현상학적으로 윤곽짓는 것이 지금까지 우리의 연구목적이었다. 이러한 의미에서 '자연'은 '단순한 사태'의 영역, 즉 구성하는 의식의 본질 속에 아프리오리하게 미리 지시된 경계를 설정함으로써 이론으로 다룰 수 있는 다른 모든 대상영역과 구별되는 대상성의 영역이다. 우리는 '자연과학은 어떤 가치나 실천의 술어도 알지 못한다'고 쉽게 말할 수 있고, 이미 이전에도 그렇게 말할 수 있

** 후설의 분석에 따르면, 모든 체험은 내적 시간의식의 흐름 속에 절대적으로 구성되기 때문에, 시간의식은 모든 대상성이 통일적으로 직관되어 종합되는 궁극적 근원이다.

었다. '가치가 큰' '아름다운' '사랑스러운' '매력적인' '완전한' '좋은' '이로운' '행위' '작업' 등의 개념은, '국가' '교회' '법률' '종교'와 그밖의 개념 또는 그 구성에 가치를 평가하고 실천하는 작용이 본질적으로 부여한 대상성과 마찬가지로, 자연과학 속에 어떤 위치도 없으며, 이것들은 결코 자연의 개념이 아니다.

그러나 현상학적 원천에 입각해 다음과 같은 점을 내적으로 이해해야 한다. 즉 가치영역과 실천영역의 술어들을 이렇게 추상함에서 임의의 자의적(恣意的) 추상(Abstraktion)은 문제가 되지 않지만, 그러한 추상 자체로는 어떤 학문적 분야의 철저히 완결된 이념도, 아프리오리하게 완결된 학문의 이념도 산출하지 못할 것이라는 점이다. 그렇지만 순수한 이론적 주체가 된다면, 즉 순수한 이론적 관심의 주체로서 순수하게 이러한 관심을 만족시키는 것을 겨냥하는 주체가 된다면, 우리는 단순한 사태의 세계로서 그와 같이 아프리오리하게 완결된 자연의 이념을 획득한다.

어쨌든 이것은 앞에서 기술한 의미로 그렇다. 따라서 우리는 일종의 '환원'(Reduktion)*을 한다. 즉 우리의 모든 감정의 지향을 그리고 감정의 지향성에서 유래하는 모든 통각을 괄호 속에 묶는다. 물론 이

---

* 환원에는 '판단중지' '형상적 환원' '선험적 환원' 등이 있는데, 이것들은 시간적 선·후의 구별이 아니라, 다른 목적에 따른 논리적 구별이다.

① 판단중지(Epoche)는 세계의 존재를 소박하게 전제한 자연적 태도의 일반정립(Generalthesis)에 깃든 확신과 타당성을 일단 괄호 속에 묶어 경험의 새로운 영역을 볼 수 있게 만든다.

② 형상적 환원은 개체적인 우연적 현상에서 상상(Phantasie)에 의한 자유변경(freie Variation), 즉 이념화작용(Ideation)을 통해 보편적인 필연적 형상(Eidos, 본질)을 직관한다.

③ 선험적 환원은 의식초월적 대상을 의식내재적 대상으로 환원해 대상과 본질적 상관관계에 있는 선험적 자아와 그 체험영역 전체(즉 선험적 주관성)를 적극적으로 드러내 밝힌다.

지향과 통각에 의해 공간시간적 대상성은 모든 사유작용 이전에, 어떤 가치특성, 실천적 특성 — 단순한 사태의 층을 뛰어넘는 명백한 특성 — 에 부착된 채 직접적 '직관성'으로 끊임없이 우리에게 나타난다. 그러므로 우리는 이러한 '순수한' 태도 또는 순수화된 이론적 태도에서 더 이상 집·책상·거리·예술품을 경험하지 않고, 오히려 단순한 물질적 사물을 경험한다. 이처럼 가치가 부착된 사물 가운데 오직 그것의 공간적-시간적 물질성의 층만 경험하며, 마찬가지로 인간과 인간적 사회에 대해 공간-시간의 '신체'(Leib)에 결합된 영혼적 '자연'(Natur)의 층만 경험한다.

그런데 이때 여전히 일정한 제한을 설정해야 한다. 즉 단순한 자연의 상관자는 어떤 종류의 가치도 평가하지 않는 순수하게 '객관화하는 자아주체(Ichsubjekt)'라 말하는 것은 옳지 않다. 물론 그것은 나타나는 가운데 구성된 실제성인 자신의 객체에 대해 무관심한 주체다. 이 주체는 자신을 위해 그러한 존재〔객체〕의 가치를 평가하지 않으며, 따라서 실천으로 자신의〔그러한 존재로〕 변경에 대한 관심이나 이 변경을 형태짓는 등의 관심을 기울이지 않는다. 그러나 이 주체는 나타나는 존재에 관한 앎, 즉 논리적 판단·이론·학문을 통해 이러한 존재를 규정함에 대해 평가한다. 그래서 그 주체는 '나타나는 존재가 그렇다' '나타나는 존재가 어떠한가?'에 대해 평가한다. 또한 그 주체는 실천으로 평가하며, 변경에 관심을 쏟고, 〔사유〕실험을 통해 이 변경을 실천으로 산출하는데, 이것은 변경 자체를 위해서가 아니라 그것을 통해 나타나는 존재에 관한 앎을 촉진할 수도 있을 연관을 명백하게 드러내기 위해서이다. 따라서 자연의 상관자는 노력하고 욕구하며 평가하는 주체가 결코 아니다. 그것은 생각할 수도 없다. 자연의 인식에서 앎(Wissen)의 가치에 대립된 다른 모든 가치로부터 단지 다음과 같이 추상화된다. 즉 나는 '이론적 경험'에서 자연을 더 풍부하게 경험하는 것만 원하며, 나타나는 자연의 본질을 경험에 근거한 이론적 앎에서 인식하는 것만 원한다.

모든 순수한 이론, 순수하게 학문적인 모든 태도는 근원적으로 구성될 수 있는 대상성 또는 대상들의 유(類)에 대한 이론적 관심 속에 발생한다. 왜냐하면 자연과학과 관련해 근원적으로 구성될 수 있는 이러한 대상성은 모든 자연적 대상성의 실재적 통일체인 자연이기 때문이다. 이 경우 '자연적 대상성'은 그것이 공존하는 범례에 관해 본질상 필연적으로 실재적으로 결합된 통일체로 밀집되는 대상들의 유를 지시하며, 여기에서 동시에 이 대상들은 '구성하는 의식'인 평가하는 의식이 대상들의 본질적 존립요소, 즉 그 의미내용에 전혀 기여하지 않았다는 사실에 따라 특성지어진다. 자연을 경험하고 자연과학을 추구하는 주체 자체가 수행하는 〔가치의〕 평가도 주체가 관계하는 객체에 구성적이 아니기 때문에, 그것의 영역에는 일정한 가치객체 등이 존재하지 않는다고 정당하게 말할 수 있다.

그러나 이 경우 평가하고 욕구하는 작용인 느낌·욕망·결심·행동은 여기에서 '사태의 영역'에서 배제되는 것이 아니라, 그것들이 스스로 가치술어나 이와 비슷한 술어의 담지자(擔持者)로 등장하지 않더라도 여기에서 사태의 영역에 철저하게 속한다는 점을 주목해야 한다. 우리는 의식 전체를 대상으로 함께 다루지만, 가치를 평가하는 의식이 아니라 오직 속견으로 객체화하는 의식을 통해서만 '대상을 구성한다'. 이처럼 경험될 수 있는 사태의 영역은 이제 자연과학의 사태의 영역으로 규정될 것이다.

따라서 지금부터 우리는 자연과학 태도 속에 순수하게 멈추고, 그래서 이렇게 함으로써 일종의 배제함, 즉 **일종의 판단중지(epoche)**를 한다. 일상적 삶에서 우리는 자연의 객체에 전혀 관계하지 않는다. 우리가 사물이라 부르는 것은 회화·조각·정원·집·책상·옷·도구 등이다. 이 모든 것은 서로 다른 종류의 가치객체, 사용객체, 실천의 객체다. 이것들은 결코 자연과학의 객체가 아니다.

제2절 직관적 사물 자체의 존재적 의미 층

12. 물질적 자연과 동물적 자연

우리는 '실재적' 사태 전체, 사물세계 전체, 즉 그 공간과 시간 속에 모든 사실적 실재성 ──그러나 명백하게 본질적인 근거에 입각해 아 프리오리하게 가능한 모든 실재성도 똑같이 ──을 포괄하는 자연인 '세계 전체'(Weltall)에 주목한다.

첫눈에 우리는 이것에서 좁은 (가장 낮은) 첫 번째 의미의 자연, 즉 **물질적 자연**과, 두 번째 (확장되거나 영혼이 깃든 진정한) 의미로 '생생한' 동물적 자연의 본질적으로 정초된 구별에 주목한다. 우리가 일 상적 의미(따라서 자연주의 태도)에서 존재하는 것으로 묘사한 모든 것, 감각, 표상, 느낌, 모든 종류의 심리적 작용과 상태도 곧 이러한 태도에서 생생한 자연에 속한다. 이것은 '실재적' 작용이나 상태이 고, 곧 동물이나 인간의 활동이나 상태이며 그 자체로 공간적 시간적 세계에 편입되는 사실을 통해 존재론으로 특징지어진다. 따라서 '모 든 개별적 대상성 일반'에 부합한 규정에 맡겨진다.

모든 사물적 존재는 시간적으로 연장된다. 그래서 자신의 지속을 지니고, 이 지속에 따라 객관적 시간의 확고한 방식에 편입된다. 따 라서 이 지속과 함께 모든 사물성에 대해 일반적 현존재(Dasein)의 형식인 하나의 세계시간(eine Weltzeit) 속에 확고한 위치를 지닌다. 그밖에 사물이 '존재하는' 모든 것은, 그에 속한 다른 모든 본질적 규 정에 따라, 지속하며, '언제'라는 더 상세한 결정과 더불어 있다. 그런 까닭에 우리는 (어떤 사물의 지속인) 시간적 규정과 그 자체 지속을 충족시키고 지속을 넘어 확장되는 실재적 징표를 적절하게 구별한다. 바로 이 구별에 의해 사물의 모든 징표는 아프리오리하게 필연적으로 자신의 지속을 관통해 내용상 지속하면서 변화하든가 변화하지 않는다. 여기서 첫 번째 변화하는 경우 개별적인 불연속적 비약이 허용된다. 어떤 사물이 지속하는 시간충족들(Zeitfülle)이 지속적으로 또는 비약적으로 변화하면, 그 사물은 '변경된다.' 그렇지 않다면, 그 사물은 변경되지 않은 채 남는다.[14]

더구나 모든 사물적 존재는 다른 모든 사물적 존재에 상대적이며 원리상 변경할 수 있는 세계공간(Weltraum) 속에 자신의 위치를 지닌다. 사물은 자신에게 본질적으로 속하고 오직 자신에게만 고유한 물체적 연장(延長)――이것은 공간 속에 자신의 상태를 끊임없이 변경할 수 있다――에 따라 공간 속에 움직일 수 있다. 우리는 이러한 명제를 그와 같이 일반적으로 이해할 수 있기 때문에, 그 명제는 사실상 그리고 아프리오리하게 모든 사물적 존재 일반에 타당하다.

어쨌든 그래서 물체적 연장(Ausdehnung)과 관련해 물질적 사물성(Dinglichkeit)과 동물적 자연의 의미에서 사물성이 구별된다. 데카르트가 정신성 자체에서 어떤 연장성(extensio)도 없고 오히려 본질적으로 연장성을 배제한 영혼적 또는 정신적 존재에 대립해 물질적 사물의 본질적 속성――그런 까닭에 단적으로 물체적인 것이라 부

---

14) 어떤 사물의 지속이 중단 없이 사물적 규정들로 충족되어야 하는지 또는 사물들이 동일한 규정이나 불연속적 지속 속에 변경된 규정으로 사라지고 다시 [존재하기] 시작할 수 있는지는 명백히 상론해야 한다. 이것은 하나의 동일한 사물이 다수로 분리된 지속을 가질 수 있다는 사실을 뜻할 수도 있고, 두 가지로 분리된 지속을 관통해 걸쳐 있는 사물이 잇달아 존재하는 두 가지 사물과 구별될 수 있는지 하는 물음일 수도 있다. 어쨌든 지금 우리가 논의하는 연관에서 이러한 물음을 다루는 것이 극히 무조건 요구되지는 않는다.

른 것 — 으로 연장성을 지적한 것은 충분히 근거가 있다.* 물질성이 그 자체로 시간적 연장뿐 아니라 공간적 연장을 요구하는 한, 물질적 존재를 완전히 포괄하는 본질적 속성이 단순한 연장이 아니라 물질성이라도, 사실 무엇보다 두 번째 의미의 자연과 첫 번째 의미의 자연을 구별하는 것은, 올바로 이해하면, 연장성이라는 점을 통찰해야 한다.

그러나 중요한 점은 모든 것, 더구나 물질적 사물의 어떤 것도 아프리오리하게(언제나 본질적으로) 그 사물의 연장성에 관련된 두드러진 방식에 관한 인식이다. 동물적 자연으로 이해된 정신적 자연은 연장성의 본질적 징표를 지닌 물질적 자연의 하부 층과, 근본적으로 다른 본질에 기인하며 무엇보다 연장성을 배제한 불가분한 상부 층으로 형성된 복합체다. 따라서 물질적 사물을 포괄하는 본질적 징표가 물질성이라도, 연장성이 물질적인 것(Materielles)과 영혼적인 것(Seelisches) 또는 정신적인 것(Geistiges)을 본질적으로 구별할 징표로 간주되는 점을 이해해야 한다.

13. '사물' 일반과 특히 물질적 사물의 구조에 대한 연장의 의미

이제 평소 그리고 그 본성에 따라 어떤 사물로 존재하는 모든 것이 자신에 본질적으로 속한 연장성에 독특한 방식으로 관련되는지, 또한 동물적 실재성들에 속한 심리적 규정이 물질적인 것 속에 영혼적인 것이 기초지어짐으로써 동물적 실재성에 필연적인 공간적 규정을 얼마나 완

---

* 후설은 사유하는 정신(res cogitans)과 연장성을 지닌 물체(res extensa)를 대립시킨 데카르트의 기계론적 이원론이 정신[심리]도 자연화하는 로크의 연상심리학으로 이어졌기 때문에, 데카르트를 "근대 합리론과 경험론 모두의 시조"(『위기』, 85~86쪽)라 비판한다.

전히 다르게 획득하는지를 명백하게 하는 것이 중요하다. 어떤 사물의 공간적 연장성, 더 적절하게 말하면 물체적 연장성이라는 용어를 우리는, 그 사물이 완전히 규정됨으로써 그 존립요소에 속하는 것과 정확히 같은 방식으로, 자신의 구체적 존립요소에 속한 **공간물체성**(Raumkörperlichkeit)으로 이해한다. 따라서 비슷한 공간적 형태를 유지하는 경우 모든 크기의 변화는 연장성의 변경을 뜻하며, 이것은 크기를 유지할 경우 모든 형태의 변화와, 어떤 의미에서든 모든 변형에도 마찬가지다. 모든 상태의 변화도 연장성의 변경이다.

그러므로 연장성은, 사물이 지속하는 모든 시점(時點)에서 공간의 단순한 단편과 일치하더라도, 공간의 단순한 단편(Stück)이 아니다. 그 본질상 공간 자체나 공간의 어떠한 단편도 움직일 수 없다. 공간 자체는 결코 **구멍**, 즉 공간성이 비어 있어 가령 보충해 가득 채울 수 있는 장소가 없기 때문이다. 그것은 절대적으로 '고정된 것'이고, 그 부분들은 우리가 규정한 의미에서 '연장'이 아니며, 가령 물리학의 의미에서 고정된 물체와 같은 '물체'는 결코 아니다.

지금 나는 변화할 수 있는 이러한 규정 ─ 공간적 연장성 또는 물체성 ─ 이 어떤 물질적 사물의 구성적 속성들 속에 완전히 고유한 위치를 차지한다고 주장한다. 연장성의 본질에는 [단편으로] 나눔(Zerstückung)*의 이념적 가능성이 있다. 그렇다면 연장성의 모든 나눔은 사물 자체를 나눈다는, 즉 부분들로 분해한다는 사실, 그 각각은 다시 완전한 사물적 특성, 즉 물질적 사물성의 특성을 띤다. 그 반대로 사물을 사물로 분할하는 모든 것, 사물의 모든 나눔 자체는 사물적 연장도 나눈다. 요컨대 사물은 일반적으로 다른 규정 가운데 물체적 연장이라는 규정을 소유한다는 의미에서 연장된 것일 뿐 아니

---

* 이런 단어는 사전에 없고, 'Zerstücklung'에서 'l'이 빠진 오자인 듯하다.

라, 일반적으로 내용상 무엇이든 게다가 그 자체로 (완전히 시간을 충족시키는 그 본질상, 그 징표상) 어떤 것이든 이와 관련해 사물은 연장되어 있고, 자신의 공간물체성을 충족시킨다. 크기·형식·도형 등 어떤 사물의 물체적 연장의 규정성(이념적으로 말하면, 기하학적 규정)과 그것의 실재적 성질 또는 그때그때 상황(더 적절하게 말하면, 그때그때 시간국면)에 처한 양상은 원리상 구분된다.

어떤 사물의 모든 물체적 성질은 '공간적 물체를 충족시키고', 그 사물은 이 성질 속에 확장되며, 각각의 성질 속에 자신의 물체성(연장성)을 충족시키는데, 이것은 모든 실재적 성질에서 동일한 시점 속에 동일하다. 당연히 전체에 적용되는 것은 각 부분에도 적용된다. 특히 각각의 사물은 서로 다르며, 서로 다른 공간적 연장을 지니고, 이것을 매우 다른 방식으로, 질적으로 충족시킨다. 물체를 충족시키고 물체를 성질화(Qualifiziertheit)하며 공간을 충족시키는 방식[15](아주 정확하지는 않지만 통상적인 이 말을 사용하면)은, 징표의 종류에 따라 그리고 우리가 지속하는 성질이나 단순한 실재적 상태(이 변화를 통해 표명되는 동일한 성질)을 고려함에 따라, 다른 방식일 수도 있다. 그러나 일반적 유형(Typus)은 항상 필연적으로 동일하다.

모든 종류의 성질은 공간물체성을 충족시키고 덮어씌우며 연장되는 자신의 특수한 방식을 지닌다. 하지만 충족시키는 성질이 필연적이다. 사물은 순수한 물체성(1차 성질)과 변양시키는 감성적 성질, 즉 '성질화하는' 2차 성질 이외에 다른 외연적 규정성을 알지 못한다. 어떤 사물의 순간적 채색(즉 그 사물의 동일한 시각의 속성들의 통일

---

15) 공간을 충족시키는 것은 두 가지 의미가 있다. 어떤 **물체**가 성질화되는 것은 물체적 성질인 '2차 성질'의 개념을 산출한다. 그 사물이 규정된 것('성질')으로서의 물체 자체는 공간의 부분이 아니라, 그것을 충족시키고 성질화하는 2차 성질과 일치해 공간 자체를 '충족시킨다'.

체가 변화하는 가운데 드러나는 다양하게 가능한 시각의 상태로부터 그것의 순간적인 시각의 상태)은 일정한 방식으로 그 사물물체의 표면을 덮어씌운다. 온도가 따뜻한 물체를 충족시키거나 후각의 속성이 냄새나는 물체를 충족시키는 것은 명백히 전혀 다른 방식이다. 무게나 이와 유사한 실재적 규정[물체를 충족시키는 것]도 또 다른 방식이다. 무게는 아무리 광범위해도 사물의 모든 나눔이 곧 [사물의] 무게도 나누는 한, 자신의 연장성을 지닌다. 사물은, 그 현존재의 상황이 변화되는 가운데, 약간의 충족시키는 속성들은 받아들이고 다시 상실할 수도 있다. 그런데 물체적 연장성 없이 어떤 무게도 결코 현존하지 않는다. 그러나 물체적 연장성은 단독으로 현존할 수 없지만, 그것의 특수한 위치는 다른 실재적 속성 가운데 하나는 아니다. 무엇이든 사물은 개별적으로 간주해 동일한 의미로 필연적이지 않은 실재적 특성들로 이루어진다. 모든 속성은 그 사물이 존재하는 한 줄기[시선]발산(ein Strahl)이기 때문이다.

그러나 물체적 연장성은 이와 동일한 의미에서 실재적 존재의 한 줄기[시선]발산이 아니다. 그것은 이와 동일한 방식으로('본래 결코 동일한 방식이 아닌') 실재적 속성이 아니라, 모든 실재적 속성의 본질형식이다. 그래서 공허한 공간물체는 실재적으로는 무(Nichts)이며, 어떤 사물이 자신의 사물적 속성들과 더불어 그 속에 연장되는 한에서만 존재한다. 더 적절하게 말하면, 물체는 실재적 규정이지만, 다른 모든 규정에 대한 본질적 기초와 형식으로서 근본적 규정이다.

따라서 이러한 의미에서 연장성은, 완전히 다른 방식에서 '실재적 속성'이기 때문에 바로 그렇더라도, 물질성의 본질적 특성이며, 본질적 속성(Attribut)이라는 용어를 그렇게 사용하려면, 본질적 속성이다. 그것은 물질적 존재 또는 물리적 존재에 대한 특성을 지시하는 현존재의 본질형식(사물적 현존재가 해명되는 모든 실재적 규정에 대한 본질형식)을 표현한다. 그래서 완전한 사물 일반이 아니라 단순한 물리적 사물에 대한 본질형식이다. 사물적 현존재 일반의 본질에는 시간성이 속한다.

인간과 동물은 공간 속에 자신의 위치를 지니고, 단순한 물리적 사물처럼 공간 속에 움직인다. 물론 우리는 인간과 동물은 그 물체적 신체에 '의해' 그렇게 한다고 말할 것이다. 그러나 단지 인간의 신체가 움직였지 인간이 그런 것은 아니며, 인간의 신체가 거리를 걸었고 자동차로 운전했으며 시골이나 도시에 거주했지 인간이 그런 것은 아니라고 말하는 것은 기이할 것이다. 또한 처음부터 신체의 속성들 사이에는 이러한 관련으로 차이가 존재할 것이다. 우리가 다른 인간과 우리 자신에게 부여하지만, 본래 물질적 신체에만 속한다는 사실을 완전히 의식해 부여한 무게·크기 등과 같은 신체의 속성들이 존재한다고 말할 수도 있다. 물론 내가 신체를 지닌 한에서만, 나는 크기와 무게를 지닌다. 내가 나에게 어떤 장소를 부여하면, 그 장소 또한 〔내〕 신체의 장소다.

그러나 우리는 장소성(Örtlichkeit)이 다소 더 본질적으로 나에게 속하게 만든 어떤 차이를 처음부터 느끼지 않는가? 어쨌든 이 문제를 체계적으로 숙고해보자.

14. 동물적인 것의 구조에 대한 연장의 의미

두 번째 확장된 의미에서 자연의 대상은, 완전히 구체적으로 말하면, 영혼이 깃든 신체(beseelte Leib)로 특성지어진 동물적 실재성이다. 이것은 하부 층으로서 물질적 실재성, 즉 이른바 물질적 신체를 자체 속에 전제한 기초지어진 실재성이다. 실제로 이것은 새로운 것인데, 특별히 물질적 규정 이외에 여전히 속성들에 관한 새로운 체계인 영혼적 속성을 지닌다. 이 경우 우리는 이러한 명칭으로 본래 두 종류, 즉 감성적(감각적) 층과 본래의 심리적 층이 구별될 수 있는지의 문제는 미해결로 남겨둔다. 경험 속에서 지금 문제 삼는 새로운 속성은 지금 문제 삼는 신체에 속한 것으로 주어지고, 이 때문에 그것은 신체, 즉 영혼에 대한 또는 정신에 대한 '신체'라 한다.

다른 한편 이 속성들은 곧 물질적 속성이 아니고, 이것은 본질적으로 그 속성이 어떤 연장성도 없으며, 신체적 연장성을 충족시키는 모든 속성과 같은 방식으로 주어지지 않는다는 사실을 뜻한다. 그러나 속성이 연장되는지, 따라서 이 속성을 지닌 대상은 물질적인지는 우연의 문제가 아니라 본질의 문제다. 인간과 동물은 물질적 신체를 지니며, 인간과 동물이 공간성과 물질성을 갖는 한, 그러하다. 특별히 인간적인 것과 동물적인 것, 즉 영혼적인 것에 따르면 어쨌든 그것들은 물질적인 것이 아니며, 그래서 구체적 전체로 보면 본래의 의미에서 물질적 실재성 역시 아니다. 물질적 사물은 그것의 본질에 속하는 연장성에 평행하게 나누어질 수 있다.

반면 인간과 동물은 나뉠 수 없다. 인간과 동물은 공간적으로 장소화(場所化)되고, 그들의 심리적인 것도 적어도 본질적으로 신체적인 것 속에 기초지어짐으로써 공간적으로 편입된다. 더구나 심리적인 것(Psychisches)이라는 폭넓고 우선은 해명되지 않은 명칭 아래 포함된 많은 것이 확장된다(공간 속에 확장된 것은 아니지만)고 할 것이다. 그러나 원리상 이러한 측면에서 어떤 것도 본래의 의미에서, 즉 앞에서 기술한 연장성의 특수한 의미에서 연장된 것은 아니다.

15. 물질성의 본질(실체)

상세하게 해명할 수 있는 장소화(長所化)와 연장성(延長性)의 차이를 계속 추적하기 전에, 나아가 물질적 신체와 동물성(Animalität)*을 온전하게 만드는 영혼적인 것의 결합방식을 계속 추적하기 전에, 우선 결합요소를 더 상세히 고찰하자.

물리적 사물 또는 물질적 사물은 연장실체(res extensa)다. 우리는 이미 그것의 '본질적 속성'인 연장성의 의미를 상론했다. 그렇다면 실로 이 사물(res)이라는 개념을 형성하는 것은 무엇인가? 연장된 실재성은 무엇을 뜻하는가? 실재성 일반은 무엇을 뜻하는가? 사람들은 연장된 실체(Substanz)에 관해서도 논의한다. 그러나 우리는 최대로 가능한 일반성에서 이 실체성은 무엇을 뜻하는지 심문하고 있다.

물질적 사물은 논리적 범주인 개체 그 자체(Individuum schlechtin) ('절대적' 대상) 아래 배열된다. 이것에는 논리적(또는 형식적 존재론적) 변경, 즉 개체적 속성(여기에서는 사물적 성질)·상태·경과·관계·복합체 등이 관련된다. 각각의 존재영역에서 우리는 유사한 변경을 발견하며, 그래서 현상학적 해명이 요구하는 목표는 근원적 대상성인 개체로 되돌아가는 것이다.** 모든 논리적 변경은 이것에 의해 자신의 의미규정을 획득한다.

a) '물질적 사물'의 본질을 규정하는 길인 사물이 주어짐에 대한 현상학적 분석

---

* 이 말의 어원은 라틴어 'anima'(공기, 호흡, 마음, 심리적인 것 등)를 뜻한다. 그런데 후설은, 그가 '동물적 영혼(Seele)'이라는 표현도 간혹 사용하는 점에서 알 수 있듯이, 이 말을 추상화해 동물의 일반적 속성보다 인간을 포함한 고등동물의 심리 또는 영혼을 표현한다.

** 후설은 진리를 판단들의 형식적 무(無)모순성에서 찾는 형식논리를 보완하기 위해 판단의 궁극적 기체인 '여기에 있는 이것'(tode ti)이 스스로 주어지는 대상적 명증성을 해명하는 선험논리를 『형식논리학과 선험논리학』, 『경험과 판단』에서 제시했다.

사물 자체를 고찰하려면, 사물의 본질을 파악하고 개념적으로 규정하려면, 모호한 논의와 전통적인 철학적 선입견에 사로잡히는 것이 아니라 오히려 분명하게 주어진 것에서 이끌어내는 것이 중요하다. 그래서 우리는, 범례를 들면, 사물이 우리에게 원본적으로 주어지고 완전하게 주어지기 때문에 그러한 종류의 대상에 아프리오리한 규칙을 미리 지시하는 일반적 본질형식을 파악하는 데 전혀 부족할 수 없는 의식으로 되돌아가야 한다.

사물이 범례로 이러한 방식으로 주어지게 되는 것은 아무튼 단순히 사물을 지각함 또는 어떤 지각작용 속에 명백하게 집어넣어 상상함만 뜻하지 않는다. 이것으로는 부족하다. 예를 들어 이 책상을 바라보고 이것에 지각하는 시선을 던지는 것, 또는 그 책상에 관한 많은 지각을 동시에 취하며 게다가 다른 사물에 관한 지각을 취하는 것으로는 부족하다. 오히려 지각하고 경험하면서 실제로 경험하든 상상하든 지각에 적합하게 생각된 것을 '추적해야' 한다. 즉 지속적으로 연관된 일련의 지각——이 속에서 지각된 대상은 하나의 동일한 것이며, 그래서 지각이 진행되는 가운데 그 속에 놓여 있는 것, 즉 자신의 본질에 속한 것을 항상 더 완전하게 지시한다——을 현전화해야(경우에 따라 자유롭게 꾸며내야) 한다.[16]

지각작용의 인식대상(noema),* 즉 그 속에 지향적 객체가 있듯이

---

16) 19항을 참조할 것.

* 이 말을 어원 그리스어 'nous'(지성)와 관련하여 이해하기 위해 플라톤의 『국가』(Politeia) 제6권 '선분의 비유'(519d~511e)를 살펴보자. 그는 인식대상을 가시적인 것들(ta horata), 즉 감각의 대상들(ta aistheta)과 지성에 의해 알 수 있는 것들(ta noeta)로 나누고, 인식주관의 상태를 전자(前者)에서 그림자[像]에 대한 짐작(eikasia) 그리고 실재에 대한 확신(pistis)과, 후자(後者)에서 수학적인 것에 대한 추론적 사고(dianoia) 그리고 이데아(형상)에 대한 직관(episteme)을 대응시켰다. 또한 전자를 속견(doxa), 후자를 지성에 의한 인식(noesis)이라고

현상학적으로 정확히 그렇게 특징지어진 것으로 지각된 것 속에는, 관련된 대상에 관한 더 이상의 모든 경험에 대한 일정한 지시가 포함되어 있다. 그래서 지각작용 속에 이 책상이 주어져 있지만, 그때그때 일정한 방식으로 주어져 있다. 지각작용은 그 지각의 의미, 그것이 곧 추정된 것으로서 자신의 추정된 것을 가지며, 이 의미 속에는 지시들이, 즉 충족되지 않은 미리 가리킴(Vordeutung)과 소급해 가리킴(Zurückdeutung)이 있는데, 이것들을 더 추적해야 한다. 책상의 나타남은 전면의 색상, 전면의 형태 등을 가진 전면으로부터 책상의 나타남이다. 이렇게 추정된 것의 의미에는, 이미 실제로 나타남이 훨씬 더 잘 나타날 뿐 아니라 아직 나타나지 않은 측면(어쨌든 다소 규정되지 않은 채 함께 추정된 측면)이 명시적으로 주어지는 일정한 진행을 통해 형태나 색상의 추정된 것이 언제나 새로운 형태나 색상의 나타남을 계속 지시한다는 사실이 있다.

그래서 사물이 추정된 것 자체 속에 놓여 있는 다른 모든 **규정의 방향**이 앞서 미리 지시되는데, 이에 속한 동기부여된 가능한 지각의 모든 경과에 대해서도 그러하다. 적어도 내가 문제된 규정되는 방식의 의미와 더불어 그 사물본질의 내용을 해명하려면, 나는 자유롭게 형태짓는 상상에서 나 자신을 지각의 모든 경과에 내맡길 수 있고 내맡겨야 한다. 사물의 인식대상 자체, 이른바 사물[에 대한]의견 자체를, 모든 방향에 따라 그것이 전개되어 주어지게 함으로써 심문하고 이로부터 그것이 지시하는 것을 수행하는 가운데 답변이 주어지게 만들 때만, 우리는 사물성(Dinglichkeit)의 본질적 구성요소를 실제로

일컬었다. 요컨대 '지성'(nous)은 이론적 사유인 '이성'(logos)을 포괄할 뿐만 아니라, 이러한 인식을 통해 자신의 삶을 훌륭하게 실현하려는 실천적 의지도 지닌다. 이러한 맥락에서 'noesis'는 지성의 작업이 일정하게 관여되었다는 의미로 '인식작용'으로, 'noema'는 '인식대상'으로 옮긴다.

획득하고 그것 없이는 사물이 추정된 것 일반이 생각될 수 없는 필연적 본질연계를 획득하게 된다.

이러한 방법을 포괄적으로 추적하려면, 그 방법으로 사물본질에 관한 아주 많은 기초적 내용이 확립되었을 것이다. 그렇지만 우리는 다만 몇 가지 특별하게 현저한 것에 만족할 수밖에 없다.

b) 물질적 사물의 구성요소인 유동성과 가변성: 사물도식(Dingschema)

먼저 우리는 운동과 정지, 양적 변화와 불변의 가능성은 원리상 물질적 사물 일반의 본질 속에 근거한다는 사실을 쉽게 확신한다. 예를 들어 어떤 사물은 사실적으로 움직이지도 변화되지도 않을 수 있다. 그러나 그 사물이 원리상 움직이지도 변화되지도 않는다는 것은 이치에 맞지 않는다. 다른 한편 그 사물은 절대로 변화되지 않을 수 있다. 직관을 통해 우리는 모든 관점에서 **변화되지 않는 사물**의 이념(이념적 한계경우라도)을 적절한 범례로 파악할 수 있기 때문이다.

이러한 이념에서 출발해 사물의 연관을 고려하지 않은 채 사물 자체에만 주목하면, 우리가 공허한 **환영**의 본질과 **사물**의 본질을 구별할 어떠한 수단도 결코 마음대로 처리하지 못한다는 사실, 사물 쪽의 초과내용은 일정하게 지정된 의미에서 명백하게 실제로 주어지지 않을 것이다. 예를 들어 입체경(立體鏡)에서 적절하게 조직된 것을 물체적 융합으로 이끄는 방법을 배우면 단순한 환영이 앞에 놓이게 된다. 그렇다면 우리는 그것의 형태·색상·매끄러움이나 울퉁불퉁함 그리고 비슷하게 분류된 규정들에 관해 의미 있는 물음—따라서 예를 들어 '이것은 빨갛고 울퉁불퉁한 각뿔이다'라는 말처럼, 진리에 일치하는 답변을 발견할 수 있는 물음—을 제기할 수 있는 일정한 **공간물체**를 보는 것이다.

다른 한편 나타나는 것이 무거운지 가벼운지, 탄성(彈性)이 있는지 자력(磁力)이 있는지 등의 물음은 전혀 의미가 없거나, 더 적절하게 말하면, 지각의 의미에 어떤 근거도 없이 주어질 수 있다. 우리가 보는 것은 결코 물질적 사물이 아니다. 물질적 규정성 전체는 우리가 위에서 든 예에서 수행했던 통각의 의미내용 속에 없다. 물질적 규정성은, 모든 사물지각이 규정되지 않은 구성요소에 따라 파악하는 가운데 여러 가지—가령 보이지 않는 뒷면의 특정한 색깔은 예컨대 이미 빨간색으로 통각되었던 것이 완전히 균일한 빨간색인지 얼룩과 줄무늬 등을 포함하는지, 또는 어떻든 제한된 것으로만 파악된 사물의 형태가 볼 수 없음[의 영역]에서 그 물체는 딱딱한지 부드러운지 금속성인지 아닌지 등으로 어떻게 경과하는가 등—를 미해결로 놓아두듯이, 가령 단지 규정되지 않고 개방되어 있지는 않다. 오히려 중요한 것은 그밖에도 여전히 개방된 무규정성과 관계없이 징표들의 본질적 그룹, 즉 고유한 물질성의 본질적 그룹은 결코 파악하는 가운데 대변되지 않는다는 사실이다. 이러한 방식으로 무지개, 푸른 하늘, 태양 등도 본다. 그러므로 우리는 연장되는 성질의 충족을 통해 충족된 공간물체(성질화된 물체)가 여전히 어떤 사물, 즉 물질적 실재의 통상적 의미에서 사물만큼 아직 많지 않다는 사실을 알게 된다. 마찬가지로 모든 감성적 사물은 그 본질의 근본부분(따라서 끊임없이 폐기할 수 없는 근본부분)으로서 자신이 주어지는 가운데 그와 같이 충족된 공간물체를 요구한다는 사실도 분명하다. 그래서 감성적 사물은 충족된 공간적 연장(延長)으로서 언제나 필연적으로 주어지지만, 여전히 그 이상(mehr)으로 주어진다.

우리는 감성적 도식이 어떤 사물의 본질에 속한다고 말하며, 그 도식으로 이 근본토대, 즉 자신을 넘어서 연장된 충족을 지닌 이 물체적('공간적') 형태를 이해한다. 정지해 있고 질적으로 변화되지 않은 채 나타나는 사물은, 사물이 어쨌든 동시에 물질적인 것으로 파악되는 동안 그 도식, 또는 제시됨(Apparenz)*만 '지시한다'. 그러나 이러한 관점에서 사물이 '지시되지' 않으며, 본래 우리에게 보이지도 원본적으로 주어지지도 않는다. 물질성의 전체 층이 통각에서 삭제되면, '본래' 주어진 것에서 아무것도 변화되지 않을 것이다. 사실 이것은 가능하다. 원본적 경험, 즉 지각에서 '물체'는 감성으로 성질화되지 않으면 불가능하지만, 환영은 원본적으로 주어지며, 따라서 물질성의 구성요소들이 그것들의 측면에서 비-자립적(한 측면의 분리)인 경우 그 구성요소들이 없어도 가능하다. 이와 다른 변화, 외연적 변화(장소변화·형태변화)와 질적 변화를 고려하면, 다시 다음과 같은 동일한 사실에 주목하게 된다. 즉 사물의 변화에 관한 지각, 더구나 나타나는 사물의 본래 내용상 변화에 관한 지각에서 우리에게 실제로 지각되는 것은 단지 감성적 도식의 지속적 경과다. 사물의 감성적 도식은 지속적으로 변화된다. 그러나 순수한 '환영'으로도 주어질 수 없는 것은 감성적 도식에 주어지지 않는다는 점도 명백하다. 환영(물질성을 파악할 어떤 층도 없는, 앞에서 언급한 순수하게 공간적으로 주어지는 의미에서)도 움직이고 변형되는 환영, 색깔·광채·소리 등에 따라 질적으로 변화되는 환영일 수 있다. 물질성도 처음부터 함께 파악될 수 있지만, 어쨌든 함께 주어질 수는 없다.**

---

* 이 용어는 라틴어 'parere'(나타나다·명백해지다)에 접두사 'ap'(덧붙여, 더하여)가 붙은 것으로, 사물구성에서 사물 그 자체가 자신의 도식 속에 제시되고 알려지는 것을 뜻한다. 이러한 의미를 살리고 '나타남'(Erscheinung)과 구별하기 위하여 이 용어를 '제시됨'으로 옮긴다.

** 내재적 존재에 관한 내적 지각은 지각대상이 지각작용과 동일한 체험흐름 속에 있기 때문에 전체를 남김없이 단번에 파악하므로 충전적이고, '존재'와 '의식되어 있음'이 일치하므로 필증적이다. 반면 초월적 실재에 관한 외적 지각은 항상 음영지어 주어지고 어떤 측면만 우연적으로 지각되기 때문에 충전적이지 않으며, 새로운 경험을 통해 확인·수정될 수 있으므로 필증적이 아니다.

이제 도식(환영)의 개념은 결코 단지 감각의 영역에 제한되지 않는다는 사실이 즉시 명백하게 강조되어야 한다. 또한 지각된 사물은 그것의 촉각적 파악에서 밝혀지는 자신의 **촉각적 도식**을 지닌다. 일반적으로 우리가 동일하게 나타나는 것으로서 사물의 공간적 연장을 넘어 확장되는 감성적 자료를 발견할 수 있을 만큼보다 더 많은 층이 완전한 도식 속에 구별될 수 있기 때문이다. 도식은 이 다양한 충족 때문에 다중화(多重化)되지 않는다. 감성적 성질은 절대적으로 동일한 하나의 공간적 물체성을 많은 층 속에 충족시키는데, 이 층들은 이러한 동일성 때문에 또 본질적으로 연장과 분리될 수 없기 때문에 원리상 분리된 도식들로 제각기 흩어질 수도 없다.

이 점을 더 상세하게 고찰해보자. 어떤 **동일한 물체**가 주어졌고 그 형태는 하나이며 그 연장도 하나이지만, 보인 물체성과 만진 물체성이라는 두 가지 방식으로 나타난다고 하자. 물체는 색깔을 띤다. 즉 물체는 전체의 연장 속에 채색된 모든 부분에 따라 똑같은 색깔, 또는 다른 외연의 부분들(그 표면)에 따라 다른 색깔을 띤다. 그러나 물체는 '시각적 나타남'에서만 색깔을 띤다. 색깔은 '촉각의 공간', 촉각으로 나타나는(촉각으로 주어지는) 물체성 속에 주어지지 않는다.[17] 다른 한편 매끄러움은 촉각으로 주어지지만, 광채는 시각으로 주어진다. 축축함은 보일 수 없고, 만질 뿐이다. 비단 같은 촉감의 파악이 흐릿한 광채를 함께 현전화하듯이, 그것은 '함께 보일' 수 있을 뿐이다. 울퉁불퉁함은 표면의 외부 구조처럼 감촉되고 또 '보일' 수 있다. 물체성이 시각이나 촉각으로 충족되는 방식이나 형식은 체험

---

17) 물론 '시각적 공간'이나 '촉각적 공간'이라는 표현은 아무리 통상적이라도 적절하게 숙고되어야 한다. 동일한 그 공간은 시각적으로도 촉각적으로도 제시되고 나타나는 공간이다. 따라서 문제는 '동일성을 어떻게 이해할 것인가, 다른 한편 어느 정도까지 층들에 관해 논의할 것인가'이다.

이 계속된 파악으로 이행하는 형식과 매우 유사하며 동일한 형식을 띤다. 또한 사물의 형태 자체, 즉 순수한 공간물체성에는 감성으로 다르게 주어지는 방식에도 불구하고 이러한 복합형식의 유사성이 있는 것처럼 보인다.

하지만 여기에서는 유사성이 아니라 동일성에 관해 논의하자. 동일성의 정립은 어떻게 이루어지는가? 그것은 광채와 매끄러움 속에 알려지는 **동일한 객관적 성질**이다. 그리고 어쨌든 나는 동일한 것으로 받아들인다. **물체는 단지 하나의 형태, 하나의 외연만 지닌다.** 더 적절하게 말하면, 지각의 사물은 하나의 공간물체성(공간형태)만 지닌다. 더구나 사물은 자신의 색깔, (바라봄 속에 파악된) 광채, (촉각으로 파악된) 매끄러움 등을 지닌다. 또한 사물은 지금 울리고, 열기나 냉기를 발산한다 등등.

물체의 운동도 다른 감각을 통해 사물적 공간물체성의 장소변화로 파악될 수 있다.

충격과 압력은 본래 보일 수 없지만, 우리는 공간으로 또 형태로 거기에서 일어나는 것만 볼 수 있다. 또한 압력·끌어당김·저항은 단순한 촉각작용을 통해 경험될 수 없다. '근육을 잡아당기고' '대항해 버텨야' 한다. 그러나 어떤 물체가 다른 물체를 밀어붙일 때 어쨌든 나는 모든 종류의 사건을 시각으로 파악한다. 예컨대 충격을 주는 어떤 물체가 다른 물체를 옆으로 밀어내는 것, 어떤 물체의 운동이 충격을 통해 때에 따라 속도를 늦추거나 촉진하는 것 등을 파악한다. 그것이 쉽지 않더라도 나는 촉감과 근육감각을 통해 비슷하게 파악한다. 여기에서 기하학적 운동과 기계적 운동이 구별되며, 기계적인 것은 어느 한 감각을 통해서만 판정될 수는 없다. 그밖에 감성적 성질과 외연적 사건의 평행성도 있다. 즉 열기와 냉기·확장과 수축은 규칙화된 방식으로 함께 등장한다. 언제나 파악은 어떤 '감각'에 의해

'가능한 지각'에 관한 공허한 지평(Leerhorizont)*을 포함하며, 따라서 그때그때 나는 지각의 가능한 연관—내가 이것을 실행하면, 그 현실적 연관—의 체계에 들어갈 수 있다.

공간물체는 다른 감각의 '감성적 나타남'에 관한 여러 층이 종합적으로 통일된 것이다. 각 층은 하나의 감각에 속한 그 자체로 동질적인 것으로 하나의 통각적 지각, 또는 동질적으로 계속 경과하며 계속 이끌 수 있는 지각의 다양체다. 그와 같은 모든 지각과 지각계열은 다른 층들의 평행하는 통각에 의해 부분적으로 보완되는데, 이 통각은 실제의 주어짐이 아니라 추후에 이행[충족]을 가능케 하면서 실제적 지각 속에 '함께 주어짐'을 구성한다. 시각적 도식에 주어진 광학적 충족은 도식의 촉각적 측면을 제시하고, 경우에 따라 이것의 일정한 충족을 지시한다. 어떤 것은 다른 것을 '연상으로' 생각나게 한다. 경험은 새롭게 발생한 것이 아니라 이미 현존했고 남아서 그것에 속한 것 등으로 파악된 새로운 충족을 알게끔 나에게 가르친다. 이러한 사정은 어떤 층에서도 마찬가지다. 나는 도식의 앞면을 보는데, 많은 것이 뒷면에 규정되지 않은 채 남아 있다. 그렇지만 그것에는 뒷면이 있다. 그러므로 물체는 촉각의 측면이나 층도 갖는데, 단지 아직 규정되지 않았을 뿐이다. 물체는 경험의 통일체이며, 물체가 언제나 새롭게 주어질 수 있는 경험의 다양체에 대한 지표(Index)라는 것은 이 통일체의 의미 속에 놓여 있다. 그래서 우리는 우선 모든 인과적 조건성(條件性)에서 독립해 물체를 받아들이고, 감각의 다양체를 통해 징표들의 내적 내용에 부여된 것으로 시각이나 촉각으로 제시되는 하나의 통일체로 단순히 받아들인다. 어쨌든 선택된 몇몇 사

---

* 이것은 아직 규정되지 않았지만 친숙한 유형을 통해 앞으로 자세하게 규정될 수 있는 활동공간을 뜻한다. 그리고 '지평'의 개념에 관해서는 37쪽의 역주를 참조할 것.

례(기계적 성질의 통각)는 벌써 그 조건성을 넘어섰다.

그러나 위에서 말한 것에는 우리가 언급한 전제(사물의 연관 외부에서 그 사물을 받아들이는 것) 아래 경험된 물질적 사물이 실제로 존재하는지 또는 단순한 착각에 빠져 경험된 것이 단순한 환영인지를 경험하며 입증하면서 결정할 가능성을 전혀 발견할 수 없다. 서로 다른 감성이 존재하는 협동에 호소하는 것은 우리의 문제를 오해한 것을 뜻한다. 물론 지각 속에 있는 사물의 정립(속견Doxa)은 그때그때 현실적으로 주어진 것을 통해, 따라서 제시하는(apparierend) 도식을 통해 동기가 부여되며, 여러 측면에서 제시하는 도식이 동기를 부여하는 힘에서 그 이상(plus)을 분명히 갖는다는 사실도 당연하다. 그렇지만 사물의 물질성이 다른 장소에서 현실적으로 본래 주어질 수 없다면(발생적으로 말하면, 비슷한 경우 특수한 물질성의 규정내용이 결코 주어진 적이 없다면), 실제로 거기에서 도식의 직관이 동기를 부여하면서 기능할 수 있는 것은 결코 없을 것이다.

c) 사물이 상황에 종속함을 통한 사물의 물질성 입증

아무튼 지금 우리에게 결여된 것을 말하거나, 우리가 가정했던 전제를 다루자. 지금까지 우리는 사물을 고립된 상태에서 받아들였다. 그러나 사물은 그 본성상 '상황'과 관련된다. 환영의 변화와 사물의 변화를 대립시키면, 이 둘은 동일한 것이 아니며 가령 물질성이라는 명칭에 어떤 것은 속하고 다른 것은 속하지 않는 일정한 내용의 존립요소를 통해 단순히 구별되지 않는다. 변화되지 않은 감성적 도식에서 사물의 변화가 일어날 수 있으며, 그 반대로 변화된 도식에서 사물이 변화되지 않은 채 남아 있을 수 있다. 예를 들어 후자는 변화하는 대낮의 조명이나 변화하는 색깔의 조명 등에서 변화되지 않은 동일한 사물이 지각되는 경우다.

여기에서 물질성을 뜻하는 본래의 실재성은 단순한 감성적 도식에 있지 않으며, 만약 '상황'과의 관계 같은 것이 지각된 동일한 것에 대해 존재하지 않고 어떠한 의미도 없다면, 지각된 것에 속할 수 있을 어떤 것에도 있지 않다. 오히려 바로 이 상황과의 관계와 이에 상응하는 파악방식 속에 있다. 따라서 조명하는 다른 것과 관련해 변화하는 조명의 경우 사물은 언제나 다르게 보이며, 임의가 아니라 일정한 방식으로 다르게 보인다. 여기에는 어떤 측면의 도식적 변양을 다른 측면의 도식적 변양에 관련시키는 명백한 기능적 연관이 있다. 어떤 사물을 (단순한 환영이 아니라) 사물로 파악하는 의미에는 그와 같은 도식 — 게다가 일정한 계열의 변양 속에 경과하며 일정한 방식으로 때로는 변화하며 때로는 변화하지 않는 — 은 하나의 동일한 사물의 드러남(Bekundung)으로 경험된다는 사실이 있다.

그러나 우리는, 드러남이 '실재적 상황'에 속한 '종속적인 것'으로 경과하는 한, 그러한 것으로 드러난 것을 경험한다. 따라서 앞의 예에서 우리는 조명이 변화되는 가운데 상응하는 빛의 원천을 통해 그 통일성과 규정성을 견지하는 광학적 특성과 관련해 동일한 사물을 경험한다. 도식이 색채로 충족되는 한, 그 통일성은 도식을 관통해간다. 더구나 구성된 것은 '객관적' 색깔, 즉 햇빛이나 희미한 대낮이든 장롱 속의 어둠이든 그 사물이 지닌 '객관적' 색깔이며, 따라서 이것은 시각적 도식을 완전히 충만시킴을 포함해 기능상 상당히 규정된 도식이 속한 모든 조명의 상황에서도 마찬가지다.

그리고 상황이 변화되지 않고 남아 있는 한, 도식도 변화되지 않고 남아 있다. 상황의 끊임없는 변화는 도식의 끊임없는 변화를 수반하며, 마찬가지로 끊임없는 불변, 즉 상황으로 기능하는 나타남의 불변하는 관계와 더불어 그 상황에 의존하는 도식의 끊임없는 불변을 동일하게 지속하는 가운데 수반한다.

그래서 불변은 변화의 한계경우이며, 동일하게 기능하는 종속성이 동일한 상황에 속하는 규칙에 편입된다. 다른 예를 들어보자. 용수철은 일단 충격을 주면 진동을 일으키며, 상대적으로 장소가 변화되고 형태가 변경되는 일련의 상태를 거친다. 즉 용수철은 '탄성'이라는 실재적 속성을 지닌다. 충격을 주면 곧 이에 상응해 정지상태에서 전환해 일정한 진동방식이 생기며, 다른 충격을 주면 곧 이에 상응해 유사한 직관적 유형에서 다르게 전환된다. 모든 충격이 없어지면, 다른 상황은 변화되거나 충격과 동일한 방식으로 작용할 수 있다. 상황(곧 탄성에 관한 '상황'인 모든 상황)이 철저하게 변화되지 않고 남았다면, 용수철은 변화되지 않은 상태로 남는다. 결국 동일한 상황에서는 동일한 결과, 즉 동일한 상황이 변화하는 경우 동일한 진동방식이 일어난다. 그렇지만 변화되지 않는 것이 변화의 한계경우로 편입되는 일반적 규칙은 그 자체로 의식되지 않는다. 여기에서 그 규칙은 실재적 속성의 통각에 속한 형식을 표현한다. 실재적 속성의 통각은 상황에 따른 분류와 기능상 종속적 도식들의 변화를 포함하는데, 이 종속성은 어떤 경우에도 추상적으로 존재하지 않으며, 다른 한편 어쨌든 도식과 (역시 도식적인 것으로 파악된) 상황은 아니지만 사물과 속성은 객관화하는 것으로 파악되는 방식으로 포함한다.

바로 이러한 방식으로 현상적 사물의 모든 '객관적' '실재적' 속성은 구성된다. 사물 자체의 실재는 이러한 의미에서 사물이 갖는 실재적 속성만큼 여러 가지이며, 그 속성은 상응하는 상황과의 관계에서 다양한 도식적 규칙화와 관련해 철저하게 통일성이다.

d) 물질적 사물의 실재적 규정성인 도식

이 실재화하는 파악(즉 실재적 속성들의 기체基體로서 실재적 사물에 대해 구성하는 파악)에 따라 도식은 그때그때 특별한 의미의 실재적 규정성이라는 성격을 얻는다. 우리가 예로 든 변화되지 않은 객관적 색채에서 실재적인 통일적 속성에 대립해 '상황'에 상응하는 순간적이며 법칙적으로 변화하는 실재적 상태가 있다. 이 상태는 도식과 합치하지만, 어쨌든 단순한 도식은 아니다(그 사물은 단순한 환영이 아니다). 변화된 상관자는 변화된 파악에 상응한다. 즉 사물-파악에서 도식은 단순히 감성적으로 충족된 연장(延長)으로 지각되지 않고, 바로 실재적 속성이 '표명됨'(Beurkundung)(원본적 드러남)으로, 또한 바로 해당된 시점에서 실재적 실체의 상태로 지각된다. 속성 자체는 그것에 속한 상황의 종속성, 달리 말하면 인과적 종속성이 원본적으로 주어지는 기능적 계열이 원본적으로 경과할 때만 실제로 충족시키는 주어짐, 따라서 원본적 주어짐이 된다. 이 경우 인과성은 단순히 추정된 인과성이 아니라, '보인' '지각된' 인과성이다.

그래서 실재적 속성을 생각하는 파악에서 시선방향과 그때그때 상태의 상황에 인과적으로 종속함(이 경우 이것은 대상적 파악이 된다)을 생각하는 시선방향은, 시선이 일정하게 두 측면에서 도식이나 상응하는 그 충족의 층을 관통하더라도, 명백히 다른 것이다. 경우에 따라 이렇게 다른 파악에 미리 주어진 사정의 동일한 상태에서 다양하게 드러나는 속성의 동일한 기체(Substrat), 또는 그때그때 다양한 상황에 관련된 상태의 동일한 기체인 사물 자체에 대한 시선방향도 변화된다. 도식의 인과적 파악에서 통일성의 방향——지각할 수 있는 일련의 상황과 기능적 관계에서 가능한 지각계열에 방향——이 미리 지시되듯이, 사물-실재, 즉 통일적인 물질적 '실체'(Substanz)[18]는 파악되는 의미 자체에 따라 본래 다양하게 규정될 수 있다.

---

18) 여기에서 실체는, 그것에 속한 상황에 규칙화된 종속성에서 규칙화된 상태의 다양성 속에 시간적으로 현실화된 실재적 속성들의 동일자로 고찰되는 한, 물질적 사물 자체만 뜻할 뿐이다.

그리고 사물은, 충족시키는 경험이 상황에 종속된 사물의 상태(행동방식) 속에 그 특성을 원본적으로 입증하면, 이 속성(실재적인 실체적 속성)을 실제로 지닌다. 더구나 사물-파악은, 모든 개별적 지각과 일련의 지각에 의해 이미 확정되듯이, 규정된 것(Bestimmtheit)과 규정되지 않은 것(Unbestimmtheit)의 다른 양상을 띤다.* 지각된 것은 주어진 상태의 실재로서 의식되지만, 많든 적든 규정된 실재로서 의식될 뿐이다. 그러나 규정되지 않은 것이 더 상세하게 규정될 수 있는 방식은 사물-파악 자체의 형식적 본질을 통해, 더구나 그때그때 특수한 파악의 특수성을 통해, 또한 사물-파악이 곧 이러한 특수성 속에 결정되지 않은 채 남아 있는 것을 통해 미리 지시된다.

e) 사물경험을 더 상세히 규정함, 다시 규정함 그리고 지양

게다가 그때그때 사물이 항상 더 풍부하게 드러나는 경험이 진행되는 가운데 항상 더 풍부한 규정의 방향도 등장하고 그 속에서 규정할 수 있는 항상 새로운 공허한 자리가 설정될 수 있는 사실은 사물-파악의 일반적 본질이다. 진행하면서 표명되는 경험의 과정에서만 그때그때 사물 자체인 것〔본질〕은 아프리오리하게 증명된다. 그래서 (이전에 벌써 예시되었던 것에 따라) 다음과 같은 것이 원리적 가능성

---

* 후설에 따르면, 사물뿐 아니라 정신의 세계에서도 모든 경험은 스스로 거기에 주어진 자신의 핵심을 넘어서 처음에는 주시하지 않았던 국면을 점차 드러내 밝혀줄 가능성(Möglichkeit)을 미리 지시하는 생생한 지평을 갖는다. 이것은 자아의 입장에서 보면, 곧 능력(Vermöglichkeit)이다. 요컨대 아직 규정되지 않았지만 지속적 관심(Interesse)에 따라 구성된 친숙한 유형을 통해 지각할 수 있고 규정할 수 있는 가능성의 활동공간, 즉 공지평(Leerhorizont)을 갖는다. 이렇게 아직 규정되지 않아 알려져 있지 않지만 앞으로 상세하게 규정할 수 있고, 그래서 그 존재에 성큼 다가서고 그 사태를 직관할 수 있는 영역은 곧 그가 말하는 아프리오리(Apriori)를 뜻한다.

으로서 줄곧 밀접해진다.

① 철저하게 일치하며 단지 더 상세하게 규정하는 경험의 가능성,

② 부분적으로 일치하거나 일치하지 않는 경험, 더구나 **동일한** 사물을 새롭고 다르게 규정하는 경험의 가능성,

③ 마지막으로 일시적으로 일치하는 경험작용 또는 개별적으로 '다르게' 규정된 사물의 존재하지 않음(Nichtsein)이 증명되는 결합할 수 없는 불일치의 가능성이다.

그러나 사물이 **존재한다면**, 이른바 그 통일적 존재의 단순한 발산(發散)인 그 실재적 속성의 동일한 실재로서 존재한다. 이러한 동일자로서 그 사물은, 아무리 불완전하고 많은 것이 결정되지 않았더라도, 모든 경험 속에 동기가 부여된 방식으로 정립되며, 동기부여의 정당화하는 힘은 경험이 진행되면서 준비되는 표명이 풍부해짐으로써 증대한다. 사물은 그것에 속한 상황에서 다양하게 관계 맺는 가운데 끊임없이 존재한다. 즉 실재성 또는 여기에서는 동일한 것인 실체성과 인과성은 불가분하게 함께 속한다. 실재적 속성은 그 자체로 인과적 속성이다. 따라서 어떤 사물을 아는 것은, 그 사물이 압력과 충격의 경우 굽혀짐과 부서짐, 가열함과 냉각시킴에서 어떻게 작용하는지를 경험적으로 아는 것, 즉 그 사물이 어떤 상태에 처하고 이 상태 전반에 걸쳐 어떻게 동일한 것으로 남아 있는지를 그 인과성의 연관 속에 경험적으로 아는 것을 뜻한다.

이러한 연관을 추적하고 경험의 진행에 근거해 실재적 속성을 과학적으로 사유하며 규정하는 것은 이렇게 함으로써 경험과 경험이 표명된 단계적 결과 속에 가장 가까운 통일체로부터 수행해 언제나 더 높은 통일체로 전진해가는 물리학(확장된 단어의미에서)의 과제다.

16. 종속성의 다양한 관계 속에 사물속성의 구성

그러므로 통일체는 현실적이든 가능적이든 실재적 상황과 관련해 모든 상태의 변경을 관통해가며, 그래서 파악의 측면에서 각 상태의 변경이, 변화되지 않은 것으로서 동일한 속성에 속하든 연속이거나 불연속으로 변화된 속성에 속하든, 주어진 실재적 연관 속에 명백하게 있거나 있을 수 있다. 따라서 그 속성들의 통일체인 사물은 모든 종류의 상태나 관계방식이 변경되는 가운데 '스스로'를 변화시키거나 변화되지 않고 남아 있을 수 있다. 모든 실재적 속성은 실재적인 것으로서 변화될 수 있다.

따라서 시간적 연속성 속에 표명되는 통일체는 상황의 통일체에 종속되는 가운데 그 속에서 줄곧 견지된 지속(Dauer)의 통일체의 국면으로 파악된다. 쇠는 녹으면 자신의 결집상태를 변경시키는데, 이 상태는 그 자체로 명백히 우리의 감각에 실재적 속성의 성격을 띤다. 물질적 물체의 무게는 지구의 극(極)을 향해 계속 가져가면 끊임없이 변화된다 등등. 더 정확하게 살펴보면, 시간적 변화의 흐름 속에 일정한 동일성의 통일체를 형성하는 것은 그 사물에 특별히 고유한 특성이 전혀 아니다. 지속이 동일한 시간충족 또는 개별적 비약을 제외하면, 계속 변화하는 시간충족에 따라 부여된 가능성은 그 지속의 단순한 통일체로서 실체적이지 않은 모든 통일체를 포함해 모든 통일체의 본질에 아프리오리하게 속한다. 그리고 그러한 시간적 연속체 속에 동일자를 개체적으로 의식하며 거기에서 지속하거나 변화되는 동일자를 가능한 방식으로 생각하면서 파악하는 통일체의식은 언제나 그 본질에 속한다. 예를 들어 음(音), 즉 어쨌든 실체적 실재가 결코 아닌 순수한 감각자료는 그 강도(强度)에서는 '스스로' 변화되지만, 동시에 그 음의 높이에서는 변화되지 않고 남아 있다. 따라서 이제 실재적 속성에 관한 구성이 더 높은 단계에서도 수행될 수 있다는 사실, 그래서 더 높은 단계의 통일체가 자신의 측면에서 표명되는 통일체 속에 다시 표명되고 때로는 경험에 근거한 사유의 도움으로 그것으로부터 규정되는 것에 따라 단계가 형성될 수 있다는 사실에 주목해야 한다. 이러한 사실은 일반적으로 타당하다.

우리는 위에서 도식적으로 주어진 것이 정돈되는 원리, 즉 실재의 통각 속에 '동일한 상황-동일한 결과'라고 형식적으로 규정되는 원리에 도달했다. 그러나 이 원리는 지금까지 그것에 우선적으로 주어진 의미, 즉 상황이 도식적으로 주어진 것이었으며 그 결과도 마찬가지로 주어진 것이었다는 의미의 일정한 변경을 요구한다.

만약 우리가 가장 낮은 단계의 속성을 다루고 실재적인 것을 변화되지 않은 하나의 동일한 속성의 지속하는 통일체로서 경험하면, 그것은 맞다.

그러나 (우리가 사물을 경험의 본질 속에, 따라서 이념적으로 가능한 경험 속에 파악하듯이) 모든 사물의 본질에는 그 사물, 즉 실재가 변화할 이념적 가능성이 있다. 예컨대 용수철은 탄성이 있다. 우리는 동일한 도식적 계열의 변화나 불변이 어떻게 등장하는지, 또는 동일한 진동방식이 동일한 방향에 동일한 강도 등의 충격을 주는 경우 충격이 0이며 언제나 진동이 0인 한계경우로 자연스럽게 이행하면서 언제나 다시 등장하는지를 동일한 도식적 상황에서 경험한다(또는 이념적으로 말하면, 경험할 수 있다).

하지만 충격이 매우 강해서 '탄성의 한계'를 넘어설 수도 있다. 그렇다면 용수철은 부서지고, 분리된 많은 부분으로 쪼개진다. 여기에서 우리는 일정한 탄성의 성질을 띤 실재의 통일체를 더 이상 갖지 않는다. 다른 방식으로 말하면, 용수철은 가열되면 그 탄성을 상실하거나, 탄성이 여전히 남아 있는 한 그 탄성은 변화된다.

이것은 속성의 변화이며, 일단 변화된 속성은 그 도식에 관해 '동일한 상황에서는 동일한 결과'라는 형식적 규칙을 다시 갖는다. 그러나 동일한 형식에도 불구하고 어쨌든 사실적으로 기능하는 연관, 서로 부속된 도식과 상황은 다르다. 그리고 강철이 〔가열되어〕 녹으면 탄성은 사라질 것이며, 사물이 속성 —그렇지만 이것은 변화된 것이다—을 유지하든, 속성을 상실하고 다른 유형의 새로운 속성을 받아들이거나 때로는 이전의 속성이 탈락된 다음에도 이미 현존하는 유형의 속성 속에 변화를 입증하든, 사물은 변경된다.

그래서 우리는 속성의 변화 속에 또한—일반적으로 일련의 변화속에 통일체를 갖듯이—개별적으로 변경된 속성 속에 통일체를 가질 뿐 아니라, 새로운 통일체는 속성의 변화를 관통해간다. 즉 사물은 이러한 성질을 가졌기에 실재적 상황의 일정한 변화 전체에서 곧 실재적 속성을 일정한 방식으로 변화시킨다. 실재적 속성의 일련의 변화는 그것이 실재적 상황의 변화에 종속되어 또다시 일정한 통일체를 드러낸다. 따라서 모든 속성의 변화에 속한 상황이 변화된다. 그것의 모든 행동방식에서 사물은 상황에 종속적이며, 상황과 관련해 본성인 것이다. 또한 사물이 상태—상황의 상태에 종속되어 사물의 규칙화된 상태의 변화와 제휴해가는 〔방식으로〕 동기가 부여된 상황이 변화될 수 있는 상태—속에 포착되는 상황과의 그러한 관련이 발생하는 한, 통일체는 행동방식 속에 통일적 속성으로서 있다. 게다가 그것은 하나의 동일한 종류의 상황이 변화하는 동일한 계열이 사물이 지속하는 해당된 구간 안에서 상응하는 종류의 상태가 변화하는 동일한 계열을 '언제나 다시' 수반하는 방식으로 그러하다. '언제나 다시'란, 나는 언제나 다시 변화되지 않은 동일한 시각적 성격을 갖는 사물을 다른 조명과 일련의 조명 아래 가져올 수 있다는 뜻이다. 이것은 나는 탄성이 있고 변화되지 않은 탄성의 성격을 지닌 사물에 다른 방식으로 충격을 가할 수 있다 등을 뜻한다.

따라서 나는 사물이 곧 실재적 속성과 변화되지 않은 속성의 통일체를 지닌 사물이 지속하는 가운데 일정한 단편을 갖는다. 만약 용수철이 가열되면, 그때부터 사물적 존재의 새로운 단편이 시작되는데, 이제 용수철은 탄성이 없으며 다시 그에 상응하지만 새로운 속성을 탄성에 '대신해' 갖는다. 사물이 완전히 변색되어 그 빛깔을 상실해도 마찬가지다.

그러므로 모든 속성에 관해 사물적 존재의 지속은 단편들로 해체된다. 이 단편들 속에 우리는 사물을 뒤덮는 통일체를 갖는다. 즉 첫 번째 단계의 속성은 변화할 수 있다. 그렇지만 속성의 변화는 다시 상황에 종속되는 규칙의 지배를 받는다.

종속성과 첫 번째 단계의 속성구성은 언제나 더 높은 단계의 속성구성과 구분되며, 더 높은 단계의 통일체를 형성하는 것은, 곧 경험의 연관 속에 더 낮은 단계의 속성변화가 동기부여되지 않았기 때문이 아니라 그것의 측면에서 다시 실재적 상황의 종속성으로 제시되기 때문에, 다시 실재적 속성을 형성하는 것이다. 쇠가 불에 달구어진 것은 경험 속에 그 실재적 속성의 일정한 복합체를 저절로 동시에 변화시키면서가 아니라, 그것이 규칙화되어 인식할 수 있고 근원적으로 경험할 수 있는—거꾸로 경험할 수 있는—실재적 상황 아래에서다. 사물이 지속하는 가운데 언제나 새로운 속성 또는 속성의 변화가 등장하며, 때로는 나타남에 적합하게 불연속으로 등장한다. 그러나 실재성의 통일체, 실재적 상황에 철저히 규칙화된 관련의 통일체, 이미 실재성의 단계에 속한 모든 변화가 거꾸로 인과적으로 규칙화되는 통일체는 변화 전체를 관통해간다.

직관적 사물은 이러한 실재성의 이념—우리가 인식할 수 있듯이, 이 이념이 자신의 파악과 함께 즉시 주어진 통일체의 형성 자체 속에 이미 구상되었더라도——의 완전한 엄밀함에서 곧바로 파악되지 않는다. 새로운 자연과학은 경험을 파악함으로써 비로소 부각시킬 수 있는 엄밀한 동일성의 이 이념을 절대적으로 규정되고 명백한 인과성의 종속성 속에 포착했고, 이 이념 속에 놓여 있는 요구——즉 자연과학 탐구의 진행을 본질적으로 규정하는 요구——를 발전시켰다.* 이와 연관해 자연과학이 근원적으로 사물을 파악하는 가운데 구상된 원리인 '동일한 상황에는 동일한 결과'를 엄밀한** 보편성에서, 곧 사물(실재)의 엄밀한 이념의 상관자로 포착했다. 마찬가지로 '원인 없이는 어떤 변화도 없고, 변경되는 사물적인 것의 동일성 없이는 어떤 변경도 없다'는 원리도 그와 같이 포착했다. 따라서 이 원리에 따르면, 어떤 사물이 두 번째[다른] 사물로 변경되는 형식에서 기적은 결단코 존재할 수 없고, 기껏해야 주요한 속성그룹에서 다른[부수적]——하지만 이 경우에도 확고한 인과법칙에 따른 상황과 관련해서만——속성그룹으로 (때로는 단지 외견상 불연속인***) 비약이 존재할 뿐이다.[19] 어쨌든 이것은 아프리오리한 필연성이 결코 아니다.

---

* 후설은 『위기』(8~9절)에서 기하학적 방법(more geometrico)을 통해 세계를 합리적으로 이해하려는 근대 자연과학에 의해 자연을 수학화하는 새로운 이념이 등장한 배경과 그 문제점을 갈릴레이(G. Galilei)를 중심으로 자세히 분석한다.

** 현상학의 이념은 모든 편견에서 해방되어 의식에 직접 주어지는 사태 자체를 직관하고 모든 인식의 궁극적 근원으로 되돌아가 물음으로써 학문을 엄밀하게 정초하는 것이다. 따라서 '엄밀한'(streng)은 형식논리 추론적 '정합적'(konsequent)이나 자연과학의 인과적 '정밀한'(exakt)과 근본적으로 성격이 다르다. 그러나 여기에서 후설은 이 차이를 확연하게 구별해 표현하지 않는다.

*** 이러한 견해는 "자연은 비약하지 않는다"(natura non facit saltus)며 현실에 드러난 틈을 예정조화(harmonia praestabilita)로 메우려 한 라이프니츠의 모나드(monade)론에서 볼 수 있다.

19) 실재적 속성들의 복합체를 형성하는 것은 실로 복합적 상황과의 인과적 관계를 통해 사물의 통일적 성격——그런데 더 정확한 인과적 분석에 따라 부분적 속성들로 해소되는 성격——이 경험에 적합하게 부각되는 것과 같은 종류의

어떤 사물이 저절로 변화되거나 자신의 실재적 속성에 따라 변경된 다는 것은 아프리오리하게 가능하다.

이것을 더 자세히 숙고해보자. 예를 들어 어떤 사물이 자신의 탄성을 저절로 상실하거나, 어떤 색채가 저절로 바래거나, 물이 저절로 고갈되는 일이 과연 가능한가?

사물 ─ 예를 들면 채색되거나 탄성 등을 지닌 사물 ─ 의 파악에는 우리가 논의한 바로 그 속성의 파악이 그 상황과 관련해 함께 놓여 있다. 이 속에는 어떤 상황과 관련해 속성이 변화되지 않은 채 남아 있는 이념적 가능성이 포함되어 있다. 어떤 상황은 사물 일반에 아무 영향도 미치지 않고 변화될 수 있다. 그렇다면 주변세계에는 주어진 사물(이것을 직관 속에 갖는 한)이 어떤 변화를 지시하지 않아도 많은 것이 일어날 수 있다. 이러한 상황은 실재로 영향을 미치는 것이 아니며, 그 사물의 실재성에 대해 어떤 측면에 따라 구성적인 인과적 연관에 속하지 않는다. 거꾸로 일정한 종속성이 존재할 수 있고, 일정한 상황의 변화가 그 사물에 영향을 줄 수 있고, 즉 그 속에서 변화되지 않은 하나의 동일한 실재적 속성이 드러나는 방식으로 사물 속에 그에 상응하는 상태가 변화할 수 있다. 그리고 동일한 상황의 계열이 경과하면 동일한 상태의 계열도 마찬가지로 경과하며, 이때 속성은 변화되지 않은 채 지속한다. 인과적 상황에서 어떤 변화의 경과 대신 불변의 추이(변화되지 않은 지속), 즉 '아무것도 변화되지 않는다'가 발생하는 것은 특별한 경우다. 이때 결과가 명백히 이러한 상황에 종속되면, 인과적으로 아무것도 변화될 수 없다.

소박한 파악은 '어떤 사물은 저절로 변화될 수 있다'고 생각한다. 모든 사물의 파악은 조건짓는 것으로서 상황의 공동파악으로 일어난

특수한 논의가 분명히 필요 없다.

다. 그러나 사물은 결코 완전하게 주어지지 않는다. 사물에 대해 언급한 진술도 그때그때 현실적으로 주어진 것을 결코 뒤따르지 않는다. 왜냐하면 사물의 파악이 일반적으로 또 구체적 파악내용에 따라 사물에 대해 요구하는 것은 입증되지 않으며, 진술은 입증되거나 단순히 충족시키면서 주어진 것을 겨냥하지 않기 때문이다. 즉 사물의 지각은 [사물에 관해] 완전하게 보고하는 경험이 아니다. 그래서 어떤 사물에서 외적 상황과 내적 상황, 외적 원인으로 일어난 변화나 과정과 내적 원인으로 일어난 변화나 과정을 구별해야 한다.

자연과학이 어떤 사물을 분자들과 원자들로부터 구축한 것으로 받아들인 것은 어쨌든 어떤 사물이 인과적으로 연관된 사물집합체로서 가능하다는 방식으로 직관적 사물 속에 이미 가능성으로 미리 지시되어 있다는 사실을 고려해야 한다.

요컨대 중요한 주제는 나눔(Teilung)의 주제다. 즉 어떤 사물을 사물의 체계로 파악하고 분자들로부터 그 사물을 구축하는 등의 구축작용이 곧 문제다. 그것의 측면에서 거꾸로 사물처럼 기능하는 실재적 부분들의 실재적 전체라는 이념(Idee)은 어떻게 아프리오리하게 파악될 수 있는가? 여기에는 어떤 아프리오리한 가능성이 있는가? '연속적' 공간이 충족되고 게다가 실재적 공간이 충족되는 아프리오리한 가능성은 어떠한가? 또한 연속적 사물로서 자연객체들의 총체를 파악할 가능성과, 공간적으로 분리되었지만 각기 그 자체로 연속적인 수많은 자연객체의 가능성은 어떠한가? 더구나 연속적 사물을 사물의 연속체(Kontinuum)로서 파악할 가능성은 어떠한가? 연속적 사물을 이념적으로 나눌 경우 각 부분은 사물의 연속적 통일성으로 파악될 수 있는가? 무엇이 그러한 실재적 지속체의 통일성을 형성하는가? 또는 실재적 나눔(Zerstückung) —— 이에 따라 각 사물은 필연적으로 그 자체로 실재로 단순하거나 단순한 실재로부터 합성되었다—이 아프리오리하게 요구되는가? 실재적으로 단순한 것이 연속으로 공간을 충족시키지만, 그래서 이념적인 기하학적 나눔이 실재 속에 전혀 나뉘지 않고 나눌 수도 없는가? 그렇다면 결합이나 합성은 무엇을 뜻하는가? 여기서는 모든 것이 연속성의 모습보다 쉬울 것 같다. 과연 무엇이 물리적 나눔과 화학적 나눔을 구분하는가?

이렇게 말할 수도 있다. 즉 사물은, 일정한 상호작용 속에 있는 사물들—게다가 이것들이 외적 인과성에 대립해 법칙적 관계의 통일체를 가리키며, 요소들이 법칙적으로 지배된 개별적 상태로 소급하는 총체적 상태가 되고, 그래서 '전체'가 어떤 사물처럼 일정한 포괄적 부류의 '상황'에 관계되는 사물들—의 집합이라면, 그 자체로 내실적으로(reell)* 합성되어 있다. 그 반대로 전체는 이에 상응하는 다른 상황의 경우 전체 속에서처럼 그 자체만으로도 존재할 수 있는 자신의 부분들로 '나뉜다'.

다른 한편 전체는 부분들을 분리된 채 포함할 필요가 없다. 이 점은 연속성을 파악할 경우에도 명백해지겠지만, 어떤 상황에서 이전에 '전체' 속에 그 자체만으로 존재하지 않았던 분리된 사물들의 사물-다수성(多數性)이 결과로 생긴다(화학). 인과적으로 외부에 영향을 미쳐 시작된 과정, 우선 어떤 '분자'에서 직접 착수한 과정은 동일한 과정 속의 실재적-인과적 연관에 따라 집합체 속에 전파된다. 그래서 모든 외적 경과가 영향력을 중단시킨 후에도 여러 가지가 집합체 속에 일어난다. 물론 외적 상황은 여전히 현존하며, 이 역시 상황이다. 그러나 그 상황이 지금 〔벌어져〕 있고 아마 변화되지 않는 만큼, 사물 내부의 변화를 문제 삼지 않는다. 그러나 여기에서도 '저절

---

* '내실적'은 감각적 질료와 의식(자아)의 관계, 즉 의식작용에 본질적으로 내재하는 것으로서 의식과 실재 대상의 '지향적' 관계에 대립되는 뜻으로 사용된다.

로' 일어난 것은 전혀 없다. 이전의 외적 경과의 결과 또한 외부와 내부를 관통해가는 인과성의 법칙성 전체에 따라 거기에서 일어난 것이 일어날 뿐이다.[20]

어쨌든 우리는 사물이 저절로 변화된다, 저절로 자신의 속성으로 '변경된다', 세계에서 '사라져' 배제된다고 말할 수 있는가? 당연히 이것은 사물-통각의 본질을 통해 이루어진다. 일반적 사물의 경험은 대개 우리가 과학적 경험에서 보고 발견할 수 있는 것을 이미 지시한다. 단지 이념적으로 미해결된 채 남아 있는 것만 경험이 진행되는 가운데 더 자세한 규정으로 입증될 수 있다. 사물들이 사라지거나 근거 없이 변경되는 일은 이념적으로 가능할 수도 있지만, 아무튼 우리는 이것을 거부할 권리를 가질 것이다. 실로 실제적 경험의 경과는 가령 무수한 외관상의 변경은 일종의 자연과학적 경험을 통해 완전히 충분하게 설명될 수 있다는 주장 등에 이의를 제기할 수 있다.

직관의 영역에서, 직관의 주목할 만한 층화(Schichtung)에서 **구성적 사물**의 구축에 **일반적 유형**(Typus)을 이해하기 위해서는 앞에서 상술한 것으로도 충분하다. 이 층화는, 그밖에 통찰할 수 있듯이, 다르지만 비슷한 층화가 계속된 일종일 뿐이며, 이 층화에는 지금 우리가 고찰하는 통일체를 형성하는 가장 낮은 단계인 감성적 도식이 그것의 측면에서는 이미 통일체로 구성되어 있다.*

---

20) 그래서 관성의 문제와 동일한 형식의 운동의 문제도 숙고해야 한다. 그렇다면 예를 들어 다음의 문제와 같이 놓을 수 있다. 즉 질적 불변과 동일한 형식의 질적 변화, 이에 상응해 정지와 동일한 형식의 운동[은 어떤가]? 관성의 법칙에 무엇이 적합한가? 동일한 형식의 운동과 질적 변화가 인과성이 없다는 사실은 논의되지 않았고, 이 운동과 변화가 시작되면(원인이 '사라지면', 하나의 이념이다) 지속한다는 사실(또는 일정한 원인이 거기에 있었던 한, 동일한 형식이 아니었던 운동과 변화가 동일한 형식의 운동과 변화로 변경된다는 사실), 즉 영향을 미치는 변화의 법칙만 논의되었다.

보충

우리의 분석에서 물질적 사물성의 어떤 일정한 유형, 즉 고체의 유형에 한정한다는 사실에 주목해야 한다. 이러한 제한은 결코 자의(恣意)가 아니라, 오히려 여기에서 물질적 자연이 구성되는 주요부분을 파악해야 한다. 고체는 운동의 경우 운송되는 고정된 공간형태를 지닌 사물로 구성된다. 이것은 물—이것은 호수나 강 또는 연못으로서 하나의 사물이며 자체 속에 사물을 품고 있다—속의 개구리처럼 사물적 매개(Medium) 속에 존재할 수 있다.[21] 그래서 근원적 '세계'의 모든 사물은 공기의 매개 속에 존재하지만, 이 공기는 대개 주목받지 못하며, 자의의 격렬한 손운동 등을 통해 또는 나에게 '미풍'(微風)을 느끼게 하는 다른 물체의 신속한 운동을 통해 비로소 매개로서 파악된다. 매개는 '조밀하거나' '희박할' 수 있으며, 운동은 더욱 경미해지거나 격심해질 수 있다. 저항은 미미해져 주목받지 못할 수도 있다. 매개는 투명해서 볼 수 있거나, 투명하지만 볼 수 없거나, 결국 투명하지 않을 수도 있다.

최초의 것으로 주어진 고체가 운동과 정지, 질적 변화와 불변 속에 동일자로서, 즉 운동에 의해 또 질적으로 불변의 정상적 경우와 관련해 그 자체만으로 존재하면서 동일하게 확인할 수 있는 것으로 구성되고, 무엇보다 상대적으로 완결된 층과 질적으로 충족된 형태를 '완전히' 부여하는 층의 두 층 속에 시각과 촉각을 통해 구성되는 반

---

* 이러한 주장에서도 알 수 있듯이, 자아의 지각작용이 대상을 객관화해 인식하는 활동의 가장 낮은 단계인 '단적인 파악'도 단순한 감각자료가 아니라 내적 시간의식 속에 구성된 복잡한 구조다. 즉 감성에 주어진 것은 무질서한 잡다한 것이 결코 아니다. 칸트의 구성(Konstruktion)과 후설의 구성(Konstitution)의 본질적 차이에 관해서는 29쪽의 역주를 참조할 것.

21) '매개'의 개념에 관해서는 18항 b)의 중간부분을 참조할 것.

면, 그것이 매개와 맺는 관계는 전혀 다르다. 매개도 물질적 사물의 의미에서 액체나 기체의 물체로 우리에게 구성된다. 그러나 매개는 공간의 충족 또는 충족된 공간성으로 스스로를 부여한다. 공간의 충족 또는 충족된 공간성은 첫 번째 그리고 근원적으로 구성된 종류인 고체의 물질적 사물을 그 속에서 더 강하거나 약한 저항을 갖고 움직일 수 있는 것으로서 자신 속에 간직하거나 간직할 수 있다. 매개는 확고한 형태의 물체로서 구성되지 않고, 매개에 '그릇'으로 고용되거나 다른 방식으로 그 형태를 규정하면서 영향력을 행사하는 다른 물체가 거기에 있을 때만 자신의 형태를 지닌다.

액체의 가능성을 고려하면, 그러한 것은 근원적으로 지각될 수 없고 단지 간접적 경험과정과 사유과정에서만 획득될 수 있다. 그러나 여기에서 중요한 문제는 구성의 연속된 단계를 추적해 근원적으로 주어지고 근원적으로 입증되는 사물, 즉 고체에서 시작하는 것이다.

또한 투명한 고체는 이미 근원적 구성의 정상적 경우에서 벗어남을 보여준다. 예를 들어 우리는 평평한 무색 유리판을, 가령 시야 전체를 충족시킬 만큼 매우 크더라도, 일정한 방향에서 보지 못한다. 그것은 어떤 표면의 색깔을 띠지 않고, 시각적 광경도 전혀 지니지 않는다. 그러나 방향을 변경시키면, 그것과 다른 물체들의 관계를 통해 '모서리'가 등장하며, 그 결과 시각적 나타남도 등장한다. 그러나 이 시각적 나타남도, (투명하지 않은 물체의 경우에는 간혹 색채를 은폐하는) 광채가 또 반사된 영상과 이것을 통해 보인 사물이 나타나는 상(像)이 방해하기 때문에, 객체 전체를 시각적 도식으로서 제공하지는 않는다. 그래서 이 물체는 정상의 물체처럼 감촉할 수 있는 것으로 주어지지만, 봄(Sehen)과 만짐(Tasten)에 대해 평행하게 주어지는 것은 곧 '정상의' 구성에 속한다.

17. 물질성과 실체성

위의 고찰에서는 사물성 일반의 일반자(Allgemeines)인 '실재성'을 외연적 실재성의 특수성뿐 아니라 물질성에도 속하는 것에 대립시켜 의도적으로 더 강조해 부각시켰다. 확실히 기껏해야 실재성으로 지시될 수 있을 모든 일반자는 '실체'를 뜻한다(유감스럽게 이 모든 철학적 용어에는 모호함이 부착되어 있고,* 더 깊은 해명은 없다). 이에 반해 여기서 우리는 그 근본적 의미에서 명증하게 확고한 본질요소를 직관으로부터 길어내었다. 이 진정한 실재성을 각각의 개체적(또는 시간적) 존재를 포함하는 확장된 가장 넓은 단어의미에서 구별하려 우리는 '실체적 실재성'을 말한다. 어쨌든 이제부터 단순히 실체성, 실체, 사물에 관해 논의할 때는 언제나 바로 이것을 뜻한다. 따라서 외연적 실체를 오직 실체의 특수화로만 간주할 것이다.

연장성(물체성)의 역할에 관해서는 이미 앞에서 논의했다. 따라서 위치·형태 등처럼 연장성에 속하는 규정성은 실체적 속성이 아니라, 철저하게 인과적 속성이다. 규정성이 주어지는 방식에 관해 그것은 '표명되는' 통일체가 아니라, 오히려 이미 도식에 속한다. 이것은 어떤 사물의 형태와 위치도 불변이나 변화에 관해 상황에 종속되어 있으며 이 인과적 종속성 속에 경험할 수 있다는 사실을 방해하지 않는다. 이와 관련해 연장(延長)의 특수한 규정성은 그 사물에 고유한 실재적 속성 — 그것의 측면에서 도식의 충족 속에 표명되는 속성은 이 실재적 속성에 기능상 종속적이다 — 이 표명된다. 이러한 방식으로

---

* 후설에 따르면 "자연적 세계에서 사용하는 용어들은 위험하기 때문에 반드시 그 의미를 변경해서 이해해야 한다"(『위기』, 177쪽). 요컨대, 예를 들어 '형이상학' '관념론' '주관성' 등의 용어는 역사적인 또는 일상적인 의미가 아니라 현상학적 맥락 속에서만 그 의미를 정확하게 파악할 수 있다.

우리는 사물에서 견고성·유동성·탄성 등을 경험한다. 예를 들어 진동에 의한 충격과 사정에 따라 어떤 빈번한 충격에 반작용하는 것은 탄성, 게다가 가령 시계태엽의 탄성과 같은 일정하게 특수화된 탄성을 표명한다. 그러므로 이것들은 다른 속성처럼 실체적 속성이다. 왜냐하면 이것은, 모든 실체적 속성과 함께 또한 자신도 함께 공간 속에 연장되며 그것의 측면에서는 물질적 속성이 결코 아닌 자신의 공간형태와 위치를 지닌, 물질적 사물에 속하기 때문이다.

제3절 감각적 신체와의 관계에서 감각된 것[22]

18. 사물의 구성에 주관적으로 조건지어진 요소와 객관적인 물질적 사물의 구성[23]

우리의 분석 전체는 반드시 확고하게 한정해야 할 일정한 좁은 테두리 안에서 실행되었다. 우리에게 단계적으로 구성되는 실재적 통일체는, 그 모든 단계에도 불구하고, 실제로 객관적인 물질적 사물이 비로소 구성되는 궁극적 단계에는 도달하지 못했다. 우리가 기술한 것은 경험하는 자아의 감성적 직관의 지속적-통일적 다양체 속에, 즉 다른 단계에 있는 '감각사물'의 다양체 ─ 도식적 통일체의 다양체, 다른 단계에 있는 실재적 상태와 실재적 통일체의 다양체 ─ 속에 구성되는 사물이다. 그것은 이념적으로 개별화함으로써 생각된 개별적 주체에 대한 사물이다. 단지 그렇기 때문에 이 주체는 어느 정도 스스로 망각된 채 또한 분석하는 자에게 망각된 채 남아 있다.*

---

22) 여기서 '감각된 것'(Aistheta)은, 앞 절과 마찬가지로 감각적 구조 속의 물질적 사물 자체를 뜻한다.

23) 이 단락에 관해서는 제2장 제3절도 참조할 것.

a) 물질적 사물의 직관적 성질들이 경험하는 주체신체에 대한 종속성

그럼에도 이렇게 자신을 망각하는 것은 물질적 사물이 완전하게 주어짐, 즉 그 사물이 자신의 실제적 현실성을 입증하는 주어져 있음을 수립하는 데 거의 적절하지 않았다. 우리는 단지 어떤 사물이 어떻게 그 본질에 따라 그 자체로서 입증되는지 숙고해야 하며, 그와 같은 파악이 주체 — 게다가 확고한 의미에서 인간적(더 적절하게 말하면, 동물적) 주체인 주체 — 를 소급해 지시하는 구성요소들을 처음부터 포함해야 하는지 인식한다.

감각된 것으로서 물질적 사물의 성질은, 그것이 내 앞에 직관적으로 있듯이, 경험하는 주체인 나의 성질에 의존하며, 내 신체와 내 정상적 '감성'에 관련되었다는 사실이 명백히 밝혀진다.

무엇보다 신체(Leib)는 모든 지각의 도구(Mittel), 즉 지각의 기관(Organ)이고, 모든 지각의 경우 거기에 필연적으로 있다.[24] 이를테면 눈은 봄(Sehen)에서 보인 것을 향하고, 모서리·표면 등을 훑어본다. 손은 대상을 만지면서 더듬어간다. 나는 듣기 위해 움직이면서 귀를 더 가까이 가져간다. 이처럼 지각의 파악은 도식의 구성과 따라서 실재적 사물 자체의 나타남의 구성에 필수적인 역할을 하는 감각내용을 전제한다. 그러나 운동감각의 감각계열로부터 수반되고 이것에 종속적인 것으로서 동기부여되어 제시하는 감각작용이 경과하는

---

* 후설은 그래서 "이론적 작업을 수행하면서 사태와 이론, 방법에 몰두해 ……
이것을 수행하는 삶 자체를 주제로 삼지 않는 이론가의 자기망각을 극복해야만 한다"(『형식논리학과 선험논리학』, 20쪽)고 역설한다. 즉 사태(Sachen) 자체로 되돌아가는 데 그치지 않고 궁극적 근원으로까지 철저히 되돌아가 묻는 선험적 주관성을 해명했던 그의 일관된 시도는 이 자기망각의 실상을 근본적으로 반성함으로써 학문과 인간성의 위기를 극복하는 데 있다.

24) 이에 관해서는 32항 중간부분도 참조할 것.

자발성은 경험의 가능성에 속한다. 요컨대 운동감각의 감각계열이 움직일 수 있는 관련된 신체마디 속에 장소화됨으로써 다음과 같은 사실이 주어진다. 즉 모든 지각과 지각을 입증함(경험)에서 신체는 자유롭게 움직인 감각기관으로서, 자유롭게 움직인 감각기관의 전체로서 거기에 함께 있고, 그래서 이러한 근원적 토대에 입각해 자아의 환경세계에 있는 모든 사물의-실재적인 것은 신체와 관련을 맺는다는 사실이다.

이와 함께 다음과 같은 특징이 명백하게 연관된다. 즉 신체는 방향이 정해지는(Orientierung) 영점(零點)의 담지자, 그것으로부터 순수 자아가 공간과 감각세계 전체를 직관하는 여기(Hier)와 지금(Jetzt)의 담지자가 된다. 그러므로 나타나는 모든 사물은 그 자체에서 신체로 방향이 정해지는 관련을 맺고, 이것은 현실적으로 나타나는 사물뿐 아니라 나타날 수 있는 모든 사물도 마찬가지다. 어떤 반인반마(半人半馬)를 상상한다면, 나는 그것을 일정한 방향이 정해지는 가운데 또한 내 감각기관과의 일정한 관련 속에 상상하지 않을 수 없다. 즉 그것은 내 '오른쪽'에 있고, 나에게 '다가오거나' '멀어지며', '나를' 향하거나 등지고, '돌거나' 회전한다. 그것을 향해 있는 것은 나, 내 신체, 내 눈이다. 요컨대 나는 상상(Phantasie) 속에 그 반인반마를 주시한다. 내 눈은 다양하게 적응해가면서 이리저리 자유롭게 움직이고, 도식인 시각적 '나타남'은 동기가 부여된 '적절한' 질서 ──여기에서 시각적 나타남은 다른 방식으로 보인 현존하는 반인반마라는 대상에 관한 경험의식을 낳는다──속에 서로 이어진다.

방향이 정해지는 중심이라는 그 특징을 제외하고 신체는 감각의 구성적 역할에 따라 공간적 세계의 구축에 대한 의미를 획득한다. 공간 사물성의 모든 구성에는 철저히 다르게 구성하는 기능을 지닌 두 가지 종류의 감각이 관여되고, 공간적인 것에 관한 표상이 가능하려면 필연적으로 관여된다.

첫째는 감각에 분배된 파악을 통해 사물 자체의 상응하는 **징표**를 음영(陰影)지으면서 구성하는 감각이다. 그래서 그 감각이 확장된 감각색깔, 이것을 파악하는 가운데 물체적 채색성(彩色性)은 이 채색성의 물체적 연장과 함께 나타난다. 또한 촉각의 분야에서 사물의 울퉁불퉁함은 울퉁불퉁함의 감각을 파악하는 것과 함께 나타나며, 따뜻함의 감각은 물체의 따뜻함에 직면해 있다 등등.

둘째는 그와 같은 파악을 경험하지 않은, 하지만 다른 한편으로 그러한 종류의 모든 파악에서 다른 감각이—감각이 어떤 방식으로 파악을 동기부여하고, 여기에서 완전히 다른 종류의 파악, 따라서 구성하는 모든 파악에 상관적으로 속한 파악을 경험하는 한—필연적으로 관여되는 '감각'이다. 모든 구성의 경우와 모든 단계에서 우리는 필연적으로 잇달아 서로 관련된 '상황'과 모든 상황에 '적합한 것'을 지닌다. 왜냐하면 언제나 '만약……, 그러면……'(wenn-so) 또는 '……때문에, 그래서……'(weil-so)를 발견하기 때문이다. 외연적 파악(사물적으로 외연된 징표에 대한)을 경험한 그 감각은 이것이 실제로나 가능하게 경과하는 가운데 동기가 부여되며, 동기부여하는 계열, 즉 운동감각의 감각들의 체계에 통각으로 관련된다. 그 감각은, 이 체계의 일정한 계열이 자유롭게 경과하면(예를 들어 임의의 눈이나 손의 운동이 일어나면), 동기로서 함께 얽혀진 다양체로부터 이에 상응하는 계열이 동기가 부여된 방식으로 반드시 경과하는 만큼, 매우 친숙한 그 질서의 연관 속에 자유롭게 경과한다. 이러한 방식으로 눈운동이나 자유롭게 움직일 수 있는 머리운동 등에서 감각들의 질서지어진 체계로부터 다양한 계열이 봄(Sehen) 속에 경과한다. 이러한 과정이 일어나는 동안, 이 운동이 시작할 때 지각에 적합하게 파악된 사물의 '상(像)' 그리고 여기에서 각각의 경우 사물에 속한 시각의 감각이 동기가 부여된 질서 속에 경과한다. 그렇게 떨어져 있고 그렇게 방향이 정해졌으며 그렇게 채색된 것 등으로서 일정한 사물의 파악은, 통찰될 수 있듯이, 그와 같은 동기부여의 관련 없이는 생각해볼 수 없다.

파악 자체의 본질에는 지각을 '가능한' 지각의 계열로 분산시킬 가능성이 있다. 이 계열은 모두 다음과 같은 유형을 취한다. 즉 만약 눈을 이렇게 돌리면, 그러면 그 상은 이렇게 변경된다. 만약 눈을 일정한 방식으로 다른 방향으로 돌리면, 그 상은 이에 상응해 이전과 다르게 변경된다. 그래서 한편으로 동기부여하는 것으로 향한 운동감각의 감각과 다른 한편으로 동기가 부여된 것으로 향한 징표의 감각이라는 두 가지 요소를 끊임없이 발견한다. 모든 촉각작용의 경우도 물론 마찬가지이며, 언제 어디서나 그렇다. 지각은 언제 어디서나 본질적으로 두 가지가 상관적으로 관련된 기능이 협력해 생기는 작업수행(Leistung)의 통일체다. 동시에 자발성의 기능은 모든 지각에 속한다. 운동감각 감각의 경과는 여기에서 자유로운 경과이며, 이러한 경과의 식 속의 이 자유는 공간성의 구성에 본질적인 부분이다.

b) 직관적 사물의 구성에서 정상적 지각조건의 의미와 비정상성
    (신체의 변화, 사물 속의 변화)*

이제 지각의 경과──이것에 의해 하나의 동일한 외부 세계가 나에게 제시된다──은 항상 동일한 양식을 가리키지 않고, 주목할 만한 차이를 보여준다. 우선 변화되지 않은 동일한 객체는 변화하는 상황에 따라 때로는 이렇게 때로는 다르게 보인다. 변화되지 않은 동일한 형태는 나의 신체에 대한 위치에 따라 변화하는 겉모습을 지니며, '그 형태 자체'를 다소간 '적절하게' 제시하는 그런 변화하는 조망 속에 나타난다. 이러한 사실을 배제하고 실재적 속성을 고찰하면, 동일한 형태

---

* 괄호 안의 내용은 원문의 차례에는 없다.

의 동일한 객체는 조명을 비추는 물체와 자신의 입장에 따라 다르게 나타나는 색깔(형태가 충족됨)을 지니며, 조명을 비추는 다른 물체의 경우 다시 다르게 나타나는 색깔을 지니는데, 하지만 규칙화되고 나타남에 적합하게 상세히 규정할 수 있는 방식으로 그러하다. 그래서 일정한 조건은 '정상인 것'으로 밝혀진다. 즉 나타남의 색깔을 규정하는 다른 물체에서 영향을 받지 않고 햇빛과 밝은 하늘에서 봄(Sehen)이다. 이렇게 해서 도달할 '최고로 적합함'(Optimum)은, 가령 모든 고유한 색깔을 '잃어버리게 하는' 저녁놀에 대립해 색깔 자체로 간주된다. 색깔의 다른 모든 속성은 이렇게 부각된 색깔의 나타남(이것은 다른 의미에서만, 즉 여전히 앞으로 논의해야 할 물리적 사물의 높은 단계를 고려함으로써만 '나타남'이라 부른다)에 '대한 겉모습', '그 속성들에 대한 나타남'이다.

그러나 다음과 같은 사실도 사물에 속한다. 즉 이 정상의 색깔도 어쨌든 빛을 비추는 물체, 예를 들어 밝거나 흐린 대낮의 빛이 등장함에 따라 바로 다시 변경되며, 정상의 상황으로 되돌아가는 경우에만 [본래의] 그 색깔로 되돌아간다. 그 자체로 존재하는 어떤 색깔은 '그 자체로' 물체에 속한다. 색깔은 보는 작용에 따라 파악되지만 언제나 다시 다르게 드러나며, 이렇게 드러난 것은 객관적 상황에 철저하게 의존하고 색깔은 (볼 수 없음Unsichtbarkeit의 한계경우에 비해) 다소 손쉽게 부각되는데, 형태를 볼 수 있음(Sichtbarkeit)의 정도(程度)도 이것에 관련된다.

또한 처음부터 모든 객관적 상황은 인과적인 것으로서, 사물로부터 나오는 것으로서 통각되는지도 숙고해야 한다. 어떤 상황은 주기적 변화──예컨대 낮과 밤의 관계──를 가리킨다. 이에 상응해 그밖에 변화되지 않는 것으로서 경험되는 사물, 예를 들어 촉감을 통해 변화되지 않은 채 주어진 사물은 그 시각의 성격이 경과하는 가운데 주기적으로 변화된다. 색깔의 특성과 이와 함께 볼 수 있게 된 형태의 특성이 부각되는 시각으로 주어지는 방식에 관해 우선권은 밝은 대낮의 빛에 주어진다. 왜냐하면 밝은 대낮의 빛에서는 형태가 더 미세한 요소까지 매우 좋게 볼 수 있게 될 뿐 아니라, 이 빛을 통해 그밖의 감각영역의 속성 —— 이러한 경험의 연관 속에 색깔의 변화를 통해 관련되지 않은 것으로 주어진 속성(예를 들어 볼 수 있게 된 표면구조 속에 나타나는 물질적 성질) —— 이 동시에 함께 지시되는 그 특성 전체도 볼 수 있게 되기 때문이다. 그러므로 가능한 나타남의 계열 속에 어떤 사물이 주어지는 것은 다음과 같은 우선권이 있다. 즉 사물이 주어짐으로써 사물 일반에 관해 상대적으로 최상의 것이 주어지며, 이것은 '관심'이 그것에 현저하게 집중된 특별히 지향된 것, 경험의 경향이 그 속에 한정되고 충족된 것이라는 특성을 얻으며, 그밖의 주어지는 방식은 '최고로 적합한 것'으로의 지향적 관련을 얻는다.

다른 정상의 경험조건도 세계가 '그것이 존재하는 대로의' 세계로서 근원적으로 구성되는 정상의 경험에 속한다. 예를 들어 공기를 통한 봄(Sehen) —— 간접적 사물 없이 직접적 봄으로 간주된 것 ——, 직접적 접촉을 통한 만짐 등이다. 내 눈과 보인 사물 사이에 어떤 생소한 매개(Medium)[25]를 삽입한다면, 모든 사물은 나타남이 변화된다. 더 정확하게 말하면, 모든 환영(Phantom)의 통일체는 변화된다. 즉 이제 동일한 사물이지만 다른 매개를 통해 보인다. 사물은 그와 같은 변화에 종속되지 않고, 동일한 것이다. 그러나 사물(이 경우 환영)의 '나타나는 방식'은 눈과 사물 사이에 이러저러한 매개가 전달되었는지 여부에 종속된다. 투명한 유리가 투명한 봄을 전달하지만, 다른 곡률(曲率)의 경우 사물의 상(像)들은 다르게 변화하며, 그 사물이 색깔

---

25) 앞의 16항 '보충'을 참조할 것.

을 지녔다면 유리가 사물의 색깔을 상들에게 전달하는 것은 경험의 영역에 함께 속한다.

결국 **색안경**을 눈에 착용하면, 모든 것은 그와 같은 색채를 띤 것으로 변화되어 보인다. 내가 이 매개에 관해 아무것도 모른다면, 모든 사물은 나에게 그러한 색채를 띨 것이다. 내가 그것에 관해 경험을 통해 안다면, 이와 같은 판단은 일어나지 않을 것이다. 감각의 사물로 주어지는 것은 색깔에 대해 가상(Schein)으로 간주되고, 가상은 다시 이에 상응하는 상황에서 정상으로 주어지는 체계 속에 그렇게 등장할 수도 있을 주어지는 방식 그리고 그 상황을 받아들일 수 있을 정도로 가까워서 혼란을 일으킬 동기가 있는 곳에서 **객관적으로 잘못** 파악될지도 모를 주어지는 방식을 뜻한다. '잘못된 것'은 정상의 경험 **체계와 충돌된다.***(나타남의 변화는 모든 사물에 대해 통일적 변화-유형으로 인식할 수 있는 통일적인 것이다.)

신체기관(Organ)과 사물 사이에 어떤 매개를 삽입하는 대신 어떤 기관 자체의 비-정상적 변화를 고찰하더라도, 사정은 마찬가지다. 즉 내가 손가락으로 기포(氣泡)를 지닌 것을 만지고 손이 무뎌지면, 사물들의 모든 촉각속성은 다르게 주어진다. 곁눈으로 보고 교차된 손으로 만지면, 나는——단지 하나의 실제적 사물만 현존한다고 진술하더라도——두 가지 '시각사물', 두 가지 '촉각사물'을 지닌다. 이것은 그 자체로 이미 다양체에 관한 통일체로서 통각된 다른 단계의 다양체에

---

* 후설에게서 모든 상호주관적 구성의 토대는 신체(Leib)와 이성(Vernunft)의 정상성이다. 이것들이 아직 정상으로 기능하지 못하는 어린아이나 비정상으로 기능하는 사람의 경험 또는 자신만의 원초적 경험은 본질적으로 유한한 것, 항상 그 완전한 구성을 위해 서로 의사소통할 수 있는 상호주관성이 필요한 미완성일 뿐이다. 특히 친숙하게 경험할 수 있는 생활세계는 정상으로 기능하는 최고로 적합한 지각체계로서 신체를 전제한다. 따라서 후설의 선험적 현상학은 상호주관성에 근거하기 때문에 결코 독아론일 수 없다.

관한 통각적 통일체인 사물적 통일체의 구성이라는 일반적 물음에 속한다. 통상의 지각조건과 관련해 획득된 통각은 어떤 시각사물을 하나의 쌍으로 분산시키거나, 하나의 쌍을 끊임없이 예전의 지각조건으로 되돌아가 지속적으로 수렴되고 합치하는 형식으로 융합시키는 새로운 '경험'을 고려함으로써 새로운 통각 층(Schicht)을 얻는다.

이중의 시각사물은 그밖의 시각사물과 완전히 비슷하지만, 단지 이것[후자]만이 '사물'에 관한 의미를 갖는다. 그리고 체험은, 같은 종류(homolog)이든 정상의 눈 위치체계에서 나온 것이든, 어떤 '쌍을 이룬 눈 위치'에 관련된 지각체험이라는 의미가 있다. 그런데 다른 종류(Heterologie)가 일어나면, 나는 유사한 상(像)을 지니지만, 이것은 단지 모든 정상의 동기부여에 모순된 사물을 뜻한다. 상들은 이제 바로 구성적 연관을 통해, 따라서 상을 일치하는 관계 속에 동기가 부여된 지각의 다양체의 체계로 정립하는 동기부여(Motivation)를 통해 '실제적 사물'을 다시 파악한다. 내가 눈을 정상의 위치로부터 일치하지 않는 곁눈질의 위치로 가져가면, 두 가지 가상(假象)이 생긴다. 이 '가상'은 즉 단지 내가 그것들에 정상의 동기부여를 삽입했을 때만 그 각각이 자체로 '사물'을 제시하게 될 상이다.

계속될 중요한 숙고는 비-정상성의 다른 그룹을 다룬다. 내가 산토닌[회충약]을 먹으면, 세계 전체는 '외관상' 변화되며, 자신의 색깔을 '변경시킨다'. '변경되는 것'은 '외관상'이다. 이렇게 변경된 다음, 색깔을 띤 조명이 변화되는 등의 모든 경우처럼, 나는 정상인 것에 필적하는 어떤 세계를 다시 지닌다. 그러면 모든 것은 일치하며, 예전처럼 변화되거나 변화되지 않고 움직이거나 정지해 있으며, 예전처럼 동일한 조망체계를 드러낸다.

그러나 이제 정지와 운동, 변화와 불변은 이러한 사건, 특히 정지와 불변의 한계경우가 본질적 역할을 하는 실재성으로서의 사물성을 구성함으로써 자신의 의미를 갖는다는 점에 주목해야 한다.

그러므로 보인 모든 사물의 전체 색깔은, 어떤 물체가 모든 사물이 '그 가상을 끼얹어' 빛을 발산하기 시작함으로써 쉽게 '변경된다.' 그 색깔에 관해 완전한 도식의 변화보다 '그 색깔에 따른 사물이 변경되는' 구성에 더 속한다. 즉 사물이 변경되는 것은, 조명하는 물체가 바로 그렇게 등장하듯이, 인과적 상황과 관련된 인과적 변경으로서 처음부터 구성된다. 나는 그와 같이 조명하는 물체를 보지 않고도 변경을 파악할 수 있지만, 이 경우 인과적 상황은 규정되지 않은 채 함께 통각된다. 그러나 이 인과적 상황은 사물적 상황이다. 다른 공간사물과 관련해 공간사물의 상대성은 사물이 변경되는 의미를 규정한다. 그러나 이것에는 결코 심리물리적 조건성(條件性)이 속하지 않는다. 이러한 사실을 주목해야 한다. 어쨌든 내 신체도 자명하게 인과적 연관 속에 함께 포함되어 있다. 즉 내 신체가 공간 속의 사물로 파악된다면, 그것은 단순한 도식이 아니라 실재적(결국 공간사물의) 연관 속에 실재적 인과성들의 교차점으로 파악된다. 예를 들어 이러한 영역에는 내 손의 충격(순수하게 사물의 물체적 충격으로 간주된, 따라서 '내가 충격을 준다'는 체험이 배제된 충격)은 그밖의 물질적 사물의 충격과 정확하게 똑같이 영향을 미치며, 마찬가지로 내 신체물체(Leibkörper)의 경우도 다른 모든 경우와 정확하게 똑같이 영향을 미친다.[26]

이제 산토닌을 먹는 것은, 모든 '심리적으로 수반된 사태'를 제외하면, 마찬가지로 하나의 물질적 경과이며, ── 경험세계의 구성 또는 이 새로운 경험이 진행되는 가운데 이 세계의 경험구성에 대한 더 상세한 형성이 그것을 요구한다면 ── 그밖의 물질적 세계의 시각적 변경

---

26) 물론 어느 정도까지 개별화된 주체가 자신의 신체를 다른 것들과 같이 하나의 물질적 물체로 파악할 수 있는지는 여전히 논의되어야 한다. 이 책 41항의 a)를 참조할 것.

에 실재적으로 관련될 수 있을 것이다. 따라서 내가 전체로 볼 수 있는 세계의 일반적 색깔변화를 살펴볼 수 있고 그 변화를 이러한 파악 속에 '산토닌을 먹는다'는 물질적 경과의 실재적-인과적 결과(그것의 신체적-물질적 결과와 함께)로서 관찰할 수 있는 경험의 동기를 발견한다는 점은 그 자체로 생각해볼 수 있는 일이다. 이것은 그 어떤 다른 지각처럼 정상의 지각일 것이다.

예를 들어 내가 볼 수 있는 모든 색깔의 변화를 사물의 시각적 변경으로서 경험하는 한, 그럴 때마다 나는 그 어떤 원인을 일으키는 사물성 사이의 인과적 관련을 가정해야 한다. 오직 인과적 연관 속에서만 변화는 사물의 변화이기 때문이다. 경험의 동기에 대립되자마자 곧 파악 속에 변화가 반드시 필연적으로 일어나는데, 이것에 의해 보인 '변화'는 변화의 의미를 상실하고 이와 동시에 '가상'의 특성을 획득한다. 가상의 변경은 정상의 관계에서 변경으로, 따라서 인과성과 관련해 구성하는 경험으로 파악된—하지만 인과적 파악을 부각시키는 방식으로 주어진—하나의 도식적 변화다. 인과적 파악은 주어진 도식적 변화를 통해, 즉 마치 그것이 변경을 제시하는 것처럼 제안되지만, 이것은 주어진 상황에서 제외된다. 산토닌을 먹는 것은 일반적 '색깔변경'에 관해 원인으로 파악되거나 파악할 수 있는 경과가 아니다. 모든 시각사물의 색깔변화는 그것을 결코 실재적 조명의 변경(예를 들면 색깔 있는 빛을 발산하는 원천을 통해)으로 간주하는 동기조차 없는 것이다. 따라서 그것은 가상의 변경으로서 현존한다. 왜냐하면 모든 것은 새로운 빛의 원천이 발산되는 경우 '~처럼'(als wie)과 같이 보이거나, '마치'(als ob) 그밖에 일반적 시각의 변경에 대해 그밖의 실재적 원인이 지배하는 것(이 원인이 규정되지 않았고 알려지지 않았더라도)처럼 보이기 때문이다. 그러나 이러한 원인은 지금 상정될 수 없으며, 전체 경험의 상황에서 제외된다.

그러나 그렇게 수행된 통각이 상정된 인과적 연관에 다른 어떤 연관이 대체되는—따라서 가정된 원인이 포기되지만, 다른 어떤 원인이 가정되는—사실을 통해 어떤 단순한 변화를 겪는 경우에 대립해 무엇이 감각사물의 변화에 근거해 실재적 변경의 통각을 이러한 방식으로 완전히 폐기할 수 있는가? 그 답변은 다음과 같다. 즉 심리물리적 '인과성', 더 적절하게 말하면, '조건성'의 영역 속의 변화다(왜냐하면 본래의 의미에서 원인causa은 곧 실재적 원인Ursache이기 때문이다. 그러나 주관적인 것Subjektives은 실재성에 대립된 비실재성이다. 실재성과 비실재성은 한편으로 이 둘이 서로를 배제하고 다른 한편으로, 이미 말했듯이 본질적으로 서로를 요구하는 실재성과 주관성Subjektivität의 형식 속에 본질적으로 함께 속해 있다).

실재적인 것과(Reales)—공간적·시간적·인과적 관계로서 모든 실재적인 것의 본질에 속하는—실재적인 것의 관계 이외에 바로 이러한 본질에는 가능한 경험 속의 심리물리적 조건성의 관계도 속한다. 사물은 '경험되며', 주체에 '직관적으로 주어지고', 필연적으로 공간-시간의-인과적 연관의 통일체로 주어진다. 이 연관에는 부각된 사물, 즉 주관적 조건성의 체계가 인과성의 이 체계와 언제나 본질필연적으로 얽혀 있는 위치인 '나의 신체'가 필연적으로 속한다. 게다가 자연적 태도(시선방향이 경험 속의 자연과 삶을 향한)에서 주관적 태도(시선방향이 주관적 영역의 주체와 계기들을 향한)로 이행하는 데서 실재적 현존재뿐 아니라 다양한 실재적 변경도 얽혀 있다. 이 변경은 주관적 존재, 주관적 영역 속의 어떤 존재요소와 조건적 연관 속에 주어진 것이다. 사물적인 것은 이렇게 경험되어(원본적 경험을 우대하기 위해 지각에 적합하게 통각되어), 단순한 시선전환을 통해 사물의 통각적 요소가 경험영역과 그밖에 주관적 영역에 종속하는 관계가 현저하게 드러난다. 이것이 심리물리적 조건성(이 명칭은 사물적 존재와 주관적 존재 사이를 이리저리 넘나들며 경과하는 모든 조건의 관계를 포함한다)의 근원요소다. 모든 심리물리적 조건성에는 필연적으로 생체학적 인과성이 속한다. 이 생체학적 인과성은 직접적으로는 항상 주관적 영역 속의 일정한 사건인 비-실재적인 것과 신체의 실재적인 것과의 관계에 관련되며, 그런 다음 간접적으로는 신체와 실재적, 따라서 인과적 연관 속에 있는 외부의 실재적인 것과의 관계에 관련된다.

c) 서로 다른 구성의 단계에서 심리물리적 조건성의 의미

실재적 세계는 근원적으로 감각사물(완전한 도식)의 다양체가 공간형식의 통일체 속에 하부 층으로서 구축되는 단계적 방식으로 구성된다. 이렇게 해서 감각사물은 '방향이 정해지는' 주관적 방식으로 구성되며, 부각된 감각사물인 '신체'가 방향이 정해지는 중심의 끊임없는 담지자로서 주어지는 방식(이것이 필연성인지 여부는 특수한 문제다)으로 우리에게 구성된다. 그렇다면 실재화(Realisierung)하는 것은 감각사물이 실재적 사물의 상태가 되는 방식으로 완성되고, 실재적 성질의 체계, 인과성이라는 명칭 아래 감각사물의 규칙화된 상호관련성의 체계가 구성된다.

경험 속의 모든 사물—즉 그 순간적 상태에서 감각사물인 한—에 가장 근원적인 심리물리적 조건성을 부여하는 것은 하부 층의 구성이다. 감각사물은 그것이 주관성의 지각과 운동감각적 배열의 다양체 '속의' 통일체로서 존재하는 것이며, 그래서 동기가 부여된 것(Motivates)인 이에 속한 국면에 대해 동기부여하는 것(Motivantes)으로서 항상 의식된다. 국면은 오직 이러한 연관 속에서만 감각사물의 국면이다. 여기에는 감각사물이 자신이 주어지는 가운데 신체성—열린 눈으로 내가 주목함, 눈을 움직임, 주관적으로 움직인 손으로 만

지면서 더듬어감 등 — 에 조건으로 종속하게 만드는 태도의 가능한 변경이 본질적으로 속한다. 감각사물과 주관적 사건이 규칙적으로 결합된 이 조건성의 전체 체계는 더 높은 통각 층의 토대이며, 그런 다음 한편으로 내 신체와 이것이 신체 외적인 자연 속에 인과적으로 얽혀 있음의, 다른 한편으로 주관적 감각의 경과, 국면의 경과 등 사이의 심리물리적 조건성이 된다. 심리물리적 조건성에서 이 근원요소에 새로운 조건성 — 그것의 구성을 이미 전제하는, 즉 신체의 비−정상성을 통해 전제하는 조건성 — 이 그다음에 생긴다.

일치하는 경험의 통일체로 수렴되는 정상의 — '올바른 감각의' — 나타남들의 체계에는 때에 따라 단절이 등장한다. 모든 사물은 갑자기 변화된 채 나타나며, 신체도 마찬가지다. 동일한 사물에 관한 올바른 감각적 나타남의 체계는 그룹으로 나뉘며, 일치하지 않는 나타남도 그룹지어 등장할 수 있다. 그 자체만으로 이미 사물이 일치하는 동일한 것으로 나타나는 이 그룹에 제한한다면, 동일한 그룹 속에 이전 연관으로부터 새로운 연관으로 이행하는 경우 그 사물은, 그밖의 그룹 속에 변화되지 않은 것으로 주어지는 반면, '갑자기 변화된 것'으로 주어진다. 지각체계로서 모든 부분체계는 그 자체로 자신의 동일한 권리를 지닌다. 따라서 우리는 불일치함을 지니며, 무엇보다 이것은 어떤 감각의 지각이 그밖의 감각의 지각을 통해 '정당화'될 수 있다고 갑자기 말하는 것을 뜻하지도 않는다. 그것 모두 사물이 주어짐에 구성적으로 기여하는 한, 잘 보완된다. 그러므로 나타나는 사물은 이것 모두를 소급해 지시하고, 많은 것 — 이것은 새로운 지각을 통해, 또한 함께 문제가 되지는 않았지만 우리가 규정하지 않은 채 지시했던 어떤 감각영역의 지각에 의지함으로써 상세하게 규정되고, 따라서 보완될 수 있다 — 이 순간적 나타남으로서 다른 감각영역 속에 규정되지 않은 채 남아 있다.

우선 오직 하나의 감각만 손상된, 즉 한 가지 감각기관이 비-정상의 조건에 빠진 경우를 가정해보자. 다른 감각은 정상으로 기능한다. 우리는, 손상된 감각을 배제하고, 일치해 견지된 세계를 파악하며, 손상되는 순간까지 그 감각에 대해 똑같은 세계를 파악한다.

문제가 된 감각기관은 정상으로 기능하는 다른 감각으로 경험할 수 있으며, 그것이 처한 사물적이고 인과적인 특수한 상황도 경험할 수 있다. 예를 들면 나는 내 손이 어떻게 화상을 입었는지 보거나, 내 손이 부었다는 사실을 본다 등등. 더구나 경우에 따라서는 문제가 된 기관의 감각 장(場) 속에 비-정상의 감각이 그 결과로 감각생리학적 신체성의 측면에서 등장한다. 촉각영역에서 변화되어 주어진 것〔자료〕은 여전히 나타남에 적합하게 통각되지만, 정상으로 기능하는 감성 —— 동일한 사물이 마찬가지로 일치하고 정상으로 나타나는 신체의 부분과 신체 전체와 관련해 주어지는 감성 —— 이 일치하게 나타남에 대립하는 바로 비-정상으로 통각된다. 문제가 된 감각기관의 변화는 이러한 관련에서 비정상으로 사물이 주어지는 그룹을 조건짓는다. 그래서 나는 그것이 병든 손에 의해 변경된 채 주어지고 건강한 손에 의해 정상으로 주어지는 동일한 사물이라는 것을 경험한다. 일치는 완전히 폐기되지 않으며, 유사한 것은 그와 같이 보이는 손과 다른 감각을 통해 그와 같이 주어진 손에 대해 단지 달리 '채색된 채' 나타난다. 요컨대 그와 같이 변화된 감각기관에 대해 모든 사물은 자신의 방식으로 나타나며, 이렇게 변경되어 주어짐은 정상인 것을 소급해 지시한다. 그러므로 주관적 지각조건의 영역에서도 나타나는 것의 '최고로 적합함'(이것은 근원적으로 병든 기관을 치유하거나 인위적 보조수단을 사용하는 경우에 따라 이전의 '정상의' 지각에 대립해 추후에 비로소 제시될 수도 있다)이 생긴다.

물론 자연의 주관적 구성은 곧 어떤 자연이 어떤 신체와 함께 계속 경험할 수 있는 사물과 신체의 가능한 속성의 개방된 지평에 따라 무엇보다 정상으로 구성되는 방식으로 반드시 수행되어야 한다. 정상의 구성은 세계와 신체의 최초의 실재성을 구성하는 것이다. 이 실재성은 그것에 의해 통각적 변형이 곧 변형으로서, 즉 '비-정상의' 경험상황——이것은 더 높은 단계의 실재성을 새로운 종속성의 관계로 고려하면서 구성될 수 있다——의 합병으로서 반드시 구성되어야 한다.

신체가 정상의 통각 속에 얽혀 있는 인과성의 체계는 신체가 경험하는 모든 변화에도 불구하고 유형적 동일성의 테두리에 남아 존재한다. 지각기관의 한 체계로서 신체의 변화는 신체의 **자유로운** 운동이며, 기관들은 자의로 다시 동일한 근본위치로 되돌아갈 수 있다. 그래서 기관들은 감각이 유형에 따라 변양되는 것처럼 변화되지 않는다. 그것들은 언제나 동일한 것을 수행할 수 있고, 예컨대 외적 경험의 구성에 언제나 동일한 방식으로 수행할 수 있다(마찬가지로 감각적 세계로 자의恣意로 들어가 포착하고 들어가 영향을 미치는 정상의 실천이 있다). 그러나 여기에서 '감성'은 객체적인 것(Objektives)에 관련된다. 즉 나는 곧 정상으로 정지를 정지로, 불변을 불변으로 파악할 수 있어야 하고, 이 속에서 모든 감각이 일치해야 한다.

비-정상인 것은 신체의 실재적-인과적 변화가 개별적 기관에 대해 먼저 지각기관으로서 자신의 정상 기능을 방해할 때 등장한다. 예를 들어 손가락이 화상을 입으면, 물리적 신체(물질적인 것으로서 손가락)의 이러한 변화는 만진 물체가 그것의 촉각의-사물적 요소 속에 이전보다 매우 다르게 부여되어 나타나는 심리물리적 결과를 가져오며, 이것은 이 손으로 만진 모든 물체에 적용된다. 사물을 구성할 가능성은 우리가 든 예, 즉 손이 화상을 입은 경우에 유지된 채 남았다. 그러나 우리는 두 손을 지니고, 신체표면 전체는 촉각표면으로 이바지하며, 신체는 촉각기관의 체계로 이바지한다. 이 모든 것은 단지 다른 완전성과 아마 다른 '색조'를 띤 그 촉각의 속성을 낳는다. 최소한 두 손은 서로에 책임질 수 있고, 본질적으로 동일한 '상(像)'을 줄 수 있다. 그렇지만 어쨌든 촉각 상의 다름에 대립해 동일한 사물의 속성이 구성된다.

그렇지만 촉감이 완전히 떨어져 나가거나 **총체적인 병리학적 변화**를 겪는다면 어떠한가? 또는 두 눈이 병들어—사물이 변화되거나 경우에 따라 변화된 감각성질을 띠고 나타나는—본질적으로 변화된 상을 준다면 어떠한가? 아무튼 나는 다른 기관으로는 볼 수 없으며, 특수하게 시각의 성질인 어떤 색깔도 파악하지 못한다.

그럼에도 촉감 속에 사물의 동일성은 견지되며, 게다가 시각의 '상'과 동일한 사물의 관련도 견지된다. 감각들이 협동해 질서짓는 일(그밖에 이를테면 내가 감성의 장 속에—사물의 나타남은 아닌—색깔을 띤 반점을 가질 수도 있다)은, 변화된 방식이라도, 유지된 채 남아 있다. 이것은 여전히 내가 만지고 보는 동일한 사물이다. 공간적 형태들이 변화되지 않았다는 사실, 희미해진 것은—변화되어 조절된 정상의 봄(Sehen)과 유사하게—나타남의 단순히 주관적인 변화라는 사실, 이러한 사실은 촉감을 통해 그리고 병리학적 변화에 앞서 시각적 지각의 앞선 구간을 통해 생긴다. 촉감 자체는 예컨대 어떠한 우선권도 없다. 그러나 사물에는 다른 모든 주어짐이 지향적으로 소급해 지시하는 **최고로 적합한** 그 구성적 내용이 있다. 시각이 처음부터 희미해진 윤곽만 보게 해주는 반면 촉감은 예민하고 더 미묘한 차이를 느끼게 해준다면, 보이고 만져진 형태는 '합치'하겠지만 촉각형태가 우선권을 지닐 것이다. 더 정확하게 말하면, 사물 자체는 합치된 두 가지 형태가 아니라, 만져지고 보일 수 있는 하나의 형태(마찬가지로 하나의 표면)를 지닌다. 이념으로는 모든 감각이 동일한 것(감각자료)을 산출하고 동등하게 잘 산출할 수 있지만, 사실상 어떤 감각이 종종 다른 감각보다 〔감각자료를〕 더 잘 제공한다. 그리고 적절한 안경은 만성으로 습관화된 희미한 나의 봄을 시각이 우선권을 얻을 정도로 적절한 봄으로 변경시킬 수 있다.

물론 색깔은 다른 나타남의 방식에서 여러 가지 감각을 통해 동일한 것으로 주어지는 성질이 아니다. 만약 정상의 조명상황(대낮의 빛 등)이 아니거나 내가 완전히 눈이 멀었다면, 나에게는 밤이 될 것이며 나는 아무것도 보지 못하고 단지 어두운 시야만 지닐 것이다. 내가 눈을 감거나 가리는 경우도 마찬가지다. 이렇게 되면 대상은 여전히 자신의 색깔을 띠지만, 나는 그것을 보지 못한다. 나는 그 대상을 알아볼 수 없지만, 그것은 존재하기를 그치지 않으며, 나는 그것을 만져봄으로써 지각할 수 있다. 촉각의 지각을 통해 나는 세계 속에 항상 지각하고 있으며, 세계 속에 있는 나 자신을 올바로 알 수 있고, 내가 원하는 것을 붙잡을 수 있고 잘 알게 될 수 있다. 그렇다면 나는 볼 수도 있고(시각상 세계는 지속적으로 주어지지 않으며, 오히려 촉감이 우선권을 갖는다), 내가 사물들을 곧바로 보지 않더라도, 방해받지 않는다면 내가 그것들을 볼 때까지 다가가거나 눈을 치뜨고 머리를 돌려 응시할 수 있기 때문에, 자신의 색깔을 지닌 동일한 사물이다. 이 경우 촉감은, 사물의 구성에 기여함에서 실로 명백하게 우선권이 있듯이, 항상 자신의 역할을 한다.

내가 예를 들어 눈에 타격을 받아 실명한다면, '밤이 되었고, 모든 사물은 계속 색깔을 띠지만, 밤이 지속되고 이제 더 이상 빛은 없다'는 의식이 독아론적 주체(solipsistisches Subjekt)인 나에게 생길 수 있는가? 또는 '이전과 같은 낮과 밤이지만, 나는 더 이상 아무것도 보지 못한다'는 의식이 더욱더 동기가 부여되는가? 이것은 그때그때 객관적이며 주관적인 지각상황 자체의 통각에 좌우된다. 어쨌든 '나는 여전히 눈을 갖고 있다는 것이 촉각의 지각을 말하지만, 이것에 의해 내가 보는 것은 더 이상 아니다'라는 사실 하나는 남아 있다. 정상인에게 사물은 보인 사물과 만져진 사물로부터〔이것을〕사물로 구축한 어떤 것이 아니다. 그것은 동일한 사물이며, 어떤 것은 현저하게 또는 전적으로 (색깔과 그 차이처럼) 시각으로 파악되고 다른 것은 촉각으로 파악되는 사물의 속성이다. 사물은 두 가지 나타남의 그룹을 통해 분리되지 않고, 통일적 통각 속에 구성된다.

시력은, 마치 사물 자체가 획득하거나 상실할 수도 있을 것으로서 시각적 요소를 자체 속에 갖는 것처럼, 제거시킬 어떠한 속성복합체도 제공하지 않는다. 실로 '1차' 속성이 가령〔다른 감각에 의해 파악된〕 2중의 속성이 아닌 것처럼, 모든 감각을 구성요소로 부속시키는 것은 전혀 의미가 없다. 그러나 아무튼 사물 자체의 사태로서, 구성적 속성으로 스스로를 부여하는 색깔은 곧 오직 봄(Sehen) 속에 지각에 적합하게 주어진다. 그것이 만짐을 통해 색깔로 나타난다는 것은 상상할 수도 없는 일이다. 거울 표면이 있고 빛난다는 것도 볼 수 있는 속성이다.

그렇지만 보인 속성인 빛남에 만져진 속성인 평평함이 상응하고, 이것은 사물 자체 속에 동일한 것이 아닌가? 따라서 색깔은 촉각이 나타나는 영역 속에 평행하는 것을 가질 수 있고, 동일한 상황 아래 평행하는 변화계열에 상응해 정확하게 평행하는 차이의 계열을 지닐 수 있다. 그렇다면 여기에서 사정은 1차적 속성의 경우와 마찬가지다. 그래서 "오직 시각에만 그렇게 나타나는 것은 촉각에 평행해 자신의 방식으로도 나타난다"고 말할 수 있다. 그러면 감각사물(그 가운데 지각사물)이 구성하면서 나타나는 경우와는 실질적으로 다르다. 색깔은 보이고 오직 보일 뿐이며, 어쨌든 사물에 속한다. 따라서 일반적으로 그 사물을 나타나게 만드는 모든 감각은 이 사물의 모든 속성에 대해서도 그러한 것을 행한다고 생각할 수 있어야 한다. 평평함이 공간형태의 평평함이듯이 색깔은 공간형태의 색깔이며, 색깔은 평평함이 있는 바로 그곳에 있다. 그러므로 이것을 모든 감각에 대한 이념적 요구라고 할 수도 있다. 즉 감각이 사물을 원본적으로 부여하기를 요구하는 한, 이러한 감각의 나타남의 계열에 대한 이념적 가능성이 있음에 틀림없으며, 이 계열 속에 사물의 모든 구성적 속성은 원본적으로 주어질 것이다.

다른 한편, 다른 감각을 통해 그것을 이념적으로 교정할 가능성이 없는 곳에서 통각이 가능한지, 즉 사물이 '자신의 색깔을 상실하는지' 여부를 숙고해야 한다. 실로 우리는 "색깔은 조명과 더불어 변경되고, 밤이 되면 사라진다"고 정당하게 말한다. 색깔이 사라지고 황혼 속에 '색채 없는 것'으로 이행하면, 그런 다음 어쨌든 단순히 사물의 색깔이 사라지는 것이 아니라, 사물도 점점 희미해지며 마침내 더 이상 볼 수 없게 된다. 이 경우 눈의 암흑 속으로 넘쳐흐르는 (일반화된 의미에서) 감각색깔과 실제로 우리에게 사라지는 사물적 색깔을 명백하게 구별해야 한다.

사물이 '나에게 구성되는' 한, 내가 구성적 지각의 내용에 속한 경험의 상황 아래 사물적 속성을 경험하고 경우에 따라 특별히 색깔을 경험할 수 있는 가능성(능력)을 개방된 채 갖는 한, 나는 '사물이 사물 자체의 통각 속에 놓여 있거나 다르게 경험된 사물에 부착된 상관관계의 통각 속에 간접적으로 놓여 있는 동기를 통해 규정된 색깔을 지닌다'고 정당하게 판단한다. 이 경우 나는 순간적으로 사물의 색깔이나 아무것도 볼 필요가 전혀 없다.(신체가 지각작용 속에 기능하는 것으로서 함께 경험되는 것은 본질적이다. 사물들이 지각 속에 신체와 그 기관에 '그렇게 존재함'Sosein으로써 인과적으로 작용한다는 사실, 감각 등은 심리물리적 조건성 속에 이것들에 결합되어 있다는 사실, 이 모든 것은 여기에서 구성적으로, 따라서 매우 자명하게 함께 속한다.)

그러므로 비-정상인 것 자체는 정상인 세계가 그밖의 지각기관——서로에 대해 그러한 기관으로서 스스로 기능하면서 정상으로 경험할 수 있음 속에 지속하는 지각기관——을 통해 구성적으로 견지되는 형식, 즉 경험되어 지속하는 형식에서만 등장할 수 있다.

다른 한편 비-정상의 신체마디와 이것을 변화시킨 원인은 이러한 감각에 의해 정상으로 주어진 세계에 함께 속한다. 그러나 비-정상의 마디는 그 정상의 형태와 함께 자신이 정상의 심리물리적 조건성을 상실하고, 새로운 심리물리적 조건성이 이것에 대체된다. 비-정상의 마디를 통해 지각된 모든 사물은 정상이 아닌 다른 국면 속에 나타난다. '상처 입은' 병든 기관은 그것이 기능함에서 지각 속에 변화된 사물의 나타남을 조건짓는다. 오히려 사물은 그것이 거기에서 나타나는 것과 같은 것이 아니라, 경우에 따라 변화된 사물이 정상으로 나타날 것과 같이 나타난다. 그렇지만 이것은 단순한 가상이다. 이 가상은 병든 기관의 규칙화된 심리물리적-조건적 결과다.

따라서 그와 같은 경험에 의해 세계는 무엇을 획득하는가? 물질적 세계는 경험된 세계로 남아 있다. 그것은 정상의 신체성의 경우 그것이 존재하는 대로 스스로를 부여하고, 이에 반해 비-정상의 신체성의 경우 비-정상의 나타남(그러나 이것은 정상의 감각사물, 더 명백하게 말하면, 환영이다) 속에 주어진다. 그러므로 경험하는 주체가 정상의 경험이나 지속적으로 세계를 구성하는 경험의 일관된 체계 안에서 비-정상의 신체마디를 발견하고, 그래서 '정당한' 경험의 기능에 대한 자신의 '부적절함' '무용함' 또는 축소된 유용함에 직면하며, 또는 자신의 고유한 비정상의 심리물리적 조건성을 이 속에 경험한다면, 그렇다. 그렇다면 '건강을 회복함', 일시적으로 비-정상임(어떤 강력한 충격을 받은 경우처럼) 등도 경험될 수 있다.

기관의 기능이 방해받거나, 또는 그래서 기관 자체가 주체도 이에 대해 전혀 모른 채 비-정상으로 변화되면—이것을 '병리학적'이라 한다—, 주체는 '이러한 기관에 의한 경험'의 경우—감각사물인 새로운 감각자료가 정상으로 동기가 부여된 것과 아주 비슷하게 파악될 수 있고 이에 따라 파악된다면—당연히 변화된 사물성을 경험할 것이다. 그렇다면 건강한 감각기관은 모순된 '진술'을 제시한다. 감각들은 서로 충돌을 일으키지만, 이 충돌은 곧바로 추후에 어떤 신체마디가 비-정상인 것으로 반드시 배제된다는 사실을 통해 결정될 수 있을 것이다. 왜냐하면 그밖의 모든 감각은 함께 일치해 계속되는 세계를 부여하는 반면, 배제된 감각은 이전 경험의 진행에 일치하지 않고, 일반적이며 동기부여되지 않은 세계의 변경을 요구하기 때문이다. 그런데 이 변경은 그밖의 감각진술의 경우, 이것이 정상인 것으로 간주된다면, 회피된 채 남아 있다. 물론 이 경우 완전히 결정되지 않은 것이 있을 수 있다. 어떤 경험의 우선권도 어느 측면을 지지하지 않는 것이 가능하기 때문이다(경험하는 주체를 독아론적 주체로 받아들이는 한, 이 점을 주의해야 한다).

먹는 것을 통해서도 신체에 영향을 미치는 일이 생기며 게다가 신체부분이 감각적 감성과 지각의 기능에 영향을 주는 방식으로 생기는 사실은 경험의 사태이며, 독아론적 주체에 대한 사태다. 예를 들어 산토닌은 노란 안경과 같은 영향을 미치며, 이것의 다른 영향은 마비상태를 일으키고, 신체를 일부 또는 전체로 무감각하게 만든다.

중요한 문제는 내가 이 영향을 통해 경험을 지닌다는 사실, 내가 나의 신체가 비-정상 상태임을 지각하면서 동시에 안다는 사실, 그렇다면 경험을 통해 계속 규정될 수 있고 이에 상응하는 방식으로 신체의 비-정상의 변양을 지닌 결과로서 변화된 감성의 방식 또는 어떤 감성그룹의 손실과 또 이것에 의해 변화된 사물의 주어지는 방식이 등장한다는 사실이다. 따라서 비-정상인 것을 끌어들이는 것은 정상의 구성과 함께 단순한 태도변경을 통해 발견할 수 있는 심리물리적 조건성의 근원적 체계를 확장한다. 참된 세계로서, 진리의 '규범'으로서 정상으로 구성된 하나의 세계가 존재하고, 심리물리적 조건성의 경험을 통해 그 '설명'을 발견하는——주어지는 방식을 벗어난——다양한 가상이 존재한다. 그래서 사물구성에 비-정상성 또는 심리물리적 조건성은 아무것도 기여할 수 없다는 점을 알게 된다. 이것들은 내 주관성의 규칙에만 기여할 뿐이며, 이 규칙은 사물이 주관에 대해 경험될 수 있는 사물이라는 점, 감성계열의 조건적 규칙은 신체-사물적 인과성과 연관된다는 점 등에 곧바로 놓여 있다.

이 경우 순수하게 물리적 인과관계(만짐, 냄새 맡음, 봄 등 순수한 물리적 측면)로 간주된 지각의 활동은 신체와 지각될 수 있는 사물 사이에 임의의 연관이 아니라는 사실이 밝혀진다. 오히려 중요한 것은 유형적 종류의 인과성이다. 다른 어떤 것처럼 하나의 사물인 신체는 그것을 넘어서 무한한 인과성, 즉 물리적으로 다양한 성질을 띤 사물 일반에 속한 모든 종류의 인과성을 여전히 허용한다. 따라서 유형적인 것(Typisches)이 넘어서게 되면, 유형적인 것에서 벗어난 심리물리적 결과가 가능한 것으로 남게 된다. 그런데 여기에서 유형적인 것은 규칙화된 감성그룹의 연결이며, 자연경험의 일치성을 파괴하더라도, 정상인 사물의 나타남으로 파악될 수 있고 또 파악된다.

그러나 감성이 전혀 등장하지 않거나 더 이상 사물의 나타남으로 파악될 수 없는 것만 등장하는 관련된 신체마디에서 그와 같은 변화의 가능성도 열려 있다. 이러한 모든 나타남과 감성그룹은 하나의 동일한 실제성이 일치해 경험되는 '올바른 감각적' 지각의 체계로부터 이탈한 것으로 부각된다. 신체는 철저히 올바른 감각적으로 또는——심리물리적으로 종속적인 지각이나 나타남이 올바른 감각적인 것인 한——'정상으로' 기능하는 것이라 부른다. 그렇다면 독아론적 주체에 비-정상으로 기능하는 병리학적 신체성에 관해 논의하는 것은 그 주체가 자신의 올바른 감각적 경험의 체계와 이것에 따라 끊임없이 자신에 직면해 하나의 공간-시간의-인과적 자연을 가질 때만 의미가 있다. 이것은 다시 올바른 감각적 지각의 체계 속에 자신의 신체가 구성된다는 사실을 전제한다. 따라서 신체는 철저하게 병리학적일 수 없고, 그 기관의 일정한 부분이 정상으로 기능하는 한, '정상'임에 틀림없다. 이 기관에 의해 병리학적 신체의 마디와 부분은 객관적이며 현실적인 것으로 주어질 수 있다.

사물의 나타남의 변양을 조건짓는 신체의 변화와 함께 자신의 영혼 삶(Seelenleben)에 따라 주체에 속한 다른 변양은 제휴해간다.

재생산과 함께 통각도 신체에 종속한다. 재생산은 주관성의 연상적 연관 속에 있다. 이 연관을 통해 통각은 규정되며, 이것은 다시 주체에 대립해 있는 사물에 대해 중요하다. 주체를 세계로서 대립시키는 것은 신체에 그리고 심리(Psyches)의 고유한 것에 종속한다. 또한 사물 통각 속에 들어오는 재생산적 요소를 배제하면, 심리적인 것은 신체적인 것과 심리적인 것 사이에 존재하는 종속성관계에 의해 외부 세계가 주어짐에 대해 의미를 얻는다. 자극제 복용, 물체[신체]적 질병은 감성, 감각적 느낌, 경향 등이 등장하는 데 영향을 미친다. 그 반대로 명랑함·의기소침 등과 같은 영혼의 상태는 신체의 과정에 영향을 미친다. 이 연관 때문에 나타나는 외부 세계는 신체뿐 아니라 심리 물리적 주체 전체에도 상대적인 것으로 입증된다. 따라서 동일한 사물 자체와 이것이 주관적으로 조건지어진 나타남의 방식, 즉 나, 내 신체, 내 영혼과 관련 속에 존립요소를 갖는 주관적으로 조건지어진 그 징표가 구별된다.

직관적 영역에는 다양한 나타남의 계열에서 '최고로 적합한 주어짐'—이 속에 사물은 '그것 자체에 속한' 속성과 함께 드러난다—

이 부각된다. 그러나 이 주어짐도 어떤 객관적이거나 주관적인 상황 아래 주어짐이며, 어쨌든 그것은 다양한 상황 아래 다소간 '적합하게' 제시되는 '동일한' 사물이다.

d) 물리학적 사물

경험의 연관 속에 이러한 경험의 상대주의로 수행된 객체화는 사물을 동일한 속성들의 동일한 기체(基體)로 정립한다. 사물은 내가 눈을 압박하는지(이중의 상상(像)이 생기는지) 아닌지, 내가 산토닌을 먹었는지 아닌지에 따라 다르게 보인다. 그렇지만 의식에서 이것은 동일한 것이고, 색깔변화는 변화로 간주되지 않고, 오히려 그 속에 주어진 색깔을 지시하는 속성의 변화로 간주된다. 이것은 언제 어디서나 그러하다. 사물, 즉 그 본질은 사물의 연관 속에 그리고 경험하는 주체와 '관련해' 존재하지만, 어쨌든 변화하는 상황의 결과로 겪는 모든 상태의 변화와 나타남이 변화하는 가운데 동일한 것이다. 그리고 동일한 사물로서 그것은 '지속하는' 속성들에서 일정한 존립요소를 지닌다. 이 점은 대상들 일반에 대해 논의하고 이것에 따라 그 어떤 대상성이 동일한 것, 즉 동일성 속에 일치해 견지할 수 있는 것으로 간주할 수 있을 가능성의 조건을 진술하는 형식논리학을 생각나게 한다. 모든 대상은 그 본질이다. 즉 모든 대상에는 자신의 동일한 존재가 펼쳐지는 고유한 성격·속성이 있으며, 자신의 동일성에 속한 자신의 지속하는 이 속성과 함께 관계 속에 등장한다.

만약 사물이 있다면(경험의 연관 속에 존재정립에 일치함은 '그것이 있다'는 언명에 대한 근원적 이성근거다), 그것은 상대성 속에 비-상대적인 것을 이끌어내 규정하고 다른 한편으로 이것으로부터 경험이 주어지는, 따라서 감각적 상대성으로부터 모든 권리근거를 포함하는 방식으로 규정될 수 있어야 한다. 물론 경험은 미래의 경험이 그것을 폐기한다는 사실, 실재적인 것 일반은 ─ 일치해 주어졌더라도 ─ 존재하지 않을 수도 있다는 사실을 배제하지 않는다. 그러나 이제 권리근거는 존재에 대해, 따라서 논리적-수학적 규정의 목표가 정립될 가능성과 필요성에 대해 〔문제로서〕 앞에 놓여 있다.

이러한 문제를 부각시키는 경우 일정한 사물의 기하학적 규정과 '감각적 성질' ─ 근대가 시작하면서 1차 성질과 2차 성질의 구별*로 표현된 ─ 의 다른 역할에 주목해야 한다. 개별적 주체에 대해 신체성의 상대적 항존성(恒存性)과 관련해 수행되는 사물구성에서 먼저 하부단계로 다음과 같이 구별해야 한다.

① 그것 자체가 다르게 ─ 더 완전하거나 덜 완전함에 따라 ─ 주어지는 방식에 대립해 있는 자신의 구성적 징표를 지닌 (사물 자체가 존재하는 대로) 사물 자체. 사물 '자체'에 속한 징표는 그때그때 '최고로 적합한' 것이다. 이것은 모든 징표, 감각적 성질과 마찬가지로 기하학적 성질에도 적용된다.

② 이제 '감각사물' 자체가 구성되고 이 속에 기초지어진 감각적인 본래의 경험단계에 실재적-인과적 사물이 구성된다면, 마찬가지로 구성된 신체성에 관해 이 '사물'의 상대성을 고려한 더 높은 단계의 새로운 구성이 생긴다. 직관적 사물 속에 드러난 일정한 **물리학적 사물**의 구성을 요구하는 것은 이 상대성이다. 그러나 이 상대성 속에 기하학적 규정과 특히 '감각적 성질'(이 둘은 자신의 구성적 영역 속

---

* 아리스토텔레스가 형태·운동·정지·크기 등 다수의 감각기관에 의해 '공통으로 지각되는 성질'과 색깔·소리·맛·냄새 등 특정한 감각기관에 의해 '독자적으로 지각되는 성질'을 구별한 전통에 따라 케플러(J. Kepler)는 양화(量化)할 수 없는 표면상의 성질인 후자는 참된 실재가 아니라고 주장했으며, 갈릴레이는 이 주관적 감각의 성질을 간접적 수학공식으로 객관화하고 추상화했다. 또한 로크(J. Locke)는 전자를 단순관념의 '1차 성질'로, 후자를 '2차 성질'로 규정해 감각주의적 경험론과 연상심리학을 전개했다.

에 '그 자체'로, '최고로 적합한 것'으로 간주된다)은 아주 다른 역할을 한다. 기하학적 규정은 물리학적 객체 자체에 속하며, 기하학적인 것은 물리학적 자연 그 자체에 속한다. 그러나 나타나는 자연의 영역에 철저하게 속한 감각적 성질은 그렇지 않다. 따라서 그것이 특히 이 상대주의에 대해 실로 유일하게 고려된다는 사실과 그 이유를 즉시 밝혀야 한다.[27]

e) 독아론의 단계에서 '객관적 자연'을 구성할 가능성

우리는 다양한 층을 통해 물질적 자연의 구성을 추적했고, 이미 독아론적 주체—고립된 주체—에 대해 자신의 질적 요소에서 나의 주관성에 상대적인 '나타나는' 사물과—내 주관성 속에 또한 사물의 '나타남' 속에 이 주관성에 종속해 변화하더라도—그것의 본질이 지속하는 '객관적' 사물을 구별하려는 동기가 있다는 사실을 보았다. 그래서 '참된' 사물이나 '객관적' 사물이라는 명칭 아래 여전히 다음과 같은 이중적인 것을 이해해야 한다.

① 그것이 나에게 '정상의' 조건 아래 제시되는 사물. 이에 대립해 다른 모든 사물과 같은 종류의 통일체 — '비-정상의' 조건 아래 구성된 통일체—는 '단순한 가상'으로 떨어진다.

② 모든 상대성이 배제되어 부각되고 논리적-수학적으로 확정시킬 수 있는 성질에서 동일한 요소, 즉 물리학적 사물. 일단 우리가 이것을 알고, 그밖에 사물과 주체 사이에 존재하는 조건성뿐 아니라 경험하는 주체의 심리물리적 성질에 대한 객관적 인식을 소유한다면, 이것에서 문제가 된 사물이—정상이든 비-정상이든—그때그때의 주관성에 대해 반드시 직관적으로 성격지어진 방식이 객관적으로

---

27) 물리학적 사물 등에 대해 더 자세한 것은 18항의 g)를 참조할 것.

규정된다.[28]

어쨌든 주관적으로 조건지어진 사물과 객관적 사물을 필연적으로 구별하는 동기, 독아론적 경험 속에 일어나는 동기가 충분한지 또는 현존해야 하는지는 실로 문제다. 비-정상의 지각기관이 우리를 기만하는 외부 세계의 변화가 다른 기관들의 확증을 통해 '가상인 것'으로 증명되는 경우를 다룬다면, 개별적 경우에서 가상인 것과 실제성인 것이 구별되지 않고 남아 있더라도, '가상'과 실제성의 구별은 항상 주어진다.

그러나 일단 어떤 주체가 항상 정상의 지각만 지니며 결코 자신의 그 어떤 기관이 변화되지 않는다는 사실, 또는 그런데 그 주체가 교정할 가능성이 결코 존재하지 않는 경우(예를 들면 촉각 장場 전체의 상실, 지각유형 전체를 변화시키는 심리적 질병의 경우) 변화된다는 사실을 가정하면, 이제까지 가정된 '가상'과 '실제성'을 구별하는 동기가 탈락될 것이며, '객관적 자연'의 단계는 그와 같은 주체에 의해서는 도달될 수 없을 것이다. 그렇지만 가정된 조건 아래 결코 객관적 자연의 구성에 이를 수 없을 것이라는 위험은 우리가 이제까지 줄곧 견지한 추상을 폐기하고 **사실적 구성**이 일어나는 조건 ― 즉 경험하는 주체는 실제로 결코 **독아론적 주체**가 아니고, 많은 주체 가운데 하나의 주체다 ― 을 고려하는 즉시 제거된다.

f) 독아론적 경험에서 상호주관적 경험으로 이행

지금까지 가정한 **독아론적 세계**의 가능성을 더 상세하게 숙고해보자. 나(모든 사람은 여기에서 그 자신의 '나'로 대치된다)는 어떤 세계

---

28) 이것에 의해, 이후에 자세히 표명되겠지만, 물리학·심리물리학·심리학의 과제가 규정된다.

를 경험하고, 이 세계는 내가 실제로 경험하는 것과 정확히 동일할 것이다. 모든 것은, 나의 경험영역 속에 내가 타인의 심리적 주체의 신체로 파악할 수도 있을 어떤 신체도 없다는 사실 외에는, 동일하게 남아 있을 것이다. 이 통각의 영역이 없다면, 따라서 이것이 이러한 파악을 나의 현실적 경험 속에 규정하는 한 내가 사물을 파악하는 것도 규정하지 못한다면, 그것에 속한 영향력도 지금 변양된 나의 세계상(世界像)에서 떨어질 것이다. 더구나 내가 동일한 감각다양체를 갖는다면 동일한 속성을 지닌 '동일한' 실재적 사물이 나에게 나타나며, 모든 것이 '실제로 존재하는 것'으로 입증하며 적절하게 일치하면, 그렇지 않고 이미 알려진 종류의 불일치성이 예외로 등장하면, 그 사물은 '다르게' 존재하는 것이나 전혀 존재하지 않는 것으로 밝혀진다. 외관상 어떠한 본질적인 것도 변화되지 않고, 외관상 내 경험세계의 한 부분——즉 동물의 세계를 곧바로 수반하는 세계와 연관해 인과성 그룹과 마찬가지로 동물의 세계——만 없을 것이다.

그렇다면 어쨌든 이 독아론적 세계와 함께 구성된 시간* 안의 어떤 시점에서, 나의 경험영역 속에 신체——인간의 신체로 이해할 수 있고 그렇게 이해된 사물——가 갑자기 등장한다고 생각해보자. 이제 갑자기 또 처음으로 인간들이 나에게 현존하며, 이들과 더불어 나는 의사소통을 할 수 있게 된다. 그리고 나는 이 새로운 시간구간에 우리에게 공통으로 현존하는 사물에 대해 그들과 의사소통을 한다. 이제 다음과 같은 매우 주목할 만한 점이 명백해질 것이다. 즉 내가 이전의 경험에 근거해 이전의 시간구간 속에 수행했던 사물에 관한 진술의 광범위한 복합체, 뛰어나게 일치하는 명료한 경험은 나의 지금

---

* 후설은 1904~1905년 겨울학기 강의 「시간의식」에서 순수한 감각자료의 시간적 구성과 이 구성의 기초인 현상학적 시간의 자기구성을 상세하게 분석했다.

동료에게 **확증되지** 않는다는 점, 그 복합체와 경험은 가령 동료에게 단지 결여되어 있지 않고(우리는 다른 사람이 보았던 모든 것을 볼 필요는 없고, 그 반대도 마찬가지다), 우리가 필연적으로 일치해 경험했고 계속되는 확증 속에 계속 경험한다고 전제하듯이, 그들이 경험했던 것과 시종일관 모순된다는 점이다.[29]

그러면 최초의 시간구간 속에 입증된 실제성의 경우에는 사정이 어떠한가? 이러한 실제성의 경험적 주체인 나 자신의 경우는 어떠한가? 답변은 명백하다. 내가 동료에게 나의 이전 체험을 전달하고 그들이 이 체험이 — 일치하는 경험을 교환함으로써 상호주관적으로 구성되고 끊임없이 입증된 — 그들의 세계와 일관되게 모순된다는 것을 깨닫는 즉시, 나는 그들에게 흥미로운 **병리학적 객체**가 되며, 그들은 그와 같이 아름답게 입증된 나의 실제성을 이 시점에 이르기까지 정신이 병든 사람의 환각이라 한다. 사람들이 그가 할 수 있는 한 나의 독아론적 세계가 입증하는 완전성을 그처럼 상승시켜 생각하더라도, 그 이념적 가능성이 전혀 문제시되지 않는 아프리오리한 사태로서 앞에서 기술한 사태가 변하는 것은 전혀 없다.

이제 다음과 같은 문제를 해명해야 한다. 즉 서로 함께 교제하는 많은 인간과의 관련이 어떻게 사물을 파악하는 가운데 들어가고 어떤 사물을 '객관적으로 실제로' 파악함에서 구성적인가 하는 문제다. 이 '어떻게'는 우선 매우 수수께끼 같다. 왜냐하면 우리는, 그것이 나타나듯이, 어떤 사물을 파악할 때 항상 많은 동료를 함께 정립하지는 않으며, 게다가 그들에게 이른바 질문을 제기해야 할 동료로서 함께 정립하지는 않기 때문이다. 그렇다면 어쨌든 인간파악이 신체

---

29) 물론 이러한 모순은 완전하면 안 된다. 왜냐하면 도대체 상호 의사소통이 일어날 수 있기 위해서는 **공통적 경험**의 근본요소가 전제되어야 하기 때문이다.

파악을 전제하고 따라서 사물파악을 전제하기 때문에, 우리 스스로 순환 속에 빠지지는 않는가?

이 문제를 해결할 수 있는 유일한 길은 곧 현상학이 지시하는 길이다. 우리는 사물의 파악이 '객관적인 현실적' 사물의 경험이 되는 곳에서 사물의 파악 자체를 심문해야 하며, 아직 입증되지 않았으나 어쨌든 입증해야 할 경험을 입증해야 하는 것으로서 그 경험에 부착된 것, 즉 그 경험이 충족되지 않은 지향(Intention)*의 어떤 요소를 포함하는지 심문해야 한다.(이러한 관점에서 감각의 다양체·음영·도식과 일반적으로 다른 단계의 시각의 사물만 추적해갈 때, 사물의 구성을 사실상 불완전하게 기술했다는 점에 먼저 주목해야 한다. 우리는 이전에 논의한 자아Ich의 자기망각을 결정적 시점에서 극복해야 한다.)

내가 경험하는 모든 사물은 나의 '환경'에 속하며, 이것은 무엇보다 나의 신체도 거기에 신체로 있다는 사실을 뜻한다. 이것은 마치 모든 의미에서 본질필연성이라는 것을 뜻하지 않는다. 독아론적 사유실험(Gedankenexperiment)**이 이러한 사실을 곧바로 가르쳐준다. 자세히 살펴보면, '독아론적 주체'(solus-ipse)는, 자신의 신체현상과 이에 속한 경험다양체의 체계를 지녔더라도 그리고 사회적 인간과 정말 똑같이 그것을 지녔더라도, 완전한 본래의 의미에서 어떠한 객관적 신체도 알지 못한다.[30] 달리 말하면, '독아론적 주체'는 실제로 자신의 명칭에 걸맞지 않다. 우리가 통찰을 통해 정당하게 수행한 추

---

* 현상학의 체험분석에서 주체가 대상(사태)을 향하면서 관계를 '지향'하는 계기와, 이것을 확인·예증함으로써 그 관계를 직관적으로 '충족'(erfüllen)시키는 계기가 지향적 상관관계를 맺는다.

** 현상학에서 판단중지와 환원들은 의식에 직접 주어지는 사태 자체를 다양한 '사고실험'을 통해 경험의 새로운 대상영역과 그 본질을 밝히려는 근원적 직관, 즉 봄(Sehen)을 추구한다.

30) 신체의 구성에 관한 장(章)들에 대해서는 41항a)를 참조할 것.

상화(Abstraktion)는 고립된 인간 또는 고립된 인간적 인격성을 제공하지 않는다. 이 추상은 우리가 자신의 인간적 주체만 보호한 채 주변의 모든 인간과 동물을 학살하는 데 있지도 않았다. 그 경우 유일한 것으로 남아 있는 주체는 여전히 인간 주체, 즉 여전히 상호주관적 대상일 것이며, 여전히 스스로를 그러한 것으로 파악하며 정립할 것이다.

그러나 우리가 구성한 주체는 인류의 환경에 관해 아무것도 모르고, 인류의 파악이라는 의미로 이해할 수 있는 '다른' 신체의 실제성이나 실재적 가능성에 관해 아무것도 모르며, 따라서 다른 사람들이 이해할 수 있는 것으로서 자신의 신체에 관해 아무것도 알지 못하고, 다른 사람들의 주체가 다른 주체에 다른 방식으로 나타나는 동일한 세계를 응시할 수 있으며 이 경우 나타남은 그때그때 '그들의' 신체에 관련되어 있다는 사실 등에 관해 아무것도 모른다.

신체파악이 ─ 모든 대상이 '객관적으로' 파악되고 하나의 객관적 시간, 하나의 객관적 공간, 하나의 객관적 세계 속의 사물로 파악되는 ─ 상호주관성에 대해 특별한 역할을 한다는 사실을 주목하자(어쨌든 파악된 각각의 객관성을 입증하는 것은 서로 의사소통하는 많은 주체의 파악과 관련될 것을 요구한다). 따라서 일치하는 경험들의 규칙화된 다양체에서 개별적 주체에 구성된 사물, 감각적-직관적인 것으로 이행해가는 지각 속에 지속적으로 자아에 대립해 있는 사물은 '객관적 실제성'의 사물이 단지 주관적으로 '나타남'이라는 성격을 띤다. 동일한 세계에 상호주관적으로 관련되고 이 세계에서 동일한 사물에 관해 서로 의사소통하는 주체 각각은, 이 동일한 사물에 관한 자신의 지각 또는 지각의 나타남을 지닌다. 이 지각이나 그 나타남 속에서 그 자체는 단지 더 높은 의미에서 나타남인 자신의 나타남의 통일체는 나타나는 '참된 사물'의 술어로 즉시 간주될 필요는 없는 나타남의 술어를 지닌다.

그러므로 여기에서 상호 의사소통하는 도중에 이미 독아론의 단계에서 가능한 것으로서 입증한 동일한 구별에 이른다. 이제 '참된 사물'은 수많은 주체가 나타나는 다양체 속에 동일하게 견지되는 객체, 게다가 정상적 주체들의 공동체에도 관련된 직관적[직관할 수 있는] 객체 또는 이러한 상대성이 배제되어 논리적–수학적으로 규정된 물리학적 사물이다. 물론 물리학적 사물은, 독아론적으로 구성되었든 상호주관적으로 구성되었든, 동일한 것이다. 왜냐하면 논리적 객관성은 그 자체로 상호주관성의 의미에서도 객관성이기 때문이다.* 인식하는 자가 논리적 객관성 속에 (따라서 진리의 내용이 이러한 주체에 또 주체성에서 자신의 존립요소에 종속하는 어떤 지표도 갖지 않는 방식으로) 인식하는 것은 모든 인식하는 자도, 그가 모든 인식하는 자가 그와 같은 객체들을 반드시 만족시켜야 할 조건을 충족시키는 한, 마찬가지로 인식할 수 있다. 여기에서 이것은 다음과 같은 것을 뜻한다. 즉 인식하는 자는 그 사물들 그리고 동일한 사물들을 경험해야 하며, 그가 이러한 동일성도 인식해야 한다면, 그는 다른 인식하는 자와 함께 감정이입(Einfühlung)**의 관계에 있어야 하며, 그러기 위해

---

* 후설의 '객관성'은 주관과 무관한 것이 아니라 '상호주관성'을 뜻한다. '주관성'도 "상호주관성 속에서만 그것의 본질인 구성적으로 기능하는 자아"(『위기』, 175쪽)이다. 결국 '객관(성)'과 '주관(성)'은 본질상 필연적으로 지향적 상관관계(Subjekt-Objekt-Korrelation)에 있다. 따라서 '상호주관성'의 의의와 문제는 『이념들』(특히 제1권)이 절대적 관념론으로 해석되기 때문에 그 오해를 해소하기 위해 나중에 비로소 등장한 것이 아니라 선험적 현상학이 구체화되기 시작하면서부터 제기된 것이라는 사실을 확인할 수 있다(이에 관해서는 『이념들』 제1권, 96, 103, 352쪽을 참조할 것).

** 타자의 몸(물체)은 원본적으로 주어지지만, 그 신체(심리)는 감정이입, 즉 유비적으로 만드는 통각의 의미전이(意味轉移)에 따라 간접제시(Appräsen-tation), 함께 파악함(comprehensio)으로써 주어진다. 후설은 이 용어를 의식경

서는 신체성을 가져야 하고 자신의 세계에 속해야 한다 등등.

그것 자체로 규정되고 다른 모든 사물과 구별되는 사물이 그 속에 현존한다는 사실은 **지각과 경험** 일반의 의미에 속한다. 이것이 객관적으로 타당해지려는 사실은 경험판단의 의미에 속한다. 어떤 사물이 그 자체로 규정되고 다른 모든 사물과 구별된다면, 그 사물은 다른 모든 사물과 그것이 구별되는 차이가 부각되는 방식으로 판단에 적합하게, 따라서 술어로 규정되어야 한다.

지각과 경험의 사물은 지각의 의미에 따라 처음부터 공간적–시간적인 것, 즉 형태와 지속을 지니며 공간과 시간 속에 일정한 위치도 지닌 것이다. 이 경우 **나타나는 형태와 형태 자체, 나타나는 공간크기, 나타나는 장소나 크기와 장소 자체**를 구별해야 한다. 우리가 사물에서 경험하는 모든 것, 심지어 형태도 경험하는 주체와 관련을 맺는다. 이 모든 것은 변화하는 국면 속에 나타난다. 이 국면의 변화와 더불어 사물도 감각적으로 변화된 것으로 현존한다. 사물들 사이의 사이형식(Zwischenform)과 사이공간(Zwischenraum)도 주관적 상황에 따른 다른 국면을 통해 나타난다. 그러나 하나의 동일한 공간은 가능한 모든 사물의 증대되지도 변화되지도 않는 형식으로서 언제나 필연적으로 '나타난다'. 모든 주체는 자신의 '방향이 정해지는 공간', 즉 자신의 '여기'(Hier)와 가능한 '저기'(Dort)를 갖는다. 또한 '저기'는 왼쪽–오른쪽·위–아래·앞–뒤의 방향체계에 따라 규정된다.

그렇지만 감성적 내용이 상호주관적으로 주어진 것들을 동일하게 확인하는 모든 것의 근본형식은 이 주어진 것들이 필연적으로 하나의 동일한 **장소체계**(Ortsystem)다. 그 객관성은 모든 '여기'가——주

험을 심리학주의로 기술했던 립스(Th. Lipps)를 통해 받아들였지만, 오히려 심리학주의를 비판하고 타자경험의 구성을 해명하는 선험적 분석에 적용했다.

체가 '계속 움직여' 생긴 새로운 모든 '여기'에 관해, 그런 다음 다른 주체에 속한 모든 '여기'에 관해—모든 상대적 '거기'와 동일하게 확인할 수 있다는 사실로 알려진다. 이것은 이상적 필연성이며, 일정한 객관적 장소체계를 구성한다. 이것은 감성적으로 보일 수는 없지만 이해할 수는 있는, 장소변화와 감정이입에 근거한 더 높은 종류의 직관*으로 '간취할 수 있는' 장소체계다. 그래서 '직관형식'과 공간적 직관의 문제는 해결된다. 그것은 감성적이지 않지만, 다른 관점에서 감성적이다. 아직 공간 자체는 아닌, 1차적 직관의 공간은 감성적으로 주어진다. 방향이 정해지는 변화 속에 게다가 주체 자체가 수행하는 자유로운 방향이 정해지는 변화 속에만 동일하게 확인함을 통해 주어지는 객관적 공간은 비-감성적이지만, 더 높은 단계에서는 직관적이다. 방향이 정해지는 공간(이와 함께 당연히 객관적 공간)과 나타나는 모든 공간형태는 이념화(Idealisierung)를 허용하며, 기하학적 순수성 속에 파악되고 '정밀하게' 규정될 수 있다.

객관적 형태는 객관적 공간에 편입된 것으로서 객관적이다. 그밖에 사물에서 객관적인 것(모든 상대적인 것에서 분리된) 모두는 기본적으로 객관적인 것, 즉 공간·시간·운동과의 관련을 통해 객관적인 것이다. 실재적 속성은 공간형태의 운동과 변형 속에 실재적인 실체적-인과적 통일체로 드러난다. 이것은 물체의 공간규정성의 인과적-법칙적 종속성을 표현하는 기계적 속성이다. 요컨대 사물은 언제나 일정한 **상황** 속의 형태다. 그러나 형태는 모든 상황 속에 **성질**이 부여된다. 성질은 충족시킴이며, 형태의 물체성을 관통해 표면 위로 확

---

* 현상학적 방법의 본질인 직관(Anschauung)은 낮은 단계의 감성적 직관에 그치지 않고, 사태를 있는 그대로 파악하는 높은 단계의 범주적 직관, 즉 이념화작용(Ideation)을 포함한다.

장된다. 어쨌든 성질화되는 것은 사물로부터 '공허한 공간' 속으로 펼쳐진다. 가령 빛을 발산하고, 열을 발산하는 경우다. 이것은 사물의 성질이 다른 사물에서 성질과 [성]질적 변화를 조건지으며, 게다가 그 영향이 상황에 끊임없이 기능하는 방식으로 조건짓는다는 것을 뜻한다. 결국 모든 상황변화는 일정한 영향[에 따른]변화에 상응한다. 정확하게 규정할 수 있는 공간관계에 그렇게 종속시킴으로써 감성적 성질도 정밀한 규정에 접근하게 된다. 따라서 물리학적 세계관 또는 세계구조를 이해하게 되고 상호주관적-객관적으로(즉 상대적이지 않고 그래서 동시에 상호주관적으로) 규정할 수 있는 감각세계의 의미를 통한 방법인 물리학적 방법을 이해하게 된다.

g) 물리학적 사물의 더 상세한 성격

이제 다룬 '물리학적 자연'은 우리의 상론에 따라 다음과 같이 제시된다. 즉 사물 그 자체는 스스로 연속이거나 불연속으로 충족된 공간으로부터 운동상태, 예컨대 에너지형식이라는 상태로 존재한다. 공간을 충족시키는 것은 '차이를 동등하게 함'의 일정한 부류에 종속하고, 일정한 물리학적 근본법칙에 상응한다. 그러나 감성적 성질은 여기에 존재하지 않는다. 이것은 여기에는 전혀 어떤 성질도 존재하지 않는다는 것을 뜻한다. 왜냐하면 공간을 충족시키는 것에 관한 성질은 감성적 성질이기 때문이다. 그렇지만 물론 성질이 없는 충족된 공간이라는 것을 어떻게 생각할 수 있는가?

자연과학자가 아주 정당하게 말하듯이, 그 감성적 성질 자체와 함께 나타나는 사물에 실제성을 부여하는 것은 관련 없는 문제다. 왜냐하면 감각기관의 본성과 기질에 따라 감각성질이 변화되기 때문이다. 즉 감각성질은 감각기관에 종속하며, 일반적으로 신체에 그리고 경험하는 주체의 전체 성격에 종속한다. 빨강과 초록, 열기와 냉기처럼 질적 차이에 상응하는 참된 물리학적 사태도 온도, 공기의 진동 등처럼 하나의 동일한 것의 단순한 질적 차이로서 질적 변이(變移) 없이 제시된다는 사실이 명백해진다.

우리는 "신(神)은 사물들이 그 자체로 존재하듯이 사물을 보며, 일종의 뒤틀린 안경인 감각기관을 통해 본다"고 말할 것인가? 사물은 우리가 단지 알지 못하는 절대적 성질을 지닌 충족된 공간인가? 그렇지만 사물이 이것이 나타나는 대로 우리에게 나타나는 것이어야 한다면, 어쨌든 다른 인간들 사이에 의사소통을 통해 어떤 사람이 보는 사물과 다른 사람이 보는 사물이 동일한 것이라는 사실을 인식할 수 있는 가능성이 존재하는 것처럼, 신과 우리 사이에 의사소통의 통일성이 가능해야 할 것이다. 그러나 추정된 절대적 정신(Geist)이 사물—인간들 사이의 나타남처럼 상호 의사소통 또는 적어도 한 측면의 의사소통 속에 유사하게 교환할 수 있어야 할 사물들—을 곧바로 감성적 나타남을 통해서도 보는 것이 아니라면, 동일하게 확인함(Identifizierung)을 어떻게 생각할 수 있겠는가? 그렇지 않다면 신은 곧 색깔 등을 보지 못할 것이며, 우리는 색깔의 성질에 대해 맹목적이 될 것이다. 그런데 어떤 것이 올바른 성질인지에 대해 논쟁할 의미가 있는가? 새로운 성질은 다시 2차 성질이 될 것이며, 만약 사물들이 동일한 것이라면, 모든 사람에 대해 동일해야 하는 물리학에 의해 정확히 그렇게 배제될 것이다. 물론 절대적 정신은 상호 의사소통의 목적을 위해 또한 어떤 신체를 반드시 가져야 하며, 따라서 거기에는 감각기관에 대한 종속성도 있을 것이다.

그 결과 2차 성질과 1차 성질을 구별하는 의미를 충분히 이해해야 하며, 2차 성질의 비-객관성을—이것이 결코 나타남의 상대주의를 벗어나지 않으며, 또한 본의 아니게 우리를 정상의 감성적인 것으로서 정상의 감성적인 것의 세계 속에 집어넣어 생각하는 한, 우리가 쉽게 간과하는 그러한 방식으로 그 상대주의를 벗어나지 않는다는 사실에서만─이해할 필요가 있다. 상대주의의 주된 특색은 주체에 대한 종속성에 있다. 물론 여기에는 다음과 같은 중대한 차이가 있다. 즉 일반적으로 어떤 **공통의 사물세계**를 갖고 이 세계에 실제로 관련되며 따라서 사물적 존재가 요구하듯이 나타남을 통해 관련될 수 있는 주체는 색깔·음향 등에 관해, 특수한 종류의 감각성질을 부여하는 개별적 감각에 관해, 원리상 상대적으로 '맹목적'일 수 있다. 또한 감각이 단지 일정한 공통의 의사소통을 가능케 하며 일정한 공통의 자연을 나타나는 자연으로 구성한다면, 감각은 완전히 다를 수도 있다. 그러나 원리상 주체는 **모든** 감각에 관해 맹목적일 수 없으며, 따라서 동시에 공간·운동·에너지에 대해 맹목적일 수 없다. 그렇지 않다면 주체에게 사물세계는 현존하지 않을 것이며, 어쨌든 바로 그 공간세계, 그 자연이 우리와 동일한 것이 아닐 것이다.

자연은 상호주관적 실제성이며, 나와 나의 우연한 동료뿐 아니라 우리와 교제해야 하고 사태나 인간에 관해 우리와 의사소통할 수 있는 우리와 모든 사람에 대한 실제성이다. 항상 새로운 정신이 이 연관 속에 들어올 가능성은 열려진 채 남아 있다. 그러나 그 정신은 우리의 의식 속에 가능한 나타남에 의해 또 그 의식 속에 그에 상응하는 나타남에 의해 대표되는 신체를 통해 연관 속에 들어와야 한다.

사물은 가능한 나타남에 일정한 규칙(Regel)이다. 즉 사물은 규칙화되어 함께 속한 다양한 나타남의 통일체인 실재성이다. 이 통일체도 상호주관적 통일체다. 이것은 상태의 통일체이며, 사물은 자신의 실재적 속성을 지니고, 각각의 계기에는 일정한 현실적 상태가 상응한다(왜냐하면 속성은 능력Vermögen을 표현하며, 이 능력은 '만약……, 그러면……'wenn-so과 관련된 인과적 속성이기 때문이다). 어쨌든 **직접적 경험**에 의존한 전자의 고찰에서 **상태**는 감성적 성질에 의해 충족된 공간(도식)—이것은 정상인 '동등한 감각적' 주체들의 총괄과 관련 속에서만 상호주관적 통일체일 수 있다—과 동일한 반면, 서로 다른 감각능력을 부여받은 주체들의 실재적 가능성이나 실제성과 또 모든 개체에 현존하는 감각성질의 생리학적 과정에 대한 종속성의 인식은 바로 이 종속성을 새로운 차원의 상대성으로 고려하고 순수한 물리학적 사물을 사유를 통해 구성하게 된다.

그렇다면 동일한 객관적-물리학적 사물의 상태에는 다른 감각능력과 개체적 감각이상(感覺異狀)에 관련된 다양한 '충족된 공간'이 속한다. 물리학적 사물은 우리와 교제할 수 있는 모든 개체에 대해 타당한 방식으로 상호주관적으로 공통적이다. 객관적 규정은, 나나 나와 교제하는 누구에게든 나타날 수 있고 의사소통 공동체에 속한 모든 사람에게—심지어 나의 감성이 변화할 수 있는 모든 가능한 경우에도 나에게—동일한 것으로 타당할 수 있다면, 사물에 속하고 속해야 할 것을 통해 사물을 규정한다. 공간규정과 시간규정은 공통적이며, 이것들이 '물리학적 사물'에 관련된 개념에 따라 상호주관적 공동체의 모든 나타남의 통일적 규칙인 법칙성은 공통적이다. 이 규칙은 동일한 사물을 구성하고 이성(Vernunft)이 의사소통하는 가운데 구성해야 한다. 어떤 사물이 '객관적 실제성' 속에 있는 것, 즉 나타나는 실제성, 의사소통하는 모든 주체에 나타나는 실제성, 상호주관적으로 동일하게 확인함으로써 동일하게 확인할 수 있는 실제성 속에 있는 것의 의미를 우리는 오직 나타남(그리고 상호주관적 연관)에서만 이끌어낼 수 있다.

객관적 실재는 나나 그 어떤 사람의 '공간' 속에 '환영'('환영적 공간')으로 있는 것이 아니라, 변화하는 성질에 속한 동일하게 확인하는 형식적 통일체인 객관적 공간 속에 있다. 환영이 감성적 성질과 함께만 주어질 수 있다는 사실은 나의 공간환영에 대해 타당한 반면,

공간이 감성적 성질과 함께 주어질 수 있는 것이 아니라 주관적 공간 속에서만 감성적 성질과 함께 나타날 수 있다는 사실은 객관적 공간에 대해 타당하다. 이것은 독아론적 주체(solus-ipse) 그리고 이 속에 이미 구성할 수 있는 '객관적' 공간에 대해서도 타당하다. 그러나 이것은 아직 상호주관적 공간은 아니다(따라서 상호주관적 사물은 '객관적' 성질을 지닌 '객관적' 공간형태이며, 이것은 물리학적 공간형태다). 순수한 공간(순수한 객관적 공간형태)은 추상화(Abstraktion)가 아니라, 객관화(Objektivierung)를 통해 나타나는 나의 공간에서 생긴다. 그런데 이 객관화는 감성적 성질에 의해 특성지어진 감성적으로 나타나는 모든 공간형태를 '나타남'으로서 받아들이고, 개체적 의식에 속하는 것이 아니라 개체적 그룹에서 구축된 가능한 나타남의 전체 그룹인 사회적 의식에 속하는 나타남의 다양체 속에 공간형태를 제시한다. 결국 각각의 주체는 자신의 전체 공간(Allraum)과 개별적 형태를 갖지만, 이것은 상호주관성 속의 나타남이다.

사물은 원리상 그 나타남의 내용이 주체와 함께 변화할 수 있는 나타남을 통해서만 주어지고 주어질 수 있다. 이러한 내용(그것이 빨간 것, 따뜻한 것으로 나타나는 대로 나타나는 사물)은 그것이 실제적 주체나 〔이 주체와〕 실제성의 연관 속에 있는 가능한 주체의 나타남인 그 본질이다. 우리는 실제적 주체나 이 주체과 연관 속에 있지만 여전히 가능한 주체로 소급된 우리 자신을 발견한다. 이 주체는 일정한 사물을 직관하고 경험작용 등을 하는데, 이 속에서 상관자인 나타나는 것 자체는 빨간·따뜻한·달콤한·둥근 등과 같은 나타남의 계기와 더불어 변화하는 방식으로 의식된다. 이 주체는 나타남의 주어짐이 변화함에도 불구하고 이 속에서 나타나는 것의 동일성을 상호주관적으로 확인할 수 있는 감정이입의 관계에 있다.

그러므로 원리상 사물은 상호주관적-동일한 것이지만, 상호주관적으로 동일하게 주어질 수 있을 감성적-직관적 내용을 결코 지니지 않는 것이다. 오히려 사물은 경험논리의(erfahrungslogisch)* 규칙에 따라 가능하고 이 규칙을 통해 정초된 동일하게 확인하는 상관자로서 공허한 동일한 것일 뿐이다. 이 동일하게 확인하는 것은 내용이 서로 다른 변화하는 '나타남' 속에 나타나는 것을 동일하게 확인하는 것, 나타남과 경험논리의 사유라는 자신의 상응하는 작용과 함께 상호주관적 연관 속에 있는 주체를 동일하게 확인하는 것이다. 상호주관적-객관적 사물, 즉 '그 자체로' 존재하는 사물의 단순한 자연론인 물리학 속에 사물은 공허한 것(leeres Etwas)으로 객관적으로 규정되고, 상호주관적으로 구성된 공간과 시간의 형식 그리고 공간과 시간에 관련된 '1차 성질'을 통해 규정된다. 모든 2차 성질, 정확하게 검토하면, 직관적으로 주어질 수 있는 **모든 것**——더구나 여기에는 2차적 충족함, 모든 방향이 정해지는 차이 등이 없으면 결코 생각할 수 없는 모든 직관적 공간형태와 시간형태도 포함된다——은 거기에 속하지 않는다.

h) 상호주관의 경험단계에서 '객관적 자연'을 구성할 가능성

이제 독아론의 경험단계에 대해서와 마찬가지로 상호주관의 경험단계에 대해서도 '객관적' 자연의 구성이 일어날 수 있고 일어나려면 어떤 조건이 반드시 충족되어야 하는지 유비적으로 숙고해보자. 우리는 그 조건이 사실적으로 제시되는 방식의 관계에서 출발했다.

---

* 일반적으로 '경험'과 '이성'(논리)은 서로 대립되지만, 후설은 종종 결합해 사용한다(예컨대 『엄밀한 학문』, 299·308쪽; 『이념들』 제1권, 94·101~102쪽). 1920~30년대 저술에는 '선술어적'(vorpädikativ), '선험적 경험', '경험의 논리 이전 이성' 등으로도 표현되는 이 용어에서도 알 수 있듯이 그의 현상학은 다양한 경험의 의미와 본질을 이성 속에 정초하려는 '근본적 경험주의'다.

즉 개체적 차이는 공통적 경험의 근본요소에서 부각되고, 사물 '자체'에 속한 규정을 단순히 주관적으로 조건지어진 규정과 구별하는 방식이다. 그래서 다른 조건도 아프리오리하게 구축될 수 있다. 우리는 어떤 질병도 없고 환영이나 환각 등이 전혀 등장하지 않는 인간의 세계를 생각해볼 수 있다. 더구나 서로 함께 교제하는 모든 인간이 세계를 (언제나 방향이 정해지는 필연적 차이를 제외하고) 완전히 동일하게 파악하는 것을 가정할 수 있다.

그렇다면 2차 성질을 지닌 사물은 단적으로 궁극적 객관성으로 간주될 것인가? 또는 이러한 상태가 우연적인 것이며 필연적인 것이 아니라는 점을 인식하게 될 것인가? 이러한 물음에 덧붙여 물론 감성적 세계의 구성과 '참된' 세계, 즉 학문적 주체 —자발적인 '자유로운' 사유와 일반적으로 탐구하는 가운데 활동하는 주체 —에 대한 세계의 구성은 구별해야 한다. 즉 우리가 동물의 방식으로 '세계 속에' 또 모든 사람이 우리와 마찬가지로 '정상인' 우리와 동등한 사람들과 서로 교제하면서 수동적으로 산다면, 우리에게 공통인 하나의 경험 세계가 구성된다. 어쨌든 우리는 자유로운 지성적 존재다. 어떠한 비-정상성에도 직면하지 않는다면, 하여튼 우리의 신체와 다른 사람의 신체에서 자의의 조작을 할 수 있으며, 그래서 '비-정상인 것'이 등장한다. 우리는 사유하면서 인과적 연관을 추적하고, '물리학적 세계상(世界像)'을 형성한다.

언제나 다음과 같은 사실을 안다. 즉 한편으로 이미 독아론의 단계에서 '객관적'(물리학적) 사물의 구성으로까지 밀고 나갈 가능성이 있다. 다른 한편으로 상호주관의 단계에서도 그 정도로 멀리 도달할 무조건의 필연성은 존재하지 않는다. 그러나 사실상 구성이 상호주관적으로 수행된다는 점은 배제하고, '객관적 자연'을 구축하는 이 두 가지 가능한 길 사이에 원리적 차이가 존재한다. 독아론적 주체는 자신에 대립해 어떤 객관적 자연을 지닐 수 있지만, 자기 스스로를 자연의 한 구성원으로서 파악할 수 없으며, 상호주관의 경험단계에서 그것이 일어나듯이[31] 심리물리적 주체로서, 동물적 주체로서, 스스로를 통각할 수 없다. 물론 이것은 우리가 동물적 자연의 구성을 추적할 때 비로소 통찰될 수 있다. 아무튼 실로 경험된 자연과 경험하는 주체 사이의 종속성관계를 입증함으로써 지시된 사실과 같이, 주관성에 관한 연구는 물리적 자연의 의미와 구축을 명백하게 해명하는 데 무조건 요구된다.

---

31) 41항의 a)를 참조할 것.

제2장 동물적 자연의 구성

서론

19. 자연객체인 영혼에 대한 고찰로 이행함

이제 영혼(Seele), 물질적 신체와 결합되어 자연과학적 탐구의 객체인 인간이나 동물의 영혼의 본질에 관한 연구로 넘어가자. 여기에서도 우리는, 엄밀한 현상학적 방법이 요구하는 것처럼, 원본적 경험이 우리에게 가르치는 것을 견지한다. 우리는 모든 모호한 경험지식, 경험에서 발생되었지만 그 자체로 혼란되고 해명되지 않은 영혼적으로 주어진 것에 대한 모든 해석──이것은 교정될 수 있거나 적절하지 않고 모순에 가득 찬 것으로 입증될지 모른다──을 무시하고, 낮거나 높은 의미의 모든 앎──오히려 간접적 인식기능인 이것에서 되돌아가 바로 단적인 경험으로 소급한다──을 단념한다. 따라서 심리학적 학문에서 지배적인 모든 확신도, 그밖에 이 학문의 권리에 관해 논쟁하지 않고, 멀리한다. 우리가 추구하는 것은 이론적인 간접적 사유의 경과(Verfolg)가 아니라 그 출발(Anfang)에 있다. 왜냐하면 그 사유의 가장 근원적인 전제를 추구하기 때문이다.

어떠한 이론도 영혼적인 것에 대한 완전한 직관이 우리에게 지시하는 영혼의 의미를 전복시킬 수는 없다. 이 의미는 모든 이론적 탐구에 절대적으로 구속하는 규칙을 미리 지시한다. 이것에서 벗어난 모든 것은 모순이 생긴다. 그것은 매우 일반적인 근거에 입각해 명백하다. 정당한 이론은 우선 원본적으로 부여하는 직관(우리의 경우 경험)이 단적인 방식으로 존재하는 것으로, 이 경우 일정한 '내용'이나 의미를 지니고 존재하는 것으로 정립한 것을 간접적 사유 속에 술어로 규정할 수 있을 뿐이다. 따라서 '근원〔에 대한〕분석'이 대상의 원본적 의미로서 원본적 직관에서 길어낸 것은 어떤 이론으로도 폐기될 수 없다. 이 의미는, 모든 가능한 이론적 인식이 이성에 적합하게 결합된, 전제되어야 할 규범이다. 그래서 모든 영역적 개념—따라서 영역적 존재론(이와 함께 관련된 영역적 분야의 특수한 경험적 모든 학과)의 대상영역을 한정하는 모든 개념—처럼 영혼의 개념에 대해서도 기본적 해명을 위한 일반적 규칙이 지시된다. 따라서 영혼적인 것에 관한 진정한 개념을 '경험에서 길어내는 것'은 타당하다.

물론 이것은 현상학 그 어디에서나 현실적 경험, 따라서 마치 우연적 사실에 결합된 경험적 정립이 어떻든 문제 되는 듯이 경험적으로 일어나는 것을 뜻하지 않는다. 오히려 실제든 상상이든 임의로 수행된 경험작용(Erfahren)에(자신을 가능한 경험작용으로 집어넣어 꾸며냄에) 명시되듯이,[1] 그러한 경험작용 속에 본질적으로 놓여 있는 지향을 전개해 경험된 것 그 자체—영역적 대상성의 관련된 유(類)—의 의미를 직관하면서 파악하고 이 의미를 엄밀하게 분석하고 기술해 표현하기 위해, 본질직관 속에 경험된 것 일반과 그 자체에 관한 본질을 숙고하는 것은 타당하다.

---

1) 15항의 a) 후반을 참조할 것.

20. '영혼적인 것'에 대한 통상적 논의의 의미

분석해보면, 영혼적인 것은 물질적인 것과 결합되어 주어진다. 물질적 사물 중에는 영혼이 없는 '단순한' 물질적인 것이 존재하거나, 본질고찰의 관점에서 그러한 것이 아프리오리하게 가능하다. 다른 한편 '신체'의 지위를 지니며 여기에서는 '영혼적인 것'이라는 새로운 존재층(存在層)과 그렇게 연결된 것으로서 지시하는 것도 있다. 이러한 명칭에 무엇이 포함되는가? 여기에서 우리에게 경험이 주어진 것으로 이끄는 첫 번째 것은 처음도 끝도 없는 '체험'의 흐름이다. 이 체험에 다양한 유형이 내적 지각, 즉 '내성'(Introspektion)에 입각해 잘 알려져 있다. 이 내적 지각 속에 우리 각자는 자신의 '고유한' 체험을 그것의 원본성에서 파악한다. 우리 각자는 이 체험이 더 이상 원본적이지 않거나 '실제적인 것' 속에 존재하지 않더라도, 그 체험을 내적 기억, 자유로운 내적 상상, 내적 상표상(像表象) 속에 직관적으로 파악할 수도 있다. 이러한 체험은 더구나 타인의 영혼 삶을 해석하면서 파악하는 형식으로도 어느 정도 명백한 직관성 속에 현재하는 실제성으로 주어진다.

'체험의 흐름'(또는 의식의 흐름)이라는 비유적 표현이 이미 뜻하듯이, 체험, 즉 감각·지각·기억·느낌·감정 등은 마치 이것이 공통의 현상으로 신체에 연결됨으로써만 서로 함께 통일되기라도 하듯이, 그 자체로 연관이 없는 물질적 신체의 부속물로서 경험 속에 주어지지는 않는다. 오히려 체험은 그것의 고유한 본질을 통해 [주어진] 하나다. 즉 체험은 서로 결합되어 얽혀 있고, 층을 이루는 방식으로 서로의 속으로 뒤섞여 흐르면서 그리고 흐름의 이러한 통일성 속에서만 가능하다. 어떤 것도 이 흐름에서 떼어낼 수 없으며, 예컨대 어떤 것도 사물 그 자체만으로서 분리될 수 없다.

그러나 이러한 통일적 흐름은 일정한 방식으로 그 이상의 통일체를 여전히 내포하거나 통일체 속에 얽혀 있다. 이 통일체는 적합한 시선의 자세가 주어질 경우 직관적으로 파악될 수 있고, 심리적인 것의 현상학적으로 근원적 장(場)을 분명하게 끌어오려면, 적어도 고려하지 않을 수 없다. 어쨌든 체험이나 체험의 흐름이라는 개념과 결코 일치하지 않는 본래의 영혼개념뿐 아니라 다른 의미로 파악될 수 있는 자아개념도 실로 이러한 장과 관련되어 있다.

여기에서 우선 문제가 되는 것은 순수(선험적) 자아의 통일성, 더구나 실재적 영혼적 자아의 통일성, 따라서 영혼에 속한 경험적 주체의 통일성이다. 이때 영혼은 신체의 실재성과 결합되거나 이 속에 얽힌 하나의 실재성으로서 구성된다. 여기에서 신체와 다음과 같은 문제, 즉 신체의 본질적 규정성이 단지 특수한 물질적 사물의 규정성인지, 신체는 물질 외적인 새로운 구성의 층 — 이것은 정확한 의미에서 아직 영혼의 층이라 지칭될 수 없다 — 을 지니는지의 문제는 특별한 연구가 필요하다. 더구나 여전히 설명해야 할 '경험적 자아'라는 명칭으로 우리는 '자아-인간'의 통일성, 따라서 자아를 발견한다. 자아는 자신의 체험을 그 심리적 상태로 부여하고 마찬가지로 자신의 지식, 특성속성 그리고 체험 속에 드러나면서 지속하는 그와 같은 성질을 그 심리적 상태로서 부여할 뿐 아니라, 자신의 신체적 성질을 '자신의 것'으로 지칭하고 따라서 자아-영역에 할당한다.

21. '자아-인간'이라는 개념

앞에서 언급한, 그 내용상 특별히 풍부한 일상적 개념인 자아개념에서 곧바로 진행해보자. 각각의 인간은 '자신을 지각하는' 가운데 곧바로 자기 자신을 파악하고, 마찬가지로 다른 어떤 인간의 경험하는 앎 속에 바로 이 다른 인간을 파악한다. 각자는 자신의 작용과 상태에 관한 자아[자기]-논의(Ich-Rede) 속에 "나는 지각한다, 판단한다, 느끼고 의욕한다"는 형식으로 말한다. 마찬가지로 "나는 그러한 성질을 지녔다"는 형식으로 자신의 인격적 속성, 자신의 타고나거나 획득된 특성소질, 능력, 자신의 일시적이거나 단지 상대적으로 지속하는 성향에 관해 말한다. 다른 사람의 경우도 마찬가지다. 우리는 "어떤 사람이 성격이 강하다, 덕이 있다, 명랑하거나 우울하다" "그는 화를 잘 내는 기질이다" "그는 사랑에 빠졌다" 등을 말한다. 그러나 '그는 춤을 춘다, 체조를 한다, 먹는다, 편지를 쓴다'는 동시에 '그는 심리물리적 능력을 지녔다' '그는 훌륭한 무용가다' '그는 절도 있게 체조하는 사람이다' 등을 뜻한다. 마찬가지로 어떤 사람은, 그의 신체가 상응하는 영향을 겪었을 때, 또한 그가 타격을 받고 상처를 입고 화상을 당했을 때, "그[나]는 타격을 받고, 상처를 입고, 화상을 당했다"고 말한다. 우리는 그의 손가락에 더러운 것이 묻었을 때 "그는 더럽다"고 말한다. 더구나 "그는 창백하다거나 혈색이 좋다" "그는 심장이 약하거나 위장이 건강하다" 등을 말한다.

따라서 정상의 자아논의에서 (경우에 따라 인칭대명사 일반의 정상 사용에서) 자아에는 신체와 영혼을 지닌 '전체' 인간이 포괄된다. 그런 까닭에 충분히 다음과 같이 말할 수 있다. 즉 "나는 나의 신체가 아니라, 나의 신체를 지닌다" "나는 하나의 영혼이 아니라, 하나의 영혼을 지닌다."

인간의 통일성이 이 두 구성요소를 단지 외적으로 서로 잇닿아 결합된 두 가지 실재성이 아니라 극도로 내적으로 얽히고 어떤 방식으로든 서로 침투되는 구성요소로서 포괄한다는 것(사실 이것이 실증되듯이)이 옳다면, 이 구성요소들 각각의 상태와 속성은 전체, 즉 '자아-인간' 자체의 상태와 속성으로 간주되는 것이 이해될 수 있다.

다른 한편 영혼적인 것은 일정한 우선권을 지니고, 이것이 자아개념을 본질적으로 규정하는 것이라는 사실은 간단히 통찰될 수 있다. 만약 영혼이 떨어져나가면, 우리는 죽은 물질, 즉 인간인 나(Menschen-Ich) 자체에 관한 어떤 것도 더 이상 없는 단순한 물질적 사물을 지닌다. 반면에 신체는 폐기될 수 없다. 심지어 유령(Gespenst)조차도 필연적으로 자신의 유령신체를 지닌다. 물론 이 신체는 결코 실제적인 물질적 사물이 아니며, 나타나는 물질성은 기만(欺瞞)이지만, 동시에 이에 속한 영혼과 따라서 유령 전체도 그러하다.

더 정확하게 숙고해보면, 여기에서는 다음과 같은 다른 가능성이 있다. 신체는 그 어떤 착각의 의식 없이 물질적 현실로서 지각에 적합하게 주어진다. 이 경우 우리는 '유령'이 아니라 실제적 인간을 본다. 다른 한편 물질성에 관해 착각의 의식이 존재한다면, 우리는 착각으로서의 인간을 포기하겠지만, 어쨌든 그렇다고 해서 어떤 유령에 관해 말하지 않는다. '착각으로서의'라고 표현한 것은 경험이 실재적 정신성(Geistigkeit)은 오직 물질적 신체에만 연결되지 가령 단순히 주관적이거나 상호주관적인 공간환영(순수한 공간적 도식)에 연결되지는 않는다는 사실을 가르쳐주기 때문이다. 또한 경험에 따르면 물질적 신체와 영혼은 실제적 인간의 이념 속에 필연적으로 함께 속한다. 그러나 이 필연성은 단지 경험적인 것이다. 물질적 신체, 즉 영혼적 규정성의 토대인 정상적 자연사물을 결여하는 영혼적 존재자가 나타나고 실제로 존재할 수 있는 경우도 그 자체로 생각해볼 수 있으며, 실제로 유령이 생기기도 할 것이다. 그럼에도 여기에는 도대체 신체가 없으며 없을 수 있다는 사실은 전혀 없다.

우리는 특수한 물리적 규정성이 '순수한 도식'이라는 명칭 아래 이해된 것에 기초하며 동시에 이것으로부터 일방적으로 분리될 수 없다는 사실을 인식했다. 유령은 그 신체가 어떤 물질적 속성도 없이 순수한 '공간적 환영'이라는 사실을 통해 특성지어진다.[2] 이 속성은 일반적으로 함께 나타나는 한, 오히려 의식에 적합하게 말소되고 비-실제성으로 특성지어진다. 그렇다면 정신들〔유령들〕*은 주관적으로뿐 아니라 상호주관적으로도 나타나며, 단순한 환영의 신체, 예를 들면 심지어 단순한 시각적 신체에 근거해 상호주관적 경험작용을 통해 일관되게 입증되었다는 사실도 이제 그 자체로 생각해볼 수 있을 것이다. 만약 그것에 의해 실제적 유령들의 아프리오리한 (전적으로 공허하더라도) 가능성이 인정된다면, 영혼적 주체는 물질적 신체 없이 생각해볼 수 있고 따라서 자연의 동물적 존재로서가 아니라 유령으로서 생각해볼 수는 있지만, 이 경우에도 신체 일반이 없이는 결코 생각해볼 수 없다는 사실이 동시에 분명하게 드러난다.

영혼적 존재자가 존재하고 객관적 현존을 지닐 수 있으려면, 상호주관적으로 주어지는 것의 가능성 조건이 충족되어야 한다. 그러나 이처럼 상호주관적으로 경험할 수 있음은 '감정이입'을 통해서만 생각할 수 있다. 이 감정이입은 자신의 측면에서 상호주관적으로 경험할 수 있는 신체를 전제하는데, 이 신체는 감정이입을 직접 수행하는 자에 의

---

2) 자신의 자아를 지닌 주관성의 실제적 신체화(Verleiblichung)와 유령을 구별하기 위해 환영으로 소급해 관련시키는 것은 결코 옳지 않다. 그리고 자신이 스스로 산출한 음성(音聲), 즉 자기 자신에게 근원적으로 주어진 음성을 내는 근육의 운동감각에 속한 음성 속에 발성함(Verlautbarung)의 근본적으로 본질적인 역할은 고려되지 않았다. 이것은 무엇보다 먼저 상론했어야 할 근원적으로 계획된 감정이입에 관한 이론도 없다. 내 관찰에 따르면, 어린아이에게서 스스로 산출한 음성과 그런 다음 비슷하게 들린 음성은 ─ 어린아이가 이미 자신의 시각적 신체와 '다른 사람'의 신체의 감각적 유사성을 갖거나 가질 수 있기 이전에, 나아가 다른 사람에게 촉각적 신체와 의지가 담긴 신체를 부가시킬 수 있기 이전에 ─ 무엇보다 우선 자아를 객관화(Ichobjektivierung)하거나 '다른 사람〔자아〕'(alter)를 형성하기 위한 가교를 마련한 것으로 보인다.
* 여기에서 'Geister'는 문맥상 '정신들'보다 '유령들'로 이해해야 더 적절하다.

해 그에 관련된 영혼적 존재자의 신체로 이해될 수 있고, 자신이 주어지는 가운데 영혼적인 것을 공감함을 요구하고 그런 다음 그후에 계속되는 경험 속에 입증될 수 있다. 바로 이것에 의해 영혼적인 것 또는 정신적인 것의 신체에 대한 우선권이, 즉 신체와 분리될 수 없는 근거에서 부각된다. 정신은 객관적으로 경험될 수 있기 위해 반드시 객관적 신체(단지 아프리오리하게 곧바로 물질적 신체는 아니지만)에 영혼을 불어넣어야(Beseelung) 하는 반면, 그 반대로 공간적 환영이나 물질적 사물을 객관적으로 경험할 수 있음은 영혼을 불어넣음을 전혀 요구하지 않는다. 따라서 영혼과 영혼을 불어넣음의 본질, 또한 이것들의 객관적 인식의 가능성에 전제된 것을 더 상세하게 주목하면, 여기에서는 어떤 단순한 결합이나 가령 동시적 결합이 결코 제시될 수 없으며 사실상 제시되지 않는다는 사실에 직면한다.

신체는 결코 어떤 사물이 아니라 정신의 표현이며, 게다가 신체는 동시에 정신의 기관이다. 또한 여기서 더 깊은 상론으로 들어가기 전에, 이미 우리는 모든 본래의 '주관적인 것'(Subjektives),* 자아인 것(Ichliches)은 정신적 측면(신체 속에 표현되는 측면)에 놓여 있는 반면, 신체는 단지 이러한 영혼을 불어넣음 때문에 '자아인 것'으로 부르며, 경우에 따라 그 상태와 성질은 '나의', 즉 자아의 주관적 성질이라 부르고, 속성은 주관적 속성이라 부른다. 영혼을 불어넣음의 특유성에는 신체적인 것 그리고 결국 그 어떤 관점에서는 모든 신체적인 것이 영혼의 의미를 가정할 수 있고, 따라서 처음부터 영혼을 현

---

* 이것은 '주관성'(Subjektivität)의 다른 표현으로, 자아와 그 체험영역 전체를 가리킨다. 후설은 '주관과 관련된 것'을 함축하는 이 용어를 통해 '(선험적)주관성'을 대상(객체)과 본질상 필연적으로 불가분한 상관관계에 있지 않은 주체, 즉 전통적으로 객체와 대립된 의미의 주체와는 근본적으로 다른 '자아'의 구조와 그 기능·의의를 더 분명하게 부각시키고 있다.

상적으로 지니지 않은 곳에서도 가정할 수 있다는 사실이 있다.

이제 그밖에 '인간'이라는 총체적 통각의 통일성 속에 신체에 '감정이입되는', 즉 공감되는 영혼적인 것이 이 신체와 실재로 통일된 것으로 파악되기 때문에, 신체적 사건이 이 인간 주체의 특유성으로, 즉 '나의' 특유성으로 파악된다는 사실이 이해될 수 있다.

그것이 인간과의 관련에서 예컨대 작품, 재산, 미적 가치, 사용될 객체 등과 마찬가지로 자아의 의미를 가정했던 신체 외적 사물에서는 사정이 다르다. 이것은 어떤 '의미'가 있지만, 어떤 영혼도, 또 유일하게 기초지어진 실재성에 결합된 채 이것 자체와 실재로 결합된 영혼적 주체를 지시하는 의미가 전혀 없다. 이것은 나의 작품, 나의 옷, 나의 소유물, 나의 사랑하는 것 등으로 부르지만 그 속성 역시 나의 속성이라 부르는 것이 아니라 기껏해야 나의 속성의 표시, 반사(反射)로 파악된다는 사실에 따라 표현된다. 이 모든 것은 더 자세한 상론과 더 깊은 정초가 필요할 것이다. 이와 같은 것은 계속 분석하는 가운데 여러 차례 이루어질 것이다.[3]

이제까지 상론한 자아개념 · 자아 · 인간은 지금까지의 논의에 따라 순수한 영혼적 자아로 소급시킨다. 이러한 관점에서 우리는 아직도 여러 가지를 구별해야 한다.

제1절 순수 자아

22. 자아 극(Ichpol)으로서 순수 자아*

자신을 지각한다고 생각해보자. 그러나 이제 신체를 추상화하는

---

3) 56항 h)를 참조할 것.

방식으로 자신을 지각한다고 생각해보자. 그렇다면 우리 자신을 체험의 흐름에 관련된 정신적 자아로 발견하게 된다. 여기에서 '정신적'이란 단지 일반적으로 그것이 바로 자신의 소재지를 신체성 속에 갖지 않는 자아를 뜻한다. 예를 들어 나는 '생각한다'(사유주체 cogito), 즉 지각한다, 그 어떤 양식으로 표상한다, 판단한다, 느낀다, 의욕한다 등. 또 이 경우 그 체험이 변화하는 가운데 하나의 동일한 주체로서, 작용과 상태의 '주체'로서 나 자신을 발견한다(이 주체는 절대적 개체화Individuation를 그때그때 사유작용cogitation의 주체로서 갖는다. 또한 이 주체 스스로는 그 자체로 하나의 절대적으로 개체적인 것이다).

그러나 여기에서 다른 계열을 끌어낼 수 있고, 이러한 일을 무엇보다 자아를 순수 자아 — 곧 이미 제1권[4]에서 많이 논의한 것 — 로서 획득하는 방식으로 수행할 수 있다. 그러므로 이러한 목적을 위해 지향적 체험에 한정하자. 이 지향적 체험은 '우리'가 그때그때 '수행한' 것이며, 이것을 관통해 우리 — 더 명료하게 말하면, 나, 즉 그때그때 '생각하는' 자아 — 는 자아발산(Ichstrahl)을 작용의 대상적인 것(Gegenständliches)으로 향했다.

이제 '나는 생각한다' 자체를 지배하고 그러한 것으로서 거기에 순

---

* 경험적 자아는 구체적으로 존재하는 세계와 일상적으로 교섭하는 사실적 자아인 반면, 순수 자아는 의식뿐 아니라 의식의 모든 작용과 대상에 통일적 의미를 부여하는 선험적 자아다. 즉 순수(선험적) 자아는 의식작용이 방사(放射)되고 자극이 수렴되며 습득성과 능력이 궁극적으로 기능하는 '자아 극'뿐 아니라 나 타남과 이것이 주어지는 방식을 통해 그때그때 대상 극(Gegenstandspole)과 이것의 극지평인 세계 전체를 포괄한다. 따라서 하나의 자아(ein Ich)가 아니라 근원적 자아(Ur-Ich)이며, 경험적 자아와 순수 자아는 동일한 자아의 다른 양상들로서 단지 그 기능적 작용에 따라 구분된다.

4) 이것은 이 책에 앞서 1913년 출간된 『이념들』 제1권을 뜻한다.

수하게 지배하는 자아, 즉 절대적으로 확실하게 '생각하는 나는 존재한다'(sum cogitans)로서 주어진 자아에 초점을 맞춘다. 절대적으로 주어진 것으로서, 초점을 맞춘 반성의 아프리오리한 가능한 시선 속에 주어지는 것으로서, 그것은 결코 은밀한 것이나 신비로운 것이 아니다. 내가 지각작용 속에 지각된 것, 인식작용 속에 인식된 것, 상상작용 속에 상상된 것, 논리적 사유작용 속에 사유된 것, 평가작용 속에 평가된 것, 의욕함 속에 의욕된 것을 겨냥하는 것으로 순수하게 나 자신을 받아들이는 한, 나는 나 자신을 순수 자아로 받아들인다. 각각의 작용을 수행함에는 [자아시선이] '겨냥해 있음'이 발산(發散)되는데, 나는 그것이 '자아' 속에 출발점을 받아들인다고 기술할 수밖에 없다. 자아가 이와 같이 다양한 작용 속에 살면서 자발적으로 활동하고 언제나 새로운 발산함에서 이것을 관통해 자신의 감각의 대상적인 것으로 나아가는 반면, 이 경우 자아는 명증하게 분리되지 않고 그 수(數)에서 동일하게 남아 있다.

더 정확하게 말하면, 그밖에 순수 자아는 수행된 작용의 종류에 따라 매우 다른 양상으로 객체에 관련된다. 어떤 의미에서 순수 자아는 동일한 것을 겨냥한 방향에서 언제나 자유로운 자아이며, 다른 한편 나타남'을 향해 있음'이라는 비유는 불완전하게만 사용할 수 있다. 어떤 일반적 의미에서 자아는 언제나 객체를 겨냥해 있지만, 특수한 의미에서 순수 자아에서 분출하는 자아의 발산은 때때로 객체로 나아가고 이 객체로부터 비유하건대 대상의 발산을 받아들인다. 그러므로 나는 욕구하는 가운데 욕구된 객체에 이끌린 나 자신을 발견하고, 그것을 겨냥하지만 어쨌든 단순한 욕구함에 도달하지 않은 채 그것에 도달하려고 노력하는 방식으로 겨냥한다. 사랑하는 가운데 나는 사랑하는 사람—그에게 마음이 끌리고 어쩌면 완전히 몰두하고 열중하는 사람—에게 마음을 기울인 나 자신을 느낀다. 이에 반해 증오하는 가운데도 나는 증오하는 것을 겨냥하지만, 그래도 그것에 의해 거부되어 있다. 이 경우 나는 때로는 매력이나 혐오로 복종하며 순응하거나 이것에 반대하는 태도를 취하고, 때로는 작용의 태도를 취해 '움직이거나' 움직이지 않고, 그래서 나는 때로는 '스스로를' 능동적으로 움직이는 자이거나 스스로를 움직이지 않는 자다. 이처럼 나는 예를 들어 변화 없는 지속적 슬픔, 순수한 수동성 속에 있는 수동적 슬픔에 '잠긴다.' 또는 나는 '감정운동'으로서 어쨌든 수동적인, 격렬한 슬픔으로 충만했다. 또는 억제된 슬픔 속에 나 자신을 유지하면서 활발하게 움직인다 등등.

이에 반해 나는 행동하는 가운데 실천적으로 사태 곁에 있다. 왜냐하면 실천적으로 시작하는 자로서 우선 '뜻하는 그대로'(fiat) 생각하기 때문이다. 이제 그후에 이루어지는 행동은 내 의지에 따른다는 '의미에서' 일어난 것으로 구성되며, 자유롭게 의욕하는 자인 나를 통해 일어나는 것으로 구성된다. 이 경우 나는 끊임없이 추구된 것을 얻으려 애쓰는 자, 자발적으로 목적을 달성하려는 자다. 또한 목적을 달성함 자체의 각각의 국면은 이 속에서 순수한 의지의 주체가 의욕된 것 그 자체를 '달성하는' 것이다. 순수 자아는 수행하고 활동하며 감수하는 자아로서 단지 개별적 작용 속에서만 살지 않는다. 그것은 자유롭고 어쨌든 객체에 마음이 끌린 채 작용에서 〔다른〕 작용으로 진행해가고, '배경' 속에 구성된 객체로부터—이것에 동등하게 따르지 않고—자극을 경험하며, 그 결과가 상승되게 의식의 문을 두드리고, 어떤 객체에서 다른 객체로 겨냥하면서 양보하고, 경우에 따라 심지어 '즉시 양보한다'. 이렇게 함으로써 순수 자아는 자신의 작용이 변화되는 가운데 특수하게 전환하며, 다양한 많은 단계의 작용 통일체(Akteinheit)를 자유롭게 구축한다.

이처럼 이론적 주체로서 순수 자아는 주제로 삼는 연관의 통일체 속에서 관련짓고 결합하는 주체, 주어화하고 술어화하는 주체, 전제하고 결론짓는 주체로서 주재한다. 왜냐하면 순수 자아는 이론적 관심의 통일체 안에서 주제를 견지하고, 때에 따라 관심을 전환시키지만 다시 주제에 관한 실마리를 받아들이기 때문이다. 따라서 우리는 순수 자아가 살아가는 다양한 작용의 연구에서 사실상 모든 종류의 구조와 각각의 작용분야 속에 기술될 수 있는 구조를 발견한다. 이 구조는 주체가 참여하는 본래의 양상과 이와 상관적으로 객체가 순수 자아에 관여하는 방식의 본래의 양상에 관계하는데, 후자의 관점에는 객체가 이것에 관련된 순수 주체에 마음이 끌리거나 거부하면서, 요구하거나 억제하면서, 자극하거나 다른 방법으로 '규정하면서' 받아들이는 방식이 포함된다.

많은 형태로 단일화된 사유주체나 이것을 통해 결합된 사유주체의 작용 속에 순수 자아는 자신의 순수한 '기능'을 하며, 작용 자체를 전이된 의미에서 기능이라 부르는 한, 그러하다. 그래서 순수 자아는 한편으로 그 작용 속에 기능하고 이 작용을 관통해 객체에 관련된 자아와 작용 자체가 구별되어야 하며, 다른 한편으로 어쨌든 단지 추상적으로만 구별되어야 한다. 여기서 '추상적으로'는 순수 자아가 이러한 체험, 즉 자신의 '삶'에서 분리된 것으로 생각될 수 없는 한 그러하며, 그 반대와 마찬가지로 그 체험은 자아 삶(Ichleben)의 매개로서가 아니면 생각할 수 없다.

그래서 순수 자아는 지금까지 전적으로 '사유주체'의 형식이라는 특수한 의미에서 작용 속에 고찰했던 것과 같은 수행하는 자아만은 아니라는 사실을 주목하는 것이 중요하다. 그때그때 사유주체가 비-활동성(Inaktualität)으로 가라앉자마자, 어떤 방식으로 순수 자아도 비-활동성으로 가라앉는다. 순수 자아는 관련된 작용에서 물러나, 이 작용 속에 수행하거나 하여튼 가능한 방식으로 어떤 작용 속에 수행하는 자아가 더 이상 아니다. 이 경우 그것은, 마치 이제 아무것도 수행되지 않는 의식과 순수 자아가 전혀 무관하게 함께 있다는 것처럼, 모든 체험작용에서 분리된 것이 아니다. 오히려 활동성과 비-활동성의 차이는 지향적 체험의 구별된 본질구조와 이와 함께 일치해 그 체험에서 분리될 수 없는 자아-체험작용(Ich-Erleben) 속에 '방식'의 차이를 지시한다. 자아는 결코 사라질 수 없고, 언제나 자신의 작용 속에 있는데, 다음과 같은 사정에 따른다. 즉 [자아의] 작용이 있거나 활동적 작용이 된다면, 자아는 이른바 그 작용 속에 등장하고 명백히 드러나며, 활발하게 생생한 기능을 하고, 활발하게 발산하는 가운데 대상적인 것을 겨냥한다. 또는 그것이 이른바 은폐된 자아라면, 자아는 활발한 시선을 어떤 것으로 던지지 않고, 현실적으로 경험하거나 활동하지도 겪지도 않는다.

어쨌든 중요한 문제는 작용을 수행하는 가운데 갑자기 현존하거나 등장하는 임의의 가능성이 아니라, 항상 현존하는 순수 자아와 관련된 현상학적 변화다. 게다가 이렇게 해서 새로운 것, 즉 변경된 현상이 생기는데, 여기서는 가령 초점을 맞추어 주목하는 시선을 어떤 것에 보내는, 하지만 예전의 현상인 비-활동성의 현상 속에 벌써 일정한 자아의 구조가 현존하는 방식으로, 자아는 현실적으로 겨냥하게 된다. 이 자아의 구조는 바로 다음과 같은 것을 뜻하게 허용하고 요구한다. 즉 은폐된 것인 특수한 '무의식'의 단계에서 자아는 무(無)이거나 현상이 자아-활동성의 현상으로 변화하는 공허한 잠재성(Potentialität)이 아니라, 이 현상의 구조의 한 계기다. 따라서 자아가 등장하고 어떤 것에 현실적으로 겨냥하고 은폐되어 물러서거나 뒤로 가라앉는 상(像)은 내실적(reell) 의미를 지닌다.

하여튼 우리는 이 모든 것을 반성(Reflexion) 속에 인식한다. 반성 속에 곧 개별적 배경체험뿐 아니라, 각각의 자아-활동성을 갖지 않을 의식의 흐름 전체 구간도 소급해 주시해 파악한다. 그와 같은 구간의 고유한 성격에 속한 모든 희미해지고 사라짐에도 불구하고, 지시된 가장 일반적인 본질특성을 통찰적으로 파악할 수 있다.

그러나 순수 자아의 특성묘사에 여전히 몇 가지를 첨부해야 한다. 또한 이미 예시된 점을 더 자세하게 밝혀야 한다. 따라서 우리는 방금 사용한 '반성'의 가능성에 즉시 연결시킬 수 있다.

23. 순수 자아(자아 극)를 포착할 수 있음

'자아[의]-반성'이라 부른 새로운 사유주체(cogito)가 원리상 가능하며 이전 사유주체—이 경우 현상학적으로 변화된 사유주체—에 근거해 이전 사유주체의 순수 주체를 파악하는 사실은 일반적으로 모든 사유주체의 본질이다. 따라서 다시 말할 수 있듯이(동일한 것이 물론 이 반성적 사유주체에도 타당하기 때문에), 순수 자아가 존재하는 것으로 그리고 기능하는 방식으로 그 자체를 파악할 수 있으며 그래서 대상으로 만들 수 있는 것은 순수 자아의 본질이다.

그러므로 순수 자아는, 곧 객체라는 개념을 처음부터 제한하지 않는다면, 특히 '자연적' 객체, 즉 세속적인 '실재적' 객체—물론 이것과 관련해 그 주장은 충분하고 가치 있는 의미로 유효할 것이다—로 제한하지 않는다면, 객체가 될 수 있는 주체가 결코 아니다. 왜냐하면 순수 자아는 모든 실재적인 것과 '존재하는 것'으로 표시될 수 있는 다른 모든 것에 대립해 완전히 고립된 지위를 지닌다는 사실이 확실히 매우 중요하기 때문이다. 요컨대 가장 넓은 의미에서 모든 대상적인 것은 가능한 의식의 상관자로만 생각할 수 있다. 더 자세히 말하면, 가능한 '나는 생각한다'의 상관자로, 따라서 순수 자아에 관련지을 수 있는 것으로만 생각할 수 있다. 이것은 순수 자아 자체에 대해서도 타당하다. 순수 자아는 동일하게 자기 자신인 순수 자아를 통해 대상적으로 정립될 수 있다.

그래서 원본적으로 자신을 파악하고 '자신을 지각할' 가능성은 순수 자아의 본질이다. 그렇지만 이 경우 이에 상응하는 자기를 파악하는 변양, 따라서 자신을 기억하고, 자신을 상상하는 가능성도 순수 자아의 본질이다. 자신을 다시 기억하는 순수 자아는 과거의 자아로 의식되며, 다른 한편 시선전환이 가능한데, 이것에 의해 순수 자아가 회상하는 순수 자아로 파악되고, 그래서 스스로 다시 지각된 현실적 현재로 파악되며, 마찬가지로 순수 자아는 과거의 지금(Jetzt)으로부터 현실적으로 흐르는 현재의 지금으로까지 시간적으로 지속하는 것으로 파악된다는 사실은 자신을 기억하는 본질이다.

이와 비슷한 것이 다른 평행하는 작용——그렇지만 그에 상응하는 변양을 지닌——에도 명백하게 타당하다. 이 경우 언제나 대상화된 것과 '근원적으로' 대상화되지 않은 것, 예를 들어 지각된 순수 자아와 지각하는 순수 자아를 구별해야 한다는 사실에 주목해야 한다. 그러나 이렇게 해서 현상학적 변화가 사유주체——어떤 때는 반성되지 않은 근원적 사유주체, 근원적으로 수행하는 순수 자아의 사유주체, 다른 때는 반성된 사유주체, 따라서 본질적으로 변화된 사유주체, 새로운 작용의 지향적 객체나 매개, 즉 이것을 관통해 수행하는 자아는 이전의 작용이 수행하는 것을 파악한다——에 관해 표현되더라도, 어쨌든 더 높은 단계의 계속되는 반성 때문에 어떤 순수 자아와 다른 순수 자아는 실제로 하나의 동일한 것이라는 사실은 명백하다.

이 동일한 것은 어떤 때는 주어져 있고 다른 때는 주어져 있지 않으며, 어떤 때는 더 높은 반성 속에 단적으로 주어지고 다른 때는 계속되는 간접성의 단계 속에 주어진다. 이와 똑같이 근원적 사유주체 자체와 반성되어 파악된 사유주체는 동일한 것이며, 더 높은 단계의 반성 속에 절대로 의심할 여지가 없는 동일한 것으로서 간접적으로 파악될 수 있다. 근원적 작용에서 이 작용에 관한 반성으로 이행하는 경우 전체의 체험은 확실히 변경된다. 확실히 이전의 사유주체는 반성 속에 더 이상 내실적으로 현존하지 않는다. 즉 그것이 반성되지 않은 채 생생했던 것처럼 현존하지는 않는다. 그러나 반성은 지금의 체험 속에 사유주체의 변양으로서 내실적 존립요소인 것을 존재하는 것으로 파악하거나 정립하지 않는다. 반성이 정립하는 것은 (더 높은 단계의 반성이 바로 명증성을 지니고 파악하듯이) 어떤 때는 대상적으로 주어지고 어떤 때는 주어지지 않은 동일한 것이다. 이제 순수 자아는 더욱더 관련된 사유주체 속에 파악되지만, 예컨대 그것의 내실적 계기는 아니다. 자아가 대상적이거나 대상적이지 않을 때 현상학적으로 변경되는 것은, 반성 속에 절대적으로 동일한 것으로 파악하고 부여했던 자아 자체가 아니라 그 체험이다.

그밖에 여기서 철저히 고찰한 통일체, 그래서 예를 들어 동일한 사유주체는 다양하게 변화되는 지속의 통일체로서 바로 그 자체가 이미 의식에 적합하게 구성된 통일체라는 사실에 주의해야 한다. 예컨대 그 통일체는 어떤 다른 의미의 더 깊고 이에 상응한 다양한 '의식' 속에 구성된다. 이러한 의식 속에 이제껏 '의식' 또는 체험이라 부른 모든 것은 내실적으로 일어나지 않고 그것 자체가 구성되는 '내재적 시간'의 통일체로서 일어난다. 이 가장 깊은 것, 즉 내재적 시간과 이것에 편입된 모든 체험의 통일체 ── 이것은 사유주체를 구성하는 모든 의식을 포함한다 ── 를 이 책에서는 의도적으로 무시했고,* 우리

---

* 후설은 초보자의 혼란을 방지할 교육적 목적과 현상학을 쉽게 이해시킬 방법적 의도에 따라『이념들』제1권에서 내적 시간의식과 그 대상의 구성문제를 배제했다(『형식논리학과 선험논리학』, 252~253쪽). 이러한 진술은『이념들』제1권(81항과 86항)에서도 반복된다. 결국 가장 원초적으로 주어지는 것의 문제를

의 연구를 철저히 내재적 시간성 안에서 유지해왔다. 동일한 순수 자아도 이 영역에 속한다. 이것은 이 내재적 시간의 동일한 것으로서 자아다. 나는 다양한 의식작용 속에 지속하면서 '지배하는' 동일한 것이며, 다른 한편으로 어떤 존립요소의 방식으로 의식작용의 내실적 계기는 결코 아니더라도, 동일한 것이었다. 여기에서 어떠한 내실적 계기도 아니라는 것에 특히 주의해야 한다.

자신의 모든 존립요소를 지닌 각각의 사유주체는 체험의 흐름 속에 일어나거나 사라진다. 그러나 순수 주체는, 자신의 방식으로 '등장하고' 다시 '퇴장하더라도', 발생하지도 사라지지도 않는다. 이것은 작용 속에 들어오고, 그런 다음 다시 작용 밖으로 나간다. 그것의 본질과 그것이 어쨌든 그 자체로 존재하며 수행하는 것을 우리는 파악하고, 또는 순수 주체가 자신을 지각하는 작용 속에 파악한다. 이 지각작용 자체가 자신의 활동 가운데 하나이며, 존재파악의 절대로 의심할 수 없음을 정초하는 것이다. 사실 순수 자아는 데카르트가 탁월한 저술 『[제일철학에 대한]성찰』에서 천재적 시선으로 파악했으며 그 존재에 대해 어떤 회의(懷疑)도 불가능하고 모든 회의 속에 스스로를 다시 회의의 주체로서 필연적으로 발견하게 될 것으로 최종 확립했던 것과 결코 다르지 않다.* 이 자아가 발생하거나 사라진다고 말하는

다루는 질료학의 가치를 부정하거나 시간의식에 대한 발생적 분석(이것은 이미 1904~1905년 강의인 「시간의식」에서 수행되었다)이 마련되지 않아서가 아니라, 스스로 만족할 만한 수준의 체계적 완성을 위해 유보했을 뿐이다.

* 후설은 데카르트의 방법적 회의를 새롭게 이어받은 자신의 현상학을 "신(新)-데카르트주의"(『성찰』, 43쪽)라고도 표현한다. 그러나 그는 데카르트가 스콜라철학의 편견에 사로잡혀 연장실체와 이것에 인과적으로 관련된 사유실체의 이원론을 전제하고, 방법적 회의를 통해 찾아낸 자아(ego)를 객관적 세계의 작은 단편으로 해석했기 때문에, 즉 세계를 괄호치지 않았기 때문에, "데카르트가 발견한 참된 선험적 주관성의 실마리인 사유주체는 잃어버린 것과 같아졌

것이 실로 어떤 의미가 있다면, 우리는 바로 이러한 가능성을 순수한 주어짐 속에 확증해야 하며, 순수한 직관 속에 발생하고 사라지는 본질적 가능성을 파악할 수 있어야 한다.

그러나 이 일에 착수하자마자 이치에 어긋난 점이 명백히 드러난다. 그와 같은 직관의 순수 자아 자체, 즉 바라보면서 응시하는 자아는 한편으로 이 바라봄(Zusehen)의 연속성 속에 이에 속한 지속의 동일자로서 살 것이며, 동시에 바로 이 지속 속에 그것 자체가 존재하지 않았을 일정한 시간간격과, 그것이 최초로 존재하게 되었을 일정한 출발점을 발견해야 할 것이다. 결국 우리는 절대적으로 존재하는 자아가 자신의 존재가 지속되는 가운데 자기 스스로를 존재하지 않는 것으로 발견하는 이치에 어긋나게 될 것이다. 반면 이것이 분명하게 가능한 것은 순수 자아가 자기 자신을 반성하지 않기 때문에 자기 자신을 발견하지 못하는 경우뿐이다.

따라서 순수 자아에는 발생하고 사라지는 대신 '그것이 스스로 등장하고 퇴장하며 활발하게 기능하고 주재하기 시작하고 중단한다'는 본질적 특성만 있다. '순수 자아가 등장한다'와 '특수한 의미에서 사유주체의 작용은 의식의 흐름 속에 사건(Ereignis)이 된다'는 동일한 것을 뜻한다. 왜냐하면 그러한 작용의 본질은 바로 순수 자아로부터 '수행된' 지향적 체험이 존재하는 데 있기 때문이다.

24. 순수 자아의 '가변성'

우리는 일정한 의미에서 순수 자아가 자신의 작용 속에 변화되는

고"(『이념』, 10쪽), 그 결과 "불합리한 선험적 실재론의 시조"(『성찰』, 63·69쪽), "물리학적 객관주의의 시조"(『위기』, 74·88쪽)가 되었다고 비판한다.

지 명증하게 통찰할 수 있다. 순수 자아는 자신의 능동성과 수동성, 마음이 끌림과 거부함 등 자신의 활동 속에 변화할 수 있다. 그러나 이 변화는 순수 자아 자체를 변화시키지 않는다. 오히려 순수 자아는 그 자체로 변화할 수 없다. 그것은 변화하는 상황을 통해 규정된 다양한 상태 속에 〔동일하게〕 지속하는 속성을 최초로 드러낼 수 있고 확증할 수 있는 어떤 동일자가 아니다. 그런 까닭에 실재적 인격인 자아와 실재적 인간의 실재적 주체를 혼동하면 안 된다. 왜냐하면 그것은 근원적이거나 획득된 성격소질·능력·성향 등이 결코 없기 때문이다. 그것은 실재적 속성·상태와 함께 변화하는 실재적 상황에 변화하면서 관련되지 않으며, 그래서 나타나는 상황과 관련을 맺고 나타남에 적합하게 주어지지 않는다. 인간의 본질 또는 인간적 인격성으로서 나 자신의 본질을 알기 위해 나는 항상 새로운 측면으로부터 항상 새로운 속성에 따라 항상 더 완전한 방식으로 나 자신을 알게 되는 무한한 경험으로 들어가야 한다. 오직 이 경험만 나의 그렇게 존재함〔본질〕(Sosein)과 심지어 나의 현존재(Dasein)마저도 증명하거나 경우에 따라 거부할 수 있다. 이러한 인격〔체〕인 내가 어쨌든 존재하지 않는다는 사실은 언제나 원리적 가능성이며, 마찬가지로 나의 물질적 신체 또는 그밖의 물질적 사물이 그것의 경험이 주어짐에도 불구하고 존재하지 않는다는 사실, 그것이 미래의 경험 속에 존재하지 않는 것으로 명백히 제시될 수도 있다는 사실도 언제나 하나의 가능성이다.

다른 한편 순수 자아의 존재(das)와 본질(was)을 알기 위해, 아무리 축적된 자기경험이 많더라도, 하나의 유일하고 단순한 사유주체의 개별적 경험보다 더 나은 것을 나에게 가르쳐줄 수 없다. 순수 자아인 내가 실제로 존재하지 않거나 이 사유주체 속에 기능하는 것과 전혀 다르다고 생각하는 것은 이치에 어긋날 것이다. 모든 '나타나는 것', 그 어떤 방식으로 제시되고 드러나는 모든 것이 존재하지 않을 수도 있으며, 나는 이것을 잘못 생각할 수 있다. 그러나 자아는 나타나지 않으며, 단순히 한 측면으로 제시되지 않고, 게다가 그것의 측면에서 단순히 나타나는 개별적 규정성·측면·계기에 따라 단순히 드러나지 않는다. 오히려 자아는 절대적 자체성(Selbstheit) 속에 또 음영지어지지 않는 자신의 통일체 속에 주어지며, 기능의 중심인 자신으로 되돌아가는 반성하는 시선을 전환하는 가운데 충전적으로 파악될 수 있다. 순수 자아로서 그것은 은폐된 내적 풍부함이 전혀 없으며, 절대적으로 단순하고 절대적으로 명백하게 드러나 있다. 모든 풍부함은 사유주체 속에 그리고 이 속에 충전적으로 파악될 수 있는 기능(Funktion)의 방식 속에 놓여 있다.

25. 작용의 극성(極性): 자아와 객체

모든 사유주체가 일정한 사유된 것(cogitatum)을 요구하며 이것이 작용을 수행하는 가운데 순수 자아와 관련되는 한, 우리는 모든 작용 속에 주목할 만한 극성, 즉 한 측면으로는 **자아극**, 다른 측면으로는 **대립극**으로서의 객체를 발견한다. 각각은 하나의 동일성이지만, 철저하게 다른 종류와 유래를 지닌 것이다.

자아는 동일한 의식의 흐름의 모든 작용 속에 기능하는 동일한 주체이며, 모든 의식 삶——모든 자극과 활동, 주목함, 파악함, 관련 맺음, 결합함, 이론적·가치설정적·실천적 태도를 취함, 기뻐함·슬퍼함·희망함·두려워함·실행함·고민함 등——이 발산되고 또 수렴되는 중심이다. 달리 말하면, 객체들에 지향적으로 관련된 많은 형태의 모든 특수화——여기서는 작용이라 부른다——는 자신의 필연적 출발점(terminus a quo), 자신이 발산되는 자아기점(自我起點, Ichpunkt)을 갖는다. 항상은 아니라도 종종 여기에서 본래 순행하며 또 역행하는 이중의 발산이 있다. 이것은 중심으로부터 작용을 통해 그 객체로 향하고, 다시 여러 가지로 변화하는 현상학적 특성 속에 객체로부터 중심으로 역행하는 발산이다. 따라서 이론적으로 관심을 둔 경험작용에서 객체에 영향을 미치는 작용은 그것을 자신의 것으로 함, 그것으로 파고들어감이지만, 이 경우 끊임없이 객체로부터 자극받고, 속박되고, 포착되고, 규정된 채 그러하다. 수많은 동일한 자아중심 속에 모든 작용의 합치는 인식작용의(noetisch)* 측면에 놓여 있다.

자아중심으로부터 발산하는 작용의 구조나 자아 자체는 신체와 관련해 모든 감각적 현상의 중심화(Zentralisierung) 속에 일정한 유비물을 갖는 하나의 형식이다. 절대적 의식 속에 우리는 언제나 지향성의 '장'(Feld)을 지니며, 주의를 기울이는 정신적 '시선'은 이제 때로는 '이것'을 때로는 '저것'을 '겨냥한다'. 문제는 이러한 상(像)이 근원적 의미가 있는지, 근원적 유비(類比)를 표현하는지다. 즉 주의를 기울임에는, 상이 도출되는 공간적인 것을 제외하고, 어떤 시점으로부터 나아가는 방향과 같은 종류가 놓여 있는가?

확실히 연관을 맺는 체험과 지향적으로 주어져 있음의 다양체, 따라서 주목해야 할 변화하는 변양이 합류하는 '장'이 놓여진다. 주의를 기울이는 모든 계열은 계열로서 발산하는 종류이며, 각각의 계열 속에 '동일한 것'은 지향적으로 파악된다. 이것은 — 내가 어떤 객체에 더 가깝게 다가가는 경우 따라서 이에 상응하는 일련의 방향이 정해지는 가운데 객체에 관해 언제나 더 풍부한 앎을 획득하고, 더 많은 것과 더 나은 것을 파악하는 것과 유비적으로 — 하나의 동일한 것을 언제나 더 풍부하고 더 완전하게 파악하는 계열이다. 그러므로

---

* 이 용어 및 'noema'의 어원과 번역에 관해서는 68쪽의 역주를 참조할 것.

비유컨대 나는 사태(공간적이지 않더라도)에 더 가깝게 나를 이끌어 간다. 이 유비를 제외하면, 완전하게 파악된 객체에 이념적으로 접근하고 각 과정에서 일정한 객체에 주의를 기울여 파악하는 상승계열이 주어진다. 또한 이 모든 발산은 하나의 출발점인 동일한 자아로부터 체험에 적합하게 나아간다.[5]

지금 총체적으로 다른 종류인 객체(그 자체가 주체는 아닌 객체)의 통일성으로 시선을 돌리면, 이것 역시 일정한 의미에서──그렇지만 작용이 중심화하는 주체와 관련을 맺는 것과는 완전히 다른 의미에서──통일성을 부여한 다양한 작용을 소급해 지시한다.

우선 모든 작용은 객체와의 관련 속에 임의로 또는 전혀 일치하지 않고, 다른 방식이지만, 단지 동일한 객체 '에 관한 의식'일 뿐이다. 이 작용의 경우에도 이것이 자신의 객체를 '겨냥한다'고 하면, 이 작용에서 객체를 겨냥한 자아를 뜻하지 않는 한, 오히려 이것은 이에 대립된 근본적으로 다른 것을 뜻한다. 동일한 객체와의 관련 속에 작용들이 '합치하는' 근본적으로 다른 방식에는 작용 속에 (자아를 통해)

---

5) 제시된 유비에 관한 더 상세한 해명은 특유한 체계적 숙고를 요구한다. 여기에서는 이에 대한 몇 가지 암시만 할 수 있다. 감성적으로 나타나는──방향이 정해져 주어지는──사물대상의 장(場)을 받아들이면, 여기에서 '자아-방향이 정해지는' 합치가 이해될 수 있다. 즉 적응의 경과(나의 운동)는 사물의 구성에 속하며, 이와 평행해 나는 사물에 관해 언제나 더 많이 파악하고, 파악작용은 근원적으로 주의를 기울이는 과정이다. 따라서 여기에는 평행하는 방향이 정해지는 유비물로서 자아의 중심화(Ichzentrierung)와 이것과 얽혀 있을지도 모르는 것을 파악하기 위한 어떤 길이 주어진 것처럼 보인다. 어쨌든 이제 감각적인 것은 정신적 대상과 얽혀 있다. 예를 들어 사고(Gedanken)는 일정하게 방향이 정해지는 가운데 파악된 말의 기호와 얽혀 있다. 주의를 기울임은 말의 기호를 관통해간다. 또는 내가 감각자료를 본다면, 이것은 객관적 사물을 제시하는 것이며, 그래서 이미 방향이 정해짐과 얽혀 있다. 우리가 어디까지 이 길로 도달할 수 있는가 하는 문제는 더 자세히 숙고해야 한다.

'추정된 것 자체'의 합치가 명백해진다. 그 방식은 여기에서 실제적이든 잠재적이든 모든 작용을 자아중심 속에 결합하는 합치의 통일성과 상관없고, 작용의 인식작용 '측면'이 아니라 인식대상 '측면'에 관계한다. 그밖에 '자아(Ich)-작용(Akt)-대상(Gegenstand)'은 본질적으로 함께 속하며, 이것들은 이념 속에 분리될 수 없다.

26. 깨어 있는 의식과 둔감한 의식

위에서 언급했듯이, 순수 자아는 등장하고 다시 퇴장한다. 그래서 흐름의 통일성 속에 의식의 본질은 순수 자아가 어디에서든 자신의 참모습을 자신에게 밝혀줄 수 있는 것이 아니라 단일적 작용에서, 오직 단일적 작용에서만 밝혀줄 수 있다는 데 있다. 왜냐하면 모든 작용은 자신의 희미한 지평을 갖는다는 사실, 모든 작용수행은 자아가 새로운 계통의 사유작용(Cogitation)(행동)으로 전환하는 경우 희미하게 가라앉는다는 사실은 불가피하게 의식의 본질이기 때문이다. 자아시선이 그것에서 멀어지자마자, 그것은 변화되고 모호한 지평으로 들어간다. 그러나 의식의 본질에는 가령 의식 속에 일정한 활동적 사유주체가 반드시 수행되었다는 사실이 필연적으로 없다. '깨어 있는 의식'은 잠을 자는 의식, 현실적 시선의 장(場)과 희미한 배경 사이에 어떤 차이도 없는 완전히 둔감한 의식에 따라 구간마다 중단될 수 있다. 그래서 모든 것은 배경이며, 모든 것은 희미하다. 그렇지만 둔감한 잠에서 깨어나면서 우리는 반성하는 시선을 뒤로 놓릴 수 있고, 그 둔감함과 자아를 떠나는──포착하고, 사고하고, 깨어 있어 겪을 수 있는 등 능동적 자아에서 떠나는──가운데 방금 전에 지나가버린 것을 파악할 수 있다. 이렇게 현실적으로 수행하는 자아를 대신해 다른 어떤 자아의 양상으로서 둔감한 자아가 현존한다고, 또는 바로 이러한 양상도 현실적 자아(이에 상응해 희미한 배경)의 주변에 있는 양상으로서 언제나 현존하는지는 의문시될 수 있다. 왜냐하면 반성하는 시선을 희미함의 분야로 보내고 주어진 것의 이러한 영역 속에 확신하게 되는 것은 어렵기 때문이다.

그러나 절대적으로 명료하고 확실하게 순수 자아로 파악할 수 있게 된 것은 이렇게 요청된 양상에서 이루어진 것이 아니다. 따라서 순수 자아를 이렇게 완전히 명료하게 지닐 수 있는 것으로 간주하면, 순수 자아가 등장하거나 등장할 수 없다는 점은 아무튼 확실하다. 그래서 깨어 있는 의식을 중단함으로써 우리에게 친숙한 것이 무한히 확장된다는 생각을 방해하는 것은 전혀 없다. 어떤 본질필연성도 의식은 철저하게 '둔감한 의식'이라 반대하지 않는다.

다른 한편 의식은 이 경우 모든 의식 일반처럼 다음과 같은 무조건의 본질가능성을 포함한다. 즉 의식은 깨어 있는 의식이 될 수 있다는 것, 현실적 자아의 시선은 이 의식에 접합되는 사유주체나 오히려 이 의식에서 분출되는 사유주체의 형식으로 의식의 어떤 임의의 위치에 자리 잡는다는 것, 그렇다면 이 경과는 반복된다는 것이다. 라이프니츠처럼 말하면, 모나드(Monade)는 진화단계에서 퇴화단계로 이행하고, 더 높은 작용 속에 스스로 의식된 '정신'이 된다.* 여기에서

---

* 라이프니츠의 '모나드'는 더 이상 나눌 수 없다는 점에서 물질적 '원자'와 같다. 그러나 양적 개념이 아니라 질적 개념이며, 결합·분리, 생성·소멸되는 것이 아니라 정신적인 것으로서 표상과 욕구에 따라 통일적 유기체로 구성된다. 그는 '지각'을 외부 세계를 반영하는 모나드의 내적 상태로 간주하고, 각 모나드는 자발적으로 변화하며 그 자체만으로도 완전하기 때문에 외부와 교섭하는 창(窓)을 갖지 않지만, 근원적 모나드(Urmonade)[신]의 예정조화로 결합되어 있다고 주장했다.

후설은 선험적 주관성을 표현하는 데 라이프니츠로부터 받아들인 이 용어에서 '실체'의 성격을 제거함으로써 서로 의사소통하며 영향을 주고받는 상호주관적 특성을 강조했다. 선험적 현상학을 독아론이라 비판하는 오해를 증폭시

현실적이 된 자아는 외부에서 유입되거나 첨부되어 정립된 것이 전혀 아니며, 현실적으로 등장하는 순간 최초로 생기고 그런 다음 다시무(無)로 사라질 수 있는 것이 결코 아니다. 순수 자아는 모든 나의 표상을 수반할 수 있어야 한다.* 칸트의 이러한 명제는, 여기에서 표상으로 모든 희미한 의식을 포함해 이해하면, 충분한 의미가 있다.

원리상 순수 자아는 수행되지 않은(일정한 의미에서는 의식되지 않은, 깨어 있지 않은) 모든 지향적 체험 속에 친숙할 수 있고, 배경 속으로 가라앉아 더 이상 수행되지 않은 체험에 깨어 있는 의식의 참모습을 밝힐 수 있으며, 자아는 수행하는 가운데에서만, 즉 본래의 사유작용에서만 주재한다. 그러나 자아는 자아-기능의 발산을 바로 받아들일 수 있는 모든 것에 자신의 시선을 보낼 수 있다. 자아는 의식의 흐름 속에 지향적으로 구성된 모든 것에 주목할 수 있고, 이것을 파악할 수 있으며, 이에 대해 태도를 취할 수 있다 등등.

킬 수 있을 이 용어를 굳이 사용한 것은 선험적 주관성이 생생한 현재뿐 아니라 과거와 미래의 지평을 지닌 습득성의 기체(基體)로서 그 자체 속에 구체적 사회성과 역사성을 포함한다는 점을 강조할 수 있기 때문이다. 그래서 '상호주관적' '공동체화된' 등의 수식어를 덧붙여 사용하기도 한다.

* 칸트, 『순수이성비판』(Kritik der reinen Vernunft), B 132.
　　『이념들』제1권 57항(123쪽)에서도 인용한 이 명제의 원문은 '순수 자아'가 아니라 '나는 생각한다'(Ich denke)이다. 칸트는 이에 이어 "왜냐하면 그렇지 않다면, 전혀 생각될 수 없는 것이 내 속에 표상될 것이고, 이러한 일은 표상이 불가능하거나 적어도 나에게는 무(無)라는 것을 뜻하는 것과 마찬가지이기 때문이다"라고 한다. 이와 비슷한 명제는 "머물면서 지속하는 자아(순수 통각)는 …… 모든 표상의 상관자를 형성한다"(같은 책, A 123), "영혼에서 발견하는 것은 항속적 현상이 아니라 모든 표상을 수반하고 결합하는 자아라는 표상뿐"(같은 책, A 364)이라는 주장에서도 볼 수 있다.

27. 순수 자아의 주변을 이루는 부분인 '자아-인간'

이와 함께 여전히 다른 것이 연관되어 있다. 사유주체의 본질에 속하는 극성(極性)에 의해 깨어 있는 의식은 수행된 사유작용의 대상적인 것에 관련된다. 이것은 자신의 대상이며, 게다가 그것이 이 사유작용 속에 (그리고 정립된 것 또는 유사-정립된 것에 따라) 인식대상의 대상인 바로 그 대상이다. 어쨌든 이것은 배경 속에 잠을 자는——이른바 자아의 자유의 장(場)을 형성하는——수행되지 않은 인식작용의 대상에 대해 잠정적으로 타당하다. 그 대상은 정신적 시선의 장, 자아의 현실성의 장을 형성한다.

그러나 더 자세히 살펴보면, 졸고 있는 인식작용의 대상(이것은 깨어 있음 속에 최초로 자아에 대해 본래 대립해 있는 것Gegenständ이다)뿐 아니라, 의식의 존립요소에 속하는 의식의 동기부여가 이끄는 가능한 인식작용의 대상도 이러한 시선의 장을 고찰하게 된다. 현실적으로 경험된 실재적 대상으로부터 진행해가면, 배경으로서 실제로 구성된——실제로 나타나거나 단지 현전화된——사물의 주변뿐 아니라 전체 '세계', 환경세계, 그 속에서 일어나면서 나에게 아직 알려져 있지 않지만 경험할 수 있는 모든 사물·동료·동물과 인간——내가 자아, 즉 이러저러하게 부르고 다양한 성격을 지닌 인간인 자아로 표시하는 인간——을 포함해 전체 세계도 순수 자아인 나의 것이다. 인간으로서 나는 순수 자아의 실재적 환경세계의 존립요소이며, 이것은 모든 지향성의 중심으로서 그 지향성도 수행한다. 이 지향성에 따라 인간과 인격[체]인 내가 구성된다.

가장 우선 또 가장 밑으로 내가 경험하는 모든 사물은 바로 경험작용의 체험을 통해 나에게 공간-시간 세계 속의 사물로 구성되고, 마찬가지로 이 정립은 규정되어 있지 않으며, 무한히 다양하더라도 개방된 채 남아 있고, 이러한 통각의 의미에 적합하게 개방된 채 남아 있다. 연속적 경험의 진행에서 파악된 것은 그 의미의 통일체 안에서만 풍부해지고 한정하는 이미 현존하는 동기부여의 충족으로 등장한다. 그 어떤 사물의 구성에 타당한 것도 세계 전체(Weltall)의 통일성에 합류하는 사물의 연관의 존재적 구조에 상응해 바로 이 세계 전체의 구성에도 아프리오리하게 타당하다. 정확하게 고찰하면 알게 되듯이, 세계 전체의 구성은 순수 자아가 모든 지향성 일반의 중심이라는 상황에도 불구하고 '자아-인간'의 형식에서 경험적 자아가 공간적-시간적 세계 전체의 나타남에 적합한 구성에 대해 현상적-실재적 중심의 일원으로서 기능하는 방식으로 필연적으로 구성된다. 공간적-시간적 객관성에 관한 모든 경험에는 경험하는 인간 —물론 현실적이거나 가능한 자신의 동료(또는 동료 동물)와 통각하는 관련도— 이 함께 나타남을 전제한다.

순수 자아는, 명확히 강조하기 위해, '자신의' 의식의 흐름의 관점에서 숫자상 하나이며 유일하다. 순수 자아가 자신의 사유주체 속에, 자신의 경험 속에 어떤 인간과 이 가운데 어떤 인간적 인격을 정립한다면, 순수 자아는 자신에 속한 것으로서 자신의 의식의 흐름을 지닌 순수 자아를 암묵적으로 정립하는 것이다. 즉 순수 자아가 감정이입하는 현전화 속에 정립하는 지향적 체험은 기능의 주체로서 자신의 순수 자아 —이 순수 자아도 인간-통각 속에 포괄적 통각의 핵심내용이 되더라도— 를 요구한다.

그런데 감정이 이입된 순수 자아(이와 함께 경험적 자아)는 원리상 '다른' 순수 자아다. 따라서 내가 많은 인간을 정립한다면, 원리상 분리된 많은 순수 자아와 이에 속한 의식의 흐름도 정립하게 된다. 실재적 자아가 존재하는 그만큼 순수 자아가 존재한다. 반면 동시에 이 실재적 자아는 순수한 의식의 흐름 속에 구성되며, 순수 자아에 의해 정립되거나 동기가 부여된 가능성 속에 정립될 수 있다. 각각의 실재적 자아는 실재적 세계 전체와 마찬가지로 ─ 객관적(상호주관적) 세계의 지향적 구성을 더 자세히 연구하면 아프리오리한 필연성 속에 명백하게 밝혀지듯이 ─ 나의 또는 각자의 순수 자아의 '주변' '시선의 장'에 속한다. 이와 더불어, 이미 언급했듯이, '나, 인간'이라는 통각을 수행하는 각각의 순수 자아는 자기 주변에 있는 객체로 인간-자아, 인격을 그 자신이 지닌다. 다른 한편 순수 자아는 인간 속의 그리고 인격 속의 순수 자아로서 ─ 이 대상이 일정한 파악의 의미를 지니고 정립되는 한, 따라서 실재적 자아가 통각적 핵심내용의 본성으로 순수 자아를 포함하는 한 ─ 자신을 다시 발견한다.

28. 초월적 객체로 구성된 실재적 자아와 내재적으로 주어진 순수 자아

그밖에 실재성 일반과 마찬가지로 실재적 자아는 단순한 지향적 통일체다. 순수 자아는 그 속에 기능하는 각각의 사유주체가 원본적으로 주어짐으로부터 원본적으로 또 절대적 자체성(Selbstheit)에서 이끌어낼 수 있고, 따라서 순수 의식 자체의 자료처럼 내재적인 현상학적 시간의 영역 속에 '다양체'를 통한 어떤 구성도 할 수 없고 할 필요도 없는 반면, 실재적 자아와 모든 실재성의 사정은 그 반대다. 그리고 이것들은 하나의 순수 자아와 그 나타남의 다양체를 지닌 하나의 의식의 흐름에 관련될 뿐 아니라 하나의 상호주관적 의식, 즉 모나드처럼 서로 분리된 순수 자아 또는 그 의식의 흐름의 개방된 하나의 다양체에 관련되어 구성된 통일체다. 이 의식의 흐름은 서로 감정이입을 통해 하나의 상호주관적 대상성을 구성하는 연관으로 통일된다.

29. 내재적 영역 안에서 통일체의 구성. 순수 자아 속의 침전물로 지속하는 의견

모든 의식의 자료, 모든 의식의 단계와 실제적이거나 가능한 '나는 생각한다'(Ich denke)의 동일한 자아로부터 수반될 수 있는 모든 인식작용의 형식은 하나의 모나드(eine Monade)에 속한다. 모나드 같은 절대적 의식의 흐름 안에는 실로 어쨌든 실재적 자아와 그 속성들의 지향적 통일체로부터 철저하게 구별되는 일정한 통일체가 형성된다.[6] 이러한 형성에는 하나의 동일한 주체의 지속하는 '의견' 같은 통일체가 속한다. 이것은 어떤 의미에서 '습득적'(habituell)이라 할 수 있는데, 아무튼 중요한 문제는, 마치 경험적 주체가 여기에서 '습성에 적합하게'라 부르는 실재적 성향을 획득하게 될 것처럼, 습성에 적합한 습관이 아니다.

여기에서 중요한 문제인 습관(Habitus)*은 경험적 자아가 아니라, 순수 자아에 속한다. 순수 자아의 동일성은 단지 내(즉 순수 자아)가 각각의 사유주체의 관점에서 나를 사유주체의 동일한 자아로 파악할 수 있다는 사실에만 있지 않다. 오히려 나는 그 속에 존재하며, 내가 태도를 취함에서 일정한 의미로 필연적으로 일관성을 행사하

---

6) 이러한 통일체도 구성된 것으로 표시한다면, 이것이 원초적인 것에서 구축된 더 높은 단계의 대상성이기 때문에, 이것은 어쨌든 초월적 객체처럼 구성되지 않는다. 체험의 구성에 대해서는 앞의 23항 중간부분과 부록 2를 참조할 것.

* 그리스어 'echein'(갖는다)의 통일체 'Hexis'(가짐)에서 유래하는 이 말은 '경험의 축적'을 뜻한다. 요컨대 '습득성'(Habitualität)은 선험적(순수) 자아가 근원적으로 건설한 것이 의식 속으로 흘러들어가 침전되고, 이것이 다시 생생하게 복원될 수 있는 타당성과 동기부여 연관의 담지자다. 이것은 항상 현재의 의식 삶이 쏟는 관심(Interesse)을 형성하는 지속적 소유물로, 선험적 자아와 그 구성이라는 지향적 작업수행의 구체적 역사성을 드러내주는 핵심개념이다.

는 한, 아프리오리하게 동일한 자아다. 각각의 '새로운' 태도를 취함은——이제부터 내가 나를 이전에 있던 나와 동일한 자나 지금 있고 이전에 있던 동일한 자로 종종 파악하는 만큼 나의 주제도 견지하며 이전에 정립했던 그대로 현실적 주제로 가정하기 위해——지속하는 '의견'이나 주제(경험·판단·기쁨·의지의 주제)를 건립한다.

요컨대 주제는 단적으로 또는 동기를 갖고(동기가 없음은 동기부여가 0인 경우로 간주된다) 원본적으로 정립된다. 동일한 동기에 근거해 일정한 태도를 취하는 자아인 나는 다르게 행동할 수 없기 때문이다. 나의 정립, 태도를 취함, 동기를 갖고 (동기가 0인 경우를 포함해) 결정함은 나의 사태(Sache)다. 내가 존재하는 동일한 사람이라면, 태도를 취함은 '지속할' 수밖에 없으며, 나는 태도를 취함에서 지속하고, 나는 동기가 달라지는 경우에만 변경할 수 있다. 내가 현실적으로 이성적 자아, 즉 통찰하는 태도를 취하는 자아인 한 또 거기까지, 나는 오직 일정한 방식, 즉 이성적으로만 결정할 수 있으며, 그렇다면 나의 결정은 동등한 통찰을 하는 모든 이성적 주체 일반의 결정과 동일하다. 어떤 다른 사람이 동등한 동기를 가질 수 없다면, 그는 이 동기를 이해할 수 있고 나의 결정을 이성적-통찰로 시인할 수 있다. 내가 다른 동기부여에 굴복하는 한, 바로 어떤 다른 사람이 되는 사실을 통해서만 나는 (다시 이성의 특수한 경우를 일반성으로 이행시키기 위해) 내가 태도를 취함에서 나 자신에게 '불성실할' 수 있으며, 나는 그런 사실을 통해서만 '일관되지 않을' 수 있다. 그러나 나는 나 자신에게 불성실하지 않으며, 아무튼 새로운 동기가 종종 구성되는 변화하는 체험의 흐름 속에 언제나 동일한 사람이다.

그러므로 나는 여기에서 순수 자아의 일정한 본질법칙성을 보게된다. 이 하나의 동일한 자아인 순수 자아는 무한한 내재적 시간의 통일체로 구성된 '자신의' 체험의 흐름에 속한다. 하나인 순수 자아는 이 흐름의 통일체와 관련된 통일체로 구성된다. 즉 자신이 경과하는 가운데 스스로를 동일자로 발견한다. 따라서 순수 자아는 회상(Wiedererinnerung) 속에 이전의 사유작용을 돌이켜볼 수 있고, 자신을 이렇게 회상된 사유작용의 주체로서 의식할 수 있다. 이미 이 속에는 자아의 일관성이라는 본성이 있다. 왜냐하면 '머물면서(stehend) 지속하는(bleibend)' 자아는, 머물면서 지속하는 체험의 흐름이 구성되지 않으면, 따라서 원본적으로 구성된 체험의 통일체가 다시 받아들일 수 없어 회상하는 가운데 새롭게 등장할 수 없고 자신의 존재성질(내재적 시간 속에 존재하는 것으로서)을 이어받아 등장하지 않는다면, 희미한 것을 명백하게 밝힐 수 있고 일관되게 유지해온 것을 그 내재적 실제성에 따라 평가할 수 있고 그래서 이성적 결론에 의지할 수 있는 가능성이 없다면, 구성될 수 없기 때문이다.

어쨌든 이것도 동일한 자아의 동일성의 본질법칙이며, 따라서 내가 내적으로 현실적 태도를 취함을 견지하고 반복된 작용 속에 나의 것으로 승인하고 이어받는 일은 동일성의 인식 속에 함께 주어진다. 그래서 이것 또한 다음과 같은 법칙이다. 즉 모든 '의견'은 태도를 취함의 '변경', 예전 의견의 단념 또는 그 구성요소들에 관해 부분적 포기, 전체에 관해 변화를 요구하는 동기부여가 그 속에 등장하지 않는 한, 주체의 소유물이 지속하는 건립함(Stiftung)이다. 하나의 동일한 자아의 모든 의견은, 이것이 [다른] 동기로 말소되지 않는 한, 필연적으로 회상의 연계망 속에 남는다.

'그' 체험이 남아 있음에서 무엇이 이해될 수 있는지 여전히 숙고해야 한다. 나는 지속하는 어떤 확신을 갖거나, '원한을 품고', 다른 시간에서 다른 원한의 체험이나 판단의 체험을 갖지만, '이' 원한은 단지 주어짐으로 다시 돌아오지만, 이것은 지속하는 원한(또는 지속하는 확신)이다. 규정된 내용의 판단은 **체험으로서** 잠시 지속하는데

(내재적 지속), 그런 다음 돌이킬 수 없게 사라진다. 동일한 내용의 새로운 체험이 그후에 등장할 수 있지만, 동일한 것은 아니다. 어쨌든 이것은 '그것이 이전에 수행되었고 지금 다시 수행되는 예전의 확신을 다시 밟아가지만, 내가 나의 것이라 하는 하나의 지속하는 확신이다'라는 의식을 내가 갖는 방식으로도 등장할 수 있다. 현상학적 시간 안에서 분리된 지속구간에 속한 다르게 지속하는 체험은 서로 관련되며, 지속하면서 남아 있는 것(예컨대 확신·원한)을 구성한다. 이것은 그 당시 이러저러한 시점에 이러저러한 동기에서 일어났고, 그 때부터 자아의 지속하는 소유물이며, 이것이 체험에 적합하게 구성되지 않았던 현상학적 지속의 사이구간(Zwischenstreck) 속에도 있는 것이다. 결정·노력함·열광·사랑·증오 등의 통일체도 사정은 마찬가지다.[7]

이러한 통일체의 형성을 더 자세히 해명하려면 인식작용(Noesis)과 인식대상(Noema)의 차이를 제기해야 한다. 내가 지금 어떤 판단을 한다면, 예를 들어 풍경을 묘사하고 그후에 언젠가 '동일한' 판단을 다시 원본적으로 묘사하면서 내린다면, 그 판단은 논리적 의미에서 동일한 것이다. 내가 어떤 수학적 판단을 다른 시간에 통찰해서 한다면, 사정은 마찬가지다. 그러나 앞에서 논의했던 확신의 통일성은 그렇기 때문에 확실히 동일한 것이 아니다. 따라서 중요한 문제는 차이가 난 것이다. 내가 예전의 어떤 확신을 이와 관련된 판단을 하는 가운데 '새롭게 획득한다면', 이렇게 획득된 확신('지속하는 획득물')은—내가 이것을 '다시' 받아들일 수 있고, 이것이 다시 나에게 (새로운 수행 속에) 주어질 수 있는 한—나에게 '남게 된다'. 나는

---

7) 이와 같은 통일체도 상호주관적으로 구성될 수 있지만, 아무튼 현재의 연관 속에서 이것은 무시될 수밖에 없다.

확신을 포기할 수 있고, 이제 그 근거를 거부한다 등등. 이 경우 나는 '동일한' 확신으로 되돌아갈 수 있지만, 사실 확신은 관철되어 있지 않고, 오히려 나는 두 번째 확신이 첫 번째 확신을——첫 번째 확신이 무너져버린 다음——복구하는 두 가지 확신을 품게 된다.

여기에서 제시된 관계를 단적인 지각의 단순한 경우에서 이미 연구할 수 있다. 나는 어떤 것을 경험하고 지각하게 된다. 이 지각은 (내재적으로 말하면) 지속을 원본적으로 뒤덮고 있고, 그렇다면 나는 일정한 나타나는 대상성을 갖는다. 이 대상성은 일정한 국면 속에 주어진 상황에서 다양한 대상적 내용을 지니고 다양하게 파악하는 가운데 동기가 부여되어 나타나는 추정된 대상성이다. 그렇다면 이것은 일정한 방식으로 명백해지고, 때에 따라 개념적으로 파악되고 진술된다. 나는 원본적으로 이에 대한 '나의 판단'을 갖는다. 기억하는 가운데 이전의 사태를 다시 돌이켜본다. 경우에 따라 이전에 있었던 것이 계속 지속하는 것으로 간주된다. 그것은 처음부터 지각 속에 일정한 미래지평——계속 지속하는 것으로 뒤덮고 있고, 계속 지속하면서 정지해 있는 존재 또는 계속 지속하면서 유지되는 주기적 운동(가령 풍차의 회전 등)으로 파악되는 미래지평——을 지닌다.

이제 문제는 단순히 일반적으로 거기에 존재했던 것(어쩌면 계속 지속하는 것)이 아니라, 기억된 것으로 현존한다. 나는 이제 임의로 자주 그것을 기억할 수 있고, 새로운 기억 속에 존재했던 것과 기억된 것이 동일한 것으로 언제나 다시 직면한다. 이 경우 이전의 기억에 대한 기억을 동시에 지닐 수 있고, 기억체험의 연계망에 대립해 일정한 통일체——기억된 것 자체의 통일체, 동일한 기억의 통일체——가 남는다. 여기에서 지속하는 것으로 유지된 것은 무엇인가? 각각의 기억 속에 나는 존재했던 것의 동일한 국면, 동일한 추정된 것 자체를 지닌——동일한 이전의 나타남과 존재의 정립(These)을 지닌——

동일한 '이전의 지각'을 갖는다. 이때 기억의 '내용'은 동일하다.

이 경우 통일체는 주어짐의 명료함과 막연함을 구별하는 방식이 아니다. 그것은 기억의 정립상관자(Setzungskorrelat), '기억의 명제(Satz)',* 그것이 반복된 가능한 기억 속에 나에게 동일하게 제시되는 기억의 양상으로 존재했던 것이다. 반복된 기억 속에 이 통일체는 합치한다. 즉 객체적인 것(Objektives)으로 현존한다. 내가 이 기억의 통일체를 현상학적 시간──모든 개별적 기억의 체험은 이 시간에 편입되며, 이 속에서 그 체험은 다수(多數)로서, 체험의 연쇄로서 지속 구간을 충족시키면서 현존한다──에 관련시키면, 이 통일체는 시간 속에 뒤덮여 있고, 본래의 방식으로 시간을 관통해간다. '그' 기억이 건립된 최초의 체험이 현존하고, 그것에 결여된 구간을 관통해 실제적이거나 가능하게 뒤따르는 기억의 체험 속에 하나의 동일한 것으로 남게 된다. 내가 지금 그 기억을 받아들이면, 그것은 자체 속에 동기가 부여되고, 시간의 각 위치에서 이 기억을 반복하는 것은 동기가 부여된 것이 된다. 이 기억은, 이것을 폐기하고 그래서 근원적 기억에서 그 권리를 빼앗는 동기가 등장하지 않는 한, 모든 시간에 '존속한다'. 말소함은 이러한 내용의 모든 미래의 기억과 (모든 기억 속에 동기부여로 포함된) 원본적 지각까지 모든 과거의 지각을 말소한다. 이 경우 기억을 정립할 소재인 기억의 내용은 동일자로 남아 있지만, 그 정립은 더 이상 거기에 없다.

여기에서 논의하는 통일체는 단순히 추상된 것(Abstraktum)이나 이념(Idee)이 아니라, 구체적 체험의 통일체다. 기억 A의 이념은 내가 언제나 타당한 (그렇기 때문에 아직 객관적으로 타당하지는 않더

---

* 이것은 단순한 문장이 아니라, 인식대상에서 다양한 형식으로 정립된 특성과 그 대상의 의미핵심이 결합된 것을 뜻한다. 더 자세한 것은『이념들』제1권, 제3장 98~99항을 참조할 것.

도) 통일체로 소유하는 '그' 기억 A는 아니다. 따라서 지속하면서 견지된 나의 확신인 '그' 술어적 확신, 즉 내가 반복된 작용과 임의로 자주 반복할 수 있는 작용 속에 하나의 동일한 확신—내가 항상 갖는 확신—으로 파악할 수 있는 나의 소유물인 '그' 술어적 확신의 경우에도 사정은 마찬가지다. 숙고와 일정한 동기에 근거해 나는 확신 A에 도달하고, 이것은 여기에서 나의 지속하는 확신으로 건립된다. 그후에 나는 나의 잘 알려진[친숙한] 확신에 의지하는 것처럼 그것에 의지한다. 물론 어떤 기억은 막연하거나 명료하게 떠오르고, 동기·판단의 근거는 아마 완전히 희미할 것이다. 즉 내가 언제 건립했는지 더 이상 알지 못하는 나의 오래된 확신, 이것은 나름의 근거가 있으며, 나는 혹시 이 근거를 추구할지도 모르고, 이것은 그것에 대한 새로운 근거를 추구하는 것과 다르다.

여기서 중요한 문제는 이념적 통일체로서 언제나 동일한 확신의 내용이 아니라, 주체에 대한 동일자로서 내용, 이전의 작용 속에 주체에 의해 획득된—그러나 작용들과 함께 지나가버리는 것이 아니라, 주체에 지속하면서 남게 된 것으로서 지속하는 주체에 속한—주체에 고유한 것인 내용이다. 만약 증거가 동일하다면, 확신은 동일한 것으로 남는다. 이것은 하나의 판단, 더 정확하게 말하면, 그것에 속한 정립을 지니며 일정한 근거에 관련된 판단의 소재다. 어쨌든 근거는 시간이 경과하는 가운데 변경될 수 있고, 새로운 근거가 첨부될 수 있으며, 예를 들어 '나는 이미 오래전부터 확신했고, 이 확신은 시간이 경과하면서 항상 강화되었고 확인되었다……'로 반복해 강화(强化)될 수 있다. 이 경우 판단하는 동기와의 관련은, 확신을 갱신하고 강화하는 다른 경우와의 관련과 마찬가지로, 매우 막연할 수도 있다. 그러나 여기에서 구성된 통일체는 판단하는 사람의 체험의 통일체가 아니라, 판단하는 주체—회상과 갱신의 다른 경우와 관련해 그것을 동일한 것으로 파악하고, 자신에게 고유한 것, 그러나 바로 다시 이어받은 것, 다시 파악된 것만으로 파악하는 주체―에 남아 있는 '그' 판단의 통일체라는 사실은 명백하다.*

신념의 정립은 여기에서 다시 (지각된 것을 기억하는 경우처럼) '관여되어야' 한다. 그러지 않으면 '그것은 나의 확신이었지만, 지금은 더 이상 아니다'를 뜻한다. 따라서 확신이라 부르는 이 통일체는 나름의 지속을 지니며, 중단될 수도 있고 경우에 따라 새롭게 건립될 수도 있다. 내가 확신을 획득하고 그래서 미래를 표상한다면, 나는 나 자신을 즉시 확신에 '관여하는' 것으로, 또 단순히 체험을 회상하지는 않는 것으로 표상한다. 예전의 확신을 탈피하려면 폐기하는 근거가 필요하다. 물론 우리는 이 '필요하다'는 것에 포함된 것을 심문해야 한다. 그것은 결코 경험적-심리학적 사실(Faktum)이 아니라, 실재적인 심리적 주체의 구성 이전에 순수 의식과 관계한다. '이전의 확신(경험 등)이 나에게 타당한 것으로 유지된다'는 '내가 그 확신을 이어받고, 이것을 재생산하면서 신념에 관여한다'를 뜻할 뿐이다. 이것은 어떤 물음, 회의, 단순한 추정의 경우와 같은 일종의 동의나 긍정이 아니다.

어쨌든 다음 두 가지 층을 구별할 수 있는 한, 나는 아무튼 동의해야 한다. 즉 [한편으로] 지금의 주체가 관여하지 않는 가운데 이전의 주체, 이전의 신념·확신·경험작용 등과 관련된 기억이다. 또한 [다른 한편으로] 동일한 것이지만 [주체가] 관여함과 일치된 기억인데, 이때 관여함은 물론 고유한 단계나 고유한 긍정이 아니라, 같은 종류

---

* 이것은 『논리연구』 제1권에서 심리학주의가 주관적 판단작용과 이 작용에 따라 통일적으로 구성된 객관적 판단내용의 인식론적 차이를 혼동(metabasis)했다는 비판과 동일한 맥락이다.

의 기억의 통일체 속에 기억된 것은 나에게 현존하며, 지금의 정립성 질은 기억된 것 속에 들어간다. 이것은 모든 종류의 작용, 갖가지 성 질화를 체험하는 경우도 마찬가지다.

그럼에도 기억은 이 모든 경우에 자신의 역할을 언제나 동일한 방식으로 한다. 'S는 p였다'의 지속하는 기억이 문제인 경우, 기억은 이 중의 역할을 한다. 이 지속하는 기억은 개별적 경험작용 속에 구성되고, 그 선두에는 이전의 지각작용이 근원적으로 건립되어 있다. 최소한 나는 그러한 작용의 연쇄 속에 '기억은 실제로 하나'라는 사실을 알게 된다('경험'의 통일체는 대략 동일하다. 나는 'A가 있다'는 사실을 지금 보고, 이것에 의해 경험이 '건립되며', 이제부터 이것은 'A가 관련된 시점 속에 있었다'는 내가 경험한 소유물, 나의 경험이다).

예를 들어 지속하는 수학적 확신의 통일체를 지닌다면, 통일체를 건립하는 것은 시간적으로 고정된 어떤 존재를 정립하는 작용인 지각이 아니다. 물론 모든 작용은 하나의 '인상'(Impression)이며, 그 자체로 내적 시간 속에 존재하는 것이고, 근원적으로 시간을 구성하는 의식 속에 구성된 것이다. 우리는 모든 작용을 반성할 수 있고, 그래서 이것을 내재적 '지각'의 어떤 작용의 대상으로 만들 수 있다. 이 지각(사유주체의 형식은 여기에 속한다) 이전에 우리는 이러한 형식이 없는 '내적 의식'을 지닌다.* 또한 이 의식에 이념적 가능성으로서 내적 재생산이 상응한다. 이렇게 재생산하는 가운데 이전의 작용은 재생산의 방식으로 다시 의식되고, 그래서 반성적 기억의 대상이 될

---

* 자아의 어떠한 능동적 관여도 없는 비-정립적 의식에 근원적 경험(지각)이 주어지는(수용되는) 구조는 내적 시간의식이다. 모든 체험은 궁극적으로 이 내적 시간의식의 절대적 흐름 속에 지속적 통일체로서 구성된다. 여기에는 파악내용과 파악, 즉 질료와 형식을 구별하는 도식이 없다. 내적 시간성의 흐름 속에 있는 시간국면이 근원적 지향으로서 내적 대상을 직접 구성할 뿐이다.

수 있다. 따라서 본래 '지각했던 것'이 아니더라도, 이전에 '지각했던 것', 그래서 '인상을 가졌던 것'으로서 '원본적으로 체험했던 것'을 재생산하는 가운데 반성할 수 있는 가능성이 주어진다.

그러므로 수학적 확신이 중요한 문제라면, 근원적 작용은 관련된 판단작용(내적 의식 속에 인상으로서 구성된 — 내재적 시간 속에 이러저러하게 오래 지속하는 — 원본적 작용)이다. 이것은 존재정립을 지닌 판단의 소재다. 이 판단의 소재는 어떠한 시간성도 포함하지 않는다. 단지 비-시간적 사태(Sachverhalt)가 존재하는 것으로 정립된다. 판단이 반복해 등장하는 가운데 우리는 경우에 따라 근원적 판단의 인상을 재생산하는 연쇄를 지닌다. 시선은 이 연쇄에 그리고 이 연쇄로 향할 수 있다. 그렇다면 나는 다른 단계의 기억을 위한 가능성을 갖는다. 나는 나의 이전 기억을 기억해낸다. 즉 나는 지금 두 번째 단계의 재생산을 갖고, 이것을 살펴볼 수 있으며, 그래서 나는 어떤 기억에 대한 기억을 갖게 된다. 또는 나는 그 기억 속에 들어가 살펴보고, 재생산된 재생산 속에 생각된 사태를, 이전의 판단을 주시한다. 나는 내가 재생산으로 반복된 일련의 작용에서 근원적 작용의 인식대상의 내용(Gehalt)으로 소급해 주시하는 모든 경우에 동일한 것을 갖는다(이 경우 수학적 확신을 몇 차례 시간적으로 분리된 작용 속에 구상하고 게다가 원본적으로 구상하는 것과, 예전의 확신으로 되돌아가는 것은 전혀 다르다는 사실에 주목해야 한다. 또한 나는 동시에 확신을 새롭게 구상할 수 있고, 내가 이 확신을 벌써 예전에 어쩌면 여러 번 형성했다는 사실을 의식할 수도 있다). 지속하는 확신은 지속하며, 경우에 따라 새로운 구상의 관점에서가 아니라, 이미 건립되었지만 타당한 것으로 다시 받아들인 예전의 것을 단순히 이어받는 관점에서 줄곧 뒤덮고 있는 하나의 동일한 것이다.

그래서 이것은 모든 작용에 타당하며, 지각이 작용하는 경우 다음과 같은 이중성이 발생하는 특유성이 있다. ① 그 작용은 그 자체로 지각이며, 시간적 존재를 구성하고, 이에 관해 원본적으로 주어져 있다. ② 그 작용은 내적 의식의 작용으로서 인상이며, 내적 의식 속에 원본적으로 주어지고, 내적 의식은 그것에 원본적으로 부여한다. 따라서 그 작용의 경우 다음과 같은 이중의 기억이 등장한다.

① 초월적 시간 속에 존재했던 것에 대한 기억.

② 내재적 시간 속에 주어졌던 것, 이전 지각과 이 속에 지각된 것 자체 또는 이전 지각과 그 지각의 주제에 관한 재생산에 대한 기억.

모든 경우 지속하는 주제의 통일성의 구성은 ②의 기억에 관련된다. 사유주체의 어떤 작용이 정립한 것인 주제는,─아무튼 재생산은 곧 단순히 재생산이 아니라 '재-정립'(Wiedersetzung), 더 적절하게 말하면, 현실적으로 함께 정립함(Mitsetzung), '이전에' 정립된 것을 이어받음인 한─반복된 재생산을 고려해 그리고 재생산의 연쇄를 '관통해' 뒤덮여 있는─이 속에 재생산된 근원적 주제로─지속하는 것을 재-정립하는 것이다.

논의된 모든 통일체는 그것이 그 의식의 흐름에 속하고 그 '소유물'(Habe)로 구성되는 순수 자아와 관련된 통일체다. 또한 전체로서 의식의 흐름은 하나의 현상적 통일체로 구축된다. 내가 주시하는 연속하며 공존하는 나의 모든 체험은 일정한 시간의 흐름의 통일체를 갖는다. 내재적으로 일정한 시간의 흐름에 속한 것은 지각할 수 있고 충전적으로 파악할 수 있는 통일체를 갖는다. 내재(Immanenz)의 통일체는 이 연관 속에 모든 내재적 지속과 변화가 구성되는 끊임없는 흐름의 통일체다. 내재적 시간의 연속적 흐름 속에 구축된 모든 지속의 통일체는 끊임없이 생성되고 발생되는 모나드 의식의 흐름의 통일체에 속한 순수 자아와 함께 결합된다. 그래서 이 순수 자아는 임의로 규정된 사유주체를 통해 확정되고, 이 속에서 순수 자아는 자신에 관한 이념적 가능성이라는 의미에서 절대적으로 내재적으로 지각·기억·예상할 수 있으며 심지어 모든 시간적 양상에 따라 상상할 수 있는 것의 전체 영역에 걸쳐 뒤덮고 있다. 내가 예를 들어 화성으로 여행을 떠나 거기에서 걸리버(Gulliver)*처럼 체험한다는 등의 상상에 몰두한다면, 이 날조된 의식체험은, 공허한 상상이더라도, 나에게 속한다. 즉 날조된 세계──어쨌든 이것은 나의 현실적 자아와 동일한 것으로 날조되었다──는 날조된 자아의 상관자다. 따라서 내가 실제로 정립한 세계뿐 아니라 이 순수 자아에 대한 세계로서 가능하거나 날조할 수 있는 모든 세계의 이념은 바로 현실적인 순수 자아와의 관련을 통해 확고한 한계를 지닌다.

제2절 영혼의 실재성

30. 실재적 영혼의 주체

직관적으로 주어진 것에 언제나 충실히 따르면서, 순수 자아 또는 선험적 자아와 **실재적 영혼의 주체** 또는 그때그때 인간신체나 동물신체에 실재적으로 결합된 인간과 동물 또는 동물적인 것이라는 실체적–실재적 이중의 존재를 결정하는 동일한 심리적 존재인 영혼을 구별하자. 어디까지 영혼(Seele)과 영혼의 주체(seelisches Subjekt)가 구별될 수 있는지, 예를 들어 영혼의 주체는 영혼에 속하지만 즉시 영혼 자체와 동일하게 확인되는 것은 아니라는 방식으로 구별될 수 있는지를 나중에야 비로소 숙고할 수 있다. 우리는 잠정적으로 이렇게 구별하지 않고 논의한다. 영혼의 실체적 실재성을 강조하는 것은 영

---

* 스위프트(J. Swift)의 작품 『걸리버 여행기』(*Gulliver's Travels*)의 주인공이다.

혼은 물질적 신체사물(Leibesding)과 비슷한 의미에서 순수 자아──우리의 상론에 따르면 순수 자아는 그러한 통일체가 아니다──에 대립된 하나의 실체적-실재적 통일체라는 점을 뜻한다. 실로 문제는 이제껏 실행된 것보다 더 깊게 지금 설명하는 것이다.

영혼의 자아 또는 영혼은, 원리상 마찬가지로 모나드의 의식연관에 관련된 통일체라도, 순수 자아와 전적으로 다른 것이다. 심리학적 자아-이념, 인간의 주체 또는 일반적으로 동물의 주체에 관한 논의로부터 진행해가고 우리의 방법에 적합하게 이러한 논의의 의미를 입증하는 경험으로 되돌아감으로써 해명한다면, 영혼의 자아 속에 본질적으로 놓여 있는 것을 인식하게 된다. 그렇다면 이 영혼의 자아 아래, 가령 인간의 자아 아래──하지만 신체성은 배제하고──생각된 것은 경험에 적합하게 이 신체에 속한 모나드의 흐름이 아니고, 이 흐름 속에 내실적 계기로서 일어난 어떤 것도 아니며, 본질적으로 이 흐름에 관련되어 있지만 어떤 의미에서는 그 흐름을 초월하는 통일체다. 주체는 이제, 물질적 사물이 사물적-실재적 속성에 대한 기체인 것과 유사하게, 속성(극도로 확장된 일정한 의미에서 인격적 속성)에 대한 기체(基體)다.

그런데 어떤 물질적 사물이 갖는 모든 것──예를 들어 자신의 연장(延長)과 도식──이 특수한 의미에서 실재적 속성이 아니듯이, 이 점은 영혼의 주체에서도 비슷하다. 영혼의 주체는 의식체험에 관련되는데, 그것이 이 체험을 지니며 체험을 겪고 체험 속에 살아가는 방식으로 관련된다. 그러나 이 체험은 그 주체의 속성이 아니라, 그 주체의 단순한 행동방식, 단순한 '영혼의 상태'다. 또한 주체는 자신의 신체를 '지니며', 그 영혼의 체험은 신체와 '결합되어' 있다. 그러나 영혼의 주체는 최초로 물질적 사물인 신체물체(Leibkörper)에 관련되고 간접적으로 이것과 연결된 체험에 관련되는 것이 아니라, 그 반대다. 즉 영혼의 주체는 일정한 물질적 사물을 자신의 신체로서 지닌다. 왜냐하면 그의 신체에는 영혼이 깃들어 있기 때문이다. 즉 그 주체는 인간-통각이라는 의미에서 본래 밀접하게 신체와 하나가 된 영혼의 체험을 지니기 때문이다. 영혼의 통일체와 물질적 사물의 통일체 사이의 유비가 이처럼 광범위하므로, 사물의 변화하는 물리적 행동 속에 드러나는 물질적 속성과 이에 상응하는 체험 속에 영혼의 행동방식으로 드러나는 영혼의 속성 사이에는 그 형식에 따라 완전한 유비가 존재한다고 할 수 있다.

따라서 영혼의 속성은 '드러남(Bekundung)의 통일체'다. 여기에 영향을 미치는 의미에서 영혼의 속성에는 인간의 지성적 성격과 총체적으로 인간에 속한 지성적 성향, 감정의 기질, 실천적 기질, 각자의 정신적 능력, 재능, 수학적 자질, 논리적 명민함, 관용, 친절, 희생 등 모든 인격의 속성이 있다. 그의 감각과 감각적 행동 속에 그에게 고유하고 그에 대한 특성을 묘사하는 성향, 상상의 성향 등도 영혼적 속성이다. 모든 영혼의 속성은, 이렇게 범례로 부과된 의미에 적합하게, 현실적이거나 가능한 체험이 규정되어 함께 속하는 그룹과 관련된다. 이 그룹은, 모든 물질적 속성이 실제적이거나 가능한 도식적 '나타남'—이 속에 그 속성은 드러나거나 드러날 것이다—에 관련되는 것과 비슷하게, 영혼의 속성에 함께 속하고 관련된다.

그래서 관련된 속성이 직관적으로 본질과 존재가 주어지는, 예컨대 입증하는 직관과 경험이 되는 길이 두 가지 측면에서 미리 지시된다. 어떤 사물을 단순하게 주시하는 것, 즉 그 사물의 연장(따라서 그 일시적 도식)을 그에 속한 감성적 충족과 함께 주어지는 것은 여전히 사물을 물질적 사물로서 실제로 경험했다고 하지 않는다. 우리는 그때그때 사물파악 속에 미리 지시된 연관을 정확하게 추적해야 한다. 이 연관 속에 도식적 다양체는 관련된 속성이 드러날 뿐 아니라,

파악하는 지향이 끊임없이 충족되는 방식으로 표명되는 통일체의식 속을 경과한다. 마찬가지로 영혼의 속성은 영혼의 경험 다양체, 이에 상응해 함께 속하고 통일체의식 속에 파악에 적합하게 결합된 체험을 소급해 지시한다. 이 체험은 자신이 흘러가버림, 서로 뒤섞여 이행하고 결합되는 방식으로 관련된 특성속성을 드러내는데, 모호하게 드러낼 뿐 아니라 충족에 적합하게 원본적으로도 표명한다. 달리 말하면, 입증하는 경험으로 이끈다.

물질과 영혼 두 측면에서 속성과 실제적이거나 가능한 상태의 무한성 사이의 관련에는 일정하게 확고한 규칙화(Regelung)가 있다. 물론 속성과 상태를 서로 분리될 수 없게 구성하는 경험연관의 근거에 대한 반성만 우리에게 이에 관해 가르쳐준다. 반면 우리는 관련된 경험의식 속에 반성하지 않은 채 살면서 (그러한 의식 속에 우리 자신을 상상에 적합하게 집어넣어 정립하면서) 상태가 경과하는 가운데 관련된 지속하는 속성을 주시하고, 상태를 입증하는 계열이 경과하는 가운데 완전한 의미와 이에 속한 명증성의 형식으로 속성을 경험한다. 이 두 가지 측면에 그와 같이 다른 단계의 통일체가 있다. 영혼의 영역 속에 우리는 더 낮은 단계의 속성인 성향들의 그룹을 발견하고, 단순한 '총합'이 아니라 '구성'의 방식으로 그 위에 세워진 더 높은 단계의 속성의 통일체를—따라서 더 낮은 속성과 이것의 경험에 적합한 변화 속에 통일적으로 표명되는 것으로—발견한다. 그래서 감성적 영역에서 어떤 범례를 선택하기 위해 상황에 따라 변화하는 시력(視力) 속에 통일적으로 변화되는 속성인 '시각적 예민함'이 드러난다. 이 경우 사물 자체처럼 영혼 자체도 바로 그 속성의 통일체일 뿐이다. 왜냐하면 이것은 자신의 상태 속에 다양하게 '행동하고', 자신의 속성 속에 다양하게 '존재하며', 그 각각의 속성은 자신의 존재(Sein)를 단순히 발산하는 것(Strahl)이기 때문이다.

요컨대 영혼은 더 낮은 단계의 감성적 능력 위에 구축된 (그 자체로 다시 자신의 방식으로 단계를 이루며 쌓은) '정신적 능력'의 통일체일 뿐이다. 예전의 심리학이 **능력론**(Vermögenlehre)이었다면, 그것은 곧 전적으로 **영혼론**(Seelenlehre)으로서 존재할 수 있었고 존재했음에 틀림없었다. 그런데 그 심리학이 실패했다면, 이 책임은 이른바 '전도된 능력심리학'이 아니라, 그 심리학이 방법적으로 좌절되었던 데, 즉 방법 ─ 그 심리학에 영혼론으로, 올바르게 이해된 능력론으로 미리 지시되었던 방법 ─ 을 마련하지 못한 데 있다. 일반적으로 예전의 심리학은 영혼의 상태, 따라서 가장 밑바닥에는 '의식상태'에 관한 체계적 연구를 소홀하게 다루거나 너무 가볍게 취급했던 점 ─ 반면 이 상태는 어쨌든 모든 영혼적인 것이 드러나는 소재로서 매우 철저한 연구가 필요했다 ─ 에서 실패했다.[8]*

아무튼 유비(類比)를 **지탱하는 주요점을 명확하게 주목해야 한다.** 행동방식은 물질적 영역 속의 실재적 방식으로서 '실재적 상황'을 소급해 가리키고, 행동방식과 행동하는 상황의 상호작용 속에서만

---

8) 예전의 심리학이 여전히 자연과학적 심리학과 정신과학적 심리학의 구별을 깨닫지 못했던 한, 다른 관점에서도 실패했고, [그 당시] 일반적 경향이었듯이, 정신과학으로 관심이 더 기울어져 영혼적인 것(Seelisches)에 대한 자연과학의 과제와 방법을 파악하지 못했다(반면 현대 심리학에서는 이것들이 중요하게 간주될 것이다)는 사실은 지금 논의하는 맥락에서 벗어난다.

* 후설은 의식을 자연화하고, 물질을 심리현상의 원인으로 간주하며, 자연과학의 실험심리학이 모든 정신과학의 근본토대라고 주장한 자연주의가 순수 의식(의식의 본질인 지향성)을 탐구영역에서 차단하고, '인간'에서 자연의 한 부분만 강조한 결과 규범의 담지자인 인격적 주체의 측면을 망각한 자가당착적 심리학, 즉 "영혼(Seele)[또는 심리Psyche] 없는 심리학(Psychologie)이 되었다"(『이념들』제1권, 175쪽)고 비판한다. 즉 자연과학의 방법으로는 영혼뿐 아니라 정신(Geist)에 접근할 수 없기 때문에 근대의 객관주의 심리학이 '심리학의 위기'를 초래했다고 진단한다.

실체적-실재적 속성이 원본적으로 부여하는 경험의 테두리 속에 표명된다. 모나드의 연관의 체험(이 경우 물론 상응하는 통각을 겪은 체험) 속에 표명되는 실재적인 것(Reales)으로서 영혼의 경우도 정확하게 마찬가지다. 영혼(또는 영혼적 주체)은 그에 속한 상황 아래 규칙화된 방식으로 행동한다. 이것은, 모든 유비의 경우처럼, 여기에서도 단순히 어떤 객관적 사실이 아니라 경험을 파악하는 가운데 포함되어 있으며, 따라서 이것으로부터 현상학적으로 이끌어낼 수 있다. 문제로 제기된 영혼의 속성은 현상적으로 이에 속한 상황과 관련해 파악된 행동방식 속에 드러나거나 원본적 경험 속에 표명된다. 또한 여기에서 실재적인 것의 행동방식으로서 영혼의 체험에 대한 파악은 현상학적으로 독특한 것이다. '함께 속함'의 규칙은, 이미 경험의 본성이 놓여 있기 때문에, 현상학적 사유에서는 나중에 인식할 수 있다. 왜냐하면 그러한 실재성의 통일체에 대해 구성적인 규칙화에 관한 인식은 경험의 본성에 본질을 통해서만 획득될 수 있지, 귀납적-경험적으로는 획득될 수 없기 때문이다.

시선을 순수 자아로 소급해 던지면, 순수 자아의 경우도——이것이 자신의 작용 속에 활동하고 겪는 한——마찬가지라는 점에 **영혼의 자아**와 비교해 주목해야 하며, 순수 자아는 자신의 작용들 속에 이러저러하게 '행동한다'고 해야 하고, 순수 자아의 경우에도 넓은 의미와 좁은 의미에서 상태성(예를 들어 수동성인 상태를 능동성에 대립시킬 때처럼)에 관해 논의한다. 그러나 행동방식과 상태성에 관한 이 개념은, 모든 방식이나 상태성이 구성하는 파악에 따라 인과적으로 '상황'에 관련된 곳에서는, 실재성의 영역에서 타당한 개념과 총체적으로 다르다. 이것은, 어쨌든 인과성과 실체성은 외부로부터 부가된 것이 아니라 통각의 근본본성을 소급해 지시하기 때문에, 그 의미가 근본적으로 다르다. 때에 따라 파악하는 시선은 상태로, 인과적 종속성 등으로 다르게 맞춰질 수 있으며, 이 경우 형성하는 모든 작용을 실재로 경험하는 작용이라 한다.

마지막으로 물질적 사물의 경우처럼 그때그때 도식 속에 구별될 수 있는 어떤 것도 실재성의 관점에서 규칙화를 피하지 못하며, 체험의 영역 속에 있는 어떤 것도 규칙화를 피하지 못한다는 사실을 언급해야 한다. 적어도 영혼에 대한 경험적 파악은 결국 관련된 영역 속에 실재적 상태로서 파악될 수 있는 모든 것을 실제로도 그렇게 파악한다. 그래서 경우에 따라 단지 모호하게 요청된 속성이 표명될 수 있을 경험의 계열을 구축하는 일은 더 상세하게 규정하는 경험의 사태다. '경험'이라는 말은 대개 실재(요컨대 '실재적 경험')에 관한 경험의 제한된 의미로 사용된다. 따라서 이것에 의해——어떤 실재성이 실재적 상태 속에 그리고 상황에 인과적으로 관련되어 표명된 실재적 속성의 단순한 기체로서 주어지는——스스로를 부여하는 (가장 밑바닥에는 원본적으로 부여하는) 작용이 지시된다.

우리의 고찰에 따르면, 두 가지 종류의 경험이 정당하게 병존해 배열되어 있다. 즉 물질적 사물에 관한 경험으로서 물리적 경험인 '외적' 경험과, 영혼의 실재성에 관한 경험으로서 영혼의 경험이다. 이 경험 각각은 그에 상응하는 경험학문, 즉 물질적 자연에 관한 학문과 영혼에 관한 학문으로서의 심리학에 대해 기초가 된다.

31. 실재성의 형식적-일반적 개념

우리가 물질과 영혼 사이에 확립했고 여전히 계속 추적할 수 있을 유비는——우리의 분석에서 예리하게 부각되었고, 그 분석을 통해 실재성에 관한 명백하게 극히 중요한 형식적-일반적 개념, 즉 실체적 실재성이 원본적 원천으로부터 규정되는——존재론적 형식의 공통성에 근거한다. 따라서 물질적 **실재성**과 영혼적 **실재성**을 병존시켜 논의한다면, 공통의 말은 하나의 공통의 의미 또는 두 가지 다른 개념 속에 하나의 공통의 형식을 표현하게 된다. 형식적 일반성에서 실재적 실체(가장 넓은 의미에서 사물로서 구체적으로 이해된), 실재적 속성, 실재적 상태(실재적으로 행동함), 실재적 인과성의 개념은 본질적으로 함께 속한 개념이다. 나는 '실재적 인과성'이라 한다. 왜냐하면 상태와 더불어 우리는 실재적인 것이 다른 실재적인 것에 종속하는 형식으로 실재적 상황을 소급해 지시할 것이기 때문이다.

실재성은 실체적 '인과성'이 서로 얽혀 실제적이거나 가능한 다른 실재성과 관련해서만 존재한다. 이 종속성은 변화(이것으로부터 불변은 단순한 한계경우이고, 그밖에 더 넓은 의미에서 변화의 한 양상으로서 각각의 다른 양상과 동일한 역할을 한다)의 **종속성**이며, 게다가 실재적인 것이 자신의 속성으로 변화하는 것은 다른 실재적인 것이 이것의 속성으로 변화하는 것의 종속성이다. 실재적 속성과 행동방식의 관계에서 이 종속성은, 서로 관통하는 규칙화가 이 실재적인 것이 존재하는 모든 것에 따라 또한 이것이 지닌 모든 것에 따라 변화하거나 변화하지 않는 가운데 발생하는 방식으로, 가능한 행동방식 가운데 그에 상응하는 두 가지 측면의 다양체가 교환되는 기능적 종속성을 함축한다.

32. 물질직 실재성과 영혼의 실재성의 근본적 차이[9]

이제 물질적 자연과 영혼적 자연의 경우 어디까지 앞에서 시사한 의미에서 실재성에 관해 동등한 방식으로 논의될 수 있는지 심문해

---

9) 또한 부록 12의 3항을 참조할 것.

야 한다. 인과성은 물리적 사물의 이념인 물질적 자연에 대한 구성적 이념이다. 지속하는 존재, 즉 지속으로서 사물의 모든 '내적' 징표는 그 자체로 항속하며(verharrend), 그러한 모든 징표는 인과적 변화의 연관 속에 항속하는 행동(항속하는 행동법칙성)을 표현한다.

그러나 영혼의 실재성은 어떠한가? 이것도 변화하는 상황에 대립해 항속하는 존재이지만, 어쨌든 이 '상황'은 어떤 종류인지, 이것은 어떤 종류의 '항속함'인지 더 상세히 검토해야 한다. 영혼은 자신의 주관적 소유물을 지닌 영혼 삶의 담지자이고, 이러한 것으로서 시간(그 속에 신체가 지속하는 동일한 시간)을 통해 뒤덮여 있는 통일체이며, 자연(Physis)에 '영향을 미치고', 자연에서 영향을 받는다. 즉 영혼은 이것이 전체로 주어진 물리적 상황 아래 규칙화되어 반응하면서 '행동하고', 다양하게 감각하고 지각하는 등의 사실 속에 하나의 동일성을 명시한다. 이 규칙화된 행동방식 때문에 **심리물리적 속성**[10]이 영혼에 배당된다. 아무튼 이것은 사물적 속성과 동일한 종류의 항속하는 속성이 아니다.

이러한 사실을 더 명백하게 하기 위해 어떤 방식으로 사물적 속성이 구성되고 어떤 방식으로 영혼의 속성이 구성되는지 현전화해야〔생생하게 그려내야〕한다. 사물은 도식의 통일체로서, 더 상세하게는, 도식의 다양체 속에 제시되는 종속성에 연관된 인과적 필연성의 통일체로서 구성된다. 이에 반해 영혼은 도식화되지 않는다. 더 정확하게 말하면, 물질적인 것에 대해 상태로서 기능하는 다양체는 도식(감성적으로 충족된 물체적 연장)이라는 유형에 관한 것이다.

도식은 그 자체로 이미 드러남의 통일체, 더 자세하게는, 음영(陰

---

10) 이 책 30항 초반에 언급한, 하지만 여기에서는 고려하지 않은 '영혼적 속성', 즉 심리물리적이지는 않은 것(이른바 성격속성)에 관해서는 다음의 34항 초반을 참조할 것.

影) 다양체 속의 통일체다. 순수한 공간적 도식은 경험적 직관 속에 필연적으로 단순히 한 측면에서 그리고 언제나 다시 한 측면에서만 주어지는 단순한 물체적 형태(감성적 충족이 없는 연장)다. 원본적 표명함에서 형태는 원본적으로 주어진 측면의 다양체 속에 제시되고, 언제나 적절한 시선전환(이것은 사물 자체를 향한 정상의 태도로부터 정신적 시선전환으로서 그때마다 그 사물의 국면, 나타남의 방식, 나타나는 측면인 자신의 형태를 겨냥한다)으로 파악할 수 있는 국면의 다양체 속에 제시된다. 그때그때 국면은 방향이 정해지는 영점(零點), 절대적 '여기'(Hier), 그 국면에 속한 깊이차원(앞-뒤)의 체계, 넓이차원(오른쪽-왼쪽)과 높이차원(위-아래)의 체계와 필연적으로 관련된다. 이것에 의해 공간의-사물로 나타나는 모든 것과 우선 그 모든 연장이 그 속에 반드시 주어지는 일정한 일반적 형식이 지시된다.

또한 국면 자체가 이미 구성된 통일체라는 점, 국면은 자신이 통각하는 구성의 본질에 상응하듯이 다른 방향과 다른 단계에서 통일체를 자체 속에 간직하며 어느 정도로 암묵적으로 함께 구성되어 있는 점에 주목해야 한다. 이 통일체는 나타나는 물체적 형태에 여전히 앞서 놓여 있으며, 어쩌면 이 형태와 관련해 국면으로서 지시된다. 단순히 시각의 영역과 오직 이 속에만 놓여 있는 구성적 통일체에 의지한다면, 물체〔신체〕와 머리자세가 고정된 채 각각의 눈 위치(그것을 객관적 표현으로 암시하기 위해)에는 보인 사물과 특히 그 연장의 새로운 국면이 상응한다. 현상적 방향이 정해짐(특히 '거리'에 관해 방향이 정해짐)에 영향을 미치는 머리자세가 변화하는 모든 경우도 마찬가지다. 이 경우 그 국면의 각각과 지속적으로 변화되는 국면의 경과는 그에 상응하는 '상황'과 현상학적으로 관련되고, 이 상황은 (파악하는 '정신적 시선'의 새로운 반성적 방향 속에 명백해지듯이) 그에 속한 운동감각 복합체와 관련되어 있음을 입증한다. 이때 이 '속해 있음' 자체는 의식에 적합하게 구성된 것이며 반성으로 파악할 수 있는 것이다. 그것이 주어지는 방식 — 이것을 여기에서 '그것의 국면'이라 부른다 — 의 지속적 변화 속에 형태의 동일성에 대한 원본적 의식 또는 아무튼 완전히 직관적인 의식은 주의를 기울임의 배경 속에 일어나는 그에 속한 운동감각 감각복합체의 지속적 경과, 또는 예를 들어 객관적으로 말하면, 눈이 출발위치에서 다양한 다른 위치로 이행해감에 따라 달라지는 이에 상응하는 감각복합체의 이행현상('운동현상')의 지속적 경과를 본질적으로 전제한다. 그래서 '속해 있음'의 의식 속에 또 통각으로 규칙화된 방식 속에 이 나타남의 상황에 관련된 국면(일정한 의미에서 나타남)은 변화되고, 이렇게 경과하는 동안 우리는 정상의 태도로 (이 경우 대상이 되지는 않은) 그 국면 '속에' 지속적으로 하나의 동일한 사물, 또는 지금까지 추상적 고찰에서는, 하나의 동일한 형태를 보게 된다.

어쨌든 국면의 통각에 의한 구성은 국면의 변화에서 적합하게 부각된 연속체 속에 더 높은 단계의 국면이 — 국면이 이전의 감각 속에 '다양체'로서 기능하는 것에 관해 — '통일체'로 구성되는 것이다. 이것을 다시 객관적 표현으로 예시하기 위해 예를 들면, 그밖의 지각의 상황을 고정시킨 채(물체[신체]와 머리자세 등을 고정시킨 채) 단지 눈을 임의로 움직이면, 형태뿐 아니라 형태에 관한 나타남도 하나의 동일한 국면으로서 주어진다. 이렇게 태도를 취할 수 있으므로, 우리는 사물이 아니라 '측면의 사물' 또는 사물의 측면, 나타남의 방식으로 겨냥하고, 그래서 눈의 운동변화와 나타남의 변양에 주목하지 않고도 '나타남'을 하나의 동일한 것으로 보게 된다. 그밖의 모든 상황을 고정시켜 유지하면서 대상을 단순히 현상적으로 '멀어지면서' 또는 '접근하면서' 직관하려는 경우도 마찬가지다. 이 경우 우리는 심층질서의 변화에만 마음 쓰는데, 반면 이에 상응하는 통각의 차이 때문에 객관적 관점에서 대상이 의식에 적합하게 나에게 멀어지는지 내가 대상에서 멀어지는지에는 무관심할 것이다.

그런데 동시에 눈을 움직이고 그래서 높이차원과 넓이차원이 변화되게 허용하고 동시에 그 국면을 심층 속으로 밀치게 허용하면, 다시 더 높은 단계의 국면이 존재한다. 또한 여기에서 구성된 국면의 통일체의 변화가 항상 지속하는데, 이 변화는 형태 자체에 대립된 현상적 차이를 명백하게 만든다. 즉 형태는 변함없이 '하나의' 단순한 나타남의 방식 속에 주어지고, 그 곁에 다른 나타남의 방식이 가능하며, 형태는 방향을 바꿀 수 있고 점차 회전할 수 있다.

물론 이 모든 것과 서로 얽혀 있는, 통일체의 형성에 구성적인 여전히 다른 변양이 있다. 예를 들어 (이른바) '조절(Akkomodation)이 변화되는' 가운데 자신의 객관적 표현을 갖는 것이다. 왜냐하면 다시 그밖의 모든 나타남의 상황을 고정시키고 단순히 조절을 변경시키면, 이전에 예시된 차이의 연속체 속의 일정한 위상(Phase)으로 규정된 '그' 나타남은 자신의 변화하는 주어짐의 방식을 갖기 때문이다. 여기에 현상학적 사물분석의 중대한 과제가 명백하게 놓여 있다. 사물구성의 모든 '층'을 추적해야 한다. 왜냐하면 여기에서 시각 층에 대해 예시된 것은 이 층에 대해 체계적으로 완전하고 정확하게 관철되어야 할 뿐 아니라, 통일체가 다양체에 대립해 부각되고 다양체 속에 나타남에 적합하게 구성되는 다른 모든 층과 모든 구성적 방향에 대해서도 그렇게 관철되어야 하기 때문이다. 그때그때 통일체에서 이 통일체를 구성하는 다양체로, 다시 이 다양체(이것 자체가 다시 다양체에 관한 통일체인 한)에서 이것을 구성하는 다양체로 단계적으로 되돌아가면, 어디에서나 우리는 결국 가장 낮은 단계의 자료, 내재적 시간 속의 감성적 감각자료, 가장 낮은 단계의 '파악'에 대해 감성적으로 '재현하는 것'(Repräsentant)에 이르게 된다.

그래서 '음영'이라는 표현은 모호하다. 각각의 국면에서 사물은 그 국면 속에 음영지어져 있다. 왜냐하면 아무튼 가장 밑바닥에는 음영이라는 다양한 감각자료가 있기 때문이다. 이것은 그 속에서 사물의 규정성이 '음영지어지는' 가장 밑바닥의 물질이다.

그러나 우리의 고찰은 우선 오직 물질적 사물의 형태(연장)에만 연결시켰던 곳*에서 이미 일반적으로 논의했다. 우리가 상론한 것은 자명하게도 구체적으로 완전한 도식, 또는 추상할 수 있는 모든 구성요소에 따라 그 도식, 따라서 형태를 '드러내고' '충족시키는' 감성적 성질에도 타당하다. 이 성질은 형태와 평행하고 형태에서 결코 분리될 수 없는 통일체로 구성된다. 예를 들면 물체색깔, 나타나는 연장(延長)인 물체에 통일적으로 속한 물체의 채색 — '표면의 채색'으로서 그 표면에 통일적으로 속한 전체 채색을 포함해 — 이 있다. 더구나 이 전체 채색은 연장의 본질에 따라 구분될 수 있는 표면의 모든 부분에 '분할되어' 있으므로, 연장의 모든 나눔에는 채색의 모든 나눔이 상응하고, 일반적으로 도식의 모든 나눔에는 완전한 도식적 성격을 띠는 부분이 상응한다. 채색과 또한 일반적으로 충족시키는 '감성적 성질'은 시각적 연장과 정확하게 평행하는 자신의 방식으로 음영지어진다. 이것이 '존재하는' 것은 오직 음영이 규정되어 본질적으로 그에 속한 연속체에서만 지각에 적합하게 표명되므로, 예를 들어 연장 없는 '채색'이나 채색 없는 연장은 생각할 수도 없다. 물체적 연장이나 채색이 시각으로 나타날 수 있어야 한다면, 이것은 음영 다양체에서만, 이에 속한 국면에서만 아프리오리하게 가능하며, 연장과 채색이 평행해 서로 함께 음영지어지는 경우에만 가능하다. 요컨대 이것들은 서로 상대방 없이 나타날 수 없다.

---

* 15항의 자세한 논의를 참조할 것.

아무튼 음영을 통한 이 표명됨은, 다양체 속의 '초월적' 통일체에 관한 모든 구성에 공통인 모든 형식적 공통성에도 불구하고, 이미 앞에서 상론했듯이 상태를 통한 실재적 속성의 드러남과 원리상 다른 것이다. 도식의 단계에서는 실체적 실재성과 인과성이 전혀 문제되지 않는다. 이제 물질적 상태에 관해 초재(超在)의 영역 속에 있는 반면, 영혼의 통일체, 즉—그것이 나타나듯이—심리학적 자아의 이 드러남은 직접 내재(內在)의 영역으로 이끈다. 영혼의 상태는, 더 높은 파악을 제외하면, 더 이상 초월적 통일체가 아니라, 내재적 체험의 흐름에 내재적으로 지각할 수 있는 체험일 뿐이다. 이 체험의 흐름 속에 모든 '초월적' 존재는 표명함을 통해 최후에 드러난다.

따라서 내재적으로 주어진 영혼의 상태와 초월적 통일체로 구성된 순간적 상태, 즉 항속하는 실재적 속성—그 동일자는 사물이다—의 드러남은 대립해 있다. 지각에 적합한 사물의 구성에서 더 높은 사물구성으로 진행해가면서—앞에서 상론했듯이—직관적 사물은 자신이 최고로 적합하게(optimal) 주어진 가운데 정상의 주관성에 대한 자신의 상대성을 입증한다. 그렇다면 사물의 동일성은, 이것이 상호주관적-정상적일 뿐 아니라 모든 이성주체(모든 논리적 주체)의 상관자로서 '사물 그 자체'여야 한다면, 감성적 경험의 연관에 지표(Index), 더 적절하게 말하면, 더 낮은 단계에서 감각의 직관적 사물 성격에 지표인 논리적 형식의 일정한 사물규정을 요구한다.

이 더 높은 사물의 구성은 사물에 항속하는 존재, 즉 항속하는 수학적 속성의 존립요소를 부여하지만, 사물의 일반적 구조인 실재성-인과성의 형식이 유지되어 지속하는 방식으로 그러하다. 상태 역시 수학화되고, 감성적 상태를 표시한다. 수학적 물 자체-인과성(Ding-an-sich-Kausalität)은 감성적 인과성의 다양체를 표시한다. 이에 대립해 영혼을 유지하고 (칸트가 했듯이*) 수학적 사물에서 실체의 이

넘을 떼어낸다면, 우리는 의심할 여지없이 "어떤 영혼의 실체도 존재하지 않는다"고 말해야 한다. 즉 영혼은 '자연'처럼 어떤 '그 자체'〔의 존재〕도 또 물리학의 사물처럼 수학적 자연도 지니지 않고, 직관의 사물처럼 어떤 자연도 지니지 않는다(영혼은 도식화된 통일체가 결코 아니기 때문이다). 그리고 인과성을 자연이라는 유형에 관한 항속하는 실재적인 것의 항속하는 속성을 구성하는 상관자인 기능적 또는 법칙적 종속성관계라 부른다면, 영혼의 경우 인과성에 관해 결코 논의될 수 없다.

사태의 영역 속에 법칙적으로 규칙화된 모든 기능성은 인과성이다. 영혼 삶의 흐름은 그 자체로 자신의 통일체를 지니며, 어떤 신체에 속한 '영혼'이 상호 종속성의 기능적 연관 속에 사물적 신체에 향해 있다면, 영혼은 물론 자신의 지속하는 영혼의 속성을 지닌다. 영혼의 속성은 **영혼적인 것**이 **신체적인 것**에 규칙화된 일정한 **종속성**에 대한 표현이다. 영혼은 신체적 상황, 물리적 자연 속의 상황에 조건적으로 관련된 존재자다. 마찬가지로 영혼은 영혼의 사건이 규칙화된 종류로 물리적 자연 속의 결과를 지닌다는 사실에 따라 특성지어진다. 다른 한편 신체 자체도 이러한 심리물리적 연관과 그 규칙화에 따라 특성지어진다. 그러나 **신체**도 **영혼**도 이것을 통해 논리적–수학적 자연의 의미에서 '자연의 속성'을 획득하지 않는다.

---

* 칸트는 『순수이성비판』 '경험의 유추(類推)'(B 218~265)에서 역학적 원칙은 모든 시간적 현상의 기체(基體)인 실체의 지속성, 인과성에 따른 시간적 계기(繼起), 상호작용에 따른 동시존재를 갖는다고 분석했다. 반면 수학적 원칙은 모든 직관이 외연량(外延量)이라는 공리(公理), 모든 실재적인 것은 내포량(內包量)을 갖는 지각의 예료(豫料)로서 단지 현상의 가능성에만 관련된 구성적 원칙일 뿐이다. 그렇기 때문에 수학적 사물에는 실체성이 없다고 파악했다.

추가

물질적 사물은, 원리적 가능성으로서, 완전히 변화되지 않을 수 있고, 자신의 속성과 상태에 관해 변화되지 않을 수도 있다. 그렇다면 도식적 다양체는 연속으로 변화 없이 동일하게 지속을 충족한다. 그러나 영혼의 '사물'은 원리상 변화되지 않은 채 지속할 수 없으며, 우선 변화되지 않은 영혼의 상태 속에 항속하지 않는다. 영혼 삶은 본질 필연성에 따라 하나의 흐름이다. 왜냐하면 그래서 영혼 삶에는 가능한 방식으로 변화되지 않은 채 존재하는 실재성의 형식인 공간형식의 어떤 유비물도 자명하게 없기 때문이다. 상태의 변화의 필연성과 더불어 실로 영혼의 경우 성향을 새롭게 형성함으로써 앞에서 언급한 영혼의 속성이 변화할 필연성이 주어진다. 모든 체험은 성향을 뒤로 남기고, 영혼의 실재성 관점에서 새로운 것을 산출한다. 따라서 영혼의 실재성 자체는 끊임없이 변화되는 것이다.

그러나 이것이 영혼은, 물질적 사물이 공간형식에 적응되는 것과 비슷하게, 다른 모든 영혼과 일치해 항상성(恒常性)의 형식에 적응된다는 것을 뜻하지 않는다. 평행하는 경우 공간형식처럼 영혼의 본질과 그 구성에 속한 **영혼 현존재**의 이 형식은 신체성(이것은 물질성보다 더 많은 것을 뜻한다)의 (고유하며 더 논의되어야 할) 형식에 근거한—상호 의사소통의 연대를 통한 통일적 현존재의 공동체로서—**사회적 공동체**의 형식 속에 존재한다. 더구나 이러한 연관에서 다음과 같은 사실에 주목해야 한다. 즉 다양체로서 완전한 영혼의 통일체(물질적 사물의 도식과 유비적으로)에 속하는 것은 그때그때 의식의 **전체 상태**인 반면, 개별적으로 부각된 체험은 이러한 관점에서—이 체험이 의식 전체에 편입되고 자신의 전체 연관 속에 드러나는 특별한 계열에 대한 통과점인 한—완전한 영혼의 '상태'다.

다음과 같은 차이를 더 강조해야 한다. 즉 연장실체인 물질적 사물은 연장(延長) ─ 이것을 관통해 물질적 사물은 덮여 있고, 부분의 실재성으로 나뉠 수 있다 ─ 에 상응해 원리상 나뉠 수 있다. 이렇게 연장적 부분으로 나눌 가능성과 관련해 다음과 같은 사실은 명백하다. 즉 사물은 이 위치 이 부분 속에 이러한 성질을 띠고, 다른 위치 다른 부분 속에 다른 성질을 띤다. 이에 반해 영혼은 어떠한 위치나 부분도 없다. 영혼은 절대로 나눌 수 없는 통일체이며, 진정하고 엄밀한 의미에서 하나의 영혼의 통일체라는 점에 잘 주목해야 한다. 이 하나의 영혼 속에 부분으로서 영혼이 구별될 수 있을지 모르고, 그래서 부서질 수 있을지 모른다. 물론 의식연관의 연속성 속에 드러나는 영혼의 자아가 자신의 성향의 몇 가지, 심지어 전체 그룹과 연관, 전체 '특성'을 신속하게 이행하는 가운데 또는 갑작스레 변경시키고, 그래서 '완전히 다른 자아'가 될 가능성은 배제되지 않는다. 실재성 속의 연속성이 ─ 이에 평행하는 영역에서 도식적 변화의 연속성 속에 사물이 갑자기 다른 사물로 변화될 가능성이 고려될 수 있는 것과 똑같이 ─ 스스로 파괴될 수 있을 것인지에 대해서도 숙고할 수 있다. 잘 알려져 있듯이, 학문은 그러한 경우(더 낮은 단계의 경험 속에 실제로 일어나는 경우)에서도 견지되는 실재성의 이념을 고수한다. 왜냐하면 학문은 실재성의 변화를 알려져 있지 않으나 그래서 더 추구해야 할 인과적 상황에 관련시키지만, 이렇게 함으로써 ─ 더 높은 단계의 통일체가 실로 우선 실재적인 것 자체로 간주되는 것 속에 드러나고, 그래서 모든 불연속적 비약(飛躍)을 지닌 더 낮은 단계의 모든 실재적 성격이 그 통일체의 상대적 상태로 떨어지는 한 ─ 그 변화를 가상의 변화로 파악하기 때문이다.

확실하게 본질상 나눌 수 없음(이것은 의식의 흐름이 모나드 연관의 다수多數로 본질상 나눌 수 없음과 연관된다)에도 불구하고, 다른 한편 영혼을 일정하게 나누는 것, 즉 의식 층(層)에 상응하는 **영혼 층**으로 구별하는 것이 있다. 더 높은 층은 탈락할 수도 있고, 그렇다면 예를 들어 어떤 사유주체도 수행되지 않는 끊임없이 잠을 자는 영혼처럼 다른 종류와 단계에 있는 영혼이다. 또는 적확한 의미에서 이론적 사유의 층이 없는 동물의 영혼이다. 이에 우리는 '영혼의 부분'과 영혼의 본성에 관한 고대의 학설이 실제로 의미심장한 문제, 게다가 현상학적 문제—여기에서 직관 속에 본질가능성을 탐구할 수 있는 한—를 포함하는 이유를 현상학적으로 확신하게 된다.

어쨌든 가장 중요한 층화(層化)는 **영혼**과 **영혼의 주체**의 구별로 예시되는데, 영혼의 주체는 하나의 실재성, 아무튼 영혼에 둥지를 튼 실재성으로 이해되며, 영혼에 대립해 비독립적이며 어쨌든 영혼을 다시 일정한 방식으로 둘러싼 통일체, 동시에 너무 현저해서 인간의 주체와 동물의 주체에 관한 일반적 논의를 압도적으로 지배하는 통일체다. 그래도 지금 우리는 여전히 영혼의 자아가 수반하는 어려운 문제를 상세하게 추진할 만큼 멀리 도달해 있지 않다. 그에 앞서 이것들의 경계설정을 얼마간 규정하지 않은 채 남겨두고, 영혼의 경우에 일반적으로 머물자.

아직 영혼의 '상황'에 대한 종속성을 자세히 고찰하지 않았다. 이러한 관점에서 층이 이루어지며, 따라서 다음과 같이 구별할 수 있다.

① 심리물리적 (더 적절하게 말하면, 물리심리적) 측면

② 자기심리적(idiopsychisch) 측면

③ 영혼의 실재성의 상호주관적 종속성의 관련

①에 관해, 심리(Psyche)가 신체에 종속하고, 따라서 물리적 자연과 이것의 많은 관련에 종속한다는 사실은 잘 알려져 있다. 우선 이 종속성은 (감성적 느낌감각과 충동감각을 포함해) 총체적 감각에 관해서, 더 나아가 이에 속한 재생산에 관해 철저하게 존재한다. 그래서 **의식 삶 전체**는 이 종속성에 의해 이미 **포착**되는데, 어디에서나 감각과

감각의 재생산(환영)이 자신의 역할을 하기 때문이다. 종속성이 다양한 의식현상에 대해 이러한 간접성을 넘어서 어디까지 문제가 되는지는 여기에서 상론할 필요가 없다. 어쨌든 영혼 삶에 관해 매우 광범위한, 일정한 방식으로 모든 의식경과 속에 침투하는 '생리학적' 종속성이 존재한다. 이에 상응해 영혼의 실재에 대해 물리심리적 측면이 있다. 물론 이러한 사실에 따라 영혼의 실재를 구성하는 파악이 영혼의 실재에 실재적 속성을 배분한다는 것만 뜻할 뿐이다. 이 속성은 신체와 그 신체인과성 속에 자신의 '상황'을 발견한다.

②에 대해, 의식은 (우선 직면하는 파악을 논의하며 이 파악에 생소한〔벗어난〕이론적 해석을 논의하지 않는다면) 이른바 자기 자신에 종속적인 것으로서 생긴다. 하나의 동일한 영혼 안에서 그때그때 전체 체험의 존립요소는 이전 체험의 존립요소에 종속적이다. 또는 주어진 내적 상황 아래, 즉 그때그때 전체 의식상태 안에서 일정한 변화가 새롭게 등장하는 상태의 형식으로 일어난다면, 이것 역시 동일한 영혼의 이전 상태였던 것에 종속한다. 그러나 이것은 확실히 ①의 언급을 고려한 것이 아니다. 그렇지만 어떤 감각이 '외부 자극의 영향'으로 일어나는 곳에서조차 그 감각이 '의식 속에 받아들이는' 방식은 이 새로운 규칙화를 통해 함께 규정된다. 이전 체험은 흔적도 없이 사라지지 않고, 그 각각은 추후에 영향을 미친다. 영혼의 본질은 잘 알려진 명칭 —연상·습관·기억, 또한 동기가 부여된 감각변경, 확신이나 느낌의 방향(느낌의 태도를 취함 또는 이에 상응한 절제의 성향)에 관한 동기가 부여된 변경, 확실히 파악의 의미에 따라 단순한 연상으로 환원될 수 없는 의지의 방향에 관한 동기가 부여된 변경 —아래 성향을 연속으로 새롭게 형성하거나 개조하는 것이다.

그러므로 영혼은 성향의 복합체이며, 그래서 외적 관련에서 유래하는 것이 아니라 자신의 영향을 미침에서 발생된 영혼 자체로서 영혼 속에 드러나는 실재적 성격이다. 종속성의 이 본성이 외적 상황을 통한 조건성으로서는 물론 물리적 인과성의 유비물로도 간주되지 않았다. 영혼의 자아가 영혼 속에 등장하는 사유작용의 주체로서 이러한 관점에서 어떤 지위가 있는지 아직 여기에서 숙고할 수는 없다. 그런 만큼 영혼의 상태는——우리는 이렇게 명명한다(또 영혼은 실로 체험의 경과 전체를 포괄한다)——단순히 감성적 토대를 통하든 전체로서든 두 가지 관점에서 종속적이라는 사실도 확실하다.

33. 실재성이라는 개념의 더 상세한 규정

따라서 물질적 자연과 영혼적인 것의 차이를 상론한 다음에는 실재성의 이념을 더 정확하게 한정해야 한다. 이 두 가지는 '그에 속한 상황과 관련해 지속하는 속성의 통일체'라는 형식적 이념에 편입된다. 그러나 특별한 종류의 '속성'과 '상황'을 구별해야 한다. 우리가 살펴본 '상황'은 외적이거나 내적일 수 있고, 또한 부분적으로 서로 다른 것이다. 물론 내적 상황은 고찰이 관계하는 주어진 시간부분 속의 실재적인 것 자체의 상태가 아니다. 오히려 우리는 전체 상태를 다루며, 따라서 어떤 주어진 시점 속에 존재하는 그 실재를 다루고, 그 상태가 실재적 상태로서 무엇에 종속하는지를 심문한다.

여기에서 이제 다음과 같은 주목할 만한 사실이 밝혀진다. 즉 물질적 사물은 오직 외부로부터만 조건지어지고, 그 자신의 과거를 통해서는 조건지어지지 않는다. 이것은 **역사가 없는**(geschichtslos) 실재성이다. 이러한 사실(이것은 동시에 상론의 의미도 명확하게 규정한다)로부터 물질적 동일성의 가능성은 변경의 모든 변화에서 물질적 실재성의 본질에 속하고, 더구나 이 경우 물질성이 증가되거나 분산되지(이 둘은 어쨌든 이념적 가능성으로서 그러한 실재성의 본질에 속한

다) 않는 방식으로 물질적 실재성의 본질에 속한다는 사실이 나온다. 마찬가지로 물질적 실재성이 순환하는 과정 속에 동일하게 동일한 외적 상황——이 상황 아래 그것은 이미 존재했다——으로 되돌아올 이념적 가능성은——이와 같은 것이 어떤 경우에도 전혀 개연적이지 않더라도——그 실재성에 속한다. 그러나 물질적 실재성은 그렇게 성질을 지녀서, 그렇게 순환해 되돌아오는 경우 동일하게 동일한 전체 상태를 지님에 틀림없다.

이에 반해 영혼의 실재성은 원리상 동일한 전체 상태로 **되돌아올 수 없다**는 사실은 **영혼의 실재성의 본질**에 속한다. 즉 영혼의 실재성은 바로 **역사를 갖는다.*** 외적 상황의 두 가지 서로 인접한 순환은 동등한 방식으로 동일한 영혼에 영향을 미치지만, 영혼 자체 속에서는 이전 상태가 이후 상태를 기능적으로 규정하기 때문에 영혼적 상태의 경과는 동일한 것일 수 없을 것이다.

그러므로 원리상 형식적으로 말하면, 실재성은 단순한 **자연-실재성,** 즉 (자연이 없는, 어떤 종류의 자연의 측면이나 자연의 규정도 갖지 않는) **초자연적 실재성**과 영혼처럼 일정한 자연의 측면과 자기심리의 측면을 갖는 혼합된 실재성으로 구분될 수 있는 것처럼 보인다. 그 중간의 가능성은 우리에게는 공허한 가능성이며, 그 가능성이 도대

---

* 영혼의 실재성(또는 자아)은 역사성을 통해 자기동일성을 확보한다. 즉 "자아는 역사를 가지며, 이 역사로부터 자신에게 습득적이며 동일한 자아로 지속하는 것을 산출한다"(『심리학』, 211쪽).
"모든 자아는 자신의 역사를 가지며, 그 역사의 주체로서 존재한다. 구체적으로 세계구성에 참여하는 …… 모든 의사소통적 공동체는 자신의 '수동적' 역사와 '능동적' 역사를 갖고, 이 역사 속에서만 존재한다. 역사란 절대적 존재의 강력한 사실(Faktum)이다"(『제일철학』 제2권, 506쪽).
"기능하는 주관성들의 유형성(Typik)은 그 자체로 역사적이다. 즉 인간들은 …… 보편적 역사성이 지배하는 그들의 공동체적 환경세계 속에 필연적으로 살고 있다"(『위기』, 310쪽).

체 입증될 수 있는지 의심스럽다. 그러한 실재성은 '객관적', 공간-시간적 세계 속에 존재할 수 없다.

이에 상응해 우리는 일정한 측면에서 자신의 '그 자체'에 따라 논리적-수학적으로 규정할 수 있는 지속하는 속성의 일정한 존립요소를 가지며, 다른 측면에서 완전히 다른 종류의 '속성', 즉 그 본질에 따라 끊임없이 흐르며 개조되고 발전되는 가운데 포함되고 원리상 어떤 수학화(Mathematisierung)*도 허용하지 않는 통일체를 갖는다.

물질적 사물의 본질에서 '자연'과 '실재성'의 개념에 방향을 정한다면, 이 개념들은 영혼적인 것 자체에 걸맞지 않다. 그러나 이것과 물체적인 것의 연관을 통해 영혼적인 것은 자연에 연결되며, 두 번째 의미의 현존재, 즉 공간 속의 현존재, 공간시간 속의 현존재를 갖는다. 그래서 영혼적인 것도——바로 자연 또는 실체와 인과성이라는 개념을 확장하고, 현존재의 조건상황에 관련되고 현존재의 법칙에 지배되는 모든 현존재자를 실체(사물적·실재적 현존재)라 부르며, 여기에서 조건으로 규정된 것으로 구성되는 모든 속성을 인과적 속성이라 부르는 한——유사(Quasi)-자연과 유사-인과성을 띤다. 그러나 앞에서 언급한 신체물체와의 '연결'은 이 '유사-자연'을 좁은 의미에서 자연의 연관 속에 편입시킨다. 나는 '인간'을 '외적 경험' 속의 구체적 통일체로 파악한다. 이러한 통각에는 경험에 적합한 표시의 체계가 있다. 이 체계에 따라 부분적으로 규정된 내용과 [아직] 규정되지 않은(Unbestimmtheit) 지평, [아직] 알려지지 않은(Unbekanntheit)

---

* 후설은 『위기』(8~9절)에서 존재하는 모든 것을 자연과학적 기술(techne)에 따라 '그 자체로 합리적인 전체 통일성(Alleinheit)'으로 무한히 확장시킨 근대철학의 보편적 이념을 마련한 자연(세계)의 수학화과정을 갈릴레이의 자연의 기하학화(Geometriesierung)와, 비에타(F. Vieta)·데카르트·라이프니츠 등의 기하학의 산술화(Arithmetisierung)로 구분해 자세히 분석한다.

지평을 지닌 자아 삶은 신체와 하나가 되어 주어지고, 신체와 **결합되**어 '거기에'(da) 존재한다. 이 통각의 본성에는 영혼적인 것과 신체적인 것 사이의 종속성관계가 처음부터 파악에 적합하게 의식되고, 이에 상응해 주의를 기울이는 경우 주제로 삼는 시점(視點) 속에 들어온다는 사실도 있다. 신체적인 것 자체는 다시 물리적 자연의 인과적 연관 속에 얽혀 있는 것으로 주어진다. 여기에서 인간은 **자연 속의**인간이며, 우선 신체가 물질적 사물의 공간적 자연 속에 있다는 점을 통해서만 자연 속에 존재한다.

반면 영혼의 실재성은 심리물리적 종속성을 통해서만 실재성으로서 구성된다. 그것은 그 자체로 자신의 통일체를 갖지만, 여기에서는 연관 속의 통일체로 고찰된다. 더구나 나는 심리물리적 고찰에서 개별적 감각·지각·기억의 연관 등을 인지한다. 그러나 이것은 주관적 체험의 흐름과 '영혼'——(확장된 의미에서) 인과성의 담지자인 통일체로서——의 상태들의 계기다. 이와 아주 똑같이 나는 개별적인 물리적 상태, 이를테면 신경의 상태를 이끌어내 뇌(腦)의 경과까지 추적한다. 그렇지만 그 상태는, 신경이 신경계 속의 기관이고 신경계는 〔그 자체로〕 완결된 신체——심리물리적 종속성관계의 **담지자인** 신체——의 신경계이기 때문에, 바로 뇌의 경과다. 이러한 사실은 감각을 규정하는 지배적 통각의 본질 속에 놓여 있다. 영혼의 통일체는 **영혼 삶의 통일체**로서 자신의 측면에서는 자연의 구성원, 즉 신체적 존재의 흐름(Seinsstrom)의 통일체인 **신체와 결합되어 있다**는 사실을 통해서만 **실재적 통일체**다.

'영혼'과 '영혼의 자연'에 관한 논의가 의미한 바를 계몽시켜준 고찰의 성과는 그에 따라 전체 논의의 출발점으로 되돌려보낸다. 즉 실재성의 두 번째 종류인 물질적 자연에 대립시킨 것은 '영혼'이 아니라, 신체와 영혼의 **구체적 통일체**, 즉 인간의(또는 동물의) 주체다.

34. 자연주의 태도와 인격주의 태도를 구별할 필요성

이 실재성의 구성과 관련해 더 상세한 논의로 들어갈 수 있기 이전에, 명백한 의구심을 해소하기 위해 먼저 간략한 고찰을 삽입해야 한다. 우리가 물리심리적(physiopsychisch)[11] 종속성과 자기심리적(idiopsychisch) 종속성을 통해 구성했다고 생각한 통일체로서 보면, 영혼의 자아와 관련해 다음과 같은 어려운 문제가 생긴다.

우리가 인간적 주체로서 인간의 신체와 하나가 되어 직접적 경험의 파악에서 부여한 것은 자신의 정신적 개체성, 지성적인 실천적 능력과 자질·성격·성향을 지닌 인간의 인격이다. 이 자아는 확실히 자신의 신체에 종속적인 것으로 그래서 그밖의 물리적 자연에 종속적인 것으로 파악되며, 마찬가지로 자기 자신의 과거에 종속적인 것으로 파악된다. 그러나 다음 사실이 주목을 끈다. 즉 인간의 신체 속에 인간이 우리에게 주어지는 파악 — 인간이 살고, 영향을 주고 받는 인격으로 주어지고, 자신의 인격적 삶의 상황에서 때에 따라 이러저러하게 행동하는 실재적 인격으로 의식되는 파악 — 은 우리가 기술한 유형을 파악하는 구성적 계기들의 단순한 복합체로서 스스로를 부여하지는 않는 그 이상의 것(ein Plus)을 포함하는 것처럼 보인다.

다음과 같이 숙고해보자. 인간의 주체, 예를 들어 나 자신인 인격은 세계 속에 살고 있고, 세계에 종속적인 나 자신을 발견한다. 나는 일정한 사물들의 주변 속에 나 자신을 발견한다. 거기에 있는 사물들은 서로 종속적이며, 나는 이 사물들에 종속적이다. 이것으로부터 우리

11) 다음의 고찰이 가리키듯이, 물리심리적 종속성은 영혼적 주체와 그 속성의 구성에 충분하지 않다. 우리는 이러한 점을 처음에(이 책 30항 초반에서) 파악했다. 오히려 '외적 상황'이라는 개념은 주체의 행동 속에 주체를 동기부여하는 객체로 확장되어야 한다.

는 나의 신체는 바로 사물의 연관 속에 있으며 사물의 일정한 물질적 변화는 일정한 방식으로 심리물리적 상관자를 갖는다는 사실을 고려한다. 이러한 사실은, 내가 언제나 그 의미에 따라 "내 손은 막대기에 맞았고, 그런 까닭에 나는 접촉과 압박, 가벼운 고통을 감각한다"고 말할 수 있는 한, 파악하게 된다. 그러나 다른 한편 그러한 심리물리적 종속성이 ─즉 파악 자체 속에 ─일정한 역할을 하는 것처럼 보이지 않아도, 내가 사물들에 의해 매우 여러 가지로 규정된 나 자신을 발견한다는 사실은 주목할 만하다. 내 주변의 사물들 가운데 여기에 있는 이 사물〔옷감〕은 내 시선을 이끌고 ─그것의 특수한 형식은 '내 눈에 띄고' ─, 나는 아름다운 색깔이나 부드러운 직물(織物)을 위해 옷감소재를 선택한다. 또한 거리의 소음이 나를 '짜증나게 만들어', '나는 창문을 닫겠다'고 결정하게 된다. 요컨대 나의 이론적·감정적·실천적 행동 ─나의 이론적 경험작용과 사유작용, 내가 좋아함·기뻐함·희망함·갈망함·욕구함·의욕함의 태도를 취함 ─속에 나는 사태를 통해 나 자신이 조건지어진 것을 느낀다. 그렇지만 이것은 명백히 심리물리적으로 조건지어진 것을 뜻하지 않는다.

나는, 나의 경우처럼, 이와 같은 관련 속에 이러한 방식으로 사태에 직접 종속적인 (하지만 결코 심리물리적으로 조건지어지지 않은) 것으로 다른 모든 사람을 파악한다. 내가 어떤 사람을 잘 안다면, 나는 그가 가령 어떻게 처신할지 전체로 상세히 안다. 이렇게 실재화하는 파악에 대해 심리물리적 관련은 ─이러한 인간-파악 속에 포함되어 있더라도 ─명백히 현실적인 본질적 역할을 하지 않는다. 자기심리적 파악도, 함께 작용을 수행하더라도, 그렇게 실재화하는 것에 대해 구성적으로 일어날 수 없다. 나는 사물 자체, 그것의 아름다운 색깔, 탁월한 형식, 쾌적하거나 위험한 속성에 종속적인 나의 작용행동 속에 나 자신을 파악한다. 나는 이러한 것 속에 나의 신체(Leib)나 나의 역사(Geschichte)에 종속적인 것으로 나 자신을 파악하지 않는다. 동일한 것이 여전히 더 주의를 끌 만큼 종속성에 적용되는데, 이 종속성 속에 사람들은 [다른] 사람들에게 종속적인 것으로 자신을 알고 있으며, 개별적 인격뿐 아니라 인격 공동체·국가·관습·법률·교회 등 사회제도에 종속적인 것으로 자신을 알고 있다.

실재적 인격성인 인간의 파악은 철저히 그러한 종속성에 따라 규정되며, 인간은 자신의 사물적 환경세계의 사물 및 그의 인격적 환경세계의 인격과 교류하는 가운데 자신을 유지하는 존재로서, 이 속에서 자신의 개체성을 견지하는 존재로서 그 본질인 인간이다. 더 나아가 인간은 법제도·관습·종교의 규범처럼 바로 객체성(Objektivität)으로서 자신에 대립된 객관적 정신의 힘에 맞서 자신을 유지한다. 이러한 관계에서 인간은 때로는 구속되고 강요된 것으로, 때로는 구속되지 않고 자유로운 것으로 자신을 발견한다. 그는 때로는 수용적으로 때로는 창조적으로 활동한다고 자각한다. 그러나 어쨌든 그는 자신의 사물적 환경세계와 정신적 환경세계에 실재적으로 관련된 것으로 자신을 발견한다. 인간이 여기에서 어떻게 행동하는지는 우연한 일이 아니다. 즉 자신을 알고 있는 사람은 자신의 행동을 예견할 수 있다. 인격으로서 그의 실재성은 바로 이러한 환경세계에 규칙화된 관련을 소유한 (인격적 속성으로서) 실재적 속성을 갖는 데 있다.

이제 한편으로 주체파악에서 모든 작용상태에 관해 물리심리적 종속성과 자기심리적 종속성이 그 어떤 방식으로 받아들여지는 것은 분명하지만, [다른 한편으로] 인격성이 자신의 인격적 속성을 드러내는 모든 특수한 인격적 연관 속에 그 종속성이 본래 어떤 역할도 하지 않는다는 것도 분명하다. 그래서 **영혼의 자아와 인격적 자아**는 그 근본토대에서 동일한 것이라는 점은 주목할 만하다. 자신의 모든 작용과 그밖의 영혼의 근본토대를 지닌 인격적 자아의 의식 전체는 바로 영혼의 자아의 의식일 뿐이기 때문이다. 심지어 그것을 동일한 자아라고 말하는 경향이 있다. 이러한 의식의 상태는 총체적으로 다른 통각 아래 있다. 어떤 경우 '환경세계'가 실제적 상황의 체계를 제공하고, 다른 경우 단순한 신체와 경과하는 의식의 연관이 제공한다.

이것은 수수께끼 같은 형세다. 자연과학으로 사유하는 데 익숙한 사람은 여기서 즉시 '객관적 진리'에서 개체성의 연관 속의 개체성이 물리적 자연 속의 신체의 연관으로 해소되었다고 말할 것이다. 자기심리적 규칙화가 속한 (이 규칙화 역시 심리물리적 규칙화로 해소될 수 없는 한) 심리적 상관자의 체계는 이 연관에 결합되어 있다. 그래서 그러기 위해 '자연과학으로'(물리학으로 또 심리학으로) 설명될 수 있는 방식에서 다음과 같은 일이 일어난다. 즉 영혼의 통일체 속에 자아주체는 구성되고, 그 결과 다른 인간과 가장 넓은 의미의 환경세계에 관한 표상을 획득하며, 그들이 이 환경세계에 직접 관련된 것으로 자신을 간주하는 표상방식을 형성한다.

그렇다면 이러한 답변이 과연 충분한지 문제일 것이다. 어쨌든 우리가 앞에서 진술한 방식으로 물리심리적이며 자기심리적인 파악의 구성요소들을 통해서만 영혼의 자아가 구성되게 허용했다면, 가령 이러한 답변에 찬성해 여기에서 결정한 것이 아니다. 오히려 충실하게 기술하면서 여기에서 두 가지 파악방식(경험에 주어진 사태로서뿐 아니라 현상학적 이념화작용 속에)을 그 본래의 투철한 분석이 더 해명해야 할 본질적으로 다른 파악방식으로서 승인해야 한다.

아래에서 먼저 우리가 영혼의 자아를 오직 그 종속성을 통해 구성된 것으로 생각하는 태도에 머문다. 이른바 영혼의 지배자(regens)로서 기능하는 인격적 자아가 이 경우 함께 존재한다는 사실, 그러나 이 자아는 자신의 모든 작용과 상태에 따라 지금 우리에게 영혼적인 것으로 해소된다는 사실을 거역할 수는 없다. 우리는 물질적 자연이

바로 실제로 현존하는 태도 속에 존재하고 머물러 있다. 이러한 태도 속에 신체는 실제로 존재하며, 그 상관자로서 중심인 생리학적 과정에 속한 심리적 자료는 신체와 더불어 심리물리학적으로 하나가 되어 실제로 존재하고, 동일한 영혼의 이전 체험이 성향을 띠고 추후에 영향을 주는 것은 이 심리적 자료와 인과적으로 얽혀 있다.

그런 다음 두 가지 태도나 파악을 서로의 관계 속에 또는 다른 세계와 학문의 구성에 대한 그 의미 속에 상세하게 연구하자. 용어상 심리학의 파악과 정신과학의(인격적) 파악이나 경험에 관한 경험을 구별하자. '심리적으로' 파악된 자아는 영혼의 자아이며, 정신과학으로 파악된 것은 인격적 자아나 정신적 개체다. 심리학적 경험은 물리적 자연과 물리적인 것 속에 기초지어진 신체적-영혼의 자연에 관한 학문인 더 넓은 의미의 자연과학적 경험에 편입된다. 이와 평행해 인간에 관한 논의도 이중 의미를 지닌다. 즉 자연(동물학과 자연과학적 인간학의 객체로서)의 의미에서 인간과, 정신적 실재로서 또 정신세계의 구성원(정신과학의 객체로서)으로서 인간이다.

제3절 신체를 통한 영혼의 실재성 구성

35. '자연으로서 인간'에 대한 구성적 고찰로 이행함

아래에서 고찰하는 주제는 자연의 실재성인 인간(또는 동물적 존재) ─자연주의적 고찰 속에 새로운 존재 증인 신체적-영혼적 증이 그 위에 구축되는 물질적 물체로서 제공되는 인간─의 구성이다. 이러한 구성적 고찰에서 이후의 연구가 인격적 자아나 정신적 자아에 속한 것으로 입증되는 많은 것을 포함해야 한다. '자연(Natur)으로서 인간'과 '정신(Geist)으로서 인간'의 최종구별은, 서로에 대한 관련의 확정과 마찬가지로, 이 두 객체성이 구성적 고찰에 떠맡겨질 때 비로소 제공될 수 있다.

그런데 구성적 분석에 출발점을 추구하면, 물질적 자연의 구성에서 명백하게 제시된 것, 즉 자신의 직관적 구성요소 전체를 지닌 물질적 자연이 동물적 주체에게 관련된다는 사실을 고려해야 한다. 따라서 자연의 객체인 '인간'의 구성에 착수할 때 완전히 구성된 물질적 사물로서 그 신체를 미리 전제할 필요가 없고, 우선 물질적 자연에 앞서 또는 이와 상관적으로 심리물리적 주체에 관해 이미 구성된 것을 추적해야 한다. 앞에서와 마찬가지로 여기에서도 독아론의 고찰로 우리가 어디까지 도달하는지를 맨 먼저 추구한다.

36. 장소화(場所化)된 감각(감각됨)의 담지자인 신체의 구성

우리는 공간사물의 객체에 관한 모든 경험에서 경험하는 주체의 지각기관인 신체가 '거기에 함께 존재한다'[12]는 사실을 살펴보았으며, 이제 이 신체성의 구성을 추적해야 한다. 그래서 우리는 신체에 의해 지각된 공간적으로 경험된 물체가 신체물체(Leibkörper) 자체인 특수한 경우를 즉시 선택할 수 있다. 왜냐하면 이것 역시, 이것을 사물적 연관 속의 다른 사물과 같은 하나의 사물로 곧바로 간주하는 것을 허용하지 않는 일정한 한계 안에서라도, 외적으로 지각되기 때문이다. 따라서 [촉각으로] 만지면서 지각될 수 있지만 보일 수는 없는 물체의 부분이 있다.[13] 그러나 우선 이러한 부분을 도외시하고, 동시에 만질 수 있고 볼 수 있는 부분에서 시작할 수 있다.

---

12) 18항 a)와 32항 초반을 참조할 것.
13) 사물로서 신체의 구성에 대해서는 41항을 참조할 것.

나는 다른 사물처럼 그 부분을 둘러보고 만질 수 있으며, 이러한 관점에서 나타남은 다른 사물의 나타남과 전적으로 동일한 연관을 맺는다. 그러나 가령 한 손에 관련된 시각의 나타남과 촉각의 나타남에는 일정한 차이가 있다. 왼손을 어루만지면서 나는 촉각의 나타남을 지닌다. 즉 감각할 뿐 아니라 지각하며, 다양하게 형성된 부드럽고 매끄러운 손에 관한 나타남을 지닌다. 사물인 '왼손'에 징표로 객관화된 지시하는 운동감각과 재현하는 촉각감각은 오른손에 속한다. 그러나 왼손을 만지면서 이 속에서 일련의 촉각감각도 발견한다. 이 촉각감각은 그 속에 '장소화되는데', 그렇다고 속성(이 물리적 사물인 손의 울퉁불퉁함과 매끄러움 같은)을 구성하는 것은 아니다. 물리적 사물인 '왼손'에 관해 말하면, 나는 이러한 감각(납으로 만든 탄환은 결코 이러한 감각을 지니지 않으며, '단순히' 물리적인 모든 사물, 즉 나의 신체가 아닌 모든 사물도 마찬가지다)에서 추상화하는 것이다. 이 감각을 그것에 포함시킨다면, 물리적 사물이 풍부해지는 것이 아니라, 물리적 사물은 그것을 감각하는 신체가 된다.

'접촉'-감각은, 바로 이 위치에서 접촉된다면, 접촉된 손의 모든 나타나는 객관적 공간위치에 속한다. 마찬가지로 접촉하는 손— 자신의 측면에서는 다시 사물로 나타나는 손—은 그것이 접촉하는 (또는 다른 것에 의해 접촉되는) 공간물체의 위치에서 자신의 접촉감각을 지닌다. 이와 똑같이 손이 생소한 물체로부터 접촉되거나 생소한 물체를 접촉하면서 조여지고, 압박받고, 밀쳐지며, 찔리면, 그 접촉감각·찌름감각·고통감각 등을 지닌다. 이것이 다른 신체부분을 통해 일어난다면, 우리는 두 신체부분에서 그와 같은 이중의 감각을 지닌다. 왜냐하면 그 각각은 바로 접촉하며 영향을 미치는 다른 외부사물에 대한 것이며, 동시에 신체이기 때문이다. 따라서 영향을 미치는 모든 감각은 자신의 **장소화**를 지닌다. 즉 이 감각은 나타나는 신체성의 위치를 통해 구별되며, 현상적으로 이 신체성에 속한다.

그러므로 신체는 근원적으로 이중의 방식으로 구성된다. 즉 한편으로 신체는 물리적 사물, 물질이며, 자신의 실재적 속성·채색·매끄러움·단단함·따뜻함과 이와 같은 더 이상의 물질적 속성이 포함되는 자신의 연장을 지닌다. 다른 한편으로 나는 신체를 발견하고, 신체 '에서' 또 신체 '속에'——손등에서 따뜻함을, 발에서 차가움을, 손끝에서 접촉감각을——감각한다. 나는 계속 신체부위의 표면으로 확장해 옷의 압력과 모양새를 감각한다. 손을 움직이면서 나는 운동감각을 갖는다. 그래서 감각은 변화하는 방식으로 손의 표면을 넘어서 확장되지만, 감각복합체에는 동시에 손의 공간 안에 자신이 장소화되는 존립요소가 있다. 예를 들어 내 손은 책상 위에 놓여 있다. 나는 책상을 단단한 것, 차가운 것, 매끄러운 것으로 경험한다. 손을 책상 위로 움직이면서 나는 책상과 그 사물의 규정을 경험한다. 그러나 동시에 나는 항상 손에 주의를 기울일 수 있고, 촉각의 감각, 매끄러움의 감각, 차가움의 감각 등을 손에서——진행하는 운동에 평행하는 경험된 운동인 손 안에서 운동감각 등을——발견한다. 어떤 사물을 들어올리면서 나는 그 무게를 경험하지만, 신체 속에 그것이 장소화되는 무게감각을 동시에 느낀다. 그래서 다른 물질적 사물들과 함께 물리적으로 관련(때림·누름·밀침 등)되는 나의 신체는 일반적으로 신체와 사물에 관련된 물리적 사건의 경험뿐 아니라, 감각됨(Empfindnisse)*이라는 특수한 종류의 신체사건도 제공한다. 이와 같

---

* 후설은 지향적 체험대상의 성질로 파악된 감성적 감각(sinnliche Empfindung) 또는 사물들이 신체와 관련된 물리적 사건인 1차적 감각과, 신체에 장소가 정해진 감각(lokalisierte Empfindung), 즉 특수한 종류의 신체적 사건인 감각됨(Empfindnisse)을 구별한다. 그런데 'Empfindnisse'를 수동형인 '감각됨'으로 표기하면 다소 어색하지만, 'Empfindung'과 구별하기 위해 이렇게 옮긴다.

은 사건에는 '단순한' 물질적 사물이 없다.

장소화된 감각은 물리적 사물로서의 신체의 속성이 아니라, 다른 한편으로 신체인 사물의 속성이며, 게다가 영향의 속성이다. 이 감각은 신체가 접촉되고 눌리며 찔릴 때 등장하며, 신체가 그렇게 되는 그곳에 또 신체가 그렇게 되는 그 시점에 등장한다. 왜냐하면 그 감각은 일정한 상황에서만 접촉이 일어난 다음에도 여전히 오래 지속하기 때문이다. 여기에서 접촉은 물리적 사건을 뜻하는데, 생명이 없는 두 사물은 서로 접촉되지만, 신체의 접촉은 신체에서(an) 또는 신체 속에(in) 감각을 조건짓는다.

다음과 같은 점에 주목해야 한다. 즉 촉각적 사물인 서진(書鎭)을 여기에서 지각하기 위해 나는 가령 손으로 만져본다. 그러면 유리의 매끄러운 표면과 예리한 모서리를 촉각으로 경험한다. 그렇지만 손 또는 손가락에 주의를 기울이면, 손가락은 손이 멀리 떨어졌을 때에도 여전히 여운이 있는 접촉감각을 지닌다. 마찬가지로 손가락과 손은 운동감각의 감각을 지닌다. 바로 이 감각은 사물인 서진에 대해 지시하거나 표상하면서 기능하고, 손에 서진의 접촉영향으로 기능하며, 손 안에서 산출된 감각됨으로 기능한다. 책상 위에 놓여 있는 손의 경우 누름의 이러한 감각은 어떤 때는 책상표면(본래 그 책상의 작은 부분)의 지각으로 파악되고, 다른 때는 '주의를 기울이는 다른 방향'의 경우 다른 어떤 파악 층(層)의 현실화, 즉 손가락이 누르는 감각 속에 생긴다. 사물표면의 차가움과 손가락 속의 차가움의 감각도 사정은 마찬가지다. 손으로 다른 손을 접촉하는 경우 단지 복잡할 뿐 동일한 것을 지니며, 그래서 두 가지 감각을 지니며, 그 각각은 이중으로 파악되거나 경험될 수 있다.

촉각의 책상지각(이 지각파악)에는 신체지각에 속한 접촉감각을 지닌 신체지각이 필연적으로 결합된다. 이러한 연관은 두 가지 가능한 파악 사이의 필연성연관, 즉 어쨌든 이것에 상관적으로 속한 두 가지로 구성된 사물성의 연관이다. 태어날 때부터 눈이 먼 사람이 세계표상을 지닐 가능성은 모든 것이 시각 외적인 영역 속에 일어날 수 있다는 사실, 여기에서 통각이 이러한 상관관계(Korrelation)가 구성될 수 있는 방식으로 배열되어 있다는 사실을 경험적으로 입증한다.

37. 시각영역과 촉각영역의 차이

시각영역과 촉각영역에는 현저한 차이가 있다. 촉각영역에는 촉각으로 구성되는 외부 객체와, 마찬가지로 촉각으로 구성되는 두 번째 객체인 신체—예를 들면 만져보는 손가락—를 지니며, 어떤 손가락을 만져보는 다른 손가락도 지닌다. 그러므로 여기에 그 이중의 파악이 있다. 즉 '외부' 객체의 징표로서 파악된 것과 신체-객체의 감각으로서 파악된 동일한 촉각감각이다. 또한 신체의 어떤 부분이 동시에 다른 부분에 대한 외적 객체가 되는 경우 이중의 감각(그 각각은 자신의 감각을 지닌다)과 물리적 객체로서 신체의 어느 한 부분 또는 다른 부분의 징표인 이중의 파악을 지닌다.

그러나 순수하게 시각으로 구성되는 객체의 경우 이와 비슷한 것을 지니지 않는다. 때때로 "눈이 어떤 객체를 둘러보면서 마치 그것을 더 듬어본다"고 말한다. 그러나 우리는 즉시 그 차이를 알아차린다. 눈은 시각으로 나타나지 않으며, 시각으로 나타나는 눈에서 동일한 색깔—보인 외부 사물을 파악하는 가운데 대상에 분배되고 징표로서 대상에 객관화되는 색깔—이 장소화된(게다가 자신의 시각적 나타남의 다른 부분에 상응해 시각으로 장소화된) 감각으로 나타나는 것이 아니다. 마찬가지로 우리는 눈이 눈을 계속 따라가 이중 감각의 현상이 일어날 수 있는 방식으로 확장된 어떤 눈도 지니지 않는다. 보인 사물을 이것을 연속으로 '접촉하면서' 보고 있는 눈을 넘어서는 것 — 우리가 실제로 만지는 기관, 예를 들어 손바닥으로 대상을 더듬고 대상으로 손바닥을 더듬을 수 있듯이 — 으로서 볼 수도 없다. 나는 내가 나 자신을 만지듯이 나 자신, 나의 신체를 보지 않는다. '보인 신체'라는 것은, 만져진 신체인 나의 신체가 '만져진 만지는 것' (getastetes Tastendes)이듯이, '보인 보는 것'(gesehebes Sehendes)이 아니다.[14] 어떤 객체 — 보는 객체, 즉 빛의 감각이 그 객체 속에 존재하는 것으로서 직관되는 객체 — 의 시각적 나타남이 [여기에는] 없다. 따라서 실제로 만지는 손에 의해 포착되는 촉각감각과 유사한 것이 없다. 그래서 신체와 외부 사물의 상관적 구성의 경우 시각감각의 역할은 촉각감각의 역할과 다르다. 여기에서는 "열린 눈이 없다면 어떤 시각의 나타남도 없다." 어쨌든 결국 기관인 눈과 더불어 시각의 감각이 신체에 부속된다면, 그것은 본래 장소화된 감각에 의해 간접적으로 일어난다.

요컨대 눈 역시 장소화의 장(場)이지만, 오직 접촉감각에 대해서만 그렇고, 주체에 의해 '자유롭게 움직일 수 있는' 모든 기관처럼 근육감각에 대한 장소화의 장이다. 눈은 손에 대해 하나의 촉각객체이며, 단순히 만져진 [그렇지만] 보이지 않은 객체에 근원적으로 속한다. 여기에서 '근원적으로'는 어떠한 시간적-인과적인 것도 뜻하지 않는다. 중요한 문제는 직접 직관적으로 구성되는 객체들의 근본그룹이다. 눈은 만질 수 있고, 그 자체로 촉각감각과 운동감각을 제공한

---

14) 물론 사람들은 "나는 거울 속에서 나의 눈을 본다"고 말하지 않을 것이다. 왜냐하면 나는 보는 자(Sehendes)로서 보는 것인 나의 눈을 지각하지 않기 때문이다. 나는 내가 '그것이, 내가 다른 사람의 눈을 보는 것과 마찬가지로, (이를테면 만짐[촉각함]을 통해 구성되는) 사물인 나의 눈과 일치한다'고 '감정이입'을 통해 간접적으로 판단하는 것을 본다.

다. 그렇기 때문에 눈은 신체에 속한 것으로서 필연적으로 통각된다. 이 모든 것은 단적인 경험직관이라는 관점에서 언급된 것이다. 보인 사물색깔과 우리가 '그것에 의해' 보는 보고 있는 눈 ─ 열린 눈이 보인 사물을 '겨냥', 시각의 나타남을 가짐(Haben) 속에 놓여 있는 이 눈의 방향을 소급해 지시함 ─ 의 관련, 그런 다음 이것에서 생기는 색깔감각과 눈의 관계는 장소화된 '감각됨'의 방식으로 이 감각이 '주어져 가짐[있음]'(Gegebenhaben)을 혼동하면 안 된다.

듣는(Hören) 경우도 사정은 마찬가지다. 귀는 '듣는 데 함께' 있지만, 감각된 음(音)은 귓속에 장소화되지 않는다(나는 지금까지 '귀에 윙윙 소리가 나고' 유사하게 귓속에 주관적으로 있는 소리耳鳴의 경우조차 고려하지 않았다. 이 소리는, 바이올린 음향이 외부의 공간 속에 놓여 있듯이, 귓속에 놓여 있지만, 그렇기 때문에 감각함의 본래 성격과 이 감각함에 본래의 장소화를 아직 갖지 않는다[15]). 이러한 관점에서 다른 감각의 감각그룹을 철저히 탐구하는 것은 중요한 과제일 것이다. 그래서 이러한 과제는 한편으로 물질적 사물성에 관한, 다른 한편으로 신체에 관한 ─ 이러한 일반적 구별로 만족하자 ─ 철저하게 수행된 현상학적 구성론에도 중요할 것이다. 이러한 사실을 확인하려면 감각됨의 장소화가 실제로 모든 물질적 사물규정의 연장과 원리상 다른 것이라는 점을 완전히 명백하게 밝혀야 한다. 감각됨은 실로 공간 속에 확장되며, 자신의 방식으로 공간표면을 뒤덮고, 그 표면을 관통한다 등등. 그러나 이 확장과 확산은 곧 연장실체를 특성짓는 모든 규정의 의미에서 연장과 본질적으로 다른 것이다. 손바닥을 넘어 또 손바닥 속으로 유포되는 감각함은 예를 들어 손의 울퉁불퉁함과 그 색깔 등과 같은 실재적 사물성질(항상 직관과 그것이 주어지는 테두리에서

---

15) 부록 3을 참조할 것.

말하면)이 아니다. 색깔의 실재적 사물속성은 감성적 도식과 음영의 다양체를 통해 구성된다. 따라서 감각함에 대해 동일한 것을 언급하는 것은 전혀 의미가 없다.

　내가 손을 돌려 이 손에 다가서거나 멀어진다면, 예를 들어 그 손의 변화되지 않은 색깔이 언제나 나에게 다르게 주어지고, 이 색깔은 바로 제시되며, 맨 처음 구성된 색깔(감성적 도식의 색깔)은 손의 실재적인 광학적 속성을 드러낸다. 울퉁불퉁함도 제시되고, 끊임없이 서로의 속으로 이행하며 확장이 그 각각에 속한 다양한 촉각감각 속에 촉각으로 제시된다. 그렇지만 부단히 변화하면서 만지는 손바닥에 놓여 있는 감각인 촉각의 감각됨은, 이것이 손바닥에 확장되어 거기에 놓여 있듯이, 음영과 도식화를 통해 주어진 것이 결코 아니다. 이것은 감성적 도식에 속할 수 있는 것이 전혀 아니다. 촉각의 감각됨은 물질적 사물인 손의 상태가 아니라, 바로 손 자체다. 이것은 우리에 대해 물질적 사물 그 이상이며, 손이 나에게 존재하는 방식은 '신체의 주체'인 내가 "물질적 사물의 사태인 것은 물질적 사물의 사태이지, 나의 사태가 아니다"라는 사실을 수반한다. 따라서 모든 감각됨(Empfindnisse)은 내 영혼에 속하고, 모든 연장된 것은 물질적 사물에 속한다. 이 손바닥에서(auf) 나는 접촉감각 등을 감각한다. 그리고 바로 이 사실에 의해 손바닥은 나의 신체로서 직접 드러난다. 여기에 다음과 같이 덧붙일 수도 있다. 즉 내가 지각된 어떤 사물이 존재하지 않는다고 확신한다면, 나는 착각에 빠지고, 그래서 사물과 함께 그 연장 속에 연장된 모든 것은 말소된다. 그러나 감각됨은 사라지지 않는다. 오직 실재적인 것만 존재에서 사라질 뿐이다.

　촉각감각이 장소화되는 우선권은 시각적-촉각적 파악의 복합체 속의 차이와 연관된다. 우리가 보는 모든 사물은 만질 수 있는 것이며, 이와 같은 것으로서 신체와의 직접적 관련을 지시하지만, 그것을 볼 수 있음에 의해서는 아니다. 단순히 눈만 지닌 주체는 나타나는 어떠한 신체도 지닐 수 없을 것이다. 이 주체는 운동감각의 동기부여(이것을 그 주체는 신체적으로 파악할 수 없을 것이다)의 활동 속에 그 사물이 나타날 것이며, 실재적 사물을 볼 것이다. 보는 자[주체]만 자신의 신체를 본다고 말하지 않을 것이다. 왜냐하면 신체로서의 특수한 특징이 그에게 없을 것이며, 심지어 운동감각이 경과하는 자유와 제휴해가는 이 '신체'의 자유로운 운동도 그를 신체로 만들지는 못할 것이기 때문이다. 이 경우 그것은 마치 운동감각적인 것 속에 이러한 자유와 일치된 자아가 물질적 사물인 신체를 직접 자유롭게 움직일 수 있다는 것처럼만 그렇게 될 것이다.

신체는 이렇게 촉각성에서만, 또 따뜻함·차가움·고통 등과 같이 촉각감각에 의해 장소화된 모든 것에서만, 근원적으로 구성될 수 있다. 더구나 여기에는 운동감각이 중요한 역할을 한다. 가령 나는 내 손이 어떻게 움직이는지를 보고, 손이 어떤 것을 더듬으면서 움직이지 않아도 운동감각을 어쨌든 긴장감각·촉각감각과 일치해 감각하며, 움직여지는 손에서 이 운동감각을 장소화한다. 이것은 모든 신체마디에 대해 마찬가지다. 이 경우 내가 어떤 것을 만진다면, 촉각감각은 동시에 만지는 손바닥에서 장소화를 획득한다. 근본적으로 운동감각이 자신의 장소화를 획득하는 것은 최초로 장소화된 감각과 부단히 얽혀 있음에 의존할 뿐이다. 그러나 여기에는 온도감각과 촉각감각 사이처럼 정확하게 단계지어진 어떤 평행성도 지배하지 않기 때문에, 운동감각의 감각은 나타나는 연장을 통해 단계지어 확장되지 않고, 단지 거의 규정되지 않은 장소화만 경험할 뿐이다. 그런 까닭에 이것은 여전히 무의미하지 않으며, 신체와 자유롭게 움직이는 사물 사이의 통일성을 더 밀접하게 만든다.

물론 신체도 다른 모든 사물처럼 보이지만, 감각을 더듬어 집어넣어야만, 고통감각 등을 집어넣어야만, 요컨대 감각을 감각으로서 장소화함으로써 비로소 신체가 된다. 그렇다면 시각적 신체도 장소화에 참여한다. 왜냐하면 시각적 신체는─그밖에도 시각과 촉각으로 구성된 사물(또는 환영)이 합치되듯이─촉각적 신체와 합치되고, 그래서 일정한 상황 아래 일정한 감각(만짐·누름·따뜻함·차가움·고통 등의 감각)을 게다가 자신 속에 최초로 또 본래 장소화된 것으로 '갖고' 가질 수 있는 감각하는 사물[신체]의 이념이 생기기 때문이다. 그렇다면 이것은, 신체 속에 어떤 최초의 장소화도 갖지 않지만, 시각과 청각까지 포함한 모든 감각(그리고 나타남) 일반의 현존재에 대한 예비조건이다.

38. 의지기관이며 자유로운 운동의 담지자인 신체

장소화의 장(場)인 신체의 특징은 모든 물질적 사물에 대립한 신체의 계속된 특징에 대한 전제다. 특히 이미 신체(즉 자신의 장소화된 감각 층을 지닌 사물)로 간주된 신체는 의지기관(Willensorgan)이며, 나의 순수 자아의 의지에 대해 직접 자발적으로 움직일 수 있고 다른 사물─예를 들어 내가 직접 자발적으로 움직인 손이 밀치고, 붙잡고, 들어올리는 등의 사물─의 간접적인 자발적 운동을 산출하기 위한 수단인 유일한 객체라는 사실에 대한 전제다. 단순한 물질적 사물은 기계적으로만 움직일 수 있으며, 오직 간접적으로만 자발적으로 움직일 수 있고, 신체만 직접 자발적으로('자유롭게') 움직이며, 게다가 신체에 속한 자유로운 자아와 그의 의지를 통해서만 그러하다. 이 자유로운 작용에 따라─앞에서 살펴보았듯이─다양한 지각의 계열 속에 이 자아에 대해 객체세계, 공간물체의 사물(사물인 신체도 포함해)의 세계가 구성될 수 있다.

물질적 자연에 대립된 구성원으로 구성된 주체(Subjekt)는 (지금껏 살펴보았듯이) 어떤 신체(Leib)가 자신의 감각이 장소화되는 장으로서 속한 자아(Ich)다. 왜냐하면 자아는 이 신체 또는 신체가 분절된 기관을 자유롭게 움직일 수 있고, 이것에 의해 외부 세계를 지각할 수 있는 '능력'('나는 할 수 있다')이기 때문이다.

39. 더 높은 객체성의 구성에 대한 신체의 의미

그밖에 신체는 다른 모든 '의식의 기능'에 관여하며, 자신의 상이한 원천을 지닌 채 그렇게 한다. 감각사물, 나타나는 공간객체의 구성에 대해 구성적 기능을 하는 감성적 감각뿐 아니라, 완전히 다른 그룹의 감각 ─ 그래서 '감성적' 느낌, 쾌락과 고통의 감각, 신체 전체를 관통하는 아주 쾌적함, '물체적으로 언짢은' 일반적 불쾌함 등 ─도 직접적 직관 속에 주어진 장소화와 이 속에 근거한 신체의 관련성을 지닌다. 따라서 여기에는 가치를 평가하는 작용에 대해, 느낌의 영역의 지향적 체험에 대해, 그 지향적 상관자로서 가치를 평가하는 구성에 대해, 공간사물적 객체의 구성에 대해, 경험영역의 지향적 체험에 대해 1차 감각과 비슷한 역할을 소재(Stoff)로서 수행하는 감각그룹도 있다. 더 나아가 여기에는 분석해 논의하기 어려운 많은 종류의 감각 ─ 열망과 의지의 삶의 소재적 토대를 형성하는 감각, 힘찬 긴장과 이완의 감각, 내적 억압·마비·해방의 감각 ─ 이 있다.

이 모든 감각그룹은 감각됨으로서 직접 신체적 장소화를 지니며, 따라서 모든 인간에 대해 직접 직관적으로 자신의 신체 자체인 ─ 장소화된 감각의 이 전체 층(層)을 통해 단지 물질적 사물인 신체와 구별되는 주관적 대상성인 ─ 신체에 속한다. 어쨌든 지향적 기능은 이 층과 결합되고, 소재는 ─ 이미 앞에서 언급했듯이 1차 감각이 파악을 경험하고 지각 속에 들어오며 그런 다음 지각판단이 그 위에 구축되는 등과 같이 ─ 정신적으로 형성된다.

그러므로 이러한 방식으로 인간의 의식 전체는 자신의 질료적 토대를 통해 자신의 신체와 일정한 방식으로 결합되어 있지만, 물론 지향적 체험 자체는 더 이상 직접 또 본래 장소화되어 있지 않다. 이 체험은 신체에서 어떤 층도 더 형성하지 않는다. 형태를 만지는 파악함인 지각은 촉각감각이 그 속에 장소화되는 만지는 손 안에 있지 않으며, 사유작용은 긴장이 감각되는 것과 같이 실제로 머릿속에 직관적으로 장소화되지 않는다. 우리가 종종 마치 그러한 것처럼 논의하는 사실은 그것을 실제로 직관하면서 그렇게 파악한다는 증거가 결코 아니다. 함께 얽혀 있는 감각내용은 실제로 직관적으로 주어진 장소화를 지니지만, 지향성은 그렇지 않으며, 비유적으로만 신체와 관련된 것으로, 신체 속에 존재하는 것으로 부를 뿐이다.

40. 감각됨의 장소화와 신체의 비-사물적 속성

그런데 모든 소재적인 것이 신체적으로 장소화되고 또는 장소화를 통해 신체적으로 관련되고 이것을 통해 고유한 객관성인 신체에 대해 구성적이라면, 이 구성을 어떻게 이해할 수 있는지 또 구성에서 통일체를 산출하는 것은 무엇인지 심문해야 한다. 아무튼 물리적 신체는 구성된 통일체이며, 감각됨의 층은 오직 이 통일체에 속한다. 그런데 감각내용은 어떻게 구성된 것에 결합되는가? 이와 동시에 물질적 사물인 신체는 어떻게 감각내용을 자신 속에 그리고 자신에서 갖는가? 어쨌든 감각내용인 음의 질(質)과 감각내용인 강도(强度)가 하나의 본질통일체를 갖는 방식도 아니며, 감각내용인 색깔이 확장의 계기(이것은 공간적 확장이 아니며, 이에 관한 논의는 감각내용의 경우 전혀 의미가 없다)와 통일되는 방식도 아니다. 여기에서 한편으로는 감각내용이 아니라 구성된 실재적 통일체를 가지며, 본래 다른 한편으로는 단순한 감각내용을 갖는가? 이에 관해 숙고해보자.

어떤 대상이 기계적으로 접촉하면서 내 피부표면 위로 스쳐간다면, 나는 일정하게 질서지어진 연속된 감각됨을 자명하게 갖는다. 그 대상이 언제나 동일한 방식으로 동일한 압력에 따라 동일한 신체부위를 동일한 속도로 접촉하며 스쳐간다면, 그 결과는 자명하게 언제나 동일한 것이다. 이 모든 것은 '자명하며', 그것은 파악 속에 놓여 있다. 바로 이러한 상황 아래 신체물체(Leibeskörper)는 일반적으로 자극할 수 있는 것이 아니라, 일정한 방식으로 일정한 상황 아래 자극할 수 있는 방식으로, 즉 모든 자극의 영향이 자신의 체계를 갖고, 그것에 나타나는 사물물체(Dingkörper)의 체계에 장소의 차이가 상응하는 방식으로 행동한다. 그러나 이때 그 각각의 장소에는 자극의 영향의 본성에 종속적인 가능한 차이의 계속된 일정한 차원이 있다. 연장 속의 장소성(Örtlichkeit)에는 감각 속의 장소-계기가 상응하며, 자극강도와 자극본성에는 감각을 구체적으로 또 대략 알려진 방식에 따라 변양시킬 수 있는 일정한 계기가 상응한다.

그러므로 감각에는 나타나는 연장과 '합치되는' 일정한 질서가 있다. 그렇지만 이것은 자극영향이 생소한 것 그리고 바로 영향을 받은 것으로서가 아니라, 나타나는 신체물체와 연장적 질서에 속하는 것, 즉 합치하는 질서 속에 질서지어진 것으로 나타나는 방식으로 처음부터 파악 속에 함축되어 있다. 각각의 신체감각 속에 단순한 감각이 포착되는 것이 아니라, 단순한 감각은 연장적 질서에 정확하게 상응하는 가능한 기능적 결과—물질적 실재가 가능한 물질적 영향과 일관되게 평행하면서 반드시 경험하는 결과—의 체계에 속하는 것으로 파악된다. 이때 문제가 되는 감각 장이 항상 완전하게 충족되는 사실과, 모든 새로운 자극이 최초로 감각을 불러일으키는 것이 아니라 감각 장 속에 이에 상응하는 감각을 변경시킨다는 사실도 주목해야 한다. 따라서 장(Feld)은 여러 가지로 변경될 수 있는 것으로 또한 변경될 수 있는 본성에서 연장에 종속적인 것으로 파악된다. 장(場)은 장소화되며, 장 속에 모든 새로운 변경을 특수한 자극의 상황에 결과로 얻는다. 사물이 장의 장소화를 통해 획득한 새로운 층은 장의 영속성을 고려해 일종의 실재적 속성의 성격을 얻는다.

신체는 항상 감각상태를 취하며, 신체가 갖는 특수한 감각상태는 신체가 감각하는 실재적 상황에 속한 체계에 종속한다. 이러저러한 신체부위에서 '찌름'의 실재적 상황 아래 (상태의 장으로서) 감각 장 속에 상태의 감각인 '찌름의 감각'이 일어난다. 왜냐하면 뜨거운 방안으로 들어간다는 실재적 상황 아래 완전히 장소화된 장 속에 온도상승 등의 의미에서 열기감각의 그 전체 층에서 일정하게 변경되기 때문이다. 따라서 신체의 감각성에 예민함은 철저하게 '조건적' 속성 또는 심리물리적 속성으로 구성된다. 이것은, 신체가 '외적으로' 지각되듯이, 신체의 통각 속에 들어온다. 신체성 자체의 파악에는 사물파악뿐 아니라 감각 장의 함께-파악함(Mit-auffassung)도 속하며, 게다가 이것은 장소화의 방식으로 나타나는 신체물체에 속한 것으로 주어진다. '속한다'는, 현상학적으로는, 따라서 현상적인 '만약 ~ 하면, ~하다'(Wenn-So)의 관계를 표현한다. 예를 들면 내 손이 접촉되고 찔린다면, 나는 그것을 감각한다. 이 경우 손은 물리적 물체로서 또 이것에 결합된 외부 물리적 결과로서 현존하는 것이 아니라, 자신의 감각 장을 지닌, 외적 영향 때문에 변경되는 언제나 함께 파악된 감각상태를 지닌 손으로서——즉 **물리적-감각론적 통일체로서**—— 처음부터 통각으로 특성지어진다.

따라서 나는 물리적 층과 감각론의 층을 추상적으로 구별할 수 있지만, 오직 추상적으로만 구별할 수 있을 뿐이다. 즉 구체적 지각 속에 신체는 새로운 종류의 파악통일체로서 현존한다. 신체는 실재성의 형식적-일반적 개념에 하나의 사물─변화하는 외적 상황에 대립해 자신의 동일한 속성을 유지하는 사물─로 편입되는 고유한 객관성으로서 구성된다. 그러나 이 경우 외부 자연의 편에 있는 종속성의 관련은 물질적 사물 가운데 있는 종속성의 관련과 다른 것이다.(그밖에 다른 모든 것처럼 물질적 사물로서 신체가 더 좁은─인과적으로 규칙화된─의미에서 실재성의 연관에 편입된다는 사실은 이미 언급되었으며, 앞으로 더 상세하게 논의될 것이다.)

실재적인 것의 직관에는 일반적으로 여전히 규정되지는 않았지만(특수한 본성에 따라서만 규정되었더라도) 수행된 파악의 존립요소에 속한 더 이상의 실재적 종속성이 그 직관의 파악 속에 미해결로 남아 있다. 따라서 실재적인 것은 예전 것을 새롭게 파악하고 확장하는 가운데 이것에 종속적인 것으로서 새로운 상황에 관련지을 수 있다. 이 종속적인 것에 따라 동일한 실재적 대상의 실재적 속성이 구성된다. 그렇다면 확장된 파악의 의미는 경험의 진행이 확증하고 더 상세하게 규정해야 할 본성을 지정한다. 그래서 더 상세하게 규정함으로써 파악 자체는 필연적으로 더 완전한 형태를 갖추게 된다.

이렇게 신체도 자신의 본래 장소화된 1차적 감각 층에 관해 종속적인 것으로 파악될 뿐 아니라, 신체에 간접적으로 부속되지만 본래 장소화되지 않은 감각 장과 감각그룹에, 그래서 가령 시각 장에 관해서도 종속적인 것으로 파악된다. 어떻게 시각적 감각 장이 충족되는지, 이 속에 어떤 동기부여가 등장할 수 있는지, 따라서 시각적 시선의 장 속에 주체에 의해 무엇이 경험될 수 있으며 어떤 나타남의 방식으로 그것이 제시되어야 하는지─이 모든 것은 일정한 신체의 성질, 특별히 눈의 성격, 더구나 특히 중추신경계와 눈의 신체적 연관에, 아주 특별히 이 체계 자체에, 다른 한편으로 이에 속한 외부 자극에 종속한다. 그러므로 이 경우 이미 다른 장소에서 구성된 신체로서 명백하게 관여된 신체의 새로운 실재적 속성이 구성된다.

그래서 자극에 민감함 일반은 사물의 본래 연장적 속성(이와 함께 물질적 속성)과는 원천이 전혀 다르며, 사실상 전혀 다른 차원에 속하는 부류의 실재적 속성에 대한 일반적 명칭이 된다. 왜냐하면 이러한 층을 통해 실재적인 것으로 입증된 이 새로운 그룹의 실재적 속성이 실재적 상황과 관련됨으로써 실재적인 것 속에 구성되는 한, 물질적 신체는 영혼과 얽혀 있기 때문이다. 신체의 장소화된 층으로 파악될 수 있는 것, 그밖에 신체(완전한 의미에서 이 층을 이미 포함하는 신체)와 '감각기관'에 종속적인 것으로 파악될 수 있는 것 — 이 모든 것은 의식의 소재라는 명칭 아래 의식의 토대를 형성하며, 영혼과 영혼의 자아로서 이 의식과 하나가 되는 자신의 실재화를 파악한다. 따라서 이 자아 또는 영혼이 신체를 '갖는다'는 것은 단순히 자신의 물질적 과정을 통해 '의식의 사건'에 대한 실재적 예비조건을 부여할 것이라는 물리적-물질적 사물성이 존재한다는 사실을 뜻하지 않고, 또는 그 반대로도, 자신의 과정 속에 의식의 사건에 대한 종속성이 '의식의 흐름' 안에서 일어난다는 사실을 뜻하지 않는다.

인과성은, 그 정확한 의미를 유지해야 한다면, 실재성에 속하고, 의식의 사건은 영혼의 상태나 영혼의 자아의 상태로서만 실재성을 지닌다. 영혼과 영혼의 자아는 신체를 '지니며', 단순히 물질적 사물이 아니라 신체인 일정한 자연의 물질적 사물이 존재한다. 따라서 감각과 느낌충동에 대한 장소화의 장으로서, 감각기관의 복합체로서, 모든 사물적 지각(앞에서 언급한 것에 따라 여기에서 계속 문제가 될 수 있는 것)의 현상적 동료 구성원과 대응 구성원으로서 물질적 사물은 실재적으로 영혼과 자아가 주어지는 근본요소를 형성한다.

41. 다른 물질적 사물과 대비되는 물질적 사물인 신체의 구성[16]

물질적 세계와 상관적으로 신체적-영혼의 능력(감각능력, 자유로운 운동이나 통각 등의 능력)을 지닌 주체가 어떻게 구성되는지, 무엇에 의해 신체가 동시에 신체로 또 물질적 사물로 등장하는지를 살펴보았다. 그러나 이 경우 신체가 특별한 종류의 사물로 등장해 신체를 자연의 다른 모든 것과 같이 구성원으로 즉시 편입시킬 수 없는 제한을 설정했다. 이제 이러한 점을 더 상세히 논의하자.

a) 방향이 정해지는 중심인 신체

신체와 사물이 어떻게 제시되는지 그 본성과 방식을 고찰하면, 다음과 같은 사정을 발견하게 된다. 즉 모든 자아는 자신의 사물적 지각영역을 지니며, 필연적으로 사물을 일정한 방향이 정해지는 가운데 지각한다. 사물은 나타나며, 다양한 측면에서 그렇게 나타나는데, 이 나타남의 방식에는 '여기'(Hier)와 그 근본방향의 관련이 폐기할 수 없게 포함되어 있다. 모든 공간적 존재는 가깝거나 멀리, 위나 아래, 오른쪽이나 왼쪽으로 나타나는 방식으로 필연적으로 나타난다. 이러한 사실은 나타나는 물체성의 모든 지점에 대해 타당하다. 그 지점은 실로 서로의 관계 속에 이 가까움·위·아래 등에 관한 자신의 차이를 지니며, 그래서 이러한 것으로서 차원과 같이 단계지어진 독특한 나타남의 성질이다. 아무튼 신체는 자신의 자아에 대해 이 모든 방향이 정해지는 영점(零點)을 자신 속에 지닌다는 독특한 특징이 있다. 그 공간지점 가운데 하나는, 실제로 보인 것은 아니더라도, 항상 궁극적 중심의 '여기'라는 양상 속에, 즉 자신 이외에 어떠한 '여

---

16) 36항 초반을 참조할 것.

기'도 갖지 않는——이것과 관련해 그것은 '거기'(Dort)일 것이다——
'여기' 속에 특성지어진다.

그러므로 환경세계의 모든 사물은, 방향이 정해지는 모든 표현이 당연히 이러한 관련을 수반하듯이, 신체로 자신의 방향이 정해진다. '떨어져 있음'은 나로부터, 나의 신체로부터 떨어져 있는 것이며, '오른쪽'은 나의 오른쪽 신체측면을, 가령 오른손을 소급해 지시한다. 자유롭게 움직일 수 있는 그 능력 때문에 주체는 자신의 나타남의 체계와 함께 방향이 정해짐을 흐름 속에 이끌어올 수 있다. 이 변경은 주변 사물의 변경, 특히 그 사물의 운동을 뜻하지 않는다. 주체의 신체는 공간 속에 '자신의 위치를 변화시킨다'. 왜냐하면 그것이 나타나는 주변의 사물은 이 신체에 따라 그 곁에 항상 방향이 정해지며, 모든 사물의 나타남은 형식에 따라 자신의 확고한 체계를 유지하기 때문이다. 즉 직관형식, 음영의 법칙성 그리고 중심에서 방향이 정해지는 질서형식은 필연적으로 유지되어 있다. 그렇지만 그 반면 주체는 언제나 각각의 '지금' 속에, 중심 속에, '여기' 속에 있으며, 이로부터 주체는 모든 사물을 보고, 세계 속을 들여다보며, [다른 한편] 자아 또는 그 신체의 공간위치인 객관적 장소는 변화한다.

그럼에도 우리는 아직 그와 같은 '객관적 장소'를 자아에 편입시킬 수 있을 정도로까지 연구를 진척시키지 못했다. 그래서 잠정적으로 다음과 같이 말해야 한다. 즉 나는 나에 대립해 모든 사물을 지니며, 이것들은——한 가지 유일한 것, 즉 항상 '여기'에 있는 신체는 예외로 하고——모두 '거기'에 있다.

b) 신체가 다양하게 나타나는 특유성

신체의 다른 특유성은 위에서 기술한 특징과 연관된다. 나는 다른 모든 사물에 대립해 이 사물에 대한 나의 위치를 임의로 변화시킬 수 있는 자유와, 그래서 동시에 그 사물이 나에게 주어지는 다양한 나타남을 임의로 변경할 수 있는 자유를 갖는 반면, 나 자신을 나의 신체로부터 또는 나의 신체를 나 자신에서 멀리 떨어뜨릴 가능성은 없다. 또한 이에 상응해 신체가 다양하게 나타남은 일정한 방식으로 제한된다. 즉 어떤 물체의 부분을 나는 독특한 원근법의 축소형에서만 볼 수 있으며, 다른 부분(예를 들어 머리)은 내가 도대체 볼 수 없다. 나에게 모든 지각의 수단으로 이바지하는 동일한 신체는 자기 자신을 지각하는 경우 나에게 방해가 되며, 현저하게 불완전하게 구성된 하나의 사물이다.

c) 인과적 연관의 구성원인 신체

그럼에도 신체를 실재적 사물로 파악한다면, 신체를 물질적 자연의 인과적 연관 속에 편입된 것으로 발견하기 때문이다. 우리는 자아의 의지를 통해 '자발적으로' 또는 '자유롭게' 움직이는 것(신체)으로 신체의 특유성에 관해 논의했다. 이 자유로운 운동감각의 경과 이외에 '실행된 것'(Getanes) 대신 '실행한 것'(Angetanes)으로, 즉 자발성이 전혀 관여하지 않은 수동적 경과로 특성지어진 다른 경과가 등장한다. 이 경우 신체운동의 기계적 경과를 경험함과 동시에 감수함—어떤 고통이나 불쾌함이라는 의미가 아니라, 단순히 '내 손은 움직여지고, 내 발은 찔리고 밀쳐진다' 등의 의미로 이해된 감수함—의 '영혼의' 성격 속에 이러한 경과가 주어진다. 이와 비슷하게 나는 자발성의 경우에서도 어떤 사물 일반과 같이 물질적 사물로서 신체의 기계적 운동을 경험하며, 동시에 이것이 '나는 내 손을 움직인다' 등의 의미에서 자발적 운동으로 특성지어진 것을 발견한다.

그러므로 내 신체의 운동은 외부 사물의 운동과 동일하게 기계적 경과로 파악되며, 신체 자체는 다른 것에 영향을 미치고 다른 것이 이것에 영향을 미치는 하나의 사물로 파악된다. 앞에서 언급된 사물과 신체 사이의 조건적 관련의 모든 경우도 파악이 변경되게 허용하는데, 이 변경에 따라 관련된 경과는 단순히 물리적 경과로 나타난다. 어떤 무거운 물체가 내 손에(경우에 따라 어떤 손이 다른 손에) 쥐어진다면, 나는 등장하는 압박감각이나 고통감각을 도외시한 채 '어떤 물체가 다른 물체를 압박한다', 경우에 따라 '충격을 통해 다른 물체를 변형시킨다'는 물리적 현상을 지닌다. 내가 식칼로 내 손을 벤다면, 그 물리적 물체는 일정한 쐐기형태를 몰아넣음으로써 갈라지고, 이 속에 포함된 액체[피]가 분출한다. 이와 마찬가지로 물리적 사물인 '나의 신체'는 따뜻하거나 차가운 물체와 접촉함으로써 따뜻해지거나 차가워지며, 전기의 흐름 속에 끼어들어감으로써 감전될 수 있고, 변화하는 조명을 받아 서로 다른 색깔을 띠며, [신체를] 두들김으로써 신체에서 소음을 이끌어낼 수 있다.

그러나 마지막 두 가지는 앞의 경우와 구별된다. 앞의 경우 나는 내가 어떤 물리적 경과와 그 '심리적' 결과(또는 그 반대로)로 추상적으로 분해할 수 있는 심리물리적 과정을 거쳤다. 그렇지만 '내 손의 빨간 조명'이라는 물리적 경과 다음, 내 손이 따뜻해진 다음 온도감각이 수반되는 것과 동일한 방식으로, 빨간색-감각이 수반되지 않으며, 색깔감각이 결합된 물리적 과정 — 빨간빛의 발산이 내 눈에 부딪치는 것 — 은 나에게 전혀 주어지지 않는다. 신체 속에 있는 인과적 경과와 조건적 경과 사이의 '전환점'이 여기에는 없다.

42. 독아론으로 구성된 신체의 특성묘사

이제 독아론적 주체에 신체가 어떻게 구성되는지 간단히 요약해 특성지으려 하면, 다음과 같은 사실을 발견하게 된다.

① '내부'로부터 — '내적 태도'에서 — 보면, 신체는 자유롭게 움직이는 기관(또는 그와 같은 기관의 체계)으로 나타나며, 이것에 의해 주체는 외부 세계를 경험한다. 더구나 신체는 감각의 담지자로 나타나며, 감각이 그밖의 영혼 삶 전체와 함께 관계하는 얽혀 있음 때문에 영혼과 함께 구체적 통일체를 형성하는 것으로 나타난다.

② 외부로부터 — '외적 태도'에서 — 고찰하면, 신체는 독특한 종류의 실재성으로서 현존한다. 즉 신체는 어떤 때는 나타남의 특별한 방식의 물질적 사물 — 그밖의 물질적 세계와 '주관적' 영역(위의 ①에서 언급된 것과 더불어 주체) 사이에 '삽입된' 사물 — 로, 그 주변에 그밖의 공간세계가 그룹지어지는 중심으로, 실재적 외부 세계와의 인과적 관련 속에 현존하며, 다른 때는 동시에 인과적 관련이 외부 세계와 신체적-영혼의 주체 사이의 조건적 관련으로 변형되는 '전환점'으로서 현존한다. 이 '전환점'에 의해 신체는 이 주체와 그 특수한 신체적 속성, 또 이것과 결합된 영혼의 속성에 속하는 것으로서 나타난다. 외적 태도 속에 구성된 것과 내적 태도 속에 구성된 것은 서로 함께 현존한다. 즉 함께 현전한다(kompräsent).

그러나 우리는 독아론의 경험에서 다른 모든 것처럼 하나의 공간 사물인 우리 자신이 주어짐(사실적 경험에서 아무튼 명백하게 제시된 주어짐)에 도달하지 못했고, '자연주의 태도'의 상관자로 알았던 자연의 객체인 '인간'(동물적 존재) — 특수한 동물성(Animalität)의 더 높은 층이 그 위에 구축되고, 이 층이 일정한 방식으로 그것에 삽입되고 '투영되는' 물질적 사물 — 에 도달하지 못했다. 이것에 도달하기 위해 다른 길을 밟아야 한다. 즉 자신의 주체를 넘어서 외부 세계에서 마주치는 동물적인 것(Animalien)으로 전환해야 한다.

제4절 감정이입에서 영혼의 실재성 구성

43. 생소한 동물적인 것의 주어짐

근원적 구성의 영역인 경험에는, 공간과 시간 속에 다양하게 나타나는 많은 사물이 근원적으로 주어져 있으며, 분리되어 주어진 것의 결합체가 아니라 두 가지 층이 그 자체 속에 구별될 수 있는 통일체인 이중의 통일체로서—인간('이성적' 생명체)을 포함해—동물들(zōa)*도 근원적으로 주어져 있다. 따라서 인간[에 대한]-통각과 함께 그 자체에서 상호관련, 즉 인간과 인간 사이의 의사소통 가능성도 주어진다. 그렇다면 모든 인간과 동물에 대한 자연의 동일성도 주어진다. 게다가 더 단순하거나 더 복잡한 사회적 결합, 교우관계, 결혼, 단체도 주어진다. 왜냐하면 이것들은 인간들 사이(가장 낮은 단계에서는 이미 동물들 사이)에서 건립된 결합이기 때문이다.

앞에서 묘사한 통일적 '인간-통각' 속에 포함된 것을 설명하면, 가장 낮은 단계에서 물질적 신체물체를 지닌다. 이것은 다른 모든 것처럼 하나의 물질적 사물로서 공간 속에 자신의 위치를 지니고, 임의로 변경할 수 있는 다양한 나타남 속에, 끊임없이 변화하는 방향이 정해지는 가운데 나에게 주어진다. 즉 그것은 근원적으로 지각된다.

44. 근원적 현존과 간접적 현존

어떤 주체가 지각된 대상을 근원적 현존(Präsenz) 속에 지닌 체험을 근원적 지각이라 부른다면, 이것은 대상이 '실제로' '원본적인 것

---

* 원전에는 'ἐῴα'로 되어 있으나, 'ἐ'은 'ζ'의 오식으로 추정된다.

속에' 거기에 있고 단순히 '함께 현존하지' 않는다는 것을 뜻한다. 따라서 근원적 현존(Urpräsenz)과 간접적 현존(Appräsenz)* 사이에 근본적 차이가 있다. 후자는 근원적 현존을 소급해 지시한다. 그런데 어떤 대상의 근원적 현존은 그것의 모든 내적 또는 속성적 규정의 근원적 현존을 뜻하지 않는다는 점에 주의해야 한다. 그 가운데 약간은 모든 물리적 사물의 경우처럼 근원적 현존을 만족시킨다. 그렇다면 연속되는 근원적 지각 속에 대상을 이에 속한 모든 속성에 따라 근원적 현존으로 이끌어올 가능성이 자아에 존재한다. 이때 대상 자체는 이 지각의 연속체에서 끊임없이 근원적 현존 속에 의식된다.

이 경우 지각의 대상(따라서 개체적 대상, 시간적 현재와 시간적 지속을 갖는 대상)은 다음과 같이 나뉜다.

① 단지 어떤 주체에 근원적으로 현존할 수 있는 것이 아니라, 그 대상이 누구에게 근원적으로 현존한다면, 이념적으로 다른 모든 주체(그러한 대상이 구성되는 즉시)에 동일하게 근원적으로 현존하는 것으로 주어질 수 있는 대상. 의사소통하는 모든 주체에 대해 공통적인 근원적 현존의 영역을 형성할 수 있는 방식으로 근원적 현존하는 대상의 총체성은 **최초의 또 근원적 의미에서 자연**이다. 그것은 공간-시간적-물질적 자연, 즉 모두에 대한 하나의 공간, 하나의 시간, 하나

---

* '근원적 현존'은 원본적 지각이 생생한 '지금' 존재하는 것으로 정립하는, 시간화(Zeitigung)의 양상으로 직접 제시된 현재화(Gegenwärtigung)다. 반면 '간접적 현존'은 근원적 현존과 함께 통각과 연상을 통해 예측적으로 주어진 것으로, 기억이나 상상의 경우처럼 현존하지 않는 것을 시간의 지향적 지평구조에 따라 다시 함께-현재에 있게 재현된 현전화(Vergegenwärtigung)다(『시간의식』, 17·35쪽을 참조할 것). 그런데 후설은 감정이입을 "간접적 현존함 또는 유비적 통각"(『성찰』, 138쪽)이라 한다. 그것은 타인의 신체는 직접 제시되지만 그의 심리적 측면은 간접 제시되기 때문이며, 이것들을 짝짓기(Paarung)로 통일함으로써 타자는 구성된다.

의 사물세계다. 요컨대 모두에 대해 근원적으로 현존하는 것으로 주어질 수 있는 하나의 자연이다.

② 객관적인 것(Objektives)에 대립한 주관적인 것(Subjektives)이다. 즉 개체적인 것-유일한 것, 시간적인 것, 오직 어떤 주체마다 근원적으로 현존하는 것으로서 주어질 수 있는 근원적으로 현존하는 것에서 총체적 구성요소다. 여기에는 자신의 모든 작용, 상태, 인식내용의 상관자, 게다가 신체성과 속성 또는 내적 태도 속에 그 주체에 구성되는 능력을 지닌 모든 주체 자체가 속한다.

45. 간접적 현존하는 내면을 지닌 근원적 현존하는 신체물체인 동물적인 것

그러나 이제 근원적 의미에서 경험할 수 있는 것, 근원적으로 현존할 수 있는 존재는 모든 존재가 아니며, 경험할 수 있는 모든 존재도 아니라는 점에 주의해야 한다. 많은 주체에 대해 근원적 현존 속에 주어질 수 없는 실재성은 실로 주관성을 포함하는 **동물적인 것**이다. 이것은 그것 자체가 근원적 현존 속에 주어질 수 없는데도 근원적 현존을 전제하는 방식으로 근원적으로 주어지는 독특한 객관성이다. 외부 세계의 구성원인 인간은, 물체적 신체와 영혼의 통일체로서 파악되는 한, 원본적으로 주어진다. 즉 나는 외적으로 나에게 대립해 있는 신체를 다른 사물처럼 근원적 현존 속에 경험하며, 영혼적인 것의 내면을 간접적 현존을 통해 경험한다.

따라서 나는 나의 물리적 환경세계에서 신체, 즉 독아론의 경험 속에 구성된 물질적 사물인 '나의 신체'의 〔동일한〕 유형에 관한 물질적 사물을 만나게 되며, 이것을 신체로 파악한다. 예컨대 나는 그것에 각기 어떤 자아주체 ―이것에 속한 모든 것과 경우에 따라 요구된 특별한 내용을 지닌 자아주체 ─ 를 감정이입한다. 그래서 무엇보다 내가 서로 다른 감각 장(촉각 장, 따뜻함·차가움·냄새·맛·고통·감각적 쾌락 장)과 감각분야(운동감각)에서 수행한 '장소화'는 타인의 신체로 넘겨지고, 마찬가지로 정신적 활동을 내가 간접적으로 장소화하는 것도 타인의 신체로 넘겨진다.

그렇다면 경험된 장소화에 비례해 물리적인 것과 심리적인 것이 계속 조정(調整)되며, 정당하게 조정된다. 왜냐하면 장소화된 것의 물리적 토대에 대한 ─ 장소화를 수반하는 ─ 종속성은 유사한 종속성이 일어나는 곳에서도 일정하게 조정하게끔 유발하기 때문이다. 그 예로 뇌 속, 전두엽(前頭葉) 속에 심리적 과정의 장소화를 들 수 있다. 물론 이것은 일정한 본래의 통각인 경험된 장소화가 아니다. 내 손, 내 신체의 부위는 나타나는 것이며, 감각자료를 지닌 실재적 결합체가 나타난다. 그렇지만 나의 뇌엽(腦葉)은 나에게 나타나지 않는다. 손과 손〔의〕-촉각 장에서 기능적 조정은 내가 손에서 접촉(물리적 경과로서)을 경험할 때마다 나의 촉각 장 속에 '접촉감각'이 등장하는 것으로 일어나며, 타인의 손으로 접촉하는 경우 접촉감각이 간접적 현존의 방식으로 함께 거기에 존재하는 것으로 일어난다. 그러나 나의 전두엽은 일정한 촉각 장의 담지자가 아니며, 나에 대해 나타나는 것이 아니다. 나는 타인의 뇌에서 그에 속한 심리적 과정을 직접 간접적 현존 속에 '관찰할' 수 없다.

어쨌든 물리적 객체인 신체는 심리적 '결과'가 결합된 ─ 내가 이것의 더 상세한 연관을 알지 못한 채 ─ 물리적 영향에 지배된다. 그래서 결국 나는 뇌 속까지, 뇌의 구조와 이 속에서 일어나는 물리적 과정까지 도달한다. 이 물리적 과정은 심리적 과정에 대응하는, 즉 기능적 변화, 종속성을 내포하는 대응관계를 맺는다. 만약 뇌의 어떤 과정이 변경된다면, 관련된 체험그룹, 심리적 사건의 그룹도 변경되며, 아마 그 반대도 마찬가지일 것이다. 손의 경우 나는 우선 접촉이 이에 속한 촉각 장의 변경을 조건짓는다는 사실만 발견한다. 그렇지만 나는 계속 손의 일정한 구조, 감각신경, 결국 촉각의 미립자와 물리적 과정을 그 속에서 발견한다. 그래서 자연적으로 촉각 장은 특히 이 말초신경에 '속한다.' 그런데 나는 이 말초신경에서 이 사실을 '관찰할' 수 없고, 말초신경을 이끌어내 표본화해도 만져볼 수 없을 것이다. 따라서 이것은 근원적으로 나타나는 경험적 조정이며, 그런 다음 이론으로 정교하게 다듬어진 경험적 조정이다.

간접적 현존(Appräsentation)의 체계는 더 자세하게 연구해야 한다. 그것은 이 체계가 한편으로 독아론적 주체의 경우 결합된 구성원과 구성원계열이 자신의 **공동현존**(Kompäsenz) 속에 함께 거기에 존재할 뿐 아니라 서로 잇달아 지시하는 방식으로 규칙에 적합한 공존(Koexistenz)이 근원적으로 결합되는 가운데 자신의 근원적 본보기를 지니며, 다른 한편으로 아무튼 이미 감정이입을 통해 구성된 다른 사람들의 지속하는 경험에 따라 비로소 정리된 표시의 체계로서 생기기 때문이다. 독아론적 주체의 경우 우리는 나타나는 신체표면과의 공동현존 속에 부각된 촉각 장, 이 장과 일치해 온도의 장을 지닌다. 또한 두 번째로 공동의 감정(또한 정신적 감정), 게다가 신체적 내면의 규정되지 않은 장소화는 촉각 장의 장소화를 통해 중재된다. 예를 들어 나는 '내 심장을 감각하고', '심장부에서' 신체표면을 누르는 경우 예컨대 나는 이 '심장의 느낌'에 마주치며, 이 느낌은 더 강해지거나 웬만큼 변양될 수 있다. 왜냐하면 이것은 그 자체로 촉각표면에 속하는 것이 아니라, 이것과 연관되기 때문이다. 마찬가지로 내가 대체로 내 신체표면을 접촉할 뿐 아니라 더 세게 신체표면을 압박하고 살을 밀어넣고, 그래서 만지는 손가락으로 내 뼈나 속살부위를 '충분히 느끼면'(다른 물체의 경우 내가 그 내부를 충분히 느끼는 것과 비슷하게), 충분히 느껴진 관련된 신체부위에 분배된 특별한 새로운 감각은 이제 일반적 압박감각과 촉각감각에 결합된다.

더구나 보인 대상의 '상'(像)-국면과 그래서 방향이 정해진 주변의 상은 독아론으로 각기 내 눈의 위치에 속한다. 그렇지만 어떤 대상을 만지는 경우에도—다른 측면에서 손가락 속에 촉각감각 등이 있고, 당연히 나의 만지는 손과 그 촉각운동에 관한 어떤 상(Bild)이 시각적으로 있듯이—대상의 촉각-국면은 각기 내 손과 손가락의 위치에 속한다. 이 모든 것은 나 자신에 대해 공동현존 속에 함께 속해 주어져 감정이입으로 넘어간다. 즉 내가 보고 있는 다른 사람의 만지는 손, 이 손의 독아론적 조망, 그런 다음 현전화된 공동현존 속에 그것에 속해야만 할 모든 것은 나에게 간접적 현존한다.

아무튼 이미 언급한 것 외에도 영혼의 작용에 내부는 타인의 나타남에 속한다. 이 경우 여기에서 출발점도 전이(轉移)된 공동현존이다. 즉 영혼 삶은 나의 신체에 속하듯이, 보인 신체에 속한다. 그렇지만 타인의 영혼 삶을 이해할 출발점이 주어진다면, 그 자체로 규정되지 않은 채 다르게 간접적 현존된 표시들이 협력한다. 왜냐하면 이해된 것은 영혼의 존재이며, 응시자(Zuschauer)에게 신체적 운동이 공동현존 속에 함께—더구나 규칙에 적합하게—주어진 것이고, 이제 그것의 측면에서는 흔히 새로운 부호—즉 이전에 지시되거나 추측된 영혼의 체험의 부호, 더구나 이 체험이 달리 지시되지 않았던 경우에서 그 체험의 부호—가 되기 때문이다. 그래서 부호체계가 점차 형성되며, 결국 실제로 이것은 수동적이든 능동적이든 영혼의 사건에 '표현'인 이 부호체계와—실제로 표명된 것인 언어 자체는 함께 이 부호체계에 속한다는 사실은 제외하고—사상의 표현에 대한 언어의 부호체계 사이의 유비다.

그래서 우리는 곧바로 영혼 삶의 '표현'을 체계적으로 연구하고 이른바 이 표현의 문법을 명백하게 제시하는 일에 착수할 수 있다(이러한 일은 이미 시도되었다). 왜냐하면 여기에서 이 다양한 표현은 신체성 속에 영혼의 현존재를 간접적으로 현존하게 해서, 이 모든 것과 함께 바로 이중의 통일적 대상——즉 '투영'(Introjektion)이 없는 인간——이 구성되기 때문이다.

46. '자아-인간'이라는 실재성의 구성에 대한 감정이입의 의미

따라서 '다른 인간'이라는 명칭 아래 일정한 신체, 감각 장(場)과 이른바 영혼 장 또는 작용들의 주체와 일치된 이 신체를 지닌다. 물론 이 '속해 있음'은 나 자신에 대해서도 존재한다. 이 함께 '속해 있음'의 부분은 내 경우 나에게 원본적으로 주어졌다(오직 내 경우에만 주어질 수 있었다). 이때 그밖의 것은 경험적 확장, 경험〔에 근거한〕사유(Erfahrungsdenken)* 속에 전이된 것이다. 그렇지만 나의 심리적인 것, 나의 자아, 나의 작용들, 또한 자신의 감각자료를 지닌 나의 나타남 등 이 모든 것을 진지하게 나의 신체 속에 투입하는 것, 즉 '투영하는 것'은 이제 '자신을 경험하는' 태도 속에 결코 내 머리에 떠오를 수 없을 것이다. 또한 내가 독아론의 자기경험 속에 지각에 적합하게 주어진 내 신체와 더불어 나의 모든 주관적인 것을 하나의 실재성으로서——즉 나의 신체가 주관적인 것과 매우 다양한 통일체를 지니더라도 지각의 형식으로——발견한다는 것은 전혀 다른 문제다. 완결된 통일체인 인간이 구성되고 내가 이 구성을 계속 나 자신에게 전이하는 것은 비로소 감정이입에 따라 또 경험〔에 대한〕고찰을——타

---

* 전통적으로 '경험'과 '사유'는 상충되지만, 후설이 이들을 결합해 사용하는 것은 다양하고 생생한 경험 속에서 그 의미와 본질을 파악하려는 시도로, '경험논리'(erfahrungslogisch) 또는 '속견논리'(doxologisch)라는 용어와 같은 뜻이다.

인의 신체와 더불어 간접적으로 현존하고 끊임없이 신체와 함께 객관적으로 총괄된 ── 영혼 삶에 끊임없이 향함으로써 이루어진다.

다른 사람의 경험에 관해서는, 모든 인간은 자신의 신체에 따라 공간적 연관 속에, 사물들 가운데 놓여 있고, 모든 신체 자체에는 자신에 일정하게 감정이입된 자신의 총체적 영혼 삶이 속한다. 그래서 신체가 움직이고 언제나 새로운 장소에 있다면, 예컨대 그 영혼도 함께 움직인다. 즉 영혼은 실로 신체와 함께 언제나 하나〔일체〕다.

그것은 예컨대 이렇게 움직인다. "어떤 것이 움직이는 것과 결합되어 있다면, 그것은 움직이는 것의 운동에 따라 함께 움직이고, 마찬가지로 이 두 가지로 형성된 전체도 움직인다."[17] 어쨌든 이것은 결합이 물리적 전체의 결합일 경우에만 타당하다. 그러나 영혼은 어디에도 없으며, 신체와 영혼의 결합은 기능적 연관을 통해서만 정초될 뿐이다. 즉 신체는 주체의 '기관'이며, 모든 나타남은 감각들이 신체성과 맺는 연관을 통해 신체성에 관련된다. 인간이 '어디엔가 존재한다'는 것은 분명히 자신의 충분한 의미를 지니지만, '규칙적으로 정돈되었고 그래서 장소가 정해졌다'와 '그 자체로 공간 속에 존재한다'는 다른 것이다. 나와 다른 사람의 교류관계를 수립하기 위해, 다른 사람에게 무엇을 전달하기 위해 신체적 관련, 즉 물리적 경과를 통한 신체적 연결이 수립되어야 한다. 나는 다른 사람에게 다가가 말해야 한다. 따라서 공간은 중요한 역할을 하고, 시간도 마찬가지다. 그러나 이것은 항상 그 의미와 기능에 따라 이해되어야 한다.

의식의 정당한 '자연화'는 신체와 영혼이 고유한 경험의 통일체를 형성하고 영혼적인 것은 이 통일체에 의해 시간과 공간 속에 자신의 위치를 획득한다는 사실에 있다. 타인의 주체들은 이렇게 장소화

---

17) 아리스토텔레스, 『영혼에 관해』(*De anima*) 제1권, 3.

되고(lokalisiert) 시간화되어(temporalisiert) 우리에 대해 서 있다. 보인 신체와 더불어 간접적으로 현존되는 것의 영역에는 외부 세계가 그 주체에게 주어지는 나타남의 체계도 속한다. 우리가 타인의 주체를 우리 자신과 유사한 것으로 감정이입하면서 포착하기 때문에, 그의 장소는 우리에게 '여기'(Hier)로 주어지고, 이에 반해 다른 모든 것은 '거기'(Dort)에 있다. 그러나 자아에 대립해 새로운 어떤 것도 생기지 않는 이 유비화(類比化)에 따라 우리는 동시에 '거기'로서 또 '여기-신체-현상'(Hier-Leib-Phänomen)으로 동일하게 확인된 것으로서 타인의 신체를 갖는다. 그렇다면 나는 공간 속에 객관적 운동을 가지며, 타인의 신체는 어떤 다른 물체처럼 움직이고, 이와 일치해 인간은 '자신'을 자신의 영혼 삶과 함께 움직인다.

그러므로 나는 하나의 객관적 실재성을 두 가지 측면—즉 객관적 공간 속에 편입된 인간과 객관적 세계 속에 편입된 인간—의 결합으로 지닌다. 이 실재성에 의해 나의 자아와 나의 환경세계와 유사한 것을 정립하고, 따라서 자신의 '주관성'을 지닌 두 번째 자아와 그 감각자료, 변화하는 나타남 그리고 이 속에 나타나는 사물을 정립한다. 다른 사람에 의해 정립된 사물도 나의 것이다. 즉 감정이입 속에 나는 다른 사람의 정립에 참가하고, 가령 나는 내가 나에게 대립해 나타남의 방식 α 속에 갖는 사물과 다른 사람에 의해 나타남의 방식 β 속에 정립된 사물을 동일하게 확인한다. 여기에는 장소를 변화시켜 교환할 가능성이 있고, 각각의 인간은—모든 사람이 동일한 감성을 가졌다면—동일한 공간위치에서 동일한 사물에 관한 '동일한' 나타남을 지니며, 그런 까닭에 어떤 사물을 '흘끗 바라봄'도 객관화된다. 왜냐하면 모든 사람은 동일한 공간위치에서 동일한 조명 아래 동일한 흘끗 바라봄, 예를 들어 풍경을 흘끗 바라봄을 갖기 때문이다. 그러나 다른 사람이 동시에 나와 함께 (그에게 기인하는 원본적 체험

내용 속에) 이 나타남을 결코 나처럼 가질 수는 없다. 나의 나타남은 나에게 속하며, 그의 나타남은 그에게 속한다. 오직 간접적으로 현존하는 방식으로만 나는 그의 나타남과 ─ 그가 관련되고 그의 신체와 함께 주어진 ─ 그의 '여기'를 가질 수 있다.

이 '여기'에서 이제 나는 내 신체도 자연객체로 고찰할 수 있다. 즉 이 '여기'에서 나의 신체는, 타인의 신체가 나의 '여기'에서 객관적 공간의 어떤 지점['거기']에 있듯이, '거기'에 있다. 나는 나의 신체를 ─ 나뿐 아니라 모든 사람에서도 동일한 것인 ─ 다른 어떤 사물처럼 고찰하고, 자기 자신과 일치해 어떤 인간을 발견하는 그 어떤 다른 사람이 나의 신체에 부여한 방식으로 나의 신체를 표상한다. 왜냐하면 나는 다른 사람, 즉 임의의 다른 모든 사람의 관점에서 나 자신을 세우며, 모든 사람이 다른 모든 사람을 자연의 존재인 인간으로 발견하고, 그래서 나 자신을 외적 직관의 관점에서 인간과 동일하게 확인해야 한다는 사실을 인식하기 때문이다. 그러므로 객체인 인간은 초월적인 외적 객체, 외적 직관의 객체이며, 게다가 두 가지 층으로 이루어진 경험이다. 즉 외적인 근원적 현존하는 지각과 얽혀 간접적으로 현존하는(또는 외적인 것 속에 투영하는) 감정이입, 더구나 영혼 삶과 영혼 존재 전체를 일종의 나타남의 통일체 ─ 예컨대 다양한 나타남의 동일자(Identisches)와 이 속에 장소화된, 성향의 형식으로 통일된 상태성 ─ 로 실재화하는 통각 속의 감정이입이다.

47. 감정이입과 자연의 구성

앞에서 살펴보았듯이, 감정이입은 이제 실로 물리적 신체가 자연과학적 객체이기 때문에 사물과 인간의 상호주관적 객관성의 구성으로 이끈다.* 자연과학적 객체는 '수학적' 성질 ─ 이것의 기초화

(Substruktion)에는 인과적 분석과 이에 근거한 사고가 필요하다——
의 X다. 보인 것, 실제로 경험된 인과성과 함께 실제로 경험된 사물
은 직관적 성질에 따라 주관적으로 조건지어진 것으로 입증되었다.
그래서 지금 자연과학적 객체인 인간은 독특한 구조를 지닌다. 물리
적 신체는 '단순한 주관적' 나타남(이것을 근원적으로 '사물'이라 부
른다)을 소급해 지시하는 수학적('이론적') 기초화다. 왜냐하면 더
높은 층은 기초화된 수학적 공간물체 속에 장소화된 주관성, 자신의
의식체험과 자신의 지향적으로 추정된 것——여기에는 이 주체에 의
해 경험된 것이 근원적 경험의 객체가 포함된다——을 지닌 영혼이기
때문이다. 내가 경험하는 객체는, 내가 이것을 경험하듯이, 나에게
속한 '나타남'으로서 또한 일종의 '나타남' 속에 존재하는 것으로서
이제 인간인 나에게 삽입된다.

경험을 탐구하는 자인 내가 어떤 사물을 객관적으로 실제적인 것
으로 정립하면, 이것에 의해 나는 각각의 정립된 주체에서도 존재하
는 나타남의 통일체, 즉 타당성의 통일체를 정립하게 된다. 이 통일
체는 지각작용의 체험과 이 '나타남'에 지향적으로 관련된 가능한
지각작용의 체험의 규칙들에 대한 지표다. 이 모든 '현상적' 사물은
오직 관련된 인간의 지각체험의 인식대상의 상관자로만 존재한다.
이것은 단순히 '주관적'이며, '단순히 주관적인 진리'(단순히 주관적
으로 '존재하는')를 갖는다.** 자연파악에서 물리적 자연은 절대적으

---

* '감정이입'은 상호주관적 세계(상호주관성)를 정립하는 중요한 실마리이다. 또
한 '상호주관성'의 문제는 후설에서 선험적 현상학이 절대적 또는 독아론적 관
념론으로 해석되기 때문에 후기에 비로소 등장한 것이 아니라, 순수 자아(선험
적 주관성)를 밝히는 가운데 동시에 제기된 것이다.
** '단순히 주관적'이라는 표현은 『위기』에서 다양한 양상의 생활세계(Lebens-
welt)를 분석하면서 토대(Boden)의 측면에서 '단순히 주관에 상대적 직관인 속
견(Doxa)의 세계'로 규정한 것을 곧바로 연상시킨다. 그러나 이 유사성은 단지

로 정립되고, 감각론적인 것도 절대적으로 정립되며, 모든 체험도 마찬가지다. 더구나 관련된 주체가 경험하는 사물과 수학적 세계 속에 자신의 참된 상관자를 갖는 사물은 나타남의 통일체로 정립된다. 이것은 단순한 인식대상이 된 것(Noemata)으로 정립되는 것이 아니라 상대적으로 현존하는 것으로 정립되며, 이것에 관련된 진리는 자신의 상대적인 주관적 진리를 갖는다. 이것은 상대적으로 존재한다. 즉 주체(예컨대 인간)가 존재하고, 실제로 이에 상응하는 종류의 신체를 지니며, '그 자체로 존재하는' 사물 자체(물리학적 사물)와 그에 속한 관련 속에 그에 속한 영혼 삶을 갖는 경우에만 존재한다.

이와 같은 주관적 세계는 '자연' ——이것은 그 세계에 상응하는 진리 그 자체다——속의 인간-개체만큼 많이 존재한다. 자연의 구성에서 제시된 층(層)은 어떻게 이러한 파악이 평가될 수 있는지를 가르쳐준다. 가장 밑바닥에는 이전에 기술한 방식으로 직관적인 물질적 세계와 이와 상관적으로 경험하는 주체가 구성된다. 이 주체는 신체와 영혼을 지녔지만, 아직 실재적 통일체인 '인간', 즉 아직 자연객체는 아니다. 그런 다음 자신과 유사한 것으로서 또 동시에 자연의 객체로서 통각되는 타인의 주체가 구성되고, 상호주관적으로 공통이며 객관적으로(정밀하게) 규정할 수 있는 것인 자연과 이 '객관적 자연'의 구성원인 자신의 주체가 구성된다.

따라서 개별적 인간과 관련해 경험하는 사물의 상대성은 의심할 여지없이 확실하며, 자연과학의 형식으로 감정이입에 따라 수행된 상호주관적 세계의 정립이 다음과 같은 가능성을 허용한다는 사실도 의심할 여지없이 확실하다. 즉 규정의 내용은 개별적 주체에 종속

언어형식에 그치는 것이 아니라 그 내용과 의미상 동일한 것이기 때문에, 우리는 '생활세계'에 관한 1910년대 초반의 원형을 추적해볼 수 있다.

적이지 않은 방식으로, 또는 그 내용은 오직 각각의 주체가 그 나타남이 자신에게 주어진 것으로부터 자연과학의 방법적 처리절차를 통해 이끌어내 획득할 수 있고 자연과학으로 탐구하는 모든 주체에 대해 똑같이 동일한 의미를 갖는 규정으로만 이루어지는 방식으로 상호주관적으로 정립된 것을 '이론으로' 규정할 가능성이다. 그래서 이 규정은 각각의 주체가 그 규정을 이것이 자신의 주체에 종속함 속에 자신의 나타남으로 소급해 관련지을 수 있다.

그러므로 다음과 같이 말하는 것은 의심할 여지없이 정당하다. 즉 자신의 감성적-직관적 경험속성과 경험에 대한 종속성을 지닌 경험된 사물은 단지 상대적으로만 존재하며, 이것은 그 존재의 구성요소에서 서로에 대해 종속적이고, 경험하는 자의 신체와 그 영혼에 함께 종속적이다. 또한 이 모든 것에는 모든 주관적으로 현존하는 것(나타남의 통일체)에 속한 상호주관적인 것(Intersubjektives)으로서, 이 속에서 더 높은 의미로 '나타나는 것'으로서 규정될 수 있는 '객관적' 자연이 기록되어 있다. 즉 이것은 그와 같은 것으로 또 이러한 의미에 적합하게 그 주체에 관련된 나타남의 통일체의 상호주관적 규칙화의 지표로 간주될 수 있다.

그러나 이러한 파악 전체는 결코 어떤 '지표'로 변화될 수 없는 것을 전제한다. 즉 자신의 체험, 추정된 것, 이성의 작용 등을 지닌 **절대적 주체**, 이 주체에 대해 동물적인 것뿐 아니라 물리적인 것인 자연 전체가 구성되는 주체를 전제한다. 자연은 주체에 의해 정립되었고 정립될 수 있으며, 게다가 이성의 작용 속에 정립될 수 있는 나타남의 통일체다. 그렇지만 절대적으로 전제된 이 주체는 자연으로서, 인간으로서 주체는 아니다. 이것 자체는 상호주관적 객체성이다. 신체는 물리적 자연 전체와의 상관관계 속에 주체의 신체가 나타남을 법칙적으로 규칙화하는 지표로서 동일한 X다. 왜냐하면 영혼은 이 객관적으로 규정된 X와 결합되어 있고, 이것과 함께 실체적-실재적 통일체 속에 객관적으로 규정할 수 있기 때문이다. 즉 이것은 '물리적 신체'인 자연객체에 종속적이며 공간과 시간 속의 실재성으로서 이 물리적 신체에 객관적으로 실재적으로 결합된 통일체다.

따라서 자연과 자연고찰에 분석을 보충해야 한다는 사실, 그것이 전제를 내포하며 그래서 자신을 넘어서 존재(Sein)와 탐구(Forschung)의 새로운 분야—즉 더 이상 자연이 아닌 주관성의 장(場)—로 나아가야 한다는 사실*을 입증한다.

---

* 그래서 후설은 『논리연구』 제1권에서 심리학주의를 비판한 다음, 제2권에서 모든 체험과 인식의 전제인 의식의 지향성을 철저하게 분석했다. 궁극적 근원으로 부단히 되돌아가 묻는 이러한 선험적 태도는 『엄밀한 학문』의 자연주의에 대한 비판부터 『위기』의 물리학적 객관주의에 대한 비판에 이르기까지 그의 현상학에서 조금도 변함없이 일관된 입장이었다.

제3장 정신적 세계의 구성

48. 도입[1]

다음의 연구는 형이상학의 구별과 학문이론의 구별이 서로 관련 된 그룹을 해명할 것이며, 이 모든 것은 **영혼**과 **정신** 사이를 구별하기 어려운 데——따라서 이것은 구별의 그룹 전체 가운데 기본적 구별이 다——총체적으로 그 원천이 있다. 자연과 정신세계, 자연과학과 정신 과학, 한편으로 자연과학적 영혼론과 다른 한편으로 사회학(공동체 론)과 함께 인격론(자아설Ichlehre · 자아론Egologie)의 대립은 명백히 이 구별에 종속한다. 우리의 세계관 전체는 근본상 본질적으로 이러 한 구별을 해명함에 따라 규정된다.

현상학 안에는 거대한 탐구영역이 이 구별에 상응한다. 이미 수십 년 이래 정신과학을 단순히 기술하는 자연과학으로 자명하게 여기 는 자연과학적 동시대인의 자연주의적 해석에 맞선 반발이 우세하 다. 우선 첫째로 딜타이(W. Dilthey)*는 이러한 점에서 불후의 공적을

---

1) 이 도입의 다른 초안은 부록 4 초반을 참조할 것.
* 딜타이(1833~1911)는 자연과학의 인과적 '설명'(Erklären)에 대립된 정신과학 의 원리와 범주를 정립하고, 구체적 삶의 구조와 작용연관 속에 전체의 의미와

세웠다. 최초로 여기에서 본질적 차이를 알아차렸고, 영혼적인 것에 관한 자연과학인 근대 심리학이 구체적 정신과학에게 그 독특한 본질에 적합하게끔 이 정신과학이 요구하는 학문적 근본토대를 제공할 수 없다는 사실을 최초로 생생하게 깨달은 사람도 바로 그다. 따라서 본질적으로 다른 종류의 새로운 '심리학', '심리물리적'이지 않고 자연과학적이지 않은 정신에 관한 일반적 학문이 필요했다.

천재적 직관을 지녔지만 엄밀한 학문적 이론화(Theoretisierung)가 없던 "딜타이는 목표를 제시하는 문제와 수행해야 할 작업방향을 간취했지만(erschauen), 여전히 결정적인 문제형성과 방법적으로 확실한(sicher) 해결로 파고들어가지 못했다."* 노년의 지혜에 이른 그가 바로 이 점에서 대단한 진보를 이루었더라도. 딜타이 사상의 힘은 에빙하우스(H. Ebbinghaus)**의 우아한──그러나 딜타이의 이념의 불충분한 학문적 형성을 단지 붕괴시킨──비판이, 자연과학자들이 일

통일로 정신현상을 '이해'(Verstehen)함으로써 해석학·역사주의·구조(이해)심리학·문예학 등에 깊은 영향을 주었다. 후설은 『엄밀한 학문』에서 역사주의는 실재와 이념의 차이를 혼동한 인식론적 오류로서 결국 회의적 상대주의가 된다며 "딜타이도 역사적 회의주의를 부정하지만, 그 부정의 결정적 근거를 제시하지 못한 것은 경험적 태도에서의 내적 동요"라고 비판한다.

* 하이데거(M. Heidegger)가 『존재와 시간』(47쪽 주1)에서 『이념들』 제1권을 "모든 실재성의 구성에 대한 탐구의 토대로서 '순수 의식'의 문제성을 다룬다"고 설명한 점이나, 그 당시 유고상태였던 이 책의 큰 목차(제1~3장)까지 밝히고 있는 점은 매우 이례적이다. 그러나 인용한 문장 속에 왜 '간취'가 '파악'(fassen)으로, '확실한'이 '올바른'(richtig)으로 바뀌었는지는, 결코 단순한 오기(誤記)라고 볼 수 없기 때문에, 그 배경을 더 검토해야 한다.

** 에빙하우스(1850~1909)는 경험하거나 학습한 내용은 습득한 직후 급격히 감소하다가 그다음 서서히 줄어든다는 망각곡선(忘却曲線)을 발견했다. 즉 연상하거나 숙지하기 쉽고 발음하기 편하면, 또 같은 기억재료라도 학습자에게 중요한 의미가 있다면 망각하기는 어렵고 기억하기는 쉽다. 이러한 현상은 학습자의 생리·심리·사회조건·자세·동기에 따라 크게 다르다.

반적으로 동의해도 그 이념의 발전을 저지할 수 없었다는 사실로 증명되었다. 그후 거듭 새로운 중요한 연구는 딜타이의 탐구와 결합되었다. 빈델반트(W. Windelband),* 리케르트(H. Rickert),** 짐멜(G. Simmel),*** 뮌스터베르크(H. Münsterberg)**** 등은 문제가 된 대립이 새로운 측면에서 올바르게 되게끔 노력했다.

그러나 우리는 이들 이론을 통해 실제로 종결짓는 해명과 엄밀한 학문적 파악과 정초에 파고들어가지 못했다. 자연·신체·영혼의 이념과 자아·인격의 다른 이념의 구성에 대한 현상학적 원천을 향한 **철저한** 연구만 여기에서 결정적으로 해명할 수 있고, 동시에 그와 같은 모든 연구의 소중한 동기에 그 권리를 부여할 수 있다.

---

* 빈델반트(1848~1915)는 신칸트학파(바덴학파)의 창시자로 심리적–발생적견해를 배격하고 인식의 권리문제와 사실문제의 구별을 역사·도덕·법·예술·종교 등 체험영역으로 확장해, 사실들의 특성을 인식할 수 있는 가치와 존재의 당위규범을 밝혔다. 또한 과학을 법칙정립적 법칙학, 역사학을 개성기술적 사건학으로 규정해 역사학의 기초를 확립했다.

** 리케르트(1863~1936)는 빈델반트의 영향 아래 경험론의 실증주의적 유물론뿐 아니라 논리법칙이나 도덕법칙을 심리적 과정으로 이해하는 심리학주의를 배격하고, 보편타당한 이념적 가치의 연관성을 문화와 역사의 영역에 적용했다. 또한 자연과학의 보편화와 문화과학의 개별화를 구별함으로써 자연과학과 다른 문화과학의 명확한 개념구성을 밝혔다.

*** 짐멜(1858~1918)은 생철학의 입장에서 사회와 개인의 상호작용이나 개인간의 상호행위를 통해 사회화과정을 도출해내는 데 사회학의 자주성이 있다는 형식사회학을 제창했다. 즉 사회적인 것은 사회의 조건과 발전단계 속에 있는 인간의 심리적 상호작용이라고 간주해 그 형식과 내용을 분석하고 체계화함으로써 사회학을 사회과학 또는 사회에 관한 기하학으로 확립했다.

**** 뮌스터베르크(1863~1916)는 인과(因果)심리학과 목적(目的)심리학을 종합해 산업심리·재판심리·심리요법 등 응용심리학의 분야를 개척하고 그 이론적 기초를 정립하는 한편, 많은 대중적 논문과 강연을 통해 일반 사회에 심리학을 보급하는 데 크게 공헌했다.

제1절 자연주의 세계와 인격주의 세계의 대립

49. 자연주의 태도에 대립된 인격주의 태도

우리의 고찰을 앞 장(章)의 순수현상학으로 분석한 확증과 연결시키자. 그 장의 연구는 자연주의(naturalistisch) 태도와 관련되었다. 우리가 분석한 것은 바로 이러한 태도에서다. 그렇지만 연구 전체가 적절한 방식으로 현상학적 환원을 함으로써 간단히 순수현상학의 특성을 띤다는 사실은 쉽게 이해할 수 있다. 우리가 자연주의 태도 속에 사는 한, 이 태도 자체는 탐구영역에 결코 주어지지 않으며, 여기에서는 이러한 태도 속에 경험되고 사고된 것만 파악된다.

그러나 현상학적 반성과 환원을 하면, 우리는 태도(Einstellung) 자체를 주제로 삼고, 태도 속에 탐구된 것을 태도와 관련시키며, 그런 다음 형상적 환원과 모든 초월하는 통각을 순수화한다. 그래서 모든 연구는 순수현상학의 연구로 변화된다. 그렇다면 자연주의 태도의 주체로서 순수 자아를 지닌다. 반성 속에 먼저 우리 자신을 경험적 자아로 발견하지만, 반성을 처음에 바로 하나의 새로운 자연주의 태도로 수행한다. 따라서 현상학적 환원의 경우 이 태도는 괄호 속에 넣어진다. 현상학적 주체인 궁극적 주체는 결코 [괄호 속에] 배제되지 않으며, 그 자체로 모든 형상적인 현상학적 탐구의 주체인 순수 자아다. 그밖에 모든 '배제된 것'은 다른 곳에서와 마찬가지로 여기에서 괄호 속의 변양으로 남아 있다. 따라서 자연주의 태도의 전체 세계는 가장 넓은 단어의미에서 '자연'(Natur)*이다.

---

* 이 말은 그리스어 'Physis'(어간 'Phy'는 '성장'을 뜻한다)에서 유래한 것으로, 본래 직접 생성되는 실재(to on), 근본원리(arche)를 가리킨다. 이러한 의미는 스피노자까지(예컨대 '만드는 자연'natura naturans과 '만들어진 자연'natura

잘 알고 있듯이, 통용되는 근본정립이 최초의 의미에서 자연의 정립으로, 즉 그밖에 자연이라 부르는 모든 것이 그 속에 기초지어진 것으로 자신의 의미를 길어내는 물리적 자연의 의미에서 자연의 정립으로 수행되는 사실은──따라서 여기에서 자연적(natürlich) 태도를 형성하는 작용의 순수한 의미로, 그 구성적 상관자로 등장하는── 이러한 자연의 본질이다. 따라서 **구성하는 파악의 근본종류**와 관련해 다음과 같은 것이 서로 잇달아 구축된다. 즉 기본적인 것으로서 물리적 경험과, 이것에 근거하고 이것을 함께 포함하는 신체경험──인간과 동물을 구성하는 경험──이다. 신체경험은 구성적 층으로 영혼경험에 속한다. 자연주의적 경험의 총체적 체계는 좁은 의미나 넓은 의미에서 자연과학의 총체적 영역인 전체 자연(Allnatur)을 포괄한다. 그러므로 여기에는 동물적인 것(인간과 동물)의 영혼의 존재에 관한 자연과학인 심리학도 속한다. 이 심리학은 인간학 또는 자연과학으로서 일반적 동물학에 편입된다. 물론 영혼의 존재는 영혼의 **자아주체**, 즉 자연으로서 자아주체를 포괄한다. 그러나 어려운 점과 숙고해야 할 사항──강요되지만 어쨌든 다시 정당하게 관철되지 못한 구별, 즉 **인격으로서 자아**와 **사회적 세계의 구성원으로서 자아**의 구별을 고려해──이 이 자아와 관련된다는 사실을 기억해야 한다. 이러한 구별을, 더구나 현상학적 구성의 탐구로 추적해갈 것이다.

a) 자연주의 태도에서도 전제인 영혼의 투영

영혼에서 시작하자. 영혼은 자연과학적으로 그 자체로는 무(無)이며, 신체에서 실재적 사건의 단순한 층(層)이다. 물질적 자연──나와

─────────────

naturata) 유지되었지만, 근대 과학을 통해 오늘날의 '자연'이라는 뜻, 즉 과학적 기술을 통해 경험할 수 있는 영역에 대한 총체적 개념으로 이해되었다(박종현, 『희랍사상의 이해』, 종로서적, 1982, 25~28쪽을 참조할 것).

다른 모든 사람에게 나타나는 자연('2차' 성질을 지닌 사물세계)이 바로 단순한 나타남인 점에서 당연히 객관적으로 참된 자연 ─ 속에 자연주의 태도에서 부각된 사물, 즉 특히 물리적이지 않고 '물질적'이거나 '연장적'이지 않은 실재적 성격의 층을 통해 부각된 사물이 생긴다. 이것은 자극에 예민하거나 감정에 민감한 속성이다. 이 새로운 속성은 '장소화'(Lokalisation)의 형식으로 구성되고, 그 형식의 의미에 따라 물리적 신체성에 종속적이며, 이 신체성을 통해 물리적 자연 일반에 종속적이다. 더 높은 층 ─ 특히 **영혼의 층** ─ 은, 바로 신체 **사물**에서 층으로서 어느 정도 '장소화되는' 한, 감각론적인 것에 관한 경험과 비슷한 방식으로 경험된다. 영혼은 신체에 영혼을 불어넣고(beseelen), 영혼이 깃든 신체는 공간-시간 세계의 통일체 안에 있는 하나의 자연객체(Naturobjekt)다.

예를 들어 나는 놀고 있는 고양이를 보는데, 동물학자처럼 그 고양이를 지금 자연으로 간주한다. 나는 그 고양이를 물리적 생명체로 보지만, 감각하며 영혼이 깃든 신체로도 본다. 즉 바로 고양이로 본다. 나는 이제껏 봄(Sehen)에 관해 논의되는 일반적 의미에서 그 고양이를 '본다'. 돌[石]은 '그것에 관한' 극히 몇 가지만 '실제의' '본래의' 지각 속에 들어오는 그 어떤 지각의 나타남을 통해 보인다. 이러한 일면성과 그밖의 여러 가지 불완전함 때문에 이 봄을 하나의 '봄', 하나의 '지각작용'으로 간주하지 않는다면, 봄에 관한 논의는 결국 그 본질적 의미를 상실할 것이다. 이러한 방식으로 '불완전하지' 않을 물리적 사물을 보는 것은 결코 존재하지 않는다. 물리적[인 것의] 지각은 그 본질상 '규정되지 않은 것', 그러나 앞으로 '규정될 수 있는 것'을 포함한다. 따라서 그 고양이는 자신의 방식으로 보이고, 보는 가운데 그 존재는 이러한 동물인 고양이로 경험된다. 이 경험은 동물적 경험의 근본본성에 상응해 불완전하다. 하지만 언제나 그렇듯이,

이 불완전성 속에 그 고양이는 생생하게 현존하고, 게다가 감각하는 표피와 감각기관 등을 지닌 물리적 사물로서 현존한다.

감각 층은 물리적 사물 옆에 있는 것으로 현존하는 것이 아니다. 현존하는 것은 물리적 성격과 감각론의 성격을 하나로 지니는 신체다. 마찬가지로 신체도 어떤 영혼의 신체로서 경험되며, '영혼'이라는 말은 다시 하나의 ─ 게다가 여전히 더 높게 ─ 기초지어진 성질 층을 뜻한다. 이 층은 독특한 '장소화'의 방식으로 신체에 걸쳐 확장되어 있지 않으며, '영혼 장(場)'의 일정한 복합체 ─ 직접적이거나 간접적으로 신체의 연장적 구성요소에 현상적으로 일치하거나 한 점씩 또는 한 부분씩 정리되는 감각 장의 유사한 것으로서 생각된 것 ─ 와 같은 것으로서 스스로를 제시하지도 않는다.

그럼에도 영혼적인 것은 경험에 따라 신체와 하나 또는 실재적으로 하나인데, 그러한 한에서 단지 구별할 수 있는 분리된 장소성 (Lokalität)은 없지만 신체에 또는 신체 속에 있다. 물론 오해할 수 있는 표현인 '투영'(Introjektion)을 사용할 수도 있다. 그렇다면 이 말은 바로 이러한 상태를 표현할 것이다. 객관적 세계 속에, 객관적 세계 공간 속에 이 객관적으로 실재인 고양이는 '여기 그리고 지금' 나타나고, 이것은 ─ 단순히 물리적 성질을 넘어 지속하면서 여전히 감각론의 성질과 영혼의 성질을 지닌다는 점을 제외하고 ─ 물리적이며, 그밖의 다른 사물과 같이 물리적으로 움직인다. 단순한 물리적 사물을 넘어선 과잉의 실재성은 그 자체만으로 분리될 수 있거나 그 옆에 있는 것이 아니라, 물리적 사물에 있는 것, 따라서 물리적 사물과 '더불어' 움직이는 것이며, 공간적인 것 자체에 있는(an) 존재를 통해 자신의 공간규정성을 획득한다.

다른 속성처럼 이 영혼의 속성에 분석적 시선을 향한다면, 그 속성은 '층'으로, 물리적 신체와 사물이 실재적으로 분리될 수 없는 부가

물(이것은 그것의 측면에서는 그 층 없이 생각할 수 있지만, 물론 유기체의 죽음이라는 생명체의 붕괴에 상응하는 변화의 경우에만 생각할 수 있다)로 부각된다. 이 모든 것은 자의로 고안해낸 것이 아니라, '동물적 실재'에 대한 자연주의 파악——모든 동물학적 판단과 인식이 그 개념의 의미내용을 그러한 파악에서 근원적으로 길어내는 한, 그 판단과 인식의 의미에 대해 아프리오리하게 규정하는 파악——의 의미 속에 놓여 있는 것을 순수하게 전개한 것이다. 동물학의 경험의 의미 속에, 경험의 이러한 본질유형의 의미내용 속에 아프리오리하게 포함된 것은, '물리적 경험'의 본질유형 속에 포함된 내용(그 본질법칙과 함께)이 물리적 자연에 관한 학문을 가능케 하는 바로 그 의미에서, 동물학의 학문을 '가능케 한다'. 다양한 종류의 경험이 말살되었다고 생각하면, 이에 속한 경험개념, 경험판단과 경험학문도 그 자체로 사라져버린다.

b) 영혼적인 것의 장소화(場所化)

여기에서 여전히 '각각의 층은 구성된 통일체'라는 점에 주목하자. 우리는 ('형식화하는') 실재화하는 파악과 분리해 구성의 '소재적인 것'을 그 본질에 따라 고찰할 수 있고, 파악이 신체의 감각함으로서 수반하는 것인 감각물질로 시선을 향할 수도 거둘 수도 있다. 마찬가지로 시선을 체험의 흐름의 통일체로 향할 수 있고, 이 체험의 흐름이 체험하는 어떤 동물적 사물의 체험상태로 현존하는 파악을 배제할 수 있다. 그렇다면 그때그때 제시되는 다양체 속에서도 이제 더이상 자연의 통일체는 아닌 통일체를 발견할 수 있다. 특별히 살펴볼 것은 그러한 태도변경에 의해, 이전에 영혼적인 것으로 파악된 것을 물리적 신체에서 분리시킴으로써 객관적 세계, 즉 세계공간과 세계시간 속에 편입된 모든 것이 사라진다는 점이다. 영혼은 신체 속에 있으며, 신체가 지금 바로 존재하는 거기에 있다. 거기에는 다양한 의식상태의 그룹, 다양한 표상·사고활동·판단 등도 있다. 이를테면 작용과 상태로서 자신의 신체를 통해 객관적 공간 속에 자신의 위치를 지니는 이 고양이는—그 자체로는 연장(Extension)이 전혀 없더라도—그 고양이와 실재적으로 하나가 되는 모든 것도 지닌다. 의식이 영혼의 상태성으로 신체에서 층으로서 통각하는 파악을 상실하듯이, 의식이 객관적 공간 속에 경험적으로 편입되지 않은 채, 현상학적 (즉시 형상적은 아니더라도) 환원 속에 그 자체로 순수하게 정립된다.

요컨대 의식 그 자체, 가령 자신의 연관 속에 있는 이 단일적 사유작용(cogitatio)은 자연이 없어도 생각할 수 있으며, 자연에 대한 통각 자체는 '여기에 있는 이것!'(Dies da!)으로서 그 자체로 정립될 수 있다. 더 정확하게 말하면, 그 통각 속에 놓여 있는 자연의 정립은 어떤 증명도 경험할 수 없다는 사실, 어떤 자연도 결코 존재하지 않는다는 사실은 생각해볼 수 있다. 그렇다면 이제 어떠한 객관적 공간도 없으며, 의식은 자연을 지니고 존재하는 것으로 (어떤 동물의 상태로) 정립될 수 없고, 의식은 절대적으로 비(非)-공간적이다.

c) 영혼적인 것의 시간화(時間化)(내재적 시간과 공간시간)

시간의 경우도 사정은 마찬가지다. 순수 의식은 고유한 시간의 장(場), 즉 '현상학적' 시간의 장이다. 이것을 의식에 적합하게 자연과 함께 구성되는 '객관적' 시간과 혼동하면 안 된다. 영혼의 파악을 통해 의식체험은 심리물리적 상태로서 의미를 획득하며, 그래서 객관적 자연의 형식인 객관적 시간 속에 편입된다. 즉 장소화에는 시간화(Temporalisation)가 상응한다. 의식의 흐름에 내재적인 현상학적 시간이 물리적 지각의 체험 속에 제시되는('나타나는') 시간과 이 체험에 한 시점씩 '합치하는' 시간과 정확하게 유사한 속성의 '끊임없는' 1차원 다양체이기 때문에, 이 나타나는 시간 속에 궁극적 객관화를 통해 '절대적' 세계시간이 알려지기 때문에, 의식시간의 시간화는——매우 깊게 들어간 시간이 어느 정도 절대적 시간과 완전히 합치하는 한——매우 깊게 들어간 시간화다. 이 합치는 촉각 장의 장소화보다 더 완전한데, 신체의 나타나는 객관적 연장(延長)과 합치하는 동등한 완전성에 요구되는 3차원성——따라서 3차원적 항구성(恒久性)이 3차원 항구성에 규칙화된 합치——이 없기 때문이다.

이제 시간에 관해 오직 물질적 세계에만 속하는 객관적인 물리학적 시간측정과 시간규정은 의식으로 이행된다. 그러면 의식상태는, 그 시간이 물리적 자연의 시간과 합치하는 구성적 의미에 따라, 표명됨으로써 측정할 수 있는 시간을 지닌다. 이것은 물론 이러한 사정이 지정한 의미 속에 정확하게 해석되어야 할 확증이며, 이러한 의미를 완전히 명백하게 하지 않으면, 심리학적으로 허위에 빠진다. 완전한 방식으로 이렇게 해명하는 것은 여기에서의 과제가 아니다.

d) 방법적 숙고

이러한 고찰에서 우리는 현상학적 환원의 권리를 사용해왔고, 가장 근원적인 의미규정을 지닌 확실하게 타당한 이러한 근본적 방법이 구원할 수 있는 요소는 자연적 태도와 모든 상대적 태도의 의미한계에서 해방시켜준다. 자연적 인간과 특히 자연과학자는 이 제한을 알아차리지 못하며, 자신의 모든 성과가 자신의 단순히 상대적 의미를 지시하는 일정한 지표에 부착되어 있다는 사실을 알아차리지 못한다. 그는 자연적 태도가 유일하게 가능한 태도는 아니라는 사실을 깨닫지 못하며, 자연적 태도가 그를 통해 자연을 구성하는 절대적 의식이 부각되는 데 시선전환을 열어놓고 있으며, 모든 자연이 구성하는 것과 구성된 것 사이의 본질적 상관관계 덕분에 절대적 의식과의 관계에서 상대적이라는 사실을 깨닫지 못한다.

그러나 현상학적 환원의 교훈은 현상학적 환원이 우리가 태도변경을 파악함에 민감하게 만드는 데 있다. 이 태도변경은 자연적 태도 또는, 더 명백하게 말하면, 자연스러운 태도*에 필적할 만한 것이며, 그래서 이 태도처럼 단지 상대적이며 제한된 존재상관자와 의미상관자만 구성한다. 그러므로 새로운 상관자는 현상학적 의미에서 절대적 의식과 같은 것을 소급해 지시한다. 왜냐하면 이것은 자신의 완전한 해명을 위해 이 절대적 의식의 원본적이며 완전한 본질연관으로 되돌아갈 것을 요구하기 때문이다. 이러한 연관으로의 환원을 통해 언제나 다른 태도(또는 이 태도에 속한 근본적으로 다른 통각의 방식)가 주어짐을 정당한 관계 속에 정립할 수 있고 절대적으로 평가할 수 있는 상황에 놓이게 된다.

지금 겨냥한 것은 바로 그와 같은 새로운 태도, 즉 어떤 의미에서는 매우 자연적이지만 자연스럽지 않은 태도다. '자연스럽지 않다'는 것은 그 속에 경험된 것이 모든 자연과학의 의미에서 자연이 아니라, 이른바 자연의 대립물이라는 점을 뜻한다. 여기에는 자명하게 이 대립을 파악할 뿐 아니라, 어떤 태도도 수행하지 않은 상태에서 내부로부터 이해해야 할 아주 각별한 어려움이 있다. 왜냐하면 물론 인위적 태도로부터 순수 의식, 즉 다른 환원의 이 잔여(殘餘)를 겨냥하면, 어

---

* 후설은 세계가 존재함을 소박하게 믿는 '자연적' 태도와 이것을 반성하는 '선험적' 태도로, 다시 전자에서 일상생활의 자연스러운(natural) '인격주의적' 태도와 객관적 자연과학의 방법으로 의식을 자연(사물)화하는 인위적인 '자연주의적' 태도(이것도 습관화되면 자연스러운 자연적 태도가 된다)로, 후자에서 주관으로 되돌아가지만 여전히 세계가 존재함을 자연스럽게 전제하는 '심리학적' 태도와 이 토대 자체를 철저하게 되돌아가 물어 선험적 주관성을 해명하는 '현상학적' 태도로 구분한다.

떤 태도에서 다른 태도로, 이와 관련된 학문에서는 자연주의 태도에서 인격주의(personalistisch) 태도로, 자연과학의 학문에서 정신과학의 학문으로 아주 손쉽게 끊임없이 미끄러져가기 때문이다. 어려움은 파악의 변화와 경험의 변화 그리고 이것을 통해 구성된 상관자에 대한 반성과 현상학적 이해에 있다. 현상학의 테두리에서만, 구성되는 대상들의 존재차이가 이에 상응해 구성하는 다양체의 상관적 본질관계와 맺는 관련을 통해서만, 이 차이가 혼란되지 않은 채 모든 오해—본의 아닌 태도변경 속에 또 순수한 반성이 결여된 눈에 띄지 않는 태도변경 속에 그 원천이 있는 오해—에서 자유롭게 절대적으로 확실하게 구별해 유지될 수 있다. 절대적 의식과 이 속에서 추적해야 할 본질연관 전체로 되돌아감으로써 비로소 이러저러한 태도에 관련된 대상성의 의미에 합당한 상대성과 이것의 상관적인 본질적 관련을 이해할 수 있다.

e) 자연주의 태도와 자연적 태도
이제 다음과 같이 연구해보자.

자연으로서 인간과 인간의 영혼(인간적인 것은 우리에게 동물적인 것 일반을 재현하는 것으로서 충분할 것이다)이 뜻하는 것을 확고하게 고정시켜 유지하자. 그렇다면 인간적 영혼이 다른 영혼의 상태 가운데 이른바 자아의 상태를, 즉 사유주체(cogito)라는 유형의 사건을 지닌다는 점에 어려움이 전혀 없다. 영혼적인 것 일반처럼 이것은 자연주의적 경험 속에 물리적으로 나타나는 신체에 첨부되거나 '삽입되며', 잘 알려진 방식으로 이 신체와 함께 장소화되고 시간화된다. 이것은 실재적(실체적-인과적) 자연의 연대 속에 일부를 이루며, 이러한 상태 속에 살아가는 경험적 자아에 관련된다. 이러한 인간은 그 상태에서 보고 들으며, 자신의 지각에 근거해 많은 형태로 변화되는 가운데 다양한 판단, 다양한 가치평가와 의지행위를 한다. 거기에 있는 이 인간 '속에' '나는 생각한다'(Ich denke)가 머리에 떠오르는 것은 하나의 자연사실(Naturfaktum)이다. 이것은 신체와 신체적 사건 속에 기초하고, 자연——곧바로 단순한 물리적 자연이 아니라, 어쨌든 물리적 자연이지만 그밖의 모든 자연을 정초하고 함께 규정하는 자연——의 실체적-인과적 연관을 통해 규정된다. 거기에 있는 이 인간은 꿈이 없는 잠이나 무기력에 빠진다. 이것은 다양한 물리적 근거가 있기 때문이다. '나는 생각한다'는 자신의 영혼의 사건에서 분리된다. 자신의 자연적 상태이며 이와 같은 것으로 규정하는 실재적 상황과 실재적으로 관련되는 이 체험의 경과 속에 성향·특성속성·지식 등은 드러나며, 이것은 물리적 속성과 유비적으로 '자연과학적-귀납적으로' 탐구할 수 있는 그것의 측면에서 실재적 인간의 자연적-실재적 '속성'이다.

또한 영혼의 상태에는 인간이 자신과 자신의 동료 그리고 그밖에 주변의 실재적 실제성에 관한 일정한 의식을 갖는 작용, 그가 면전에서 그것을 보고 그것에 대해 알게 되며 더 낮거나 더 높은 사고로 그것에 관련되거나 감정이나 의지의 방식으로도 관련되는 작용이 속한다. 여기에는 예를 들어 그가 물리적 자연과학·심리학·역사 등을 추구하는 작용이나 실천적 삶 속에 행동하는 인간으로서 활동하고, 자신의 환경세계의 사물들을 이용하며, 자신의 목적에 따라 이것을 변형시키고, 그래서 미적·윤리적·공리적 관점에서 이것을 평가하고, 이 속에서 그가 자신의 동료와 함께 의사소통하는 관계로 자신을 정립하고, 동료와 이야기하며 편지를 쓰고 신문에서 그들에 관해 〔기사를〕 읽으며, 그들과 함께 공동의 행동에 결합되고, 그들에게 약속을 하는 등의 작용도 있다.

여기에는 주체와 그의 '환경세계' 사이에 주목할 만한 무수한 관련이 있는데, 이 모든 관련은 인간이 자신과 자신의 동료 그리고 이들 모두에게 공통인 환경세계에 대해 '알고 있다'는 사실에 근거한다. 이 환경세계는 단순한 사물이 아니라 사용객체(의복·가구·무기·도구), 예술작품, 문예물, 종교적이거나 법률적인 행동수단(인장·공직휘장·대관표장·교회상징 등)을 포함한다. 그것은 개별적 인격만 포함하는 것이 아니다. 오히려 인격은 공동체, 즉 더 높은 등급의 인격적 통일체의 구성원이며, 이 통일체는 전체로서 그의 삶을 이끌고, 개별적으로 관여하거나 물러설 경우 시간 속에 지속하면서 유지하며, 자신의 공동체특성을 지니고, 자신의 도덕적이거나 법률적 조직, 다른 공동체나 개별적 인격과 협동작업에서 기능하는 방식, 상황에 대한 종속성, 규칙화된 변화성, 규정하는 상황에 따라 발전하거나 때로는 항구적으로 유지하는 본성을 지닌다. 공동체·결혼·가족·지위·단체·자치구·국가·교회 등의 구성원은 그 구성원으로서 자신을 '알며', 의식에 적합하게 이것에 종속적인 자신을 발견하고 경우에 따라 의식에 적합하게 이것에 반작용한다.

이 인격적 관련 가운데 일정한 관련을 생생하게 현전화하고 이른바 이러한 관련의 인격적 담지자에게 몰두하자마자, 그런 다음 현상학적 확대경을 통해 반성하면서 이것이 주어지는 방식을 주시하자마자, 우리는 이 경우 이전에 실행된 자연주의 태도에 대립된 본질적으로 다른 태도 속에 있다는 사실을 알아차린다. 자연주의 태도에서는 신체, 예민한 감정, 영혼 삶이 그 속에 기초지으며 산재된 '객관적인' 물리적 자연 전체가 우리에게 현존했거나 현존한다. 이러한 태도 속에 고찰하는 모든 인간과 동물은, 이론적 관심을 추구한다면, 인간학적 객체, 더 일반적으로 말하면 동물학적 객체다. 이것을 물리-심리적 객체라 할 수도 있다. 그래서 일상적 표현인 '심리물리적'의 전도(顚倒)는 기초지음의 질서를 아주 적절하게 예시해준다. 지금까지 언급한 것은, 바로 이러한 태도 속에 이론으로 고찰하는 한, 우리 자신뿐 아니라 모든 동료에게 관련된다. 즉 우리는 영혼이 깃든 신체, 자연객체, 관련된 자연과학의 주제다.

그러나 우리가 함께 살아가고 서로 이야기하며 인사하면서 악수하고 사랑과 증오·성향과 행위·담론과 답변 속에 잇달아 관련된다면 언제나 그 속에 있게 되는 인격주의 태도는 전적으로 다르다. 마찬가지로 우리 주변의 사물을 바로 우리 주변으로 간주하고 자연과학에서처럼 '객관적' 자연으로 간주하지 않는다면, 우리는 인격주의 태도 속에 있다. 따라서 중요한 것은 철저한 자연적 태도이지, 특별한 보조수단을 통해 비로소 획득되고 보증됨에 틀림없을 인위적 태도가 아니다. 그러므로 자연적인 자아 삶 속에 우리는 항상, 결코 우선적으로는 아니지만, 세계를—마치 물리학과 동물학을 추구하려는 듯이, 이론적이거나 이론 외적인 관심이 불가피하게 신체 속에 기초지어진 것으로서, 신체에 실재적으로 종속적인 것으로서, 신체와 실재적-인과적으로 얽혀 있는 것으로서 심리적인 것을 겨냥해야 하듯이—자연주의로 간주하지 않는다. 이것은 동물학자나 자연주의 심리학자에게조차도 항상 그렇지는 않다. 그것은 그가 확고한 습관을 받아들였고 이 습관의 제한을 보통 더 이상 돌파할 수 없는 경우, 적어도 학문적 태도를 취하는 즉시 불가피하게 이것을 자연주의적 (즉 '객관적' 실제성을 겨냥한) 태도의 형식으로 실행하는 경우뿐이기 때문이다. 그는 습관적으로 편견에 사로잡혀 있다. 탐구자로서 그는 오직 '자연'만 본다. 그러나 그는 다른 모든 사람과 같이 인격체로서 살며, 끊임없이 자신의 환경세계의 주체로서 자신을 '알고 있다', 인격체로 사는 것은 자신을 인격체로서 정립하고, '환경세계'와의 의식에 적합한 관계 속에 자신을 발견하고 이러한 관계로 이끄는 것이다.

더 상세히 고찰해보면, 여기에는 동등한 권리를 지닌 동등한 서열의 두 가지 태도나 완전히 동등한 권리로 동시에 관통하는 두 가지 통각이 있는 것이 결코 아니라, 자연주의 태도는 인격주의 태도에 종속되고 추상이나 일종의 인격적 자아의 자기망각을 통해 일정한 독자성을 획득하며 이렇게 해서 동시에 자신의 세계, 즉 자연을 불법적으로 절대화한다*는 사실조차도 명백하게 밝혀진다.

여기에서 명확하게 밝혀보자.

위에서는 먼저 인격과 그 인격적 행동방식을 인간적 자연의 존립요소로 제시했다. 실제로 자연주의로 관찰해보면, 모든 의식, 즉 일반적으로 모든 체험작용은 신체적으로 기초지어져 있으며, 따라서 세계를 자신의 모든 속성과 함께 인격 속에 지향적으로 구성하는 것의 존립요소 전체도 신체적으로 기초지어져 있다. 인격은 자신의 주변에서 사물들을 본다. 즉 모든 사물파악, 인식작용의 소재와 형식에 그 존립요소를 지닌 사물의 정립은 영혼적인 것(물리-심리적인 것)이다. 마찬가지로 인격은 사물을 평가하고, 사물을 아름다운 것 또는 유용한 것, 의류, 술잔 등으로 파악하며, 이러한 것으로서 사물은 지각에 적합하게 그 인격에 현존한다. 감정과 의지의 영역으로 되돌아가는 통각과 이 통각에 속한 모든 것, 감각적 느낌과 충동, 사물에 관련된 평가하고 실천하는 의식의 양상 — 이 모든 것은 자연고찰에서 현상적으로 영혼이 깃든 신체인 인간에 속한다.

---

* 후설의 이러한 시각은 『논리연구』 제1권에서 논리(이념)적인 것을 심리(실재)적인 것으로 해소한 심리학주의의 기초이동(metabasis)에 내한 비판에서 시작해, 『엄밀한 학문』에서 의식과 이념을 자연화(사물화)하는 자연주의의 방법적 편견과 자기모순에 대한 비판을 거쳐, 『형식논리학과 선험논리학』에서 판단기체(대상)가 주어지고 의미가 발생하는 주관성을 망각한 채 스스로를 우상화한 형식논리학에 대한 비판 그리고 『위기』에서 구체적 생활세계를 수량화(이념화)한 객관적 세계를 참된 세계로 간주한 물리학적 객관주의에 대한 비판으로 일관되게 이어진다.

이 점은 모든 사회적 작용에서도 마찬가지다. 사회성 전체는 심리학자, 더 일반적으로 말하면 자연과학자에 관련되지만, 그에 속한 영혼의 기초지음을 지닌, 그래서 이러한 기초지음이 지정하는 간접적 길에서 상호인간적 인과성도 세워지는 물리적 물체의 총괄로서만 그러하다. 즉 상호물리적 인과관련은 개별적 신체에 분배된 자극 유발과 기능상 이 신체에 직접 결합된 감각론적-영혼의 사건을 통해 또한 '상호이해'라는 영혼의 체험, 더 나아가 사회적 의식의 체험이 실재적으로 등장함으로써 가능해진다. 따라서 여기에서 이 모든 것은 특수한 자연의 사실이며, 그밖의 지각과 앎의 사실과 다르지 않다. 이것은 신체와 일치해 등장하며, 이에 속한 자아가 다양한 사물에 관한 의식을 이 의식에 다양하게 방향이 정해지고 다양한 감성적 성질 속에 나타나는 것 등으로서 갖는 그러한 내용과 함께 등장한다.

그러므로 인격성의 전체 사실은 이 자연주의 고찰방식 속에 곧바로 자연의 사실로 등장하며, 이러한 것으로서 그 자연과학적 고찰을 요구한다. 궁극적으로 이러한 점은 분명히 물리적 자연의 분야로 이끌고, 따라서 올바른 근원적 의미에서 심리-물리적이다. 인격의 영혼의 자료는 영혼의 자료와 자연적 자료 일반의 일정한 부분만 형성한다. 즉 자연의 관점에서는 모든 인격적인 것은 종속된 것이다.

50. 환경세계의 중심인 인격

다른 한편 이제 인격적 주체성의 본질을 더 자세히 살펴보고, 이것을 직관적으로 주어지게 하고, 그 속에 완전히 몰두해보자. 그러면 이미 예시되었듯이, 우리가 주체들의 세계 속에 주체로서 인격적 세계 속에 사는 태도는 사실상 자연주의 태도와 본질적으로 다르다는 사실, 따라서 인격적인 것을 자연스럽게 주제로 삼으려면 사실상 무엇보다도 통각하는 전환이 필요하다는 사실이 스스로 명백해질 것이다. 그러므로 인격성의 현상을 추적해보고, 이것을 기술해보자.

인격으로서 나는 환경세계의 주체로서 존재하는 대로 (다른 모든 인격은 그가 존재하는 그대로) 존재한다. 자아와 환경세계라는 개념은 불가분하게 서로 잇달아 관련된다. 그래서 각각의 인격에는 자신의 환경세계가 속해 있는 반면, 동시에 서로 의사소통하는 다수의 인격은 하나의 공동의 환경세계를 지닌다. 환경세계는 인격에 의해 그의 작용 속에 지각되고, 기억되며, 사고에 적합하게 파악되고, 다양하게 추정되거나 밝혀진 세계다. 이것은 이 인격적 자아가 의식하는 세계, 인격적 자아에 현존하는 세계, 예를 들어 이 자아에 나타나는 사물과 관련해 그 자아가 주제로 경험하고 이론화하면서 또는 느끼고, 가치를 평가하며, 행위하고, 기술상 형태를 만드는 등 다양하게 관계되는 세계다. 그리고 인격적 자아는 예를 들어 자신에 대해 스스로 인격적 자아로서 주목할 때 실행하듯이 반성할 수 있는 작용 속에 그 세계와 '관계한다'. 이 점은 다른 모든 자아가, 가령 그가 명백하게 이해함으로써 그 인격에 관해 바로 인격으로서 논의할 때마다 그 작용을 관련된 인격의 작용으로 파악하는 것처럼, 이에 상응하는 변양된 방식(감정이입 속의 반성)이더라도, 이 동일한 작용에 대해 반성하는 것과 같다. 인격은 곧 표상하고, 느끼며, 평가하고, 노력하고, 행동하는 인격이며, 그러한 인격적 작용 속에 그의 환경세계에 있는 그 무엇, 즉 대상과 관련된다.

이처럼 단적으로 또 일반적으로 물리적 실제성은 그 어떤 인격의 현실적 환경세계가 아니다. 그 인격이 물리적 실제성에 대해 '아는' 한, 즉 바로 그때그때 정립하는 의식이 존재하는 바에 따라 그 인격이 물리적 실제성을 통각과 정립을 통해 파악하거나 그의 현존재 지평 속에 —명료하든 막연하든, 규정되었든 규정되지 않았든— 함께 주어지고 파악될 수 있는 것으로 의식되는 한에서만, 물리적 실제성은 환경세계가 된다. 인격이 물리학의 발견에 관해 아무것도 모른다면, 세계는 물리학의 의미내용과 함께 그의 현실적 환경세계에 속하지 않는다(물론 심리학의 발견과 관련된 심리학적 존재영역에 대해서도 마찬가지다). 아주 일반적으로 말하면, 환경세계는 세계 '그 자체'가 아니라 '나에 대한' 세계, 곧 세계의 자아주체의 환경세계, 자아주체에 의해 경험되거나 의식된 세계, 즉 자신의 지향적 체험 속에 그때그때 의미내용과 함께 정립된 세계다. 이러한 것으로서 환경세계는 일정한 방식으로 항상 생성되고 있으며, 그것을 정립하고 말소함에 따라 의미를 변화시키고 항상 새롭게 의미를 형성함으로써 항상 생성되고 끊임없이 스스로를 산출하고 있다.

우선 세계는 그 핵심에서 감성적으로 나타나고 '현존하는' 것으로 특성지어진 세계, 단적인 경험적 직관 속에 주어지고 경우에 따라 현실적으로 파악된 세계다. 자아는 새로운 작용——가령 평가하는 작용, 좋아하거나 싫어하는 작용——속에 이러한 경험세계에 관련된 자신을 발견한다. 이 작용에서 대상은 가치 있는, 좋은, 아름다운 등으로 의식되며, 게다가 다른 방식으로, 예를 들면 근원적으로 주어지는 가운데 의식된다. 이 경우 단순한 직관적 표상작용의 토대 위에 평가작용이 구축된다.* 이러한 사실을 전제하면, 직관적 표상작용은 활발한 동기부여의 직접성에서 가치특성이 근원적으로 직관적으로 그

---

* 후설은 『논리연구』 제2-1권에서 어떻게 경험적인 것이 이념적인 것 속에 내재하며 인식될 수 있는지를 해명하려 의식체험의 본질구조(그 심층구조는 내적 시간의식)를 분석한다. 또한 의식작용의 다층구조를 표상(지각과 판단)·정서·의지로 구분하고, 객관화하는 표상작용은 각 영역에 공통적으로 포함된 기본적인 1차적 지향작용이며, 다른 모든 작용이 전환되어 표현될 수 있는 "모든 작용의 근본토대"(439쪽)라 한다.

자체로 주어지는 가치- '지각'(우리의 논의로 가치수용Wertnehmung)의 역할을 한다. 내가 바이올린의 음향을 듣는다면, 그 음향이 내 감정을 근원적으로 생생하게 움직일 경우 좋아함·아름다움이 원본적으로 주어지며, 아름다움 그 자체는 곧 이 좋아함의 매개를 통해 근원적으로 주어지고, 이렇게 바이올린의 간접적 가치는──연주되고 있는 바이올린 자체를 보고 여기에 기초지어진 인과적 관계를 직관적으로 파악하는 한──그러한 음향을 산출하는 것으로서 근원적으로 주어진다. 마찬가지로 바이올린의 외적 구조와 그 우아한 형식의 아름다움은 직접 근원적으로 주어진다. 이 경우 좋아함을 동기부여하는 개별성과 결합성은 구성하는 직관의 통일체 속에 실제로 현저하게 부각되고 동기부여하는 힘을 행사한다.

그러나 가치의식은 감정이 아직 '근원적으로' 생생하게 움직이지 않은 채 이루어지는데, 원본적이지 않은 〔방식으로〕 좋아함과 좋아하는 것 자체를 평가하는 양상을 띨 수 있고, 이러한 양상은 감정의 영역에서 명료한 표상에 대비되는 희미한 표상과 유사한 것이다. 예를 들어 어떤 바이올린을 첫눈에 '아름다운 것'으로 또 '예술품'으로 발견한다면, 이때 좋아함은 아름다움 자체를 제공해주더라도 불완전한 것이다. 나는, 내 감정이 어떤 방식이든 '본래' 자극되지 않고서도, 바이올린을 아름답다고 발견하면서 볼 수 있다.

갈망하는 실천적 작용의 대상도 사정은 마찬가지다. 이러한 경험의 의미를 지닌 대상으로서 경험된 대상은 나의 욕구를 자극하거나, 의식에 적합하게 구성된 일정한 상황과 관련해, 가령 빈번히 다시 일어나는 음식에 대한 욕구와 관련해 욕구를 충족시킨다. 그런 다음 그 대상은 다양한 속성에 적합하게 그 욕구를 만족시키는 데 유용한 것으로 파악될 수 있으며, 그래서 식료품으로, 또 연료·도끼·망치 등 일정하게 유용한 객체로, 파악에 적합하게 현존한다.

예를 들면 나는 석탄을 연료로 본다. 즉 나는 석탄을 인식하고, 이 것을 쓸모 있으며 가열하는 데 유용한 것으로, 이에 적절하고 게다가 일정한 열기를 산출할 수 있는 것으로 인식한다. 예컨대 어떤 것이 불타거나 작열하는 것을 보고, 더 가까이 가면 그것에서 열기가 발산 된다. 나는 이것도 경험으로 알고 있으며, 그 대상은—그 열기의 정 도를 감지하지 않더라도—'뜨겁다'. 열기는 열기에 대한 감각과 열 기가 대상에서 발산되는 것을 파악하는 가운데 현실적으로 드러나 는 객관적 속성이다. 그 대상은 열기를 확산시키고, 그 객관적 속성 인 열기는 경우에 따라 변화되지 않는 언제나 동일한 하나의 열기인 반면, 나는 더 가까이 다가서거나 멀리 떨어지면 동일하지 않은 열기 의 감각을 지닌다. 그 대상이 이미 불타거나 작열하는 물체 자체에서 마찰이나 점화를 통해 작열하는 사실도 계속 경험한다. 즉 그 대상 은 '불에 탈 수 있는'(우선 실천적 관련이 없는) 소재다. 이제부터 나 는 그 대상을 연료로 사용할 수 있고, 그 대상은 열기를 보급할 수 있 는 것으로서 나에게 가치 있거나, 방을 따뜻하게 해서 나와 다른 사 람에게 쾌적한 따뜻함의 감각을 산출할 수 있다는 사실과 관련해 나 에게 가치 있다. 이러한 관점에서 나는 그 대상을 파악한다. 즉 나는 '그 대상을 그것을 위해 사용할 수 있고', 그 대상은 그것을 위해 나 에게 유용한 것이다. 다른 사람도 그 대상을 그렇게 파악하고, 그 대 상은 상호주관적 유용가치를 획득하며, 사회적 연대 속에 그렇게 쓸 모 있는 것, 인간에게 유용한 것 등으로서 평가되고 가치 있다. 이제 부터 그 대상은 직접 이러한 것으로 '간주되고', 그런 다음부터 대가 를 지불해야 하는 등의 '상품'으로 간주된다.

이 모든 것은 기초지어진 객체이며, 이것은 기초지어진 작용을 통 해 묘사된 방식으로 자아에 대해 파악에 적합하게 구성되었고, 또 때 로는 어떤 원본적으로 부여하는 의식 속에 그와 같은 작용을 통해 구성되거나 그와 같이 부여하지 않는, 완전히 발전된 작용이나 본래의 또는 비-본래의 작용 속에 구성된다.

그러나 그러한 기초지어진 작용이 일정한 양상에서 수행되면, 가치특성, 욕구특성, 실천적 특성이 부여된 관련된 대상은 또 자아에 대해 그 환경세계의 대상이 된다. 자아는 새로운 인격적 작용 속에 이 대상에 관계한다. 자아는 이 대상을 다소 좋거나 나쁜 것, 목적에 적합하거나 부당한 것으로 평가한다. 자아는 대상을 변형시키며, 그러면 대상은 자아의 '산출물' '조작물'이 되고, 대상은 이러한 것으로서 또다시 자아의 환경세계 속에 들어온다. 즉 대상은 가령 작품으로, 동시에 아름다운 것으로 평가되며, 경우에 따라 새로운 산출물의 부분품으로 쓰인다. 그러면 이 대상은 그것의 측면에서 다시 태도를 취하는 데 기능하고, 새로운 파악 층(層), 새로운 객관화를 정초한다. 따라서 주체는 언제나 가능한 다른 단계의 가능한 모든 종류의 작용을 수행하며, 이 작용으로부터 적절하게 전환해 항상 더 높은 단계의 언제나 새로운 객관화가 생길 수 있다. 이러한 작용 속에 살면서 주체는 그때그때 구성된 대상을 바로 자신의 '대상'으로 갖는다. 그래서 주체는 이제부터 자신의 계속되는 행동을 규정하고, 그 결과 자신을 규정하는 것으로 스스로를 의식한다.

여기에서 우리는 자연스럽게 이해된 (심리물리적 실재성으로서) 인간과 다른 실재성 사이의 자연스러운 관련과 대립해 인격적 주체로서의 인간이 자신의 환경세계의 대상성과 맺는 관련이 근본적으로 새로운 의미가 있는지 보게 된다. 특히 '자극'은 물리적 자연객체에서 나온다고 한다. 물리적 자극을 통해 감각신경은 자극을 받았다고 한다. 그렇다면 경우에 따라 영혼이 자극을 받았다고 할 수도 있다. 즉 신경계 속에 전달된 자극은 중추신경계 속의 최종자극에서 끝나며, 이것은 그것의 측면에서는 영혼에 대한 '자극'으로 기능하고, 영혼이 감각 속에 반응하게끔 한다.

반면 인격과 환경세계의 관계인 지향적 주체-객체-관련(Subjekt-Objekt-Beziehung)의 토대 위에 우리 자신을 세우면, 자극의 개념은 기본적으로 새로운 의미를 획득한다. 자연의 실재성인 사물과 인간 사이의 인과관계 대신 인격과 사물 사이의 **동기부여**(Motivation)의 관련이 등장하며, 이 사물은 그 자체로 존재하는 자연의 사물──사물을 오직 객관적으로 참된 것으로만 간주하게 하는 규정성을 지닌 정밀한 자연과학의 사물──이 아니라, 경험된, 사유된 또는 그밖의 방식으로 정립하면서 추정된 사물 그 자체, 즉 인격적 의식의 지향적 대상성이다.

이처럼 인격적 자아에게 의식에 적합하게 실제로 존재하는 것으로서 '의미(Sinn) 속에 놓여 있는' 사물 자체로부터 '자극'은 나온다. 현상학적으로 사물의 통일체(인식대상의 통일체)는 다소간 '강력한' 경향의 출발점이다. 이미 의식되었지만 아직 파악되지는 않은 것(의식배경 속에 아른거리는 것)으로서 사물의 통일체는 자신을 향해 주체를 이끌고, '자극의 강도'가 충분할 경우, 자아는 자극에 '따르고' '굴복하며' 자극으로 향한다. 그러면 자아는 사물의 통일체에게 설명하고, 파악하며, 이론으로 판단하고, 평가하며, 실천하는 활동을 한다. 사물의 통일체는 이제 그 존재나 어떤 특성을 지님, 아름다움, 편안함, 유용함에 관심을 쏟게 만들며, 그것을 향유하고 갖고 놀며 수단으로 이용하고 목적에 따라 변형시키려 하는 등 주체의 욕구를 불러일으킨다. 그렇다면 사물의 통일체는 자신의 실행에 대한 (또는 부정적인 것을 망각하지 않기 위해, 자신의 감수함에 대한) 자극으로서 언제나 새로운 단계에서 기능한다.

그밖에 동기부여의 주체는 때에 따라 자극에 굴복하거나 저항할 수도 있다. 이 모든 것은 오직 순수한 지향적 영역 속에서만 발견될

수 있고 기술될 수 있는 현상학적 관계다. 가장 넓은 의미에서 인격
적 태도 또는 동기부여의 태도도 실천적 태도라 부를 수 있다. 왜냐하
면 언제나 문제가 되는 것은 실행하거나 감수하는 자아, 게다가 본래
의 내적 의미에서 그러한 자아이기 때문이다.

51. 인격적 연대 속의 인격[2]

어쨌든 주체는 자신의 환경세계 속에 의식에 적합하게 사물뿐 아
니라 다른 주체도 발견한다. 왜냐하면 주체는 다른 주체를 그의 환
경세계 속에 활동하고 있고, 그 대상을 통해 규정되고 항상 새롭게
규정될 수 있는 인격으로 간주하기 때문이다. 이러한 태도 속에 주
체는 정신을 신체에 '삽입하는 일', 즉 정신을 신체에서 어떤 것으
로, 신체 속에 기초지어진 것으로, 신체와 함께 실재성에 속한 것으
로 고찰하는 일, 따라서 관련된 실재적 통각(자연스러운 통각)을 하
는 일에 결코 빠지지 않는다. 이러한 일을 하면, 인간 자체는 하나의
사물(Sache)로 정립된다. 이 경우 우리의 인격 — 이들이 인격 연대
(Verband)의 구성원이듯이 — 과 동등한 지위인 인격으로서 정신은
자신의 권리를 갖지 못하게 된다. 정신은 자연고찰이라는 의미에서
단지 영혼의 존재로서, 정신이 첨부된 것으로 나타나는 신체에 인과
적으로 종속적인 것으로서 기능하기 때문이다.

인간과 동물을 '단순한 사태로 취급하는 것'은 물론 서로 다른 의
미, 즉 한편으로 법률적이며 도덕적인 의미와 다른 한편으로 학문
적 의미가 있다. 그러나 이 둘은 어쨌든 공통성을 지닌다. 도덕적-실
천적으로 나는, 어떤 인간을 도덕적 세계가 구성되는 인격의 도덕적

---

2) 62항의 끝부분과 거기에 있는 주석을 참조할 것.

연대 속의 구성원으로, 도덕적 인격으로 간주하지 않으면, 그 인간을 단순한 사태로 취급한다. 마찬가지로 나는, 어떤 인간을 우리[나와 그] 둘이 속한 법률적 공동체의 구성원으로 간주하지 않고 단순한 사태로, 단순한 사물처럼 권리가 없는 것으로 간주하면, 그 인간을 권리주체로 취급하지 않는다. 이와 비슷하게 나는, 어떤 인간을 공통의 환경세계의 주체인 우리가 관련된 인격의 연대에 편입시키지 않고 순수한 사태로, 자연객체의 단순한 부속물로, 그래서 사태와 같은 것으로 취급하면, 그 인간을 **이론적으로** 사태로 취급한다.

　이러한 일은 일정한 한계 안에서 정당하지만, 적어도 다음과 같은 사실을 오인할 경우에만 부당할 것이다. 즉 인격과 영혼의 자연화(自然化)는 객관적 실존과 연속의 일정한 종속성관계 ─ 이것은 바로 자연스러운 사태세계와 인격적 정신 사이에, 이 둘이 객관적 공간-시간의 실재성 세계의 통일체에 속하는 한에서만 존재한다 ─ 만 인식하게끔 이끌 수 있다는 사실, 하지만 정신은 ─ 바로 정신이 자아주체로서 자체로-고유한 존재를 지니며, 이러한 것으로서 자신의 지향적 삶 속에 그 환경세계의 형식으로 세계에 관련된 대립적 구성원으로서 모든 사태성과 사태탐구에 필요하다는 관점에서 ─ 여전히 이와 다른 더 중요한 탐구방식을 가능케 하며 요구한다는 사실이다. 어디에서든 자연 ─ 자연과학의 의미에서 자연, 예컨대 자연과학의 눈을 통한 자연 ─ 만 보는 사람은 곧 정신과학의 특유한 분야인 정신영역에 대해 맹목적이다. 그는 어떤 인격도, 인격적 작업수행에서 의미를 받아들이는 객체도, 따라서 어떤 '문화'-객체도 보지 못한다. 도대체 그는, 자연주의 심리학자의 태도 속에 [다른] 인격과 함께 일했더라도, 어떤 인격도 보지 못한다. 그러나 이러한 사실은 여전히 근본적 상론이 필요하다.

　따라서 우리는 다른 사람의 현존재를 함께 파악하는 경험 속에 그를 즉시 인격적 주체로 이해하고, 그래서 우리도 관련된 객체성 ─ 땅과 하늘·들과 숲, '우리'가 공동으로 머무는 방, 보는 그림 등 ─ 에 관련된 것으로 이해한다. 요컨대 우리는 하나의 공통의 환경세계에 관련되어 있고, 함께 속한 인격적 연대 속에 있다. 하나의 공통의 환경세계가 우리의 삶이 지향적으로 결합된 하나의 공통성 속에 우리에 대응해 있지 않다면, 우리는 다른 사람에 대해 인격으로 존재할 수 없을 것이다. 상관적으로 말하면, 우리는 다른 사람과 함께 본질적으로 구성된다. 각각의 자아는, '함께 파악함'(Komprehension)*이 하나의 공통의 환경세계와 관련을 맺는 경우에만, 자신과 다른 사람에 대해 정상의 의미에서 인격, 인격적 연대 속의 인격이 될 수 있다.

공통의 환경세계는 서로 '함께 파악함'에 근거해 진행되는 인격적으로 서로 규정하는 작용들을 통해 새롭고 더 높은 단계의 의미의 공통성을 획득한다. 이렇게 서로 규정함으로써 공동체 환경세계의 대상 자체를 향한 평행하게 경과하며 서로 이해된 행동의 가능성뿐 아니라, 그러한 대상을 향한 인격의 결합된-통일적 행동 ─ 인격이 연대된 전체의 구성원으로서 공통으로 관여된 행동 ─ 의 가능성도 생긴다. 인격은 어떤 사람이 자신의 환경세계에 속한 다른 사람의 신체성과 그 정신적 의미를 신체로서 이해하고, 그래서 표정, 몸짓, 발언된 단어를 인격적 삶이 표명됨을 뜻하는 것으로 이해한다는 사실을 물론 최초의 기본적 방식으로 함께 파악해 포착할 뿐 아니라, 이렇게 '서로 규정하며' 개별적이 아니라 공통적으로, 따라서 인격적으로 결합되어 활동한다는 사실도 포착한다.

앞에서 상론한 것에 따라, 단순한 물리적 사물은 '동기부여한다'.

---

* 후설이 라틴어 'comprehensio'로도 사용하는 이 용어는 어원상 '함께'(cum)와 '파악하다'(prehendere)의 결합으로, 타인을 그의 신체를 통해 지각하는 '감정이입'을 뜻한다.

즉 나타나는 사물로서, 경험된 실제성으로서 경험의 주체에 자극을 행사하고, 주체를 어떤 행동으로 '유발시킨다'(이것은 현상적으로 경험의 대상인 세계객체와 경험의 주체 사이의 직접적 경험관련이다). 그래서 인간은 동일한 일반적 의미에서 서로에게 '직접' 인격적 영향, 직관적 영향을 행사한다. 즉 인간은 서로에 대해 '동기부여하는 힘'이 있다. 그러나 인간은, 때에 따라 그렇더라도(가령 내가 어떤 기분 나쁜 인간을 보고, 마치 혐오스러운 사물을 피해가듯, 그를 피해가는 것처럼), 물리적 경험사물의 단순한 방식이 아니라, 자극의 단순한 형식으로 영향을 미친다.

어쨌든 인격이 다른 인격에 영향을 미치는 다른 형식이 존재한다. 즉 인격은 자신의 정신적 행위 속에 서로에게 향하고(다른 사람을 향한 자아와 그 반대의 경우처럼), 자신의 상대방으로부터 이해되고 (이와 같은 의도가 표명되는 한) 자신이 이러한 작용을 이해해 파악하는 가운데 그것을 어떤 인격적 행동방식으로 규정하려 작용한다. 그 반대로 이와 같이 규정하는 사람은 이러한 영향에 흔쾌히 승낙하거나 마지못해 거절할 수 있으며, 자신의 측면에서는 그가 그것에 따라 행동할 뿐 아니라 흔쾌함이나 마지못함을 전달함으로써 이해시킨다는 사실을 통해 자신을 규정하는 사람을 다시 반응으로 규정할 수 있다. 이렇게 해서 공감의 관련이 형성된다. 즉 논의 다음에 답변이 이어지고, 어떤 사람이 다른 사람에게 제기한 이론적·평가적·실천적 요구 다음에 예컨대 (동의하는) 찬성이나 (동의하지 않는) 거부, 경우에 따라 반대제안 등 답변하는 반응이 이어진다. 공감의 이러한 관련 속에 인격의 의식에 적합한 **상호관련**과 동시에 이와 공통적 환경세계의 통일적 관련이 수립된다. 게다가 이것은 물리적이거나 동물적인(또는 인격적인) 환경세계뿐 아니라, 예를 들어 수학적 '세계'처럼 이념적 환경세계일 수도 있다. 그때그때의 환경세계는 '객관성'——또한 이

넘적 객관성 ─ 의 총체를 포괄하는데, 이것은 의식에 적합한 객관성으로서 인격(서로 함께 의사소통하는 모든 인격)에 '대립하고', 그 인격은 자신의 지향적 행동방식 속에 이것에 반응한다.

다른 사람을 경험하는 가운데, 상호이해와 공감 속에 **구성된 환경세계**는 '**의사소통의 환경세계**'다. 이 세계는 본질상 인격 ─ 자기 자신을 이 세계 속에 발견하고, 이 세계를 자신의 대응물로 발견하는 인격 ─ 에 상관적이다. 따라서 이것은 그 세계뿐 아니라 개별적으로 생각된 인격의 '자아중심의(egoistisch) 환경세계', 즉 자신이 환경세계와 관련되는 가운데 다른 인격과 (사회적 연대의 어느 누구와도) 공감의 관련을 전혀 맺지 않을 만큼 추상적으로 생각된 인격에도 적용된다. 모든 인격은, 이념적으로 말하면, 그가 모든 공감의 관련과 이속에 근거하는 통각을 '추상화할' 수 있거나 오히려 이것을 분리시켜 생각할 수 있는 한, 자신의 의사소통 관련 안에서 자신의 자아중심의 환경세계를 지닌다. 그러므로 이러한 의미에서 다른 환경세계와 관련해 일정한 환경세계의 '일면적 분리가능성'이 존재하고, 자아중심의 환경세계는 의사소통 환경세계의 본질핵심을 형성하며, 그래서 의사소통 환경세계가 부각되어야 한다면, 먼저 이 자아중심의 환경세계로부터 추상화하는 과정이 필요하다.*

우리가 단순히 개별화된 주체, 따라서 이 주체의 단순한 자아중심의 환경세계를 이끌어내 추상화했다고 생각한다면, 이 자아중심의

---

* 후설의 선험적 현상학은 이처럼 자아중심적 환경세계를 강조하는 독아론적 자아론(Egologie)으로서만 가능한 것처럼 보이지만, 이것은 의사소통적 환경세계, 즉 상호주관적 세계로 나아가는 방법적 통로일 뿐이다. 그에 따르면, "절대적 의식도 생성되는 것이 아니라, 다른 절대적 의식과 더불어 의사소통 속에 드러난다"(『상호주관성』 제1권, 17쪽). 결국 현상학적 환원은 "진정한 자기인식과 세계인식에 이르는 입구"(『위기』, 266쪽)다.

환경세계는 추상화를 폐기한 다음 공감의 관련이 등장함으로써 새로운 지향적 층(層)을 획득하며, 인격의 연대와 이 인격에 상대적인 의사소통 세계, 즉 그 인격의 환경세계가 구성된다. 이것은 주변의 외부 환경세계뿐 아니라 그 인격 자체를 함께 포괄하는 환경세계다. 여기에서 이미 인격이 자아중심의 환경세계에 속하듯이, 의사소통 외부의 인격 — 여기서 이것은 관련된 사회적 인격의 연대 외부에 있는 인격을 뜻한다 — 도 의사소통 환경세계에 속할 수 있다는 사실에 주목해야 한다. 사회적 연대에 속한 인격은 대상이 아니라, 대응 주체 — '함께'-서로 살고, 교제하며, 잇달아 관련되고, 현실적으로나 가능하게 사랑과 이에 대응하는 사랑, 증오와 이에 대응하는 증오, 믿음과 이에 대응하는 믿음 등의 작용 속에 있는 주체 — 로서, '친지'로서 서로에게 주어져 있다.

　사회적 상호관련의 작용은, 앞에서 서술한 것에 따라, 타인의 자아 삶 속에 일방적으로 들어가 공감하는 작용 가운데 특히 두드러진다. 다른 사람이 인격으로 이해되는 것, 이해하는 자가 일방적으로 다른 사람에 대해 이러저러하게 행동하고 그를 따르는 것은 충분하지 않다. 이 경우 다른 사람과의 어떤 공감도 필요없을 것이다. 그러나 바로 이것이 중요한 문제다. 사회성은 **특수한 사회적 작용**, 즉 **의사소통의 작용**을 통해 구성된다. 이 작용은 자아가 다른 사람을 향해 있고, 다른 사람 또한 이 자아가 향해 있는 것으로서 자아에게 의식되며, 더구나 이 향함(Wendung)을 이해하고, 경우에 따라 자신의 행동 속에 자아를 향해 있으며, 일치하거나 거역하는 작용 속에 거꾸로 향해 있다. 이 작용은 이미 서로에 대해 '아는' 인격들 사이에 더 높은 의식 통일체를 수립한다. 이 의식통일체 속에 주변의 사물세계는 태도를 취하는 인격의 공통의 환경세계로 포함된다. 또한 이렇게 통각으로 포함되어 있는 가운데 물리적 세계도 사회적 특성을 띠며, 이것은 정신적 의미를 지니는 세계다.

지금까지는 '환경세계'의 개념을 모든 대상성을 포괄하는 인격적 자아나 의사소통 연대 속에 있는 자아에 대응하는 세계로, 그 자아에 대해 자신의 '경험'을 통해, 즉 자신의 사물적·가치론적·실천적 경험 (따라서 가치론적이며 실천적인 파악이 포함된)을 통해 구성되는 세계로, 매우 좁게 파악해왔다. 앞에서 언급했듯이,[3] 이러한 환경세계는 현실적 경험이 진전되면서, 자연적 경험에서, 또 가치를 평가하고 의욕하며 산출하는 언제나 새로운 객체를 형성하는 이론적 사유에서 주체의 현실적 활동이 진전되면서 끊임없이 변화된다.

어쨌든 모든 인격적 개체에 대해—객체성을 포괄하면서 환경세계의 객체(사물·가치객체 등)를 자신이 현실적으로 구성하는 활동과의 연관 속에 계속 제시할 수 있고 주어진 상황 아래 제시하는—개방된 지평을 지닌 하나의 환경세계가 구성된다. 현실적으로 수행된 경험은 새로운 경험을 위한 가능성을 동기부여한다. 왜냐하면 주체에 대한 대상은 자신의 현존재를 지니고 우리가 추구할 수 있는 존재질서, 그 종속성을 지닌 것으로 주체가 경험하기 때문이다. 서로 함께 의사소통하는 주체는 서로에 대해 환경세계에 속한다. 이 환경세계는 그때그때 자신으로부터 돌아보는 자아, 자신의 환경세계를 구성하는 자아에 상대적이다. 이 자아 자체는 자기의식에 의해 또한 자기 자신을 향한 다양한 행동의 가능성에 의해 자신의 고유한 환경세계에 속한다. 요컨대 주체는 '주체-객체'(Subjekt-Objekt)다. 다른 한편 상호주관적 연대 속에 단계가 존재하는 하나의 유일한 세계가 구성된다. 즉 서로 함께 의사소통하는 주체는 더 높은 단계의 인격적 통일체를 구성하며, 그 총괄적 전체는—실제적이거나 가능한 인격적 연대가

---

3) 50항 초반을 참조할 것.

도달하는 한——사회적 주관성(Subjektivität)*의 세계를 형성한다. 사회적 주관성의 이 세계로부터 이 세계와 상관적이며 이 세계와 분리될 수 없는 이 주관성에 대한 세계, 즉 사회적 객체성(Objektität)의 세계가 구별될 수 있다.

그러므로 여기에서 다른 개념을 형성할 필요가 있다. 먼저 우리는 앞에서 주체와 그 환경세계를 구별했다. 그런 다음 주체의 연대와 그 환경세계도 구별해야 했다. 이때 자기 자신에 대해 객관화할 수 있고 객관화된 것으로서 주체는 동시에 자신의 환경세계에 속한다. 따라서 아무리 필요해도, 전자의 구별로는 부족하다. 어떤 친교모임, 어떤 단체에 대해 그 '외부 세계'는 그밖의 전체 세계, 그래서——그것이 곧 자신의 관심·몰두 등의 객체인 한——그밖의 정신, 정신적 공동체, 물리적 사물, 또한 문화객체·학문·예술이다. 그러므로 이 주관성 자체는——각각의 개별적 주체도 동일하게 객체가 될 수 있듯이, 이 주관성 역시 연대가 자기 자신으로 소급해 관련되는 가운데 객체가 될 수 있는 한——그와 같은 모임이나 일반적으로 사회적 주관성(의사소통으로 구성된 주체의 연대)의 환경세계에 속한다. 그런 까닭에 개별적 주체의 경우와 마찬가지로 (사회적 주관성인) 일정한 주체의 연대의 경우도 완전한 의미에서 환경세계와 외부 세계——따라서 이 외부 세계는 객관화된 주체를 배제한다——의 의미에서 환경세계를 구별하는 것은 유용하다.

그러나 지금 중요한 것은 서로 함께 의사소통하는 (이념적으로 가능한 고립된 개체라는 한계경우와 더불어) 모든 사회적 객체성을 통일

---

* '의사소통의(인격의) 환경세계'나 '사회적 주관성'이라는 용어, 또는 자아가 '주체-객체'라는 주장은 후설의 '선험적 (상호)주관성'이나 '(상호)주관적 것'의 의미를 더 분명하게 이해할 수 있는 표현이다.

적으로 총괄하는 것이다. 여기에서 의사소통의 이념은 분명히 단수의 인격적 주체에서 또한 사회적 주체의 연대로 이른다는 사실에 주목해야 한다. 이 연대는 그 자체로는 더 높은 단계의 인격적 통일체를 제시한다. 이와 같은 모든 통일체는, 사실적으로 수립되었거나 그것 자신의 규정되지 않은 개방된 지평에 적합하게 수립될 수 있는 자신의 의사소통이 도달하는 한, 사회적 주관성의 집합을 구성할 뿐 아니라, 다소 내적으로 조직된 사회적 주관성으로 밀집된다. 이 사회적 주관성은 하나의 환경세계 또는 외부 세계 속에, 자신에 대한 하나의 세계 속에 자신의 공통의 대응물을 갖는다. 환경세계가 어떤 주체도 (따라서 아마 화성의 인간과 이처럼 그 실제성이 알려지지 않은 채 개방된 주체와 마찬가지로, 어떤 주체도 수립될 수 있는 현실적 의사소통의 실천적 가능영역 속에 있지 않은 주체도) 더 이상 포함하지 않고 단순한 객체만 포함하는 것이라면, 어쨌든 이것은 연대된 인격과 더 높은 인격적 통일체에 대한 객체, 자신의 환경세계 속에 이와 같은 모든 주관성이 발견할 수 있고 또한 모든 '친지'(親知)가 자신의 환경세계 속에 발견할 수 있는 객체다.

이 '할 수 있음'은, 이념적 잠재성으로서, 본질적으로 환경세계의 의미에 함께 속한다. 동시에 세계의 이념은 현실적이거나 부분적으로 현실적이거나 잠재적인 의사소통 속에 서로 함께 있는 더 낮거나 더 높은 단계의 사회적 주체(이 경우 개별적 인격을 사회적 주체성이 전혀 없는 한계경우로 함께 포함한다)가 그에 속한 사회적 객체성의 전체 총괄과 일치하는 전체 총괄의 형식으로 정신세계로서 구성된다. 이러한 방식으로 사회적 연대 전체의 구성원인 각각의 주체에 대해, 이 주체의 '관점'으로부터 그에 상응하는 (따라서 주체마다 변화하는) 파악의 의미와 함께 파악되고 정립된 정신세계이지만, 하나의 동일한 정신세계가 구성된다. 즉 일정한 사물세계에 관련된 주체, 개

별적 정신과 정신적 공동체의 연대된 다수, '객체'의 세계, 즉 정신이
아니라 정신에 대해 실제성인 실제성은 어쨌든 다른 한편으로 정신
에 대한 실제성으로서 항상 정신화(begeisten)되며, 정신적 의미를 그
자체로 지니고 언제나 그와 같은 새로운 의미에 민감한 **정신적으로
의미심장한** 것이다.[4]

이러한 사물세계는 가장 낮은 단계에서, 개별자이든 경험하는 공
동체화 속이든, 개체적 정신의 실제적이거나 가능한 경험의 공통 장
(場)으로서 상호주관적인 물질적 자연이다. 모든 개체적 신체는 이
것에 속한다. 감성적 경험은 감성적 느낌과 충동에 배열된다. 더 높
은 단계에서 이 자연은 이론적·가치론적·실천적 작용의 장으로서,
자신의 다른 사회성의 단계에서 정신의 활동 장으로 문제 된다. 자
연은 자연과학의 분야, 감성적 평가 또는 실제적이거나 가능한 실천
적 작업의 장이 된다. 이것은 그것의 측면에서는 학문적·감성적·윤
리적 또는 그밖의 목적을 취할 수 있는 작업이다. 이 목적은 개체적
주관성이나 (그때그때의 단계에 사회적인) 사회적 주관성을 정립한
다. 왜냐하면 목적에 수단과 방법을 부가하는 것도 이 주관성이기 때
문이다. 그렇다면 이때 목적, 수단과 방법, 개인적이거나 사회적으로
평가한 산출물도 토대로 놓을 수 있고, 새로운 정신적 반응을 끌어낼
수 있으며, 새로운 목적의 설정을 규정할 수 있다. 다른 단계의 통각
이 생기고, 그래서 그때그때 대상이 가능하거나 추정적으로 평가하
고 목적과 수단을 정립하는 대상으로서 통각될 수 있다는 사실이 특
히 고려될 수 있다.

더 상세하게 살펴보면, 다음과 같이 계속 구별해야 한다.

1. **환경세계** 또는 **공동정신의 외부 세계**. 이것은 상호주관적으로 구

---

4) 다음 단락에 대해서는 부록 5를 참조할 것.

성된 대상성, 정신, 정신적 공동체, 정신화된 사물성과 단순한 자연의 사건, 대상성의 세계다. 이것은 공동체 연대에 속한 각각의 주체가 자신의 방식으로, 자신의 관점에서 주어짐으로 이끌 수 있고, 동시에 상호 이해를 통해 자신에게 주어진 것과 친지에게 주어진 것이 하나의 동일한 것이라는 사실을 인식할 수 있는 대상성이다.

2. 개별적 주체의 단순히 주관적인 영역. 이 주체는 근원적 방식으로 단순히 자신의 것인, 따라서 다른 어떤 주체에게도 원본적으로 주어질 수 없는 일정한 주변을 지닌다. 의사소통 공동체에서 각자는 내가 본 것을 보며, 내가 들은 것을 듣거나 동일한 것을 보고 들을 수 있다. 우리는 동일한 사물과 경과를 경험하며, 마주치는 동물과 인간을 경험하고, 이것들에서 동일한 내적 삶을 주시한다. 어쨌든 자신에게 고유한 자신의 나타남만 지니며, 자신에게 고유한 체험만 지닌다. 그는 이것을 오직 자신의 생생한 자체성(Selbstheit)에서, 완전히 원본적으로 경험한다. 나는 일정한 방식으로 다른 사람의 체험도 경험한다(이 속에 스스로 주어져 있다). 즉 신체의 원본적 체험과 일치해 수행된 감정이입('함께 파악함'comprehensio)이 일종의 현전화이지만, 아무튼 생생한 함께-현존함의 특성을 정초한다. 따라서 경험·지각을 지닌 한에서 그러하다. 그러나 이 함께-현존함(이전에[5] 진술한 의미에서 '간접적 현존')은 원리상 직접적인 원본적 현존함(근원적 현존)으로 변화되면 안 된다. 감정이입의 특유성은 원본적 '신체-정신-의식'을 지시하지만, 다른 사람일 수 없고 다른 사람에 대해 의사소통하는 유사한 것으로만 기능하는 나 자신이 원본적으로 수행할 수 없는 것으로서 지시한다는 점이다.

이렇게 해서 명백하게 구성적 발생의 관점에서도 중요한 이념적

---

5) 44항을 참조할 것.

구별, 즉 다음과 같은 '이념' 사이의 구별에 직면한다.

1. 사회 이전의 주관성, 아직 어떠한 감정이입도 전제하지 않는 주관성의 이념. 이 주관성은 오직 다음과 같은 것만 안다.

① 절대적으로 원본적이며, 현전화의 어떠한 요소도 포함하지 않고, 심지어 '지평'의 형식으로도 함께 파악함 없이 철저하게 생생한 파악인 내적 경험.

② 생생한 경험으로 이행하는 가운데 서로 교환되는 철저하게 그와 같은 '함께 정립함'('간접적 파악'Apprehension이나 '간접적 제시' Appräsentation)의 경험뿐인 외적 경험.

2. 사회적 주관성, 공동정신의 세계의 이념. 여기에서는 다른 주체뿐 아니라 그 내적 삶에 관한 경험, 즉 공동체의 형식, 공동체의 사물성, 정신객체에 관한 경험을 지닌다. 직접적 현재화를 통해서는 결코 교환될 수 없는 감정이입을 통한 현전화의 계기가 이러한 경험의 어디에든 있다. 사회적 주체의 세계에는 대상인 주체와 이 주체의 작용(체험), 그 나타남 등도 있다. 그러나 이것은 이것이 속한 주체에 대해서만 원본적 지각(현재화)이 된다. 이것은 순수한 원본적 지각이 되지만, 상호주관적 시간과 상호주관적 실재화(實在化)를 지닌 상호주관적 세계의 존립요소, 즉 공간적 신체성과 그래서 자연의 공간성에 속하는 것으로서가 아니라, 오직 '내재적' 자료로서 순수한 원본적 지각이 된다. 하여튼 객관적인 것(즉 상호주관적인 것)은 주어지는 방식 속에 다음 두 그룹으로 구별된다.

① 인격적 주체(의사소통 세계의 구성원)가, 자신의 상호주관적 객관성에 속한 배열형식 — 더 적절하게 말하면, 실재성형식 — 이 여전히 그에게 속하더라도, 직접 자신의 고유한 내용에 관해 원본적으로 경험할 수 있는 것. 여기서 주체의 모든 체험과 또한 자기 자신에 대한 주체는 '내적으로' 지각할 수 있고 실재적으로 통각된 대상, 즉

'주체-객체'로 고려된다.

② 인격적 주체가 경험하지만, 그 주체가 실제로 지각으로 경험된 것 또는 진행해가는 경험 속에 지각할 수 있는 것에 근거해 지각할 수 없는—즉 자신의 고유한 존재내용에 관해 자신의 지각으로 교환될 수 없는—'함께-현재하는 것'(Mit-gegenwart)을 경험하는 한, 단지 간접적으로 경험하는 것. 나는 나 자신을 '직접' 경험할 수 있고, 내가 원리상 경험할 수 없는 것은 오직 나의 상호주관적 실재성의 형식이며, 나는 이것에 대해 감정이입의 매개가 필요하다. 나는 다른 사람을 경험할 수 있지만, 오직 감정이입을 통해서만 경험할 수 있고, 그 고유한 내용은 오직 그 자신에 의해 원본적 지각을 통해 경험될 수 있다. 마찬가지로 나의 체험은 나에게 직접 주어진 것, 즉 그 자신의 내용에 관한 체험이다. 그러나 다른 사람의 체험은 나에게는 오직 간접적-감정이입에 적합하게만 경험된다. 그렇지만 이 경우 나의 체험 각각도 '세계'(객관적인 공간-시간적 실재성의 영역)의 존립요소로서 직접 경험될 수 있는 것이 아니다. 왜냐하면 실재성의 형식(상호주관적 객관성의 형식)은 결코 내재적 형식이 아니기 때문이다.

보충

'사회적 경험' 속에 사회적 대상성은 주어진다. 이 사회적 경험은 무엇인가? 결혼이 무엇인지를 나는, 나 자신이 몸소 결혼해 살고 그래서 결혼의 본질에 관해 파악하면(이것은 '지각'일 것이다), 내가 완전히 명백하게 나 자신을 결혼 속에 감정이입할 수 있는 한, '이해할' 수 있다. 이렇게 '주어진 것'을 나는 이제 직관적으로 변양시켜 표상할 수 있고, 직관적으로 결혼의 변경형식을 산출할 수 있으며, 이에 따라 '결혼'에 관한 다른 차이를 본질적으로 파악할 수 있고, 그래서 예를 들어 비교하면서 평가할 소재를 얻을 수 있다.

다른 예로 우정을 들어보자. 나는 다른 사람과 관계가 좋다. 우정은 결코 '이념적인 것'일 수 없다. 왜냐하면 어쨌든 나는 내가 동기부여의 방식──주어진 경우에 유효한 방식이거나 현저하게 규칙적으로 유효한 방식, 이것을 위해 예를 들어 이러저러한 자아중심의 방식을 배제하거나 배제한 것으로 표상하고, 그런 다음 이념적으로 사회적 형성물에 대해 본질적으로 미리 부여하는 변양을 추구하는 방식──을 직관적으로 타당하게 이끌 수 있다고 요구하는 직관적 표상을 변양시킬 수 있기 때문이다. 마찬가지로 나는 어떤 단체를 본질적으로 명백하게 할 수 있다. 가령 내가 생생하게 참여했고 동료 구성원으로서 진심으로 열심히 관여했던 어떤 학생단체에서 시작하자. 이것은 자치구(自治區)에 대해서도 마찬가지다. 나는 내가 자치구 지역에 속한 모든 시민활동을 체험하고 자치구 체제를 배워 알게 되는 동안──이것은 내가 자치구의 지위에 관해 또 이 영역에 속한 관습과 도덕에 관해 조사하거나 다른 사람의 이야기를 통해 알게 됨으로써 말뿐 아니라 내가 그 모든 것의 '의미'를 나에게 명백하게 하고, 이것이 실천에 적용되는 법칙과 이 실천의 규칙화에 대해 그 기능에 따라 나에게 직관적이게 하며, 그 결과 그 '본질'을 완전히 명백하게 이끌어냄으로써──활발하게 참여하는 시민으로서 가장 완전한 이해를 획득한다. 내가 모든 측면에서 실행할 수 없다면, 필요한 경우 그것을 예(例)를 통해 실행하는 것으로 충분하다.

52. 주관적으로 나타나는 다양체와 객관적 사물

객체의 두 번째 부류에는 완전히 무한한 사물──상호주관적으로 구성된 물리적 자연의 사물──의 나타남이 있다. 이 자연은 모든 사람에게 나타나지만, 이미 언급했듯이, 원리상 다른 방식으로 각자에게 나타난다. 각자는 자신의 사물들의 나타남을 지닌다. 왜냐하면 경험하는 사람의 주관적 상황이 변화할 때 어떤 사람은 기껏해야 다른 사람이 이전에 지녔던 것과 동등한 나타남을 지닐 수 있기 때문이다. 그렇지만 서로 다른 주체들은 상호주관적('객관적') 시간의 동일한 시점 속에 동일한 나타남을 결코 지닐 수 없다. 어떤 주체가 다른 주체의 환경세계에 속하는 한, 물론 그 주체의 현실적으로 나타나는 존립요소도 다른 주체의 환경세계에 속한다. 그러나 그러한 한에서만 그렇다. 각각의 주체에 하나의 동일한 실재성이 구성되는—동일한 실재성으로 구성되는, 상호주관적 객체를 통일하고 상호주관적으로 동일하게 확인하는 작용을 가능케 하는 (그밖에 현실적이거나 잠재적인) 공감에 힘입어 공동체 세계의 상호주관적 객체로 구성되는— 구성하는 현상의 모든 다양체의 경우가 그렇다. 따라서 여기에는 우리가 사물의 구성에서 언급한 모든 감성적 도식, 음영, 감성적 소재가 있다. 이것들은 특히 '주관적'이다.

여기서 이와 동등하게 계속할 수 있으며, 동일한 것이 통각의 파악 특성과 결국 의식의 흐름 전체에 자명하고도 더 적절하게 적용된다고 할 수 있다. 그럼에도 본질적 차이를 간과하면 안 된다. 주관적 체험의 흐름 속에 주체는 실재적 인격성으로 드러나고, 체험은 동시에 자신의 상태다. 이에 반해 감성적 도식, 즉 주관적 사물들이 나타나는 가운데 드러나는 것은 주체가 아니라 자신의 환경세계의 사물이다. 물론 나타남은 사물 자체의 상태가 아니다. 왜냐하면 사물의 상태도 우선 나타나는 가운데 드러나기 때문이다. 이 나타남이 주체의 상태가 아니라는 점은 그것이 주체의 실제적 상태, 체험을 초월해 있다는 사실에서 명백하다. 이 사실은 새로운 것이 아니라, 실재적 주체와 실재적 객체가 구성되는 방식의 근본적으로 다른 본성이 바로 그 사실 속에 입증된다. 즉 이것은 영혼의 주체뿐 아니라 인격적 주체에도 적용되며, 일단 우리가 이 둘의 관계를 규정하자마자 완전히 분명해진다.

앞에서[6] 주체와 이 주체에 주어진 객체세계에 관해 확립한 것으로 되돌아가 파악하면, 사물들의 — 그때그때 직관되었거나 직관할 수 있는 — 인격의 환경세계가 독아론적 주체에 나타나는 세계와 합치한다는 사실을 알게 된다. 즉 음영의 다양체에서 나타나면서 중심적 '여기' 주변의 공간 속에 배열되는 사물을 지닌다.

나에게 대립해 있고 내가 그와 같이 이해하면서 파악하는 다른 주체는 동일한 사물에 동일한 규정성으로 부여할 수 있지만, 그것이 현실적으로 나타나는 다양체는 원리상 동일한 것이 아니다. 각각의 주체는 자신의 '여기'를 가지며, 이것은 동일한 현상적 '지금'에 대해 나의 것과는 다르다. 각각의 주체는 자신의 현상적 신체, 자신의 주관적 신체운동을 지닌다. 각각의 주체는 상호주관적으로 동일하게 확인할 수 있는 공간(공통의 주변공간) 속에 동일한 장소를 자신의 '여기' — 내가 순서대로 바로 나의 '여기'로 만든 — 로 만들 수 있지만, 상호주관적으로 동일하게 파악된 시간의 각 시점에 대해 나의 '여기'와 그의 '여기'는 분리된다.

여전히 '상호주관적 공간'과 '상호주관적 시간'에 관한 논의가 여기에서 정당한지 입증해야 한다. 영혼적인 것은 시간화되고 장소화되며, 그래서 확장된 의미에서 자연이 된다는 사실을 앞에서 살펴보았다. 그러나 나와 다른 사람을 자연이 아니라 **정신으로도** 파악하고 정립하면서, 나는 나와 다른 사람을 공간적이며 시간적인 세계 속에 발견한다.

나는 지금 존재하며, 이전에 존재했고, 이후에도 존재할 것이다. 다

---

6) 38항을 참조할 것.

른 사람들은 동시에, 동일한 시간 속에 (어쨌든 객관적 시간 속에) 존재한다. 왜냐하면 다른 사람의 작용과 나의 작용은 동시성에 관해, '이전'과 '이후'에 관해 서로 시간적 위치를 지니며, 이 시간은 우리 환경세계의 시간처럼 동일한 것이기 때문이다.

공간에서도 사정은 비슷하다. 모든 것은 나의 '여기'인 '여기'에 관련된다. 인격인 나는 이 위치에서 공간 속에 있다. 다른 사람은 그의 신체가 있는 '거기'에 있다. 다른 사람은 차를 몰고 산책하며 방문할 때 아무튼 그의 정신은 신체와 함께 공간—하나의 객관적 환경세계의 공간—속에 자신의 위치를 변경한다. 장소의 위치는 그밖의 모든 공간의 위치처럼 측정되고 규정된다. 시간의 위치도 시계를 통해, 어쨌든 자신의 자연과학적 의미가 있는 기구인 모든 종류의 시간측정기를 통해 측정된다. 이 모든 측정도 물리적 자연 속에 수행할 수 있는 일정한 시간의 측정—물리적 세계 속에 주기적 공간의 경과와 연결된 시간의 측정—으로 소급한다.

따라서 정신적인 것에 대한 자연과학의 파악과 정신과학의 파악 사이에 본질적 차이가 전혀 없는 것처럼 보인다.

이에 대한 답변은 다음과 같다. 즉 모든 인격은 그 자체로 (본질에 적합하게) 자신의 환경세계를 지니며, 우선 자신의 주관적으로 나타나는 세계를, 그런 다음 인격의 연계에 관련됨으로써 동시에 공통인 객관적 환경세계—이에 관해 주관적 환경세계는 단순한 나타남이다—와 관련된다. 모든 인격적 자아에는 자신의 일정한 방향이 정해짐과 함께 하나의 물리적 환경세계가 주어지고, 모든 인격적 자아는 그곳으로부터 사물을 지각하는 자신의 중심을 지니며, 중심적 사물—사물이 중심을 포함하는 한에서만 그것에 나타나는 다른 모든 사물이 그 주변에 배열되고 자신의 방향이 정해지는 가운데 제시되는 중심적 사물—로서 자신의 신체를 지닌다. 그래서 세계는 신체

를 포함해 자아의 대응물, 자아의 주변이며, 특별히 자아에 속한 나
타남의 방식으로 언제나 자아에게 주어진다. '내가 여기에 있다'는
것은 내가 자연객체라는 것을 뜻하지 않는다.

　자연객체로서 인간인 나는 신체물체(Leibkörper)이며, 신체물체는
자아중심의-주관적으로 고찰해보면 '여기' 속에 나의 주변객체이
고, 객관적으로 고찰해보면 주관적 '여기' 속에 제시되는 객관적 공
간의 장소다. 또한 일반적으로 이 신체는 모두 각각에 따라 우선 나
의 주변객체이고, 다른 한편으로 그것이 '객관적' 진리 속에 있는 모
든 것에 따라 객관적 자연(자연과학) 속의 사물이다. 이 객관적 신체
물체는 아직 인간이 아니라 여전히 감각론의 존재 층과 신체적-영혼
의 존재 층에 담지자일 뿐이며, 이 전체는 실로 그것에 관련된 자연
과학으로 탐구하는 모든 주체에 대해 **공통**인 환경세계의 객체다. 여
전히 더 직접적으로 모든 타인은 내가 그리고 자연을 탐구하는 모든
주체가 수행한 자연과학 태도 속에 자연으로 파악된다. 이 자연과학
태도에서 자연은 나의 정신적 주변에 속한다. 그렇지만 이때 나는 그
런 까닭에 정신과학(인격적) 태도 속에 있지 않다. 왜냐하면 나는 그
래서 곧 인격성과 그 환경세계를 주제영역으로 지니지 않기 때문이
다. 이러한 태도 속에 타인은 기초짓는 신체를 통해 자신의 공간성과
시간성을 지닌 기초지어진 존재로 구성된다.

　그러나 내가 타인의 정신이 정신으로 또 물리적 신체 속에 기초지
어진 것이 아닌 것으로 (동물학적 존재인 자연사自然史의 인간 실재성
전체를 기초짓는 실재성이 아닌 것으로) 주제로 정립되는 정신과학 태
도 속에 있다면, 이 신체물체는 정신이 아닌 모든 것과 같이 주변에
있는 사태세계다. 이것은 일정한 정신적 존재, 인격과 그의 정신적
행동에 **표현**(Ausdruck)·기관(Organ) 등으로 이바지하는 정신적 의
미가 있는 하나의 사물이다. 정신은, 여기에서 자연으로 파악되지 않

았더라도, 어쨌든 신체에 속해 있고, 그래서 일정한 객관적 공간부분에 속해 있다. 주변세계의 공간은 그에 속한 사물과 함께 언제나 자연과학적 공간으로, 자연과학적 자연의 공간으로 객관화될 수 있다. 즉 이러한 상태의 본질에는 자연스러운 태도와 자연탐구 그리고 자연과학 태도와 자연탐구의 가능성이 포함된다. 그래서 이렇게 일정하게 지정된 방식으로 자신을 자연화할 수 있는 정신에도 '자신의' 장소, 주변의 다른 사물에서 떨어진 거리 등이 포함되어 있다. 인격적 인간세계의 구성원으로서 인간인 정신은, 사물이 일정한 장소를 지니듯이, 일정한 장소를 지니지 않는다(사물성 속에 기초지어진 신체와 자연사自然史로 기초지어진 인간이 어떤 장소를 지닌 2차적 의미에서도 일정한 장소를 지니지 않는다). 오히려 정신은 일정한 장소를 지닌다. 즉 정신은 자신의 측면에서 주변세계 속에 또 이 주변세계를 물리학적 세계로서 학문적으로 규정하는 가운데 자신의 장소를 지니고, 경우에 따라 물리학적 도구로 규정할 수 있는 장소를 지니는 신체에 끊임없이 기능하는 관련 속에 있다.

시간의 관점에서도 마찬가지다. 다른 인격은—개별적 주체가 (어떠한 감정이입도 주제로 수행되지 않고, 인격 그 자체가 구성된 인격적 연대가 아직 주제로 수립되지 않은 동안) 자신의 측면에서 자신의 의식의 경과 속에 자신의 시간성을 지니는 한—자신의 다른 주관적 시간을 지닌다. 순수 자아의 모든 등장은 이 시간 속에 자신의 위치를 지니고, 모든 자아작용은 이 속에 자신의 시간적 연장을 지닌다. 그러나 구성된 모든 통일체도 자신의 시간을 지니며, 이 통일체는 구성된 자아중심의-초월적 시간이 (본질에 적합하게) 구성하는 체험의 시간에 관련되고 동시에 그래서 '이전'과 '이후'라는 동시성의 관계가 일정하게 이리저리 경과할 만큼 시간적인 것으로 구성된다는 사실은 나타남의 통일체 구성의 본질이다. 1차적으로 구성되는 나타나는 사물, 즉 감각의 직관적 통일체는 자신의 지속(Dauer)에 관해 지각연속성 그리고 그 인식작용의 지속과 동시적인 것으로 현존한다.

이것은, 객관적 시간과 주관적 시간(나의 내재적 시간과 공간시간)이 아프리오리하게 유일한 시간질서 ──즉 주관적 공간시간 속에 객관적 시간이 어느 정도 '나타남'으로 제시되고, 이러한 관점에서 나타남이 타당한 나타남일 경우 '나타난다'──인 한, 상호주관적으로 구성되는 모든 통일체에 전이된다. 정신의 이 시간화와 장소화는 '투영'의 그것들과 본질적으로 다른 것이다.[7]

따라서 상호주관적 현재로서 상호 의사소통하는 다른 주체에 대해 동일한 어떤 '지금' 속에 이 주체는 동일한 '여기'(동일한 상호주관적 공간적 현재)를 지닐 수 없고, 동일한 나타남을 지닐 수 없다. 이러한 현상학적 상황의 지표는 다른 동시적 신체들 자체가 관통할 수 없다는 것이다. 두 신체는 객관적으로 하나의 사물에 결합되고 '함께 성장될' 수 있지만, 하나의 사물로 성장되는 것은 동일한 시간지속을 충족시키는 하나의 신체를 산출하지 못하고, 현상적으로 방향이 정해진 공간이며 두 주체의 주변에 있는 사물세계에 관해 사물의 나타남의 동일성인 '여기'를 산출하지 못한다. 두 주체의 나타남은 두 눈이 제공하는 광학적 나타남처럼 동일한 나타남으로 합류할 수 없다. 그래서 다른 주체는 현상적인 상호주관적 시간 속에 필연적으로 분리되며 원리상 결코 동일한 본질의 존립에 관한 것이 아닌 현상적 객관성을 지닌다.

물론 이 주체에는 동일한 사물이 현실적으로 나타날 수 있지만, 나타남, 즉 사물은 '자신의 그때그때 나타남의 양상에서', 자신의 방향이 정해지는 ──곧바로 그렇게 제시되는 색채 등──부각된 주관적

---

7) 51항을 참조할 것.

특성에서 다른 것이다. 여기에는 단지 교환관계만 존재하는데, 이에 따라 일정한 나타남의 양상에서 지금 나에게 주어진 동일한 사물은 그런 다음 상호주관적 시간이 유출되는 가운데 다른 사람에게 완전히 동일한 양상으로 주어질 수 있고, 그 반대 경우도 마찬가지다. 다른 관계 속에 교환할 수 있음은 당연히 배제된다. 왜냐하면 나타남의 양상이 관련되고 이것의 구체적 본질내용이 그에 속한 '지금' 속에 개체화(Individuation)를 부여하는 중심적 '여기'는 교환될 수 없으며, 그래서 개체적 현상도 하여튼 자신의 개체성 속의 모든 주관적인 것처럼 교환될 수 없기 때문이다. 따라서 예를 들면 '나는 움직인다'도 나의 이 자아에 고유한 것이며, 이러한 것으로서 다른 어떤 자아는 결코 '감정이입이 될' 수 없다. 이 자아에 의해 공감된 것은 나의 자아가 아니라 바로 그의 자아이며, 나의 주관성이 아니라 체험, '주관적' 나타남의 양상 등에 있는 그의 주관성이다.

서로 다른 주체는 자신의 환경세계의 대상을 언제나 자신의 나타남에 근거해 기술한다. 의사소통할 수 있는 주체들이 —동일한 현실적 나타남이 아니라도— 공간 속에 자신들의 위치를 단순히 교환하는 경우 어떤 주체의 나타남이 다른 주체의 동일한 나타남으로 이행해야 하는 방식으로 어쨌든 동일한 나타남의 부류(실제이거나 동기가 부여되어 가능한 지각의 나타남)를 갖는 한, 나타나는 사물이 다른 주체에 동일한 것이고 이 주체에 의해 동일한 방식으로 기술될 수 있는 한, 그러하다. 우리는 이미 나타남의 다양체 전체의 일정한 동일성이 상호 이해할 수 있는 조건이라는 사실, 그래서 차이는 일정한 방향에 따라서만 가능하다는 사실을 안다. 그와 같은 차이는 기술한 것을 교환하는 가운데 명백하게 제시되고, 경험이 상호주관적으로 일치함에 근거해 불일치함이 부각되며, 오직 이렇게만 알려질 수 있다.

이것으로부터 '정상' 인간의 인격과 '비-정상' 인간의 인격에 대한 가능하거나 이미 알려진 계열의 구별이 나간다. 이 정상성은 의사소통하는 연대의 다수의 인격에 관련되는데, 이 인격은 대체로—자신의 환경세계를 개별적으로 기술하는 방향에서 벗어나 진술하고, 그래서 그 진술에 관한 '함께 파악함'(Komprehension)에서 동일한 사물을 그때그때 동기부여의 테두리 속에 이해하는 자가 경험으로 실현할 수 없는 다른 방식으로 경험하는 다른 인격으로 파악되는 동일한 연대의 다른 인격에 대립해—유력한 규칙성에 따라 자신의 경험 속에, 그래서 경험에 대한 진술 속에 [서로] 의견이 일치한다. 더구나 이것으로부터 상호주관적 자연탐구에서 **물리학적** 사물의 객관성을 구성하는 계열이 계속 진행해간다.

개별적 주체에 직관적으로 구성되고 이 주체가 기술하는 진술로 표현되는 동일한 객관성, 서로 정상이라 평가받는 인격 공동체의 상관자로 구성되는 동일한 객관성은 그 자체로 '참된' 객관성의 단순한 '나타남'으로 간주된다. 왜냐하면 직관적 경험의 공통적 자연은 본질적으로 비-직관적 자연 그 자체의 '나타남', 상호주관적으로 더구나 이론으로 규정할 수 있지만 직접 경험할 수는 없는, 따라서 어떤 직접적 경험개념으로도 규정할 수 없는—본래 기술할 수 없는—자연의 '나타남'으로만 있기 때문이다. 데카르트의 어법으로, 우리는 상상(Imagination)의 자연과 순수한 지성(Intellektion)의 자연을 구별한다. 이때 칸트 이래 자연과학 이론의 이 자연이 그 자체로도 인식할 수 없는, 문제 있는 형이상학적 '그 자체'(An sich)로 늘상 간주되었던 사실*은 도외시한다. 그렇지만 이 모든 표현방식은 우선

---

* 후설에 따르면, 인식할 수는 없지만 항속하는 그 무엇(X)으로 생각할 수 있는 칸트의 '물 자체'처럼, 결코 나타날 수 없는 사물 자체는 무의미(Unsinn)는 아니지만 의미지향만 지닌 이치에 어긋난 것(Widersinn)이다. 사물은 원리상 또 정의상 지각할 수 있는 실재이며 지각할 수 있는 아프리오리한 가능성을 함축

받아들여만 할 매우 위험한 예측을 내포한다.

개별적이거나 상호 개별적으로 나타나는 객체의 나타남의 술어에 관해 공동체 주체의 모든 의견일치는 우연적 사실로 간주된다. 이에 반해 이성적 경험〔에 근거한〕사유(Erfahrungsdenken) 속에 명백하게 제시된 모든 객관적(물리학적) 규정에 관해 공동체 주체의 의견일치는 필연적 사실로 간주된다. 더구나 여기에는 이러한 객관적 이론의 자연인식에 따라 이것의 현상(직접 경험된 사물의 존립요소)에서 주체의 현실적이거나 가능한 모든 차이와 일치가 그것들을 객관적으로 탐구할 수 있는 신체의 조직(Organisation)과 영혼의 조직을 고려하면서도 '설명될' 수 있고, 따라서 그 자체로 다시 필연적인 것으로 인식할 수 있다는 사실이 포함된다.

그래서 우리는 다행히 자연과학, 우선 물리적 자연과학에, 그런 다음 자연과학 일반에 이르게 된다. 상호주관적으로 공감하는 가운데 부각된 '세계상'의 차이는 자연과학의 형식으로 이론적 탐구를 강요한다. 즉 그 차이의 내용적 모순에도 불구하고 어쨌든 하나의 동일한 세계인 그 세계에 관한 경험으로서 상호주관적으로 의사소통하는 가운데 입증되는 경험적인 직관적 사물세계, 그런데 이것으로부터 실제적 경험에 근거해 이 세계에 관한 무조건 타당한 판단에 도달하려는 불가능성이 생긴다. 왜냐하면 자연과학은 이제부터 자신의 측면에서 공동체 정신의 환경세계에 속하는 '객관적' 자연을 인식하게 되기 때문이다.

하기 때문이다. "모든 존재자는 그 자체로 인식할 수 있으며 …… 객관적으로 규정될 수 있고, 이상적으로 말하면, 확고한 단어의미로 표현될 수 있다"(『논리연구』 제2-1권, 90쪽).

53. 자연고찰과 정신고찰의 상호관계

이제 진지하게 숙고해야 할 때다. 여기에서 처음에 있던 자연과 지금 공동체의 연관 속에 생긴 자연 사이의 긴장인 불쾌한 어려움을 느낀다. 우리는 자연이 물리적·신체적·영혼의 자연으로 주어지고 이론적으로 인식되는 자연주의(자연과학) 태도에서 출발했다. 자연주의로 고찰된 이 세계는 어쨌든 그 세계가 아니다.* 오히려 그 세계는 일상세계(Alltagswelt)로 미리 주어져 있으며, 이 세계 안에서 인간에게 이론적 관심과 세계에 관련된 학문이 생긴다. 이 학문에는 진리그 자체의 이상(Ideal) 아래 자연과학이 포함된다. 미리 주어진 이 세계는 먼저 그 자연에 관해 탐구된다. 그 다음 차례는 동물적인 것, 우선 인간이다. 그리고 여기에서 인간을 자아주체로 탐구하는 것이 곧 첫째 과제다. 인간은 자신의 삶으로 되돌아간다. 이 삶은 ─ 인격 자체와 마찬가지로 개체의 사실적인 것으로서 ─ 공간세계 속의 위치에 적합하게 오직 심리물리적으로만 귀납적으로 규정될 수 있다. 어쨌든 인간에게는 일련의 심리물리적 연구가 있다.

그러나 이것은 곧 아무것도 아니다. 이것은 '모든 것'이 편입되는 하나의 공간, 하나의 시간을 지닌 하나의 '객관적' 세계다. 인격도 신체와의 통일성 속에 자신의 인격적 삶을 영위한다. 이러한 태도에서 고찰하고 숙고하며 세계에 대해 설명하는 것은 미리 곧바로 '자연'을 이론으로 정립하는 것을 뜻하며, 주어진 그 어떤 것에 접근하는

---

* 모든 존재를 수량화해 파악하는 객관적 자연과학이 참된 세계로 간주하는 것은, 무한한 이념이나 기하학적 도형처럼, 실제로 경험된 것이 아니라 가설적으로 대체된 것, 즉 구체적 경험에 이념과 상징의 옷을 입힌 추상적 산물이다. 결국 자연주의가 추구한 세계에 대한 객관적 인식은 직접 직관할 수 있는 '그 자체의 존재'가 아니라, 단지 이것에 이르는 하나의 방법일 뿐이다.

가운데 자연 속에 이렇게 편입시킨다. 예를 들면 인격은 자연을 지닌 존재자, 신체적 부속물로 그 자체에서 파악된다.

인격에 관한 그리고 인격에 대한 존재인 인격적 존재의 본질로 깊이 파들어가자. 우리는 현실적인 인격적 삶의 한 부분을 수행했거나, 완전히 생생하게 그러한 부분 속에 들어가 상상했고, 또한 어떤 다른 사람의 인격적 삶 속에 감정이입했으며, 실로 인격적 주체와 인격적 환경세계의 상관관계를 몇 가지 단계로 기술했다. 왜냐하면 어떻게 인격이 인격적 관련 속에 들어왔는지, 어떻게 인격적 연대가 더 높은 단계의 독특한 대상성으로 구성되었는지, 어떻게 정신세계가 상호주관적 공동체의 세계로서 생겼는지, 이 세계에 대립해 어떻게 특수한 세계가 각각의 인격적 주체에 부각되었는지, 즉 어떻게 각각의 주체가 나타남의 무한한 다양체와 그래서 일반적으로 오직 자신에게만 속한 대상성의 무한한 다양체를 그 자신의 것으로 발견하는지 주시했기 때문이다.

그러므로 모든 주체는 스스로를 주체, 즉 단순한 주관적 세계 — 원리상 결코 다른 어떤 주체에도 동일한 것일 수 없는 세계 — 의 담지자로 발견하고, 언제나 적절한 시선방향 속에 발견할 수 있다. 오히려 모든 주체는 그 세계에 관한 주관적 나타남의 방식의 담지자, 어쨌든 곧 동일한 세계가 실제로 나타나는 세계에 관한 **나타남**의 담지자로 자신을 발견한다. 이러한 대조에서 나타남(Erscheinung)과 나타나는 객체적인 것(Objektives)의 관계와 관련해 우리는 다시 자연과 자연과학에 직면하게 된다. 자연은 이제 인격적 세계의 연관 속에 구성되는 객관성, 즉 공동체의 모든 이성적 구성원 — 실제의 구성원이든 여전히 가능한 방식으로 공동체에 들어오는 구성원이든 — 에 의해 공동체 경험 속에 일치해 존재하는 것으로 경험되는 동일하게 같은 것, 더 높은 단계에서는 진리나 학문이라는 경험과학의 활동, 술어적 형성물 속에 만들어낼 수 있는 것이다. 여기에서 일종의 악순환에 빠진 것처럼 보인다. 왜냐하면 우리가 처음에 모든 자연과학자와 그밖에 자연주의로 태도를 취한 모든 사람이 실행한 방식으로 자연을 단적으로 정립한다면, 자신의 물리적 신체성에 관해 일정한 잉여를 지닌 실재성으로 인간을 파악했다면, 인격은 자연객체, 자연의 존립요소에 종속되었을 것이다. 그러나 인격성의 본질을 추구했다면, 자연은 인격의 상호주관적 연대 속에 구성되는 것으로, 따라서 이것을 전제하는 것으로 제시되었다.

거기로 가야 할 길을 어떻게 찾아야 하는가? 나는 위에서 인격성과 그 환경세계에 몰두하는 것이 그 자체로 우리를 자연주의 태도, 예컨대 자연과학자의 태도와는 본질적으로 다른 새로운 태도로 이끈다고 언급했다. 이러한 태도들의 대립을 명백히 밝혀보자.

태도변경은 일정한 파악방향에서 이와 상관적으로 다른 대상성에 상응하는 다른 파악방향으로 주제를 이행하는 것을 뜻할 뿐이다. 여기에서 중요한 것은 그러한 철저한 변경, 즉 근본적으로 다른 현상학적 유형의 파악을 겨냥한 이행이다. 그러므로 문제는 파악과 이에 따라 '경험'의 그 차이가, 이것에 상응하는 자신의 인식대상의 대상성(경험된 '그 자체')을 지닌 인식대상이 근본적으로 구별된 여기에 미리 놓여 있는지 이다. 또는 가능한 경험의 입증과 이것에 기초해야 할 경험의 인식의 연관과 관련해, 두 가지 측면의 대상이 근본적으로 다른 '영역'에 속하는지 이다.

과연 실제로 두 종류의 세계, 즉 한편으로 '자연', 다른 한편으로 정신세계로 주된 존재차이를 통해 분리된 두 세계가 중요한 문제인가? 이것은 두 세계가 서로 전혀 관계없다는 사실, 두 세계의 의미가 이들의 본질관련을 수립하지 않는다는 사실을 뜻할 필요도 없고, 뜻해도 안 된다. 우리는 어쨌든 의미의 관련과 본질의 관련을 통해 매개된 '세계'에 관한 그밖의 주된 차이를 알고 있다. 이념세계와 경험세계의 관계, 현상학적으로 환원된 순수 의식의 세계와 이 의식 속에 구성된 통일체의 세계의 관계, 나타남인 사물('2차' 성질의 사물)의 세계와 물리학적 사물의 세계의 관계를 지적할 수도 있을 것이다. 이 모든 차이는 '태도'의 주된 차이, 근본적으로 다른 종류의 파악이나 경험과 연관되고, 근본적으로 다르더라도 상관적 대상성은 어쨌든 이미 명칭[기호] 속에 등장하는 의미관련을 통해 매개된다. 즉 나타남인 사물은 바로 물리학의 사물이 나타남이며, 순수 의식은 다양하게 구성된 통일체에 대해 구성하는 것이다.

실로 그 상관자가 자연(객관적 시간공간성 속의 실재성의 세계 그리고 이 속에 등장하는 변화를 지배하는 인과성의 세계)인 태도에 관해, 우리는 그것을 매우 철저하게 연구했다는 사실만 기억해야 한다. 여기에서 경험된 것은 그 가장 밑바닥에 있는 물질적(물리적) 자연이며, 이 속에는 신체적 존재와 영혼의 존재에 관한 경험이 기초지어져 있다. 감각론적인 것과 영혼적인 것은—확장된 의미에서 그 속에 장소화되고, 그것을 통해 객관적인 공간적 위치와 자연의 시간 속에 편입되는—물리적 신체의 '부속물'(Annex)[8]이다. 따라서 이러한 방식으로 자신의 신체에서 심리물리적으로 종속하는 영혼의 속성을 정립하면서 모든 인간을 경우에 따라 '자연'으로 파악한다. 바로 그렇게 원하면, 지극히 어렵더라도, 우리 자신에 대해서도 그렇게 할 수 있다. 이것이 어떤 종류의 어려움인지는, 이제 인격주의 태도와 경험으로 이행하면, 저절로 명백해질 것이다.

---

8) 부속물은 규칙화된 공존함(Koexistieren)을 뜻하며, 변화의 규칙화는 '인과성', 즉 귀납적 인과성이다.

제2절 정신적 세계의 근본법칙인 동기부여

54. 자기 관찰(inspectio sui)에서 자아[9]

이러한 태도에서 나는, '나' 그리고 어떻든 '나는 생각한다'(나는 확신한다, 의심한다, 가능한 것으로 간주한다, 사랑한다, 기뻐한다, 의욕한다 등)고 말할 때 통상 나 자신을 받아들이는 것처럼, 단순하게 나 자신을 받아들인다. 내가 여기에서 나 자신과 나의 사유주체(cogito)를 신체에 있는 것으로, 신체 속에 기초지어지고 장소가 정해진 부속물로 생각하거나 발견한다는 사실은 결코 문제 되지 않는다. 오히려 그 반대로, 신체는 나의 신체이며, 우선 나의 대응물로서 나의 것이고, ―가령 집이 나의 대상, 즉 내가 본 것이나 볼 수 있는 것, 만진 것이나 만질 수 있는 것 등과 같이―나의 대상이다. 이것은 '나의 것'이지만 자아의 존립요소는 아니며, 따라서 일치하는 다양한 종합적 지각―내가 주체로서 수행하는 지각―을 통해 나에게 주어지고, 나에게 지각되지 않은 것은 바로 이 지각을 통해 나에게 '함께 주어진다'. 즉 가능한 지각은 현실적 지각을 통해 규칙화된 방식으로 동기가 부여된다.

물론 나는 감각 층이 신체 속에 장소화된 것을 발견한다. 이 감각 층에는 감성적 쾌락과 고통이 포함된다. 그러나 이것은 이 감각 층이 본래 자아인 것(Ichliches)의 영역에 포함되지 않는다는 사실만 지시할 뿐이다. 신체 일반과 마찬가지로, 신체를 대상으로 형성하는 모든 '비-자아'(Nicht-Ich)는 자아에 대응하고, 오직 대응하는 방식으로만 바로 자아가 경험하는 현존하는 대상으로 자아에 속한다. 내 경험의

---

9) 부록 6을 참조할 것. 여기와 그 이하에 대해서도 제1장 4~11항을 참조할 것.

모든 사물적 대상성은 이러한 방식으로 자아에 속한다. 즉 그러한 한에서 모든 대상성은 자아가 경험한 것으로, 그래서 자아가 주목하는 목표점으로, 자아의 이론적·감정적·실천적 작용의 기체(基體)로 자아에 현존하는 것으로서 주관성의 성격을 띤다.

더구나 자아는 자신의 경험, 시선방향, 평가하거나 욕구하는 작용을 반성할 수도 있고, 그런 다음 이것도 대상적이며, 자아에 대응해 있다. 그러나 그 차이는 명백하다. 즉 이것은 자아에 생소한 것이 아니라 그 자체로 자아인 것이며, **활동(작용), 자아 자체의 상태다**. 이것은 경험된 것, 사고된 것으로서 단순히 자아에 속하지 않고, 최초에 근원적으로 자아인 것, 주관적인 것의 단순한 동일성의 상관자가 아니다.

확실히 신체는 다른 사물에 대립해 자신의 덕목을 가지며, 이것 때문에 신체는 탁월한 의미에서 '주관적'이다. 즉 감각 장의 담지자, 자유로운 운동의 기관(Organon), 따라서 의지의 기관, 공간의 방향을 정하는 중심과 근본방향의 담지자로서 '주관적'이다. 그러나 이 모든 것은 근원적으로 자아인 것의 은총에 의한 자아인 것이다. 객체는 자아에 대한 객체이고, 자신의 파악·경험정립 등(즉 그 속에 '존재하는 것'의 양상으로 주어진 통일체로서)에 따라 자신의 세계에 주변이듯이, 이 신체도 나의 신체이며, 게다가 나는 이미 존재하고 신체에 특별한 덕목을 어느 정도 수여하기 때문에 분명히 느낄 수 있는 특별한 의미에서 나의 것이다. 예를 들어 방향이 정해지는 중심은 나의 신체〔를〕-사물〔로〕지각 자체의 인식대상의 내용에 속하며, 경험을 정립하는 가운데 직관적으로 구성된 객관성인 신체에 속하고, 그래서 이미 구성된 나타남인 나타남의 일정한 단계에 속한다. 따라서 신체의 특별한 지위는 자아(또는 자아의 원본적 직관)에 의한 은총이다.[10] 물론 이것은 '자아의 우연한 자의(恣意)'를 뜻하지 않는다.

그러므로 근원적이며 특수한 주관적인 것으로서, 즉 주목하고, 고찰하며, 비교하고, 구별하며, 판단하고, 평가하며, 마음 끌리고, 거부하며, 좋아하거나 싫어하고, 바라고 욕구하는 '자유'(Freiheit)의 자아, 모든 의미에서 '능동적'이며 태도를 취하는 자아, 본래의 의미의 자아를 발견한다. 그러나 이것은 한 측면일 뿐이다. 능동적 자아에 대립해 수동적 자아가 있고, 자아는 자아가 능동적인 곳에는 언제나, 영향을 받는다는 의미뿐 아니라 수용된다——이것은 물론 단순히 수동적일 수도 있다는 점을 배제하지 않는다——는 의미에서, 동시에 수동적이다. 확실히 '수용성'(Rezeptivität)은, 활발하게 태도를 취하는 본래의 자유가 아니라도, 그 표현의 의미상 능동성(Aktivität)의 가장 낮은 단계를 포함한다.* '수동적' 자아(두 번째 의미에서)도, 사물과 나타남에서 자극을 경험하고 마음 끌리며 이에 단순히 굴복하는 '경향'의 자아로, 근원적 의미에서 주관적이다. 자아의 '상태', 즉 슬픔, 기쁨, 수동적 갈망, 상태로서의 체념도 주관적이다. 어떤 소식을 듣고 '당황함'은 객체에서 나온 주관적인 것이다. 이에 대해 '반응함'·반발함·자제함은 주체에서 나온 주관적인 것이다.

본래 주관적인 것 ——자아 자체와 능동적일 뿐 아니라 수동적인 자아의 행동——으로부터 이제 한편으로 그에 대립해 자아가 적극적이

---

10) 부록 7을 참조할 것.

* 자아가 주의를 기울여 대상을 구체적으로 파악하는 지각은 '단적인 파악', 대상의 내적 지평 속으로 침투해 포착하고 규정하는 '해명', 대상의 외적 지평 속에 함께 현존하는 대상들을 주제로 삼는 '관계관찰'의 단계로 이루어진다. 그런데 '단적인 파악'도 단순한 감각자료로 주어지는 것이 아니라 내적 시간의식의 통일 속에 구성된 복잡한 구조를 지닌다. 즉 근원적으로 미리 구성하는 시간흐름의 수동성인 능동성 이전의(vor) 수동성과, 이것을 넘어서 대상들을 대상화하는 능동성 속의(in) 수동성이라는 변양된 능동성이 수반된다. 따라서 선술어적 지각작용의 수용성은 자아의 낮은 단계의 능동성이며, 술어적 판단작용의 자발성은 높은 단계의 능동성이다.

거나 감수하면서 행동하는 대상적인 것과, 다른 한편으로 이러한 행동이 그 위에 구축되는 '소재의' 토대를 구별해야 한다. 왜냐하면 모든 의식 삶에는 태도를 취함, 작용 일반의 층이 하부 층 위에 구축되기 때문이다. 여기서 이전에[11] 언급한 것과 연결시킬 수 있다. 환경세계의 객체——자아는 태도를 취함에서 이것에 대응해 활동하며, 이것으로부터 동기가 부여된다——은 총체적으로 이 자아의 작용 속에 근원적으로 구성된다. 재산·작품·일용품 등은 이러한 '단순한 사태'가 이 새로운 존재 층을 획득했던 가치를 평가하고 실천하는 작용을 소급해 지시한다. 이 존재 층을 도외시하면, 우리는 단순한 사태의 영역인 '자연'으로 소급되고, 그런 다음 계속 자아가 자연을 구성하는 자아로 활동하는 다른 단계의 종합으로 소급된다.

결국 사물을 구성하는 층을 소급해 훑어보는 가운데 궁극적으로 최초의 근원대상인 감각자료에 도달한다. 이 감각자료는 더 이상 그 어떤 자아의 능동성을 통해 구성되지 않고, 가장 정확한 의미에서 모든 자아의 활동에 미리 주어진 것이다. 이것은 '주관적'이지만, 자아의 작용이나 상태가 아니라, 자아의 최초의 '주관적 소유물(Habe)'인 자아가 소유하게 된 것이다. 그러나 자아의 자발적 작용 속에 근원적으로 구성된 모든 것은 구성된 것으로서 자아의 '소유물'이 되고 새로운 자아의 작용에 미리 주어진 것이 된다는 사실은 앞에서 이미 살펴보았다. 그래서 다른 단계의 '감각사물'은 관련된 더 높은 종합에 미리 주어진 것이 되며, 완전히 구성된 직관적 자연객체는 이론적-학문적 활동에, 가치를 평가하고 실천하는 행동에 미리 주어진 것이 된다.

그러므로 다음과 같이 구별해야 한다.

① 자아의 존재와 행동으로서 주관적 존재. 주체와 그 작용 또는

---

11) 이 책 4~10항을 참조할 것.

상태, 능동성과 수동성.

② 주체에 대한 존재로서 주관적 존재. 감각물질과 주체에게 그 발생(Genesis)의 경과 속에 구성된 객체의 총체성. 이것에는 자연의 구성원으로 나타나는 본래의 인간-자아, 어쨌든 이것에 전제된 독아론으로 구성된 신체적-영혼의 통일체, 나아가——그것이 내적 태도 속에 구성되는 한——육체의 신체성도 속한다. 이것이 감각물질과 비슷하게 특별히 자아에 소속되고, 구성된 외부 세계와 그 나타남들과 동일한 방식으로 자아의 '대응물'이 아니더라도 그렇다. 따라서 내적 태도에서 주어진 것 가운데 근원적인 본래의 의미에서 주관적인 것으로 남아 있는 것은 오직 지향성의 주체, 작용의 주체뿐이다.

55. 환경세계에 대한 자신의 행동에서 정신적 자아

이 지향성의 자아는 사유주체(cogito) 속에 자신의 환경세계, 특히 자신의 실재적 환경세계, 예를 들어 자아가 경험하는 사물과 인간에 관련된다. 이 관련은 직접 실재적 관련이 아니라, 실재적인 것(Reales)에 대한 지향적 관련이다. 따라서 다음과 같이 구별할 수 있다.

① 이 지향적 관련. 나는 객체를 부여했고, 이러저러하게 나타나는 것으로 부여했으며, 적절한 시선전환으로 그 객체의 나타남을 부여했다. 왜냐하면 나는 그 나타남을 지니지만, 그 객체에 주목하기 때문이다. 또는 다른 한편으로 나는 그 나타남에 주목한다.

② 실재적 관련. 객체 D는 실재적-인과적 관련에서 나에게, '자아-인간'에게, 따라서 우선 '나의 신체'라는 신체 등에 있다. 사물이 존재하지 않으면, 실재적 관련은 없어지지만 지향적 관련은 계속 남아 있다. 객체가 존재할 때마다 실재적 관련은 지향적 관련에 '평행해' 진행한다는 것, 즉 이 경우 파동이 객체(실재적 실제성)로부터 공간

속에 확장되고 나의 감각기관을 두드리는 것, 내 경험이 이러한 경과에 연결된다는 것 — 이것은 심리물리적 사실(Faktum)이다. 그러나 이것은 지향적 관련 자체 속에 놓여 있지 않다. 지향적 관련 자체는 객체의 비-실제성에 따라 전혀 손상받지 않고, 기껏해야 그 비-실제성의 의식에 따라 변경된다.

이제 주체와 이 주체에 의해 정립된 세계 — 여기에는 실재성뿐 아니라, 예를 들어 유령도 속할 수 있다 — 인 그 환경세계의 관계를 고찰하면, 이 주체를 우선 또한 유일한 주체, 즉 독아론적 주체로 간주하면, 정립된 객체와 — 지금 지향성의 주체라는 — '정신적' 주체의 풍부한 관련을 발견하게 된다. 그것은 이렇게 부른 의미에서 관련이다. 즉 실재성으로서 정립된 것과 정립하는 자아의 관련이지만, 실재적 관련이 아니라 '주체-객체-관련'이다. 여기에는 주관적-객관적 '인과성'의 관련, 즉 실재적 인과성이 아니라 동기부여의 인과성이라는 완전히 고유한 의미가 있는 인과성의 관련이 속한다. 환경세계의 경험된 객체는 때로는 주목되고 때로는 주목되지 않으며, 그렇다면 그 객체는 더 크거나 작은 '자극'을 행사하고, 일정한 관심을 '일깨우며', 이 관심에 의해 주의를 기울이는 경향을 '북돋고', 이러한 경향은 주의를 기울이는 가운데 자유롭게 흘러가거나, 대립된 경향이 약화되거나 극복된 후에야 비로소 흘러간다.

이 모든 것은 자아와 지향적 객체 사이에서 일어난다. 객체는 일정한 자극, 경우에 따라 그 나타나는 방식으로 유쾌한 자극을 행사한다. '동일한' 객체가 불쾌하게 나타나는 방식으로 나에게 주어질 수 있으며, 그런 다음 나는 내 위치를 적절하게 변경시키고 내 눈을 움직이는 등 다른 자극을 경험한다. 그래서 이제 유쾌한 나타남이 눈앞에 있으며, 움직이는 목적(Telos)은 달성된다. 여기에서 물체의 운동과 눈 운동은 다시 자연의 실재적 경과로 고려되지 않고, 자유로운 운동가능성의 영역은 나에게 본래 현재하며, '나는 실행한다'는 자극과 경향의 지배에 적합하게 '나는 할 수 있다'에 뒤따른다. 이와 상관적으로 경과의 결말은 일정한 목적의 특성을 띤다. 객체는 자신의 경험된 속성에 의해 나를 자극한다. 이 속성은 내가 아무것도 알 필요가 없는 물리학적 본성이 아니며, 내가 그것에 대해 안다면 그것은 참으로 존재할 필요가 없을 것이다. 이 객체는 (경험의 지향성이나 상관적으로 이 객체에 부여된 속성에 따라 일정한 간접적 경험지식의 지향성 안에서) 먹게끔 나를 자극한다. 그것은 식료품류의 상품이다. 나는 그것을 먹기 위해 붙잡는다.

이것은 새로운 종류의 주관적–객관적으로 '영향을 미침'이다. 객체는 가치의 성질을 지니며, 이 성질과 함께 '경험되어' 가치의 객체로서 통각된다. 나는 이 객체에 몰두하고, 이 객체는 몰두하는 자극을 나에게 행사하며, 나는 그 객체를 관찰하고, 이것이 어떻게 그러한 객체로 행동하는지, 결코 자연의 속성이 아닌 이 새로운 속성이 어떻게 입증되고 더 상세히 규정되는지 관찰한다. 그렇지만 나는 평가하는 주체일 뿐 아니라 의욕하는 주체이고, 가치를 경험하는 주체이며, 이러한 관련 속에 판단하는 등 사유작용의 주체로서 그 자체로 입증되며, 사물을 창조적으로 변형시키고 유효한 목적을 위해 현실적으로 사용할 수도 있다. 게다가 사물도 자신의 현존을 가장 낮은 직관적 단계의 자연으로 입증한다. 반대의 경우 사물은 무(無)이며, 이러한 관련 속에 더 이상 나를 규정하거나 동기부여하지 않는다. 어쩌면 환영의 객체 자체, 말소된 인식대상이 된 것은, 다른 방식으로 이전에 인식대상이 된 것이 자신의 근원적 속견의 존재특성 속에 나에게 영향을 미쳤던 자신의 방식으로, 나에게 영향을 미친다.

여기에서 우리는 어떤 것에 대해 반응의 관계를 맺는다. 이 관계를 통해 자극이 경험되며, 일정한 의미에서 동기가 부여된다. 나는 아름다움에 주목하면서 즐겁게 주의를 기울이게 동기가 부여되고, 아름다움의 자극을 경험한다. 어떤 것은 내가 이와 비슷한 다른 것을 기억하게 하며, 유사성은 비슷한 것을 비교하고 구별하게 자극한다. 불완전하게 보인 것은 일어나서 그것에 다가가게 규정한다. 방의 혼탁한 (내가 그렇게 경험하는) 공기는 창문을 열게끔 자극한다. 여기에서 항상 '무엇으로부터 겪는' 무엇을 통해 수동적으로 규정된 것과, 이에 대해 능동적으로 반응하는 일정한 행동으로 이행하게 된다. 이러한 행동에는 일정한 목적이 있다. 여기에는 물리적 객체의 모든 만듦과 변형이 있으며, 모든 '나는 움직인다'(나의 손·발 등)와 마찬가지로 '나는 밀친다', 민다, 끌어당긴다, 어떤 사물에 저항한다 등도 있다. 물론 내 손과 이 손의 '밀쳐진' 공에 대한 기계적 영향인 기계적 운동의 사건은 물리적-실재적 경과다. 마찬가지로 객체, '이 인간', 자신의 '영혼'에 의해 이러한 사건에 관여한 '이 동물' 그리고 그의 '나는 손·발을 움직인다'는 심리물리적 실재성의 연관 속에 실재적-인과적으로 설명될 수 있는 심리물리적으로 얽힌 경과다.

그러나 여기에는 이러한 실재적인 심리물리적 경과가 아니라, 지향적 관계가 문제다. 즉 주체인 나는 손을 움직이고, 주체의 고찰방식에 있는 것은 두뇌의 과정, 신경의 과정 등에 의지하는 모든 것을 배제하며, 마찬가지로 이것은 '나는 돌을 밀친다'에서도 적용된다. 의식에 적합하게 다양하게 나타나는 신체마디인 손은 그 자체로 '나는 움직인다'의 기체(Substrat), 주체에 대한 객체(Objekt)이며, 이른바 주체의 자유나 자유로운 행위의 주제(Thema), 밀침에서는 '그것을 통해' 나에게 지향적으로 주어진 사물이 밀침('나는 밀친다')의 '주제'가 될 수도 있고 주제가 되는 수단(Mittel)이다.

그러므로 분명히 주제의 객체(나에 대한 객체, 이 자아에 대한 객체) 또는 주제의 관계를 명시하는 사유주체는 본질적으로 주체와 주제의 객체의 지향적 관계에 속한다. 즉 그것은 사유주체 속에 나타나고, 지각되며, 기억되고, 공허하게 표상되며, 개념적으로 사유되는 등의 객체다. 존재정립(경험정립·사유정립 등)은 사물이 존재하지 않을 경우 거짓일 수 있으며, 이때 나의 추후의 비판적 판단 또는 다른 사람의 판단 속에 "실제로 나는 아무것도 밀치지 않았고, 전혀 춤을 추거나 뛰어오르지 않았다"고 말한다. 그러나 '내가 겪는다'거나 '내가 실행한다' 또는 '내가 움직인다'의 명증성(명증한 체험)은 그럼에도 관련되지도 폐기되지도 않는다('내가 밀친다' '내가 춤을 춘다' 등이 하나의 사유주체이지만, 단지 초재-정립Transzendenz-Thesis을 함께 내포하는 것이며, 사유주체도 이러한 혼합된 형식 속에 존재하는 자아 ego sum를 자체 속에 간직한다고 할 수도 있다). 세계는 **나의 환경세계**다. 즉 물리학적 세계가 아니라, 나와 우리의 지향적 삶에 주제의 세계(게다가 주제-외적으로 의식된 것, 함께 촉발되고 나의 주제의 정립에 접근할 수 있는 것, 나의 주제의 지평)다.

이러한 환경세계는 경우에 따라 나의 **이론적 환경세계**이거나 자체 속에 이 환경세계를 간직한다. 더 분명하게 말하면, 이 환경세계는 현실적 주체(나에 대한 주체가 아니라 인간에 대한 주체)인 나에게 도처에서 이론적 주제를 제시할 수 있으며, 더구나 나는 이론으로 실재성의 연관을 탐구하면서 자연과학에 종사할 수 있다. 실재적인 것을 겨냥하거나 실재적 현실성을 만들어내면서 나는 주어진 환경세계의 사물 속에 나타남으로 알려지는 '참된 자연'을 획득한다. 또한 여기에서 나는 나 자신과 나의 영혼 삶을 객체로 만들고, 신체적-영혼의 연관을 추구하며, 인간인 나 자신을 실재성 가운데 하나의 실재성(Realität)으로 탐구한다. 그러나 이 경우 자연과학과 자연과학적으로 참된 존재는 나의 환경세계에 속하며 자신의 넓은 주변 자체 속에 등장하는 규정이다.

그래서 환경세계는 나에 대해 자연과학 기술(Technik)의 주제, 일반적으로 가치평가와 목적설정에 관련된 실천적 형태의 주제가 될 수 있다. 이 경우 기술·예술 등을 추구한다. 그래서 나는 가치를 정립하거나 받아들이고, 이것에서 파생된 가치인 수단적 가치를 보고 발견하며, 목적을 최종목적으로 간주하고, 가정적-실천적 의식 속에 숙고하고 선택하며, 그런 다음 실제로 실천하는 가운데 취하며 이 목적에 가능한 수단을 부속시킬 수 있다. 그렇지만 나는 가치에 대해 판단하고, 결국 궁극적 가치와 목적에 관한 물음을 제기하고, 그래서 가치의 이론, 이성적 실천의 이론, 이성의 이론을 추구할 수도 있다.

이처럼 자아가 처한 사태의 고유한 장(場)을 개관하자. 자아는 언제나 지향성의 주체이며, 이 속에 인식대상과 인식대상의 객체가 ─ 일정한 객체를 의식하게 해 ─ 내재적으로 구성('통각')되었다. 특히 자신의 방식으로 의식되어 존재하는 것으로 정립된 객체는 새로운 의미의 '지향적' 관련 속에 주체에 나타난다. 즉 주체는 객체에 관계되고, 객체는 주체를 자극하고 동기부여한다. 주체는 겪거나 활동하는 주체, 인식내용으로 주체 앞에 놓여 있는 객체와 관련된 수동적이거나 능동적인 주체이며, 이와 상관적으로 우리는 객체에서 나오는 주체에 대한 '영향'을 지닌다. 객체는 '주체로 파고들어오고', 주체에 자극(이론·감각·실천의 자극)을 행사하며, 객체는 마치 주의를 기울이는 객체가 되려 하며, 특수한 의미(즉 주의를 기울이는 의미)에서 의식의 문을 두드리고, 마음을 끌어당기며, 주체는 결국 객체가 주목받을 때까지 소환된다. 객체는 마치 포착되려고, 쾌락으로 초대하려는듯 실천적으로 마음을 끌어당긴다. 이렇게 무수한 관련과 무수한 인식대상의 층이 있는데, 이 층은 객체가 이렇게 주의를 기울임으로써 받아들이며, 근원적 인식대상(사물의 경우 순수한 사물의 인식대상) 위에 층을 이루어 세워진다.

56. 정신적 삶의 근본법칙성인 동기부여

따라서 정신적 또는 인격적 자아 아래 지향성의 주체가 이해된다는 사실, 동기부여는 정신적 삶의 법칙성이라는 사실을 살펴보았다. 물론 동기부여의 본질이 무엇인지 여전히 더 상세하게 연구해야 한다.

a) 이성의 동기부여

우선 예를 들어 지각 등이 판단을 동기부여하는 본성과 방식을 주시하자. 이것은 판단이 경험을 통해 정당화되고 교정되는, 따라서 어떤 술어를 인정함이 그것의 일치하는 경험작용에서 판명되는, 경험작용과의 모순 속에 말소하는 부정이 동기가 부여되는, 또는 판단이 다른 판단을 통해 결론으로 동기가 부여되는, 하지만 완전히 다른 방식으로도 판단이 감정을 통해 그리고 감정이 판단을 통해 동기가 부여되고, 추측이나 의문·느낌·갈망·욕구 등이 동기가 부여되는 종류와 방식이다. 요컨대 문제는 태도를 취함으로써 태도를 취하는 동기부여다(이것에는 항상 일정한 '절대적 동기부여'가 전제된다. 즉 동기부여 안에서 이성이 지배하든 않든 상관없이 '자기 자신을 위해' 등 어떤 것이 그 자체로 내 마음에 든다).

어쨌든 이성이 그것에 의해 제외되지 않아야 한다면, 바로 이성의 동기부여, 즉 명증성의 테두리 속에 동기부여의 현저한 경우가 앞에 놓여 있는 한, 이것은—순수성 속에 지배하는 경우—가장 넓은 의미에서 '참된 존재'의 영역의 상관자와 더불어 더 높은 단계의 구성적 의식통일체를 수립한다. 여기에는 특히 논리적 정초의 모든 예가 속한다. 따라서 다음과 같이 구별해야 한다.

① 이성의 규범에 지배되는 영역 속에 활발한 작용을 통한 활발한 작용의 동기부여. 여기에서 구별은 자아의 동기부여와 작용의 동기

부여다.

② 그밖의 다른 동기부여.

그런데 동기부여는 그 속에 자아가 동기가 부여된 것인 가장 본래의 의미를 지닐 수 있다. 즉 나는 전제 속에 이러저러하게 판단했고 이것에 나의 정립을 부여했기 때문에 결론명제에 나의 정립을 부여한다. 이것은 스스로 가치를 평가하고 다른 것을 위해 평가하며 결정함으로써 파생된 의욕하는 영역에서도 마찬가지다. 여기 어디에서나 나는 나의 사유주체를 수행하며, 내가 다른 사유주체를 수행했다는 사실에 따라 규정된다. 그래서 명백히 결론명제의 정립은 전제의 정립에 관련된다. 이것은 자아의 정립이지만, 다른 한편으로 이것 자체가 자아는 아니며, 따라서 우리는 동기부여로서 정립과 고유하게 관계된다. 그러나 정립은 정립으로서 자신의 '질료'(Materie)를 지니며, 종속성에 대한 계열도 낳는다. 즉 완전한 명제와 이와 상관적으로 완전한 체험은 '동기부여와 결합'된다.

우리는 이중의 의미에서 순수한 이성의 동기부여를 논의할 수 있다. 즉 이것은 본래 그렇게 부를 수 있는 '작용들' 사이의 단순한 관계와 요구된 연관이다. 여기에서 주체는 '활발한 것'이며, 일정한 방식으로 여기에서나 어디에서나 순수한 논리적 사유에서도 '행동하는' 것이다. 이성은, 통찰하고 철저히 통찰해 동기가 부여되면 또 이러한 한, 실로 '순수 이성'이라 할 수 있다. 그러나 이 조건이 그 경우일 필요는 없다. 부당한 추론도 이성의 동기부여라는 명칭에 속한다. 아마 그 '질료'는 이성의 〔이전〕작용의 침전물이지만, 지금은 혼란되어-통일적으로 등장하며 그래서 정립을 지닌다. 이성은 여기에서 '상대적'이다. 충동과 경향에 이끌리게 떠맡기는 사람은 비-이성적으로 내몰린다. 이것은, 자극으로 기능하는 사태의 감각에서 나오지 않고 따라서 자신의 원천을 감각 속에 갖지 않기 때문에, 맹목적이다. 그러나 내가 어떤 것을 참으로 간주하고 어떤 요구를 도덕적인 것—따라서 상응하는 가치에서 솟아나오는 것—으로 간주하면, 추정된 진리, 추정된 도덕적 선(善)을 자유롭게 뒤따르면, 나는 이성적이다. 그렇지만 내가 실로 그 속에서 잘못 생각할 수 있는 한, 상대적으로 이성적이다. 내가 내 전제를 통해 나에게 미리 지시된 지향을 충족시키는 한, 상대적 이성 속에 일정한 이론을 계획한다. 어쨌든 나는 나의 전제 가운데 어떤 것이 일치하지 않는다는 사실을 간과할 수도 있다. 아마 여기에서는 맹목적 경향을 따를 것이다. 나는 정립된 명제가 입증되었다고 기억할 수 있을 것으로 믿었다. 즉 기억이 자신의 이성을 갖는 한, 경향은 완전히 맹목적인 것이 아니라고 믿었다. 결국 여기에서 우리는 이성적 주체의 행동을 대상으로 갖는 가장 넓은 의미에서 윤리학의 근본물음에 도달한다.

스피노자(B. Spinoza)와 홉스(T. Hobbes)의 감정이론은 대체로 내재적 동기부여를 다룬다.

b) 동기부여로서 연상

더구나 **연상**(Assoziation)과 습관(Gewohnheit)의 전체 영역이 여기에 속한다. 이것들은 하나의 자아의식 안에서 이전 의식과 이후 의식 사이에 건립된 관련이다. 그렇지만 동기부여는 '지금의' 의식 속에, 즉 현실적 시간의식(원본적 의식)으로 특성지어진 의식의 흐름에 통일체 속에 경과한다. 여기에서 중요한 문제는 태도를 취함으로써 태도를 취하는(능동적 정립을 통한 능동적 정립) 동기부여가 아니라, 임의의 체험의 동기부여다. 더구나 이것은 이전의 이성작용, 즉 이성의 작업수행으로부터의 '침전물' 또는 이성작용에 의해 실제로 형성되지 않고 이러한 것의 '유비'에 따라 통각의 통일체로 등장하는 것의 동기부여, 또는 완전히 이성이 없는 것의 동기부여다. 예컨대 감성,

솟아오르는 것, 미리 주어진 것, 수동성의 영역 속에 내몰린 것이다. 이 속에서 개별적인 것은 희미한 토대 속에 동기가 부여되고, 자신의 '영혼의 근거'[12)를 지니며, 이 근거에 대해 우리는 '어떻게 나는 나를 그것으로 이끌어간 것에 도달하는가?'라고 물을 수 있다. 이렇게 물을 수 있다는 사실은 모든 동기부여 일반을 특성짓는다. '동기'는 종종 깊이 은폐되어 있지만, '심리분석'을 통해 밝혀질 수 있다. 어떤 생각은 다른 생각을 '기억나게 하며', 어떤 과거의 체험을 기억 속에 소환한다. 많은 경우 이것은 지각될 수 있다. 어쨌든 대부분의 경우 동기부여는 의식 속에 실제로 현존하지만, 이것은 부각되지 않으며, 주목되지 않거나 주목할 수 없다('의식되지 않는다').

연상의 동기부여와 여기에서 중요한 문제인 자아의 동기부여(이성의 동기부여)의 정확한 의미에서 동기부여를 대조하는 것은 다음과 같이 부각될 수 있다. 일반적 사태인 '수동적 동기부여'는 무엇을 뜻하는가? 일단 의식의 흐름 속에 어떤 연관이 등장하면, 이전 연관의 일정한 부분과 비슷한 새롭게 등장하는 연관이 유사한 의미에서 계속되고 이전 연관 전체와 비슷한 연관 전체를 보충하려 애쓰는 경향이 동일한 [의식의]흐름 속에 존재한다. 우리는 이렇게 물음을 제기한다. 즉 무엇을 토대로 나는 그 사실을 아는가? 이제 어떤 이전의 연관에 대해 반성하고, 그런 다음 지시된 관계 속에 이 연관과 관련이 있는 두 번째 연관에 대해 반성하면, 나는 출발부분에 따라 이와 유사한 부분을 이성적 동기부여 속에 기대하며, 그런 다음 이것을 실제로 발견한다. 여기에서 우리에게 묻고 숙고하며 연상의 사태를 확인하는 새로운 것이 등장한다. 즉 유사한 부분의 현존(Existenz)은 유사

---

12) 여기서 우리는 '자아가 없는'(Ichlos) 분야 속에 동기부여된 자아에 관해 논의한다. 그렇다면 자아는 흐름(Strom) 자체인가?

한 보충부분의 현존을 요구한다. 이것은 **동기부여의 법칙**이며, 현존적 정립에 관련된다. 그 요구는 '근원적' 요구, 즉 이성의 요구다. 따라서 판단과 신념의 태도를 취하는 것 일반(여기에는 형식논리의 태도를 취하는 것도 있다)뿐 아니라 현존적 정립에 대한 이성의 동기부여가 존재한다.[13] 그렇지만 마찬가지로 감정과 의지의 태도를 취하는 것에 대한 이성의 동기부여도 존재한다.

물론 신념과 각각의 태도를 취하는 것은 의식의 흐름 속에 일어난 사건이며, 따라서 첫 번째 법칙, 즉 '습관'의 법칙에 종속된다. 내가 일정한 표상방식으로 이러한 의미를 지닌 M을 일단 믿으면, 새로운 경우 M을 다시 믿는 연상의 경향이 존재한다. 내가 'A인지 아닌지'를 숙고하고 '그것은 A이다'라는 동의로 이행하면, 새로운 경우 '습관에 적합하게' 'A′인지 아닌지'(우리가 그 소재에 관해 A와 비슷하게 생각한 것)의 숙고와 '그것은 A′이다'라는 동의에 연결시킬 수 있다. 일단 어떤 감각내용을 파악하고 A로 대상적으로 정립했다면, 나는 다른 때 유사한 감각내용(이에 속한 유사한 관계 및 상황과 함께) A′로 다시 파악하고 정립할 수 있다. 이 경우 흐름 속에 경과형식을 다시 갖는다. 그렇지만 내가 습관에 따른 사건과 태도를 취하는——물론 통상의 언어로는 이것을 단지 '동기부여'라 부른다——영역에서 동기부여의 사건을 혼동하면 안 된다는 사실은 명백하다.

확실히 두 종류의 동기부여, 즉 연상과 통각의 근본토대 속의 '인과성'과 수동적이거나 능동적인 또는 자유로운 이성의 '인과성'이 서로 얽혀 있다. 자유로운 이성은 수동성이 어떤 암묵적 정립도 전혀 포함하지 않는 근원질료를 제시하는 데에만 자신의 역할을 하는 곳

---

13) 여기서 '(자연 속에) 유사한 대상적 관계들 아래 있는 것'이 유사한 것을 기대하게 되는 것 등과 같이, 구성된 것 속에 상관적인 현존적 동기부여들이 다루어져야만 할 것이다.

에서 순수하고 완전히 자유롭다.

c) 연상과 경험의 동기부여

이제 주목되지 않은 동기부여, 즉 습관의 경우나 의식의 흐름의 사건에 놓여 있는 '은폐된' 동기부여에 관해 논의했다. 내적 의식에는 모든 체험 자체가 속견으로 '존재하는 것으로 특성지어졌다'. 그러나 여기에 다음과 같은 큰 어려움이 있다. 즉 그것은 실제로 존재하는 것으로 특성지어지는가, 또는 대상화하는 가운데 체험에 존재특성을 필연적으로 배분하는 반성의 가능성만 본질에 적합하게 존재하는가? 하지만 이것조차도 아직 충분히 명확하지 않다. 체험에 대한 반성은 근원적으로 정립하는 의식이다. 그렇지만 체험 자체는 정립하는 의식 속에 주어지거나 구성되는가? 그렇다면 우리는 반성에 의해 한 단계 되돌아갈 수 있고, 그 결과 무한소급에 이르지 않는가?

어쨌든 이 문제는 미해결로 남겨둘 수 있다. 확실히 은폐된 동기부여가 존재한다. 신념의 작용이 없어도 이것은 동기부여 속에 들어온다. 그 예들은 경험의 영역, 즉 모든 외적 지각·기억 속에 또한 모든 사물의 (오직 변양된) 상상 속에 포함된 동기부여의 무한한 장(場)을 제공한다. 사물과 사물적 연관에 관한 파악은 '동기부여의 그물망'이다. 이것은 철저하게 자신의 의미내용과 충족내용과 더불어 지시하거나 소급해 지시하는 지향적 발산으로부터 구축되며, 수행하는 주체가 이 연관 속에 들어오는 가운데 해석된다. 나는 단번에 일정한 사물에 부여한 통일적 지향성을 지닌다. 이 경우 관통하는 각 방식은 일련의 연속적 작용을 낳는다. 이것은 최초로 정립된 의미에서 경과하고, 일치하는 의미에서 그 이상의 모든 주어짐에 적합한 작용이다. 각각의 새로운 정립, 또는 통일적 정립 전체의 각각의 국면, 경우에 따라 부각될 수도 있지만 반드시 부각되어야 하는 것은 아닌 각각의 새로운 부분정립, 이 모든 것은 여기에서 '동기가 부여되었다'. 이것은 각각의 새로운 내용에도 적용된다. 왜냐하면 정립은, 그 각각이 여기에서 다른 방식으로 관여하더라도, 바로 자신의 내용·성질 또 질료와 더불어 동기가 부여되기 때문이다. 각 순간에서 나는 '나눌 수 있는' 질료와 질료에 걸쳐 확장된 통일적 성질, 따라서 동기부여의 요소와 공존 속에 있는 동기부여의 그물망, '어떤 사태에' '함께 속해 있는' 통일체를 지닌다. 이에 반해 '유사한 것은 유사한 상황 아래 유사한 것을 동기부여한다'. 더 적절하게 말하면, (정립하는 의식 속에) 유사한 것이 주어짐은 다른 유사한 것이 주어짐을 동기부여한다.

이 둘은 어떻게 연관되는가? 한편으로 나는 체험의 통일체 속에, 경우에 따라 체험연관의 통일체 속에 '동기부여'라는 명칭으로 이리저리 경과하고 충족되거나 열려 있는 '지향적' 결합·경향을 지닌다. 이것은 부각되어 유지되며, 여기에서 현존재(Dasein)가 함께 있는 현존재(Mitdasein)를 동기부여하는 등 이성의 동기부여도 지닌다. 이것은 '의식의 통일체'가 어떤 주어진 것을 파악하는 가운데 대상적인 것의 초월적 통일체에 관련되는 어디에서나 그러하다(의식의 흐름의 단순한 통일체 속에 각각의 부분이 인접한 부분을 동기부여하는 통일체도 제시되어 있지 않은지 숙고할 수도 있다).

다른 한편 우리는 인접한 내적 연관의 연속성을 넘어 도달하고 마찬가지로 구성된 측면에서 통일적으로 주어진 것의 연속성을 넘어 도달하는 동기부여를 지닌다. 여기에는 수행하는 자아가 동기부여 속에 살 필요는 없다. 유사한 것은 〔다른〕 유사한 것을 기억하게 하며, 어떤 측면에서 유사한 것과 함께 주어졌던 것의 유비(類比)에 따라 나는 다른 측면에서 〔이와〕 유사한 것을 기대한다. 이것은 그것에 덧붙여 연상되고 '기억되지만', 일상적으로 좁은 의미에서 기억된 것의 유비물로서 그러하다.

그렇다면 이 동기부여와 다른 동기부여는 실제로 다른 것인가? 내가 함께 속해 있음의 통일체를 체험하는 곳, 연속으로 동기부여가 이리저리 경과하는 곳, 여기에서 참된 상태는 "이전에 유비적 경우에서 A는 B와 일치해 등장되었기 때문에 A는 함께 속한 것으로서 B를 지시한다"고 말할 수도 있다. 따라서 모든 사물에 대한 통각, 많은 사물과 사물이 경과하는 연관의 통일체에 관한 모든 통각은 연상적 동기부여에 의거한다. 아직 동기부여에 관한 아무것도 현존하지 않는 근원적 함께 있음(Zusammen)과 근원적 결과(Folge)로 되돌아가자. 그러나 어디까지 이것이 생각할 수 있는지, 또한 어디까지 단지 어떤 의식의 흐름의 통일체가 어떤 동기부여도 없이 바로 통일체일 수 있는지 ─ 이것이 문제다.

더구나 함께 속해 있음의 의식인 사물의식의 통일체 속에 다른 방향에 따라 '원인'(Weil)과 '결과'(So)의 '조건성(條件性)'을 설명하는 것을 구분해야 한다. 눈을 그렇게 돌리면, 일련의 시각적 경험을 그렇게 연출하면, 나는 이러저러한 것을 반드시 본다. 그것은 이러저러한 부분을 지닌 사물의 통일체로 현존하고, 어떤 부분이 주어지는 방식은 다른 부분이 주어지는 방식을 뒷받침한다. 이것이 이러저러한 것으로 객관적으로 함께 존재해야 한다면, 어떤 것이 그렇게 나타난다면, 다른 것은 주어진 경험의 상황 아래 상관적으로 그렇게 나타나야 한다. 다른 한편 '이전 상황 아래, 이전 연관 Z 속에 A가 등장했고 지금의 유사한 연관 Z′ 속에 A′가 등장할 것으로 기대되거나 그 결과로 이미 〔A′가〕 주어졌다'는 경우를 예로 들면, 여기에서 '함께 주어져 있음', Z를 통해 A가 동기가 부여되어 있음, Z의 정립을 통해 A의 정립이 동기가 부여되어 있음에 관해서도 논의한다. 그러나 동기가 부여되어 있음은 어쨌든 여기에서 아주 다른 의미가 있다.

d) 인식작용 측면과 인식대상 측면에서 동기부여

사물을 구성하는 의식의 구조를 주시하면, 공간·시간·인과성 등을 지닌 모든 자연이 내재적 동기부여의 그물망 속으로 완전히 해소된다는 사실을 보게 된다. 체험 전체의 통일체 속에 의식은 거기에 존재하는 사물과 자신의 신체를 지닌 여기에 존재하는 자아를 포함하며, 우리는 구별할 수 있는 많은 종류의 대상성을 발견하고, 또 기능적 종속성을 발견한다. 이것은 세계 속의 실제적 신체와 실제적 자아에 대한 실제적 사물의 종속성이 아니다. 요컨대 자연과학적인 심리적이거나 심리물리적 종속성이 아니지만, 실재적인 것으로 정립되거나 받아들인 실재적 객체성에 대한 (체험하는 주체에 의해 지니게 된) 주관적 나타남의 종속성도 아니다. 우리는 인식작용의 (noetisch) 체험을 그 동기부여의 관계, '함께 속해 있음'의 연관의 관계에 따라 고찰할 수 있다. 이 관계에 따라 정립에서 정립을 향한 진행, 즉 '~의 결과'인 정립이 이러한 본래의 특성 속에 등장한다. 또는 정립적 상관자, 주제를 이것이 인식대상으로(noematisch) '함께 속해 있음' 속에 고찰한다. 이것에 의해 다시 이러한 측면에서 상관적인 '~의 결과'도 등장한다.

우리는 정적(statisch) '함께 속해 있음'과 동적(dynamisch) '함께 속해 있음'을 지니며, 정적 '함께 속해 있음'은 체험이 변화됨으로써(이 변화도 '내가 변경한다', 경우에 따라 '내가 자의로 관통한다'라는 '주관적' 경과의 특성이 있다) 동적 '함께 속해 있음'으로 이행한다. 그러나 이제 주된 어려움에 직면하게 된다. 우리는 나의 체험의 흐름에 통일체 속에 각각의 체험은 필연적이며, 선행했고 함께 겪었던 체험을 통해 필연적으로 조건지어진다고 하지 않았다. 모든 작용체험은 동기부여되며 동기부여의 얽힘 속에 있다면, 이것이 각각의 추정함은 '~의 결과'인 추정함이라는 사실을 함축하지 않는다. 어떤 사물을 알게 되면, 지각작용 속에 놓여 있는 논제는, 예를 들어 내가 밤하늘에서 유성이 빛나는 것을 보거나 완전히 갑작스럽게 채찍질 소리를 듣는 것처럼, 항상 '~의 결과'인 정립이 아니다.

여기에서도 내적 시간의식의 형식 속에 포함된 일종의 동기부여가 제시될 수 있다. 이 형식은 절대적으로 확고한 것, 즉 '지금' '이전' 등의 주관적 형식이다. 나는 이것에서 아무것도 변경시킬 수 없다. 그럼에도 여기에는 '함께 속해 있음'의 통일체가 존재하고, 이것에 의해 '지금은 이것이 있다'는 판단의 정립은 '그 어떤 것이 있게 된다'는 미래의 정립을 조건짓거나 '지금 나는 어떤 것을 체험한다'는 '그것은 이전에 있었던 체험이다'를 조건짓는다. 여기에서는 다른 판단에 의해 동기가 부여된 판단을 갖지만, 그 판단에 앞서 시간형식들 자체가 서로 뒤섞여 동기가 부여된다.* 이러한 의미에서 의식의 흐름의 관통하는 통일체도 동기부여의 통일체다. 인격적 태도에서 이것은 자아 속의 모든 작용이 그것을 자아 '의' 작용으로, '나의' 체험으로 특성지어지는 끊임없는 파악에 지배된다는 사실을 뜻한다.

e) 다른 인격의 동기부여를 이해함인 다른 인격에 감정이입

감정이입의 경우 이러한 '나의' 파악 역시 당연히 함께 포함된다. 이것은 다른 자아, 내가 처음에 몰랐지만 아무튼 일반적 자아의 존재 (Ichsein)에 관해 알고 있는 자아다. 나는 그 일반성에 따라 '인격성', 즉 인간이 무엇인지 알며, 이것은 그것이 진행됨으로써 인간의 특

---

* 내적 시간의식 속의 객체인 판단은 의식의 흐름 속에 근원적으로 정립하는 계기들이 등장하는 지속적 판단정립의 끊임없는 통일체다. 따라서 "판단이 가능하려면 과거지향(Retention)이 필수적"(『시간의식』, 133쪽)이다. 또한 과거지향은 시간의식의 흐름 속에 끊임없이 자기 자신과 합치하며 통일되는 수직과 수평의 다양한 지향성이 서로 뒤섞여 동기가 부여되고 있다.

성·지식·능력 등에 대해 알려주는 감정이입이라는 경험의 사태다. 여기에서 이것은 물리적 사물을 통각하는 경우와 비슷하다. 단번에 나는 이렇게 명백한 속성이 있는 일정한 사물 — '하나의 사물' — 을 지각한다. 그밖의 것을 경험은 가르쳐야 한다. 지각이 파악해 도달하는 범위는 다를 수 있다. 즉 나는 사물을 공간사물로서 (희미하게) 인식할 수 있고, 더 밝은 조명 아래 상세하게 나무로, 그런 다음 떡갈나무로, 드디어 내가 어제 더 정확하게 보았던 더 상세하게 알고 있는 그 떡갈나무로 인식할 수 있다. 그러나 알려지지 않은 많은 것, 불완전하게 알려진 많은 것이 항상 여전히 남아 있다.

따라서 '인간'[에 대한]통각에도 매우 많은 것이 포함되어 있다. 우리는 — 자연의 객체로 또 인격으로 — 이중으로 가능한 파악이 그 속에 함축되어 있다는 사실을 자신을 경험함으로써 이미 알고 있다. 이것은 다른 주체를 고찰하는 데도 적용된다. '함께 파악함'을 통해 동료 인간이 주어져 있음은 두 가지 측면에서 공통이지만, 이것은 두 가지 측면에서 다르게 기능한다. '함께 파악된 것'이 어떤 때는 자연이고, 다른 때는 정신이다. 즉 어떤 때는 타인의 자아·체험·의식이 투영으로 정립되고, 물질적 자연의 근본파악과 정립 위에 구축되며, 이것에 기능상 종속하는 것으로, 이것에 결부된 것으로 파악된다. 다른 때는 자아가 인격으로 '단적으로' 정립되고, 따라서 자신의 인격적 주변과 사물적 주변의 주체로, 이해와 공감을 통해 다른 인격성에 관련된 것으로, 일정한 사회적 연관의 동료로 정립된다. 이 연관은 통일적인 사회적 환경세계에 상응하는 연관인 반면, 각각의 개별적 동료는 자신의 주관성의 각인을 지닌 자신의 고유한 주변을 갖는다.

이것은 타인이 자신의 작용 속에 스스로 행동하는 인격과 사태에 관한 환경세계의 주체로서 고유한 자아에 유비적으로 파악된다는 사실을 뜻한다. 그들은 이러한 환경세계 또는 그들을 에워싸고 함께 포괄하는 정신세계를 통해 '규정되고' 이 정신세계에 '규정한다'. 즉 이것은 동기부여의 법칙성에 지배된다.

f) 자연의 인과성과 동기부여

동기부여의 '~ 때문에 ~그러하다'(Weil-So)는 자연의 의미에서 인과작용과 완전히 의미가 다르다. 아무리 진보되었더라도 어떤 인과적 탐구도 일정한 인격의 동기부여를 이해했을 때 갖는 의사소통을 개선할 수 없다. 동기부여의 통일성은 관련된 작용 자체 속에 기초지어진 연관이며, '~ 때문에'〔이유〕를, 어떤 인격적 행동의 근거를 묻는다면, 우리는 이 연관 이외에 다른 어떤 것도 알지 못할 것이다. 자연과학에서 자연의 인과성은 자연법칙 속에 자신의 상관자를 지니며, 명백하게 규정하는 상황에 따라야 할 것은 자연법칙에 적합하게 (적어도 물리적 자연의 분야에서) 명백히 규정될 수 있다. 이에 반해 정신과학의 영역에서 역사학자·사회학자·문화인류학자가 정신과학의 사실을 '설명하려' 하면, 이것은 그가 동기부여를 해명하려 하며, 관련된 인간이 어떻게 '그것에 이르게 되었고' 이러저러하게 행동하게 되었는지, 어떤 영향을 그들이 경험했고 미쳤는지, 그들이 영향의 공통성에서 또 이것에 무엇을 규정했는지 등을 이해할 수 있게 한다는 사실을 뜻한다. 정신과학자〔인문학자〕가 '규칙' '법칙'—여기에는 그러한 행동방식이나 문화형태가 형성되는 방식이 있다—에 대해 논의한다면, 문제의 '인과성'—이것은 법칙 속에 자신의 일반적 표현을 발견한다—은 결코 자연의 인과성이 아니다. 역사학자의 물음은 '그들의 공동체 삶 속에 사회성의 동료 구성원이 무엇을 표상했고 생각했으며 가치를 평가했고 의욕했는가 등'이다. 또한 이 인간이 어떻게 서로 '규정했고' 자신을 에워싼 사태의 세계에 의해 규정되게 허용하는가, 그들이 어떻게 자신의 측면에서 반응하면서 형성하는가 등이다.

모든 정신적 행동방식은 동기부여의 관련을 통해 '인과적으로' 결합되어 있다. 예를 들어 나는 내가 'B, C……가 있다'는 사실을 알기 때문에 'A일 것이다'라 추측한다. 나는 사자가 탈출했다고 듣고, 그 사자는 피에 굶주린 동물이라 알며, 그런 까닭에 길에 나가기 두려워한다. 하인이 주인과 만나는데, 하인은 그를 자신의 주인으로 인식하기 때문에 그에게 공손히 인사한다. 우리는 내일을 위해 계획한 것을 종이에 기록한다. 계획하는(Vorhaben) 의식은 우리의 건망증에 대한 앎과 결합되어 기록하는 것(Notizieren)을 동기부여한다. 이 모든 예에서 동기부여의 이유(Weil)가 등장한다. 여기서 실재적인 것 그 자체로 향한 판단방향은 문제 밖이다. 그 이유는 여기서 결코 자연-인과성(실재적 인과성)을 표현하지 않는다. '행동전제'의 주체인 나는 '행동결과'의 주체인 자아의 원인으로서 나 자신을 귀납적-실재적으로 파악하지 않는다. 달리 말하면, 다양한 동기에 근거해 결심하는 자인 나는 동기나 동기체험의 자연스런 영향으로 결심을 파악하지도 않고, 동기부여하는 체험의 주체인 자아를 통해 생긴 결심의 주체로 나 자신을 파악하지도 않는다. 모든 논리적 추론(실천적 추론이 논리적 추론과 본질적으로 유사하지만 동일하지 않다는 사실을 간과하면 안 된다)의 경우도 마찬가지이며, 내가 자아론의 태도에서 동기부여의 상태에 표현을 부여한 어디에서나 그러하다. 내가 감정이입을 통해 이러한 상태를 다른 사람 속에 확정할 수 있다면, (어떤 관점에서) "나는 왜 다른 사람이 그렇게 결심했는지 이해하고, 왜 그가 이러한 판단을 내렸는지 이해한다"고 나는 말한다. 이 모든 '인과성'은 이것이 바로 동기부여이기 때문에 완전히 직관적으로 명백하게 제시될 수 있다.

사물의 (자연-실재적, 자연스러운) 인과성도 직관적으로 주어진다.

즉 우리는 망치가 어떻게 쇠를 담금질하는지, 드릴이 어떻게 구멍을 뚫는지 본다. 그러나 보인 인과성은, 보인 사물이 참된 물리학적 사물의 단순한 나타남인 것과 아주 똑같이, 여기에서 '참된' 자연의 인과성의 단순한 나타남이다. 물리학자의 참된 자연은 사유작용의 방법상 필연적 기초화(Substruktion)이며, 이러한 것으로만 구성될 수 있고, '수학적인 것'으로서만 자신의 진리를 지닌다.* 이에 반해 원본적-직관적으로 파악될 수 있는 동기부여에 사유작용의 기초화를 통해 비-직관적인 그 어떤 것을 직관적인 나타남——그때그때 주어진 것은 단지 이 나타남 가운데 하나일 뿐이다——의 무한한 다양체에 대한 하나의 수학적 지표로서 기초를 삼는 것은 전혀 의미가 없다. 내가 정신을 신체와 일치해 자연객체로 간주하면, 정신 역시 단순히 나타남에 적합하게 주어진 자연의 인과성에 얽혀 있다. 이것은 종속성관계의 한 요소인 물리적인 것이 단지 나타남이며 단지 기초화해 규정될 수 있기 때문에 그러하다. 감각, 감성적 느낌, 재생산, 연상, 통각, 이에 근거한 물리적 삶 일반의 경과 전체, 심지어 자신의 태도를 취함에 관한 것은 객관적으로(자연스럽게-귀납적으로) 자신의 생리학적 과정과 생리학적 구축을 지닌 물리적 신체에 종속적이며, 따라서 실재적인 물리적 자연에 종속적이다.

그러나 감각기관, 신경기관과 세포에서 생리학적 과정은, 감각자료, 파악, 심리적 체험이 등장하는 것을 내 의식 속에 심리물리적으로 조건짓는 경우에도, 나를 동기부여하지 않는다. 내가 '알지' 못하

---

* 후설은 『엄밀한 학문』(1911)에서 의식과 이념을 자연화하는 자연주의는 이론적으로 자기모순이며 실천적으로 인간성이 소외된다고 비판했으며, 이러한 시각을 근대철학 전반으로 확장한 『위기』(1936)에서 생활세계를 수량화하고 이념화된 자연을 참된 그 자체의 존재로 간주한 물리학적 객관주의가 타당성의 의미와 정초관계상 되돌아가야 할 궁극적 근원을 망각했다고 비판했다.

는 것, 나의 체험작용·표상작용·사유작용·행동 속에 표상된 것, 지각된 것, 기억된 것, 사고된 것 등으로 나에게 마주 서 있지 않은 것은 정신적으로 나를 '규정하지' 않는다. 주목되지 않았거나 암묵적이더라도 나의 체험 속에 지향적으로 포함되지 않은 것은 나를 동기부여하지 않으며, 무의식으로라도 동기부여하지 않는다.

g) 인과성과 동기부여의 관점에서 주체와 사물의 관련

주체를 상호주관적 동기부여의 주체로 고찰하고 더구나 그것을 다른 주체로 규정하며 이것에 의해 규정된 것으로 확정하면, 사정이 어떠한가? 여기에는 인과작용이 제시되어 있지 않은가? 내가 다른 어떤 사람이 이러저러하게 행동한 것을 들었기 때문에 어떤 것을 실행하면, 나의 행위는 들음과 앎을 통해 동기부여되며, 이것은 전혀 자연의 인과작용이 아니라고 우선 말할 수 있다. 그렇지만 나는 이 경우 다른 인간을 통해, 다른 실재적 자아를 통해 규정된 것으로 나 자신을 파악한다. 우리는 인간이 서로 잇달아 '영향을 미침'에 대해 이야기한다. 이것은 거리의 '엄청난' 소음이 나의 작업을 방해하고 나는 이 소음에 곧 혐오감과 불쾌감 등을 발견하는 경우와 비슷하다. 그렇다면 나의 감정상태는 일정한 음향적 내용, 감성적 느낌 등을 지닌 소음을 들음에 따라 조건지어진다. 우리는 "소음이 나를 화나게 한다, 나에게 혐오감을 불러일으킨다"—다른 한편 훌륭한 음악의 음향이 즐거움·감탄 등을 불러일으키듯이—고 말한다. 이것은 인과적 관계가 아닌가? 어느 누가 공기진동이 내 귀에까지 전달되었다는 사실을 의심하는가? 다른 한편 아무튼 우리는 "M과 N이 있으므로 나는 S가 있다"고도 말한다. 왜냐하면 나의 체험작용은 경우에 따라서는 기하학적-이념적 사태—아무튼 나는 어떠한 영향도 이것에 전가할 수 없다—인 M과 N에 관련되어 있기 때문이다.

이 관계를 더 상세히 살펴보면, (이미 이전에 했듯이) 동기부여의 관계는 다른 측면이 있다는 사실을 확인하게 된다. 한편으로 추론함은 전제-판단을 통해, 의욕함은 봄·들음·평가함 등을 통해 인식작용으로 동기가 부여된다. 다른 한편 이러한 작용의 동기부여의 본질에는 작용의 상관자와 작용 및 상관자 자체—이것도 그 '원인'(Weil)과 '결과'(So)를 갖는다—의 관련도 있다. 이 상관자는 경우에 따라 실제적인 것으로 특성지어질 수 있으며, 따라서 이때 실제적 사물과 사태에 관한 근원 속견으로(urdoxisch) 정립하는 의식을 가질 수 있다. 그러나 이것은 이 의식 자체 '속에 놓여 있는' 상관자로, 즉 직관된 것으로서 직관된 것, 날조된 것으로서 날조된 것, 판단된 것으로서 판단된 것 등으로 이 원인-관련 속에 들어온다. 바로 이런 까닭에 상관자가 실제성에 상응하는지, 이것이 일반적으로 실제성의 '의미'를 지니는지는 본질적 차이가 없다. 나는 유령을 무서워하며, 유령은 보인 것이 전혀 실제적인 것이 아니라는 사실을 알아도 아마 나를 떨게 만들 것이다. 연극 속의 행위는, 내가 아주 잘 알듯이, 전혀 실제적인 것이 아니라도 나를 깊이 감동시킨다. 어떤 변화가 감정과 의식작용 일반을 제시하는지는, 내가 그 속에 실제적 사물이나 예술의 단순한 상상의 사물을 통해 규정된 것으로 나 자신을 발견하게 됨에 따라, 우리의 문제에서 마찬가지다.

따라서 여기에서 분명히 기초적 구별을 해야 한다. 즉

① 실재적 주체와—실제로 실재적인, 따라서 실재적-인과적 영향인—실재적 대상(사물·인격 등)의 관련. 이 경우 대상과 인격은 자연을 지닌 것, 실재로 정립되며, 자신의 실재적 현존재(Dasein)와 그렇게 존재함(Sosein)에 상호 종속적인 것으로 정립된다.

② 인과적-실재적 대상으로 정립되지 않은 주체와 직관된·판단된 등의 사물 '그 자체'의 관련. 즉 주체와 사물의 인식대상의 관련.

이 관련은 주체의 일정한 작용들—직관작용·사유작용 등—사이의 관련 속에 필연적으로 자신의 배후측면을 지닌다. 마찬가지로 주체와 다른 인간의 관련 그리고—실제로 인과적 관련이 아니라 어떤 주체의 작용이나 동기부여와 다른 주체의 작용이나 동기부여 사이에 감정이입을 통해 수립되는—그 작용들 사이의 관련. 이 경우 '영향'을 겪는 그때그때의 주체는 그 자신의 체험을 통해 동기가 부여되거나, 단지 이 체험의 상관자를 통해 또는 감정이입의 상관자 자체를 통해 동기가 부여된다.

여기서 주체는, 정상으로 (그가 상상된 주체 속에 감정이입을 하지 않을 때) 실행하듯이, 감정이입된 주체, 동료 인간과 자신의 체험을 —그 주체가 자기 자신을 그러한 실재성으로 정립할 수 있듯이— 실제성으로 또 자연을 지닌 실재성으로 정립할 수도 있으며, 이 경우 그 주체에게는 확실히 동기부여의 관계가 실재적-인과적 관계로, 동기부여의 원인이 실재적 원인으로 변화될 수 있다. 가령 나는 거기의 외부에 있는 소음에 화를 낸다. 이 파악은 '나는 상상 속에 나를 뒤따라다니는 유행가에 화를 낸다'와 정확히 똑같은 것일 수 있다. 전자의 경우 상관자는 실제로 정립되고, 후자의 경우는 그렇지 않다. 또한 상관자가 실제로 정립될 때 나는 상황을 인과적으로 이해할 수 있고, 그 상황이 본질적으로 변화하더라도 태도변경은 거의 주목되지 않는다. 외부의 실재적 경과는 실재성으로서 인과적으로 나에게 영향을 미치며, 망치가 떨어짐은 공기를 진동시키고, 이 진동은 나의 청각기관 등을 자극하는데, 이것 때문에 실재적 자아인 내 속에 소음이 일깨워진다.

상호주관적 종속성 관련의 경우도 사정은 유비적으로 마찬가지다. 물론 타인의 인격성은 '함께 파악함' 속에 일정한 신체와 관련된 것으로 주어지며, 신체와 일치한 것으로 현존한다. 따라서 이 통일체는 실재적인 심리물리적 통일체, 인과적 통일체가 아닌가? 그러나 더 자세히 살펴보면, 함께 파악하는 의식 속에 살고 있는 —— 예를 들어 우리가 다른 인격과 교제하고, 이들이 말하면서 우리를 향하고 우리도 이들을 향하며, 이들에게서 명령을 받아들이고 실행할 때 —— 우리는 신체와 영혼 사이의 자연주의적 통일체를 발견하지 않으며,* 마찬가지로 우리가 거기에서 주변사물로 간주한 사물은 자연의 사물이 아니다. 우리를 에워싼 사물은 우리의 직관적 대응물이고, 이것은 자신의 색깔·냄새 등이 있으며, 우리에게 그때그때의 경험 —— 물론 이 속에서 불완전하게 주어진다 —— 을 가리키는 바로 그것이다. 그렇지만 더 가까이 접근해 '완전하게'(즉 우리의 목적에 완전하게) 알게끔 그것을 '모든 측면에서' 관찰해야 한다. 이러한 방법으로 항상 더 잘 드러나는 사물의 성질('감성적' '2차' 성질)은 주변 사물에 구성적인 성질이고, 그 사물에 특유한 유일한 성질이며, 이 점에서 경험의 어떠한 확장도 그러한 성질을 넘어서 이끌지는 못한다.

그러므로 인격적이거나 상호인격적인 소박한 경험을 파악하는 의미에는 가령 실제로 직관적인 사물의 배후에 '물리학적' 사물이 없으며, 직관적 성질의 배후에 다른 비-직관적('1차') 성질이 없다. 이 성질은 직관적 성질의 단순한 '표시', 단순한 '주관적 나타남'이다. 우리에게 사회적으로 공통인 세계 —— 대화와 실천의 세계 —— 의 사물들은 바로 우리가 이것을 실제로 (최고로 적합하게) 보는 성질을 지닌다. 모든 것은 여기에서 직관적 사물성(事物性)이며, 어느 누구도 자기 자신의 경과도 다른 사람의 경과도 아닌 실재적-인과적 경과로서 그 사물성과 관련해 '봄'과 '들음'을 파악하지 못한다. 여기에서 곧 사태에 주목하며, 이것은 주체의 행위이지만, 자연의-인과적 관

---

* 부록 7의 끝은 여기부터 시작한다 - 편집자 주.

계는 아니다. 주체는 자연과학의 객체가 아니며, 주체가 실행하지만 이것이 주체는 아니기 때문이다.

사회 속에 직면하는 인격에 관해, 그의 신체는 당연히 그밖의 주변 객체처럼 직관적으로 주어지며, 따라서 그의 인격성과 일치해 주어진다. 그러나 여기에서 신체와 인격 두 가지가 외적으로 서로 함께 얽힌 사태를 발견하는 것이 아니다. 우리는 우리와 교제하는 **통일적** 인간을 발견하며, 신체는 인간의 통일체 속에 함께 있다. 신체의 직관적 내용 속에 ─신체성 일반의 유형적인 것 속에, 표정·몸짓·발언된 '말'·그 억양 등 경우마다 변화하는 많은 특수성 속에 ─ 인격의 정신적 삶, 사고, 감정, 욕구, 행위와 방임이 표현된다. 물론 그들의 연관 속에 우리도 이해하게 되는 상태의 경과에서 언제나 더 완전하게 주어지는 그들의 개별적인 정신적 특색도 마찬가지다. 모든 것은 여기에서 외부 세계와 신체가 그렇듯이 거기에 있는 인간의 신체적-정신적 통일체도 직관적이다.

나는 다른 사람이 말하는 것을 듣고, 그의 표정을 보며, 그에게 다양한 의식체험과 작용을 집어넣고, 이것들을 통해 다양하게 나를 규정시킨다. 표정은 보인 표정이며, 다른 사람의 의식에 대한 직접적 의미의 담지자다. 이중에는 예를 들어 감정이입 속에 이 인격의 실제적 의지로 이것을 전달함으로써 나에게 전해진 의지로 특성지어진 그의 의지에 대한 것도 포함된다. 이렇게 특성지어진 의지, 또는 감정이입하고 이와 동시에 감정이입의 방식으로 정립하는 이 의지에 관한 의식은 나의 대립-의지·복종 등에서 나를 동기부여한다. 인과적 관련(가령 광학적으로 유효한 사물인 다른 사람의 '머리'·얼굴과 나에게 나타나는 그의 얼굴, 다른 사람이 소리를 지른 것과 내 귀의 자극 사이의 인과적 관련)은 문제 밖이며, 그 어떤 다른 심리물리적 관련도 마찬가지로 문제 밖이다. 다른 사람의 표정은 다른 사람의 의식 속에 있는 일정한 의미를 이것에 결합하게 나를 규정한다(이것은 이미 일종의 동기부여다).

표정도―내가 그것을 보면서 그밖에 어떤 단적인 감성적 지각작용의 경우와 똑같이 그것을 나의 봄·감각함·나타남 등과의 인과적 관련으로 이끌어가지 않는―보인 표정이다. 이것은 마치 인과성을 단지 미흡한, 피상적으로 파악했던 것과 결코 같지 않다. 우리는 아무튼 자연의 인과성을 파악하려는 태도 속에 있지 않다. 감정이입에서 의식은 의식과의 관련 속에 정립되고, 나의 의지와 타인의 의지는 일정한 의식환경 속에 정립되며, 다소 변양된 방식으로 개별적 의식에서처럼 여기에서 어떤 작용이 다른 작용을 동기부여한다. 먼저 나의 의지와 다른 사람의 의지에 대한 감정이입이 '원인'-관련 속에 있기 때문에 변양되었지만, 이 경우 나의 의지와 다른 사람의 의지도 그렇다. 이 동기부여는 '내가 다른 사람의 표정을 본다'와 같이 잘 알려진 동기부여로서 (실재적 의식상태로서 실재적 전제가 아닌) 자신의 필연적 전제를 지닌다. 여기에서 자연의 인과성을 이끌어들이는 것은 〔인격적〕 태도를 상실하게 될 것이다.

h) '함께 파악하는' 통일체인 신체와 정신. '정신이 깃든' 객체

어떤 인격 그 자체를 파악할 때(예를 들어 인격으로서 인격에게 이야기하거나 그의 이야기에 귀 기울이고 그와 함께 일하며, 그의 행위를 주시할 때) 제시되는 철저하게 직관적인 통일체는 함께 파악하는 모든 통일체의 본질에 속하는 '표현'(Ausdruck)과 '표현된 것'의 통일체다.[14] 그런데 신체-정신의 통일체는 이러한 종류의 유일한 것이 아니다. 내가 이 책의 '쪽과 줄'을 읽거나 이 '책'에서 읽고 그 단어와

---

14) 부록 8을 참조할 것.

문장을 파악할 때 물리적 사태는 거기에 있다. 책은 하나의 물체이며, 쪽은 종이의 쪽이며, 줄은 이 종이의 어떤 위치에 검게 물들여 물리적으로 찍은 것이다 등등. 내가 책을 '볼' 때, '읽을' 때, 써 있는 것이 써 있고 말한 것이 말했다는 사실을 '볼' 때, 나는 이것을 파악하는가? 분명히 나는 여기에서 완전히 다른 태도를 취한다. 나는 일정한 '나타남'을 지니며, 물리적 사물과 이것에서 일어난 물리적 사건은 '나의' 파악하는 중심에 일정하게 방향이 정해진 공간 속에 현존하고, 따라서 내 앞쪽·오른쪽·왼쪽 등 마치 내가 나의 경험작용에서 물체적인 것을 향한 것과 정확히 마찬가지로 현존한다. 그렇지만 나는 바로 그것을 향해 있지 않다. 나는 사물적인 것이 나에게 나타나는 한 사물적인 것을 보지만, '의미 속에 〔사물적인 것을〕 함께 파악하면서 산다'. 그리고 내가 그것을 실행하는 동안, 〔정립된〕 명제와 명제연관의 정신적 통일체가 내 앞에 있으며, 이것도 자신의 특성을 지닌다. 예를 들면 학술 저작물로서 이 책을 동일한 종류의 다른 책으로부터 부각시켜 나를 몰아대는 일정한 양식의 특성이 있다.

첫 번째 객체성(Objektivität)인 물리적으로 나타나는 것과 바로 물리적인 것에 '영혼이 깃든' 의미인 두 번째 객체성은 결합되어 있다. 그렇지만 이에 대해 과연 나는 첫 번째 객체성과 단지 외적으로 연결된 두 번째 객체성을 겨냥하는가? 오히려 내가 겨냥하는 것은 전혀 물리적인 것 옆에 있지 않은 철저하게 융합된 통일체가 아닌가? 아무튼 부분들이 '서로의 외부에' 있는 연관도 아니며, 각각의 부분이 — 결합하는 형식은 제외된 채 — 자기 자신에 대해서도 존재할 수 있는 연결이라는 것은 분명하다.

적절하게 변경된 다른 예를 들어보자. 나는 여기 내 앞에 어떤 장신구를 갖고 있고, 나의 관심을 끄는 것은 오직 그 속에 박힌 아름다운 사파이어뿐이다. 나는 장신구를 관찰하고, 이것을 향한 일정한 경험에서 그 장신구에 주의를 기울인다. 장신구의 그밖의 부분은 나타나지만, 관찰하는 나의 지각의 테두리 안에 들어오지 않는다. 또는 나는 자연과학자로서 내가 그 자신을 위해 해부해야 할 어떤 기관(器官)을 주시한다. 나는 잘라내는 물리적 신체의 그밖의 부분을 보지만, 관찰하지 않는다 등등. 정신적인 것을 향한 태도의 경우 사정은 마찬가지이거나 비슷한가? 정신적인 것은 어떤 물리적 부분이 다른 부분에 연결된 것과 비슷한 방식으로 나타나는 신체적인 것에 연결된 것인가? 나는 신체적인 것을 바로 함께 주시하지 않은 채 그 부분에 주의를 기울이는가? 우리는 〔정신적인 것의〕 상황이 어쨌든 곧 완전히 다른 것이라는 사실을 알게 된다.

확실히 물리적인 것은 영혼이 깃든 것이며 다른 의미에서 또한 아무튼 연관된 의미에서 그렇다. 단어, 문장, 전체 저작(연극·논문)은 나름의 정신적 내용, 정신적 '의미'를 지닌다. 이 경우 물리적 자연의 일정한 연관도 나타난다. 나는 언제나 이 연관에 주목할 수 있고, 관찰하고 경험하며 주목하는 시선(주제적 지향)이 이렇게 나타나는 가운데 들어오고 나타나는 공간적 현존재를 생각하게 태도를 취할 수 있다. 그렇다면 그것은 바로 '거기에' 있다. 게다가 나는 거기에서 다시 연극, 논문 또는 그 단일 문장이 나의 객체가 되는 태도로 되돌아갈 수 있다. 그러나 이제 나는 더 이상 공간 속의 거기에, 이 위치에 있지 않은 객체를 지닌다. 이 경우 전혀 의미가 없기 때문이다.

더구나 어떤 태도의 객체로서 일정한 객체를 반성하고 다른 태도의 객체로서 다른 객체와 대조하는 동안 나는 '현존하는 책, 현존하는 종이쪽이 어떤 생각에 의해 영혼이 깃든 특별한 의미를 지닌다'고 할 수 있다. 종이의 조각·표지 등을 지닌 책은 하나의 사물이다. 이 사물에는 두 번째 객체성인 의미가 부착되어 있지 않고, 물리적인 것 전체가 일정한 방식으로 '영혼이 깃든 채' 이 의미에 스며들어 있다. 즉 의미가 모든 단어에 영혼이 깃들지만, 모든 단어 자체만이 아니라 의미를 통해 의미가 부여된 형태가 결합되고 이것이 다시 더 높은 형태로 결합되는 단어의 연관에 영혼이 깃드는 한, 그러하다. 정신적 의미는 감성적 나타남에 영혼이 깃들면서, 결합된 병존함 속에 단지 결합되는 대신, 그 나타남과 함께 일정한 방식으로 융합된다.

아직 충분하지 않더라도 이러한 분석은 우선 모든 정신작품, 모든 예술작품, 함께 파악하는 정신적 의미와 정신적 의의가 있는 모든 사물에 분명하게 해당된다. 따라서 이것은 물론 적절하게 변경하면 문화의 영역, 현실적 삶의 영역 안에서 통상적 삶의 모든 사물에도 해당된다. 술잔·집·숟가락·극장·사원 등은 일정한 것을 의미한다. 어떤 것을 사물로 보는 사태와 극장·사원 등 실용품으로 보는 사태는 언제나 다르다. 이때 정신적 의미는 때로는 순수한 이념적 영역에 속하며 어떤 현존재와도 관련되고, 때로는──어쨌든 본래의 의미로는 결코 실재의 사물적인 것이 아니며 두 번째 현존재로서 물리적 현존재에 얽매인 것인데──그와 같은 현존재와 관련된다. 이것은 감성적으로 나타나는 것(미리 주어진 것)이 감성적으로 주어진 것, 지각된 것, 경험된 것이 되지 않고, 그 '영혼의 흐름' 속에, 즉 바로 다른 종류의 파악의 통일체 속에 독특한 종류의 객체성을 구성하게끔 도와주는 본래 경험하는 태도인 기본적 통각방식이 있는 곳 어디에나 타당하다.[15] 그래서 분명히 이러한 파악은 외적으로 주제가 되는 경험의 경우와는 다른 '주관적 기능', 주관적 양상을 띤다.

더 정확하게 우리는 경우──사용하는 객체의 경우와 저작물·조각품 등의 경우처럼──가 다르다는 사실을 말해야 한다. 후자의 경우

---

15) 태도 자체는 정신적 형성물을 구성하지 않으며, 물리적-정신적인 것은 벌써 미리 구성되어 있고, 주제가 되기 이전에, 미리 주어져 있다.

글자는 본질 외적이지만, 그것의 측면에서 기억이나 현존하는 것으로 정립되지 않고 심지어 '나타나는 것'이 아닌 연상된 낱말소리도 그것에 대해 더 이상 본질 외적이 아니다. 사용하는 객체의 경우 그것의 일정한 감성적 현존재규정은 전체 파악 속에 들어온다. 예를 들어 나는 숟가락의 형식 등을 쳐다본다. 왜냐하면 그것이 본질적으로 숟가락에 함께 속하기 때문이다. 여기에서 그 현존재정립을 지닌 지각은 바로 정신적 파악에 대한 토대일 것이다.

그렇지만 여기에서도 여전히 정신적인 것은 두 번째 객체성, 얽매인 것이 아니라 곧 영혼이 깃든 것이고, 통일체는 두 가지의 결합이 아니라 하나이며, 오직 하나로만 현존한다. 왜냐하면 물리적 존재는 그 자체만으로 자연을 지닌 태도를 통해 자연의 존재로, 사물적 존재로 파악(현존재의 정립을 수행)할 수 있고, 이러한 태도를 취할 수 있는 한, 그것은 이 속에 '포함되어' 있기 때문이다. 그러나 실로 도달한 것은 그 위에 정립되었을 나머지가 아니라 감성적인 것을 본질적으로 포함하며 — 어떤 물리적인 것의 부분이 다른 물리적인 것의 부분이듯이 — 어쨌든 다시 부분으로서 포함하지 않는 정신적 존재다. 많은 경우 우리는 토대로서 현존재인 실제적 자연을 지니며, 앞에서 이미 예시되었듯이, 많은 경우 현존재가 전혀 없는 물리적으로 비-실제적인 것도 지닌다. 읽을거리 희곡의 운율(韻律)화음은 실재적 현존재로 정립될 수 없다. 희곡 역시 공간적으로 현존재하는 것으로 어디에서도 정립될 수 없으며, 그 화음도 어디에서도 정립될 수 없다. 이념적 화음은 이념적인 정신적 통일체에 속한다.[16)]

16) (그런데 완전히 불충분한) 이 묘사에는 다음 두 가지가 분리되어 유지된다.
　　① 속박된 부가물이라는 성격을 받아들이지 않으면, 두 가지 사태 — 전체적 파악의 의미에 적합하게 바로 결합되어 있고, 어떤 것에서 다른 것으로 시선이 이행하는 가운데 같은 단계의 부분으로서 나타나며, 따라서 같은 단계

이제 일부는 실재적이며 일부는 이념적인 '정신적 객체' '객관적 정신'이 형태화되는 분야를 떠나, 정신적 생명체, '인간'(그러나 물론 모든 동물이 함께 포함된다)이라는 독특하게 영혼이 깃든 존재를 다시 고찰하자.

앞에서 물음은 '과연 인간은 두 가지 실재성의 결합이고, 나는 인간을 그러한 것으로 보는가?'였다. 그렇게 한다면, 나는 물체적 현존재를 파악하게 된다. 그렇지만 나는 인간을 볼 때 이러한 태도 속에 있지 않다. 나는 인간을 보며, 그를 보는 동안 그의 신체도 본다. 인간에 대한 파악은 거기에 신체가 있는 물체의 나타남을 일정한 방식으로 관통해간다. 그 파악은 어느 정도 물체에서 멈추지 않고, 파악의 화살을 물체로 겨냥하지 않고 이것을 관통하며, 물체와 결합된 정신이 아니라 바로 인간을 겨냥한다. 그리고 인간에 대한 파악, 즉 춤추며 기쁠 때 웃고 잡담하거나 나와 함께 학문적으로 논의하는 등 현존하는 이 인격을 파악하는 것은 신체에 부착된 정신적인 것을 파악하는 것 아니라, 물체의 나타남의 매개를 통해 수행되는 것을 파악하는 것이다. 이렇게 수행되는 것은 물체의 나타남을 본질적으로 내포하고, 내가 '그것은 신체성을 지닌다, 다양한 성질을 띤 물리적 사물인 일정한 물체를 지닌다, 체험과 체험성향을 지닌다'고 할 수 있는 객체를 구성한다. 그것은 이리저리 걷고 춤추며 이야기하는 등 두 가지 측면을 동시에 소유하는 특유성이 있다. 운동하고 행위하며 논의하

의 부분의 외적 통일체인 것 ─가 연결된 서로의 외부(Außereinander)가 전혀 없다고 생각될 수 있다.

② 감성적인 것은 감성적 토대(위의 ①에 따라 연결된 서로의 외부가 전혀 없는)에 정신적 의미를 부여함으로써 이른바 내적 삶을 획득하고, 저작물(희곡)의 경우처럼, 물리적 토대는 이러한 의미에서도 정신적 의미가 물리적 의미의 옆에 있지 않기 위해 다양하게 통일적으로 영혼이 깃든 감성적 구성요소의 다양체다(이 56항 h)에서 곧이어 분석할 '인간의 신체 구분'도 참조할 것).

고 글을 쓰는 등에서 인간은 영혼이라 부르는 어떤 사물과 신체라 부르는 다른 사물을 함께 묶은 것인 단순한 결합이 아니다. 신체는 신체로서 철저하게 영혼이 충만한 신체다. 신체 각각의 운동은 오거나 가고, 서거나 앉고, 걷거나 춤추는 등 영혼이 충만해 있다. 마찬가지로 각자의 인간적 작업수행은 각자의 산출물이다.[17]

인간에 대한 파악은 '의미'로서 물체에 대한 파악을 관통해간다. 그러나 이것을 마치 여기에서 처음에는 물체에 대한 파악, 그런 다음 인간에 대한 파악이라는 시간적 연속이 문제인 것처럼 이해하면 안 된다. 오히려 함께 파악하는 의미의 파악에 대한 기초짓는 신체성으로서 물체에 대한 파악을 구성하는 토대를 지닌 파악이다. 이것은 근본적으로 또 주된 점에서 자구내용이 영혼이 깃든 '의미'에 대한 신체인 것과 마찬가지다. 더구나 인쇄된 면이나 말한 강의가 결코 자구내용과 의미가 결합된 이중성이 아니라, 오히려 각각의 단어는 자신의 의미가 있으며, 경우에 따라 단어의 부분은 이미 단어의 특성을 띤다. 이것은 이미 거기에서 미리 지시하는 의미가 일정한 새로운 의미와 새로운 단어를 가리키고, 새로운 단어는 단어형성물과 문장으로, 문장은 문장의 연관으로 결합되는 것과 마찬가지다. 이러한 결합은—강의 전체가 철저하게 신체와 정신의 통일체이고 그 조직 속에 그 통일체가 항상 더 높은 단계의 통일체의 부분인 신체와 정신의 통일체이기 위해, 결국 강의 자체가 가장 높은 단계의 통일체로 현존하기 위해—영혼이 깃든 의미가 그와 같은 운율화·의미짜임을 지닌, 아무튼 자신의 발판, 더 적절하게 말하면, 단어토대 속에 사신의 신체성을 지닌 통일체인 그러한 통일체를 지닌다.

통일체인 인간에 관해서도 사정은 아주 똑같다. 신체는 그 '의미'

---

17) 부록 9를 참조할 것.

의 관점에서, 정신의 관점에서 분리되지 않은 물리적 통일체가 아니다. 오히려 다양하게 변화되거나 정지해 있는 현존하는 신체의 물리적 통일체는 상황에 따라 때로는 훨씬 더 규정되고 때로는 훨씬 덜 규정되는 여러 가지로 발성된다. 발성함도 의미의 발성함이며, 이것은―마치 모든 물리적 나눔, 물리적 속성의 모든 구별이 '의미'를 받아들이는, 즉 신체로서의 의미 또는 고유한 의미, 고유한 '정신'을 받아들이는 것과 같은―물리적 태도 안에서 발견될 수 있는 것이 아니라는 점을 뜻한다. 오히려 어떤 사물을 인간(더 자세하게는 말하고, 읽고, 춤추며, 화를 내고 격분하며, 방어하거나 공격하는 등의 인간)으로 파악하는 것은 곧 나타나는 물체적 대상성의 다양한―그러나 현저한―계기에 영혼을 불어넣고, 개별자에 의미와 영혼적 내용을 부여하며, 의미의 요구에 따라 이미 영혼이 깃든 통일체를 더 높은 통일체에 연결하고, 결국 인간의 통일체에 연결하는 것이다. 신체적인 것의 소수만 그때그때 실제로 나타남 속에 들어오며 그 소수만 직접 영혼을 불어넣는 가운데 나타나는 반면, 매우 다수는 '추정되고' 함께 파악되며 함께 정립될 수 있고 다소 규정되지 않은 모호한 방식으로 함께 정립되며, 이것은 함께 정립된 신체성이며 함께 정립된 의미가 있다는 사실만은 여전히 주목해야 한다. 큰 부분은 완전히 규정되지 않은 채 남아 있을 수 있고, 어쨌든 여전히 아주 많은 규정을 간직하고 있다. 그 규정은 어떤 정신적인 것을 지닌 일정한 신체적인 것, 경험의 지평으로서 경험을 통해 더 상세하게 규정될 수 있다.

이 정신에 대한 통각은 자신의 자아로 전이되는데, 다른 정신으로서 통각하는 자아는 자기 자신에 대해 분명히 이러한 방식으로―함께 파악하는 통일체로서, 정신으로서―통각될 필요가 없으며, 이 자아가 그렇게 통각되지 않는다면 비-객관화된 순수 자아로서 기능한다. 나는 나 자신과 관련해 다른 사람을 '함께 파악함'으로써, 즉 내가 다른 사람을 그밖의 환경세계에 대해서뿐 아니라 다른 사람에게는 환경세계의 객체인 나의 신체에 대해서도 중심구성원으로 함께 파악하는 한, (정신적 의미에서) 인간의 파악에 도달한다. 바로 이렇게 함으로써 나는 내가 다른 사람을 파악하는 것과 비슷하게 나 자신을 파악하면서, 따라서 신체와 정신를 함께 파악하는 통일체인 사회적 인간으로 나 자신을 파악하면서 다른 사람을 함께 파악한다. 여기에는 내가 직접적 〔자기〕관찰(Inspektion)에서 (내가 나의 신체에 대응해 갖는 자아로) 발견하는 자아와, 나에 관해 타인이 표상한 자아—다른 사람이 나의 신체와 일치해 자신에게 '외적으로' 표상하는 것으로 이해할 수 있고 내가 나의 측면에서 다른 사람에게 전가한 작용 속에 정립할 수 있는 자아—를 동일하게 확인한다. 다른 사람이 나에 대해 갖는 또는 가질 수 있는 함께 파악하는 표상은 나 자신을 사회적 '인간'으로 파악하고, 따라서 직접 포착하는 〔자기〕관찰과는 전혀 다른 방식으로 파악할 수 있게 도와준다. 이렇게 복잡하게 구축된 파악의 본성을 통해 나는 나 자신을 인간성의 연대에 배열시키고, 또는 오히려 이러한 '연대'의 통일체에 대한 구성적 가능성을 만들어낸다.

이제야 비로소 나는 다른 사람에게 대응한 본래의 자아이며, '우리'라 할 수 있고, 이제야 최초로 '자아'가 되며, 다른 사람은 바로 다른 사람이 된다. 왜냐하면 '우리'는 서로 같은 종류이며, 인간으로서 서로 교제하고 인간적 관계를 수립할 수 있는 모든 인간이다. 이 모든 것은 정신적 태도 속에 결코 '자연화'하지 않고 수행된다. 그렇지만 우리는 각기 함께 파악하는 통일체인 '인간'을 자연의 통일체로, 생물학적이며 심리물리적 객관성으로 전환시킬 수 있다는 사실을 이미 알고 있다. 이러한 객관성에서 순수 정신은 더 이상 함께 파악하는 통일체의 구성원으로 기능하지 않고, 새로운 현상적 통일체인 객관적 사물성이 구성된다. 이것은 자연객체로서 매우 간접적으로 표상하는 방식으로 나 자신에게 전이된다. 태도의 변화를 통해 나에게, 다른 사람의 경우보다 더 간접적이지만, 정신적 자아는 자연과학의 영혼론(Seelenlehre)의 영혼적 자아로 변화된다.

이것은 모든 정신적 객체, 신체와 의미의 모든 통일체 ─ 따라서 개별적 인간뿐 아니라 인간 공동체, 모든 문화형성물, 개인이나 사회의 모든 작품·제도 등 ─ 를 포괄하는 기초적 분석이다.

이제 신체와 정신의 관계를 ─ 게다가 어디에서든 ─ 두 가지 사태의 결합으로 간주해야 할 필요가 없다면, 우리가 다른 한편으로 ─ 인간·국가·교회라는 신체적-정신적 통일체가 두 가지 통일체, 즉 물질적-물체적 통일체(이것은 물체적 현존재가 '정신화된' 객체의 전체 속에 들어가는 모든 경우다)인 신체적 통일체와 정신적 통일체를 내포한다는 사실을 인지하는 방식으로 ─ 신체에 신체적 통일체를, 의미에 의미의 통일체를 전가하는 데 방해가 되는 것은 전혀 없다. 그래서 개별적 인간은 다음과 같은 사실을 구별해야 한다.

① 통일적 신체, 즉 의미를 지니고 영혼이 깃든 물체.

② 통일적 정신. 국가·민족·단체 등의 경우 우리는 직접적이거나 간접적인 상호교류에 요구되는 물리적 관련 속에 있는 다수의 신체를 지닌다. 여기에 속하는 것은 의미가 있다. 모든 신체는 자신의 정신을 갖지만, 자신 옆에 아무것도 없고 그것을 둘러싼 '의미'나 '정신'인 **공동정신**(Gemeingeist)을 통해 뒤덮여 결합되어 있다. 이것은 더 높은 단계의 객체성이다.

다른 정신객체의 경우 ─ 즉 희곡, 저작물 일반, 음악처럼 **이념적 객체**, 하지만 어떤 방식으로는 모든 다른 예술작품의 경우도 ─ 감성적 신체가 결코 현존하는 것이 아닌 한, 사정은 다르다(상像의 감성적 신체는 벽에 걸려 있는 상이 아니다. 이것을 계속 상론하는 것은 어렵지 않지만, 현재의 문제연관에서 멀리 떨어져 있다).

어쨌든 신체의 '의미'를 형성하는 정신의 통일체에 관해 개별적 인간의 경우 다음과 같은 것에 주의해야 한다.

인격 속으로 감정이입은 곧 의미를 이해하는, 즉 신체를 자신의 의미속에 포착하고 그것이 지녀야 할 의미의 통일체 속에 포착하는 파악일 뿐이다. 감정이입을 하는 것은 객관적 정신을 포착함, 어떤 인간을 봄, 어떤 인간 군중을 봄 등을 뜻한다. 여기에서 우리는 신체가 물리적 객체로 정립되고(경험되고), 마치 신체가 다른 것에 관련되거나 결합된 것으로 파악되듯이, 신체에 다른 어떤 것을 첨부하는 의미에서 신체를 심리적인 것의 담지자로 결코 파악하지 않는다. 중요한 것은 바로 더 높은 단계의 객체화(Objektivierung)인데, 이것은 다른 파악 층(層)의 객체화에 겹쳐져 자신의 측면에서는 (분리를 전제하지 않을 어떤 결합도 없이) 나중에 비로소 구별될 더 낮거나 높은 단계의 객체 층을 함축하는 일정한 객체의 통일체가 구성된다.

정신적 존재를 파악하는 가운데 주어진 통일체는 파악하는 태도를 변경함으로써 신체와 의미로 구별된다.* 인간의 신체는 지각의 나타남 속에 나타나며, 지각의 상관자인 신체는 현실성으로 현존하고, 그래서 이 신체에 의해 인간의 인격을 동료로 포착하는 이해하는 자의 주변 실제성에 배열된다. 정확하게 살펴보면, 그는 이 속에 표현된 인격을 포착할 때 신체의 실제성을 본래의 의미에서 (현실적으로 수행된 정립의 의미에서) 정립하거나 포착하지 않는다. 우리 역시 종이에 새겨진 문자를 읽을 때 현실적 경험정립 속에 정립하지 않고, 이론이나 심지어 실천의 태도를 취하는 '주제'로 삼지도 않는다. 왜냐하면 문자는 '나타나지만', 우리는 의미를 수행하는 가운데 '살기' 때문이

---

* 부록 8의 끝은 이곳부터 연결된다.

다. 마찬가지로 신체가 나타나지만, 우리는 '함께 파악함'의 작용을 하고, 인격과——자신의 나타남에 적합한 내용 속에 '표현되는'——인 격적 상태를 포착하기 때문이다. 이것은 표현된 것으로서 오직 내 주변에 나타나는 신체에 속한다. 그렇지만 여기에서 이 '속해 있음'은 동물적 존재——동물학적 객체——인 인간을 기초지어진 자연의 통일체의 의미로서 갖는 것이 결코 아니라, 오히려 그와 같은 모든 통일체의 구성에 선행하는 독특한 관계를 뜻한다.

위에서 예시한 자구내용과 의미의 통일체를 비교하면, 이 경우 비-실재적 통일체가 문제 된다는 사실을 주목해야 한다. 아무튼 신체와 정신의 통일체는 두 가지 실재적 통일체의 더 높은 통일체로 구성된다. 이것은 자신의 구성적 다양체, 즉 명백하게 주어진 의식 속에 이 통일체를 입증하는 경우 당연히 지시되는 것을 요구한다.

실재적 경험대상성이 주어져야 한다면, 신체와 영혼의 두 가지 실재적 통일체를 총괄해야 하고, 실재적 상황과 서로에 대한 그 종속성 관련을 경험 속에 통일적으로 추적해야 한다. 단순히 신체에 주목하고 의사소통하며 살면서 단순히 인격에 주목하는 대신, 먼저 표현과 표현된 것 사이에 수립된 결합을 하나의 전체로 받아들여야 하고, 어떻게 이것이 일치하는 경험 속에 행동하는지 살펴봐야 한다. 물론 경험하는 주의를 기울임과 포착함 이전에 이미 표현과 표현된 것의 이 통일체는 이에 속한 지각의 파악이 경과하는 가운데 하나의 유일한 실재성으로 의식된다고, 또한 이것은 형성물 전체가 상황에 종속함이 상위단계의 사건이 하위단계의 사건에 종속함을 본질적으로 내포하는 방식으로 두 가지 단계의 형성물로 지각해 현전한다.

사실 실재화하는 통각의 통일체는 항상 체험이며, 이 체험으로 순수 자아의 시선은 향해 있고, 그것의 그때그때 상태와 상황과 마찬가지로 기초지어진 실재성을 포착할 수 있다. 그렇지만 **표현의 통일체**

는 일정한 단계를 내포하는 것으로서 기초지어진 실재성의 구성에 대한 전제이며, 이것은 그 자체로 이미 이러한 실재성이 아니라는 사실에 주목해야 한다. 즉 표현을 통해 비로소 다른 사람의 인격은 일반적으로 경험하는 주체에 대해 현존하게 되며, 인격은 그가 더 높은 단계의 실재적 통일체 속에 단계로서 — 게다가 표현으로 이바지하는 것과 더불어 — 들어올 수 있기 위해 아무튼 우선 현존해야 한다.

신체와 정신의 실재적 관련 전체가 표현의 통일체로 환원될 수 있다는 사실은 그 자체로 매우 충분히 생각할 수 있다. 정신적 존재는 — 정신이 포착될 수 있지만 심리물리적 통일체를 결여하며 신체와 영혼이 실재적 연결 속에 나타나지 않는 한 — 신체적인 것 속에 표현될 수 있다. 아마 표현과 표현된 것의 결합은 그 자체로 이미 실재적인 것으로서 파악될 수 있다고 반론을 제기할지 모른다. 신체가 함께 정립할 수 있는 것으로서 인격적 상태를 경험적 규칙성으로 자신의 일반적 유형과 특히 자신의 어떤 — 가령 표정연기, 발언된 말 등으로 부르는 — 사건에 연결시키는 특성이 있다면, 이 사건은 곧 실재적인 정신적 결과를 낳는다. 그 반대로 어떤 정신적 상태가 경과하고 이에 평행해 신체에 어떤 표정이나 몸짓 등이 등장한다면, 이때 정신적인 것은 신체에서 실재적 결과를 낳거나, 이에 따라 인과적으로 경험된다. 그럼에도 이 견해가 관철될 수 없다는 사실을 살펴보려면 이러한 주장을 표명하기만 하면 된다. 이러한 **평행론의 결합**은 더 높은 단계의 어떠한 실재성도 산출하지 못한다.

그렇다면 우리는 각기 자신의 상태와 실재적 속성을 지닐 두 가지 실재성을 지닌다. 즉 일정한 한계 안에서 상응되는 것이 존재한다면, 다른 것에 대한 지시(Anzeige)로서 어떤 것을 사용하는 평행하는 상태는 [다른] 평행하는 상태에서 추론될 수 있다. 그러나 유일하게 새로운 실재적 속성이 전혀 생기지 않을 수 있고, 신체와 정신을 결합하는 인과성이 결코 문제 되지 않을 수도 있다. 왜냐하면 이것은 두 가지 실재성이 자신의 실재적 상태에 관해 상황의 기능을 서로 받아들인다는 사실을 전제하기 때문이다. 그러나 그 상황을 전제했듯이, 다른 실재성을 위해 어떤 실재성을 제거하는 것은 그 상태의 다양체 전체가 동일하다는 점에 아무것도 변경시키지 않는다.

아무튼 참으로 인간은 적절한 태도에서 심리물리적 속성이라 부르고 신체와 영혼의 인과성을 연속적 관련 속에 전제하는 실재적 속성을 지닌 **실재적 통일체**로서 대응해 있다. 바로 이러한 인과성을 통해 고유하게 기초지어진 통일체가 가능해진다. 자연적인 인간에 대한 통각의 의미에는 그 무수한 형식에서 건강과 질병 같은 것이 있으며, 이 경우 신체의 질병은 영혼의 장애를, 일반적으로 영혼에 대한 다양한 경험에 따른 결과를 낳는다. 경험에는 심지어 그 반대의 인과성도 주어진다. 예를 들어 의지가 신체를 자신의 자유의 장(場)으로 가짐으로써, 의지는 신체적 사건을 불러일으킨다. 어쨌든 심리물리적 인과성의 모든 형식 ─ 철학적 후속논증으로 부정되더라도 아무튼 동물적 존재의 단적인 경험의 파악을 지배하는 형식 ─ 을 개별적으로 제시할 필요는 없다. 여기에서 중요한 것은 이 형식을 통해 어떤 것이 '표현'과 '표현된 것'의 통일체 속에 즉시 포함되지 않는 경험이 파악된다는 사실이다.[18]

우리가 정신적 삶의 표현으로 파악하는 신체는 동시에 일반적 인과연관에 편입된 자연의 한 부분이며, 신체적 표현을 관통해 포착하고 그 동기연관 속에 이해하는 정신적 삶은 자연이 경과함으로써 조건지어지고 자연을 지닌 것으로 통각되는 신체 자체에 그것이 연결됨으로써 나타난다. 신체와 정신의 통일체는 이중적인 것이며, 이와

---

18) 부록 10을 참조할 것.

상관적으로 통일적 인간에 대한 통각에는 이중적 파악(인격주의의 파악과 자연주의의 파악)이 포함되어 있다.

57. 순수 자아와 반성적 자기통각의 객체인 인격적 자아[19)

인격적 자아를 〔자기〕관찰(inspectio) 속에 발견했던 것처럼 (따라서 감정이입 속에 우리에게 주어진 표현하는 신체와 그 통일체를 고려하지 않은 채) 받아들이면, 이것은 우선 순수 자아와 구별되지 않는 것처럼 보인다. 그렇다면 신체는 내 소유물이고, 그래서 가장 넓은 의미에서 내 주변의 사물과 유사하게 미리 주어진 모든 것, 자아에 생소한 모든 것처럼 나에게 대응해 있다. 물론 신체는 이 속에 (이미 앞에서 살펴보았듯이) 특수한 주관성을 지니며, 특별한 의미에서 여전히 나의 것, 즉 기관 및 자아의 기관체계, 지각기관, '외적인 것', 신체 밖의 주변에 영향을 미치는 기관 등이다. 그렇지만 나 자신은 현실적인 '나는 산다' ─ 나는 겪고 실행한다, 통각된다, 나의 대응물을 갖는다, 대응물에 의해 촉발된다, 마음이 끌린다, 밀쳐진다, 다르게 동기부여된다 ─ 의 주체다. 더 분명하게 말하면, 자신을 지각하는 것은 하나의 반성(순수 자아의 자기반성)이며, 그 본질상 반성되지 않은 의식을 전제한다. 모든 종류의 미리 주어진 것, 나에게 생소한 사물적 환경세계, 상품의 세계 등과 관련된 반성되지 않은 자아 삶(Ichleben)은 현저한 형태, 곧 자신을 반성하거나 자신을 지각하는 형태를 취한다.

따라서 이 형태는 자아 삶의 일반적 연관 속에 '나는 산다'의 특수한 양식이다. 더 자세하게 논하면, '내가 이러저러한 것을 지각했고 여전히 계속 지각한다는 사실, 이러저러한 것이 이전에 지각되지 않

---

19) 부록 10 중반의 같은 제목〔'순수 자아와 인격적 자아'〕의 서술을 참조할 것.

은 채 내 주의를 끌면서 나를 촉발했다는 사실, 나는 여전히 그것에 고정된 채 머문다는 사실, 즐거움이 나를 감동시켰고 여전히 감동시킨다는 사실, 나는 결심했고 [이것을] 관철했다는 사실 등을 나는 지각한다'는 형태를 취한다. 이러한 반성을 통해 나는 반성되지 않은 나의 자아 삶에 대해 알게 되고, 이 반성은 그와 같은 구조를 나의 주목하는 시점(視點) 속에 이끈다.

반성은 계속되고 지속하는 반성의 통일체일 수 있다. 반성하면서 나는 포착된 객체가 된 어떤 사유주체(cogito)에서 다른 사유주체로 거듭 이행하며, 이 경우 모든 사유주체 속에 주체인 자아는 본질적으로 동일하게 확인된다. 왜냐하면 자아의 다양한 작용과 열정은 하나의 동일한 자아의 그러한 것으로서 근원적으로 주어지며, 이와 상관적으로 다양한 소유물, 촉발하는 것, 내재적이거나 초월적 영역에 미리 주어진 것은 동일한 자아의 소유물로서 근원적으로 주어지기 때문이다. 이 모든 것은 순수 자아에 해당된 기술(記述)이다.

그럼에도 반성의 장(場)(객관화된 주체성)에서 반성함의 반성되지 않은 생생한 작용 속에 움직이면, 이 경우 나는 내가 다른 주관적 상황 아래, 즉 그때그때 미리 주어진 것의 내 영역(가장 넓은 의미에서 나의 환경세계)과 관련해 어떻게 '행동하는지' 경험한다. 그리고 나의 사유주체의 동기부여가 얽혀 있음, 즉 개방되거나 은폐된 동기부여의 지향성 속에 들어가면, 나는 내가 이것을 통해 어떻게 동기가 부여되며 또 동기가 부여되는 경향이 있는지, 내가 이 동기부여하는 상황에 대한 동기부여의 주체로서 도대체 경험에 적합한 어떤 특성을 소유하는지,[20] 나는 어떤 인격적 주체인지[21]를 경험한다. 나는 이 모든

---

20) 여기에서 습관(Gewohnheit)은 다음과 같이 구별되어야 한다. 즉 한편으로 내가 소유하지만 다른 과거 속에 소유하지는 않았고 [대신] 다른 것을 소유했던 습관과, 다른 한편으로 습관-양식이다. 그러나 '습관'이 여기에서 충분한 표

것을 우선 수반하는 개념을 확정하거나 숙고하지 않고 (그것에 대해 완전히 다른 의미에서, 즉 바로 사고하고 진술하면서 행동하는 의미에서 '반성하지' 않고) 경험한다. 따라서 본질에 적합하게 각각의 사유 주체에 속한 순수 자아에 대한 반성인 순수한 자아에 대한 반성과, 생겨난 경험의 통각에 근거한 반성하는 주제의 경험을 구별한다. 이 반성하는 주제의 경험에 지향적 대상은 이 경험적 자아, 즉 인격적 자아(따라서 이 자아가 그에 속한 동기부여하는 상황 아래 수행하는 작용과 관련해)가 자신의 '인격적 특유성' 또는 특성속성에 따라 입증되는 경험의 연관과 관련된 인격적 자아가 자신을 경험하는 경험적 지향성의 자아다.

이러한 설명을 보충하려면 다음과 같은 점에 주의해야 한다. 즉 여기에서 수행하는 내적 반성은 '이 경우 내가 다른 인간에게 대응해 있듯이 관련 속에 인간적 자아로서 나 자신도 파악한다'는 사실을 배제하지 않고 포함한다. 인격적 자아인 나는 나의 환경세계에 함께 속한 다른 사람에게 대응해서도 행동한다. 그러나 순수한 본래의 자신에 대한 지각이 제공하는 것의 존립요소를 견지하고 환경세계에서 내가 행동하는 상황 아래 내 인격성의 자기유지에 나 자신을 제한

제[명칭]인가? 자아로서 나는 단순한 습관으로부터가 아니라 다른 종류의 자유(Freiheit)와 능력(Vermögen)으로부터 나의 태도를 취함과 태도를 취할 수 있는 나의 본성을 갖지 않는가?

21) 이것은 나의 감정과 작용의 동기부여를 반복해 반성함으로써 단순히 감정의 자아와 작용의 자아로서 자아에 관한 경험의 통각이 생긴다는 것을 뜻하는가? 그러나 인격적 자아로서 나는 인간들 속에 있는 인간이다. 귀납적 통각의 형성에서 선행하는 것은 다른 사람의 인격적 본성인가 나 자신의 인격적 본성인가? 단순히 귀납적-연상적 통각이 중요한 문제인가? 인격은 능력의 주체다. 인간의 능력은 순수하게 연상적 형성물로서 구성되지 않으며, 그 능력의 형성과 성장을 나는 자유로운 연상이 끊임없이 역할을 하는 그에게 고유한 경험본성 속에 알게 된다. 여기에서 많은 것이 여전히 해명되어야 한다.

하면, 내가 다른 사람이 외부로부터 감정이입하면서 파악하는 동일한 사람인 나 자신을 동시에 표상하는 사실을 통해 발생하는 파악 층(層)을 분명히 배제할 수 있다. 결국 내가 다른 사람과 관련된 모든 통각과 따라서 환경세계와 나 자신에 관한 그밖의 통각에 대해 이것이 기여하는 모든 것을 제거하더라도, 나의 순수한 (자연스러운, 사물적) 환경세계 속에 규칙화되어 행동하는 자아와 제한된 인격적 통각은 분명하게 남아 있다. 내가 어떤 다른 사람의 관점인 일정한 '거기'(Dort)로부터 보게 될 것 같은 어떠한 표상도 처음부터 본래의 자신에 대한 직관(지각·기억) 속에 들어오지 않는다.[22]

인격적 자아인 나는, 사물에 대한 통각이 발전됨에 따라 사물이 나에게 주어지는 것과 똑같이, 경험적 자아에 대한 통각이 발전함에 따

---

[22] 인격적 자아는 인간-자아다. 나는 다른 사람의 행동을 그의 환경세계의 상황 아래 경험하며, 동일한 상황 아래 그의 동일한 행동을 반복해 반성해서 귀납적 통각이 생긴다. 내가 인간적 연관 속에 나 자신을 인간으로 통각하고 나자신의 행동을 관찰하고 이것을 규칙화된 것(나의 습관, 능동적 행동의 규칙성)으로 관찰하기에 충분한 기회를 종종 발견하는 한, 나는 나 자신을 인격적 '실재성'으로 알게 된다. 따라서 이렇게 실행하는 인격적 반성은 극히 매개된지향적인 것이다. 그러나 여기에서 여전히 많은 물음이 남아 있다.

먼저 나 자신에 관련된 귀납적 통각의 부분은 다른 사람에 대한 경험에 앞서 육체적인 것으로 생긴다. 여기서 이 경우 어떻게 자아가 극(Pol)으로서 자신의 역할을 하는지, 어떻게 확고한 능력이 구성되는지(나는 손을 저쪽으로 움직이고, 나는 더듬을 수 있다 등)를, 즉 다른 신체적 '능력'의 기체(基體)로서 나의 신체를 진지하게 숙고해야 한다. 그런 다음 이 경우 다른 사람이 나에 대해 고려하는지 아닌지에 대한 나의 주관적 영역에서 다양한 습관, 다른 사람의 관찰과 자기관찰의 상호작용 그리고 이 경우 귀납적 통각의 계속된 확장을 진지하게 숙고해야 한다.

어쨌든 이때 자아적 능력과 하부 층의 육체적 능력은 항상 또 처음부터 고려된다. 아무튼 활동적 능력은 습관이 아니며, 귀납적으로 구성된 특성도 아니고, 연상을 통상의 의미로 받아들이면, 단순한 연상적 형성물도 아니다. 따라서 인격성의 분석은 여기에서 몹시 불완전하다.

라 나에게 미리 주어진 것이다. '경험'이 발전된 사물에 대한 통각에 따라 계속된 의도적 관찰의 의미에서 그리고 실질적 관심이 자의(恣意)로 질서지어진 만족의 의미에서 일련의 경험 속에 나에게 사물을 더 상세하게 알려주듯이 —이것은 관찰하는 학문으로까지 이끈다—, 이러한 점은 경험적 자아에서도 마찬가지다. 나는 의도적으로 '경험 속에' 들어가 나 자신을 경우에 따라 순수하게 관찰하는 관심을 지니고 '더 상세히' 알게 된다. 인격적 자기지각인 자신에 대한 지각과 반성적 자신에 대한 경험의 연관은 나의 순수한 자아작용이 그 주체의 상황 아래 규칙화되어 전개된다는 사실을 '가르쳐준다'. 이 규칙화된 경과에 따라 자아-인격이라는 '표상', 즉 경험적 자아에 대한 통각이 필연적으로 발전되어야 하며 반드시 중단 없이 계속 발전된다는 사실, 따라서 체험의 경과, 즉 여러 가지 사유작용의 경과에 따라 반성하면 나는 인격적 자아로서 구성된 나 자신을 반드시 발견하게 된다는 사실을 형상적으로(eidetisch) 통찰하거나 통찰할 수 있다. 순수 의식이 체험하는 진행은 필연적으로 발전이 경과하는 것이다. 이 속에서 순수 자아는 반드시 인격적 자아가 통각하는 형태를 받아들이며, 예시된 종류의 경험계열 속에 자신이 입증되거나 충족될 모든 종류의 지향의 핵심이 반드시 된다.

58. 반성 이전에 인격적 자아의 구성[23]

그러므로 반성하면서 나는 나 자신을 언제나 인격적 자아로 발견한다. 그렇지만 근원적으로 이 자아는 체험의 흐름을 완전히 지배하는 발생(Genesis) 속에 구성된다. 여기에서 중요한 문제는 과연 '인

---

23) 이 항에 관해서는 부록 12를 참조할 것.

격적 자아가 자아에 대한 반성에 근거해, 따라서 아주 근원적으로 순수한 자신에 대한 지각과 자신에 대한 경험에 근거해 **구성되는가?**'이다. '연상'이라는 표제 아래 있을 법칙성이 있는데, 이것은 체험의 흐름에 전체 존립요소와 더불어 체험의 흐름에, 즉 그밖의 체험과 마찬가지로 이 체험의 흐름 속에 나타나는 사유작용에 속한다. 여기서 문제 되는 것은 단순히 그러한 법칙성 덕분에 통각 일반, 특히 주관적 상황과 관련해 규칙적으로 행동하는 인격적 자아의 통각이 발전할 수 있어 사유작용에 대한 반성이 여기에서 어떠한 우선적 역할도 못 하는지, 또는 반성이 바로 이 경우 특수하고 완전히 **본질적인** 구성적 기능을 갖는지 하는 점이다. 나는 인격적 자아가 행동방식의 통일체로 의식될 수 있기 위해 반성하는 경험 속에 나의 행동방식을 관통해야 하는가, 또는 인격적 자아가 동일하게 확인하고 실재화하는 일련의 경험 ─사유작용에 대한 반성으로서 상황과 관련된 태도를 주목하는 경험─ 을 통해 근원적으로 주어지기 전에 미리 주어진 것 속에 벌써 '의식될' 수 있는가? 그렇다면 반성 이전의 영역 속에 무엇이 조직되는가?

확실히 '연상'은, 주목되지 않은 감성이나 사물의 '배경'에서처럼, 〔앞서〕지시(Hinweise)와 소급지시(Rückweise)가 발전되면서 형성된다. 따라서 일정한 존립요소는 이미 거기에 있으며, 추후의 반성 속에, 경험 속에 이미 형태지어진 것을 발견할 수 있고 또 반드시 발견하게 된다. 이것은 '해명'에 대한 전제, '완전히 의식하면서' '만약 ~'(wenn)과 '그러면~'(so)을 명백히 제시하기 위한 전제, 자아에 속한 상황─이 속에서 자아는 인격적-실재적 통일체로 '본래' 구성된다─과 관련해 자아를 동일하게 확인하기 위한 전제다(내가 사실 선험논리학Transzendentale Logik에서 입증한 것*과 유사한 것이 사물의 구성에서도 일어나지는 않는지 하는 물음이 제기된다).

그러나 연상적 연관을 배제하고도 반성 속에 구성된 자아는 다른 자아를 소급해 지시한다. 즉 근원적으로 나는 연상적이며 능동적인 경험(경험이 사물에서와 같은 것을 뜻한다면)에서 이루어진 통일체가 본래 아니다. 나는 내 삶의 주체이며, 주체는 살면서 발전된다. 왜냐하면 주체가 최초로 경험하는 것은 자신이 아니며, 주체는 자연대상·가치사태·도구 등을 구성하기 때문이다. 주체가 능동적인 것으로 최초로 형성하고 형태짓는 것은 자신이 아니라, 작업하기 위한 사태다. 자아는 근원적으로 경험 —— 연관의 다양체에 관한 통일체가 구성되는 연상적 통각의 의미에서 —— 에서가 아니라, 삶(이것은 자아에 대한 것이 아니라, 그 자체가 자아인 것이다)에서 생긴다.

자아는 통각의 통일체인 자아보다 더한 것일 수 있고, 또 다른 것일 수도 있다. 자아는, 어떤 사물이 여전히 사물에 대한 통각 속에 편입되지 않은 속성이 있는 것처럼, 여전히 드러나지 않았고 여전히 통각으로 객관화되지 않았지만, 은폐된 재능(성향)을 지닐 수 있다. 우리는 인간에 대한 통상의 인격적 고찰에서, 따라서 정신과학의(예를 들어 역사적) 고찰에서, 통상의 경험에서 이 모든 것을 구별한다. 어느 누구도, 그가 자신을 알게 되지 않으면 자신을 '알지' 못하며, 자신의 본질을 '알지' 못한다. 자신에 대한 경험과 통각은 끊임없이 확

---

* "선험논리학에서 입증한"이라는 주장을 구체적으로 확인할 수 없지만, ① 1912년 완성한 이 책의 난삽한 초고를 슈타인(E. Stein)이 1916년부터 1918년까지 타이프로 정리했고 그가 이 자료를 1920년대에 적극 활용한 점, ② '선험논리학'이라는 용어는 『형식논리학과 선험논리학』(1929) 외에는 1919~20년 강의초안과 1929~30년 연구초안을 란트그레베(L. Landgrebe)가 편집한 『경험과 판단』(1939)에 간혹(50, 357쪽) 등장할 뿐이라는 점, ③ 1920~21년 강의 「선험논리학」을 편집한 『능동적 종합』(2000)에는 '선험논리학'이라는 용어와 직접 관련된 항목이 명시되어 있지 않다는 점에 근거해, 그것은 형식논리학이 간과한 판단의 기체(대상)가 주어지고 그 의미가 해명되는 지각과 주관성에 대한 분석의 성과라고 추정한다.

장된다. '자신을 알게 됨'은 자신에 대한 통각의 발전, '자기 자신' (Selbst)의 구성과 일치하며, 이 발전은 주체 자체의 발전과 일치해 수행된다.[*]

그러나 상정된 출발에서 사정은 어떠한가? 경험의 출발에서 일정하게 구성된 '자기 자신'도 여전히 대상으로 미리 주어져 있지 않고, 현존하지 않는다. 이것은 자신이나 다른 사람에게 적어도 직관 속에 완전히 은폐되어 있다. 그렇지만 다른 사람은, 그에게 주관성의 형식이 발전해 구성되는 형식으로 경험에 적합하게 미리 지시되는 한, 감정이입하면서 이미 그보다 더 공감할 수 있다. 정신적 주체의 특징은 이 '주체'가 '대상'(항상 주제의 객체는 아니더라도)이 되는 통각인 '자아'가 그 정신적 주체 속에 등장한다는 것이다. '사물'에 대한 통각은 사물 속에 등장하지 않고, 오직 주체 속에만 등장한다. 따라서 주체의 측면에서 '내가 존재하는 자아'와, 나에 대한 객체 — 존재하는 '내가 존재한다'(Ich-bin) 속에 표상된 것, 구성된 것, 경우에 따라 특수한 의미에서 생각된 것인 '나를'(Mich) — 인 '내가 존재하는 자아'를 구별해야 한다.[**] 여기에서 생각된 것은 자기 자신으로서 의식된 자아인 나에게 구성된 '인격'이다.

다음과 같이 말하면 안 된다. 즉 깨어 있는 자아에 대립된 잠자는 자아는 자아의 소재(Ichmaterie), 질료, 분리되지 않은 자아의 존재 (Ichsein), 자아의 침잠 속에 완전히 가라앉는 반면, 깨어 있는 자아는 소재에 대립하고, 촉발되며, 실행하고, 겪는다. 자아는 비-자아 (Nicht-Ich)를 정립하며,[***] 이것을 겨냥해 행동한다. 왜냐하면 자아

---

[*] 이 문단과 바로 다음의 문단은 부록 12의 II. 6항 중간에 다시 활용된다.

[**] 후자는 세계 속에 존재하는, 따라서 다양한 형식으로 드러나는 객체인 경험적 자아이며, 전자는 세계를 포괄하고 이것에 존재의 의미와 타당성을 부여하는 주체인 선험적 자아, 즉 경험적 자아의 담지자인 심층의식이다.

는 끊임없이 자신의 대응물을 구성하고, 이러한 과정에서 동기가 부여되며, 임의가 아니라 '자기유지'를 행사하면서 언제나 새롭게 동기가 부여되기 때문이다. '감성적 대상성'이 '작용 없는' 통일체로서 생기는 낮은 단계를 제외하면, 자아는 자신이 실행하고 겪은 것이 계속 영향을 주면서 끊임없이 발전된다. 자아는 행사하고, 습관화되며, 이전 행동을 통해 이후 행동 속에 규정되고, 많은 동기의 힘이 증가한다. 자아는 재능을 '획득하고', 목표를 세우며, 목표에 도달하는 가운데 실천적 능력을 획득한다. 자아는 실행할 뿐 아니라, 그 활동은 목표, 마찬가지로 활동의 체계(예를 들어 나는 어떤 피아노곡을 능란하게 연주할 수 있기 원한다)과 이에 상응하는 능력이 된다.

59. 능력의 주체인 자아

통일체인 자아는 '나는 할 수 있다'(Ich kann)의 체계다. 이 경우 신체적인 것과 신체적으로 매개된 것인 물리적인 '나는 할 수 있다'와, 정신적인 '나는 할 수 있다'를 구별해야 한다. 나는 내 신체에 대한 힘을 지니며, 이 손을 움직이고 또 움직일 수 있는 자다. 나는 피아노를 연주할 수 있다. 그렇지만 이것이 항상 지속되지는 않는다. 내가 피아노 연주〔법〕를 잊어버렸다면, 연습을 통해 만회한다. 나는 나의 신체를 행사한다. 가장 공통적인 활동에서 대개 연습을 통해 잊어버리지 않는다. 그러나 오랜 기간 병상에 누워 있다면, 나는 신속하게 다

*** 이러한 문구는 분명 피히테(J.G.Fichte)의 주관적 관념론을 연상시키며, 실제로 후설 현상학을 이러한 맥락으로 해석하는 경향도 있다. 그러나 이러한 외형상의 유사성에도 불구하고 '자아'를 그 자체로 완결된 실체로 간주한 피히테와, 본질적으로 대상과 언제나 지향적 상관관계에 있는 의식의 끊임없는 흐름의 기체로 파악한 후설은 전혀 다르다.

시 회복하더라도 걷는 것을 다시 배워야 한다. 어쨌든 나는 신경질환을 앓을 수도 있고, 그래서 손발에 대한 지배력을 상실해, '나는 할 수 없다'. 이러한 점에서 나는 다른 사람이 된다.

'나는 신체적-실천적으로 정상이다', 즉 내가 지각의 기관이자 감각적 삶을 실천하는 기관으로서 내 기관을 '자연히-자유롭게' 움직일 수 있는 것은 지속하는 정상의 하부 층이다. 공간적 경험과 상상의 형성물을 자유롭게 수행하고 기억을 자유롭게 더듬어볼 수 있다면——이것은 유형적으로 자연스러운 범위 안에 있지, 무제한이 아니다——, 나는 표상작용에서 정신적으로 정상이다. 나는 일정한 정상의 기억·상상을 하며, 마찬가지로 정상의 사유활동을 한다. 즉 추론하고, 비교하며, 구별하고, 연결하고, 셈하며, 계산할 수 있다. 나는 '성숙한 인간'처럼 정상으로 가치를 평가하고 측정할 수도 있다. 다른 한편 나는 나의 특유성, 즉 움직이고 실행하는 방식, 개인적 가치평가, 선호하는 방식, 유혹, 일정한 그룹의 유혹을 극복하는 힘을 지닌다. 이에 대해 나는 편안해진다. 그런데 다른 사람은 이 점에서 다르며, 다른 좋아하는 동기, 자신에게 위험한 유혹, 개인적 실행력의 영역 등을 정상성 안에, 특히 젊은이나 노인 등의 정상성 안에 지닌다. 이러한 유형에는 물론 특수한 발전, 의식적 자신의 교육, 내적〔마음의〕 전환, 윤리적 목표정립이나 단련을 통한 변화 등이 있다.

그래서 정신적 자아는 하나의 유기체, 즉 어린이·젊은이·장년·노인의 단계를 거치는 정상유형의 양식 속에 발전하는 능력의 유기체로 파악될 수 있다. 주체는 여러 가지를 '할 수 있으며', 현실적 동기를 통해 자신의 '할 수 있음'(Können)에 따라 행위로 규정된다. 왜냐하면 주체는 언제든지 자신의 능력(Vermögen)에 따라 활동하며, 자신의 행위를 통해 그 능력을 언제든지 변화시키고 풍부하게 하며 강화하거나 약화시킨다. 능력은 결코 공허한 '할 수 있음'이 아니라, 그때

그때 현실화되고 언제나 활동 — 이것이 체험에 적합하듯이, 이에 속한 주관적 '할 수 있음', 즉 능력을 소급해 지시하는 활동 — 으로 이행할 준비가 된 적극적 잠재성이다. 그러나 동기부여는 의식에 개방된 것, 이해할 수 있는 것이다. 왜냐하면 '동기가 부여된' 결정 자체는 동기의 종류와 힘을 통해 분명해지기 때문이다. 결국 모든 것은 주체의 근원적 능력, 그런 다음 이전 삶의 현실성에서 발생된 획득된 능력을 이해할 수 있게끔 소급해 지시한다.[24]

인격적 자아는 근원적 발생 속에 처음부터 또 줄곧 근원적 '본능'에 따라 추진되고 본능에 수동적으로 복종하는 **충동적으로 규정된** 인격성으로뿐 아니라, 또한 **자율적 자아, 자유롭게 활동하는** 자아, 특히 단순히 이끌려 자유롭지 않은 것이 아니고 이성의 동기에서 주도된 더 높은 자아로도 구성된다. 습관은 근원적으로 본능적 행동(그래서 습관충동의 힘이 본능적 충동과 결합된)뿐 아니라 자유로운 행동에도 반드시 형성된다. 일정한 충동에 굴복하는 것은 굴복함, 즉 습관적으로 굴복하는 충동을 정초한다. 마찬가지로 가치의 동기(Wertmotiv)를 통해 규정되게 하고 일정한 충동에 저항하는 것은 그러한 가치의 동기(또 경우에 따라 가치의 동기 일반)를 통해 다시 규정되게 하고 그러한 충동에 저항하는 일정한 경향(하나의 '충동')을 정초한다. 여기에서 습관과 자유로운 동기부여가 서로 얽혀 있다. 다시 자유롭게 활동하면, 나는 습관에도 따르지만, 자유롭게 결정해 동기에 복종하고 이성에 복종하는 한, 나는 자유롭다.[25]

---

24) '근원적 특성'은 처음에 규정된 동기부여가 있고 자아의 발전 속에 모든 동기부여는 이전에 사실적으로 수행된 것을 통해 함께 조건지어진 것일 뿐이라 말해야 하는가? 그렇지만 우리는 일정한 동기부여의 방식과 그런 다음 오직 처음에 대해 말해야 하지 않는가? 그러나 출발(Anfang)은 단지 시간적으로만 이해되면 안 된다.

그러나 모든 것에 대해 인격적인 경험적 주체가 구성되는 '연상'의 효력을 구별해야 한다. 인격적 주체가 체험의 흐름에 대해, 게다가 주관적 상황 아래 자아행동의 방식에 대해 발전의 일정한 규칙을 뜻하고 또 능동성과 수동성 속에 행동하는 방식의 일정한 규칙을 뜻한다면, 이 규칙에는 이른바 일정한 속견적 습관, 즉 그때그때 자아의 행동에 대한 일정한 알려져 있음(Bekanntheit)─의식의 흐름 속에 그때그때 행동이 나타남과 관련된 일정한 예상의 경향이나 가능한 예상의 경향─이 상응한다. 이 행동은 배경의식 속에 어떤 예상이 아니라, 미래에 등장하는 것을 향한 **미래지향**(Protention)*이다. 이것은 자아시선을 전향함으로써 예상될 수 있다. 그러나 이것뿐 아니라 일정한 대상성, 곧 행동방식의 주체도 구성된다. 왜냐하면 현실적 '만약~, 그러면~'으로, 현실적 가정이나 인과적 동기부여로 변화될 수도 있을 그러한 미래지향과 얽혀 있는 체계는 새로운 지향적 통일체나 이와 상관적으로 새로운 통각을 산출하기 때문이다.

그러므로 한편으로 '내가 실행한다' '내가 겪는다'를 지배하는 경향과 이것에 규칙을 부여하는 힘이 있다. 다른 한편으로 이 작용과 자아를 뒤따르면서 특성짓고 자아가 파악하는 의식의 경향이 있다.

---

25) 현상학적으로 '습관에 적합한 것' 또는 '경험에 적합한 것'에는 **상황**과 지향적으로 **관련됨**이 있다. 이것들이 실재화되면, 그에 속한 예상된 것으로서 경험에 적합한 것이 등장한다. 본능적 충동은, 경험예상을 갖는 한, 상황에 관련됨에 틀림없을 것이다. 그러나 이 예상은 습관의 경우 유사한 기억의 지평을 함축적으로 갖는다. '굴복함 자체의 증가하는 힘과 성장하는 경향을 지닌 굴복함의 예상은 사정이 어떠한가?' 하는 물음을 여전히 제기해야 한다.

* 후설은 시간의식의 지향적 지평구조를 방금 전에 지나간 체험을 여전히 의식 속에 지니는 과거지향(Retention)과 생생한 지금 그리고 곧 다가올 미래에 대한 예상인 미래지향의 끊임없는 흐름으로 파악한다. 그는 이 미래지향을 이미 알고 있는 것을 토대로 미리 알려져 있음의 유형에 따라 가까운 미래를 직관적으로 선취(先取)하는 "예언가의 의식"(『시간의식』, 56쪽)이라 한다.

지금까지의 고찰 전체에서는 삶의 흐름 속에 구성되는 자아의 통일체가 문제였다. 무엇보다 이것은─우선 형성되는 사물에 대한 통각과 일치해─다른 모든 통각과 함께 발전되고 함께 형성되면서 구성되는 자아다. 그러나 더 나아가 나는 확실한 자유 속에 일정한 사물을 고찰하고 눈을 보면서 움직일 수 있는 등의 자아인 주체일 뿐 아니라, 이러저러한 사태에 좋아하는 버릇이 있고 이러저러한 것을 습관적으로 욕구하며 시간이 지났을 때 먹으러 가는 등의 주체다. 즉 때로는 수동적이고 때로는 능동적인 어떤 느낌·느낌습관·욕구습관·의지습관의 주체. 일정한 그룹의 자아감정이나 수동적 자아작용이 자기 자신에 대해 상대적으로 조직되며 경험적 통일체로 구성되어 결집되는 한, 거기의 주관성 속에 일정한 층이 구성된다는 사실은 분명하다. 더 상세한 연구가 이 층을 명백하게 밝혀야 한다.

60. '자유로운 자아'로서, 이성의 작용의 주체로서 인격

그러나 무엇보다 '인격'은 특수한 의미에서 일반적이고 통일적인 경험적 주체에 대응해 윤곽지어질 수 있다. 즉 이성의 관점 아래 판단할 수 있는 작용의 주체, '스스로 책임을 지는' 주체, 자유롭거나 속박되어 자유롭지 못한 ('자유'를 특수한 의미에서, 더구나 본래의 의미에서 보면) 주체다. '나는 움직인다' 등에서 수동적으로 순종하는 것은 주관적으로 진행해가는 것이며, 이것은 '나의 자유에 속하는' 한에서만, 모든 주관적으로 진행해가는 것에서처럼 억제되고 자아로부터 구심적으로 다시 자유로워질 수 있는 한에서만 자유일 수 있다. 예컨대 주체가 '인정한다'는 것은 굴복할 것에 대한 권유로서 자극의 권유에 '예'라 말하고 실천적으로 그것에 동의하는 것이다.

나는 나의 구심적(求心的) 자아작용과 관련해 '나는 할 수 있다'는 의식을 갖는다. 이것은 활동이며, 그 경과 전체에는 단순히 거기로 진행하는 사건이 놓여 있지 않고, 경과는 항상 자아중심으로부터 생기며, 이러한 한에서 '나는 실행한다' '나는 행동한다'는 의식에 도달한다. 자아가 어떤 감정을 통해 다른 곳에 '마음을 빼앗기고' '매혹되면', 본래의 '나는 실행한다'는 파괴되고, 자아는 활동적 자아로 억제되며, 자유롭지 않고, '움직이지 않으면서 움직인다'. 자유의 경우에는 충족되지 않은 실천적 지향의 지평(Horizont)과 관련해 직접적 지평 속에 놓여 있는 미래의 행위국면에 대해 자유롭게 '나는 할 수 있다'는 의식이 존재하고, '다가올 것이다' '일어날 것이다'라는 단순한 의식은 존재하지 않는다.

a) 논리적 가능성, 실천적 가능성과 불가능성, 실천적 작용의 중립성변양 및 근원적인 '할 수 있음'의 의식인 '나는 할 수 있다'(주관적 힘·능력·저항)[26]*

이것은 무엇을 뜻하는가? 내가 할 수 있는 것, 그것을 할 능력이 있다고 아는 것, 이러한 것으로서 의식에 적합하게 내 앞에 있는 것 — 이것은 실천적 가능성이다. 실천적 가능성들 사이에서만 나는 '결정

---

26) 립스(Th. Lipps)의 『심리학』(*Psychologie*, 제2판 24쪽 이하)은 이에 대한 최초의 기초적 논의를 제시했다. 그는 '내가 갖는다', 즉 소유물이라는 가장 근원적인 개념이 생기며, 나는 내 신체마디를 갖는다, 즉 나는 이것에 대한 지배력을 갖는다는 사실도 언급했다. 또한 이 책의 58항 끝부분, 나아가 부록 12의 3항을 참조할 것.

* 립스(1851~1914)는 심리학은 내성(內省)에 의해 직접 파악되는 의식의 경험과 학이므로 논리학·인식론·윤리학·미학은 개인의 의식체험을 확정하는 기술심리학에 포함된다는 심리학주의를 주장했다. 또한 미(美)의식에서 감정이입의 의미를 강조해 타인의 정신생활에 관한 인식도 감정이입으로 파악했다. 후설은 이러한 심리학주의는 철저히 비판했으나, 감정이입에 관한 이론은 독자적으로 발전시켜 타자에 대한 경험의 구성을 해명하는 데 적극 활용했다.

할' 수 있고, 실천적 가능성만 내 의지의 주제(이것은 다른, 이론적 '할 수 있음'kann이다)일 수 있다. 나는 내가 의식에 적합하게 염두에 두지 않은 것, 내 힘과 재능 속에 놓여 있지 않은 것을 결코 원할 수 없다. '나는 아무것도 원할 수 없다'—이때 '할 수 있다' 자체는 실천적인 것으로 생각될 수 있다. 즉 의지 자체가 의지의 객체일 수 있는 한, 또 의지가 내 '힘' 속에 (내 힘이 미치는 범위 안에) 있고 정립 자체를 수행하는 것이 나에게 실천적으로 가능한 한에서만 그럴 수 있다. '뜻하는 그대로(fiat)' 능동적 정립을 지닌 의지에 앞서 행위가 충동적 행위—예를 들어 본의 아니게 '나는 운동한다', 담배를 '나는 쥔다', 나는 그것을 갈망하고 '즉시' 행한다—로 놓여 있다. 물론 이것은 더 좁은 의미에서 자의(恣意)의 경우와 쉽게 구별되지 않는다.

그러면 '나는 할 수 있다' '나는 능력 있다' '나는 재능 있다'는 어떤 종류의 변양인가?

경험에서 '나는 할 수 있다'와 '나는 할 수 없다'는 그 현상학적 특성상 구별된다. 저항 없는 행위 또는 저항 없는 '할 수 있음'의 의식, 어떤 저항을 극복하는 행위, 또 어떤 '대항'을 지닌 의식, 이에 속한 저항을 극복하는 '할 수 있음'의 의식이 존재한다. 저항과 〔이것을〕 극복하는 힘—저항을 '지님'에 대항한 '능동적' 힘—의 등급이 (항상 현상학적으로) 존재한다. 저항이 극복할 수 없게 되면, '나아갈 수 없다' '나는 할 수 없다' '나는 힘이 없다'에 직면하게 된다. 물론 나의 행위와 '할 수 있음'의 영역 밖에서 영향과 대응영향의 전이된 파악은 이것과 연관된다. 결국 사물은 다른 것과 관련해 '활동하고', 다른 것과 관련해 '힘과 대항력'을 지니며, 서로 저항하는데, 경우에 따라 어떤 것이 〔다른 것에〕 영향을 미치는 저항은 극복하기 어려워 다른 것이 '그 저항을 극복할 수 없다'.

저항의 본래 통각은 문제가 단순히 사물적인 것이 아니라, 내 '의지'의 영역—어쩌면 내 능력으로 이미 알게 되었던 영역—속에 들어오는 종류라는 사실을 전제한다. 물리적 영역 속의 나의 모든 '할 수 있음'은 나의 '신체활동', 나의 신체적으로 '할 수 있음'과 능력을 통해 매개된다. 경험을 통해 나는 내 신체마디가 다른 모든 사물 및 사물운동(물리적인 기계적 운동)과 구별되는 그 특유한 방식으로—'나는 움직인다'는 주관적 운동의 특성으로—움직인다는 사실을 안다. 이것은 처음부터 실천으로 가능한 것으로 파악될 수 있다. 우리는 오직 이러한 주관적 특성을 띠는 것만 아프리오리하게 그와 같이 파악된다고 일반적으로 정형화해야 한다. '나는 원한다'는 근원적으로 오직 여기에만 등장하고, 표상된 의지는 근원적으로 여기에 그리고 오직 여기에만 긍정될 수 있으며 실제의 의지가 된다. 이 경우 나는 저항에 직면할 수도 있다. 예를 들면 내 손이 '무감각해졌다'. 이제 내 손을 움직일 수 없고, 그 손은 잠시 마비되었다 등등. 이와 같은 것을 나는 신체운동의 외적 '결과'의 범위에서 경험한다. 손은 자신이 '나아가는 것'을 방해하는 것을 밀쳐낸다. 가끔은 '힘들게' '덜 힘들게' '저항 없이' 나아가며, 가끔은 저항이 아무리 힘써도 극복할 수 없을 경우 전혀 나아가지 못한다.

어떤 신체운동을 할 때 나의 의지는 이 의지가 직접 행하는 것을 어떻게 붙잡는가? 이에 대해 생리학적 인식을 가져야 하는가? 객관적-물리적으로 당연히 물질적 상태가, 그것에 대해 아무것도 모르고 알 필요가 없더라도, 최초의 것이다. 사람들은 "그러나 어떤 방법으로 내가 그것을 일으킬 수 있는지는 수수께끼"라 한다. '심리적 인과성은 하나의 사실이지만 이해할 수 없다'고 생각하거나, 그것을 단순한 가상(Schein)에도 설명한다. 물론 생리심리적 인과작용은 수수께끼라고도 한다. 그러나 이 '수수께끼'는 모든 인과작용의 본질에 속하지 않는가? 어쨌든 그것은 결코 수수께끼가 아니다. 그 특수성이 곧 경험에 대한 통각 속에 놓여 있는 '인과성'은 사물구성의 **본질**에 속한다. 따라서 사물을 사물로 경험하고, 인과적 통각을 현실적 경험의 범례에서 현상학적으로 더 상세하게 규정해야 한다. 다른 것을 요구하는 것은 여기에서 전혀 의미가 없다.

의지의 인과성과 신체에 대한 통각의 영역, 움직일 뿐 아니라 내가 움직이고 그래서 경우에 따라 '나는 원한다' 속에 움직일 수 있는 '구성원'을 지닌 사물에 대한 통각의 영역에서도 마찬가지다. 의지에 무엇이 첫 번째인가? 전제는 현상적 상황 등을 지닌 손의 통각이다. 생리학적 연구와 지식은 결코 전제가 아니다. 물리학적이며 생리학적인 이해는 실천적 이해와 전혀 다른 것이다. 어떤 때는 인식 — 더 상세하게 말하면, 물리적(실체적-인과적) 자연에서 자연객체인 사물의 과학적 인식 — 이 문제이고, 다른 때는 실천적 이해 — 자신의 물리적 인과성에 따른 경과가 아니라 실천적 사건의 이해 — 가 문제다. 즉 이것은 경과의 실천적 근거('심리적 원인')에 관한, 그 동기에 관한 문제다. '내'가 사물에 충격을 주었기 때문에, 내가 내 손을 뻗어 밀쳤기 때문에 사물은 움직인다. 그러나 내 손을 본의 아니게 움직인다면? 왜 손이 움직이는가? 손이 처한 상황이 불편하기 때문이다. 또는 '나는 그 이유를 정확히 모른다'. 나는 그것에 주목하지 않았지만, 그 이유는 심리적인 것 속에 또 그 희미한 자극과 동기부여 속에 놓여 있다.

물론 내 손 역시 하나의 사물이며, 내가 주관적으로 '나는 움직인다'를 수행하고 꿈을 꾸거나 기만당하지 않는다면, 자연에서도 물리적 경과가 수행된다. 확실히 '나는 움직인다'의 지각에도 공간 속의 물리적 운동의 지각이 포함되어 있고, 그래서 여기에도 물리적 인과성의 문제가 제기될 수 있다. 그러나 다른 한편 이러한 문제가 제기될 필요가 없으며, 그 문제는 오직 그 속에서만 활동하거나 겪는 인격이 동기부여의 주체로서 또 자신의 환경세계의 주체로서 정립되는 인격적 태도 속에 제기되지 않을 수도 있다.[27]

근원적으로 '나는 움직인다' '나는 실행한다'는 '나는 실행할 수 있다'에 선행한다. 그래도 현실적 행위에서 분리된, 체험된 '나는 할 수 있다'도 존재한다. 나는 지금은 멈춘 내 손을, 자의든 본의가 아니든, 움직인다고 '상상할' 수 있다. 그렇지만 나는 이 책상을 (내 손 운동을 '통하지' 않고 그 자체에 의해) 움직인다고도 상상할 수 있는가? 물론 나는 그 책상이 기계적으로 움직인다고 상상할 수 있다. 그러나 그 운동은 신체운동을 '통하거나' 충격 등을 통하지 않으면 결코 그 책상에 대한 나의 운동일 수 없다. 나는 내 신체를 지배한다는 사실을 통해서만 물리적 세계 속에 내 신체에 대해 일정한 것을 지배한다. '나는 내 손을 움직인다'는 형식으로 내 손의 운동을 상상한다면, 나는 어떤 '내가 실행한다'를 상상하지 단순한 기계적 운동을 상상하지 않는다. 그러나 이러한 상상은 여전히 '나는 할 수 있다'가 아니다. '나는 할 수 있다'에는 단순히 어떤 상상이 아니라, 이것을 넘어서는 정립—이때 나 자신뿐 아니라 '행위', 즉 실제적 행위가 아니라 바로 '행위 할 수 있음'도 관련된 정립—이 분명히 있다.

여기에서 부각된 대조, 즉 단순히 '논리적' 가능성의 의미에서—직

---

27) 실로 물리적 자연과 그 인과성이 의식의 동기부여 속으로 해소된다는 사실에 의지할 수도 있을 것이다. 그러나 이것은 그 지표가 정립되고 이론으로 규정된 사물·자연법칙 등인 폐쇄된 그룹을 형성한다. 물리적인 것을 넘어선 것 속에 자신의 심리적 '인과작용'을 지닌 심리적인 것을 갖는다고 해도 안 된다. 다음과 같은 것도 잘못일 것이다. 왜냐하면 그것이 아주 다른 태도를 다루기 때문이다. 즉 어떤 때 자연은 단적으로 정립되며 이론의 주제다. 다른 때 자연은 구성되는 동기부여의 상관자로 정립된다. 또 다른 때 나타나는 자연은 정립되지만 실천의 장으로 정립된다.

관적 표상에서 유래한 단순한 —가능성과 '할 수 있음'(Können)의 실천적 가능성을 대조해 범례로 정교하게 다듬는 것이 중요하다.

내가 어떤 기계적 운동이나 자연의 그밖의 경과를 날조하거나 그 무엇이든 어떤 사물을 날조하면, 나는 이 자유로운 허구의 내 의식을 항상 변화시킬 수 있고 그래서 날조된 것과 관련된 일정한 가능성 정립이 그것에서 생긴다. 표상할 수 있는 것 또는 우선 표상된 것은 가능하고, '대상' 자체는 직관적인 것으로서 가능성의 술어(述語)가 눈앞에 아른거리는 기체(基體)이며, 예컨대 생각된 대상은, 직관될 수 있는 한, 하나의 가능한 대상이다. 따라서 여기에서 다시 일정한 '할 수 있다'가 나온다. 반인반마(半人半馬)는 가능한 대상이다. '이것'은 직관되고, 이것과 내가 자유롭게 수행할 수 있는 다른 유사-지각의 동일한 것이다. 모든 직관은 생각된 무엇(Was)으로서 직관된 '대상'을 가능한 것으로 정립하고 원본적으로 주어지는 가운데 '경험하는' 작용으로 전환하는 것을 분명히 허용한다. 직관 없이 어떤 가능성을 정립하는 것은 그 의미상 어떤 직관 속에 또는 가능성 정립을 '본래의' 형식으로 제공하는 직관의 전환 속에 충족(Erfüllung)을 발견하는 지향(Intention)이다.

이 가능성은 속견의 논리적(형식적-논리적이 아닌) 가능성이다. 물론 이 '그것은 가능하다' 가운데는, 내가 손 운동을 상상하고 이 상상(하나의 중립성변양)에서 가능성 정립의 의미를 이끌어내면, '내가 손을 움직인다는 사실이 가능하다'가 포함된다. 그러나 이것에 의해 나는, '할 수 있음'에 관한 논의가 일반적 경우에도 적용될 수 있더라도, 실천적인 '나는 할 수 있다'를 지니지 않는다. 예를 들어 반인반마는 존재할 수 있다. 어떤 물체의 운동이 가능하기 때문이다. 즉 물체는 움직일 수 있다. 왜냐하면 '나는 손을 움직인다'가 가능하고, 내가 손을 움직인다는 사실이 있을 수 있기 때문이다. 따라서 일반적으로 그렇다. 즉 'A가 있다는 것이 가능하다'는 곧 'A가 있다는 것이 있을 수 있다'이다. '가능하게 존재하는 것'은 '존재할 수 있는 것'이기 때문이다. 어쨌든 여기에서 중요한 것은 '나는 손을 움직인다' '나는 어떤 것을 실행한다'는 속견의·논리적 존재가능성의 문제가 아니다. 확실히 나는 책상을 '직접' 실행하면서 움직인다는 것은 있을 수 없고, 나는 손을 '직접' 움직인다는 것은 있을 수 있다. 즉 어떤 '나는 할 수 있다'는 직관적이 될 수 있지만, 다른 '나는 할 수 있다'는 그렇지 못하다.

그러나 이것이 전부인가? 그리고 직관할 수 있음에 관한 논의는 이미 다른 분야를 지시하지 않는가? 내 손의 어떤 운동은 단지 하나의 존재가능성이 아니다.

여기에서 다른 종류의 중립성변양이 고려된다. 속견의 의식(대상적 존재의 의식)의 중립성변양은 '단순한 표상'이다. 왜냐하면 어떤 지각이나 기억(현재의 존재나 기억에 의한 존재의 원본적 의식)이 있다면, 중립화는 중립적으로 변양된 직관을 낳기 때문이다. 또한 모든 중립화된 직관은 이론적(속견의) 가능성, 즉 가능한 존재를 원본적으로 이끌어낼 수 있다. 이 존재는 확실한 존재, 단적인 존재, 따라서 중립화되지 않은 직관과 가장 근원적으로 '지각'(현재의 존재)에서 이끌어낼 수 있는 것의 변양으로서 스스로를 부여한다. 더 넓은 의미에서 속견의 영역에 모든 중립성변양은, 심지어 가능성(가능한 존재) 역시 더 이상 '명증성', 즉 '스스로 주어져 있음'의 양상을 띠지 않더라도, 가능성에 관한 속견의 의식으로 전환을 허용한다.

마찬가지로 실천적 가능성은 모든 '실천적' 중립성변양에서 이끌어낼 수 있고, 경우에 따라 원본적으로 이끌어낼 수 있다. 따라서 이와 상관적으로 **표상작용**(직관-중립화된 직관)과 존재(표상할 수 있거나 가능한 존재)가 대립해 있다. 실행과 유사-실행, 행동과 가능한 행동,

행위 및 행동의 목적(행동의 결과로서)과 '가능한' 행위 그리고 가능한 실천적 결과인 실천적 가능성도 마찬가지다. 주체의 측면에서 '내가 실행할 수 있다'는 '내가 실행한다'에 상응하고, 이와 평행하는 경우 똑같이 '나는 가능하다고 간주한다'는 '나는 믿는다' '나는 참된 것, 존재하는 것으로 간주한다'에 상응한다. 두 가지 측면에서 나는 나 자신을 중립성변양으로 옮겨놓고, 여기에서 존재가능성과 행위가능성을 이끌어낸다.[28]

　직관적 표상, 따라서 '나는 어떤 것을 원한다' '나는 어떤 것을 실행하고 주어진 상황에서 다양하게 결정한다' '다양한 가능성을 선택한다'는 유사-지각은 당연히 그때그때 외적 경과의 직관적 표상뿐 아니라, 관련된 가치의 특성과 실천적 특성의 직관적 표상도 전제한다. 더 나아가 이러한 특성의 원본성, 따라서 실제적 직관의 경우 관련된 심정작용과 의지작용의 중립성변양을 전제한다. 그러므로 나는 변양 속에 반드시 다양하게 평가하고 바라며 원한다.

　그래서 우리는 매우 많은 것이 『논리연구』에서 속견의 태도를 취함의 본래성과 비-본래성으로 다룬 구별에 의존한다는 사실을 알

---

28) 물론 이 평행하는 것은 모든 근본부류를 관통함에 틀림없다. 기쁨: 기뻐함. 나는 기쁘다. 유사-기쁨: 기뻐할 수 있다. 가능한 기쁨: 나를 기쁘게 할 수 있다. 어떤 경우에 내가 '실제로 기뻐하는지'는 이것에 따라 주장되지 않지만, 어쨌든 기뻐할 수는 있다. 더 단순하게 말하면, 나는 어떤 것에 좋아함을 갖는다. 즉 나는 나 자신을 어떤 좋아함으로 옮겨놓고, 생각한다. 그것이 실제로 유사-좋아함이라면, 나는 이것에서 가능한 좋아함, 즉 좋아할 수 있음을 이끌어낼 수 있고, 유사-가치에서 가능한 가치를 이끌어낼 수 있다 등등. 어떤 유사-좋아함을 실제적으로 수행함은 실제적-직관적으로 상상함(눈앞에 있는 것처럼 생각함)과 유사하다. 눈앞에 있는 것처럼 공허하게 생각하면서 행동하는 것은 '실제로' 그와 같은 것을 눈앞에 있는 것처럼 생각할 수 있음을 포함하지 않는다. 평행하는 경우에도 마찬가지다. 그러나 이 경우 실천적인 할 수 있음(예를 들어 직관할 수 있음 등)도 도처에서 자신의 역할을 한다.

게 된다. 나는 '2×2=5'라고 직관적으로 표상할 수 없다. 즉 나는 '2×2=5'라고 판단하고, 본래 직관적으로 따라서 명증성에서 판단하는 것을 직관적으로 표상할 수 없다. 그렇지만 나는 내가 '2×2=5'일 것이라고, 즉 비-본래로 '막연하게' '혼돈되어' 주제를 수행하면서 표상할 수 있다. 특히 여전히 우리에게 생소하고 직접적 통찰이나 쉽게 도달할 수 있는 통찰 속에 거짓으로 포착할 수 없으며, 그것이 거짓됨은 오랜 증명과정을 거쳐야 비로소 입증되는 명제질료(Satzmaterie)의 경우 그러한 질료가 비-본래로 주어지는 양상 속에 모든 정립과 양립할 수 있다는 사실이 나에게 분명해진다.

이와 유사한 것이 이성의 작용(본래 그렇게 부를 수 있는 능동적 작용)과 모든 영역, 심지어 감정과 의지의 영역에서 그 종합적 형성의 영역 전체에 적용된다. 나는 내가 어떤 것의 가치를 평가하고, 그 결과 욕구하며, 정확하게 숙고해보면 내가 가치를 평가할 수 없을 목적이나 수단으로서 그것을 원할 것이라는 사실, 내가 숙고해보면 어쨌든 추구하지도 않고 또 추구할 수도 없을 것을 적당한 수단으로 추구할 수 있고 또 추구할 것이라는 사실을 '생각할' 수 있다. '나는 할 수 있다'는 어떤 때는 여기에 있고, 다른 때는 없다. '나는 할 수 있을 것이다'는 여기에서 나는 상상에 잠기고, 그래서 속견의 가치평가 작용의 중립성변양을 수행하며, 관련된 기쁨·욕구·의지의 정립이 그 토대와 양립할 수 있다는 것을 발견한다는 사실을 뜻한다.

여기에서 두 가지 동기부여가 생긴다. 비-본래성의 경우 '막연한' 양상에서 의미, 따라서 비-본래로 수행된 의미(그러나 그 부분들에 대해 직관적일 수 있는 의미)와 임의로 태도를 취함——정립과 정립적 변양——이 양립할 수 있다. 다른 한편 관련된 작용(구체적 작용)이 의식연관 속에 어쨌든 그 어떤 방식으로 '동기가 부여되어' 등장한다. 즉 내가 현실적 삶에서 어느 정도 밖으로 나와 '상상'의 삶(그렇지만 이것은 내가 유사-삶을 수행하는 '상상'의 대열이 나의 현실적 삶에 접합되는 정도로 주장되는 것이다)으로 이행하면, 이 상상의 삶은 바로 삶의 통일체이며, 이 속에서 동기부여를 통한 통일체다. 여기에서 문제는 이러한 동기부여의 특성을 해명하는 것이다. 왜냐하면 이것은 임의의 동기부여가 아니기 때문이다.

어쨌든 '나는 내가 살인·절도 등을 했다고 생각할 수 있고, 그래도 그것을 실행했다고 생각하지 않을 수도 있다'는 고찰에 여전히 만족할 수 없다. 나는 '삼각형에서 각(角)의 합은 3 직각'이라 판단했다고, 그래도 그렇게 판단하지 않을 수도 있다고 생각할 수 있을 것이다. 과연 이것은 어떤 종류의 이율배반(Antinomie)인가?

'나는 그것을 실행할 수 있을 것이다'—이것은 실행의 중립성변양이고, 이것에서 이끌어낸 가능성이다. 그런데 '나는 그것을 실행할 수 없을 것이다'—이러한 행동(이것도 허구적 행동 속에 원본적 행동, 중립화되지 않은 행동이다)에 대해 근원적인 '할 수 있음'의 의식 또는 힘의 의식이 나에게 없다. 이러한 행동은 내 인격의 본성, 나를 동기부여하게 허용하는 내 본성에 모순되기 때문이다.[29]

b) 자신의 인격을 앎 속에 동기부여된 '나는 할 수 있다'.
자신에 대한 통각과 자신에 대한 이해

나는 경험을 통해 나 자신을 알고, 나에게 어떤 특성이 있는지—나는 자아에 대한 통각, '경험적 자기의식'을 갖는다—를 안다. 모든 발전된 주체는 순수 자아를 지닌 단순한 의식의 흐름이 아니라, '자아'의 형식으로 수행된 중심화(Zentrierung)도 가지며, 사유작용은 자아주체의 작용이고, 자아는 자신의 (능동적) 태도를 취함으로부

---

[29] 이것과 다음 단락 b) 전체에 관해서는 부록 11을 참조할 것.

터 또한 자신의 습관과 능력으로부터 구성된 통일체이며, 그런 다음 외적 통각의 통일체 — 이것의 핵심은 순수 자아다 — 다. 그런 까닭에 '나는 존재한다'(Ich bin)는 명증성이다. 나는 나의 특성에〔대해〕 착각할 수 있지만, 어쨌든 그 어떤 특성을 지닌 나 자신을 정립해야 하고, 일정한 특성(규정되지 않음의 지평은 제외하고)을 지닌 자아로서 나 자신을 정립한다. 내가 지금 상상을 하고 (내가 존재하는 자로서) 어떤 상상의 현실성이나 중립성으로 변양된 채 주어진 세계 — 그 어떤 방식으로 상상으로 변형된 알려진 세계 — 에 익숙해지면, 어떻게 다양한 동기가 나에게 영향을 미치게 될 것인지(더 정확하게 말하면, 이 상상 주변의 유사-동기), 어떻게 내가 존재하는 자로서 행동하게 되고 행동할 수 있을 것이며 판단하고, 평가하며, 원할 수 있을 것인지 없을 것인지 판단한다.

그래서 나는 **경험적으로**, 나에 관한 내 경험인식에 근거해, 나 자신에 대해 경험적 통각 속에 경험-자아로서 구성된 자아인 나 자신을 고려해, 판단하거나 판단할 수 있다. 이전의 행동방식과 유사하게, 그 토대와 동기에 관련된 이전의 태도를 취하는 것에 유사하게 이후의 행동방식을 예상한다. 이것은 단순히 예상추론이 아니라, 아무튼 사물에 대한 통각이 통각으로 일정한 통일체를 형성하는 '가능한' 예상의 경험체계에서 생기듯이, 지향적 특성이 생긴다. 어쨌든 지향적 대상의 모든 특징은 이전의 유사한 경험을 소급해 지시하며, 그래서 사물을 파악하는 가운데 원리상 새로운 것은 전혀 없다. 이 경우 그것은 이미 새로운 통일체 층(層)을 구성하는 출발일 것이다.

그런데 나는 내가 그 속에 **결코 없었던**, 그것을 동일하거나 유사하게 전혀 경험하지 않았던 동기부여 상황의 처지가 되어 생각할 수 있는가? 그리고 다르게 행동할 수 있더라도, 즉 다르게 결정했다고 생각해볼 수 있고 분명하게 표상할 수 있더라도 — 반면 아무튼 이 인격적 자아로서 그렇게 할 수 없을 것이다―, 나는 내가 어떻게 행동할 것인지를 볼 수 없고, 유사-봄(Quasi-Sehen) 속에 찾아낼 수 없는가? 이것은 결정적인 문제다. 더 나아가 나는 유사한 동기부여 상황속에 반복해 있을 수 있다. 그렇지만 나는 동일한 상황 아래 동일하게 반응하는 사물이 아니다. 이때 사물은 원리상 동일한 인과적 상황아래 동일한 것으로 작용할 수 있다. 이전에 나는 그렇게 동기가 부여되었지만, 지금은 다른 방식으로 동기가 부여된다. 게다가 바로 내가 그동안 다른 사람이 되었기 때문에 그러하다. 유효한 동기인 동기부여는 동일할지 모르지만, 다른 동기의 힘은 다르다. 예를 들어 모든인간에게서 젊은 시절 감성의 힘은 노년기와 매우 다르다. 감성적 토대, 특히 감성적 충동의 토대는 다르다. 노인은 신중하고 자기중심이며, 젊은이는 성급하고 고상한 감동에 쉽게 몰두할 태세다. 왜냐하면노인은 (다양한 경험을 통해) 자제하고 결과를 숙고하는 데 익숙하기때문이다. 젊은이의 삶의 속도는 처음부터 더 빠르고, 상상은 더 활발하지만, 다른 한편 경험은 덜 겪었다. 젊은이는 나쁜 결과를 알지못했고, 위험을 모르며, 아직 경험하지 못한 감명·체험·모험 등 새로운 것에서 신선하고 근원적인 기쁨을 여전히 느끼기 때문이다.

따라서 동기부여의 토대, 방향과 동기의 힘은 다르다. 그런데 나는이것을 어떻게 알게 되는가? 내가 존재하는 자로서 나에게 '놓인' 가능한 상황을 상상하는 현전화를 통해 어떤 감각이나 정신의 자극이나에게 영향을 미칠 것인지, 이것이 어떤 힘을 지니는지, 그래서 이경우 어떤 방향으로 더 큰 흡인력이 움직이고 농일한 상황의 조건에서 어떤 결정력이 주어지는지에 대해 내가 어떻게 결정하게 되는지알게 된다. 경우에 따라서는 여전히 다른 동기가 등장하고 영향을 미칠지도 모르며, 내가 지금 상상의 고찰로 실행하듯이 희미한 동기를명확하게 밝히지 않은 채 느낄지도 모른다. 나는 현실적 행동 속에

'[몸이] 불편해' 잠을 설쳤으며 그런 까닭에 무감각하고 무기력한 반면, 지금 나의 현재 습관인 현실적 선명함이 상응하는 선명함의 입장에서 상상하고 또 그 반대다.

그러나 이것은 곧 동등한 권리를 지닌 가능성이다. 정신적 자아인 나 또한 내 발전의 경로에서 더 강해질 수 있고, 약한 의지는 강한 의지가 될 수 있다. 그렇다면 나는 숙고하면서 "내가 이전의 나처럼 이 유혹에 저항하지 못할 것이다, 그것을 실행하지 못할 것이다"라 말할 수 있다. 지금 나는 그렇게 행동할 수 있고 또 그렇게 행동할 것이다. 그렇지만 이렇게 말하는 것은 어쨌든 경험에 근거한 것이 아니라, 내가 발단 속에 나의 동기를 시험할 수 있고 또 시험하기 때문이다. '내가 굴복하면, 나는 굴복하는 주체인 나를 반드시 경멸할 것이고, 이러한 일은 내가 그것을 실행할 수 없으며, 결국 그것에 굴복할 수밖에 없다는 것을 우선시하는 경향이 있는 무가치(Unwert)의 계기(契機)를 강화할 것이다'라는 점을 완전히 이해함으로써 나는 자유의 힘도 강화할 수 있다. 나의 저항력은 이것에 따라 증대된다.

어쨌든 경험[에 대한]판정과, 인격을 동기부여의 주체(현실적이거나 가능한 동기부여의 주체)로 이해함, 즉 인격에 고유한 동기부여의 가능성을 이해함에 근거한 판정은 경험이 자신의 지배적 사유방향, 나에게 이미 알려진 그의 건망증, 비-직관적으로 표상하는 등 그의 습관에서 동기부여하는 어떤 '근거'가 유효한지를 나에게 가르쳐주는 형식에서도 종종 결합된다. '그가 참된 상황을 명백히 파악했다면 결코 그렇게 행동하지 않았을 것이다. 그가 자신에게 도움을 요청한 사람의 곤란한 처지를 명백히 이해했다면, (근본적으로 마음이 착한) 그는 자선을 베풀었을 것이다.' 이렇게 하기에는, 내가 경험을 통해 알듯이, 그는 너무 성급하고 몹시 바쁘다. 결국 동기로서 영향을 미치는 것은 자체 속에 많은 지향적 함축을 지닌다. 여기에는 심지어 중요한 새로운 동기부여의 원천 ─ 즉 '진리 자체'를 발견해내는 본래 의미와 확증을 추구하고, 진정한 이성 속에 이것을 통해 규정하는 원천 ─ 도 있다. 여기에는 모든 동기부여와 현실적 실행의 가치가 궁극적으로 의존하는 우선적 가치가 있다. 또한 여기에는 모든 인식작용의 규범처럼 동기부여 타당성의 법칙 ─ 나아가 동기부여의 힘과 인격적 가치의 법칙도 포함해 ─ 인 기본적인 형식적 법칙에 대한 원천도 있다. 습관적으로 진정한·참된·타당한·자유로운 결심에 최고의 동기부여의 힘을 부여하는 인격은 최고의 가치를 재현한다.

c) 타인의 영향과 인격의 자유

인격성의 발전은 다른 사람의 영향을 통해, 타인의 사상과 암시된 느낌과 타인의 명령을 통해 규정된다. 이 영향은, 인격 자체가 이후에 그것에 대해 어떤 것을 알거나 기억하고 영향 자체의 정도와 본성을 규정할 수 있든 없든, 인격적 발전을 규정한다. 타인의 사상은 내 영혼 속에 침투하고, 나의 심리적 상황, 발전단계, 성향의 형성 등에 따라 변화하는 상황 아래 엄청나거나 미미하게 다른 영향력을 행사할 수 있다. 동일한 사상은 '동일한' 상황 아래 다른 인격에게 다르게 영향을 미친다. 나의 정신 속에 '원본적으로 생기거나', 나 자신에 의해 전제(이것은 경우에 따라 타인의 영향에 기인할지도 모른다)에서 획득된 자신의 사상과 받아들인 사상은 대립해 있다. 내 속에서 원본적으로 발원된 자신의 느낌과 동화된 ─ 공감된, 진정하지 않은 ─ 타인의 느낌도 마찬가지다. 타인의 것, 내가 '넘겨준 것', 다소간 외적인 것은 타인의 주체에서 나가는 것, 우선 타인에서 나오며 나를 향한 경향으로, 내가 어떤 경우에는 굴복하고 어떤 경우에는 억지로라도 아무튼 억제되는 강요로 특성지을 수 있다.

그렇지만 경우에 따라 나는 자발적으로 그것을 습득해, 그것은 내 소유물이 된다. 그러면 이제 그것은 내가 굴복하고, 외부에서 나 자신을 규정하는 강요의 단순한 특성이 더 이상 없다. 왜냐하면 그것은 나의 자아에서 나가고, 외부를 겨냥한 단순한 자극이 아니며, 어쨌든 다른 자아에서 유래하는 것 — 다른 자아 속에 자신의 근원적 건설을 지닌 것 — 을 이어받는 특성의 태도를 취하기 때문이다. 이것은 내 자아중심 영역 속에 현실화된 자신의 습관(Habitus)인 근원적 건설 그리고 이후의 재생산과 비슷한 경우다. 다른 인격에서 나가는 경향 이외에 지향적 형태 속에 규정되지 않은 일반성이 등장하는 강요 — 도덕, 풍습, 전통, 정신적 환경 — 가 있다. 즉 '사람들'이 그렇게 판단하고, 포크를 그렇게 붙잡는 등 사회적 그룹이나 계급 등의 요구가 있다. 또한 사람들은 이 요구에 수동적으로 순종하거나, 그 요구에 능동적으로 태도를 취하고 그 요구에 대해 자유롭게 결정한다.

그러므로 이성의 **자율성**, 즉 인격적 주체의 '자유'는 내가 타인의 영향에 수동적으로 굴복하지 않고 나 자신으로부터 스스로 결정하는 데 있다. 나아가 내가 그밖의 취향과 충동에 '끌리게' 내버려두지 않고, 자유롭게 활동하며 이성의 방식으로 그렇게 하는 데 있다.

그래서 인간적 인격 — 우리가 자기지각과 다른 사람의 지각 속에 포착하는 통각의 통일체 — 과, **이성의 작용**의 주체인 인격 — 이 동기부여와 동기부여의 힘은 추후에 이해하는 다른 사람의 체험작용에서처럼 근원적인 자신의 체험작용 속에 우리에게 주어진다 — 을 구별해야 한다. 이때 시선은 특히 정신적인 것, 즉 자유로운 작용 삶(Aktleben)을 겨냥한다.

d) 인격을 이해함에서 일반적 유형과 개별적 유형

이때 우선 감정과 작용 속의 자아에 대한 일반유형이 문제다. 그러나 그런 다음 특수유형과 개별유형 — 이 인간-자아의 유형, 더 명확하게 말하면, 추후에 이해할 수 있는 자신의 삶의 작용과 감정에서 이 신체에 속한 자아의 행동 속의 유형 ― 이 문제다.

나는 개별적으로 어떻게 이 자아가 동기가 부여되는지 추후에 이해할 수 있다. 예를 들어 그는 마시길 원하기 때문에 지금 컵을 집는다. 목마르기 때문이다. 그러나 이것은 일반적으로 그의 인격인 일반적-인간적인 것과 전혀 관계없다. 그렇지만 예를 들어 그가 마시기 전에 그 컵을 갑자기 내려놓는다. 옆에 있는 배고프고 목마른 불쌍한 어린이를 보았기 때문이다. 그래서 그 컵을 그 어린이에게 준다. 이러한 예는 그의 '착한 마음'이 드러나는 것이며, 그의 인격성에 속한 것이다. 인격성은 그 본질상 '인간-주체'라는 일반적 유형이나 특성 안에서 특수한 특성 ― 더구나 가장 낮은 단계의 특수성으로서 이 인간-주체의 개별적 유형을 형성하는 것 ―에서 구축된다. 모든 인간은 자신의 특성, 다양한 상황을 통해 동기가 부여될 수 있는 방식에 관해 감정과 작용 속에 자신의 '삶의 양식'(Lebensstil)을 지닌다. 또한 인간은 지금까지 이 삶의 양식을 단순히 지녔던 것이 아니라, 오히려 그 양식은 적어도 삶의 기간 속에 상대적으로 지속하는 것, 그런 다음 일반적으로 다시 특징으로 변화된 것, 그래서 변화의 결과 다시 통일적 양식이 입증되는 것이다.

그래서 어떤 인간을 그의 인격성, 그의 양식(樣式)에서 올바로 통각했을 때, 그가 경우에 따라 어떻게 처신하는지를 웬만큼 예상할 수 있다. 이 예상은 대개 명백하지 않고, 한정하는 지향적 테두리 안에서 규정되지 않은 '규정할 수 있음'이라는 자신이 통각하는 지평을 지닌다. 예상은 곧 양식에 상응하는 행동방식의 예상이기 때문이다. 예를 들어 '상냥한' 인간은 다양한 경우 공허한 상냥함을 읊조릴 것이고, 이때 그의 말투는 양식에 적합한 특색을 띤다. 이것이 곧 우리가 완전히 규정된 사유를 전환한 정확한 자구(字句)내용을 짐작할 수 있다는 것을 뜻하지 않기 때문이다. 그렇게 할 수 있다면, 인간은 틀에 박혀 있다. 왜냐하면 그를 안다면, 우리는 그의 상냥한(또는 그가 재치가 있다면, 재치 있는) 표현의 보고(寶庫)를 즉시 알게 되기 때문이다. 이 표현 가운데 우리는, 연상으로 발판을 갖지 않았다면, 일정한 것을 개별적으로 선호할 수 있게 선택한다.

요컨대 인격은 가장 넓은 의미에서 유형적 특성, 특성속성을 지닌다. 어떤 인격이 자신의 미리 주어진 것의 테두리를 확장함으로써 체험하는 모든 것은 다시 희미하거나 분명하게 기억 속에 들어갈 수 있고, 자아를 촉발하며 작용을 동기부여할 수 있다. 그러나 이러한 일이 없어도 그것은 통각과 연상을 새롭게 형성하는 법칙에 따라 미래의 체험의 존립요소를 규정한다. 인격은 '경험'을 통해 형성된다.

여기에서 경험개념은 ─ 경험이 이론적으로 정초하는 작용, 이론적 작용에 권리토대를 부여하는 작용(현존하는 대상을 지각하면서 파악하거나 회상하면서 파악하는 등 자아작용)에 대한 명칭인 곳인 ─ 타당성연관 속에 경험을 통한 인식의 정초가 문제인 것과 확실히 다르다. 물론 그와 같은 모든 경험, 즉 모든 능동적 지각과 기억 등은 나중에 영향을 미친다. 어쨌든 능동적이지 않은 모든 지각이나 기억도 이에 못지않게 나중에 작용하며, 모든 판단작용·평가작용·원함도 마찬가지다. 모든 것은 나중에 영향을 미치지만, 모든 관점에서가 아니라 자신의 유형의 한계 속에 그러하다.

인격적 삶에는 각자에 서로 다른 유형이 속한다.[30] 일정한 기간 안에 이 유형은, 인격의 '경험'(항상 새롭게 형성되는 경험에 대한 통각의 영역)이 성장하고 이에 따라 미리 주어져 있는 것의 영역이 변경되더라도, 동일한 것으로 지속한다. 모든 것은 나중에 영향을 미치지만,

---

30) 연상과 통각은 전체 영혼적 작용을 유형화하는 원리다.

모든 관점에서는 아니다. 거리에서 인간들은 나를 만나고, 차들은 지나간다 등등. 이러한 일은 그 안에서 거리의 혼잡을 느끼는 자신이 통각하는 유형을 지니는 반면, 개별적으로 일어난 일은 이러한 방식 대신 언제나 다르게 진행될 수 있을 것이다. 내가 거의 주목하지 못하지만 나의 체험의 지평을 함께 미리 지시하는 모든 개별적인 것은 나의 도덕적 특성이나 감각적 특성에 아무것도 변경시키지 않는다. 왜냐하면 이러한 영역에서는 어떤 동기부여도 나오지 않기 때문이다(다른 한편, '특성'을 변형시키는 의미로 영향을 미치는 동기부여가 등장하면, 어쨌든 삶의 국면의 연속 속에 일정한 유형, 즉 연령年齡의 유형이 지배한다. 이 유형에 적합하게 어떤 인격을 주목해 주시하면, 나는 그가 이러한 상황에 처했을 때 유형에 따라 행동할 것이고, 상황이 변화되면 다른 유형에 따라 행동할 것이라 말할 수 있다).

이것은 경험에 대한 통각이지만, 이해를 함께 전제한다. 감정과 작용의 주체인 자아는 이 경우 자신의 미리 주어진 것에 관련되고, 단지 **개별적** 감정과 작용의 주체로 간주되지 않는다. 여기에도 일반적 인간(또는 인격)에 대한 통각이 본질적으로 함께 영향을 미친다. 신체성의 일반적 유형은 감정이입의 전제이며, 자아에-유사한 것(Ich-Analogon)이 감정이입된다. 이것은 이미 일정한 유형적인 것, 일반적 구조인 '자아, 미리 주어진 것, 감정 등', 자신의 생활을 포함한 삶의 자아다.

일반적 유형에는 인간 일반도 자신의 행동 속에 이전의 행동에 따라 경험으로 규정된다. 우리가 인간에게 체험한 실망은 불신감을 조성한다. 아름다운 희망을 반복해 저버리면, 비참해진다 등등.

사물에 관한 본성이 경험 속에 일반적으로 잘 알려진 방식으로 변화되고 이에 따라 미래에 판정되듯이, 인간도 마찬가지다. 우리는 객체를 본성에 적합하게 알게 되고, 어떤 객체가 자기 본성의 일반적 규칙에 따르면, 경우에 따라 그 객체의 행동을 이해하게 된다. 따라서 이해를 추구하면, 직관적 경험의 영역 속에 움직인다. 어떤 인간의 생애를 복원하고 직관적으로 만들어 그의 전체 성장이 특히 주체로서 동기부여하게 되는 그의 본성에 관해 자신에게 속한 일정한 작용과 열정을 포함해 경험에 적합하게 이해할 수 있게 되면, 우리는 그 인간의 발전을 조성하게 된다. 즉 '경험에 적합하게'는 인간 삶에서 일반적으로 진행되듯이 여기에서도 경과하며 주체의 작용과 그 동기부여는 경험으로 이해할 수 있게 등장한다는 것을 뜻한다. 이것이 '인간인식' '영혼학〔심리학〕'이다.

나는 다른 자아주체와의 관련 속에 들어가 미리 주어진 것, 작용 등 속에 유형적 계기(契機)를 알게 되고, 이것을 이러한 유형에 적합하게 파악한다. 마치 내가 추상적으로 비로소 유형을 지닌 것처럼이 아니라(내가 어떤 나무를 나무로 파악할 때 추상적으로 비로소 나무라는 유형을 지닌 것이 아니듯이), 오히려 유형은 다양한 경험 속에 주조되거나 각인되고, 통각하는 형식을 규정하며, 그런 다음 실제로 파악하는 가운데 추상화될 수 있는 층(層)을 규정한다. 인간은 항상 다르게 처신하며, 항상 다른 현실적 환경세계, 생생하거나 은폐된 미리 주어진 것에서 다른 장(場)을 갖는다. 그러나 인간은 신체적 유형뿐 아니라 그 정신적 유형으로도 동일하며, 자신의 경험적 특성을 지니고, 정신적 유형으로 이해할 수 있는 통일체다.

나는 다른 사람의 사유와 행동을 나의 습관적 행동방식과 동기부여에 입각해 이해하지만, 다른 사람에 대한 모든 판정이 단지 경험에서 추상화된 이른바 외적인 그의 삶의 양식에 따라서만 이루어지지 않는다. 이 경우 그의 동기부여 내면으로 파고들어가 심지어 이 동기부여를 완전히 생생하게 표상할 필요는 없을 것이다. 그렇지만 다른 사람의 내면으로 들어가 보는 것을 배우고, 인격 자체——내가 다른 자아를 그와 같이 동기가 부여된 것으로서 표상할 때 곧바로 튀어나오는 동기부여의 주체 — 를 내적으로 알게 되는 것을 배운다.

어떤 인간의 특성이 일정한 시선, 태도를 취함, 표명에서 갑자기 비쳐질 때, 우리가 '어느 정도 심연 속을 들여다 볼' 때, 다른 사람의 '영혼'이 갑자기 우리에게 '열리고' 우리가 '놀랄 만한 심층을 보게 될' 때, 이것은 실로 어떤 상태인가? 이것은 어떤 종류의 '이해'인가? 여기에서 다음과 같이 분명하게 답변할 수 있다.

우선 경험적으로 이해함이 경험에 적합한 연관의 완전한 직관을 획득함과 다름없다고 말하는 것은 지나치다. 심지어 외적 자연의 연관도, 관계가 어떠한지 직관 속에 본래 분명하고 명확하게 분석되기 이전에, 아주 갑자기 비쳐진다. 그 분석은 이후에 비로소 따라온다. 그래서 번개처럼 비쳐지는 역사적 연관 또는 논리적 연관도 마찬가지이며, 이 모든 것은 설명에, 연관을 현실적으로 추후에 수립하기에 앞서 있다. 여기에서는 '직관'(Intuition)에 관해 논의한다. 이 말은 매우 종종 곧 직관(Anschauung) —예감(Vorahnung), 〔생생한〕 봄(Sehen)이 없는 예견(Voraussehen), 희미한, 즉 상징적인, 종종 포착할 수 없는 공허한 예측(Vorauserfassen) — 의 반대를 뜻한다. 왜냐하면 실제적 연관은 예측된 목표, 즉 어쨌든 그렇게 규정되어서 우리가 일정하게 향한 경향을 추구하고 충족 속에 현실적 직관(단적인 경험 직관 또는 논리적 명증성 등)의 연쇄를 획득할 수 있는 공허한 지향이기 때문이다.

가령 어떤 인간을 보는 것은 여전히 그를 아는 것을 뜻하지 않는다. 이미 밝혔듯이, 어떤 인간을 보는 것은 물질적 사물을 보는 것과 다르다. 모든 사물은 일정한 본성이 있다. 그 본성을 알게되면, 우리는 〔그 사물을 알〕 준비가 된 것이다. 그러나 인간은 개별적 본성이 있으며, 각자는 서로 다른 본성이 있다. 일반적인 것에 따르면, 그는 인간이지만, 그의 성격학상 본성, 즉 인격성은 태도를 취하는 주체로서 자신의 생애에서 구성된 통일체, 다양한 전제에 근거한 다양한 동기부여의 통일체다. 또한 경험으로부터 다른 인간에게 유비적 윤곽을 알게 되는 한, 여기에서 문제가 되는 특별하고 독특한 복합체와 여기에서 구성되는 통일체를 '직관적으로' 포착할 수 있고, 이 속에서 실제적 연관을 분석함으로써 지향을 직관 속에 충족시킬 수 있는 일정한 실마리를 가질 수 있다. 따라서 내 견해로는 이 '직관'을 실제적 직관과 혼동하면 안 된다. 여기에서 중요한 문제는 더 자세하게 규정하는 통각을 성공시키는 것이다. 이 통각은 종종 극도로 복잡한 지향적 연관을 경험이 진행되는 가운데 확증하기 위해 모든 통각과 마찬가지로 일정한 실마리를 제공한다.

그러나 주체는, 경험과 일반적 유형이 본질적 역할을 하더라도, 단순한 경험의 통일체가 아니며, 이것이 부각되고 해명되는 것은 중요하다. 나는 나 자신을 다른 자아 속에 옮겨놓는다. 즉 감정이입을 통해 나는 무엇이 그를 얼마나 강하게 일정한 힘으로 동기부여하는지 포착한다. 나는 다양한 동기가 그토록 강력하게 그를 규정할 때 그가 어떻게 행동하고 행동할 것인지, 그는 무엇을 할 수 있고 할 수 없는지도 이해해 내적으로 배운다. 나는 나 자신이 그토록 다른 자아에 몰두한다는 사실을 통해 많은 내적 상관관계를 이해할 수 있다. 그의 자아는 그 자아가 곧 그렇게 겨냥하고 그렇게 힘을 지닌 그와 같은 동기부여의 동일한 자아라는 사실을 통해 포착된다.

나는, 나 자신을 그의 상황, 교양단계, 청년기의 발전 등으로 옮겨놓고 그러는 가운데 내가 그의 상황에 반드시 참여해야만, 이러한 동기부여를 획득한다. 왜냐하면 그의 사고·느낌·행위 속에 들어가 느낄 뿐 아니라, 이 속에서 그를 따라야만 하고, 그의 동기는 아무튼 직관적으로 충족되는 감정이입의 양상으로 통찰해 동기부여하는 나의 유사—

동기가 되기 때문이다. 나는 그의 유혹에 참여하고 그의 오류추론에 참여하는데, '참여함'에는 그 필연성을 내포한 동기부여하는 요인의 내적 공동체험이 있다. 물론 여기에는 해결되지 않았고 해결할 수 없는 잔여(殘餘), 즉 어쨌든 내가 유비적으로 분명히 이해할 수 있을 근원적 특성소질이 남아 있다. 나는 대부분 냉담하지만, 때에 따라 유쾌함과 생동감에 고무되며, 이러한 일은 경우에 따라 자극제를 향유한 뒤에 솟아나오며, 이것은 내 신체성이 변양되는 가운데 물리적 근거를 지닌다. 유비적으로 거기에 있는 그 사람은 지속적으로 현저하게 유쾌한 기분이다. 즉 그는 포도주를 마신 다음의 나와 처음부터 습관적으로 비슷하다. 이러한 의미로 나는 다른 것도 이해한다. 나는 때에 따라 '번뜩이는 착상'을 떠올리고, 학문적 사유를 쉽게 진척시키며, 적어도 내가 그렇다고 믿는 거대한 지평을 지닌다. 이러한 유비에 따라 나는 양적 증가에서, 경우에 따라 질적 증가(이에 대해 나는 직관적 토대도 가질 수 있다)에서도 천재를 마음속에 그린다.

61. 정신적 자아와 그 토대[31]

그래서 토대는 나 자신의 '변화'로 제시된다. 이 토대 위에 이해할 수 있게 동기가 부여된 다른 사람의 정신 삶은 구축되고, 따라서 그의 정신 삶이 개별적 유형의 방식으로 경과한다. 나는 어떤 인간의 발전을 이해하려 할 때도 이러한 토대에 직면한다. 그렇다면 나는 그가 성장한 환경세계는 어떤 것이었는지, 그의 주변사물과 인간이 ─ 이것들이 그에게 나타나고 또 그가 이것들을 주시했듯이 ─ 어떻게 그를 동기부여하는지 단계적으로 기술해야 한다. 이 경우 나는 그 자체

---

31) 부록 12의 1~3항을 참조할 것.

로는 이해할 수 없는 일정한 사실적 존립요소에 이르게 된다. 예를 들어 이 어린이는 음향에 근원적 기쁨을 느끼고, 저 어린이는 그렇지 않다. 어떤 사람은 성급한 경향이, 다른 사람은 느긋한 경향이 있다. 자연의 인과적인 것도 마찬가지다. 심각한 사건 때문에 인간은 불구자가 되며, 이것은 그의 정신 삶에 영향을 미친다. 즉 어떤 그룹의 동기부여는 지금부터 중지된다. 결과에 대한 실재적-인과적 분석은 여기에서 관심사가 아니다. 그러나 의학적 지식은 주관적 발전에 문제가 되는 심리적 영향을 적절한 방식으로 삽입하고, 그래서 주관적 동기부여와 발전을 해명할 단초로 이끌어오는 데 유용할 수 있다. 심리적인 것은 여기에서 삽입할 수 있는 것에 표시로 유용하다.

따라서 인격적 자아를 그 발전연관 속에 받아들이면, 경우에 따라 분리될 수 있는 두 가지 단계(예를 들어 '순수한' 동물성인 하부단계)인 이중의 '주관성'을 발견하게 된다. 즉 더 높은 단계는 특수한 정신적 단계, '능동적 지성'(intellectus agens)*의 층, 모든 본래의 이성작용을 포함해 자유로운 작용과 적극적이거나 소극적인 이성적 작용의 자아인 자유로운 자아의 층이다. 여기에는 자유롭지 않은 자아도 속하는데, '자유롭지 않다'는 그가 곧 '나는 나 자신을 감각에 이끌리게 허용한다'는 실제적 자아에 적용된다는 의미로 이해된 것이다. 이 특수한 정신적 자아는 정신작용의 주체이며, 한편으로 특성소질과 근원적이거나 은폐된 성향의 희미한 토대에 종속적이고, 다른 한편으로 자연에 종속적인 인격성이다.

---

* 아퀴나스(T. Aquinas)는 "먼저 감각 속에 없던 것은 지성 속에 없다"는 아리스토텔레스 전통에 따라, 수동적 지성이 감각을 통해 받아들인 경험을 능동적 지성이 정리하고 추상함으로써 대상의 보편적 본질을 인식할 수 있다고 보았다. 그래서 영혼은 육체와 결합되어야만 육체의 형상인 자신의 본성을 완성할 수 있다고 주장했다.

여기에서 너무 일찍부터 끈질기게 달라붙었던 이성과 감성의 옛 구별에 다시 이르게 된다. 감성도 자신의 규칙, 더구나 일치와 불일치에 대해 자신이 이해할 수 있는 규칙이며, 이것은——우선 어쨌든 자연에 관한 구성이 도달하는 한——은폐된 이성의 한 층(層)*이다. 왜냐하면 모든 '만약~, 그러면~'(Wenn-So)의 복잡한 관계, 모든 인과성은 이론적——따라서 정신적——설명의 실마리, 즉 "경험의 일치에는 지각의 [주관적] 속견(Doxa)이 확증되고,** 그 불일치에는 정립된 존재나 '그렇게 존재함[본질]'(Sosein)이 폐기된다"는 형식으로 해명하는 실마리가 될 수 있기 때문이다.

감성적 영역, 가장 넓게 포착될 수 있는 토대의 영역 속에 우리는 연상·고집·한정하는 경향을 띤다. 이것들은 자연에 관해 구성 '하지만', 더 이상 나아간다. 이 구성이 정신에 대해 거기에 있기 때문이다. 연상·충동·충동의 자극과 규정하는 근거인 느낌·희미함 속에 등장하는 경향 등——이것들은 의식의 계속된 경과를 '맹목적' 규칙에 따라 규정한다——의 '맹목적' 유효성은 정신의 모든 삶을 관통한다.

---

* 후설은 선험적 현상학을 '은폐된 보편적 이성(선험적 주관성)을 드러내 밝히는 인식비판과 자기이해의 철학'으로 규정한다. 이것은 이론·실천·가치평가의 영역뿐 아니라, 지각·기억·느낌·의지 등 다양한 선술어적 경험을 포괄하는 의식흐름 전체에 대한 현상학적 이성비판이다.

** 플라톤은 잘 알려진 '선분의 비유'(*Politeia*, 509d~511e)에서 감각의 대상들(ta aistheta)을 통해 그 상(像)을 상상하거나 믿는 '주관적 속견'(doxa)은 '객관적 지식'(episteme)보다 원인에 대한 구명(aitias logismos)이 없어 논박에 대한 근거를 제시할 수 없는 낮은 단계의 인식으로 간주했다.

   그러나 후설은 이 '주관적 속견'을 "모든 실천적 삶과 객관적 학문이 의지하는 확인된 진리의 영역"(『위기』, 127~128쪽)으로, "참된 이성의 예비(Vor) 또는 최초(Anfang)의 형태이며, '객관적 지식'은 그 최종(End)형태"(같은 책, 11쪽), '객관적 지식'은 '그 자체의 존재'를 인식할 하나의 방법일 뿐이며 '주관적 속견'은 이것의 궁극적 근원의 영역이므로 더 높은 가치가 있다고 파악한다.

이 법칙성에는 주체의 습관에 따른 행동방식, 획득된 특성(예를 들어 저녁에 술을 마시는 습관)이 상응한다. 이것이 그 '개체성'의 속성인지 오히려 그 주체의 본래 능동성의 측면에 놓여 있는 것인지 심문해야 한다. 물론 주체의 전체 양식과 습관으로서 개체성을 논의하는 것은 일정한 의미가 있다. 이것은 일치하는 통일체로서 모든 행동방식, 모든 능동성과 수동성을 관통해가며, 영혼의 토대 전체 역시 끊임없이 이것에 기여한다.

인간에 속한 체험연관은 단순한 체험의 다발이나 체험이 그 속에 헤엄치는 단순한 의식의 '흐름'이 아니라, 오히려 모든 체험은 자신의 체험처럼 스스로 흘러가지 않는 자아의 체험이다. 그리고 그것에 미리 주어지고 그것에 다양하게 관련되거나 추진된 일정한 토대가 끊임없이 거기에 있다. 또한 특수한 작용을 수행함과 이와 일치해 자아 자체로부터 수행된 체험의 흐름이 끊임없이 풍부해짐도 거기에 있다. 즉 그것이 자아로서 지배함은 그 자체에서 체험함이 된다. 그러나 미리 주어져 있음의 이 토대는 '확고하게 규칙화된 습관의 영혼의 토대'라 부르는 다른 토대를 소급해 지시한다.

어쨌든 실제로 통일적 인격은 ─판단하고 원하면서 결정하는 방식으로, 감각적으로 평가하는 방식으로, 또한 그것에서 '번뜩이는 착상'이 명백히 제시되는 (그는 예를 들어 수학적 사고에서 착상이 탁월한 인간이다) 방식으로, 비유가 그에게 생기고 그의 본의 아닌 상상이 지배하는 방식으로, 따라서 그가 지각 속에 통각하거나 그의 '기억력'의 특성(그는 확실한 기억을 지닌 사람이다) 속에 통각하는 방식으로 대체하는 어떤 통일적 양식을 지닌다면 ─더 높은 의미에서 여전히 이것과 일치한 자아다. 그는 쉽거나 어렵게 구별하고, 본의 아닌 연상작용에서 다른 사람보다 빠르거나 늦게 반응한다. 여기서 인간은 다양하게 규정된 일반적 유형을 지니며, 모든 특별한 인간은 특별한 개인적 유형을 지닌다. 이때 한편으로 체험 일반의 왕래가, 다른 한편으로 자아가 '태도를 취하는' 주체—즉 의지의 주체, 행동의 주체 또한 사유하는 주체—라는 사실이 중요한 문제다.

그렇다면 여기에 표상하고 지각하며 기억하고 상상하는 주체를 추가해도 좋은가? 어떤 방식으로는 그렇다. 주체는 자신에 대응해 대상을 지닌다. 왜냐하면 주체는 '표상하는 주체'이고, 그가 대상에 '행동하는' 기초이기 때문이다.

따라서 지향성을 다음과 같이 구별해야 한다.

① 대상에 적합하게 의식된 것, 단순한 의식, 표상작용으로서 지향성과

② 작용이 표상된 것에 관계를 형성하는, '태도를 취하는 것'으로서 지향성.

따라서 대상의식과 태도를 취함, 즉 대상에 관계함을 구별한다. 주관성은 자신이 태도를 취하는 방식에서처럼 대상의식의 방식에서 자신의 특성을 제시한다.

그래서 대상의식의 방식에 관해서도 다음과 같이 구별해야 한다.

① 그 대상이 거기에 있고, 그 대상은 (주목하는 다른 단계의) 주목하는 대상이다.

② 그 대상이 거기에 있고, 그 대상은 '그 자체로' 의식되고 부각되며 한정되고 통각되지만, 눈에 띄지 않는다.

주목하는 전향(轉向)도 하나의 '행동'이지만, 결코 태도를 취하는 것이 아니라, 태도를 취하는 전제다. 이 속에는 무엇이 주체의 주의를 묶고 있는지, 어떻게 주체가 실행하는지 주체의 '특성'도 있다. 즉 어떤 주체는 대상에서 다른 대상으로 주제에서 다른 주제로 쉽게 뛰어넘고, 다른 주체는 자신의 대상에 오래 고착되어 남아 있다.

다른 한편 주목하는 주의를 기울임과 특수한 태도를 취하기 이전

에 의식이 대상을 구성하는 데 이전의 대상과 이전의 주의를, 또 이전의 태도를 취하는 것에 대한 의식의 구성을 소급해 지시하고, 감각자료와 이것에 부착된 앞서 지시함(Hinweise)과 소급해 지시함(Rückweise) 등을 소급해 지시한다. 궁극적으로는 '희미한' '은폐된' 표상과 표상의 복합체에 도달한다. 그렇지만 주목함이 초월적 통일체와 다양체의 이러한 구성에 대해 일정한 역할을 하는 한, 거기에서도 행동하는 자아를 함축적으로 지닌다. 그러나 다른 한편 궁극적으로 모든 행동에 앞서 놓여 있는 일정한 배경은 오히려 모든 행동에 의해 전제되어 있다.

위에서 언급한 것에 따라 행동의 습관적 특성인 자아주체의 특성과 배경이 짜여지는 특성은 구별된다. 그것은 어느 정도 희미한 심층 속에 있는 근본토대다.

정신이 살고 있는 사물세계는 주관적 환경세계로부터 구성된 객관적 세계이며, 객관적으로 규정할 수 있는 정신의 환경세계다. 이 세계는 가능한 나타남과 심지어 개별적 정신의 가능한 감각복합체의 상호주관적으로 존재하는 규칙으로서 모든 정신적 현존재의 하부단계를 소급해 지시한다. 모든 정신에는 일정한 '자연의 측면'이 있다. 이것은 곧 주관성의 토대, 주관성이 감각을 의식해 가짐, 감각을 재생산해 가짐, 주관성의 연상, 주관성이 통각, 더구나 그 가장 낮은 단계는 경험의 통일체를 구성하는 통각을 형성하는 것이다. 하급의 느낌 삶, 충동 삶, 심지어 주목함의 기능은 직접 자연의 측면에 속한다. 이 기능은 주의를 기울이는 일반적 기능과 마찬가지로 특수한 자아의 기능이다. 이 기능도 특수한 자아의 존재와 자아의 삶으로 가는 교량을 형성한다. 하부단계는 나타남 또는 나타나는 객체의 세계—기계적인 것의 세계, 죽은 법칙성의 세계, 즉 단순히 눈앞에 발견되는 것 모두—가 구성되는 장소다.

정신은 사유작용을 하는 주체이며, 이러한 토대 위에 있고, 더 포괄적인 연관 속에 얽혀 있다. 이 연관 속에 더 높은 의미의 동기부여, 즉 태도를 취함으로써 태도를 취하는 동기부여인 본래의 이성의 동기부여가 지배한다. 감성적 '영혼'은, 그 속에 주목하고 포착하며 태도를 취하는 자아 자체가 (자신의 태도를 취함에 관해) 상관없는 표상의 성향이나 습관적 속성이 드러나는 한, 하부단계의 체험 속에 드러난다. 여기에는 연상심리학의 분야가 있다. 하급의 감성적 영혼은 태도를 취하는 주체와 일치하며, 이 둘은 인격적 주체(태도를 취하는 자아)의 통일체가 부각되는 유일한 경험적 통일체만 형성한다. 이 영혼은 '나의 것'이고, 나의 자아주체에 '속하며', 자아주체와 분리될 수 없게 일치해 있다. 이것은 기초짓는 토대로서 인격에 분명하게 속한다.

이 영혼은 여기에서 객관적(자연스러운) 실재성이 아니라, '정신의 영혼'(Geistesseele)이다. 이러한 의미에서 영혼은 객관적 자연의 상황과 관련된 실재적 통일체로 정의되지 않고, 따라서 심리물리적으로 정의되지 않고, 어쨌든 이렇게 정의될 필요도 없다. 그런데 태도를 취하는 주체에 토대로서 성향을 형성하는 내재적 법칙성이 있다. 다른 한편 이 규칙화는 심리물리적인 것과 연관되고, 자연을 지닌 채 통각할 수 있으며, 그래서 이 두 가지는 심리학에서 관찰된다.

정신은 태도를 취하는 작용의 추상적 자아가 아니라 완전한 인격성, 즉 내가 태도를 취하고 사고하며 가치를 평가하고 행동하고 작품을 완성하는 등 자아-인간이다. 그렇다면 체험의 토대와 자연('나의 자연')의 토대, 즉 체험활동 속에 드러나는 토대는 나에게 함께 속한다. 이 자연은 하급의 영혼적인 것이지만, 태도를 취하는 영역으로도 도달한다. 태도를 취하는 자아는, 내가 동기부여를 내가 태도를 취하는 가운데 경험하기 위해 곧 동기부여하는 체험을 지녀야 하며, 이것이 연상적 연관 속에 있고 연상적 성향의 규칙에 지배되는 한, 토대에 종속적이다. 그러나 태도를 취함 자체는 귀납적 규칙에 지배된다. 즉 각각의 태도를 취함과 더불어 유사한 상황 아래 동등한 태도를 취하는 '경향'이 생긴다 등등.

제3절 자연주의 세계에 대한 정신적 세계의 존재론적 우위[32)]

62. 인격주의 태도와 자연주의 태도가 서로 맞물려 있음

정신의 '토대'를 '자연의 측면'으로 통각하는 동안, 우리는 구별한 두 가지 태도, 즉 자연주의 태도와 인격주의 태도 또는 자연과학 태도와 정신과학 태도——이와 상관적으로 자연과 정신이라는 실재성의 두 종류——가 서로 관련되는 일정한 지점에 이른다.

체험의 흐름이 유출되는 것은 영혼의 실재성 속에, 즉 자연신체에 종속되는 영혼의 실재성 속에 자신의 지표를 갖는 법칙에 지배된다. 신체물체의 실재성은 상호주관적 규칙화, 신체-영혼이 연대된 모든 의식을 넘어 미치는 규칙화를 표현한다. 영혼의 실재성은 첫 번째 규칙화에 관련된 일정한 두 번째 규칙화를 표현한다. 즉 영혼은 신체에 종속적이다. 정신이 자신의 환경세계와 관련된 통일체인 한, 환경세계가 맨 밑바닥에는 각각의 인격이 그 자신에 대해 구성하고 그런 다음 공동의 것으로서 공동체 속에 구성한 나타남으로 이루어지는 한, 육체적인 것을 규칙화하는 존립요소, 즉 영혼과 자연은 그 지표가 정신인 규칙화 속에 들어온다. 그러나 여기에서 이른바 다른 단면(斷面)이 절대적 의식에 따라 수행되고, 이 속에 경과하는 고유한 규칙

---

32) 이 절에 대해서는 또한 부록 13과 14를 참조할 것.

화가 지시된다. 자신의 정신적 작용에서 정신은, 체험의 흐름이 작용들을 자기 자신으로부터 솟아나게 (자아는 그밖의 체험의 흐름에 근거해 작용한다) 하는 한, 영혼에 종속적이다. 왜냐하면 정신적 자아는 영혼에, 영혼은 신체에 종속하기 때문이다. 따라서 정신은 자연에 의해 조건지어진다. 그렇다고 인과성의 관계에서 정신이 자연을 겨냥하지는 않는다. 정신은 조건적인 종속적 토대를 지니며, 정신으로서 영혼을 갖고, 물리적 자연을 통해 그러한 것으로서 조건지어지고 물리적 자연에 종속적인 자연을 지닌 성향의 복합체를 지닌다.

정신은 자유롭게 신체를 움직이고, 이것을 통해 정신세계에 작용 (Wirken)한다. 그러나 작업(Werke)은, 신체가 정신세계의 (이미 신체가 '함께 파악함'을 위한 감각의 담지자라는 사실을 통해) 객체인 동시에 자연 속에 외적 사물인 것과 마찬가지로, **사태**(Sachen)로서 동시에 자연세계 속의 사물이다. 신체는 나에게 나타남일 뿐 아니라, 나에게 '영혼이 깃들어' 있고, 의식에 적합하게 나의 근원적인 자유로운 운동의 기관이다. 주어진 이 기관에서 그때그때 운동경향이 일어나고, 나는 이것에 굴복할 수 있거나 저항하며, 이것에 굴복하면서 나는 손·발 등을 움직이고 신체 전체를 움직인다. 또한 외적 사물이 지각의 자극(즉 현상학적 의미에서 유일한 자극인 나타남의 사물)이 되는 어디에서나, 신체는 외적 사물에서 일어나는 모든 경향을 매개하고, 신체적 경향 또는 ── 눈 운동으로 통각되고 그래서 **가장 넓은 의미에서 '적응'** 운동으로 통각되는 ── 운동하는 경향을 매개한다. 내가 나타나는 영역의 외적 사물이 실천적 자극으로 기능하는 곳이면 어디에서나, 나를 향한 경향이 사물을 움직이고 [다루는] 작업에 착수하며 변경되는 곳이면 어디에서나, 거기에서 나의 신체는 매개하고 이 신체와 관련된 경향──즉 포착함·붙잡음·들어올림·밀어냄·저항함·때림 등──이 매개한다. 여기에서 단순한 운동의 경향(또는 작업수행인 자유로운 운동)이 결합되고, **힘의 작업수행, 힘을 발휘함**〔긴장〕 등은 새로운 차원으로서 이것들과 제휴해간다.

따라서 신체는 정신적인 것에서 현상학적으로 포괄적 역할을 한다. 순수한 정신적인 것은 일부는 행위이고 일부는 정념인 모든 활동적 작용 속에 있다. 자아인 것(Ichliches), 주관적–정신적인 것[33]은 자신의 신체와 특별하게 '결합'한다. 특별한 자료(운동감각, 신체감각에서 발산하는 운동감각의 경과를 겨냥한 경향)을 고려해보면, 물론 이 결합은 1차적으로 존재하는데, 신체적으로 통각되어 모든 신체적인 것에 함께 들어간다. 이 경우 정신적 삶에 대한 신체인 타인의 신체를 넓은 범위에서 해석하게 허용하는 '표현'도 이것과 연관된다. 신체는, 신체가 나의 지각·사물세계에 미치는 나의 작용의 **매개체**인 한, **나의 신체**로서 나에게만 특수한 주관적인 것(Subjektives)이 아니다. 왜냐하면 신체는 다른 사람에 의해 파악되었을 때 의미, 즉 그것이 (오직 감각만 지시하지 않고) 정신적인 것을 표현하는 한, **정신적의미**를 획득하기 때문이다.

모든 자아는 곧 그 자체로 —— '자극'이 자아에 영향을 미치고, 자아에서 작용이 시작되며, 활동적이거나 감수하면서 또는 자아를 향하거나 방향을 전환해, 경향을 따르거나 저항하는 —— 동일성의 점(Identitätspunkt)인 자아라는 사실, 지향성의 자아는 심지어 이 지향성이 수행되지 않아도 자아로부터 시작되며 그때 자아가 경우에 따라 〔지향성을〕 수행하는 자아의 양식으로 활발하게 그 속에 들어가는 방향을 지닌다는 사실에, 더 나아가 자아가 관련된 주관적 '범위'가 본질적으로 자아에 속한다는 사실에 언제나 주의해야 한다.

---

33) 기억해야 하듯이, 나타남과 마찬가지로 가졌던 것(Gehabtes)도 주관적이다. 그러나 이러한 것은 정념이나 작용이 아니며, 자신의 삶으로서 자아성(Ichheit)에 속한 것이 아니라 장(場), 매개, 가졌던 것으로서 그것에 속한다.

자신의 신체에 결합된 것으로서 정신은 자연에 '속한다'. 그러나 이렇게 귀속되고 결합됨에도 정신은 그 자체가 자연이 아니다. 정신은 자연 속에 '작용하며', 어쨌든 정신은 자연의 의미에서 어떠한 인과성도 자연에 [영향력을] 행사하지 않는다. 인과성은 어떤 실재성과 이것의 상관적인 상황 실재성의 관계다. 그러나 정신의 실재성은 자연 안에 놓여 있는 실재적 상황과 관련되지 않고, '환경세계' 속에 그리고 다른 정신 속에 존재하는 실재적 상황에 관련된다. 어쨌든 이 정신은 자연이 아니다. 그런데 물리적 사물에서도 사정은 마찬가지다. 물리적 사물은 자신의 실재적 상황을 내포하며, 더구나 신체와 영혼 속에 내포하지만, 정신 속에 내포하는 것은 아니다.

그러므로 정신과 물리적 자연의 독특한 관계, 두 가지 실재성의 관계, 조건—아무튼 이것은 진정한 의미에서 인과성은 아니다—의 관계를 확립해야 한다. 정신과 영혼, 또는 물리학적 사물이 아니라 감각론의 통일체로서 정신과 신체의 관련도 사정은 마찬가지다. 이러한 감각론의 의미에서 신체는 모든 인격적 주체에 전제된 환경세계에 속하며, 자신의 자의(恣意)의 영역이다. 이것은 정신적 관계이자 인과적 관계다. 나는 내가 '뜻하는 그대로'(fiat) 수행하고, 내 손은 내가 그렇게 하려 하기 때문에 움직인다. 신체는 나로부터 자유롭게 움직일 수 있는 신체로서 정신적 실재성이며, 그 실재성의 이념에는 자유로운 운동의 주체인 자아와 관련된다. 그 반대도 마찬가지다. 자아는 개체성이며, 이러한 것으로서 다른 작용과 나란히 작용을 수행하는 자아, 신체적 작업수행과 그런 다음 계속된 작업수행을 성취하는 자아다. 그러나 마찬가지로 내가 표상하고 상상하며 기억하는 것 등은 나의 정신적 장(場)에 속하고, 그래서 새로운 파악을 형성하는 것 등도 나의 정신의 장에 속한다. 영혼은 (신체와 같이) 전제되었지만, 동시에 정신을 규정하는 환경세계다.

따라서 신체는 사물이며 그래서 물리학적 자연으로 규정할 수 있다는 사실을 제외하면, 여기에서 신체는 분명히 두 가지 측면의 실재성이다. 즉〔신체는〕다음과 같이 구성된다.

① 감각론적 신체. 감각하는 것인 신체는 물질적 신체에 종속하지만, 이 경우 나타남으로서 또 인격적 환경세계의 구성원으로서 물질적 신체와 물리학적 신체는 다시 구별되어야 한다.

② 의지의 신체, 자유롭게 움직이는 신체. 신체도 정신이 신체와 함께 자유롭게 활발하게 수행하는 서로 다른 가능한 운동에 관련된 동일자(Identisches)다. 그 결과 독자적인 실재성의 층(層)이 생긴다.

그러므로 신체는 신체로서 먼저 직관 안에서 이중의 모습을 취한다. 신체는 직관적 사태의 세계인 자연의 관점에서 실재성이며, 동시에 정신의 관점에서 실재성이다. 따라서 신체는 실재적 상황의 두 가지 방향에 속한 이중의 실재성이다. 그래서 감각론의 층은 '자유롭게 움직일 수 있는 것'의 층에 토대다. 움직일 수 있는 것은 감각론적인 것으로 이미 전제되어 있지만, 하부 층은〔움직일 수 있는 것에서〕일방적으로 분리할 수 있다. 움직일 수 없는 신체는 한계경우로, 단순히 감각하는 것으로 생각해볼 수는 있지만, 그렇다면 움직일 수 없는 것이 마비된 신체처럼 움직임의 제로(Null)를 뜻하지 않는지는 의문이다. 그리고 이것은 확실히 움직임의 제로를 뜻한다.

마찬가지로 영혼은 다음과 같은 이중의 모습을 지닌 실재성이다.

① 신체적으로 조건지어진 것으로서 영혼은 물리학적 신체에 종속적인, 물리적으로 조건지어진다. 동일한 실재성으로서 영혼은 자연(Physis) 속에 자신의 실재적 상황을 갖는다.

② 정신적으로 조건지어진 것으로서 영혼은 정신과 함께 실재성의 연계 속에 있다.

그래서 물리적 자연과 정신, 그 사이에 신체와 영혼이라는 두 가지

극(極)이 있다. 그 결과 신체와 영혼은 오직 물리적 자연을 향한 측면에 따라 본래 '두 번째 의미에서 자연'이다. 나타남 속에 이것은 정신적 환경세계에 속하지만, 나타남은 곧 물리학적 자연의 나타남을 뜻하며, 이것은 이제 물리학적 세계와 관련된다. 이것은 처음에 단지 물리적 토대에만 타당하지만, 물리학적으로 되자마자 곧 신체와 영혼도 물리학적으로 규정된 초재(超在)를 간직한다.

다른 한편 나타나는 신체(여기에는 감각에 따라 규정된 층, 감각성질의 층이 있다)와 영혼은 정신적 환경세계에 속하고, 이 속에서 신체와 영혼은 신체와 또 다른 사물과 관련되어 정신적 실재성의 특성을 받아들이게 된다. 즉 인격은 신체를 움직임으로써 신체에 영향을 미치고, 신체는 환경세계의 다른 사물에 영향을 미치며, 그래서 인격은 신체를 통해 환경세계의 사물인 이 사물에 영향을 미친다. 내 신체의 자유로운 운동과 다른 사물의 간접적 운동은, 환경세계의 신체사물(Leibesding)로 동시에 자연과학적 사물로 규정할 수 있는 한, 자연에 영향을 미치는 것이다. 정신이 신체에 〔또한〕 신체가 다른 사물에 영향을 미침은 정신적 환경세계 속에 정신적 영향을 미치게 된다. 그러나 여기에서 지배하는 상응함에 의해 변화도 물리학적 의미의 자연속에 수행된다.

우리는 신체와 영혼에 두 가지 '모습', 두 가지 '실재성의 측면'을 논의한다. 그렇지만 이것이 어떻게 올바로 이해될 수 있는지 주의해야 한다. 환경세계 속의 사태로서 신체는 경험된 ─직관적─ 신체물체이며, 이것은 물리학적 신체의 나타남이다. 물리학석 신체와 물리학적 자연 전체는 환경세계, 적어도 최초의 환경세계와 전혀 관계가 없다. 요컨대 그것은 '2차적 환경세계'라 할 수도 있다. 가치가 평가된 사물이 가치의 객체가 되고 이제 다시 일정한 객관적 가치로서 환경세계의 한 객체가 되듯이, '나타남'에 근거해 이론적으로 규정된 물리학적 자연은 2차적 환경세계의 객체다. 이 객체의 1차적인 것은 곧 나타남이다. 사태로서 신체는 감각론의 신체에 토대이며, 이와 함께 우리는 자유롭게 움직이는 의지신체에 토대를 지닌다. 그래서 신체는 정신과 인과성〔관계〕 속에 있다. 즉 여기에서 우리는 같은 종류의(homogen) 영역 속에 있다.

반면 환경세계의 신체는 동시에 물리학적 의미에서 자연의 나타남이기 때문에, 신체는 두 번째 모습을 갖고, 정신적 인과성에서 자연의 인과성으로의 전환점이다.

영혼이 신체에 관련되는 한, 자연에 관여하는 영혼도 사정은 마찬가지다. 물리적(물질적) 사물·신체·영혼은 직관적으로 구성되며, 따라서 한편으로는 비-정신적인 것으로, 다른 한편으로는 정신에 대해 거기에 있는 것으로 구성된다. 왜냐하면 '사태'로서 단순히 물리학적 사물성의 구성에 가장 낮은 단계이고, 더 나아가 '정신의 영혼'(Geistesseele)으로서 영혼의 구성에 정신의 토대이기 때문이다. 직관적으로 구성된 이 통일체는 정신에 대해 실재성의 한 측면을 지니며, 이것은 실재적 통일체인 정신의 상황이고, 또한 정신은 그 통일체에 대한 상황이다.

물론 실재성(나타남)으로서 사물의 동일성은 실재적 상황으로 정신에 관련되지 않는다. 그러나 자유롭게 움직일 수 있는 것으로서 독특한 자발적 실재성의 층을 간직한 신체의 동일성은 정신에 관련된다. 마찬가지로 영혼은 신체에 종속적이지만, 또한 신체의 자의적 운동을 통해 영혼의 사건을 받아들이고 그밖의 다른 방식으로 정신을 통해 직접 영향을 받는다.

정신과학 태도 전체를 포기하기 때문에 그래서 상황으로서의 정신을 배제한 '객관적 자연'으로 이행하면, 우리는 주체가 행동하는 어떤 것도 지니지 못하고, 단순한 사물, 감각론의 종속성, 심리학적 종속성과 이에 속한 객관적 실재성만 지니게 된다.

그러나 어떤 태도에서 다른 태도로 이행하면, 정신은 자신의 태도 속에 일정한 것을 산출하고, 평행론(Parallelismus)에 따라 정신에는 객관적 세계 속에 이에 종속적인 변화가 상응한다. 어쨌든 그 변화가 종속적이라는 사실은 객관적으로 명백하게 제시되어야 한다. 나는 '실제성 속에' 실제적 자연운동이 신체운동에 상응하는지 등을 확인할 수 있고 확인해야 한다. 객관적 자연인식의 관점에서 '뜻하는 그대로'(fiat) 어떤 작용(정신과학 태도에서 이것은 '인격은 자신의 신체를 움직인다'를 뜻한다), 이에 속한 나타남 등은 신체-영혼의 연관 속에 더구나 의식의 상태로서 일어난다. 또한 이 모든 것은 신체적-영혼의 실재성 속에 있는 상태다. 그러나 여기에서 정신은 어떠한 실재성도 아니고, 여기에서 결코 정신으로 존재하지 않으며, 단지 상태인 사유주체(cogito), 이 속에 있는 자아 등만 존재한다.

이제 자아의 측면 자체(인격과 그 소유물)를 이론으로 정립하면, 이러한 파악과 정신태도의 차이는 분명하게 드러난다. 물론 이 경우 다시 이론의 객체가 되는 자아주체가 거기에 있는데, 이 자아주체는 이론의 객체가 된 주체에 대립해 정립한다. 우리는 다른 주체와 우리 자신을 전적으로 체험의 주체로, 우리나 그들의 주체성의 상태로서, 주변에 있는 사물과 인격 —— 이때 이것들은 그것이 곧바로 주체에 대해 '주변에 있는' 것으로 거기에 있는 것과 똑같이 받아들여진다 —— 의 주체로 곧바로 정립한다는 사실을 통해 다른 주체(그리고 반성하는 가운데 우리 자신)를 이론으로 정립한다. 그렇다면 이 사물은, 이론으로 정립된 주체가 자연을 탐구하는 주체인 경우를 제외하면, 따라서 자연을 '규정하면서' 그 객관적 술어를 찾는 등 그것이 '탐구한' 자연과 관련되었다고 생각된 주체인 경우를 제외하면, 자연과학의 객체가 아니다. 그러나 자연과학자의 주체가 객체라면, 탐구된 자연은 괄호 속에 정립된다. 이러한 경우를 제외하면, 사물은 그때그때 체험의 상관자이고, 우리와 다른 사람이 그것을 보고 포착하는 등과 같이 우리가 보고 포착하며 만지는 등의 사물이다. 다른 사람들이 사물을 다르게 본다면, 다르게 보인 것은 곧 그들에 의해 보인 것으로서 그들의 상관자인 사물이며, 만약 그들이 본 것이 유령이라면, 그들의 상관자는 곧 유령이다.

(배제된 경우에 관해 여전히 어떤 말을 하면) 이론으로 정립된 주체가 심리물리적이며 물리적인 자연을 탐구하는 자로 정립되면, 이것은 당연히 그들이 자연을 탐구하는 작용을 수행한다는 사실, 그 나타남은 일정한 방식으로 '객관적 자연'에 구성적이라는 사실, 그들은 그들이 객관적으로 갖게 된 것 ─ 즉 감각·작용 등 ─ 과 자연의 사물 사이의 종속성을 인식한다는 사실로 정립된다. 그렇다면 객관적 자연은 괄호 속에 넣어진다. 객관적 자연은 지금 그 자체로 이론으로 정립되지 않고, 이론으로 정립된 자아에 의해 이론으로 정립된다. 그래서 특히 이론적 자연정립에 편입된 이론의 객체인 인간(동물학적 객체, 생리학적 객체, 심리학적 객체)은 이론의 객체인 인간적 인격성과 다르다. 자연의 객체인 인간은 주체나 인격이 아니지만, 모든 그러한 객체에 인격이 상응한다.

요컨대 각자는 일정한 인격·자아주체를 '포함하는데', 그러나 이것은 자연 속에 실재성으로서 포함된 자연의 한 부분이 결코 아니라, 주변의 객체인 '인간 신체' 속에 표현된 것이다. 여기서 인간 신체는 주체가 정립하는 단순한 상관자다. 즉 주체가 객관적으로 탐구할 수 있지만 지금 이러한 이론적 정립을 겪지 않은 일정한 자연을 드러내는 것을 안다고 순수하게 간주된 상관자다. 파악이 거기에 있을 수도 있지만, 이론적 정립을 위한 통과점은 아니다. 마찬가지로 주체는 동시에 자연으로 파악될 수 있지만, 자연으로 파악되지 않은 일정한 파악하는 주체를 소급해 지시하는 이 파악은 이론적 정립을 위한 통과 점이 아니다. 왜냐하면 그렇게 정립된 것은 자신의 배후에 오직 순수 주체만을 지닌 주체 자체이기 때문이다.[34]

63. 심리물리적 평행론과 상호작용

이제 물리학적 자연, 더 나아가 객관적 자연 일반이라 부르는 것, 즉 자연과학의 상관자를 고찰하는데, 이 자연과학은 그 자체로는 인

---

34) '자아-우리'라는 개념은 상대적이다. 자아는 너, 우리, '다른 사람'을 요구하기 때문이다. 더 나아가 자아(인격으로서 자아)는 사실세계와의 관련을 요구한다. 따라서 나·우리·세계는 함께 속해 있다. 그래서 세계는 공동의 주변세계로서 또 그럼으로써 주체성의 각인을 지니고 함께 속해 있다.

그리고 이러한 연관 속에 모든 학문이 속하며, 이것은 상호주관적 활동, '우리와 실제성'이라는 태도 속의 탐구다. 모든 학문은 객관적 타당성을 추구하며, 이러한 태도에서 객관적 학문으로서 세계 자체에 관해 진술한다. 즉 우리에 대해 어떤 것도 언급하지 않고, 단지 객관적인 것, 즉 우선 그리고 가장 밑바닥에는 물리적 자연에 대해서만 이야기해 진술한다.

어쨌든 이때 우리 자신을 인격적 세계, 즉 자신의 생활세계(Lebenswelt) 속에 살아가는 인격으로 끊임없이 발견하고, 자연과학자도 그가 자연을 탐구하는 때조차 자신을 그러한 인격으로 발견한다. 즉 자연과학자가 탐구하는 것은 이론으로 오직 물리적 자연이나 동물학적 자연 등을 향해 있다. 따라서 자연으로 파악함은 인격적 파악함에 종속된다. 탐구하면서 나는 단순한 사실을 향할 수 있지만, 사태와 관계하는 인격으로도 향할 수 있다. 게다가

a) 사태에 의해 정신적으로 규정된 것, 사태를 통해 동기가 부여된 것, 사태로부터 경험되고 가치가 평가된 것 등으로서 인격을 향할 수 있고,

b) 다른 한편 자연으로서 사태에 그 인격이 실재적으로 종속함에 관해 인격을 향할 수 있다. 이 경우 사태는 다음과 같이 이중적으로 파악된다. 즉 ① 주체관계의 의식상관자인 사태, ② 그것을 객관적으로 규정하는 자연과학적 인식의 상관자인 사태.

인격은 어떤 때는, 그가 주어져 있듯이, 인격의 연대 속의 인격으로 이론으로 정립되고, 다른 때는 신체의 자연에 종속적인 것인 자연으로 정립된다.

격적 연대 속에 이루어진 상호인격적(interpersonal) 문화의 작업수행이며, 또한 그러한 인격적 연대를 전제한다. 그것은 정신과학이 그러한 문화의 작업수행인 것과 마찬가지다. 그러므로 하나의 절대적 의식, 다수의 의사소통하는 모나드(Monade)*와 순수 자아는 **규칙화의 평행하는 통일성**을 지니게끔 본질적으로 정해졌는데, 이 통일성은 평행하는 이중의 규칙화이지 단순한 이중의 규칙화가 아니다. 즉 동일한 것을 사태에서 어떤 것도 변경하지 않고 이중으로 질서짓는 그러한 단순한 이중의 규칙화가 아니다.

하나는 자연과학의 규칙화이고, 다른 하나는 정신과학의 규칙화다. 이 둘은 서로 보완되며 침투된다. 그러나 이것들은, 정신과학의 사실(Faktum)이라는 명칭 아래 등장하는 모든 연관이 자연과학에서도 오직 다른 파악 속에 떠오르는 경우에만 하나의 동일한 사태의 두 측면이 될 것이며, 또한 두 측면에서 동일한 사태(Sache)를 표현할 것이다. 그러나 이것은 그 경우가 아니다.

그런데 나타나는 사물은 공간적-시간적 인과성의 통일체다. 그것은 공간 속에 영향을 미친다. 따라서 상태는 힘의 상태다.

인격적 개체 역시 통일체다. 즉 인간은 다른 상황—이에 적합하게 자신의 상태가 변한다—에 관련된 하나의 동일자다. '절대적으로 고찰해보면', 인간 신체와 물리학적이지 않은 다른 사물(상호주관적으로 고찰해보면, 이 둘은 일정한 나타남의 연관으로 이끈다) 사이에는 종속성이 존재한다. 즉 상호주관적 이해의 연관에서 발견되는 의식 속에 사물이 일치하는 실제성으로 나타날 수 있으려면 감각자료는 나타남에 속해야 하며, 감각자료가 거기에 존재할 수 있으려면 신체 역시 나타날 수 있어야 하고 신체의 물리학적 실제성을 지녀야 한

---

* '모나드'에 관해 자세한 것은 161쪽의 역주를 참조할 것.

다. 따라서 이 규칙화는 나타남의 그룹에 관계하며, 상호주관적이다. 감각자료는, 감각기관과 신경체계 등이 '객관적 실제성 속에' 있을 경우에만 등장할 수 있다. 이것들에는 감각자료를 파악할 수 있는 상호주관적 규칙화가 상응한다.

그런데 갖가지 파악과 모든 의식 일반의 가능성조차 신체와 그 신체적-객관적 사건에 종속한다고 가정하는 것이 어떤 의미를 지닐 수 있는가? 통각이든 믿음·의지 등의 태도를 취함이든 감각자료와 동일한 의미에서 신체적으로 종속된 것이라 가정하는 것이 어떤 의미를 지닐 수 있는가? 우리 자신을 모나드의 주체와 그 의식의 흐름이라 생각하면, 오히려 자기의식의 생각할 수 있는 최소(Minimum)로 생각하면, 모나드의 의식은 충분히 생각해볼 수 있다. 이 모나드의 의식은 어떤 '세계'도 결코 부여하지 않았을, 그래서 감각이 등장하는 가운데 이에 상응하는 규칙화가 없는, 사물을 파악하는 동기가 부여될 수 없는 의식이다. 그렇다면 통상적 의미에서 자아의식이 등장하기 위해 무엇이 필요한가? 당연히 인간의식은 나타나는 신체와 상호주관적 신체 ─ 상호주관적 의사소통 ─ 를 요구한다.

상호주관적으로 의사소통하는 다수의 주체, 따라서 '객관적' 사물·신체와 실재적이며 객관적인 정신을 지닌 '객관적으로' 구성된 일정한 세계를 미리 전제하자. 이것에 의해 감각이 그때그때 객관적 신체와 맺는 일정한 관련도 이미 전제된다. 그것이 실제로 일어났든 않았든 간에, 나의 신체가 중심기관 C와 관련된 감각기관의 체계라 가정하자. 감성의 감각과 감성의 환영이 등장하는 것은 신체에 종속적일 것이다.

그렇다면 문제는 '이 감성적 내용뿐 아니라 동일하거나 비슷한 의미에서 모든 파악과 더 높은 의식기능은 C에 종속적일 수 있는지, 이러한 종속성은 생각해볼 수 있는지, 또 어느 정도까지 생각해볼 수 있는지?'이다. 감각의 경우 종속성은 다음과 같은 것을 뜻한다. 즉 일정한 신체적 상태(오히려 동일한 기관·신경·신경중추 등 요소의 개체적 동일성을 폐기하지만 일정한 형식을 견지하는 신진대사를 고려한 신체적 상태의 일정한 형식)는 관련된 신체에 결합된 일정한 의식의 흐름 속에 일정한 감각을 명백한 객관적 결과로 지닌다. 이와 같은 것이 의식의 흐름 속에 등장하는 모든 존립요소와 계기의 경우에 일어날 수 있는가?

세계에 대한 의식은 나타남, 더 자세하게 말하면, 신체의 나타남 속에 구성된다. 감각은 일정한 파악, 일정한 상호주관적 규칙화 속에 등장하며, 이것에는 특히 중심기관 C·신경섬유·감각신경 등으로 부르는 은폐된 신체기관의 객관적 실제성에 상응하는 규칙화도 있다. 그리고 이제 나의 의식 Bm 또는 일정한 개체적(인간 M의) 의식 Bm 속에 각각의 감각 E가 등장하는 것은 여기에서 나의(관련된 개체적 M의) Cm의 일정한 상태 C_c^m라는 그 규칙화의 부분에 종속적이어야 한다. 감각이 구성적 계기로서 다른 의식체험 속에 들어가는 한, 이 모든 것은 Cm과 그 상태에 종속적일 것이다.

이와 동일한 것이 환영에도 적용된다. 〔나의 의식〕 Bm 안에서 모든 감각과 환영이 실로 이러한 방식으로 파악되었고 파악할 수 있는 감각의 〔앞에서〕 지시된 규칙, 게다가 가능한 지각(또한 가능한 이론적 판단)의 이 상호주관적 그룹에 종속적이라면, 왜 일정한 모나드적 의식 Bm 안에서 ——마찬가지로 각각의 $Bm_1 \cdot Bm_2$ 등에 대해 ——모든 의식체험은 곧 총괄적으로 간주된 그러한 상호주관적 그룹 Cm에 종속적일 수 없는가? 바로 심리물리적 인과작용이 단순히 ——우리가 여기에서 실행했고 실행해야 하듯이 ——기능적 규칙화의 일정한 관계로 파악된다면, 왜 그것이 어려움을 제기하는가?

여기에서 숙고해야 할 주된 논점은 본질법칙 속에 아프리오리하게 표명되는 의식의 본질이 그러한 보편적 규칙화에 대항해 이의를 제기하는지 이다. 의식 일반의 본질은 〔자신의〕 권리와 요구를 제기한다. 예를 들어 우리는 뇌의 상태(중심기관 C의 상태)가 객관적·시간적으로 이에 상응하는 의식체험에 선행하는 방식으로, 또는 원리적 근거에 입각해 뇌의 상태와 그 의식의 동류(同類)가 동시성의 절대적 의미에 상응해 동시적일 필요가 없는 방식으로 사태가 이해될 수 있는지를 심문한다. 그래서 평행론은 그 자체에서 주어지지 않는가? 즉 나의 의식 Bm 속의 각각의 의식체험에는 나의 중심기관 C 속의 일정한 상태, 일정한 유기적 상태가 상응하는 방식으로 주어진다. 다른 한편 C를 형성하는 각각의 모든 것에는 각각의 주체 속에, 따라서 나의 어떤 실재적 지각의 가능성 — 이 C 자체에 관한 가능성은 아니지만, 그것에 의해 자연과학의 연관 속에 있는 다른 기관에 관한 가능성 — 속에도 일정한 실재적 사건이 상응한다.

이에 대립된 파악은 그러한 보편적 규칙화가 존재하지 않거나 존재할 수 없고, 오히려 〔나의 중심기관〕 Cm의 일정한 상태는 오직 〔나의 의식〕 Bm 속의 감각자료에 속하지만 — 일반적이든 일정한 한계 안이든 — 더 넓은 의미에서 의식의 인식작용인 것(Noetisches)에는 속하지 않을 것이다. 이것은 다시 다음과 같은 것을 뜻할 수도 있다. 즉 이 인식작용인 것은 우연적이고 법칙 없이 등장하며 미리 명백하게 규정되어 있지 않거나, 명백하게 규정되어 있지만 기능적 종속성 또는 물리적 신체와 그래서 물리적 존재 일반에 평행하는 관련 속에 있지 않거나 이다. 명백하다면, 관련된 의식(질료적 존립요소는 제외하고)은 내적 종속성의 규칙을 통해 규정될 수 있다. 이것은 일정한 상태가 이미 주어져 있고 여기에서 감각자료가 이러저러한 심리물리적 종속성 속에 등장한다면, 의식 속에 계속 반드시 현존하고 등장하는 것을 지시하는 규칙이다.

이때 감정이입이 도입될 수도 있다. 이에 따라 감각에서 심리물리적으로 규정된 존립요소를 지닌 개체적 의식 Bm 속에 타인의 영혼 삶—이 삶은 현존하는 것으로 주어지고, 그밖의 영혼 삶〔나의 의식〕 Bm을 동기부여하면서 규정하는데, 따라서 이것은 '함께 파악함'을 통해 매개된 어떤 주체성을 다른 주체성 속에 '집어넣어 영향을 미침'이다—에 대해 심리물리적 법칙을 통해 미리 지시되지 않은 단순한 해석이 생긴다. 그러나 직접 영향을 미침은 배제된다. 모든 영향을 미침은 Bm이 그 자체로 타인의 영혼 삶에 관한 의식 Bm_1을 지니며, 이 의식은 Bm 안에서 직접 '영향을 미친다'는 사실을 전제한다. 그러나 이때 〔타인의〕 영혼에 대해 영혼이, 〔타인의〕 주체에 대해 주체가 영향을 미침은 끊임없이 아주 다른 양식으로 심리물리적으로 매개되고, 심리물리적 인과성은 본래의 순수한 영혼의 자연법칙이 지원해 항상 협력한다. 이것은 상호주관적 경험(자신에 대한 경험도 포함해)에서만, 즉 의식체험이 '모나드' 속에 개체성을 구성하는 일반적 방식을 인식함으로써만 인식할 수 있다. 이 일반적인 경험적 인식은 의식 일반과 개체성에 관한 의식의 구성 일반에 속한 형상적인 일반적 법칙과 연결된다.

이것은 일반적으로 고려된 가능성이다. 이러한 고려의 테두리에서는 다음과 같은 중요한 문제도 생긴다. 즉 사실상 신체는 자연 속에 개별화되어 등장하며, 실로 우리는 이렇게 자연을 고찰한다. 그러나 여기에 무엇이 속하는지, 자연 속의 각각의 물리적 사물이 신체일 수 있는 가능성이 존재하는지, 또 어느 정도까지 존재하는지 그 가능성을 숙고해야 한다.

이제 결정적인 문제는 의식의 본질에 적합한 것이 어느 정도까지 허용할 수 있는 가능성에 대한 제한을 지정하는가 이다. 어쨌든 의식의 **본질법칙**이 존재한다는 것은 절대적으로 확실한 진리다. 관통하는 심리물리적 평행론이 이 본질법칙과 양립할 수 있다면, 각각의 의식상태 Bm은 법칙에 적합하게〔나의 중심기관〕Cm에 관한 종속성을 미리 지시하는가, 또는 Cm 속에 평행하는 것을 미리 지시하는가?

다음과 같은 의심이 솟구치는데, 그 견실함을 숙고해야 한다. 즉 Cm의 변화는 사실적 변화이며, 또한 다른 것일 수 있을 자연법칙에 지배된다는 것이다. 실로 모든 의식체험이, 그렇게 존재하듯이, 부분과 계기에서 그 내용 전체에 따라 Cm에 종속적일 수 있고, Cm이 존재하는 한 존재한다고 가정하자. 이제 의식의 아프리오리한 본질에 속한 것으로서 연속의 일정한 필연성이 ― 예를 들어 시간의 구성에 속한 과거지향(Retention)의 양상이 각각의 인상(Impression)*에 필연적 연쇄 속에 (아프리오리하게) 연결된 것처럼 ―존재한다면, 연속의 이 연관은〔나의 중심기관〕Cm과 그 객관적 상태의 연속을 통해 한정될 수 없을 것이다. 본질의 연관을 개방한 것만 경험적으로 한정될 수 있다. 가령 단지 감각은 한정될 수 있겠지만, 과거지향에서 감각에 필연적으로 연결된 것은 한정될 수 없을 것이다. 더 정확하게 말하면, 감각의 내용과 이처럼 과거지향의 연속에 미리 지시된 형식 안에서 이것을 통해 개방한 내용, 즉 '어떤 관점에서 그것이 문제가 되며 경험을 통해 규정될 수 있고 또 어느 정도까지 그 내용은 심리물리적으로 제약되는지'에 대한 명석함과 판명함의 차이 등은 한정

---

* '인상'은 방금 전에 체험된 것이 지각과 직접 연결된 의식이다. 후설은 이것을 '신선한 기억' '지금-파악' '지금-으로-정립함'의 의미에서 지각, 일련의 과거지향에서 '혜성의 긴 꼬리의 핵심'이라 한다. 이것의 더 원초적 형태는 '근원적 인상'(Urimpression)인데, 지속하는 시간의 객체가 산출되는 원천적 시점이다(『시간의식』, 28~31쪽을 참조할 것). 이것은 생생한 현재의 감각활동으로, 이것이 지속적으로 변양된 과거지향의 연속체는 시간의식의 흐름 속에 지각대상을 구성하기 위한 근원적 재료다. 그는 이 '근원적 인상'을 '중심적 체험핵심' '원천적 시점(지금)' '근원적 현존' '본래적 현재의 핵심'이라 한다.

될 수도 있다.

어쨌든 만약 어떤 의식변양이 아프리오리하게 제외되면, 만약 양립할 수 없는 법칙이 아프리오리하게 존재하면, 이 법칙에 따라 B_1과 B_2는 하나의 의식 속에 일반적으로 양립할 수 없고, 그래서 C_1에 종속적이라 생각하는 B_1과 결합된 것은 더 이상 순수하게 C_1과 결합된 C_2를 통해 또는 C-상태의 〔상호〕활동을 통해 규정되지 않고, C의 경험적 합법칙성 속에 자신에 평행하는 것이 없는 하나의 절대적으로 고정된 합법칙성이 존재한다.

다음과 같은 것에도 주의해야 한다. 즉 각각의 체험은, 과거 속으로 가라앉는(이것을 통해 체험은 곧 가라앉는 가운데 생생한 과거의 통일체로 구성된다) 가운데 자신의 주변을 지니듯이, 자신의 배경, 공존하는 자신의 주변을 지닌다. 이것은 아프리오리한 관계이며, 결코 다른 것일 수 없다. 이에 따라 C-상태를 인과적 의존성으로 환원하는 것이 무의미해질 수많은 현상이 있다.[35]

내가 보기에 이러한 근거에서 **평행론**(Paralellismus)을 철저하게 반박할 수 있고, 이 경우 반박은 왜곡된 인과성의 개념과 실체의 개념 그

---

35) 더 나아가 다음과 같은 것이 타당해야 할 것이다. 즉 결코 어떤 신체도, 의식이 구성된 자연 속의 물질적 사건들에 어떤 종속함도, 따라서 어쨌든 절대적 의식이 단적으로 말소될 수 없는 것으로서 남아 있는 데 반해, 어떤 경험적 영혼도 존재하지 않는다고 생각해볼 수 있을 것이다. 그렇다면 절대적 의식은, 심지어 어떤 신체도 존재하지 않더라도, 그 자체로 사실적 통일성의 원리, 즉 자신의 고유한 규칙을 가질 것이다. 이 규칙에 따라 그것은 자신의 고유한 내용과 함께 경과할 것이다. 절대적 의식을 어떤 신체에 결합한다면 그것은 종속적이 되겠지만, 아무튼 우선 계속 자신의 통일성의 원리를 갖는데, 단지 의식 일반의 아프리오리한 법칙을 통해 갖는 것은 아니다. 따라서 절대적 의식은 자신의 고유한 아프리오리하고 개체적인 본질에 따라 종속적이 된다는 사실을 통해 종속적이 되며, 이것은 그 속에 있는 것이 한정되지만, 다른 어떤 것의 단순한 부수-현상일 수 없다. 그러나 이것은 문제가 되는 숙고다.

리고 다양한 전통적 편견으로 다루는 통상적 반박—마치 평행론이나 상호작용의 문제가 철저하고 완전한 것처럼, 곧바로 상호작용에 육박해가는 반박—과 전혀 다른 양식을 취한다. 평행론을 거부한다 해도 상호작용에 대해서는 여전히 아무 것도 결정되지 않는다.

물론 이것은 관심이 가장 가까운 것이 아니라, 먼저 [의식] B의 [중심기관] C에 대한 종속성이 어디까지 도달하는가를 규정하는 것이 중요하다. 확실히 의식의 감성적 토대까지 도달한다. 확실히 본래 인식작용의 것인 더 높은 의식은, 그것이 질료적인 것(Hyletisches)을 통해 기초지어지는 한, C에 함께 종속적이 된다. 확실히 좁은 의미에서 감성적 감각뿐 아니라 감성적 느낌과 충동의 체험도 신체를 통해 규정된다. 확실히 여기에는 개체성의 상당한 부분, 즉 자신의 개체적 습관(Habitus)을 지닌 감성적 성향도 속한다.

이 모든 것이 어디까지 진행하는지는 오직 경험으로만 결정될 수 있고, 실험심리학을 통해 가능한 경우에만 그렇다. 특히 더 높은 의식의 리듬인 독자성이 본질법칙은 아니지만 일반적-인간적인 것에 따라, 인간의 유형(인간의 유類적 유형)과 개체적 유형 안에서 경과하는 것에 따라 고유한 경험적-심리학적 규칙을 통해 규정되는지 그리고 어디까지 규정되는지, 또는 유형적인 것과 개체적인 것 속의 이 합법칙성이 본질법칙을 단순히 끌어들임으로써 물리적으로 조직화되는 가운데 충분히 정초되는지—이것은 어떤 방식으로도 아프리오리하게 확립될 수 없다.

이제 상호작용의 문제, 특히 의식 또는 오히려 영혼과 신체에 대해 영향을 미치는 문제에 이르렀다. 당연히 영향을 미침에 관한 신화적 개념으로 작업하면 안 된다. 물리적 세계 속에 '영향을 미침'이 뜻하는 것은 매우 분명하다. 우리는 법칙적으로 규칙화된 물리적 사건의 종속성연관으로 소급되고, 물리적 사물은 나타남의 통일체로 존재하는 것이기 때문에 하나의 동일한 유형의 일정한 상호주관적 의식 규칙화의 상호종속성으로 소급된다. 감각과 감각적 느낌 등의 종속성에 관해 '영향을 미침'을 논의하면, 이것은 완전히 다른 종류의 종속성유형이다. 모나드 속에 감각이 일어남[사건]은 그의 자연 주변에 있는 일정한 물리적 신체에 종속적이며, 따라서 단순히 감각이 아니라 나타남의 일정한 주관적 ─ 더 나아가 상호주관적 ─ 규칙화에 종속적이다. 감각 각각의 현존재가 신체적인 것을 소급해 지시한다는 사실은 확실하며, 감각과 체험 일반은 상호주관적 신체와 관련되지 않으면 어떤 객관적인 시간적 현존재도 갖지 않기 때문에, 우리는 이미 감각과 신체성의 관계는 동시성으로 간주해야 한다는 사실, 즉 관련된 객관적 뇌의 경과의 객관적 시간은 감각에 귀속되어야 한다는 사실로 인도된다.

그 반대의 종속성을 논의하는 것은, 영혼의 내적인 경험적 합법칙성인 고유한 인과성을 감각을 산출하는 가운데 가정하지 않는다면, 아무 의미도 없다. 이 인과성은 먼저 그 자체 속에 경과하고, 그런 다음 [중심기관] C의 종속적 상태가 ─ 가령 환각을 자의로 산출하는 경우, 그렇지만 어떤 사물의 나타남이 정돈되는 감각을 자의로 산출하는 경우도, 즉 신체마디가 자의로 운동하는 경우처럼 ─ 그것에 연결될 수 있을 감각으로 이끌 수 있다. 과연 여기에 경험적 계기(繼起)가 존재하는지, 또는 손의 운동에 속하는 뇌의 자극의 객관적 시점이 감각의 동일한 시점으로 간주되어야 하는지를 언제나 경험으로 결정할 수 있는지는 문제가 된다. 여기에서 모든 것은 어떤 일정한 의식상태의 시점이 어떻게 정의될 수 있는지가 중요하며, 따라서 의식체험의 시간규정에 대한 의미의 문제가 중요하다.

그밖에 이미 다른 곳에서 상론한 것[36]을 고찰해야 한다. 내가 어떤 개인을 공감하고 완전히 통찰할 수 있다면, 나는 그가 어떻게 동기가 부여되게끔 허용할 것인지를 알게 되지만, 이것은 내가 나 자신의 경우 그것을 알게 되는 것과 다르지 않다. 물론 나는 내가 주어진 경우에 무엇을 실행할 것인지를 두고 다양하게 논의한다. 내가 그 상황을 완전히 명백하게 하지 못했고, 그래서 많은 것을 고려하지 못했기 때문이다. 그런 까닭에 나는 내가 미래의 다양한 상황에서 무엇을 실행할 것인지도 실로 완전히 규정해 말할 수 없다. 그때까지 많은 것이 나의 의식 속에 경과되었을 것이고, 이것이 동기부여하면서 계속된 시간 속에 펼쳐지며, 그래서 함께 효력을 발휘하기 때문이다. 확실히 우리는 미래를 확고하게 예언할 수 없고, 일정한 중간부분을 보충함으로써 오직 가정으로만 예언할 수 있다. 이에 반해 우리는 과거를 분명한 기억으로 이해할 수 있고, 과거 속에 각각의 동기부여연관을 이해하게끔 이끌 수 있다. 각각의 의식의 경과에는 개체성이 속한다. 이것은 곧바로 이러한 동기부여의 방식이 속한 것으로 이해되고 '추후로 느끼게'(nachfühlen) 되는 개체성이다. 이 속에서 각자는 각기 다른 사람과 구별된다.

다른 한편 이것은 결과의 명백한 필연성을 뜻하지 않는다. 어디에서나 자연인과성, 신체적인 것과 신체성에 따라 의식 속에 규정된 것은 협력한다. 이 규정된 것이 결코 명백할 필요는 없다. 실로 [중심기관] C는 필수조건일 수 있지만, 충분조건일 수는 없다. 이것을 포함해 받아들인다면, 이 연관은 분명히 필수조건이다.

64. 자연의 상대성과 정신의 절대성

지금까지의 고찰에서 가능한 **자연화**(Naturalisierung)의 한계가 생

---

36) 60항의 b) 중간부분을 참조할 것.

긴다. 즉 정신은 자연에 종속적인 것으로 파악될 수 있고 그 자체로 자연화될 수 있지만, 어느 정도까지만 그러하다. 단순히 자연을 지닌 종속성을 통한 정신을 명백하게 규정하는 것, 물리적 자연과 같은 것, 즉 전체 규정방식에서 자연과학으로 명백하게 규정하는 목표에 따라 유비적인 것으로 환원하는 것은 생각할 수 없다. 주체는 자연이 존재하는 가운데 분해될 수 없다. 그렇다면 자연에 의미를 부여한 것이 없어지기 때문이다. 자연은 철저한 상대성의 장(場)이며, 그럴 수밖에 없다. 왜냐하면 상대성은 여하튼 어떤 절대적인 것, 따라서 모든 상대성을 지닌 것인 정신*에 상대적이기 때문이다.

정신은 자신의 환경세계를 통해 규정되며, 인격적 세계와의 관계 속에 구성된 자연과 관련해 정립된 다양한 방식의 종속성을 지시하는 한, 자연을 지닌 규칙화도 갖는다. 그러나 이것이 정신은 **절대적**이며, 상대적이 아니라는 사실을 방해하지 않는다. 즉 세계에서 모든 정신을 말소한다면, 더 이상 어떤 자연도 존재하지 않는다. 그러나 '참된' 객관적-상호주관적 현존재인 자연을 말소한다면, 아무튼 개체적 정신인 정신이 여전히 남게 된다. 단지 사회성의 가능성, 삶의 어떤 상호주관성을 전제하는 '함께 파악하는' 가능성만 잃어버리기 때문이다. 그렇다면 물질적 세계에 관련된, 또한 그 결과 인격적 세계에 관련된 더 좁은 사회적 의미에서 인격인 개체적 정신도 더 이상 없다. 그러나 우리는 '인격적' 삶이 극도로 궁핍해져도 바로 자신의 의식 삶을 지닌 자아를 지니며, 심지어 자아는 이 의식 삶 속에 판단하고 가치를 평가하며 태도를 취함에서 동기가 부여되게 허용하는 자신의 방식인 자신의 개체성을 지닌다.

---

* 자연의 모든 상대성은 절대적 정신을 기준으로 파악된 상대성이라는 후설의 견해는 전통적인 의미의 상대주의·절대주의에 관한 논쟁과 전혀 다른 새로운 지평을 제시한다.

어쨌든 정신의 통일성과 개체성은 각각의 경우 정신의 의식의 흐름 속에 드러난다. 이것을 이해하려면, 그 경과를 추적하고 복원해야 한다. 이 경과를 일정한 측면에 따라 이해하려면, 나는 그 의식이 경과하는 가운데 상응하는 연관을 이끌어내 직관해야 하기 때문이다. 이해는 철저하게 직관적인 것이며, 이러한 대상성인 '개체'는 이 경우 그 자신의 고유한 존재 속에 주어진다.

나는 타인의 정신 삶과 함께 타인의 정신세계와 타인의 정신적 객체성을 추후로 체험하며(nachleben), 그 개체적 의미 또는 정신적 의미—즉 정치적 상황, 정신적 시대, 동시대 문학—속에 이해한다.

이 경우 정신적 의미에서 개체성은 자연의 개체성과 완전히 다르다는 사실에 주목해야 한다. 사물은 '여기 그리고 지금' 있는 것으로서 자신의 개체적 본질(Wesen)을 지닌다. 그러나 이 모든 본질(Was) 자체는 '일반적인 것'이다. 이것은 각각의 사물이 일반성의 범례라는 사실을 뜻한다. 사물은 이미 일치하는 것으로 생각된 단순한 '감성적' 경험의 단계에서 그렇기 때문이다. 각각의 사물은 임의로 자주 반복되는 것으로 생각될 수 있다. 마찬가지로 물리학적 객체성은 존재하는 것이며, 각각의 규정에 따라 수학적으로 공식화할 수 있는 법칙 아래 또한 수학적으로 공식화할 수 있는 규정 속에 존재한다.

실재적인 것으로서 사물은 실재적 상황에 종속적이다. 왜냐하면 사물은 그 자체로 철저하게 동질적인 것으로 구성된 실재적 자연의 연관 속에 존재하기 때문이다.

사물성의 객관적 의미를 추구하는 순수한 객관적 고찰은 사물이 그 상태에 관해 서로 종속적이라는 사실, 사물은 그 실재적 존재 속에 서로에게 일정한 것을—게다가 그 존재의 내용, 그 인과적 상태성에 관해—지정한다는 사실을 요구한다.

실로 모든 상황에서 어떤 사물이 속성들의 동일자—자신의 실재적 속성에 관해 실제로 그 자체로 확고한 것, 고정된 것, 즉 그 속에 변화하는 것은 오직 상태와 상황일 뿐인 데 반해 동일한 속성의 동일한 주체인 동일자――인 사물이 과연 있는가? 따라서 이것은 그 속에 사물이 초래되거나 관념상 집어넣어 생각될 수 있는 상황에 따라 다른 현실적 상태를 지닌다는 것을 뜻하는가? 어쨌든 그 사물이 어떻게 행동할 수 있는지, 그런 다음 또 어떻게 행동할 것인지는 그 자신의 본질을 통해 이에 앞서――아프리오리하게――미리 지시된다. 그러나 각각의 사물(여기에서는 동일한 것을 뜻하는 '그 어떤 것')에 도대체 그와 같은 고유한 본질이 있는가? 또는 사물은 이른바 항상 진행 중이며, 결코 이 순수한 객관성 속에 파악될 수 없고, 오히려 그것의 주관성과의 관련에 따라 원리상 오직 상대적인 동일자인가? 즉 자신의 본질을 미리 지니거나 단연코 파악할 수 있는 것으로 지니는 것이 아니라, 주어지는 구성적 상황에 따라 언제나 다시 새로운 속성을 받아들일 수 있는 개방된 본질을 지니는 것인가? 그러나 여기에서 이 개방성(Offenheit)의 의미, 나아가 자연과학의 '객관성'에 대한 의미를 더 정확하게 규정하는 것이 문제다.

초한(超限)의 무한성(마치 세계가 그 자체로 완성되어 존재하는 것, 모든 것을 포괄하는 사물 또는 완결된 사물의――어쨌든 사물의 무한성을 내포하는――집합체이듯이) 대신 세계의 '무한성'은 오히려 '개방성'을 뜻하지 않는가? 그러나 이것으로 무엇을 생각해야 하는가?

다양하게 변화된 자연을 생각해낸다면, 그 속에 다수의 동일한 사물, 게다가 단지 표상할 수 있는 각각의 임의의 내용을 지닌 사물이 존재한다는 자연이 항상 생각될 수도 있다. 속성과 인과적 상태에 따라 공존뿐 아니라 계기에서도 완전히 동일한 많은 사물이 생각될 수 있다. 어떤 사물은 여기에, 다른 사물은 거기에 있고, 어떤 사물은 지금, 다른 사물은 그다음에 있다. 또한 어떤 사물이 주기적으로 동일한 상태성으로 되돌아가는 것도 생각할 수 있다. 두 가지 동일한 사물을 구별하는 것은 '여기'(Hier)와 '지금'(Jetzt)을 전제하는 실재적-인과적 연관이다. 이와 함께 우리는 개별적이든 상호주관적이든 개체적 주관성을 필연적으로 소급해 지시하게 된다. 그리고 이 주관성과 관련해 오직 장소의 정립과 시간의 정립에 규정성이 구성된다. 결국 어떤 사물도 그 자체 속에 자신의 개체성을 지니지 않는다.

그러나 정신은 체험하고 태도를 취하며 동기가 부여된 것이다. 각각의 정신은 자신의 동기부여의 방식을 지니며, 사물과 다르게 그 자체 속에 자신의 동기부여를 갖는다. 정신은 그것이 세계 속의 일정한 장소에 존재한다는 사실을 통해 비로소 개체성이 되지는 않는다. 그 자체로 스스로 절대적으로 개체적인 것인 그때그때 사유작용의 순수 자아는 이미 절대적 개체화(Individuation)를 지닌다. 어쨌든 자아는 공허한 극(Pol)이 아니라 자신의 습득성(Habitualität)의 담지자*이며, 이 속에서 자아가 자신의 개체적 역사를 지닌다.**

의식의 흐름 속의 체험은 절대적으로 고유한 자신의 본질을 지니며, 그 자체 속에 자신의 개체화를 지닌다. 그렇다면 체험은 동일할 수 있고, 일정한 의식의 흐름 속에 절대적으로 동일할 수 있는가? 이 것임(Diesheit)을 통해 단순히 구별되는가? 또 두 가지 체험은 단순히 어떤 것은 이 의식에, 다른 것은 저 의식(모나드)에 속한다는 사실을 통해 구별될 수 있는가? 어떤 체험은 지금 그리고 '동일한' 체

---

* 후설은 『성찰』에서 선험적 자아를 다양한 체험들의 동일한 극(Pol), 습득성의 기체(Substrat), 자아의 완전한 구체화인 모나드로 규정했다. 결국 선험적 자아의 구조는 유식(唯識)철학에서 과거에 축적된 경험들이 습기(習氣)와 종자(種子)의 형태로 훈습(熏習)되고 이 종자는 현행(現行)하여 다시 경험을 수행하는 자아, 마치 폭포처럼 항상 흐르는[恒轉如瀑流] 마음의 흐름[心相續]으로서 식전변(識轉變)의 주체인 알라야(alaya) 의식의 구조와 매우 비슷하다.
** 자아의 역사성과 자기동일성의 확보에 관해서는 197쪽의 역주를 참조할 것.

험은 이후에 '단순히 반복된 것'이라면, 이것은 자신의 본질적 존립
요소 전체에 관해 동일한 것일 수 있는가? 의식은 '지금' 속에 원본
적 체험의 존립요소와 지나간 것[과거]의 지평을 지닌다. 이것은 '지
금' 속에 '1차적 기억'인 과거지향이라는 체험지평의 형식으로 자신
의 지속적으로 뒤섞인 변화 속에 재현된다. 이 체험의 매개는 원본적
으로 등장하는 체험, 즉 예를 들어 새로운 감각자료의 체험에 무관한
가? 그렇지 않다면, 우리는 체험 속에 이미 구별하고 있다. 왜냐하면
'이후에'(Nachher) 속에 이 매개는 다른 것이기 때문이다. 그러나 이
경우 각각의 체험은 자신의 지평을 포함해 자신이 완전히 구체화되
는 가운데 반복된 것으로 생각할 수 있다는 사실이 남지 않았다는 반
론을 제기할 수 있을 것이다. 확실히 우리는 '나는 그것을 반복된 것
으로 생각한다'고 답변하지만, 나는 그것을 하나의 동일한 것, 유일
한 것으로 생각된 동일한 개체로서 필연적으로 생각한다.

　이러한 문제를 다음과 같이 포착할 수도 있다. 즉 완전한 구체적 본
질(Essenz)과 개체적 실존(Existenz) 사이 그 어디에서 분리가 이루어
질 수 있는가? 또는 그 반대로, 이 구별은 어디에서든 아프리오리하
게 또 필연적으로 이루어질 수 없고, 원리상 개체의 완전한 동일성은
체험영역 속에 충분히 가능하다고 주장할 수 없으며, 각각의 체험은
결코 성질이 아닌 자신의 이것임(Diesheit)을 갖는 '이념적으로' 어
떤 본질적 존립요소라고 주장할 수 없지 않은가? 그러나 이 개체성
(haecceitas)*조차도, 각각의 체험이 그 자체로 자신의 개체성을 지니

---

* 둔스 스코투스(Duns Scotus)는 본질(essentia)과 존재(existentia)의 실재적 구별
　을 부정하고 형상적 구별만 인정해 보편자는 정신 속에만 존재하며, 개별적 개
　체는 보편적 본성이 '이것임'이라고 형상적으로 한정된 '개체성'을 통해 직관
　할 수 있다고 주장했다. 예컨대 소크라테스나 플라톤 모두에게 동일한 것은 인
　간의 본성이지만, 소크라테스에게 독특한 것은 '개체성'이다. 따라서 본성과

는 한, 하나의 일반자(ein Allgemeines)가 아닌가? 어쨌든 무엇이 어떤 이것과 다른 이것을 순수하게 '이것'으로 구별하는지, 게다가 이 둘이 '공통으로' 갖는 것이 무엇인지는 전혀 심문될 수 없다. 이것은 이미 성질(Qualität)과 이것(Dies)을 혼동함을 뜻한다. '이것임의 본질'에 관해 논의할 때도 마찬가지다. 이것임은 하나의 **형식**이다. 무엇이 이 '어떤 것'(etwas)을 다른 '어떤 것'으로부터 '어떤 것'으로 구별하는가? 구별을 짓는 일정한 성질, 일정한 실질적 존립요소가 없는 한, '아무것'도 그렇게 구별할 수 없다. '이것'(Dies)의 형식은 **결코** 그 무엇임(Washeit)이 아니며, 이러한 의미에서 어떤 본질도 아니다. 그것은 형식의 의미에서 일반적이다.

의식은 자신의 본질, 즉 흘러가는 것과 정확하게 규정할 수 없는 것을 취한다. 그러나 의식은 자신에게 이념으로서 '정확한' 본질을 부가시킬 수 있고, 정립에 의해 자신의 규정된 '이것'을 받아들인다.

객관적 사물성은 물리학적으로 규정되지만, 단지 의식과 의식주체에 관련해서만 '이것'으로 규정된다. 모든 규정은 '여기'와 '지금' 그리고 이와 함께 그 어떤 주체나 주체의 연관을 소급해 지시한다.

근원적으로 유일한 개체적인 것은 자신의 자아를 구체적으로 지닌 의식이다. 다른 모든 개체적인 것은 나타나는 것이며, 실제이거나 가능한 나타남—자신의 측면에서 어떤 개체적 의식을 소급해 지시하는 나타남—속에서 자신이 개체화되는 원리다.

절대적 개체화는 인격적 자아 속에 들어간다. 자아의 환경세계는 본질적으로 자아—환경세계를 경험하고 다른 개체[개인]들과 함께 자신의 경험을 교환하는 자아—와의 관련을 통해 자신의 개체화를 획득한다. 그 어떤 사물은 각각의 자아에 대해 직관의 상관자 속

개체성 사이의 구별은 추상화할 수 있는 기초다.

에 '여기'와 '지금'을 갖는다. 자아 또는 **자신**에 대한 상호주관성은 환경세계를 구성하며, 자아가 자신의 환경세계의 대응물(Gegenüber)을 통해 규정되게 허용하거나 자신의 측면에서 이 대응물을 활발하게 또 경우에 따라 형성하면서 규정한다면, 하여튼 이 대응물은 대응물의 2차적 개체화를 갖는 반면, 절대적인 것인 원본적 개체화는 자아 자체 속에 놓여 있다. 동일한 정신은 두 번 존재할 수 없고, 동일한 전체 상태로 되돌아갈 수도 없으며, 자신의 개체화를 단순히 정신이 동일한 내용을 지닌 다른 연관 속에 있다는 사실로 명시할 수 없다.

정신은 곧 나타남의 통일체가 아니라 절대적 의식의 연관의 통일체, 더 정확하게 말하면, 자아의 통일체다. 또한 나타남은 자신의 절대적 존재를 지닌 의식의 연관의 상관자다. 그리고 나타남이 상호주관적으로 구성된다면, 곧 서로 의사소통할 수 있는 다수의 인격으로 소급된다. 상관자 그 자체는 인격과 그 체험에서 발판을 마련하며, 이들의 절대적 존재는 나타남의 상대적 존재에 선행한다. 후자의 모든 개체화는 전자의 절대적 개체화에 의존하고, 모든 자연의 현존은 절대적 정신의 현존에 의존한다.

그러나 영혼에서 그리고 자연으로서 인간에게서 사정은 어떠한가? 이것은 또한 일반적인 것의 단순한 범례인가? 이에 대해 분명하게 답변해야 할 것이다. 즉 영혼이 자연화된 정신이고 특수한 개체성이 정신에 속하는 한, 전혀 그렇지 않다. 다른 한편 그것에 의해 영혼이 자연실재성으로 규정되는 모든 것은 범례이며 일반적이다. 개체성은 여기에서 자연의 본성인 것 속에 놓여 있지 않다. 자연은 X이며, 원리상 일반적 규정을 통해 규정되는 X일 뿐이다. 그러나 정신은 결코 X가 아니라, 정신의 경험 속에 주어진 것 자체다.

부록 1

구성에 대한 단계적 기술(記述)

단순한 물질적 사물·신체·영혼이 깃든 사물 또는 생물 그런 다음 인격적 주체 등의 구성*

　서로 연달아 관련된 실재성인 **자연**과 **정신**의 구성을 추구하면, 이념적으로 다음과 같은 층(層)을 구별할 수 있다. 구성적 질서에 따르면, 단순한 사태의 영역, 즉 **물질적 자연**의 영역과 더불어 시작해야 한다. 가장 밑바닥인 여기에서 감성적 사물을 개별화된 것으로 생각되고 여전히 실재화되지 않은 자아의 상관자로서 분리할 수 있다. 자아는 관념적으로 그것에 속한 일치하는 지각의 다양체와 더불어 자신의 감성적 지각을 지닌다. 이 지각 속에 실재적 사태——이 사태는 더 높은 통각 층이 없다고 전제된 경우 **개체적–주체적인 것**으로 특성지을 수 있다——는 서술을 통해 단계적으로 (여기에서는 이러한 단계질서를 추구하지 않는다) 구성된다. 이 단순히 물질적 사물의 경우 실재적 **상황**으로 기능하는 것은 바로 그와 같은 사물이며, 여전히 신체에 대한 일정한 종속성도 고려되지 않는 이 가장 낮은 단계에서 물질적 사

---

*　이것은 제1장과 제2장에 대한 부록이다. 이후의 부록에서 그 부록이나 서술이 본문의 어느 곳에 관한 것인지 등의 사항은 편집자 비멜(M. Biemel)의 주석을 참조한 것이다.

물은 오직 물질적 사물과의 인과적 관련 속에서만, 그래서 물질적 주변의 구성원으로만 생각할 수 있는 것은 그러한 사물뿐이다. 이러한 명제는 그밖에 이념적 필연성이 아니라 단지 이념적 가능성으로 간주된 실재화가 계속 관여된 뒤에도 더 타당하게 남아 있다.

그다음 단계는 개별적 자아주체에 속한 신체와, 이것과 그 실재성 사이에 지배하는 종속성관련을 도입하는 데 있다.* 최초로 구성된 개체적-주체적 사태 가운데 하나는 감각론의 통일체 등으로 구성된 주체의 신체로 부각된다. 신체 그 자체를 고려하지 않고 (다른 사태 가운데 물질적 사태인 신체만 고려해) 구성된 것으로 생각된 사물은 신체가 끌어들인 새로운 종류의 현상적 종속성에 적합하게 새로운 파악 층(본질적으로 구성될 수 있는 모든 사물에 속한 파악 층)을 획득하고, 그 속에 서술되는 참된 사물의 단순한 '나타남'의 권위를 획득한다. 감성적으로 나타나는 사물 그 자체, 이전에 단적으로 사물이었던 감각사물(각각의 가능한 감각사물)은, 예를 들어 푸른 색안경을 끼면, 그 감성적 성질과 색깔이 변경된다. 왜냐하면 여기에서 단지 서술되는 참된 사물은 자신의 '참된' 성질을 변경시키지 않기 때문이다.

그런데 감성적 성질은 기만(欺瞞)이 아니라, 주어진 상황 아래 요구된 참된 비-감성적 성질의 나타남이다. 푸른 색안경을 끼는 것은 '정상의' 감각사물을 변경시키는데, 보는(Sehen) 상황이 습관적 규칙에서 벗어나기 때문이다. 정상의 사물은 단적인 사물로 간주된다. 즉 그 사물이 주어진 상황에 (속견적 '존재'-특성화 안에) 속해 있음은, 이 상황이 바로 자신의 습관적 배열 속에 변함없이 남아 있는 한, 두드러지지 않는다. 이 정상성과 비-정상성은, 습관적인 것과 비-습관적인 것의 특성이 그 역할을 교환할 수 있는 한, 서로 함께 교환할 수

---

* 이 책 18항의 b)를 참조할 것.

있으며, 비-습관적인 것은 습관적인 것이 될 수 있다. 습관적인 것을 통해 참된 객체성의 우선권이 구성되지 않고, 오히려 감각사물의 변화가 그때그때 규정되어 그에 속한 변화하는 상황을 관통하면서 기능상 종속하는 가운데 동일자가 입증된다. 이 동일자는 이러한 상황과 때에 따라 다양하게 감성적으로 성질이 부여되어 '나타난다'.

또한 여기에는 신체의 건강과 질병이라는 명칭 아래 포함되는 감각사물의 종속성들의 복합체가 속한다. 물론 감각사물이 통일체로 나타나는 나타남의 다양체 전체가 그것을 통해 자기 자신이 감각사물로 나타나는 신체에 종속하게 되는 일종의 정상성과 비-정상성도 여기에 있다. 따라서 자신의 감성적 속성, 또는 자신의 감성적 부분과 계기를 지닌 모든 감각사물은 규칙화된 방식으로 감각사물인 '신체'에 '속해 있다'. 이 신체에는 더 높은 단계의 파악이 상응하는데, 이 파악은 여기저기에서 나타나는 것(그때그때 감각사물 그룹의 통일체)을 예를 들어 다음과 같은 표현에 적합하게 처음부터 통일적으로 파악한다. 즉 내 눈이 '정상'상태라면, 대상은 — '맑은 공기'에서 일정한 색채를 띤 매개 등의 방해 없이 보는 '봄'의 정상상황 아래—그에 속한 방식으로 나에게 나타난다. 내 눈이 비-정상상태라면, 대상은 다시 그에 속한 다른 방식으로 나타난다. 즉 다소 알려져 있고 잘 알려진 경우인 한, 지각에 적합하게 더 상세하게 규정될 수 있는 방식으로, 그래도 항상 규칙화된 방식으로 나타난다.

그러므로 '감성적 성질'의 어떤 것도, 예를 들어 '그' 대상이 지니고 '나타나는' 색깔의 어떤 것도 그 대상 '자체'에 딸려 있지 않고, 각각의 성질은 일정한 상황에 오직 상대적으로만 대상 '자체'에 딸려 있다. 파악하는 가운데 규정되지 않은 이 구성요소는 도중에 경험에 적합한 규정을 지시한다. 이 규정은, 일치해 경과하는 한, 현실적 경험 속에 더 상세한 규정과 더불어 파악하는 확증 또는 이것을 통해 구성된 의미의 대상의 존재정립도 수반한다.

만약 대상이 존재한다면, 그 대상은 모든 현상적 색채에 대립해 자기 자신에 속한 '객관적' 색깔을 띤다. 이것은 그 대상이 (자신의 의미의 대상으로서) 경험 속에 어떻게 행동하고 행동할 것인지가 이러한 상대주의 속에 규정된다는 것을 뜻한다. 이 객관적 색깔은 결코 감성적 색깔이 아니라, 자신이 속한 상황에 감성적으로 주어진 다양체 속에 지향적 통일체로 '제시되는' 비-감성적 통일체다. 이것은, 곧 그러한 감성(Sinnlichkeit)의 통일체로서만 본질에 적합하게 원본적으로 주어질 수 있는 지향적으로 통일적인 것인 한에서만, 감성적이다. 더 높은 파악의 단계는 감성적인 것(이것은 이미 그 자체로 '다양체'에 대립한 '통일체'다)에 비-감성적인 것을 삽입한다. 비-감성적인 것은 어느 정도 더 높은 단계의 종속성의 상대주의에 대한 지표, 또는 인식작용으로 향하면, 자신의 현실적 경과 속에 동일한 객관적 사물이 더 풍부하게 원본적으로 주어지는 의식에 따라 철저히 지배되었을 일정하게 구조지어진 가능한 경험체험에 대한 지표다. 물론 그 이론적 규정은 다른 계열 속에 놓여 있고, 본질에 적합하게 그와 같은 경험 속에 기초지어진 새로운 작용계열이 필요할 것이다. 이러한 사물의 객체성은 개체적으로 개별화된 주체와 이 주체에 대해 구성된 신체에 여전히 본질적으로 관련된다.

이제 '함께 파악함'(Komprehension)과 그 구성적 작업수행을 고찰의 테두리 속에 끌어들이면, 이 작업수행을 통해 이전에 개별화된 것으로 생각된 자아는 일정한 '자신의' 객체를 '다른 신체'로 파악하고, 이 신체와 일치해 어쨌든 아직 실재적 주체로 구성되지 않은 다른 자아를 파악하게 된다. 우선 정확한 의미에서 새로운 '객관적인' 물리적 사물, 즉 상호주관적 사물이 구성될 수 있고, 계속해 신체가 상호주관적으로 동일하게 확인할 수 있는 통일체로 구성될 수 있다.

먼저 일정한 '정상적' 자아공동체, '정상의', 즉 유형적으로 '일치하는' 구조의 신체를 가정하자. 왜냐하면 이것을 대체로 그렇게 가정해, 모든 자아주체에 대해 동일한 감각의 사물과 주체적-객체적 사물——이것은 주체마다 변화되는 방향이 정해짐으로써 주어지는 방식에서만 필연적으로 구별된다——이 구성되기 때문이다. 주체는 자신의 '입장'을 교체할 수 있다. 그와 같이 교체되었다고 생각하면, 이것의 현실적 나타남(이것이 감성적으로 나타나는 방식의 방법에서 현실적인 사물)도——쉽게 이해할 수 있는 확장된 의미로 이해된 동일한 '적용'을 전제하면서——교체되기 때문이다. 근원적으로 개별적 주체에 상대적인 객체를 동일하게 확인할 가능성은 '함께 파악함'에 기인하는 이 교환할 수 있음에 근거한다. 즉 우리는 '동일한' 객체를 보는데, 자신의 입장에서 각자는, 만약 여기 대신 다른 사람의 입장에서 거기에 있었다면 우리의 것이었을, 그에 속한 나타남의 방식을 지녔을 것이다. 그러면 우리는 비-정상의 신체조직(색맹, 타고난 귀머거리 등과 같이)에 의해 주체마다 일치하지 않는 지각의 나타남의 이 다양체 전체를 명시하는 종속성을 첨부한다.

따라서 공감하는 파악의 본질에는 나의 물리적 환경세계가 내 동료의 물리적 환경세계와 동일하다는 사실이 있다. 즉 우리 모두는 나타남의 통일체에서 '동일한' 존립요소를 지닌——방향이 정해질 수 있음에 따라 주어진 것이 동일하게 규칙화된 방식을 지닌——'동일한' 나타남의 다양체를 지닌다. 단지 차이는 각각의 주체가 자신에게만 고유한 자신의 신체를 지닌다는 점이다. 이러한 점을 통해 다른 주체의 현실적 나타남과는 원리상 다른 그에 속한 현실적 나타남과 더불어 오직 자신에게만 고유한 방향이 정해진다.

상호주관적 파악 또는 그 인식대상의 내용의 가능성에는 나의 물리적 주변세계(개별적 주체에 대한 주변세계)의 사물이 관념상 나타나는 다양체가 독특하게 분배된다. 이 분배는 공간세계로서 주변세계를 구성적으로 요구한다. 그에 따라 각각의 나타나는 공간지점에는 자유로운 "내가 그쪽으로 움직이고, '거기'를 방향이 정해지는 중심인 '여기'로 만든다"를 통해 이념적 가능성이 상응하고, 현실적 나타남이 규칙화되고 동기가 부여된 방식으로 잠재적 나타남으로 변화하는 것이 상응한다. 그래서 나는 각각의 나타나는 공간지점에서 거기로부터 '그' 세계가 어떻게 보일 것인지를 표상할 수 있는 반면, 나의 신체는 언제나 자신의 나타나는 방식 속에 제한되고, 〔위치를〕 옮겨놓는 경우 각 공간지점 속에 이 제한된 테두리에 결합되어 남는다. 즉 내가 중심으로 만든 각 공간지점에서 나의 신체는 동등한 입장일 경우 동등하게 바라본다.

다른 한편 신체는 하나의 물리적 사물이며, 신체 또는 어떤 물리적으로 동등한 물체가 어떻게 임의의 각 공간지점에서 방향이 정해지는 중심으로 보일지를 표상할 수 있다. 지금 여기에 있는 나에게 거기에 있는 어떤 물체—여기로부터 나의 신체(적어도 일반적 유형에 따라 마찬가지로 '여기'로부터 고찰된)가 바라보았음에 틀림없을 것처럼 바라보는 물체가 주어진다면, 그것은 신체로 '보이고', 내가 '거기' 속에 입장을 옮겨놓는 경우 갖게 될 잠재적 나타남은 현실적 나타남으로 신체에 삽입된다. 또는 자아는 이 나타남과 그밖에 자아에 속한 것, 자아체험, 자아작용 등에 대해 주체로서의 신체에 공감하게 된다. 이것은 다른 자아다. 왜냐하면 이 잠재적 나타남은 나에게 잠재적으로 남아 있고, 나의 체험의 흐름의 통일체 속에 결코 현실적이 될 수 없기 때문이다. 즉 이것은 체험의 흐름이 포함하는 사물의 현실적 나타남과 양립할 수 없기 때문이다. 나의 신체는 여기와 거기에 동시에 존재할 수 없으며, 나는 '거기'에 속한 나타남을 위치를 변경함으로써만, 따라서 가능한 미래에서만 지닐 수 있다.

그러므로 공감하는 파악의 본질에는 나의 물리적 환경세계가 내 동료의 물리적 환경세계와 동일하다는 사실, 우리 모두는 '동일한' 나타남의 다양체를 지닌다는 사실, 단지 차이는 각각의 주체가 자신에게만 고유한 자신의 신체를 지니며 이 신체 속에 가능한 나타남의 공통적 체계로부터 그에 속한 물리적 환경세계의 현실적 나타남과 더불어 자신에게만 고유한 방향이 정해진다는 사실이 있다.

그래서 각각의 주체는 동일한 공간 속에 자신의 위치가 있으며, 자유롭게 운동하는 신체의 주체로서 이 공통의 공간 속에 움직일 수 있고, 자신과 동등한 사람의 입장으로 자신의 위치를 변경할 수 있으며, 따라서 다른 사람의 방향이 정해짐과 나타남의 계열로 자신의 방향이 정해짐과 나타남의 계열을 교체할 수 있다. 이것은 동등한 것 (Gleiches)에 의해 동등한 것으로 교체되지, 동일한 것(Identisches)에 의해 동일한 것으로 교체되지는 않는다. 왜냐하면 이것이 유형적 내용에 따라 동등하고 확고하게 정돈된 체계에 근거해 교체되기 때문이다. 반면 각각의 주체는 항상 [갈라진] 심연(深淵)을 통해 서로 구별된 채 남아 있고, 어떤 주체도 다른 사람의 나타남과 동일하게 똑같은 나타남을 획득할 수 없다. 각각의 주체는 곧 모든 의식의 흐름 또는 동물적 주체를 뒤덮어 둘러싼 규칙화를 지닌 자신의 의식의 흐름을 지닌다. 이전에 유일한 주체에만 관련된 감각사물과 주체적-객체적 사물통일체는 이제 상호주관적, 즉 상호주관적으로 동일하게 확인할 수 있는 통일체가 되고, 나타남의 체험은 일정한 의미내용을 획득한다. 또는 개별적 주체의 상관자인 사물은 의사소통하는 주체의 그룹 전체에 공동의 것이 되는 일정한 의미를 획득한다. 내가 보는 것과 다른 모든 사람이 보는 것은 동일한 것이며, 우리는 공간의 다른 지점 '에서' 단지 이 동일한 것을 바라본다. 보인 것의 속성은, 그 각각이 그에 따른 다른 방식으로 제시되더라도, 어쨌든 동일한 것이다. 우리 모두가 정상상황 아래 정상으로 지각한다면, 2차 성질조 차도 어쨌든 그러하다. 즉 모든 주체에 대해 1차 성질은 2차 성질 속에 드러나며, 게다가 이것은 객관적으로 동일하다.

기술하는 전달의 교환이 서로 대립되지 않는 한, 의사소통하는 주체가 감각사물 자체를 상호주관적 동일성으로 파악한다는 사실, 그렇다면 그 주체는 더 나아가 주체적-객체적 사물의 통일체의 더 높은 의미를 이미 상호주관적으로 파악한다는 사실, 결국 다른 경험—모든 주체에서 동등하게 발견할 수 없는, 따라서 이 차이가 주체의 다른 심리물리적 특성의 차이에 현상적으로 종속함에 관해 상호주관적으로 충돌하는 경험—을 통해 동등한 내용으로 교체될 수 있는 이 사물에 대한 경험의 보충은 이제 각 개별적 주체에 대해 동시에 타당하게 되는 일치하는 상호주관적 객관성의 광범위한 구성을 가능케 한다는 사실은 이러한 구성적 사태의 본성이다.

따라서 이러한 방향에서 위로 밟아 올라가면서 신체와 영혼의 총체적 관계에 이르게 된다. 자연으로서의 물리적 사물, 감각론적 통일체로서의 신체 그리고 신체(신체는 언제나 감각론의 통일체로서 구성된 것으로만 생각된다)의 토대 위에 기초지어진, 그래서 비-자립적 실재성으로서 영혼은 함께 짝을 이루어 구성된다. 이러한 계열에서 우리는, 각각의 기초지어진 영혼의 주체가 작용체험의 주체라도, 인격적 자아에 마주치지 않는다. 인격적 자아의 구성에 대해서는 다음과 같은 사실도 고려해야 한다. 즉 인격적 자아는 **자유로운 의지의 장(場)으로서 신체를 지니는데**, 특히 가장 낮은 단계의 사물의 구성 속에 이미 본질적 혼입물을 제공하는 운동감각의 경과가 자유로운 경과로서 특성지어지고, 이것에는 다른 종류의 감각론의 자료가 경과하는 것에 종속적인 것으로 결합되고, 그래서 **신체를 자유롭게 움직이는 총체적 감각기관으로서** 또는 상대적으로 서로 대립하면서도 자유롭게 움직이는 기관의 복합체로서 파악할 수 있는 가능성이 관련되어 있다는 점에서도 그러한 신체를 지닌다. 그러므로 지각작용이 사물을 구성하는 것이 될 수 있으려면, 지각작용에는 '자유로운' 운동으로서 신체운동의 가능성이 속한다.

이렇게 해서 인격적 자아를 구성하는 길로 들어서게 된다. 사물은 자아에 대해 구성되지만, 사물과 일치해 자아는 일정하게 경험적으로 친숙한 방식으로 (따라서 일정한 종류의 통각 속에) 자신이 나타날 수 있는 사물과 관계지으면서 구성된다. 자아는 지각활동을 하며, 여기에는 본질적으로 신체적 '활동'이 속한다. 나타나는 사물을 관찰하면서 자아는 여러 가지 방식으로 자신의 감각기관을 지휘한다. 왜냐하면 자아는 자신의 눈을 움직이고, 변화하는 적응을 하며, 나타나는 물체표면을 손으로 더듬어보는 등을 하기 때문이다.

극(極)으로서의 자아와 습득성의 자아*

습득성에 대한 이 오래된 반성은 여전히 최초의 미숙한 상태에 있다. 왜냐하면 모든 본질적인 것이 일별되었더라도, 그 기술(記述)은 끝까지 정확하게 관철되지 않았기 때문이다.

순수 자아 ─ 우선 극(極)으로서의 순수 자아 ─ 에 관한 학설은 이전에 벌써 개정되었어야 한다.

각각의 대상극과 마찬가지로 자아 극은 동일성의 극, 동일성의 중심, 감정과 작용에 절대적으로 동일하지만 비-자립적 중심이다.

이미 감정(이 범위는 특히 자신의 부각된 것을 지닌 내재적 영역이다)에 대해 감정이 자아 속의 침전물일 때 '수동적 습득성'이라 할 수 있었다. 이것에는 여전히 문제점이 남아 있다. 자아 극은 어쨌든 근원적 자아속성의 아프리오리한 중심이다. 어떤 대상이 상대적이든 절대적이든 지속하는 속성의 극으로서 동일성을 지니듯이, 각각의 속성이 동일자 ─ 그러나 (극 속에서) 비-자립적 동일자 ─ 이듯이, 자아에 대해서도 마찬가지다. 작용은 속성이 아니고 감정도 속성이 아니지만, 자아는 작용의 극이다. 그렇지만 '최초로' 수행된 각각의 작용은 내재적 시간 속에 들어와 지속하는 (지속하는 동일자의 의미에서) 남아 있는 특성의 '근원적 건설'(Urstiftung)이다. 자아는 '자

---

* 이 부록은 166쪽의 원주에 대한 것이다.

신의 확신·의견이 남아 있는' 한, 변경되지 않은 채 남아 있다. 확신을 변경하는 것은 '스스로'를 변경하는 것이다. 그러나 변경함과 변경하지 않음 속에 자아는 곧 극으로서 동일하게 똑같은 것이다. 그렇다면 '나는 기분이 나쁘다' 등과 같은 기분이나 상태의 자아는 어디에 속하는가?

귓속 이명(耳鳴)의 장소화*

귓속 이명의 장소화

여기에서 시각의 방향이 정해지는(Orientierung) 현상과 유사한 방향이 정해지는 현상을 주의해야 한다.

'내가'(자의恣意로 '나는 움직인다' 속에) 접근하거나 멀어짐에 따라 청각의 객체와 마찬가지로 시각의 객체는 변화되고, 그 방향이 정해짐은 두 가지 감각 속에 다른 정도를 지닌——적용분야가 증가됨과 결합된——접근적(approximativ) 기능(어떤 경우 유사하게 지속하지만 접근하면 명석성과 계기契機의 내적 풍부함이 증가하는 시각의 '상'像, 다른 경우 청각의 '상')에 따라 변화된다.

나는, 눈을 감듯이, 다소 확고하게 귀를 막을 수 있다. 내가 적응하지 않고 또는 적응하는 것을 자의로 변화시켜도 변경되지 않은 채 갖는 나타남은 객관적이 아니다. 항상 최상의 적응이 있으며, 이것은 '참된 것'이다. 각각의 멀어짐에 대해 다른 적응이 있다. 과연 적응의 제로[상태]가 있는가? 이것은 이명에 적합한가? 물론, 그쪽으로 가는 것은, 이것을 적응(Akkomodation)이라 하면, 움직임을 통해 접근하거나 멀어지는 것이다. 즉 아무것도 변화되지 않는 곳에서 나는

---

* 이 부록은 211쪽의 원주에 대한 것이다.

'여기'(Hier) 속에 일정한 객체를 지닌다. 그러므로 그것은 나의 신체이고, 귓속의 주관적 음향이며, 변화되지 않은 채 지속하는——내가 그것을 눈 속에 장소화하는——주관적 색깔의 나타남이다. 그러나 이 모든 것을 신체 속에 삽입하기 이전에 그와 같은 것은 그 자체로 제로의 특성이다. 이것은 계속 숙고해야 할 문제다.

부록 4
'정신적 세계의 구성'으로 입문하기 위한 구상*

선험적 현상학의 이념을 완전히 명백하게 드러내 밝히려는 우리의 목표는 자연과학과 정신과학의 관계를 깊게 연구해야 한다.

지금까지 연구한 성과는 현상학이 각각의 학문에 관련된다는 것이다. 각각의 학문에는 자신의 대상분야가 있으며, 자신의 방법, 즉 [자기]분야의 대상성을 인식에 적합하게 자신의 것으로 삼을 수 있는 독특한 방식이 있다. 그러한 대상성이 주어져 있음에 틀림없다. 왜냐하면 그 대상성에 상응하는 원본적으로 부여하는 의식은 각각의 학문 속에 궁극적 정초의 원천이라는 역할을 하기 때문이다. 그밖에 이에 속한 인식작용의 이성의 원리를 지닌 간접적으로 정초하는 다른 방식이 있다. 이 모든 것이 현상학적 탐구에 지배된다. 즉 그 어떤 학문의 탐구자가 수행하는 모든 작용, 이러한 작용 속에 대상성과의 관련을 매개하는 모든 의미, 이 대상성이 탐구자에게 의식되는 모든 방식의 나타남, 이 경우 등장하는 사고에 적합한 포착함과 인식작용의 성질화 방식 ——이것들은 모두 현상학에서 이론적 객체가 된다.

현상학은 다른 학문의 탐구자가 탐구하는 대상이 아니라, 바로 이 대상이 관련되는 가능한 의식작용, 가능한 나타남, 의미의 체계 전체를 탐구한다. 대상에 대한 모든 독단적 탐구는 선험적 탐구로 전환할

---

* 이 부록은 241쪽의 원주에 대한 것이다.

것을 요구한다. 그래서 현상학은, 우리의 고찰에서 분명해졌듯이, 각각의 개별적 대상이나 각각의 임의의 개별적 학과를 추구해야 하는 것이 아니라, 오히려 존재원리(영역적 일반자)의 실마리 또는 이성적 존재론의 체계를 추구해야 한다. 예를 들어 현상학적 작업이 존재영역인 '자연 일반'에 대해 수행되었다면, 그 작업은 일반자에 따라 모든 특수한 자연과학 학과에 대해서도 함께 수행된 것이며, 그렇다면 오직 특수한 것에 대한 고려만 필요할 뿐이다.

자연과학과 정신[인문]과학에 대한 현상학적 '해명'(Klärung)[1]을 여기에서 상세하게 다루려면, 여전히 다른 관심이 우리를 재촉한다. 이 학문과 이와 함께 내적으로 얽혀 있는 수학적 학과는 현상학으로 발을 들여놓기 이전에 이미 우리에게 친숙하고, 현상학이 수립되기 이전에 이미 형성되었다. 현상학이 자신의 방법을 자기 자신이 주어져 있음(Gegebenheit)*에서 길어내는 것이 현상학에서 중대한 문제라도, 어쨌든 그 독단적 학문에서 채용한 방법론의 습관과 이 학문 속에 반성적으로 형성한 방법에 대한 견해가 처음에 순수현상학을 수립하려는 우리를 규정하고 혼란시킨다는 사실을 막아낼 수는 없다. 현상학적 방법의 특성을 확인하는 것이 중요하다면, 독단적 학문의 방법에서 외관상 [현상학적 방법과] 동일한 것에 대립해 구별되는 것도 명백하게 이끌어내야 한다. 따라서 종종 비교하면서 숙고하게 강요받는다. 예를 들어 현상학은 의식과 의식의 상관자를 기술한

---

1) '해명'이라는 표현은 단지 조건적으로만 적합하다.

* 후설 현상학의 이념은 학문과 인간성의 진정한 의미와 목적을 철저히 반성함으로써 철학의 참된 출발점을 근원적으로 건설하려는 '엄밀한 학문으로서의 제일철학'(Erste Philosophie)이다. 또한 이 이념을 추구한 방법은 기존의 철학에서 추론해 정합적 체계를 구축하는 것이 아니라, 모든 편견에서 해방되어 의식에 직접 주어진 사태 자체를 직관하는 것이다. 따라서 미리 주어져 있는 '사태 그 자체로!'는 현상학의 근본 모토다.

다. 그렇지만 세속학문의 영혼론[심리학]도 곧 이것을 기술한다.

그렇다면 현상학적 기술은 세속적 기술과 어떤 관계인가? 현상학의 기술은 단지 형상적(eidetisch) 기술인 반면, 세속적 기술은 경험적(empirisch) 기술이라는 사실을 통해 세속적 기술과 구별되는가? 그에 따라 각각의 현상학적 기술은, 형상적 태도가 중지되는 즉시, 그 자체로 자연적-객관적 기술로 변화되는가? 그 반대로, 독단적인 경험적 탐구도, 경험적 연관의 큰 범위 안에 아프리오리한 것의 단순한 개별화인 한, 형상적 탐구로 이행할 수 있는가? 이것은 현상학으로 이행하는 것을 뜻하는가?

따라서 이러한 측면에서 현상학과 자연, 즉 세계 일반의 존재론의 관계에 관한 문제에 직면하게 된다. 자연과학은 물리적이거나 생물학적 또는 심리학적 자연과학이다. 특히 19세기 후반 이래, 특별히 브렌타노(F. Brentano)*(심리진단)와 딜타이(기술하고 해부하는 심리학) 이래 반복해 요구된 내적 경험에서 순수하게 길어내 기술하는 심리학의 사정은 어떠한가? 하여튼 이 심리학도 의식과 그 주어진 것을 기술하는 분석을 계획할 것이다. 그러므로 심리학 자체 안에서 현상학과 마주치고, 형상적(形相的) 현상학은 형상적 심리학 속에 그 부분으로서 정돈되어야 할 것이다. 이렇게 말함으로써 진리(그러나 어쨌든 순수한 진리는 아니다)의 한 요소가 표명되었다는 것은 의심할 여지가 없으며, 이것은 기술적 심리학이 현상학의 이념을 부각시켜 밝히는 작업에 고유한 자연적 출발점을 제공한다는 사실과 연관된다. 실제

---

* 브렌타노(1838~1917)는 독일관념론과 신칸트학파를 배격하고 자연과학에 따른 경험적 심리학의 방법으로 철학을 엄밀하게 정초하려 했으며, 윤리적 인식의 근원을 해명하는 가치론을 개척했다. 후설은 브렌타노의 이 기술심리학에서 결정적인 영향을 받았고, 특히 물리적 현상과 구별되는 심리적 현상의 특징인 의식의 지향성에 대한 분석은 현상학의 형성에 지대한 역할을 했다.

로 이것은 나를 현상학으로 이끌어온 길이었다.

다른 한편 아무튼 더 깊은 연구를 통해 다음과 같은 사실을 완전히 확립할 수 있다. 즉 우리가 현상학을 형상적 현상학인 동시에 선험적 환원에 기인하는 현상학으로 이해하듯이, 현상학은 결코 기술하는 심리학이 아니며, 엄밀한 진리에서 기술하는 심리학과 공통부분이 전혀 없다. 그렇지만 이것이 선험적-현상학적 태도가 본질적으로 유효하게 된 일정한 통각의 변경을 통해 각각의 내재적-기술적 태도에 배열될 수 있고, '진리의 요소'에 관해 앞에서 거부한 견해의 논의가 정당화된다는 사실을 방해하지는 않는다. 그러나 이렇게 주장된 것은, 자명하듯이, (하나의 형상적 학과이어야 할) 현상학과 비교해 경험적-기술 심리학뿐 아니라 형상적 또는 이성적 심리학에도 적용된다. 달리 말하면, 순수현상학의 이념은 결코──지금까지 명백하게 실현되지 않았더라도, 역시 철저하게 필연적인──이성적 심리학의 이념(그러한 심리학에 속한 형상적-기술적 하부구조에 관해)과 합치하지 않고, 경험적-심리학적인 것에서 형상적-심리학적인 것으로 이행하는 것은 전자(前者)에 대한 선행하는 선험적 환원을 요구하지 않으며, 그 결과 형상적-현상학적인 것으로 이끌지도 않는다. 어쨌든 이 관계를 완전히 명백하게 밝히는 것은 실천적-방법론적 근거뿐 아니라 학문이론의 철학적 근거에서 극히 중요한 일이며, 우리의 노력은 이 일에 전념할 것이다.

현상학과 정신과학의 관계에서──물론 현상학과 심리학의 관계에서도 논란의 여지가 있는──아주 비슷한 문제가 제기된다. 어떤 사람은 현상학을 심리학에 대립시키고, 다른 사람은 현상학을 심리학에 하나로 총괄하려 한다. 이러한 견해는 여기에서 아직 해명되지 않았고, 잘 알려져 있듯이, 논쟁의 여지가 매우 많다. 오직 현상학만 결정을 내릴 수 있고, 더구나 우리가 지금까지 수행한 현상학적 분석을 통해 결정할 수 있는데, 이 분석은 현상학이라는 체계적 학문을 정초하기 위한 예비조건이기 때문이다. 현상학은, 자기 자신에 대해 완전히 자각한 명석함을 획득하는 것이 현상학의 필수요소이고 이것이 정신과학과 심리학의 의미가 완전히 해명되는 것을 절박하게 요구하는 한, 이러한 문제의 결정에 대단히 관심을 쏟는다. 정신과학의 독특한 본질이 순수하게 포착되고 그런 다음 자연과학적 심리학과 이것에 종속된 학과들에 대립해 다른 것으로 포착된다면, 그 결과 현상학으로의 새로운 길과 심리학으로부터의 길보다 더 멀리 도달하는 훨씬 나은 길이 생긴다.

그렇지만 (심리학적 의미에서 영혼의 자연은 아닌) 정신의 형상학 (Eidetik)을 구성하는 것은 현상학이 심리학에 배열된 학과가 아닌가 하는 견해로 즉시 몰아낸다. 이러한 배열의 정당화에 관한 문제도 제기된다. 그런데 더 깊게 연구해보면, 여기에서 사정은 현상학과 심리학을 대조함으로써 생긴 것과 대립된 다른 것으로 분명히 제시된다. 왜냐하면 정신의 형상학의 이념을 가장 넓게 또 철저하게 사태에 적합하게 포착하는 경우 이것은—어떤 해석, 이른바 부호변경에서처럼—실제로 현상학 전체를, 다른 한편 모든 존재론과 모든 아프리오리한 학과 일반을 자체 속에 포괄한다는 점이 여기에서 밝혀지기 때문이다.

이러한 문제에 전념할 연구와 연관되는 가운데 현상학의 자기이해에 관해 매우 중요한 현상학과 존재론의 관계에 대한 문제, 또한 분명하지 않은 개념과 명제를 직관적으로 '해명하는' 일반적 학문이론의 방법과 현상학적 방법의 관계에 대한 문제도 해결할 수 있게 된다. 이러한 관련에서 다음과 같은 사실이 분명하게 제시된다. 즉 원리적 일반성에서 이해된 모든 개념을 해명하는 보편적 과제와, 가장 완전한 직관속에 수행되어야 할 모든 대상성과 이것에 본질적으로 속한 모든 통일체의 본질을 분석하고 본질을 기술하는 상관적 과제는 현상학과 합치한다는 사실이다. 개별화된 해명은 학문으로서의 현상학의 작업수행이 아니며, 직관의 영역 속의 개별화된 분석은 현상학적 분석이 아니다. 그러나 개별화된 분석은, 직관적으로 주어질 수 있는 것의 전체성을 체계적으로 분석하고 본질을 기술하는 테두리 안에 들어오자마자, 현상학적 분석이 된다. 그런 다음 (형상적인 기술적) 현상학은 철학적 근본학문으로 간주되고, 따라서 현상학적 철학과 철학 일반은 같은 것에 틀림없다는 사실이 통찰될 수 있다. 그런 다음 철학과 직관적 철학은, '직관'(Intuition)이라는 말에 정당한 의미가 부여되는 한, 적어도 같은 것으로 간주해야 할 것이라는 사실도 분명해질 것이다.

그러나 이러한 의미는 현상학 이전에는 획득될 수 없었고, 오직 현상학을 통해서만 획득될 수 있다. 더 정확하게 말하면, 철학적 직관의 가장 근원적인 의미 속에 무엇이 놓여 있는지 또 그것이 어떤 종류의 직관과 직관적 탐구의 방식을 요구하는지에 대한 답변을 요구한다면, 그는 일관된 사고에 의해 필연적으로 현상학적 태도와 위대한 학문 — 모든 철학을 함(Philosophieren)이 그 토대 위에 일어남에 틀림없는 학문, 곧 우리의 의미에서 현상학 — 의 인식에 도달한다. 하지만 근원적으로 『이념들』 제1부*에서 계획되었던 형상적-기술적 현상학의 이념을 넘어서 그 속에 놓여 있는 모든 연역적 귀결의

---

* 후설은 본래 3부로 계획했던 『이념들』의 제1부는 1913년 제1권(부제: 순수현상학 입문 일반)으로 출간했으며, 그 당시 탈고된 초고를 그후 몇 차례 수정·보완한 것은 1952년에야 제2권(부제: 구성에 관한 현상학적 연구)과 제3권(부제: 현상학과 학문의 기초)으로 출간되었다. 그러나 이것들도 본래의 계획상 제2부일 뿐이다. 결국 제3부 '현상학적 철학의 이념'은 다루지 못했는데, 이것을 완성하기 위해 부단히 노력한 흔적은 1920년대 후반까지 계속 찾아볼 수 있다.

체계적 발전으로 이행한다면, 그는 생각해낼 수 있는 모든 아프리오리한 학문을 포괄하는——그러나 절대적으로 주어진 것으로부터 순수하게 주관적·형상적으로 정초된, 현상학적으로 산출된 학문으로서——아프리오리(Apriori)의 보편적 체계에 이르게 된다. 이렇게 계속해 어쨌든 경험[지식](Empirie)*으로 되돌아가는 가운데, 따라서 사실(Faktum) 속에 우리 자신이 보편적이며 자연적으로 확장된 현상학이라 부를 수 있는 절대적으로 정초된 학문의 보편적 체계에 이르게 된다.

---

* 일반적으로 'Erfahrung'은 감각이나 지각 등을 포함하는 일상적인 의미를, 'Empirie'는 경험을 통해 획득한 지식을 뜻하지만, 후설은 이 둘을 명확하게 구별해 사용하고 있지는 않다.

부록 5

정신 삶 속에 정신이 미리 주어져 있음*

정신 또는 정신들, 정신적 삶 속에 더 높은 단계의 개체성이 미리 주어져 있음.

우리는 정상의 인간 공동체이지만, 그 안에는 비-정상 인간이 ─ 그뿐 아니라 다르게 더 깊은 단계에서 ─ 발견될 수 있다.

① 특히 직관적 공간-시간의 정상의 자연, 특히 지구와, 모든 인간 사회에 대해 자신의 일정한 지구상의 주변, 무기체와 유기체.

② 다양한 성질을 지니고, 쉬며, 일하는 등 일정하게 움직일 수 있는 공간-시간의 분포 속의 인간과 동물.

③ 예술품·용구 등의 상품. 자연적 일용품. 작품·도구 등등. 이것들은 과거와 미래의 정신의 영향을 소급해 지시한다.

④ 도덕과 관습·법률·종교·언어·단체와 단체의 지위, 자신의 특수한 규범을 지닌 다른 사회적 통일체, 공동체의 자의(합의)를 통해 자의로 확립된 것, 이 통일체·계급·전문집단의 협정 등등.

사회적 인격성. 완전한 인격성도 의지나 행동의 공동체도 아닌 (언어공동체, 국가의 '의지'가 없는 국가공동체 등과 그 상관자) 사회적 공동체.

발생(Genesis). 정신적 근원. 개별적 개인의 근원, 더 높은 정신적

---

* 이 부록은 51항 중간에 대한 것이다.

개인의 근원. 이미 구성된 것이 미리 주어진 대상성이 되는 항상 새로운 단계 속에 상관적 환경세계가 구성되는 방식. 개별적 개인과 사회의 개인인 개체의 유형과 이것이 발생하는 방식. 일정한 시기·시대·국가·전문집단의 인간유형 등등.

전기(傳記). 어떤 개인의 발전에 관한 기술. 언제나 이미 〔있는〕 개인적 유형.

역사. 통일적 상관자를 지닌 그 자체로 완결된 사회성의 통일체와 발전의 기술.

사회적 변화. 발전 안에서 유형, 발전하는 사회성과 사회형성물의 유형.

예술과 그 발전. 학문과 그 발전. 구성되어 주어진 비-실재적 대상성의 발전.

인간성의 발전. 그 내적 삶의 본성. 그 개인·민족·언어·예술·학문·종교의 유형. 발전의 방향과 경향. 발전의 원동력인 이념. 발전의 목표. 역사 속의 신(神).

'하급' 인간인 인간의 발전. 감성의 발전. 상관자인 자연의 발전. 동물로부터 인간의 기원.

자기 관찰('나는 실행한다'와 '나는 소유한다')*

자기관찰(inspectio sui)

나는 자아로서 무엇을, 그리고 자아에 대립된 것, 자아가 아닌 것, 자아에 생소한 것으로 무엇을 발견하는가?

사물은 나에게 대립된 것, 내가 아닌 것, 나에게 생소한 것이다.

나의 신체도 물체로서 나에게 대립해 있지만, 충격이 내 손, 내 신체를 찌르는 신체로서 '나'를 찌르는 것은 아니다. 내 손의 찔린 상처, 즉 나는 찔리며 찔린 상처는 나에게 불쾌하다. 방의 열기가 나의 물체[몸]를 관류하는 것은 나에게 유쾌하다.

좋아함과 싫어함의 주체인 나는 '작용'의 주체로서 나다. 나는 주목하고, 포착하고, 모으면서 총괄하고, 비교하고, 분석하고, 믿고, 의심하고, 믿는 경향이 있고, 긍정적으로 결심하고, 거부하고, 숙고하고, 가치를 평가하고, 가치를 평가하거나 결심하는 데 주저하고, 소망하는 데에도 마찬가지다.

그러나 작용은 내 신체와는 완전히 다른 의미에서 주관적이다. 내 신체는 어떤 때는 나에게 낯선 객체이며, 그것이 사실 다른 사물처럼 거기에 있는 사물, 곧 신체물체로 간주되면, 다른 사물처럼 나에게

---

* 이 부록은 54항에 대한 것이다.

대립해 있다. 그러나 신체는 또한 감각 장(場)의 담지자다. 내가 〔어떤 것을〕 왁스 조각 속에 삽입하면, 나는 내 신체가 찔렸을 때 느꼈던 '찔린 상처'의 감각을 내 촉각 장 속에 느끼지 못한다.

따라서 감각은 주관적이지만, 작용과는 완전히 다른 의미에서 주관적이다. 나는 내가 작용을 수행하는 것과는 완전히 다른 방식으로 감각을 갖는다. 그 속에 '장소화된' 감각자료의 담지자로서, 감각 장의 기체로서 신체물체는 비유적 의미에서 주관적이다. 그러나 그밖에도 신체물체는 자유로운 운동의 장이며, 게다가 일정한 감각 장 속에 자유로운 경과가 전개된다. 그런 다음 바로 이와 같은 것이 다른 장 속에 귀결로서, 요컨대 '내가 나의 손과 발을 움직인다' 등으로 통각되어, 이 경과에 결합된다.

그렇지만 이러한 연관은 그 자체로 완전히 자아에 생소한 모든 것, '나타남'을 통해 주어진 모든 사물, 나타남, 이에 속한 파악과 일치한 감각, '상(像)'이 주관적이라는 사실을 소급해 지시한다. 그러나 이것은 어떤 종류의 주관성인가? 물론 이것은 자아작용의 주관성과 완전히 다르다. 가령 나는 어떤 나무를 보고, 나타남과 상을 '갖는다'. 나는 그 나무를 얼핏 보고, 그 나무를 얼핏 만져본다. 즉 나는 운동감각(눈, 만짐 속에 움직이는 손)의 경과를 체험하는데, 이 체험은 단지 경과에 관한 것이 아니라, '내가 실행한다'는 특성을 띤다. 직접 '내가 실행한다' 속에 변화할 수 있는 모든 것은 근원적으로 주관적이다. 이 경우 상—동일한 사물에 관한 상, 충족의 결과에서 상, 이행하는 경향 그리고 이와 연관된 주의를 기울이는 자극, 모든 측면에서 고찰하는 자극—은 단지 일반적으로가 아니라, 그에 속한 방식으로 경과한다. 객체는 〔관심을〕 끌어당기고 자극하며 고찰된다. 자아는 자의 또는 본의 아닌 '나는 실행한다'의 주체로서 자아다.

자아와 그 대응물*

자아와 그 대응물

주체에 원본적으로 고유한 모든 것은 자아 속에 일치하며, 그래서 자아의 측면에 속한다. 다른 모든 것은 자아에 대립해 있다. 이것은 구성된 모든 '사물'과 '사태'에 관해 비(非)대칭인, 전도(顚倒)될 수 없는 관련이다. 자아가 사물에 대립해 있다고 할 수는 있지만, 그런 다음 대응물(Gegenüber)은 자신의 특수한 의미를 상실하게 된다. 오직 자아만 여기서 문제되는 의미에서 대응물을 지닐 수 있다. 물론 자아는 그러한 대응물로 기능할 수도 있다. 그런 다음 그것은 자아로서 자신의 대응물을 지니고, 동시에 다른 자아에 대해 또는 자기 자신을 반성하는 가운데 대립해 있다. 그러나 비-자아, 결코 주체가 아닌 객체는 오직 대응물로서만, 일정한 자아 또는 개방된 다수의 자아와 그 근원적 자아적 특성에 관련해 구성된 것으로서만 존재한다.

자아는 자기 자신에 대립해 있고, 자기 자신에 대해 자기 자신 속에 구성된다. 또한 각각의 자아는 어떤 또는 다수의 다른 자아에 대립해 있을 수 있으며, 이에 대해 구성된 객체, 이로부터 파악되고 경험되는 등의 객체일 수 있다. 그러나 자아는 바로 자신에 대해서도 구

---

* 이 부록은 54항 중간에서 56항 g)의 중간까지와 관련된 것이다.

성되고, 비-자아에서——일정한 자아에 대해 구성된 것으로만 존재하고 자기 자신 속에 스스로를 구성하는 자아로 존재하지는 않는 단순한 '객체'에서——자신의 구성된 환경세계를 갖는다. 일반적으로 객체로-존재함(이것의 특수한 경우는 비-자아의 특별한 객체로-존재함이지만, 자아로-존재함도 더 넓은 의미에서 자기 자신에 대해 객체로-존재함으로써다)과 〔다른 한편으로〕 주목되어 있음, 자아로-존재함의 측면에서 정립·태도를 취함의 객체〔로-존재함〕를 혼동하면 안 된다. 후자는 전자를 전제한다. 나는 나에게 대상——주목함 등의 대상——이 '된다'. 그러나 나는, 심지어 반성을 하지 않는 경우에도 내가 '자기의식'을 갖는 한에서만, 나에게 대상이다. 자기의식을 갖지 않는다면, 나는 반성조차 할 수 없을 것이다. 마찬가지로 관련된 대상성의 구성적 의식은 본질적으로 각각의 주목함에 선행한다.

이제 고유하게 자아인 것(Ichliches)은 신체 속에 또는 신체에서 경험된 것이라는 점, 구성된 객체성 안에서 구성된 층(層)의 방식으로 신체와 일치하는 것이라는 점은 전혀 문제되지 않는다. 그러한 각 객체성과 층은 비-자아의 측면, 즉 오직 어떤 자아의 대응물로만 의미가 있는 대응물의 측면에 속한다. 따라서 내가 어떤 동물이나 인간을 '자연'으로 간주하면, 그 동물이나 인간은 자연 전체와 그 모든 물체, 신체, 동물적인 것과 함께 바로 자연·사태·비-자아다.

어쨌든 이것은 출발점일 뿐이다. 요컨대 여기에서 부각된 한편으로 인격, 자신의 환경세계의 주체, 다양한 대상성의 주체, 다양하게 구성된 실재적 자연의 주체, 자연을 경험하고 자연에 의해 촉발되며 자연을 형성하는 주체 등으로서 자아와, 다른 한편으로 자연객체로서 인간의 자아——영혼과 자연의 사건인 영혼의 성격을 지닌 인간적 주체의 자아——의 구별을 완전히 이해하기에는 아직도 많이 부족하다. 예를 들어 이전에는 모든 사유작용의 구조적 계기로, 그후에는 매우 유용한 '순수 자아'가 어떻게 인격으로 자아에 관계하는지에 대한 이해가 우리에게 없다. 왜냐하면 순수 자아를 모든 객체의 주체라 부를 수 있기 때문이다. 그리고 인격이 동시에 자신의 신체와 모든 자연을 비-자아로서 자신에 대립시키는 반면, 인격이 자기 자신을 지정하는 공간-시간의 정돈에 대한 이해도 없다.

이것은 영혼의 자아에 관해 이것이 공간-시간의 세계로 정돈되는 것을 물리적 신체 속에 기초지음에 의존한다는 사실을 뜻하지 않는가? 영혼의 자아는 자연주의적 통각―곧 더 깊은 해명을 여전히 요구하는 통각―속의 인격이 아닌가? 또한 본질적으로 자신의 비-자아를 자신에 대립해 갖는 인격적 자아는 어떻게 비-자아와 일치하는 것으로 자기 자신을 통각할 수 있으며, 인격적 자아로 지속하면서 자기 자신을 어떻게 자연화된 것으로서 자연화되지 않은 자아에 대립시킬 수 있는가? 더구나 인격으로서 자아는 그대(Du), 즉 그 자체가 자아인 대응물로서 자아를 요구하지 않는가? 자아와 같은 말, 즉 의사소통의 관련을 시사하는 말이 각인된다는 사실은 의사소통하는 교류의 경험적 우연성에 있는가? 또는 그것은 인격적(주관화하는) 객관화의 본질에 속하는 관련, 즉 그것에 의해 표현되는 관련인가? 인격이 오직 인격적 연대 속에서만 구성될 수 있고, 따라서 '인격'이라는 말로 원리상 상대적 존재본성이―'물질적 사물'이라는 말로 어떤 가능한 사물의 연관 안에서 오직 존재하는 것만 표시되는 것과 비슷하게―표시된다는 사실이 인격의 본질인가?

동료 인간의 정립

한 단계 더 전진하기 위해 다음과 같은 길을 밟아가자. 이전에는 어떻게 자아가 스스로를 인격으로 발견하는지를 숙고했다. 이제는 어떻게 동료 인간을 자연의 객체가 아니라 인격 또는 자유로운 자아 주체로, 즉 우리에게 대립해 있는 동료로 발견하는지를 주시해보자. 더구나 동료 인간에 대한 자연주의 고찰에서 인격주의 고찰로 이행하는 과정에서 태도가 어떻게 변화되는지도 주시해보자(그것은 항상 일관된 태도에서 생각되고, 게다가 이론적으로 관심을 기울이는 태도에서 생각된다).

'함께 파악함'(Komprehension)을 통한 동료 인간이 주어져 있음은 두 가지 〔태도의〕 측면에서 공통이지만, 서로 다르게 기능한다. 어떤 때는 '함께 파악된 것'이 자연이고, 다른 때는 정신이다. 어떤 때는 타인의 자아·체험·의식이 물질적 자연의 근본파악과 정립 위에 구축된 실재적 인간의 실재적 규정으로, 그것에 실재적-인과적으로 종속하는 것, 이와 함께 그것에 부착된 것으로 일관되게 정립된다. 이론적 태도 속에 일관된 경험과 경험에 대한 탐구를 하면서 여기서 우리의 주제분야로서 그 속에 함께 포함된 심리물리적인 실재적 통일체(동물적 자연)를 지닌 하나의 자연 또는 실재성의 세계를 발견하게된다. 다른 때는 자아가 더구나 인격으로서 '단적으로 정립되고', 그래서 그의 인격적 주변의 주체·이해와 공감을 통해 다른 인격성에 관련된 것, 통일적인 사회적 환경세계가 상응하는 사회적 연관의 동료로 정립되는 반면, 동료의 각 개별자는 동시에 자신의 주관성의 각인을 지닌 자신의 고유한 주변을 지닌다.

인격성과 인격적 환경세계를 그 상관자로서 이렇게 단적으로 정립하는 것은 이제 무엇을 뜻하는가? 도대체 그 속에 다른 인격성이 주어지는 '함께 파악함'을 통해 곧 이 인격성이 자신의 신체와 관련해 그리고 자신의 신체와 일치해 정립된다는 사실을 즉시 심문해야 하지 않은가? 우리 자신을 어떤 사회 속에 옮겨놓아보자. 소박하게 둘러보면서 우리는 눈앞에서 사물·신체·인간을 발견한다. 신체도 사물이고, 이 사물 속에 표현되는 인격적 삶은 신체와 일치해 있다. 우리는 인격을 이해하면서 포착한다. 우리는, 인격이 우리를 향하듯이, 인격을 향한다. 우리는 인격을 규정하고, 인격은 우리를 규정한다. 우리는 여기에서 외적으로 서로 얽힌 두 가지 사태가 아니라 한 가지 사태를 발견한다. 인격은 우리와 함께 인격적으로 교류하는 인간 자체이며, 신체는 인간적 통일체 속에 함께 존재한다. 이 모든 것은 정당하다. 그럼에도 이렇게 주어진 통일체는 자연주의적 통일체가 아니며, 마찬가지로 [……].*

---

* 이 부록의 끝부분은 318쪽 g)의 중간에서 계속된다.

'신체'와 '정신'의 통일체*

그러므로 신문을 읽을 때처럼, 감성적-직관적으로 인쇄된 종이
는 단어부호 속에 표현되고 이해된 의미와 일치한다. 말로 하든지 글
로 작성되든지 등 각각의 다른 문예공연의 경우도 마찬가지다. 이것
은 이해하는 가운데 포착된 정신적 의미에 대한 이른바 감성적 신체
를 지닌다. '신체'와 '정신'은 나타남에 적합하게 독특한 방식으로
일치한다. 방금 전에 '신체'라 부른 대상성은 단순한 2차 성질 속에
언제나 단적으로 직관적으로 주어진 것이다. 다른 어떤 것이 아니라
이 2차 성질 속에 그것은 바로 이해하는 자에게 자신의 주변에 속하
는 '거기'에 있다. 그러한 주변의 대상성으로서만 그것은 이해하는
자에게 그가 실행해야 할 '이해'의 기능 또는 '표현'의 기능에 문제
가 된다. 물론 관계는 언제나 동일하지 않으며, 게다가 더 깊은 분석
은 그러한 모든 포괄적 통일체가 통상적이며 가장 본래의 의미에서
신체와 정신의 통일체를 소급해 지시한다는 사실을 가리킨다. 그럼
에도 이것에 대한 지시는 지금 관심을 쏟고 있는 통일체의 특성을 더
분명하게 드러내는 데 이바지할 수 있다. 인간 신체는 [……].

---

* 이 부록은 320쪽 h) 초반에 대한 것이고, 끝부분은 h)의 중간에서 계속된다.

정신적 산출물*

또한 이것은 더 나아가 가시적 현실성 속의 모든 인간적 산출물에 관련된다. 영혼이 깃든 신체의 산출물로서 이것은 인간적으로 산출되고 자극되며 일깨워진 각각의 사물적 사건처럼 영혼이 깃든다. 즉 일정한 목표를 겨냥한 충격, 휘둘린 막대기, 씌어진 책 등은 신체의 정신성(Geistigkeit)을 받아들였다. 일정한 기계의 운동은 기계 자체와 마찬가지로 자신의 정신성을 지닌다. 각각의 작품·형성물·행동은 일정한 활동을 표현하고, 작품·행위로서 특징지어진다. 즉 우리는 담배가 어떻게 감겨지는지를 보고, 이 속에서 조작[취급]법의 표현을 발견하며, 다른 한편 '가시적' 목적을 발견한다. 필적, 이 속의 각 필체, 그 필법은 작업하는 정신의 각인을 지닌다. 요컨대 산출물·작품은 또다시 심리물리적 통일체이며, 이것은 자신의 물리적인 것과 정신적 측면을 지니며, '영혼이 깃든' 물리적인 것이다.

---

* 이 부록은 326쪽 중간에 대한 것이다.

인격적 자아와 환경세계. 객관적 실제성이 구성되는 단계. 순수 자아와 인격적 자아*

인격적 자아와 환경세계

이것은, 인격적 주체와 그 환경세계가 서로 규정하는 관계를 주시하는 데 착수하면, 한층 더 잘 이해될 것이다. 예를 들어 어떤 환경세계의 객체의 가치를 평가함에서, 즉 그 객체의 가치 있는 속성, 아름다운 색깔이나 형식 등을 통해 인격적 주체가 규정됨을 서로 규정하는 관계, 그 반대로 주체를 통해 — 예컨대 주체의 자의(恣意)에 따른 운동을 통해 —, 하지만 직접으로는 신체를 통해 환경세계의 객체가 규정됨을 서로 규정하는 관계다.

어쨌든 우선 다시 다음과 같이 묻는다. 무엇 속에 '정신'인 인격적 주체의 단적인 정립이 존재하는가? 무엇 속에 인격적 주체로의 단적인 태도가 존재하는가?

답변은 다음과 같다. 주변에 나타나는 신체를 이해하는 가운데 정신과 인격을 '함께 파악함'(Komprehension) 속에 주어지는 것과 정확하게 같은 것으로 정립하고, 이것은 '함께 파악함' 속에 우리 각자가 자기 자신에게 '자기관찰'(inspectio sui)로 주어지는 것과 본질적으로 유사하게 주어진다. 즉 자신의 신체와 그밖의 초월적 환경세계

---

* 이 부록은 334쪽에 대한 것이다.

의 '정신'으로, 자신이 보는 사물의 주체, 자신의 '외적' 사물이 변화하면서 나타남의 주체로, 또한 자신의 작용과 이 작용을 활동적·수동적·수용적 등으로 수행하는 상태('사유하는 존재'sum cogitans 속에)의 자아주체로 주어진다. 그렇지만 차이는 내가 [자기]관찰 속에 나의 주관적 환경세계를——이것이 물질적 세계인 한——지각하는 반면, 나는 다른 사람의 주관적인 물질적 세계를 지각하지 못한다는 사실에 있다. 즉 나는 이 세계를 다른 사람과 공감하고, 서로에게 공통인 사물에 따라 그의 환경세계를 나의 환경세계와 동일하게 확인한다. 물질적 환경세계의 현저한 특징은 근원적 구성 속에 개별적 주체의 환경세계라는 사실, 즉 자신의 지각, 그래서 자신이 보는 사물의 나타남(그밖에 감각사물의 나타남)과 결국 자신의 완전한 사물의 나타남 속에 구성된 것이라는 사실에 있다.

따라서 모든 인격은 자신의 지각 그리고 지각의 연관과 함께 자신의 물질적 환경세계의 사물(이 사물은 자연주의 파악의 관점에서 이후 물리학적 사물의 '나타남'으로 간주될 수 있다)을 지니며, 이것은 '함께 파악함' 속에 비로소 상호주관적으로 동일하게 확인된다. 또한 이제 이것은 우리가 동일한 사물을 '보지만', 각자는 이 사물을 오직 자신의 관점에서만, 일정한 방향이 정해짐에서만, 그리고 일반적으로 결코 동시에 다른 사람의 나타남의 방식일 수 없는 일정한 나타남의 방식에서만 본다.

더 정확하게 말하면, 상호주관적인 물질적 환경세계의 동일한 사물과 관련해 각자의 지각은 각기 다른 사람의 동시적 지각과 본질적 근거에서 내용상 구별된다. 왜냐하면 그 나타남의 방식에서 나타나는 사물은 원리상 동일한 현재에 각기 경험하는 자에게 독특한 것이기 때문이다. 즉 가장 본래의 의미에서 각자는 자신의 지각 속에 또한 오직 이 지각 속에서만 구성되는 감성적-직관적 통일체, 따라서 자신의 고유한 통일체를 본다. 상호주관적으로 '지각된' 사물은 단순한 봄(Sehen)(단순한 '감성적' 지각)이 아니라 이 봄 속에 기초지어진 '함께 파악함'을 통해 더 높은 단계의 통일체로서 근원적으로 구성된다. 이러한 사물조차 원초적이고 더 밀접한 의미에서 지각되지 않는다면——지각에서 단순한 봄·만짐 등을 이해하고, 이 속에서 개별화된 주체에 철저히 결합된 단순한 '감각적 사물'이 이러한 주체 자신의 변화하는 상(像)(제시됨Apparenz)이 변화하는 가운데 통일체로 구성되는 한——상호주관적 사물을 지각함에 관한 논의는, 이 사물이 **근원적으로** 그 기초지어진 작용 속에 (또 원리상 오직 이 작용 속에만) 구성되고 따라서 이 작용 속에 원본적으로 주어지는 한, 정당화된다. 그러나 아주 일반적으로 어떤 개체적 존재가 원본적으로 주어지는 각각의 체험을 지각작용이라 부르며, 이것에 대신해 '봄'이라는 말을 사용한다.

각자는 감성적이고 가장 낮은 단계에서 자신의 감각자료와 파악만 체험하는 한, 또 누구도 다른 사람의 감각자료와 파악을 체험할 수 없고 이것과 철저하게 동일한 것을 결코 체험할 수 없는 한, 자신의 주관적 환경세계를 지각한다. 이것은 각자가 자신의 체험의 흐름, 그가 〔자기〕관찰(inspectio) 속에 자신의 반성하는 시선을 향할 수 있는 자신의 작용과 상태, 자신의 순수 자아와 마찬가지로 우리가 순수 자아와 구별하는 자신의 인격적 자아를 지닌다는 사실로 계속 이끌어 간다. 가령 능동적으로 수행된 것으로 포착하는 '함께 파악함'을 생각해보자. 어쨌든 각자는 '함께 파악함' 속에 경우에 따라 다른 인격을 자신의 물리적 환경세계의 신체물체인 타인의 신체에 대한 감성적 지각과 일치해 포착하고, 이것의 '의미'를 근원적으로 이해하는 가운데 지각하며, 게다가 〔자기〕관찰(Inspektion)의 고유한 자아와 유사한 것으로서 지각한다.

따라서 다른 사람은 여기에서 다시 자신의 신체를 감각론의 통일체로 발견하는 '자아'로, 마찬가지로 자신의 '나는 움직인다'의 자유로운 장(場)으로, 자기 주변에 있는 사물, 즉 일반적으로 내가 나 자신에 대응하는—오직 나의 신체에 그리고 나에게 주어진 내 신체로 방향이 정해지는 가운데만—'동일한 사물'에 대립해 부각된 방식으로 나타나는 자신의 감각적 사물의 방향이 정해지는 중심으로 주어진다. 여기에서 지배적이며 유일하게 문제된 관련은 자아와 그 작용의 관련이다. 이 작용 속에 자아는 살며, 바로 이 작용에 의해 자신의 환경세계와 관계한다. 그의 환경세계는 그의 행동을 규정하고, 그의 행동은 또한 자신의 측면에서 그의 환경세계를 규정한다. 왜냐하면 이 환경세계는 우선 '함께 파악함'으로 생기는 자신의 일반적 의미와 관련, 즉 발생적으로 단순한 주관적 환경세계를 최초로 구성된 것으로 전제하는 '객관적' 환경세계의 의미를 띠기 때문이다.

　　그러나 이 경우 객관적인 물리적 세계를 고려할 뿐 아니라, '함께 파악함'에 의해 어떤 자아가 다른 자아에, 어떤 인격이 다른 인격에 다가가는 관련도 기억해야 한다. 모든 '함께 파악함'에 앞서 자아와 (자아에 생소한 객체로서) 비-자아의 최초의 주된 대립은 자아와 물질적 환경세계, 자아와 인격적 환경세계의 관계에 주된 차이까지 규정한다. 따라서 자아와 인격적 환경세계의 관점에서 자아와 자신에 대립해 있는 다른 자아, 어쨌든 자아인 '다른 사람'과의 관계에 주된 차이도 규정한다. 나의 자아는 물리적 사물과 총체적으로 다르게 나에게 주어진다. 왜냐하면 자아는 감각을 통해 음영지어지지 않고, 그 상태는 자신의 존재와 하나로 일치해 의식되고 체험되며, 단순히 통일체로 '제시되지' 않기 때문이다. 통일체는 제시되는 것으로서 통일체가 제시됨으로써 나타나는 체험을 소급해 지시할 것이다. 절대적으로 주어져 있음의 연관인 자아의 의식체험의 연관 속에 자아는 절대적으로 드러난다. 왜냐하면 자아는 자신의 내재적 삶의 흐름 속에 자신의 내재적 삶의 경과의 일정한 방식으로 자신의 경험적인 인격적 통일체인 자신의 '개체성'을 드러내기 때문이다.

그러므로 자아의 상태는 '절대적' 상태, 즉 절대적인 것(체험)과의 관계 속에 그 지향적 통일체로 구성되지 않는다. 자아가 자기 자신에게 주어진 것으로, 바로 이러한 것으로 유비화(類比化)하는 '함께 파악함'에 의해 타인의 자아는 신체와 공감하게 되고, 그래서 자아는 나타남 없이 절대적으로 드러남, 스스로 드러남 속에 단적으로 주어진다. 따라서 자아는, 절대적으로 드러나는 것이 다른 절대적으로 드러나는 것과 관계하듯이, 자아와 관계한다. 개별적 인격성이 절대적으로 드러나는 통일체이듯이, 일정한 작용연관의 주체인 높은 단계의 통일체를 기초짓는 개별적 인격성 속에 더 높은 단계의 통일체로 드러나는 모든 종류의 사회적 통일체도 그러하다.[2] 이 통일체는 관계된 개별적 주체가 상호 공감하는 관련 속에 존재하고, 나타남의 통일체도 아니며 음영짓는 '제시함'을 통해 구성되지도 않는 상태 속에 드러난다. 따라서 더 낮거나 더 높은 단계의 모든 인격적 통일체는 이것이 구성되는 방식의 철저한 관점에서 함께 속하며, 다른 측면에서 모든 환경세계의 비-인격적 대상성, 모든 사물적 대상성도 그러하다. 왜냐하면 후자는 상대적으로 구성되고, 전자는 절대적으로 구성되기 때문이다.

---

2) 이러한 주장은 너무 성급하다. 어쨌든 그것은 우리가 '자아'라 부르는 '표명함' (Beurkundung)의 통일체 속에 스스로를 아무튼 독특한 방식으로 부여하는 새로운 종류의 통일체다. 이것은 '나타남'은 아니지만, '표명함'과 매우 유비적이다. 이 점을 더 자세하게 숙고해야 한다.

객관적 실제성이 구성되는 단계

경이로운 방식으로 실제성이 구성되는 단계는 연달아 구축된다. 즉 자기 자신만을 절대적으로 발견하는 개별적 자아는 나타남의 연속된 단계 속에 자신의 '외부' 세계를 구성한다. 이것은 자신에게 초월적이지만 자신에게 상대적인 나타남의 세계다. 개별적 자아에 나타나는 신체를 '함께 파악함'으로써 개별적 자아는 절대적으로 드러나는 통일체로서 타인의 자아를 포착하고, 인격적 통일체의 연대 속에 스스로를 발견하며, 이 통일체와 공감하기 시작한다. 이와 일치해 한편으로 '객관적인' 물리적 자연 — 이에 대립해 주관적 세계(즉 '함께 파악하면서' 관련 속에 정립된 개별적 주체에 분리되어 구성된 세계)은 구성하는 다양체다 — 이 하나의 동일한 통일체로 구성되고, 다른 한편으로 공감이 얽혀 더 높은 단계의 사회적 인격성이 구성된다. 이것은 모든 인격이 사회적으로나 개별적으로 그것에 관련된 것으로 자신을 발견하게 되는 세계인 공통의 객관적 환경세계에 관련된 인격성이다. 이것은 사회적으로 중요하고 어쩌면 사회적으로도 수행된 그 작업의 세계, 일반적으로 그 의미 속에 사회성을 포함하는 여러 가지 작용, 특히 사회적 작용 속에 구성된 세계다.

어쨌든 여전히 다르게 구성된 세계가 이 세계와 얽혀 있다. 인격이 자신에 대립해 공동의 세계에 관련된 다른 인격을 발견하면, 그 인격은 자연주의 태도라 부르는 그 파악을 변경할 수 있다. 그 인격은 나타나는 신체에서 '함께 파악하면서' 포착된 인격을 그 신체와 함께 통일적으로 받아들이고, 그런 다음 이 통일체를 자연화하면서 파악할 수 있다. 그런 다음 주어진 것은 — 오직 환경세계로 구성된 현상적 객체에만 관련된 — '인격'이라 부르는 절대적으로 드러나는 순수한 통일체가 아니라, 이제 나타남의 통일체의 특성을 스스로 받아들인 것의 일정한 통각에 변형이다. 심리물리적 통일체 속에 놓여 있는 인격적 주체─자연과학적 심리학의 의미에서 영혼의 속성과 상태를 지닌 영혼의 주체─는 신체와 인과적으로 얽혀 있음을 요구하는 새로운 통각 때문에 나타남에 적합하게 (음영지어지는 제시를 통해) 부여할 수 있는 실재적인 것과의 구성적 연관 속에서만 구성될 수 있는 계기를 그 자체로 받아들였고, 그래서 심지어 간접적으로도 나타남에 적합한, 자연을 지닌 본성이다. 자연의 영역은 '현상적' 통일체, 즉 여기에서는 '제시함' 속에 또는 '제시함'에 의해 구성되는 실재적 통일체의 영역이다. 반면 정신의 영역은 절대적으로 드러남('스스로 드러남'과 '함께 파악함'으로 드러남)을 통해 주어진 실재성의 영역이다. 이것은 자신의 배후에 실재성에 관한 모든 드러남의 비-실재적인 절대적 담지자, 즉 순수 자아만 지닌 실재성이다.

따라서 정신세계 속의 인격과 인격, 인간과 인간의 관계는 자연 속의 인간들 사이의 관계와 본질적으로 다르다. 또한 인격과 자연의 객체(예를 들어 동물학과 자연과학적 심리학의 객체)인 인간 사이의 관계와 본질적으로 다르다. 인격적 세계(또한 정신과학의 영역으로서 정신세계)의 인간은 인격주의 태도 속에 주어진, [한편으로] 신체─정신의 표현인 신체─와 [다른 한편으로] 표현된 것인 정신의 통일체다. 정신이 신체지각(이 속에서 단순히 감성적인 것으로서 [지각된] 신체는 단순한 감성적 사물로서 주어진다)에 근거해 '함께 파악되고' 당연히 신체와 정신의 통일체도 기초지어진 통일체인 한, 여기에서 기초지어진 통일체에 관해서도 논의할 수 있다.*

---

* 이 부분은 334쪽 h)의 끝부분에 적용된다.

순수 자아와 인격적 자아*

이제 도처에서 전제된 순수 자아와 인격적 자아의 차이를 해명해야 할 차례다. 이전의 서술에 따르면, 순수 자아는 체험의 흐름에 통일성—그 각각에는 절대적으로 동일한 것이 등장하고 또 사라지지만, 발생하거나 소멸하지 않는다—속에 있는 각각의 사유작용의 순수 주체다. 그래서 우리는 순수 의식(선험적 환원으로 순수화된 의식)을 포착하고 순수 의식 속에 놓여 있지만 '드러나지' 않는 자아를 이끌어내는 반성 속에 순수 자아를 포착한다. 이 자아는 결코 실재성이 아니며, 따라서 어떤 실재적 속성도 지니지 않는다. 이에 반해 인격적 자아는 하나의 실재성이며, 우리가 확정하고 해명하는 실재성의 개념에 적합하다. '실재적'(real)이라는 말의 근원적 의미는 자연의 사물을 지시하고, 이 경우 자연은 개별적 주체에 상대적인 감성적으로 나타나는 자연으로서, 더 높은 단계에서는 '정상으로' 경험하는 주체의 개방된 연관에 통각으로 관련된 불완전한 객관적 자연으로, 결국 궁극적이며 완전한 객관적 자연인 자연과학의 자연으로 이해될 수 있다. 정신적 실재성은 자연을 지닌 대상성이 구성적으로 함께 속한 이 모든 단계에 대립해 있다. 정신적 '실체'(Substanz)는 사물적 '실체'와 근본적으로 다르며, 여기에서 실체는 '실재적 대상', 또는 실재적 속성의 담지자에 대한 단지 다른 표현일 뿐이다.

그 차이가 어디에 존재하는지를 일정한 측면에서 이미 알게 되었다. 즉 자연을 지닌 실재성은 '나타남'의 통일체이며, 나타남은 그 자체로 다시 실재성—하지만 절대적으로 드러나는 통일체인 실재성—으로 파악할 수 있는 자아주체에 속한다. 그러나 후자는 그것

---

* 이 아래 서술은 334쪽 초반에 관련된다.

이 드러나는 의식으로서 정신적 통일체의 상태인 파악을 경험하는 절대적 의식 속에 드러난다는 것을 뜻한다. 지금은 이러한 드러남이 어떻게 가능한지, '실재적 상황'은 여기에서 어디에 존재하는지, 실재적 속성의 통일체인 실재성의 이념은 무엇에 관련되는지를 일정한 방식으로 해명해야 한다.

그 답변은 모든 분석에 따라 쉽게 주어진다. 이미 순수 자아의 이념에 속한 관련을 통해, 사유주체(cogito) 속에 자신의 사유된 것(cogitatum)으로 의식되는 대상적 상관자를 통해, 우리는 순수 자아의 본질과 그래서 각각의 자아에 속한 대상성과 관련을 맺는다. 함께 파악하는 통일체로 구성되는 인격적 자아에 대해 그것은 자아와 환경세계가 서로에 속하며 서로 분리될 수 없다는 것을 뜻한다. 자아는 자신에 대립해 환경세계를 지니며, 더구나 자연을 지닌 사태의 세계로서, 인격적 구성원인 인격적 세계로서 지닌다. 이전에 기술했듯이, 자아는 최초로 주어진 환경세계인 것, 자아에 지각에 적합하게 대립해 있는 사태[사실]적인 것과 인격적인 것에 일정한 능동적 행동방식을 수행한다. 즉 자아가 가치를 평가하고, 욕구하며, 행위하고, 창조해 형성하거나 이론으로 경험하고 탐구하면서 행동한다. 마찬가지로 자아는 수동적으로 행동하고, 사태와 인격의 '영향을 미침'을 경험하며, 사태와 인격을 통해 긍정하거나 부정해 가치평가하고 욕구하거나 도피하는 등으로 규정된 것을 느낀다. 인격을 통해 자아는 '영향을 받으며', '그 인격을 본받고', 그 인격에서 명령을 받아들이거나 그에게 명령을 내린다 등등.

이 모든 것은 순수 의식의 관점에서 그에 속한 지향적 상관자를 지닌 지향적 체험으로 환원되고, 이 모든 체험에 대해 순수 자아는 동일한 것이다. 그러나 그러한 모든 행동방식의 주체로서 순수 자아는 순수 자아의 어떤 새로운 행사(Aktus)가 자기 자신과 자신의 기억에 적합하게 의식된 과거의 행동방식과의 관련 속에 수행할 수 있는, 또한 어떤 순수 자아가 다른 자아와의 관련 속에 '함께 파악함'의 작용으로 수행할 수 있는 실재화하는 파악을 받아들인다. 즉 자신의 순수 의식의 동일한 주체인 각각의 순수 자아는 자신의 환경세계에 관계하는 자신의 일정한 방식—능동적이거나 수동적인 행동방식 속에 자신을 통해 동기가 부여되게 허용하는 방식—을 지닌 것으로 파악할 수 있다. 왜냐하면 성숙하게 발전된 각자는 자기 자신을 그렇게 파악하고, 자신을 인격으로 발견하기 때문이다.

인격적 파악의 의미—그 상관자는 인격적 실재성이다—는, 각각의 근본적으로 다른 종류의 파악처럼, 그에 상응하는 입증하는 경험 속에 명백하게 지시된다. 이 경험을 추적하면, 곧바로 철저하게 공통적인 상호인격적 환경세계에 대해 행동하는 일정한 유형성에 직면하게 된다. 체험의 흐름 전체—이것을 통해 그때그때 주체에 대해 자신의 환경세계(사태의 세계와 인격적 환경세계)가 구성된다—에 근거해 동일한 실재적 자아주체는 드러나고, 실재적 상황과 관련해 동일한 것으로 드러난다. 대상적 실제성으로서 주체에 의식된 (예를 들어 주체에 의해 현실적으로 경험되거나, 주체에 의해 명료하든 희미하든 현전화 속에 또는 현존하는 것으로—정립적으로—간접적 사고정립 속에 재생산으로 주어진) 사태나 인격 또는 그 성격과 관계 등은 오직 그와 같은 것으로만 기능한다. 이러한 것은 상호주관적 통일체로 분명히 구성되고, 따라서 단순히 개별적 주체의 구성적 상관자로, 이 개별적 주체의 단순한 경험의 다양체 속에 입증할 수 있는 것으로 고려되지 않는다. 인격은 그 자체로 모든 주체에 대해 하나이며 '함께 파악함'을 통해 모든 주체와 결합된 상호주관적으로 구성된 세계에 관련되어 있다. 사태와 인격(우선 나중에 모두 인격으로서 실재적으로 파악할 수 있을 주체)의 이러한 지향적 세계 속에 실재적 상황은 놓여 있고, 이 상황 아래 주체는 '인과성'을 행사하고 경험하며, 이 상황 속에 주체는 (바로 인과성과 동시에 실체성의 진정한 의미에 구성적인 이 인과성의 규칙화된 방식에 따라) 자신의 동일한 실체, 즉 인격성의 동일성을 유지한다.

인격에 영향을 미치는 영역으로서 세계는 실재성 자체(실재적 실체)와 여기에서 문제가 되는 특수한 의미의 인과성 사이의 상관관계와 매우 밀접하게 연관된 구성적 상관관계(Korrelation)다. 각각의 실재성에는 (여기에서 일단 확장된 다른 의미의 말을 사용하면) 그 영향을 미치는 실재적 상황의 영역으로서, 또한 그 영향을 미치는 분야로서 실재성의 '환경세계'가 속한다. 그 반대로 그런 다음 각각의 실재성도 이 '환경세계' 속에 그 '동료'에게 영향을 미치는 장(場)에 속한다. 그래서 우리의 경우에도 인격적 실재성 또는 실체의 상관자는 자신의 실재적 환경세계이며, 이 환경세계는 이제 사태와 인격으로 이루어진 하나의 이원론의 세계다. 물론 이 경우 많은 종류의 실재성이 그 자체로 상관관계를 통해 본질적으로 서로 잇달아 결합되어 있다는 사실을 알게 된다. 즉 인격의 실재성은 사태의 실재성을 요구하지만, 사태의 실재성도 인격의 실재성을 요구한다.

귀납적–자연적으로 파악된 인간—경험적 실재, 이 인간, 인격—은 능력의 자아도, 인격 자체, 특히 자유로운 인격성도 아니다[*]

나의 실행 속에 나 자신을 집어넣어 생각하면서, 이것을 유사하게 관통하고 유사하게 수행하면서, 나는 '나는 자유롭다' '나는 그것을 할 수 있다'를 체험한다. 그러나 어떻게 그런가? 단순한 속견논리의 가능성(상상의 가능성)으로서는 아니다. 이러한 공허한 이념적 가능성에 근거해 '뜻하는 그대로'(Fiat)에 입각한 실행이 경우에 따라 '생길 수 있을' 실천적 동의와 통찰이 (다시 이념적으로 가능한 것으로) 구축된다. 다른 한편 자유롭지 못한 억압, 견제의 이념적 가능성도 존재한다. 강한 적대감정에도 불구하고 '나는 실행한다'가 경과하거나, 그런 까닭에 나는 개의치 않고 떠밀리지 않은 채 자유롭게 행동하는 이념적 가능성도 존재한다.

그렇다면 나는 '나는 저항한다' '나는 내 자아의 힘(실행력)을 다한다' '나는 실행한다' '그때 자아 자체에서 행위가 솟아난다'의 본질을 포착한다. 바로 이러한 방식으로 부정적인 '뜻하는 그대로', 즉 '나는 빗나간 자극에 실천적 동의를 거부한다'의 본질도 포착한다. 그러나 두 '힘' 사이의 긴장, 어쩌면 증가하는 자극(감정의 강도, 적극적 감정과 자아의 힘에 대립한 소극적인 수동적 힘의 강도)에 대립한 의지의 활동(활발한 힘의 강도, 자아의 힘의 강도)도 증가한다.

---

[*] 이 부록은 60항 a)의 끝부분에 대한 것이다.

이 두 가지가 제휴해가면, 감성적으로 촉발하는 것이 선택된다. 그 실행력은 대립된 경향이 없는 곳에서 아주 작기 때문이다.

문제는 이 모든 것이 과연 충분한지 여부다. '나는 실행했다' 또는 '나는 종종 나의 실천적 동의를 부여했다'는 사실적 자유의 의식을 나는 경험에 근거해 갖는가? 따라서 경험을 통각하는 방식으로 갖는가?

예를 들어 자유는 '나는 나 자신을 생각할 수 있다' '나는 임의의 사유소재(Denkmaterie)를 잡을 수 있고, 그렇든 그렇지 않든 가정할 수 있다'이다. 나는 발단을 이루고, 경우에 따라 발단을 다시 중립성 변양으로 변화시키며, 내가 그것을 할 수 있다는 사실을 경험에 입각해 확실하게 안다.

그러나 이것이 항상 경험, 단순한 경험인가? 나는 이러한 가정에 저항한다.

중립성의 형식에 친숙해짐으로써 나는 억제하는 감정의 힘을 추후로 체험할 수 있고, 이른바 이 힘을 측정할 수 있고, 그에 따라 활발한 힘의 긴장을 유사-산출하는 것도 그것을 극복하는 데 필요하다. 그러나 나는, 내가 사실적으로 존재하듯이, 이 힘을 불러일으킬 수 없으며 이 힘을 갖지 못할 것이라는 사실도 알 수 있다. 나의 경험적 자아에 대해 내가 그러한 것을 할 수 있다고 가정하면, 활발한 힘은 경험적 자아에 미치지 못하며, 경우에 따라 이 자아에서 확실하게 생기지 않고, 그 자아는 확실히 이 수동적 힘으로 극복될 것이다.

여기에서 다음과 같이 정형화할 수 있다(이율배반).

정립: 각각의 의식에 적합한 '할 수 있음'은 경험의 산물로 주어지고, 활발한 능력의 주체인 자아 자체는 경험의 산물이다.

반정립: 경험적이지 않은 통찰의 '할 수 있음', 즉 상응하는 행위의 유사한 경험에서 귀납적으로 발생되지 않은 '할 수 있음'이 존재한다.

나는 실행할 수 있는 힘을 지니며, 이 힘을 '볼' 수 있다.

내가 존재하는 나 자신을 날조해 유혹 속에 투영하면, 나는 이러한 발단과 함께 '나는 유혹을 말소한다' '나는 유혹에 동의하기를 거부한다' '나는 가령 이러저러한 동기의 지원을 받아 유혹을 극복한다'는 결과를 간취한다. 또는 단적으로, '그것은 나쁜 것이며, 나는 그것을 하지 않을 것이다'. 이것은 '나는 항상 그렇게 행동하고 그렇게 거부하는 버릇이 있으며, 따라서 나는 미래에도 확실히 그렇게 할 것이다'라는 단순한 경험의 앎이 아니다. 이것은 '나는 그러한 상황에서 그렇게 결정하는 경험적 속성이 있다'를 뜻할 것이다. 그러나 이것이 여기에서 포착된 능력, 즉 '나는 할 수 있다'의 의미는 아니다. 그 의미는 상황의 발단과 가치를 판단하는 것이 내가 존재하는 나에게 일종의 결과로서 이러저러하게 결정하고 실행하게 동기부여할 것이라는 의미다. 즉 이것으로써 그 의미가 정당하다는 사실이 주장되지 않는다. 왜냐하면 나는 거기에서 내가 유혹을 염두에 두고 결정할 것이라는 사실도 발견할 수 있기 때문이다.

어떤 다른 사람을 판단할 때, 나는 대부분 경험에 따른다. 예컨대 그는 반복해 불량배로 입증되었고, 또한 불량한 짓을 계속 할 것이다. 그러나 이러한 경험인식은 다른 사람을 이해함이 결코 아니다. 그를 이해하면, 나는 그의 동기부여를 꿰뚫어보고, 그런 다음 경험적 통각, 즉 습관의 통각이 필요하지 않다.

그렇다면 당연히 그것은 경험과 일치해야 한다. 경험은 나의 파악에 대립해 이의를 제기할 수 있다. 하지만 이 경우 경험의 일치가 외견상은 아닌지 숙고해야 한다. 그런 다음 아마 나는 동기가 바로 내가 전제한 것과 사실적으로 다르다는 사실, 상황은 완전히 동일하지 않다는 사실을 발견할 것이다. 존재하는 그가 실제로 동일한 자아라면, 이것을 할 수 있고 저것을 할 수 없는 것은 자신의 본성이다.

나의 결정 — 태도를 취하고, 건립하는 태도를 취함에서 근원적으로 생긴 단호함, 다양한 문제에 대한 확고한 견해 ―의 주체인 자아는 그때그때 동기의 종류에 따라 스스로를 다양하게 동기가 부여되게 허용하는, 즉 다양한 태도를 취하게 하는 특수한 의미에서 동기부여의 주체인 자아와 연관되어 있다. 이러한 주체로서 나는, 태도를 취함에 개별적으로 남아 있지 않더라도, 다소 확고한 양식(Stil)을 취한다. 이 양식은 필연적으로 외면화되고, 필연적으로 연상을 작동시키며, 필연적으로 나의 삶 속에 나 자신에 관한 연상을 구성한 결과, 나는 나 자신에 관해 나의 독자성에 따라 귀납적인 '외적 표상'을 항상 구성해왔고, 계속 구성할 것이다.

능력과 무능력의 자아, '나는 할 수 있다'와 '나는 할 수 없다'는 이것과 어떤 관계가 있는가? 우선 여기에 근거가 신중하게 놓여 있어야 한다. '나는 실행한다', 더구나 '본능적으로 〔실행한다〕'가 선행하면, 근원적 성공과 실패를 지닌 '나는 하려 한다'로서 '나는 실행한다!'가 근원적으로 뒤따른다. 실천적인 '할 수 있음'(Können)은 반복된 성공 속에, 즉 실습을 통해 생긴다. 이것은 이 영역에 본래 속한 '연상'에서 생긴다. 이 연상은 통상적 의미의 연상과 유비적인 것이다. 이 연상을 통해 과거에 의식된, 경험에 적합한 '할 수 있음'에 근거한 욕구, 특히 그가 할 수 있는지 없는지, 그가 그밖에 무엇을 할 수 있는지를 이성적으로 미리 숙고해 선택하는 의지도 가능해진다.

경험을 통해 나는 여러 가지를 실천으로 할 수 있다는 사실을 알게 되며, 이것이 고정되어 지속하는 내 능력이 아니라 실습이 필요하고 실습하지 않거나 그밖의 이유로 소멸된다는 사실도 알게 된다. 나는 내 능력의 자아에 관한 경험적-귀납적 표상을 지니며, 나 자신을 그밖의 상황 속에 집어넣어 생각하면서 확실성을 ―내가 할 수 있을 것의 단지 귀납적 확실성이지만― 획득할 수도 있다. 더 정확하게 말하면, 나는 개별적 경우에 관련된 단독의 능력과 무능력을 지닐 뿐 아니라, 능력의 통각은 각각의 통각과 마찬가지로 유사한 경우로 전이된다. 그래서 그것이 바로 능력의 통각, 실천적 통각, 즉—여기에서 문제 되는 실습의 연상이 존재의 통각과 유사한 것처럼—존재의 통각과 유사할 뿐인 사실상 통상의 의미에 따른 통각이다. 여기에서 주의해야 할 사항은 실제로 경험된 '나는 할 수 있고 얻을 것이다'를 새로운 경우로 전이하는 것이 여기에서 사태로서 나의 '할 수 있음'에 관련된 귀납적 존재신념일 뿐 아니라, 나는 실천적 의식 자체 속에 가능한 '할 수 있음'을 경험한다는 점이다.

태도를 취함의 사태가 아니며, 태도를 취함을 가치를 평가하고 소망하는 등 전제하거나 개방한 채 단지 가정으로 착수하는 '할 수 있음'과 '할 수 없음'을 태도를 취함에 관련된 '할 수 있음'과 '할 수 없음'과 구분해야 한다. 나는 이 구분을 이 책에서 하지 않았으며, 그래서 거기에서 언급한 탁월한 것이 여기에는 본질적으로 없다.

왜냐하면 그밖의 모든 주관적 ('나는 움직인다'의 본성에 따른) 사건과 모든 태도를 취함을 구별하는 근본에 본질상 차이가 확립되어야 하기 때문이다. 이것은 자의(恣意)에 지배되지 않는다. 나는 내 판단을 이것이 등장하는 동기부여에 내맡길 수 없다. 다른 태도를 취하는 경우도 마찬가지다. 물론 이것과 연관해 나는 많은 것을 할 수 있다. 예를 들면 나는 억제할 수 있고, 가정해 착수할 수 있다 등등. 일정한 태도를 취함은 나의 운동감각의 '나는 할 수 있다'는 체계 속의 일정한 운동감각과 같은 실천적 가능성이 아니다.

어쨌든 여기에서 신중하게 계속 숙고해야 한다. 나는 경우에 따라 아직 어떤 판단도, 어떤 의지나 가치결정도 내리지 않는다. 나는 이러한 것을 획득하려 겨냥할 수 있다. 나는 동기를 둘러보고, 일단 그러한 것을 가지면, 그런 다음 자의가 아니라 결과로 동기가 부여된 결정이 이루어진다. 그러한 것 자체를 내 목표로 세우지 않았다면,

그것은 물음—어쩌면 통찰하는 정초의 물음—에 앞서 일어난다. 지금까지 내 확신의 주체인 내가 존재하는 만큼, 이렇게 동기가 바로 나 자신을 이러한 자아로 규정하는 범위만큼, 결정이 내려진다. 본래의 인격성은 결정의 기체(基體)인 자아 속에 있지, 단순한 능력의 자아 속에 있지 않다. '나는 어떤 결정, 예를 들어 살인에 대한 결정을 내릴 수 없다' '나는 그러한 것을 실행할 수 없다'는 내가 어떻게 존재하는지(어쩌면 이전에 내가 어떻게 존재했고 미래에 어떻게 존재할 것인지)를 뜻한다. 살인을 가능하게 규정하는 것으로서 살인에 속하는 모든 동기는 나에게 영향을 미치는 동기가 결코 아니다. 살인의 가능성은, 내가 살인을 하려 가정하면 살인을 할 수도 있었던 한, 실천적 가능성이다. 각각의 의지행동은 실천적 영역에 관련되고, 이것 또한 그러하다. 이러한 의미에서 나는 아주 잘못된 행동(더 정확하게 말하면, 다른 사람이 실행한 많은 행동이 나의 실천적 할 수 있음을, 예를 들어 창문을 넘어 들어간 도둑질을 능가하더라도)을 할 수 있다.

그러나 태도를 취함에 관한 가능성이 아무튼 실천적 가능성의 테두리에 속하지 않는다는 것은 타당하다. 물론 여기서 명증성과 비-명증성의 경우는 구별해야 한다. 어쨌든 내가 존재하는 만큼, 내가 존재하는 자로서 내가 주어진 경우에 어떻게 (태도를 취하면서) 행동할 것인지를 나는 내가 분명하게 규정하고 표상하는 상황에 대해 예고할 수 있으며, 반면 상황이 규정되지 않는 한, 그것에 대해 확실한 아무것도 진술할 수 없다.

물론 태도를 취함과 습득적 확신의 주체인 나는 귀납적으로 작용을 일으키며 상응하는 자기통각으로 이끌 나의 양식을 지니며, 그래서 나 자신과 다른 사람에 대해 태도를 취함이 어떻게 경과할 것인지도 귀납적으로 진술될 수 있다. 그러나 다른 한편, 태도를 취함은 연상의 단순한 성과가 아니며, 심지어 내가 주어진 경우 어떻게 결정할 것인지를 숙고함에서 내가 지금까지 나의 삶과 이전의 나의 결정에 종속적이라는 사실이 정당하더라도, 그러하다. 그런데 이 종속성은 내가 그와 같이 숙고하는 물음 속에 나에게 부여한 답변이 외견상 귀납적으로 획득된다는 사실을 뜻하지 않는다. 나는 동기에 종속되어 있고, 이전의 결정을 새롭게 작동시키는 가운데 이전의 결정에 종속되어 있으며, 지금 존재하는 자인 나는 나의 이전의 존재(내가 결정되어 있음)를 통해 규정된다. 그래서 나의 근원적 독자성뿐 아니라 사실적 관계 속에 성취된 결정에 따른 실제이거나 가능한 결정의 인격적 주체인 나는 또한 규정(자신의 태도와 이 태도 속의 독자성)의 통일체다. 즉 단순한 연상에 입각한 통일체가 아니라 이것에 선행하는 통일체다. 내가 독자성이 있기 때문에, 이 독자성에 따라 규칙화된 방식으로 행동하기 때문에, 나는 귀납적으로 파악할 수 있어야 하며, 귀납적 고찰의 주제가 될 수 있어야 한다.

그러나 이것은 귀납이 외견상 확증되거나 확증되지 않는 외적 고찰이며, 아무튼 이것은 여기에서, 존재하는 자인 내가 곧 단순한 자연이 아니라 태도를 취하는 자아인 한, 외적인 것에서 내적인 것으로 이행함으로써 2차적 확증을 요구한다.

인격과 주관성의 문제*

I. 인격 — 정신과 그 영혼의 토대(인격으로서의 자아)**

1. 근원적 감성과 능동적 지성의 구별

정신적 영역은, 자아로부터 능동성으로 발산하는, 주관성 자체 안에서, 그런 다음 이 주관성을 넘어 자아주체로부터 다른 자아주체로 연관되는 독특한 조직망——이 조직망은 (자연적·공간사물적) 실재적 통일체에 대립해 인격적 통일체(인격 자체와 사회적 단계나 더 느슨한 모든 공동체의 인격성)를 구성한다——을 수립하는 사유작용인 '자아-주관성'의 영역이다. 정신적 영역은 이처럼 독특한 연관에도 불구하고 그 토대를 하급의 '영혼적인 것'에 두며, 자신의 내재적 목적론(Teleologie)***을 더 높은 것에서 더 낮은 것으로, 정신적으로 능

---

* 이것은 제3장에 대한 것이다.

** 이에 관해서는 61항 제목을 참조할 것.

*** 후설의 목석론은 아리스토텔레스처럼 모든 실체의 변화가 정해진 순수 형상이 미리 설정된 것도, 헤겔처럼 의식의 변증법적 자기발전을 통해 파악한 절대정신이 이미 드러난 것도 아니다. 모든 정상인에게 동일하게 기능하는 '이성'과 '신체'를 근거로 '사태(Sachen) 그 자체'로 부단히 되돌아가 경험의 지평구조를 해명하는 측면과, 이 경험이 발생하는 원천인 선험적 주관성의 자기구성을 되돌아가 물음으로써 인간성(Menschentum)의 궁극적 자기책임을 추구하려는 측면을 동시에 지닌다. 여기에서는 전자의 측면을 가리킨다.

동적인 것에서 수동성으로 법칙에 적합하게 변화시키는 것에 둔다. 이 수동성은 미래의 자아의 작용에 미리 주어져 있고, 동시에 본래 그렇게 부를 수 있는 '재-생산', 즉 능동성으로 다시 변화시키는 미리 지시된 길을 제공하는 '2차적 감성'*이다.

모든 정신적 능동성, 모든 자아의 작용은 능동적 지향성의 독자성을 지니며, 지각하는 포착함, 지각의 대상을 해명함, 개별적 징표로 겨냥하는 것을 해명함, 이것을 점차 징표의 동일한 기체로, 즉 '동일한 것'으로 소급해 관련시킴이고, 비교함과 구별함, 이해하면서 진술함, 일반적인 것을 생각함, 일반적인 것의 관점에서 특수한 것을 파악함, 개별적인 것(특수한 의식의 이러한 논리적 의미에서 곧 하나의 유일한 것)의 의식, 어떤 특별한 사유를 보편적으로 사유된 일반적 내용에 종속시킴이다. 그것은 가치를 평가함, 더구나 자신의 가치를 평가함 또는 어떤 근본적 가치를 위해 가치를 평가함이다. 왜냐하면 그것은 목적을 정립함, 수단을 얻으려고 노력함이기 때문이다. 모든 인격적 '지향성'은 능동성을 지시하고, 자신의 근원을 능동성 속에 지닌다. 왜냐하면 그것은 근원적으로 생기고, 그런 다음 능동적 지향성이든, 아니면 그와 같은 것으로서 중요하고 자신의 '의미' 속에 능동적이거나 구성적인 연관을 소급해 지시하면서 많은 단계 속에 서로 잇달아 구축된 능동성의 '침전물'이기 때문이다.

각각의 새로운 작용은 새로운 지향성으로서 항상 작용의 상관자로 생산해 경험된 새로운 대상성을 구성한다. 작용은 예컨대 (매우 확장된 의미에서) 생각함이며, 진술하고 추론하며 증명하는 사유과정이나 가정과 개연성으로 올라가면서 탐구하는 사유과정처럼 모든 작

---

* 후설은 선험적 주관성이 근원적으로 건설한 것이 비-능동성의 수동적 형태로 의식 속에 가라앉아 침전된 것을 '2차적 감성'이라 한다.

용의 형성물, 마찬가지로 가치를 평가하는 주체가 수행하는 통일적으로 가치를 평가하는 모든 연관이나 그것의 근거에 놓여 있고 그것을 본질적으로 기초짓는 작용과 더불어 일정한 행동의 통일성 속에 의지작용의 모든 연관——이 모든 것은 그 자체로 종종 압도하는 그것의 함축 속에 일정한 작용의 통일성을 형성하고, 따라서 이 경우 자아에 '대립해' 있는 일정한 대상적 상관자를 의식하게 하는 작용의 결합이다. 단순하거나 함축된 모든 작용은 타당하거나 부당한 관점 아래 있으며, 그래서 진리의 이념은 이 모든 것에(판단의 분야를 넘어서 그것을 일반화하는 가운데) 속한다.

모든 근원적 생산성은, 적어도 하나 또는 여러 단계에서, 근원적으로 작용의 자발성이다. 그러나 각각의 자발성은 수동성으로 가라앉고, 이것은 여기에서 각각의 대상성이 자신의 원본적 구성(또는 재생산, 기억, 단순한 상상 등의 유사-원본적 구성) 속에 근원적으로 생산해 의식될 수 있다는 사실, 그 대상성이 수동적인 추후의 의식——생산적 의식이 경과된 다음에도 뒤에 남아 있고, 방금 전에 능동적으로 구성된 대상을 되돌아보는 시선(가장 원초적인 한 줄기 빛[발산]의 자발성)을 허용하는 의식——형식으로 '감성적으로' 의식될 수 있다는 사실, 어떤 기억이 갑자기 떠오를 수 있거나 영혼의 합법칙성의 효과 등을 통해 이전에 생산한 것을 변형시킬 수 있는 사실을 뜻한다. 그래서 대상성은 수동적으로 주어질 수도 있고, 그 본성에 따라 설명·해명·접근할 수 있으며, 이러한 것으로의 경향을 수반할 수도 있다. 우리는 이와 같은 경향을 모든 2차적 지향성으로 돌려야 하며, 이것은 '재생'의 경향, 또는 그것에 상응하는 자발적 작용과 작용연관으로 변화시키는 경향이다.

정신에는 일정한 영혼의 토대가 있다. 정신은 주체인 자아가 단순한 과거지향과 기억의 재생산에 의지하지 않는다는 사실로 분명하게 알려진다. 또한 감성적 재생산은 감성적으로 유사한 상황 아래 유사한 것이 갑자기 떠오르는 형식으로 주재하고, 그래서 감성적 유사성은 이전에 생산된 것으로서 감성적으로 유사한 종류의 새롭게 미리 주어진 것이 생기며, 이중에는 이러한 유사성에도 불구하고(더구나 이 유사성이 곧바로 종종 단순히 '외적인'-감성적인 것이기 때문에) 근원성의 지위로 변화될 수 없다는 데까지 영향을 미친다. 어쨌든 이처럼 추정적으로 주어진 많은 모순, 무의미, 또는 잘못되었으나 그럼에도 통일적으로 이해되고 사유된 사고로서 참된 것으로 여겨지는 모순, 무의미가 이해될 수 있다. 〔주관적〕 속견(Doxa)은 확증 속에 통일적 생산을 요구하며, 오직 그런 다음에 자신의 권리를 지닌다.* 그리고 모든 종류의 정립적 성질도 사정은 비슷하다.

여기에서 감성과 (우리가 말한) 이성을 구별한다. 그리고 감성 속에서 이성의 어떤 침전물도 포함하지 않는 근원적 감성과 이성이 생산한 2차적 감성을 구별한다. 그에 따라 이성을 능동적 지성(intellectus agens)인 근원적 이성과 감성 속에 가라앉은 이성으로도 구별한다.

2. 정신의 영혼의 토대인 감성

이제 감성에 대해 논의해보자. 감성에서 우리는 정신과 생각해낼 수 있는 모든 단계의 정신의 '영혼의' 토대나 정신작용의 토대를 이해한다. 즉 여기에는 우리가 정신적 시선을 주체를 촉발하는 것을 향해 발산하는 단적인 작용으로, 그 속에 한정하고, 그것을 포착하며,

---

* 전통적으로 '주관적 속견'은 '객관적 지식'(episteme)보다 명증성이 부족해 모호한 낮은 단계의 인식이라고 경멸받아왔다. 그러나 후설은 경험하고 직관할 수 있는 '주관적 속견'의 생활세계(Lebenswelt)가 오히려 "객관적 학문의 궁극적 의미원천이자 권리원천"(『위기』, 143쪽)이라고 강조한다. '주관적 속견'에 관한 플라톤과 후설의 견해차에 대해서는 370쪽의 역주를 참조할 것.

숙고하거나 능동적 즐거움에 단적으로 방향을 돌림 등으로 예증하는 가장 낮은 단계부터 이론적 사고나 예술적 창조, 사회-윤리적 행동의 가장 높은 이성의 작용까지 있다.

그렇다면 이 영혼의 토대는 무엇인가? 근원적 감성은 감각자료이며, 가령 그 시각의 감각 장(場) 속에 있는 색깔의 자료다. 이 감각 장은 모든 '통각'에 앞선 통일체이며, 통각 이후에도 통각의 계기로, 즉 시각적 조망의 계기로 미리 발견될 수 있다. 이러한 감각자료 속에 기초하는 감성적 느낌과 감성적 충동도 마찬가지인데, 이 경우 충동은 의식에 초월적으로 상정된 사태가 아니라 언제나 영혼의 토대의 존립요소에 속하는 근원적 체험으로 이해해야 한다. 이것은 감성의 근원적 존립요소다. 그러나 본질법칙뿐 아니라 항상 새로운 감성—이것은 일정한 충분한 의미에서 2차적 감성이지만 이성에서 발생된 것은 아니다—을 유사-생산하는 규칙으로서 사태법칙인 독특한 법칙도 감성의 영역에 속한다(아마 더 적절한 전문용어로는, 우리가 본래의 감성과 비-본래의 감성을 구별하고, 후자의 측면에서도 지성적 또는 정신적 감성과 전자의 측면에서 정신이 없는 감성에 관해 논의한다는 사실에 있을 것이다).

연상과 재생산(기억·융합·상상)은 감성에 속한다. 그러나 이것은 모든 체험과 작용의 일반적 속성이다. 그것이 거기에 존재할 때, 연상으로 영향을 미친다. 그것이 거기에 존재할 때, 과거지향의 법칙에 종속되며, 기억, 변형, 비슷한 상상을 산출하는 활동 등의 조건에 지배된다. 이것은 곧 그 2차적인 지성적 감성이 생기는 과정이다. 이 동일한 과정은 근원적 감성에 대해서도 결정적이다. 그렇지만 이것은 연상을 통해 발생하지 않는다. 근원적 감성·감각 등은 내재적 근거에서, 즉 영혼의 경향에서 생기지 않으며, 단순히 현존하고 등장한다. 또한 근원의 지성인 것(Urintellektives)은 연상에서 '영혼으로' 생기지 않으며, 자아 ─ 자아는 (자아에 생소한 것처럼) 현존하는 것이 아니라, 바로 절대적인 것이다 ─ 에서 발산됨으로써 생긴다. 다른 한편 자아는 감정·자극으로서 감성을, 우선 근원적 감성을, 그런 다음 2차적 감성을 전제한다. 자아는 항상 일정한 소유물(eine Habe)을 지닌다. 근원적 감성은 자아의 근원적 소유물이다. 2차적 소유물은 재생산(기억으로서 원본적 재생산)과 재생산 속에 일어나는 상상의 변형 ─ 수동적 변형이나 파괴된 속견을 지니고 자기 스스로를 형성하는 변형 ─ 의 지향적 존립요소다.

자기 자신이 스스로를 형성하거나 새롭게 출현하는 이 수동성의 영역(자아가 주시하고 발견할 수 있으며 거기에서 자극을 경험하는 수용성의 영역) 속에 지향성, 비─본래의 근원적 영역이 있다. 왜냐하면 자아가 필요한 본래의 '~을 향한 지향'은 전혀 문제 밖이지만, '~에 대한 표상'이나 통각은 이미 현존하기 때문이다. 어떤 것에 대한 기억은 '더 미약한' 감각계기 등을 단순히 가짐(Haben)이 속한 시간의 구성 그리고 어쩌면 공간(눈 운동의 통일체)의 최초단계의 구성도 마찬가지다. 가장 낮은 단계의 자아의 자발성이나 능동성은 '수용성'이며, 나는 때때로 공간의 구성(따라서 도식의 구성도)은 실로 이 가장 낮은 단계의 자발성을 이미 전제한다고 생각한다. 그러나 속견인 것으로서 생긴 통일체는 자발적으로 정립된 것이 아니라, 수용적 통일체다. 공간은 감성 ─ 수용성을 통해 발생된 것, 따라서 완전히 순수한 감성은 아닌 것 ─ 의 형식이다. 감성적 자연은 단순한 수용성 속에 구성되며, 그것의 감성적 형식인 시간·공간·실체성-인과성을 지닌 감각사물의 세계다.

어쨌든 이때 다음과 같이 확증될 수 있다. 아마 수용함(Rezipieren)은 단순한 주시함(Zusehen)인 반면, 지향적 통일체는, 내가 이전에 철저하게 가정해왔듯이, 순수한 감성 속에 생긴다. 그렇다면 감성적으로 지향적인 것은 수용성의 자발적 시선이 그 속에 침투할 수 있고, 조망에 대해 반성하는 고찰 등에서처럼, 지향적 대상만 고찰함으로 활동할 수 있는 일련의 체계일 수 있다.

따라서 체험영역 속에 경향적 연관의 그물망을 지닌, 대상적 구성을 지닌, 주제를 통해 표명되는 규칙화를 지닌 최초의 감성의 거대한 장(場)이 있다. 이것은 객관적이며 일치해 견지될 수 있는 세계다. 이 경우 원초적 법칙 ─ 연상과 재생산을 뜻한다 ─ 은 가장 낮고 가장 근원적인 지향성과 더불어 생긴 그 '표상'에 적합하게 주재한다. 각각의 재생산이 자신의 지향성을 지니기 때문이다. 세계의 구성에 속한 체험영역(정통의 감각론적 체험과 비-정통의 감각론에 체험의 체계는 이 영역에 분류되며, 따라서 환영 등도 여기에 포함된다) 외에 상상의 유동체도 있다. 사물세계에 관련된 감성적 표상도 군데군데 정돈된 채 등장하지만, 지그재그 형태로 ─ 깨어 있는 의식에서 때에 따라 풍부하거나 빈약한 영속적 지각의 경과 옆에 일련의 기억과 기억 구간에서 ─ 경과하는 사실에 주목해야 한다. 잠 속에서조차 이것은 중단되지 않는다. 꿈 속에서 우리는 실제적 세계에 삽입되지 않는 비-정통의 감각론의 체험이 경과하게 하기 때문이다.

이 모든 것은 자기 자신으로부터 객관적 사건으로 경과하지만 주관적으로 연출되는 연관의 고유한 장이다. 감정이입(Einfühlung)은 어디에 들어맞을 수 있는가? 감성의 규칙화는 (감각의 감성에 관해 또한 느낌의 감성과 각각의 근원적 감성에 관해) 상호주관적인 것이다. 따라서 그것에 적절한 위치를 고려해야 한다.

여론(餘論): 인상과 재생산

나는 이전에 보편적 체험영역 속에 '인상'(Impression)과 '재생산'(Reproduktion)을 구별했다.*

그러나 '인상'이라는 말은 단지 근원적 감각(Sensation)에만 적합하다. 인상은 그 자체로 더구나 근원적으로 '거기에' 있는 것, 즉 자아에 생소한 것으로 촉발하는 것의 방식으로 자아에 자기 자신을 제공하면서 자아에 미리 주어진 것을 잘 표현한다. 그렇다면 작용은 이러한 의미에서 인상이 아니라, 인상의 반대다. 하지만 작용도 재생산이 아니며, 가능한 재생산을 위한 근원이다. 재생산은 그 자체로 재생산의 법칙(연상)에 따라 변양되지 않은 것, 파생되지 않은 것으로 소급하는 일종의 변양을 뜻한다. 그래서 이 파생되지 않은 것(다른 의미에서 '인상')은 근원적 감성과 자아작용, 자아감정으로 나뉜다 (그런데 이 전문용어는 여전히 만족스럽지 못하다).

(감성적) 인상은, 등장하고 사라짐에서, 재생산의 합법칙성과 불가분하게 얽혀 있는 합법칙성에 종속되어 있다. 감성적 인상의 사태법칙(현존법칙)은 심리물리적 법칙으로만 획득될 수 있으며, 이것은 자연의 구성 이후에, 따라서 그 상관자가 자연인 지향성의 형성 이후에 비로소 감각자료의 현존규칙을 '소급해 해석함으로써' 수립될 수 있다는 사실을 뜻한다. 이때 감각자료는 근원적 감성의 자료로 이해될 수 있다. 그에 따라 가능한 감각이 자신의 확고한 질서를 유지하고 그래서 상호주관적으로 일치하게 되는 이 사태의 법칙은 기본법칙인 본질법칙을 전제하며, 더구나 근원적 감성을 넘어서까지 미치는 더 일반적인 법칙, 즉 연상과 재생산의 법칙 — 예를 들어 일군의 감

---

* 구성된 모든 체험은 1차적 의식으로서 '(근원적) 인상'이거나, 이것이 지각이나 상상 또는 기억 속에 현전화된 '재생산'이다. 재생산에서 과거지향은 1차적 기억으로서 방금 전의 체험을 여전히 의식 속에 갖는 자각된 사태 자체이며, 회상은 2차적 기억으로서 시간적 현재가 기억된(현재화된) 현재다. 따라서 과거는 1차적 기억 속에 간접제시가 아니라 직접제시로 구성되기 때문에 기억은 곧 지각이다. 더 자세한 내용은 『시간의식』, 11~19항, 42항을 참조할 것.

각이 언젠가 거기에 있다면, 일군의 유사한 것도 거기에 있다면, 유사한 것을 소급해 기억하는 경향, 그에 상응하는 재생산이 떠오르는 경향이 부착되어 있다는 사실을 뜻하는 법칙 — 을 전제한다. 예상의 법칙·미래지향, 즉 감각이 '일어남'에 관련된 법칙 등도 마찬가지다. 더 나아가 재생산은 계속 재생산을 산출할 수 있는 경향을 띤다. 즉 재생산은 유사한 이전의 인상과 인상의 연관을 기억한다. 이러한 경향이 충족되면, 그래서 새로운 재생산이 등장한다.

내재적으로 우리는 감각과 재생산이 '지향된' 인상이나 재생산이 일어나는 가운데 충족되는 '~을 향한 지향'이라는 경향에 부착된 것을 발견한다. 이 충동이나 경향은 감성적인 것 자체에 속하며, 감성적인 것에서 다른 감성적인 것으로(인상에서 새로운 인상으로, 인상에서 재생산으로, 재생산에서 다른 재생산으로) 나아간다. 그러나 궁극적 법칙의 공식화는 아직 이루어지지 않았다(무엇이 점유된 감각 장의 의미이며, 곧바로 장을 점유하고 감각자료와 다투는 그 감각자료를 통해 감각자료로 향하는 경향의 충족을 억제하는 의미인가?).

이러한 경향에 대립해 우리는 감촉(Affektion)으로서 자아주체로 나아가는, 경향으로서 포착함으로 나아가는 다른 경향을 지닌다. 더구나 감각(체험)과 서로 얽힌 느낌의 감각으로부터 나아가고 또한 예상된 감각자료에 속하는 재생산적 쾌락과 불쾌의 계기로부터 나아가는 향락에 탐닉하는 경향, 게다가 자아로부터 나아가는 능동성이 아닌 이른바 능동적 수동성인 욕구의 경향도 갖는다.

그러나 감성 자체 안에 놓여 있는 경향은 감촉하는 경향과 본질적으로 관련된다. 즉 감각에 부착되는 경향, 지향은 감촉의 통로가 된다. 그것에 재생산적 경향이 향해 있는 '지향적 객체'는 '동기부여하면서' 기능하고, 자극으로서 영향을 미친다.

로크(J. Locke)는 감각(Sensation)이, 기능하는 자아가 일정한 소유물을 지녀야만 존재할 수 있는 한 소유물이 최초로 촉발함에 틀림없으며, 그래서 자아가 반작용하는 한 최초의 것이라는 정당한 사실을 간파했다. 즉 모든 자아의 활동은, 발전된 주체 속에 곧바로 근원적 감성의 감촉이 아니더라도, 감촉을 전제한다. 왜냐하면 그후에 2차적 감성이 일어나기 때문이다. 그러나 모든 자아활동이 어떤 감촉에 단순히 굴복함, 굴복함의 의미에서 단순한 수용성이나 수동성, 향락 속에 쾌락에 탐닉함, 부정적 향락으로서 〔고통을〕 감수함이 아니다. 오히려 이 수동적 반작용은 새로운 종류의 작용──자유로운 작용, 본래의 자아의 활동, 감촉에 대립해 자유로운 태도를 취함, 그것을 부정함으로써 이미 수동적으로 수행된 순종함에 대항하는 작용──에 대한 낮은 단계다. 그렇다면 경우에 따라 굴복함 이후에는 자유로운 작용이 있을 수 있다.

3. 자아의 발전. 자아의 작용과 자아의 감정

이제 자아인 것(Ichliches)*에 주목하자. 여기에는 몇 가지 연관, 감성적 낮은 단계를 통해 규정되지만 자신의 고유한 법칙을 지닌 동기부여의 연관이 있다. 어떤 능동적 자아의 동기부여도 '연상'을 통해 또 '심리물리적 합법칙성'을 통해 발생하지는 않는다. 따라서 감성의 모든 형성물이 발생하는 것처럼 발생하지는 않는다. 물론 자연의 운행 전체, '자연의 기계조직'(Naturmechanismus)이 전제되어 있다. 자아로부터 나아가는 것과 자아 속에 '촉발함'으로써 일어나는 것, 동기부여하면서 자아 속에 파고들어감, 여전히 굴복함에 앞서 더 강력하게 그것을 자기 자신으로 이끌어감──이것을 더 이상 자연이 아

---

* 이것은 '자아와 관련된 체험들'을 뜻하며, '주관적인 것'(Subjektives)과 같은 의미다. '주관적인 것'에 관해서는 144쪽의 역주를 참조할 것.

니라고 말할 수 있는가? 아니다. 감촉은 아무튼 분명히 자연의 영역에 속하며, 자아와 자연을 결합하는 수단이다. 그밖에 자아는 자신의 자연〔과 관련된〕측면도 있다. 자아의 감촉처럼 모든 자아의 작용은 연상의 법칙에 종속되고, 시간 속에 정돈되며, 그후에 촉발하면서 영향을 미친다 등등. 그렇지만 이것은 기껏해야, 단순한 자연이며 자연의 연관에 속하는, 순수하게 수동적으로 사유된 자아다. 그러나 자유의 자아는 아니다.

어쨌든 단순한 자연은 모든 '기계적으로 나는 실행한다'이다. 어떤 감성적 충동, 예를 들어 담배를 피려는 충동이 일어나면, 나는 시가를 잡고 불을 붙이는 반면, 나의 주의, 자아의 활동, 의식되어 촉발되어 있음은 전적으로 다른 곳에 있다. 즉 생각이 나를 고무하고, 나는 이 생각을 뒤따라가며, 그 생각에 따라 능동적으로 검증하고 시인하거나 부정하면서 행동한다 등등.* 여기에서 우리는 '무의식적' 자아의 감촉과 반작용을 취한다. 촉발하는 것은 자아로 나아가지만, 깨어 있는 자아가 아니라도 '의식적으로' 주의를 기울임, 몰두함 등의 자아로 나아간다. 자아는 언제나 자신의 '역사'(Geschichte)의 매개 속에 살고 있으며, 자신의 이전의 모든 생생함〔체험〕은 가라앉았지만 경향, 착상, 이전의 생생함의 변형이나 유사하게 만듦, 이와 같은 유사하게 만듦에서 융합된 새로운 형성물 등에서 —그 형성물이 자아의 매개, 자아의 현실적이거나 잠재적인 소유물에 속하는 근원적 감성의 영역에서와 아주 똑같이 —나중에 영향을 미친다.

이 모든 것은 그 자연의 경과를 지니며, 따라서 각각의 자유로운 작용조차 자신의 '혜성의 긴 꼬리'**인 자연을 지닌다. 그러나 작용

---

* 이에 관해서는 60항 a)의 제목을 참조할 것.
** 후설은 시간의식의 분석에서도 지각이 '지금'(Jetzt)으로 정립해 파악한 것을, 이전의 '지금'시점에 관련된 과거지향이 계열을 이루는 "혜성의 긴 꼬리의 핵

자체는 자연을 토대로 형성되지(단순한 자연의 합법칙성을 통해 생기지) 않고, 바로 '자아에서 형성된 것'(Ich-geworden)이다. 자아와 자연은 서로 대비되며, 각각의 작용도 자신의 자연[과 관련된]측면, 즉 그 자연의 토대를 지닌다. 촉발하면서 미리 주어진 것은, 여기저기에 자아인 것(Ichliches)이 이전의 작용 속에 협력했더라도, 자연의 형성물이다. 특히 각각의 작용은 이전의 유사한 작용의 수행이 그 작용을 다시 수행하는 연상의 경향인 자연[적]경향을 수반한다는 사실에서 자신의 자연[과 관련된]측면을 지닌다. 이것은 감촉이 주어진 상황에서 이전의 비슷한 작용행동 속에 생각된 것의 재생산뿐 아니라 이 (지금의) 비슷한 행동 자체로 향한 재생산의 경향이 거기에 있다는 사실을 뜻한다. 따라서 자아로 향한 두 번째 감촉은 첫 번째 감촉과 결합되고, 이제 자아는 아마 굴복할지도 모른다. 아무튼 그렇다면 자아는 더 이상 완전히 자유롭게, 더 이상 원본적 자유에 입각해 수행하지 않는다. 이 점을 더 정확하게 분석해야 한다. 왜냐하면 여기에 [복잡하게] 혼합된 것이 있기 때문이다. 나는 자유롭게 결정할 수 있고, 동시에 습관에 적합한 취향을 따른다. 내가 수동적으로 동기부여되지 않았다면, 즉 결과를 감정이 아니라 '이성의 동기'를 통해 수행한다면, 나는 완전히 자유롭다. 나는 이성의 동기를 따라야 하고, 감촉에 굴복하면 안 된다. 그러나 이성의 동기·가치 등은 그 자체로 두 번째 단계에서 '미리 주어진 것'으로서 나를 동기부여할 수 있으며, 나는 나 자신을 그것에 자유롭게 떠맡기고 그것을 지지해 자유롭게 결정할 수 있다.

심"(『시간의식』, 30쪽)에 비유한다. 이 근원적 인상은 새롭게 변양되는 모든 산출의 절대적 출발점이자 근원적 원천이다. 그렇지만 근원적 인상 자체는 자발적으로 발생한 근원적 산출이다.

이 모든 것 이후에 어떻게 '자연'이 발전되는지, 어떻게 영혼의 자연[적]토대가 — 그 속에 '자연'이 구성되는 방식, 가령 우선 자아가 일반적으로 자신의 반응 속에 단순한 자연으로 행동하고 따라서 '동물적인 것'과 순수한 동물적 자아가 발전되는 방식, 모든 것을 관통해 동일한 사유작용의 현실적 주체로서 자아에 미리 주어진 어떤 새로운 것이 구성되는 방식으로 — 발전하는 가운데 조직되는지가 이해될 수 있다. 즉 잘 알려졌거나 경험 속에 알 수 있는 자연을 지닌, 자연의 생성 속에 바로 그 본성에 의해 순수하게 '자연법칙'에 따라 명백하게 생성되는 경험적 자아 — 이 모든 것이 이해될 수 있다.

또한 구성된 자연 속에 신체와 신체영혼(Leibseele)이 통일체로 구성된다. 경험적 자아는 신체영혼의 자연의 자아다. 자아는 그 자체로 신체영혼의 통일체가 아니라, 이 속에 산다. 이것은 영혼의 자아, 소유물로서 감성적 영역의 영혼체험으로 소급된 자아, 다른 한편 자신의 작용 — 여기에서는 단순한 반대-작용, 소유물에 대립해 자연을 지닌 반응작용인 '작용' — 속에 끊임없는 주체인 자아다.

그런데 어떻게 인간은 발전되는가, 어떻게 동물적 자아는 인간적 자아로 발전되는가? 어떻게 미리 주어진 자아, 이 경우 나의 순간적인 현실적 '사유주체인 자아'(Ego-cogito)와 동일하게 확인된 자유로운 인격적 주체가 현실적 자아에 구성되는가? 어떻게 나의 사유주체(cogito), 순간적 상태, 이 지속하는 인격의 일시적 드러남이 객관적으로 구성된 미리 주어진 것이 되는가? (자유로운) 인격적 주체를 고유한 법칙이 주재하는가? 그렇다면 어떤 법칙이 주재하는가?

이것은 경험의 법칙, 연상의 법칙이 아니다. 이 법칙은 오직 수동성의 영역 속에서만 지배한다. 왜냐하면 그것이 자아를 규정하는 곳에서 그것은 자연을 정립하기 때문이다. 이것은 이성의 법칙이다. 그런데 이성의 법칙은 무엇이며, 어떻게 발전을 규정하는가?

II. 자연과학 태도와 정신과학 태도에서 영혼으로서 주관성과 정신으로서 주관성

1. 영혼과 인간의 실재성

그러므로 영혼의 실재성에 관한 물음의 경우 먼저 실재성의 개념이 어디에 그 근원을 두는지, 실재성은 가장 단순한 형식에서 어디에 제시될 수 있는지 해명하는 것이 중요하다. 따라서

1) 자연으로서 사물로 되돌아가자. 이러한 것으로서 사물은 실재적 속성에 관한 직관적 통일체라는 의미에서 직관적 실체다. 그것은 도식을 통해 제시되는 맨 밑바닥의 감성적인 직관적 사물이다. 도식은 본래의 감성적 통각을 통해 주어지는 것에서 도식이다. 인과적 통각은 이것 위에 구축된다. 즉 감각사물은 행동방식에 관한 동일자로 포착된다. 이러한 인과적 통각에 근거해야 비로소 사물을 실재적인 것이라 하고, 여기에서 실재성에 관한 논의는 자신의 근원을 갖는다. 실재적인 것으로서 사물의 이러한 통각은 종합적이다. 더 높은 단계에서 사물은 여전히 단순한 '1차 성질'을 통해 '객관적으로' 규정된다. 이 '1차 성질'에 대립해 직관적인 실체적 사물은 정상의 인간에 관련된 '단순한 나타남'으로 간주된다.

2) 그러나 동물적인 것과 인간도 실재성이나 자연으로 간주될 수 있고, 여기에서 다시 직관적 통일체인 동물적인 것과 행동방식의 통일체인 동물적인 것을 구별할 수도 있다. 먼저 전자의 경우에 머물자.

A) 직관의 동물적인 것에는 다음과 같은 것이 있다.

① 신체가 주어지는 감성적인 직관적 영역 속에 감성적으로 주어진 속성을 지닌 직관적 신체의 실체.

② 타인의 신체 속에 **표현된** '영혼 삶', 자신의 체험·환경세계 등을 지닌 다른 주체. 이것을 감성적인 직관적 신체와 그밖에 주관적인 것

(Subjektives)의 표상을 분리해 나란히 갖는다고 이해하면 안 되며, 우리는 하나의 인간을 직관한다.[3] 이것은 다음과 같은 것을 뜻한다.

ⓐ 표현은 어디에서나 일종의 통일체를 만들며, 그래서 언어적 표현과 의미, 상징과 상징화된 것을 만든다. 따라서 표현 또는 표현함이 더 다양하게 발성될수록, 감성적 부분이 ─ 더구나 의미의 통일체 안에서 ─ 의미기능을 더 많이 지닐수록, 두 가지 측면이 더 내적으로 얽혀 있음을 명백히 지시하는 이중 측면의 통일체가 발생한다.

ⓑ 표현은 간접제시하고, 표현된 것은 함께 현존한다. 연장실체(res extensa)의 본래 시간-장소의 의미 속에 현존하는 것은 감성적인 직관적 사물로서 거기에 있는 신체다. 간접제시된 것은 현존하는 것과 함께 존재하며, 이것은 함께 현존하고, 그래서 여기에서 간접제시를 수행하는 방식으로 객관적인 공간적 현존재와 공간시간에 관여하며, 이에 따라 우리는 적어도 경험적 제한 ─ 이 경우 물론 이 제한 안에서 인간에 대한 자연스러운 직관이 유지된다 ─ 안에서 직관적 변화를 통해, '유기체'인 신체사물의 공간운동을 통해 유지된 채 지속

---

3) 나는 인간을 경험하며, 이 속에는 나는 '외적으로' 물체적 신체를 경험하고 '내적으로' 영혼적인 것을 경험한다는 것이 구성요소로 놓여 있다. 이것은 '추상적인' 구분이다. 나는 여기서 경험의 방식 ─ 대상들에 상응해 구별되더라도 ─ 을 조사할 필요는 없다. 내적인 것은 원본적이거나 감정이입을 하지만, 이 둘은 '내적인 것'이다. 어쨌든 외적 경험과 내적 경험은 어떤 대상이 경험되는 경험의 통일체에 필요하다. 따라서 함께 속한 규정의 통일체에 필요하다. 함께 속해 있음은 그 자체로 물체적 신체 ─ 이것은 자연의 인과성이다 ─ 에 속하고, 마찬가지로 영혼 ─ 이것은 여전히 논의해야 할 동기부여의 함께 속해 있음이다 ─ 에 속한다. 그리고 결국 자연과 정신은 심리물리적 함께 속해 있음 속에 일종의 '인과성'으로서 필요하다.

① 비실재적 의미의 표현: 이념적 간접제시(Appräsentation),

② 영혼적인 것의 표현: 구체적 실재성의 통일체로 실재에 결합된 실재인 실재적 간접제시.

하는 신체적-정신적 통일체로서 인간에 대한 일종의 '직관'을 지닌다. 시체(屍體)는 인간 영혼의 표상을 수반하지만 더 이상 그 표상을 간접제시하지 않으며, 그렇다면 인간이었지만 더 이상 인간은 아닌 시체를 곧바로 보게 된다.

B) 이제 가장 가까운 구성의 단계로 넘어가 행동방식의 통일체로서 동물적인 것과 실재적으로 구성된 사물을 비교하자. 그 실재성은 상황의 종속성 속에 입증되며, 사물은 다른 사물에 상대적이고, 사물은 이러한 관계 속에 인과적 상태와 인과적 속성으로서 자신의 사물적 성격을 지닌다. 사물은 자연의 통일체 속에 존재하는 것이다.

이에 대립해 인간, 동물적인 것은 사정이 어떠한가? 물체적 신체는 실재적인 물리적 사물로서 실재적일 뿐 아니라, 영혼도 '함께 변화하는' 가운데 있다. 즉 영혼적 사건이 현존재의 결과(그러한 것으로서 물리적 자연의 인과성 속에 있는)로서 실재적인 신체물체의 사건에 결합되어 있다. 이것은 신체물체가 그 자체에 대해 구체적 실재성이 아니며, '함께 변화함'이 영혼 속에 일어난다는 사실을 통해서만 실재적 인간 물체라는 사실을 뜻한다. 마찬가지로 영혼도 그 자체에 대해 실재성이 아니며, 신체물체성에서 함께 속해 변화된다. 즉 영혼의 사건은 실재성 속에 결과를 수반한다.

이제 문제는 다음과 같이 보충될 수 있다. 즉 영혼은 신체물체와 동일한 의미에서 실재적인가? 인간은 두 가지 실재성에서 결합된 하나의 실재성이며, 따라서 그 자체로 하나의 실재성으로 주어지는가? 사물과 실재성으로서 영혼의 차이가 즉시 드러난다. 우선 영혼은 영혼으로 존재하는 것이 모든 영혼 일반 전체인 영혼의 우주의 구성원으로서 다른 영혼과의 관계 속에 존재하는 방식으로 보편적 경험 속에 즉시 구성되지 않는다. 모든 물체 일반은 하나의 통일적 전체 자연(Allnatur)을 형성하지만, 모든 영혼이 ──자연의 사물이 자연적 우주의 구성원으로 존재하는 것처럼 ─ 영혼적인 것의 전체 통일성으로 순수하게 그 자체로 결합된다는 사실을 뜻하지 않는다.

앞에서 상술했듯이, 나는 표현에 의해 인간 ─ '외적' 경험* 속에 거기에 있는 인간 ─ 의 통일성을 파악한다. 이러한 통각에는 경험에 적합하게 제시해주는 체계가 있다. 이 체계에 의해 부분적으로 규정된 내용과 〔아직〕 규정되지 않음의 지평, 〔아직〕 알려지지 않음의 지평을 지닌 '자아 삶'(Ichleben)은 신체와 하나로 주어지고, 신체와 결합되어 '거기에' 존재한다. 이러한 통각의 본성에는 영혼적인 것과 신체적인 것(그 자체로 물리적 자연의 인과적 연관 속에 얽혀 있는 것)의 종속성관계가 처음부터 파악에 적합하게 의식되고, 이에 상응해 주의를 기울이는 경우 주제의 시점(視點) 속에 ─ 즉 ⓐ 일반적 유형에 따라, ⓑ 일반적 양식에 따라 유형에 속하는 그때그때 특별한 사실적 구조 속에 ─ 들어온다는 점이 있다.

이 결합된 통일체가 공간 속의 거기로 주어지고 공간적으로 또한 정신적 측면에 따라 공간적인 것과 결합된 것으로 주어지는 인간-경험의 태도 속에 나는 사실상 이중의 실재성을 지닌다. 관찰자인 나와 인간 공동체 속의 모든 다른 사람은 이 인간을 자연의 인과성 속에 신체물체로 견지되는 통일체로 발견하거나 발견할 수 있고, 유기체의 통일체인 이 물리적 통일체가 어떤 주체의 신체로서 일정한 물리적 조건을 충족시키는 한, 그 주체는 자신의 감각 삶, 지각 삶, 상상 삶, 기억 삶(그런 다음 알려지지 않은 방식으로 계속) 속에 물리적 신체의 형성에 종속적이며, 그 반대로 이것은 내부로부터 영향을 받는다(이것은 일반적 구조 속에 서로 함께 존재함인 함께 현존함, 따라서 공존과 가능한 변경 속의, 그래서 인과성의 상호 규칙화다).

---

* 이 다음의 단락은 33항 후반에 거의 그대로 반복된다.

신체는 이러한 통일체 속에 우선권이 있으며, 나아가 다음과 같은 이유에서 그러하다. 즉 인간은 공간적 자연 속의 인간이며, 무엇보다 신체물체는 자연 속의 물질적 사물이라는 사실을 통해서만 자연 속에 존재한다. 영혼의 실재성은 여기에서 심리물리적 종속성을 통해서만 공간 속의 실재성으로 구성된다. 세계의 절대적인 보편적 형식은 공간시간이다. 세계의 모든 실재는 어쨌든 공간적이며 '공간 속에 존재하는 것'이고, '물체적으로 존재하는 것'이다. 모든 실재는 물체적이며, 필연적으로 그것만이 아니라도, 어쨌든 물체적이다. 모든 실재가 영혼적인 것이거나 비-실재적 규정성을 지니는 반면, 비-실재적 규정성은 오직 물체성과 함께 결합됨(간접제시)을 통해서만 실재적으로 존재할 수 있다는 사실에 동일한 필연성은 없다. 영혼은 간접제시하는 표현 속에 통일체로 주어진다. 영혼은 그 자체로 자신의 통일체를 지니지만, 여기에서는 연관 속의 통일체로 고려된다. 더구나 나는 심리물리적 인과성 속에 개별적 감각·지각·기억의 연관 등을 고려하지만, 이것들은 주관적 체험의 흐름에 계기(契機)이며 '영혼'의 상태, 통일체로서 인과성의 담지자인 감정이입된 통일체의 상태다. 마찬가지로 나는 개별적인 물리적 상태, 가령 시신경(視神經)의 상태를 부각시켜 뇌(腦)의 경과까지 추적하지만, 이것은 뇌의 경과이고, 신경은 신경체계 속의 기관이며, 신경체계는 심리물리적 인과성의 담지자로서 신체인 완결된 신체의 체계다. 이것은 지배하는, 감각을 규정하는 통각의 본질 속에 놓여 있다.

영혼의 통일체는 영혼의 존재와 삶의 통일체로서 신체적 존재의 흐름에 통일체인 신체 — 자신의 측면에서는 자연의 구성원 — 와 결합된다는 사실을 통해 실재적 통일체다. 내가 처음에 인간을 이중의 실재성으로 간주했을 때, 영혼의 실재성은 여기에서 오직 그것을 기초짓는 신체의 실재성을 통해서만 (세계의 실재성으로) 존재하는 것이기 때문에 아주 정당했다. 오직 이러한 사실을 통해서만 영혼은 신체뿐 아니라 영혼과 함께 실재적 관련(자연의 관련) 속에 들어오는 하나의 연관에 구성원이 된다.

2. 심리물리적 인과성과 사물의 인과적 연관

여기에서 여전히 다른 문제를 숙고해야 한다. 즉 나는 심리물리적 조건성과 물리적 인과성을 구별하려 시도해왔다. 확실히 일정한 구별, 즉 그 구별 속에 들어가면, 물리적 사물의 본질은 물리적 자연의 인과적 연관과 관련해서만 실재적 속성을 지닌다. 각각의 사물속성이 오직 인과적인 물리적 상황에만 관련된다는 것은 사물의 실재성(사물에 미리 지시된 의미, 근원적 사물의 구성을 통해 미리 지시된 의미)에 속한다. 사물은 영혼으로 영향을 미침으로써 변경될 수 있지만, 이 경우 그 사물속성의 어떤 유일한 속성도 변경되지 않고, 단지 그 상태성만 변경된다. 물리적 자연의 연관 속에 다른 사물과 —주어진 사물과의 인과적 연관 속에 — 이 사물의 행동〔거동〕은 이 사물의 본질과, 이 사물이 어떤 지속하는 인과적 속성을 지니는지를 규정한다. 인과적 속성은 유지되거나 변경될 수 있고, 자연의 경과에 종속한다. 물론 사물의 정확한 동일성은 일정한 최상의 규칙성, 가장 일반적인 자연의 합법칙성을 요구한다. 엄밀한 규칙(가장 높은 단계에서는 법칙)에 지배되는 인과성의 형식은 사물성의 형식에 속한다.

더 분명하게 말하면, 예컨대 심리물리적으로 이해된 각각의 사물은 자극의 객체로 기능할 수 있고, 사물의 물리적 과정은 그 영향을 지각하는 어떤 주체로 확장할 수 있지만, 경험하는 주체에 그렇게 '영향을 미치는' '속성'은 사물에 내적으로 구성하는 어떤 속성[4]도 부

---

4) 사물의 구성하는 속성은 사물이 자신의 모든 상태의 변화 속에 동일한 것으로

여하지 못하며, 자신의 자연에 속한 어떤 것도 부여하지 못한다. 주체에 영향을 미칠 수 있는 다양체는 사물의 본질에 어떤 것도 첨부하지 못하며, 그 반대로 영혼은, 영혼이 영향을 미치든 않든, 그것이 '존재하는' 것으로 지속하는 '자연' 속에 관여하지 못한다. 이전에 거기에 없었던 자연상태성의 경과가 이 영향을 미침으로써 등장하지만, 어떠한 물리적 속성도 이러한 사실에 의해 인과적 법칙성이 그것을 지시하고 그것의 동일성을 규정하는 확고한 양식으로 변경될 수 없다. 물리적 사물을 어떻게 더 상세하게 규정하는지는 자연스러운 경험의 경과에 달려 있고, 미리 주어진 인과적 연관과 관련해 속성으로 포착한 것은 더 높은 속성이 변화할 수 있게 드러남으로써 명백히 제시될 수 있다. 심지어 확고한 것으로 간주된 속성도, 경험의 경과가 더 높은 단계의 새로운 인과적 연관을 분명히 드러내는 한, 변화하게 된다. 그러나 심리물리적 인과성은 이러한 점에서 아무것도 수행할 수 없고, 사물과 자연 전체는 완결된 것이다. 심리적 원인이 자연 속에 결과──그렇지만 자연이 전혀 영향을 미치지 않는 결과──를 갖듯이, 심리적 결과는 자연의 경과에 결합되어 있다.

물리적 자연의 인과성은 실제로 두드러진 의미가 있다. 이 인과성은 자연의 이념, 물리적 사물의 이념에 대해 구성적 이념이다. 즉 지속하는(항속하는) 존재, 지속으로서 사물의 모든 내적 징표는 그 자체로 항속하면서, 그러한 각각의 징표는 인과적 연관 속에 항속하는 행동(항속하는 행동의 합법칙성)을 표현한다.* 심리적인 것은 원리상 이러한 연관에 속하지 않는다. 심리물리적 인과성을 통해서는 항속하는 그 어떤 공간사물의 구성적 징표도 구성되지 않는다.

항속하는 것, 따라서 상태성이 이렇게 변동하는 가운데 사물에 지속하는 것으로 속한다.

* 이에 대해서는 32항의 초반을 참조할 것.

3. 자연 속에 영혼이 배열될 수 있는 가능성*

어쨌든 영혼의 실재성은 사정이 어떠한가? 물론 영혼도 항속하는 존재다. 그러나 이 항속하는 존재는 어떤 '자연'도 아니다. 영혼은 그 것의 본질로서 항속하는 속성의 복합체, 인과적 연관의 통일체가 아 니다. 따라서 영혼은 단순히 귀납적으로 통각으로 구성되지 않는다. 영혼은 영혼 삶, 의식의 흐름에 통일체다. 이 흐름은 일정한 동일한 자아의 삶, 시간(그 속에 신체가 지속하는 동일한 시간)을 통해 확장 되는 통일체이며, 영혼은 자연(Physis) 속에 들어가 '영향을 주고' 여 기로부터 영향을 받기 때문이다. 즉 영혼은 물론 전체로 주어진 신체 적-물리적 상황 아래 규칙화되어 반응하면서 '행동하고', 다양하게 감각하며 지각하는 등에서도 일정한 동일성을 명백히 드러낸다. 또 한 우리는 주어진 영혼의 상황 아래 신체성 속의 어떤 것이 결과로 변경되고 손이 움직이는 등을 생각한다. 그렇지만 이 경우 심리물리 적 속성도 자연의 어떤 것처럼 영혼에 분배된다면, 아무튼 영혼은 이 러한 자연이 아니며, 원리상 자연으로 해소될 수 없다.

영혼의 존재는 사물의 존재와 같은 의미의 '실체적'이 아니며, 칸 트가 했듯이 영혼의 존재에서 실체의 이념을 제거하면, 어떤 영혼의 실체도 확실히 존재하지 않는다. 이것은 영혼이 '자연'——이것은 물 리학의 사물과 같은 수학적 자연도 아니고, 직관의 사물과 같은 자 연도 아니다——과 유사한 어떤 그 자체[의 존재](An-Sich)도 갖지 않는다는 사실을 뜻한다. 영혼은 도식화된 통일체가 아니며, '인과 성'에 관해 다음과 같이 주장할 수 있다. 자연이라는 유형에 관한 항 속하는 실재의 항속하는 속성을 구성하는 상관자인 기능이나 법칙

---

* 이 항의 진술은 32항의 초반에 부분적으로 활용된다.

의 종속성관계를 '인과성'이라 부른다면, 영혼의 경우 또 심리학에서 인과성에 관해 결코 논의할 수 없을 것이다. 사태의 영역 속에 법칙으로 규칙화된 모든 기능성이 이러한 의미에서 인과성은 아니다. 영혼 삶의 흐름은 그 자체로 자신의 통일성을 지니며, 일정한 신체에 속한 세계의 실재적 '영혼'은 상호 종속성의 기능적 연관 속에 사물적 신체에 속하기 때문에, 영혼은 물론 자신의 지속하는 영혼의 속성을 지닌다. 이 속성은 신체적인 것에 대한 그 종속성에서 영혼적인 것이 등장할 때 일정하게 규칙화된 종속성에 대한 표현이다. 영혼은 신체적 상황, 즉 물리적 자연 속에 규칙화되어 관련된 상황에 조건적으로 관련해 존재한다. 마찬가지로 영혼은 영혼의 사건이 규칙화된 방식으로 자연 속에 결과를 지닌다는 사실로 특성지어진다.

다른 한편 신체 자체도 이러한 심리물리적 연관과 그 규칙화에 의해 특성지어진다. 그렇지만 이러한 사실을 통해 신체는, 영혼 자체가 영혼의 현존재 속에 그와 같은 규칙화를 통한 어떤 자연도 아니고 어떤 자연의 속성도 받아들이지 않듯이, 새로운 어떤 자연의 속성도 받아들이지 않는다. 영혼도 이러한 사실을 통해 인과적 속성의 어떤 단순한 X가 되지 않는다. 그러나 영혼은 물체적인 것(자연주의적 태도 속에 존재하는 것으로 단적으로 정립된 것)과의 그러한 연관을 통해 현존재가 자연과 함께 속해 있음, 세계의 사건으로서 '현존재', 공간 '속의' 현존재, 공간시간 '속의' 현존재를 지닌다. 그래서 영혼은—우리가 바로 자연 또는 실체와 인과성의 개념을 확장하고, 현존재의 조건적 상황에 관련되고 현존재의 법칙에 지배되는 모든 현존재하는 것을 '실체'(실재적인 사물적 현존재)라 하며, 여기에서 조건적으로 규정된 것으로 구성된 각각의 속성을 '인과적'이라 하는 한—유사-자연과 유사-인과성을 지닌다. 영혼은 자신이 그 속에 얽혀 있는 모든 인과성에 선행하는 그 자체로 독특한 존재다. 이 존재는 모든 영혼의–인과적인 것(철저하게 인과적이며 선행하는 어떤 고유한 존재도 갖지 않는 물체에 대립해)을 제외한 채 자기 자신을 고찰하게 허용한다. 영혼은 심리물리적으로 얽혀 있고 다른 영혼과 공동체가 되거나 공동체가 될 수 있는 것으로서만 아프리오리하게 세계〔세속〕의 것, 실재적으로 존재하는 것이다. 어쨌든 영혼이 어느 정도까지 고유한 본질성 속에 정립될 수 있는지는 아직 말할 수 없지만, 확실히 세계〔세속〕의 것으로서는 아니다.

주관적인 것, 어떤 주체의 존재 그리고 이러한 조건적 연관의 관점에서 그 주체의 삶은 자연화된 주관성이며, 이것은 그래서 인간을 자연으로 고찰하고 자연의 연관 속에 배열하는 근대 자연주의 심리학의 의미에서 '심리적인 것'이다.

4. 정신적 주체인 인간

그러나 삶에서 인간이라는 것, 삶의 학문이나 정신에 관한 학문에서 주체로 다루고 객관화된 정신에 관한 학문에서 정신적 환경세계, 문화, 특히 인간으로 다룬(이론적 주제인) 것 —이것은 이렇게 자연화된 인간이 아니다. 왜냐하면 이 자연화하는 것이 당연히 정당화되는 만큼, 여기에서 자연이라는 명칭이 학문적 탐구의 정당한 주제를 포함하는 만큼, 이 명칭은 그 정신적 관련에서 특수하게 정신적 영역을 그만큼 덜 포괄하기 때문이다.

내가 인간적 주체로서, 인격적 연대의 인격으로서 인간에 관심을 갖는다면, 그 인간은 물론 신체적으로도 결부되고, 공간 속에 나에 대해 거기 외부에 있으며, 거기로 가서 앉아 공간 속에 자기 옆에 있는 인간에게 이야기한다 등등. 그러나 〔나의〕 관심은 자연이 아니라, 곧 주체로 향한다. 자연이 주체의 참된 존재라 생각하는 것은 선입견일 뿐이다. 나는 사물을 자연으로서만 연구할 수 있는데, 왜냐하면 자연이 사물의 본질이고, 사물의 진리는 자연의 진리이며, '객관적' 진리를 찾는다면, 물리학을 추구해야 하기 때문이다. 그러나 여기서는 그렇지 않다. 물론 정신을 주제로 삼는 것은, 논리적으로 말하면, 정신을 '객체'(대상)로 삼는 것, 이론적 객체로 삼는 것을 뜻한다. 그러나 이것이 정신을 자연으로 탐구한다는 것을 뜻하지는 않으며, 그럼에도 '정신의 자연'을 말한다면, 이것은 애매모호한 표현이다. 왜냐하면 이 경우 자연은 본질을 뜻하고, 이러한 의미에서 수(數)의 자연에 관한 논의 등이 되기 때문이다.*

5. 주체들 사이의 정신적(자연적이지 않은) 관련인 감정이입

감정이입에 따라 자아의 모든 관련은 타인의 신체의 주체에 전가되고, 이때 감정이입하는 통각이 타인의 신체를 다른 물체와 같은 물체로, 그런 다음 감각과 영향을 미칠 수 있는 담지자로 '외부로부터' 포착하고, 이와 동시에 자신의 감각, 지각, 계속된 주체작용과 성향 속에 그 기관에 종속하는 일정한 주체의 기관으로 포착한다는 사실에 처음부터 주목해야 한다. 그러나 다른 한편 여기에서 더 이상 '경험의식' '통각'으로가 아닌 이 실재화하는 파악 속에 여전히 내가 다른 사람의 자연실재성을 주제의 객체로, 즉 자연의 구성원인 인간으로 삼는다는 점이 배제되어 있다는 사실도 주목해야 한다. 오히려 나는 감정이입에서 타인의 자아와 자아 삶을 향해 있지, 기초짓는 단계인 물리적 실재성을 지닌 하나의 이중 실재성인 심리물리적 실재성을 향해 있지 않다. 타인의 신체는 나에게는 거기에 있는 자아인 '그'——그는 손을 움직이고 이것저것을 붙잡고 밀치고 숙고하며 다양한 것을 통해 동기부여된다——를 이해하기 위한 통로('표현'·지시

---

* 다음의 5항과 6항은 본문의 55항에서 언급되는 내용이다.

등으로의 통로)다. 그는 자신에게 나타나고 기억에 적합하게 현재화하고 사유되는 등 환경세계의 중심이며, 그중에는 그가 나와 다른 사람과 함께 상당한 부분을 공통으로 지닌 물체적 환경세계도 있다. 인간이 나타나지만, 나는 인간 주체를 또한 그 주체의 관계와 그 동기부여의 연관 속의 주관성을 향해 있다.

타인의 주체를 우리의 주관적 환경세계 속에 끌어들이고 이렇게 해서 그 자체로 우리 자신을 우리의 환경세계 속에 끌어들이면, 사회적 주관성이 관련된 ─ 공동작업 · 공동연구 · 기술(技術) 활동 등의 인격적 주체인 우리 ─ 장이 생긴다. 그런 다음 이에 상응하는 개인이든 전체든 작업수행 그 자체의 통각, 개인이든 공동체든 작품으로서 통각, 환경이나 다른 사람의 '영향' ─ 직접 상호교류하는 다른 사람이든, 그 작품이나 전통을 이해하는 간접적 방식이든 ─ 을 통해 동기가 부여된 것으로서 개인의 사상과 느낌 등의 통각이 발생한다.

6. 정신적 자아와 심리학적 자아. 자신에 대한 통각 속에 그 자신인 자아의 구성. 근원적 자아와 자신에 대한 통각 속에 통각된 그 자신의 구별. 인격, 자기경험의 자아, 자기의식의 자아

이 정신적 주체의 관계의 전체성 속에 자연과학과는 원리상 구별되는 다른 종류의 학문에 대한 장(場)이 열려 있다. 여기에는 모든 인간[에 대한]관찰과 인간에 관한 지식, 인격성과 사회성에 관한 연구와 인격성에 대해 환경세계가 형성되고 변형되는 것에 관한 연구, 즉 정신과학이라는 명칭 아래 총괄하는 학문의 복합체가 속한다.

인간적 인격성과 세속적 인격성에 관한 이 연구, '우리와 그 속에 우리 자신을 발견하게 되는 세계'에 관한 연구는 심리학의 의미에서 영혼에 관한 연구와 어떤 관계가 있는가? 전자, 즉 자연적으로 주어진 세계인 정신세계에 관한 연구에서 시작하자. 여기에는 인격에 관

한 연구와 개인이거나 공동의 경험적 세계에 관한 연구도 함께 속한다. 개인은 그의 외부 세계와 얽혀 있는 주관적으로 미리 주어진 것과 관련된 그의 본질인 인격이다. 왜냐하면 이 외부 세계는 공동소유물이거나, 모든 정상의 인간에 존재할 수 있기 때문이다.

그러나 아무튼 다음과 같이 구별할 수 있다. 즉 나는 물질적 환경세계를 정상의 인간——일정한 시대 정상의 인간——이 기술하는 환경세계로서 연구한다. 다른 한편 나는 어떤 인격, 인격적 유형 등과 그 특성성향 등을 연구할 수 있고, 인격성의 본질과 발전, 그의 세계파악·사물·사물정립의 발전도 연구할 수 있다. 요컨대 나는 정신과학으로 들어갈 수 있다. 예를 들어 역사적 인간이 어떻게 물리학을 촉진시켰는지 고찰할 수 있고, 그 인간이 어떻게 자연의 이념을 구상하고 이 이념에 이끌려 어떻게 자연을 인식하는지 주시할 수 있다.[5] 그렇지만 나는 물리학으로 들어갈 수도 있다. 왜냐하면 이것도 정신적 자아가 활동할 수 있는 장이기 때문이다. 그 자아의 활동 속에 이 장——실체적-인과적 통일체인 물질적 대상과 그래서 전체 자연의 논리적 규정, 마찬가지로 자연의 관점에서 신체성과 결국 영혼——이 바로 구성적으로 생긴다.

신체물체의 영혼을 향한 자연스러운 태도 속에 주제는 신체와 결합된 영혼(심리물리적인 것)인 주체이며, 어쨌든 정신적 태도 속에 나는 독점적 주제로서 단적으로 주체와 그 환경세계를 지닌다. 이 환경세계가 물리적 자연에서 그 구조에 관해 유형적-정상으로 공통인한, 그 환경세계는 절대적으로 엄밀하게 객관적이지 않으며, 엄밀한

---

5) 따라서 나는 이전처럼 이후에도 미리 주어진 것으로서 세계를 향해 있지만, 특히 내 주제는 인간과 인간성——의식에 적합하게 자신의 환경세계로서 세계에 관련되고, 주관적 환경세계 속에 자신들의 그때그때 학문의 장을 그때그때 갖듯이, 그때그때 자신의 주관적 환경세계에 관련되는 한——이다.

객관성을 추구하면, 수학화(Mathematisierung)를 요구한다. 왜냐하면 아무튼 이 객관성은 새로운 대상성, 즉 정확하게 학문적으로 '참된' 것을 구성하는 사유작업의 목표이기 때문이다. 이 대상성은, 의식되지 않는 한, 정신을 규정하지(동기부여하지) 않는다. 일정한 도구가 이것을 도구로 파악한 사람에게만 도구로 규정되듯이, 또는 중국인에게 베토벤의 교향곡이 존재하지 않고 그래서 [중국인에게] 규정되지 않듯이, 그러하다. 각각의 환경세계의 대상, 예를 들어 빨간 양귀비는 이것을 보면서 '갖는' 사람에게 존재하며, 이 존재는 '상대적'(하나의 독특한 상대성)이다.

그러나 인격적 주체는 단순한 순수 자아가 아니다. 인격적 자아는 자신의 능력을 잘못 생각할 수 있다. 그렇지만 이 경우 그 자아는 다른 능력을 지닌다. 그 자아는 그 어떤 능력이 있음에 틀림없고, 필연적으로 발전되고 발전되어왔으며, 자신의 필연적 발생(목적의 성취과정Teleiosis)을 지니며, 나는 이것을 연구할 수 있다. 즉 이 필연적 발생은 미리 주어진 소유물과 이것에 주의를 기울이고 활동하는 리듬을 통해, 새로운 대상성을 구성하는 리듬과 새로운 대상성을 위한 새로운 소유물을 구성하는 리듬을 통해 언제나 규정된다.

이것은 근대 심리학의 의미에서 '영혼'에 관한 연구인가? 영혼은 [사물을] 지니거나 행동하는 자아가 아니며,[6] 능력의 인격적 주체도 아니고, 객관적 공간과 객관적 시간 속에 심리적인 것으로서 신체에 삽입되어 현존한다.[7] 여기에 이것을 분명하게 규정해야 할 주된 어

---

6) 물론 나는 영혼과 인격을 구별해야 하지만, 인격은 영혼이 규정된 것, 영혼 속에 구성된 통일체 아닌가?

7) 이것은 실재적 '진리 그 자체'의 기체(Substrat)로서 '그 자체'(An-sich)의 이념 아래 공간과 공간시간 속에 '자연과학적으로' 존재하는 것을 뜻하는가? 이 '객관적' 그 자체의 존재는 주관적 사실성의 존재와 대조를 이루며, 따라서 나와

려움이 있다. 정신적 자아는 모든 것이 관련되는 지점이며, 모든 공간·시간적인 것에 관련된 자아이지만, 그 자체로 시간 속에 그리고 공간 속에 있지는 않다. 모든 시간적인 것은 자신의 시야 속에 있으며, 모든 공간적인 것, 이념적인 것, 경험적인 것 등도 마찬가지다. 정신적 자아는 특히 이것이 고유한 의미에서 자신의 것으로서 갖는 신체에 관련되어 있지만, 신체와 결합된 실재적인 것은 아니다.

다른 한편 동물적인 것(인간이나 동물)은 세계 속의 사물, 실재적-인과적 통일체로 간주될 수 있다. 이것은, 심리물리적인 것이 주제인 경우, 심리물리적 심리학의 의미에서 주체, 즉 물리적 신체와 심리적인 것 사이의 경험적인 실재적 연관의 동일자다. 그렇다면 인간은 객관적 자연에서 이중 층의 실재적 통일체다. 내가 그 층(層) 가운데 하나인 순수한 주관적인 것에 몰두하고 곧 자연적 태도 속에 머문다면, 인간은 아무튼 자신의 주관적 장(場)을 지닌 인격적 주체, 즉 자신의 주관성의 장에 관련된 동일한 인격이다.

여기에서 다음과 같이 물을 수 있다. 즉 이 인격적 주체는 '주관적인 **발생적 형성물**'이 아닌가? 어쨌든 이 주체는 발전되는 것, 이 발전의 출발에서 이미 자신의 일정한 성향을 지닌 것으로 필연적으로 생각해야 한다. 이 성향은 의식의 흐름 속에 자신의 체험이 경과하는 방식으로 드러난다. 그러므로 주체는 의식의 흐름 속에 드러난 통일체로 이해될 수도 있다. 따라서 여기에서 ① 인격의 통일체와, ② 내 속에 '자아'로 구성된 ─ 그 참된 존재가 알려진 인격의 존재일 개방된 지평을 지니고 추정된 것으로서 자신에 대한 경험과 통각 속에 구성된 ─ 통일체인 '그 자신'(Selbst)이 구별된다. 발전된 인격적 주체는

나의 '여기'와 '지금'에 상대적인 존재와 대조를 이루기 때문에, 어떤 때는 이넘화하는 객관화(Objektivierung)이며 어떤 때는 주관화(Subjektivierung)다.

스스로를 의식하는 자신의 주체다. 즉 객체로서 '그 자신'은 구성적 산물, '통각의' 통일체다. 자신이 발전하는 출발에서 주체는 그 자체로 객체가 아니며, 통각의 통일체인 어떤 '자아'도 지니지 않는다. 그러나 발전의 계속된 경과에서조차 이 통일체가 결코 최종적으로 규정된 것은 아니다. 즉 나는 통각의 통일체인 자아 그 이상일 수 있고 또 이러한 자아와 다른 것일 수 있다.*

영혼의 순수 본질에는 자아의 극화(極化)가 있다. 더구나 여기에는 자아가 인격으로 또한 인격으로서 성장하는 발전의 필연성이 있다. 이러한 발전의 본질에는 인격으로서 자아가 영혼 속에 자신을 경험함으로써 구성된다는 사실이 속한다. 인격적 존재는 그 자신을 의식함으로써만 가능하며, 자신을 경험하는 그 자신은 경험된 것으로 추정된 그 자신이다. 왜냐하면 참된 그 자신은 그때그때 발전단계의 인격으로서 인격 자체이기 때문이다. 삶에서 인격은 초월적 — 모든 자기기만에도 불구하고 절대로 말소될 수 없는 내적 초재(超在) — 이다.

우리는 자연적 태도의 토대 위에서 다음과 같이 구별한다.

① 구체적 자아 또는 그 심리물리적인 것에 따라 탐구된 영혼, 즉 심리학적 주관성. 주체인 자아(이것이 그 자체로 주제로 통각되는지, 어디까지 통각되는지는 상관없이)는 자신의 '상태'(자신의 주관적인 실재적 소유물로서), 그 의미내용을 지닌 자신의 통각, 자신의 작용 속에 존재한다. 왜냐하면 이 모든 것을 구체적으로 통일시켜보면, 절대적으로 정립된 사물의 세계와 경험적인 실재적 연관 속에 있기 때문이다. 주체 자체는, 자신의 영혼 삶 속에 살고 이 삶의 내용에 따라 항상 변화하지만, 이 변화 속의 통일체이며, 이 경우 자신의 모든 '주

---

* 이 다음의 서술은 58항의 중간에서 언급된 내용이다.

관적인 것'과 통일적으로 간주되어 — 그렇지만 '자연 속의 인격'이
포함된 신체와 실재적으로 결합되어 — 발전되기 때문이다.

② 인격으로서 동기부여의 연관 속의 주체, 정신적 주체 또는 —
자연으로서도 아니며, 자연 속의 인간적인 인격적 주체도 아니고, 더
좁은 (물리적) 의미에서 자연과 결합된 것도 아닌 — 구체적 영혼. 이
것은 존재할 뿐 아니라 그 자체가 주체로 통각되는 주체다. 정신으로
서, 인격으로서 주체는 자기의식 또는 (동일한 것이지만) 자아를 지
닌다. 왜냐하면 영혼은 어떤 자기의식도 지닐 필요가 없기 때문이다.
어쨌든 주체는 자기 자신을 통각할 뿐 아니라, 마찬가지로 존재하고
자기 자신을 통각하는 다른 주체도 통각한다. 이 모든 주체는 정신적
으로 접촉하고, 그래서 나·너·우리의 통각 — 인격이 상호 교류하
는 토대를 형성하는 통각 — 이 등장한다. 더구나 각각의 주체는 자
신에 의해 정립되고 자신에게 주어진 자신의 환경세계 — 결국 모두
에게 공통인 환경세계, 즉 세계로서 동일하게 확인될 수 있는 환경세
계 — 를 지닌다. 더 높은 등급의 인격성으로 고찰될 수 있는 인격적
연대는 하나의 공통의 환경세계와 관련해 구성된다. 인격적 연대의
경우에도 '자기의식'에 관해 논의할 수 있는데, 예를 들어 어떤 국민
의 경우 국민적 영혼(nationale Seele)과 자기의식된 인격성의 의미에
서 국민적 주체인 국민(Nation)을 구별할 수 있다.

자신의 고유한 본질에 따른 또 다른 영혼과 고유한 본질의 영혼의
연관에 따른 영혼 — 이것은 참으로 심리학의 최우선 문제다. 그러나
여전히 더 상세하게 구별해야 한다. 경험의 우주인 세계는 보편적인
귀납적 통일체, 그 속에 특수한 통일체인 자연이 '경험적으로' 함께
속해 있는 통일체다. 그러나 귀납적 탐구는 영혼적인 것에 관해 심리
물리적인 것으로 제한되지 않는다. 우리는 귀납적 탐구의 가능한 학
설을 미리 계획해야 하고 또 계획할 수 있다. 어쨌든 다음과 같은 근

본적 구별이 여전히 없다. 즉 인격적 탐구에서 층화(層化)를 지닌 순수한 영혼의 탐구와, 영혼적 수동성의 하부 층에 대한 탐구다. 이 하부 층은 귀납적 경험인 연상과 구별해야 할 정신적 사태인 연상에 관련되기 때문에 예비적이다.

그러나 여기서 정신과학적 탐구는 자연적 타당성에서 일치해 환경세계를 세계로 지니지만, 동시에 주관적 환경세계인 세계를 주제로, 그렇게 해서만 주제로 지닌다는 사실에 주목해야 한다. 사물은 인격적 탐구자인 정신과학자에 존재하며, 거기에서 주제가 되는 인격인 인격이 생각하는 방식 속에 존재하는 사물로만 문제가 된다.

7. 자연고찰과 정신고찰 속의 주체

인간학적 정신과학에서는 앞의 ②에서 언급된 의미에서 주체, 인격과 인격성에 관계한다. 이 주체는 자기 자신을 의식하고, 그래서 라이프니츠의 의미에서 '정신'의 단계로 발전된 주체다. 동기부여의 자아, 능력의 자아의 통일체인 정신은 객체가 된다. 즉 내가 감정이입하면서 내적 고찰을 하고, 거기에서 감정이입된 것(또는 자기의식 이전의 주체)인 자아가 자신의 환경세계와 이 환경세계 속에 자아를 동기부여하는 것과 더불어 명백하게 밝혀지는 가운데 객체가 된다. 나 자신은 내 직관적 세계 속에 머물고, 자아로서 나는 내 주변을 지니며, 우리 둘이 공통인 것으로서 지향적으로 지닌 것을 바로 공통인 것으로 받아들인다. 내 주변범위에서 발견하는 모든 인간의 경우 나는 그렇게 한다. 즉 나는 그 각자와 친숙하고, 그의 행동과 고민을 함께하며, 일치함이 바로 존재하는 한, 나의 환경세계와 관련해 그의 환경세계를 정립하면서 공유한다. 나는 신체들을 내 주변의 사물로 정립하고, 다른 한편 주체(내적 직관에서 이 신체를 갖는 주체)에 대한 표현으로 정립한다. 왜냐하면 주체는 의사소통의 결합 속에 서로 함께 있어, 주체가 그것을 바로 체험하듯이, 직접 체험하기 때문이다. 이러한 정신 삶——정신의 활동과 고통 받음, 더구나 정신의 희미한 토대·잠 등——속에 정신의 '실재성', 정신적 '자유의 인과성'과 부자유〔구속〕의 인과성의 통일체가 입증된다.

이제 정신과 인간을 자연으로 탐구하려면, 사정은 어떠한가? 여기에서는 어떤 시선방향을 지니는가? 이러한 고찰방식에 대해 다음과 같은 점에 주의해야 한다. 즉 내가 이러한 고찰방식에서 학문적으로 주제로 삼는 나와 우리의 주변의 사물은 나와 우리에게 상관적인 사물——우리의 대응물——이 아니라, 나는 이 사물을 '절대적으로' 정립한다. 즉 나는 사물의 '그 자체'(An-sich)에 따라 학문적 문제를 제기하고, 오직 이 '그 자체'만 탐구한다. 따라서 나는 나의 것이며 또 다른 주체의 것인 모든 주변의 사물을 단순한 나타남으로 간주하고, 지금 이 나타남에 관심이 없거나, 이 나타남이 나에게 '그 자체'를 제공하는 데 소용되는 한에서만 관심이 있다. 나는 모든 '사물'을 주제로 삼고, 나와 우리에게 타당한 전체 세계를 주제로 삼는다. 즉 이 세계를 우리에게 사실적으로 타당한 것으로서가 아니라 그것의 참된 존재와 관련해 주제로 삼는다. 이때 우리의 합리성(따라서 마치 이것이 이상적 환경세계인 것처럼)의 이념 아래 우리와 관계하는 것으로 가 아니라, 그것이 곧 단적으로 '그 자체로' 실제성이라는 것으로 주제로 삼는다. 그러나 다른 사람과 나 자신도 나의 환경세계와 각자에게 미리 주어진 환경세계에 함께 속하며 그것의 참된 존재의 이념 아래 세계의 공동구성원으로 고찰될 수 있기 때문에, 이 경우 모든 나타남은 실재적 세계의 계기(契機)로서 다음 차례가 된다.

어쨌든 그렇다면 주체에서 사정은 어떠한가? 나는 여기에서 주체를 주체 그 자체의 단순한 나타남으로 간주하는가? 직관적 신체 속의 거기에 표현된 자아는 규정할 수 있는 X의 나타남일 수 있는가?

자아가—각각의 직관적 사물이 사물의 일정한 조망, 즉 '나타남'이 아니라 그 사물일 것이라는 의미에서—그러한 것일 수 있다면, 어떤 것이 참된 존재인 '수학적 존재'를 논리적으로 자신 속에 간직할 것인가? 따라서 이것은 사유의 산물인가? 이러한 의미에서 그렇지 않다. 왜냐하면 타인의 주체는 감정이입 속에 주어지고, 자신의 비-실재적 절대성 속에 근원적으로 드러나며, 그가 이것을 어쨌든 올바로 포착하고 이해하면, 감정이입을 할 수 있는 모든 사람은 이것을 직접 그와 같은 것으로 포착하기 때문이다. 따라서 인간적 주체는 즉시 상호주관적 존재다.

그러나 여기에서 문제는 주체가 물리적 사물과 같은 의미에서 제시하는 단순한 통일체인지가 아니라, 주체들이—세계에 미리 주어진 모든 것처럼 주체가 자신에 관한 사실적 '나타남', 의견에 대립해 자신의 참된 존재에 관한 물음을 심문할 정도로 다양하게 통각되고 표상되고 추정되는 변화하는 주관적 방식으로—미리 주어진 세계에 함께 속한 것으로서 곧바로 주어지는지다. 이것은 자명하게 그 경우다. 이 모든 것의 전제는 우리 모두가 의사소통 속에 그리고 개별적-인격적 삶에서 어쨌든 언제나 공동체에 관련된 것으로서, '이' 세계에 관련된 것으로서 내가 세계에서 경험한 것을 모든 사람은 동일한 것으로 경험할 수 있다는 사실을 '안다'는 것이다. 반면 우리는 동시에 각자가 자신의 견해·나타남의 방식 등을 지닌다는 사실을 안다. 따라서 '세계가 미리 주어져 있음'은 보편적 세계확신의 영속성, 아무튼 동시에 언제나 존재가 주어지고 어쨌든 자신의 참된 존재를 자신 이전에 비로소 갖는 존재의 주어짐으로서 일정한 존재의 전제인 '세계를 가짐'(Welthabe)의 영속성을 뜻한다. 물론 현실적 삶에서 참된 존재가 무한한 이념이라는 사실을 의식할 필요는 없다.

그밖에 여전히 무엇이 남아 있는가? 아무튼 객관적 세계의 정립,

우선 가령 물리적 자연 '그 자체'(논리적으로 참된 자연)의 정립, 내가 상대적인 주변의 사물을 단적으로 정립하자마자 그 결과 생기는 정립과 자신의 상대성 외부에 내가 정신, 즉 주체를 삽입할 수 있고 삽입해야 할 테두리를 제공하는 정립만 남아 있다. 사물은, 경험하든 않든, 절대로 인과적 본질을 지닌다. 사물들은 내가 없어도 자신의 규정을 지닌다. 주체도 자신의 세계에 있는 '그 자체'를 지니며, 그나 내가 이것에 대해 알든 모르든 어느 정도 자신의 '인과적' 본질을 지닌다. 이 경우 그 주체가 현실적 지향성의 영역 속에 들어오든 않든, 심리물리적 연관이 존재한다. 경험된 자연이 순수하게 연장실체로서 주체가 되었고 경험된 자연이 모든 사람에게 무조건 타당한 객관적 자연의 '그 자체'를 규정하는 (즉 자연과학 이론과 이론적 진행에서 경험된 존재에 대한 이론적-논리적 규정을 수행하는) 목표에 출발점이었던 사실을 통해 객관적 자연이 발견되듯이, 세계 전체에 대한 진리 그 자체의 목표가 결과로 드러나야 하고, 이 경우 수학화된 자연이 영혼의 주체성을 이론으로 다루는 데 토대로 이바지해야 할 것이다. 그러나 물론 선험적인 정신과학적 보편적 고찰만 수학적으로 자연화하고 이것이 정확하게나 더 일반적으로 세계에 전용되는 의미를 해명할 수 있으며, 그 권리를 명백하게 제시할 수 있다.

그러므로 귀납적-실재적인 심리물리적 통일체인 인간은 정당한 주제이지만, 오직 심리물리적 심리학의 목표만 영혼적인 것으로 대체되면 안 된다. 영혼적인 것은 그 나타남 속에 또한 인격을 통한 타당성정립 속에 각각의 경우로서 자신의 인격적 환경세계를 지닌 인격을 내포한다. 따라서 이 경우 정신과학의 탐구 전체는 객관적인 실재적 세계에 대한 진리의 한 존립요소인 일정한 진리를 향해 있다(아래 참조). 어쨌든 절대적 정신과학에 대립해 이렇게 기초짓는 (실증과학의 체계 속에 실증과학인) 정신과학의 기본적 차이를 주시해야 한다. 세계, 즉 미리 주어진 실재성의 세계에 대한 인식의 관심이 ─ 세계를 단적으로 절대적 주제로 삼는 대신 ─ 완전히 배제될 수 있으며, 이 경우 나는 나 자신과 나의 의사소통하는 주체성을 이 세계가 그 모든 것에 공통인 진리의 환경세계인 주체성으로서, 존재하는 것으로 간주된 모든 것을 타당하게 정립하고 객체(자신의 객체)가 존재하는 모든 것에 주체인 주체성으로서, 그것이 진리에 적합하다면 스스로 진리 그 자체가 추구되는 등의 주체성으로서 절대적 주제로 삼는다. 내가 이미 나의 신체를 정립하고 나에게 세속적으로 존재하며 나의 경험이 경험한 것 등 ─ 나의 인식소유물, 실천적 객체 등 ─ 으로서 항상 존재하는 것으로 간주되는 모든 것을 정립할 때, 나는 나 자신을 세계의 객체가 아니라 주체로 정립한다.

이 경우 다음과 같은 사실에 주의해야 한다. 즉 다른 사람에게 감정이입된 통각이나 타인에 대한 통각과 마찬가지로 인격적 자신에 대한 통각도 곧 자기가 나타남과 타인이 나타남인 통각이라는 사실, 인격적 세계의 인격의 참된 객관적 존재에 대립해 선험적 주관성 ─ 이 속에서 그 자신과 여기에서 구성된 객관적 극(極)인 '인격'에 대한 통각은 선험적 형성물이다 ─ 속에 대응부분(Gegenstück)을 지닌다는 사실이다.

그리고 내가 감정이입하면서 다른 사람을 경험하면, 나는 그를 나의 경험에 경험된 것, 즉 나의 소유물로서뿐 아니라 나 자신이 존재하는 것과 같은 주체로, 따라서 그에게 타당한 그의 환경세계에 대한 주체로, 동시에 우리 모두의 환경세계의 '나타남'(주관적으로 타당한 세계) 속에 그들의 포괄적 타당성에 적합하게 우리 모두에게 동일한 세계 ─ 사람마다 다르게 주어지는 세계 ─ 로 타당한 동일한 세계에 대한 주체로 받아들인다. 그러나 이 동일한 세계는, 우리 모두가 주관적으로 변화하는 것에 대립해 경우에 따라 일정한 내용(동일하게 현실적으로 존재하는 세계로서)에서 일치하는 반면, 아무튼 역사가 진행되는 가운데―그것이 항상 우리에게 역사적으로 또는 문화가 다른 민족 등에게 역사적으로 때에 따라 다르게 '나타나는' 하나의 동일한 세계였다는 사실을 확신하더라도―이 내용 자체가 변화될 수 있는 한, 여전히 상대적일 수 있다. 이러한 고찰방식이 끝까지 보편적이고 일관되게 실행되면, 보편적인 절대적 정신과학―선험적 현상학―을 획득한다.

그렇지만 사실적 정신과학에서 사정은 어떠한가? 이것은 선험적-현상학적 의미―이 속에 은폐되었지만 자신이 살아온 삶 전체를 지닌, 이 속에 나타나는 것, 참된 것, 상대적인 것, (경우에 따라 정당한 또는 단지 부분적으로만 정당한 이념에 적합한) 절대적으로 참된 것이 구성되는 삶을 지닌 구체적인 절대적 주관성 전체가 밝혀진다―에서 학문인가? 정신과학은 본질적으로 인격적 학문이다. 정신과학은 인격적 연대 속의 인격, 인격적 작용으로부터 인격적 동기부여 속에 일어나는 인격적 환경세계를 다룬다. 이것은 여기에 공공연한 연관의 엄청난 장(場)―이 장에서 우리는 움직일 수 있고 동기부여의 합리성을 간취할 수 있으며, 그래서 이해할 수 있다―이 존재하는 예리한 특성묘사와 증명을 요구한다. 반면 드러나 있거나 드러날 수 있는 이 장 전체는 장악될 수 있는 희미한 토대를 지닌다. 왜냐하면 이것은 정신과학의 이해가 항상 이해할 수 없는 측면도 간직하게 하는 수동적 동기부여와 구성의 토대이기 때문이다. 더구나 정신과학 태도에는 세계학문, 특히 자연과학과 그 태도 그리고 순수한 정신과학과 그 인접학문이 아무튼 구별되지 않는 한, 어떤 자연과학이 정신과학으로 변형되는 대신 정신과학과 동일한 수준에 놓여 있는 것으로 인지되는 한, 순수성이 없다.

심리물리적 통일체인 인간은 주제로서, 연구의 방향으로서 지향성의 주체—지향적으로 실제로-정립된 존재(그 주체가 이러한 존재인 한)인 존재에 관련된 주체—인 인간과 명백하게 전혀 다르다. 확실히 경험된 자연은 객관적 자연과 '동일한 것'이지만, 정확하게 살펴보면, 과연 이것은 무엇을 뜻하는가? 이것은 내가 이론적 태도 속에 경험하고 존재한다면, 나는 자연과학적 사유를 계속 따라가는 진행에서 동일한 것의 의식 속에 곧바로 규정되는 X, 즉 근원적으로 경험 속에 존재하는 것으로 정립된 규정의 X를 견지한다는 사실을 뜻한다. 그러나 내가 이론으로 향해 있지 않다면, 이론적인 것 밖에 주체로서 산다면, 사물은 직관적으로 내 눈앞에 제시되며, 거기에 있고 나를 규정하며, 또한 나는 그 사물을 평가한다 등등.

그렇다면 적어도 정신 삶의 태도는 결코 이론으로 규정하는 태도가 아니며, 거기에 대상이 존재하는 것은 직관되어 있음의 방식 속의 직관된 것이고, 존재하는 것 또는 그렇게 생각되고 정립된 것인 생각된 것으로 특성지어진다. 이렇게 특성지어진 것은 나를 규정하며, 사실 어떤 다른 태도에 속한 이론적인 '객관적' 사물과 동일한 것이 아니다. 오히려 이론적 작업을 위한 이념적 목표이며, 이러한 작업에서 나는 객관적 사물 자체(이것은 도달된 목표일 것이다)를 지닌 것이 아니라, 이것이 규정되지 않았지만 지향적 목표로서 경험에 근거해 규정할 수 있는 것의 '이념'을 나에게 동기부여한다.

따라서 기능하는 주체의 태도는 일반적으로 자연과학자의 태도와 다르다. 삶 속에 인격으로 기능하는 인격적 주체는 자신의 구성된 환경세계, 자신의 일치하는 소유물을 지닌 활동적 삶의 주체다. 게다가 주체-객체, 통각의 주체인 인격, 자신에 대한 통각(인간의 자신에 대한 경험)과 이에 상응하는 그대-경험과 우리-경험의 인격적 자아다. 어쨌든 정신과학자의 태도 역시 이론적 태도다. 게다가 정신과학자는 인격적 통각의 주체와 그 환경세계를 이론적 주제로 삼으며, 그가 이러한 주체의 태도로 감정이입하면서 몰두하는 가운데 주체의 본질과 이 경우 그의 주관적인 것의 본질을 심문한다.[8] 그래서 인격적 주체와 그의 소유물은 그가 규정하려는 것의 참된 존재이며, 이 참된 존재는 자신의 동기부여 속의 통일체다. 이 통일체는 이러한 동기부여 속에 자신의 독자성에서 존재하며, 자기 자신으로부터 이론적 인식이 없어도 그러한 통일체로서 의식을 갖는 통일체이며, 자기 자신에 대해 스스로를 의식한 자아로서 통각, 즉 근원적으로 자아에 대한 통각을 지닌다.

8. 심리학적 고찰과 심리물리적 고찰의 구별. 실증적 심리학. 자연주의적 심리학. 정신과학적 심리학. 귀납적 심리학

심리물리적 객체인 인간은 정신적인 것이 자신의 모든 정신성, 모든 행동과 동기가 부여됨과 함께 심리물리학자의 인간에 대한 통각 속에 주어지며 신체와 결합된 것으로 주어진다는 사실을 정신적인 것과 공통으로 지닌다. 그러나 통일체인 정신은 심리물리학자 자신의 주제가 아니라, 오히려 심리물리학자는 정신 삶, 감각을 가짐, 통각과 그 작용이 경과하는 가운데 심리물리적으로 조건지어진 것, 그 반대로 신체성 속에 정신적인 것에 종속하는 것으로 눈길을 돌린다. 그 자체로 또 그 자체에 대해 존재하는 정신은 실증적 심리학자(실증적 인간학자)의 절대적 주제가 아니라, 현존하는 세계에 속한다. 정신은 순수하게 그 자체로 또한 모든 심리물리적 조건성, 즉 정신에 세속적으로 속한 모든 경험적으로 귀납적인 것처럼 자신의 주제. 그렇

---

8) 그래서 나는 다른 사람에 대한 인격적 통각을 지니며, 이것을 다른 사람이 지니고 내가 그에게 감정이입을 한 자신에 대한 통각, 또는 이 속에 통각으로 나타나는 것, 생각된 것, 주체-객체 자체 ─정신과학은 이것에 속한 참된(객관적-주관적) 동기부여와 함께 그 진리를 추구한다─를 구별한다.

지만 그의 태도는 실증적인 것이지 절대적인 것은 아니다.

따라서 정신적인 것과 관련해 독특한 태도변경이 생긴다. 자기[에 대한]경험[9]과 주체(정신)[에 대한]경험 일반 속에 주체는 존재하는 것으로 경험되고, 그의 소유물, 주관성의 영역, 환경세계와 관련해 그의 행동방식의 통일체로 주어진다. 즉 주체는 하나이며, 환경세계는 상관자이고, 소유물인 주관적인 것(Subjektives)은 주체가 아니다. 또한 인격으로서 주체는 삶으로서 주관적인 것과 구별되어야 한다. 자아주체 자체는 촉발됨 등, 즉 동기부여의 의미에서 자기 소유물의 주관적 영역에 종속적이다. 그러나 그것은 이러한 관점에서 인과적으로 종속적이지 않고, 오히려 자연 속의 동물이 아니다. 자아주체는 자연으로 생각되거나 정립되지 않고, 따라서 자연으로 규정할 수도 없다. 자연스러운 의미에서 자아주체를 원인이 된 것 또는 원인을 일으키는 것으로 간주하는 것은 아무 의미가 없다. '원인'은 귀납적 개념, 연상적 개념이다.

반면 주체는 서로 함께 동기부여의 인과성 속에 있다. 그런데 심리 물리적 조건성은 그 속에 일어나는 모든 것을 지닌 체험작용의 자아 영역과 자연, 우선 신체성 사이에 존재하며, 특히 가령 사유작용인 자아작용과 신체성 사이에도 존재한다. 주체는 오직 자연 자체와 관련에서만—바로 구체적 영혼이 자아·체험의 흐름·작용 등과 함께 경험적으로 신체에 속하는 방식으로—정립될 수 있다. 그래서 자아 작용은 바로 자연의 시간, 세계시간 속의 사건으로, '그가 그것에 눈길을 돌리는 것'이나 '그가 가치평가하는 것' 등으로, 세계—따라서 세계시간인 것—의 사태로 간주된 관련된 체험으로 고찰된다.

---

9) '자기[에 대한]경험'에는 정신(그러한 것으로서 또한 절대적 정신으로서)에 관한 학문과 함께 이중의 의미가 있다. 즉 바로 선험적 자기경험 또는 소박한 정신과학적 자기경험인 자기경험과, 세속적 자기경험인 자기경험이다.

그런 까닭에 실증적 심리학자의 태도는 그가 온전한 인간을 포착하지만, 주제의 시선을 체험의 존립요소의 영역 전체와 그밖에 인간의 주관적 존립요소로 향하는 태도다. 이 존립요소에는 단순히 인간적 체험의 상관자인 그의 환경세계의 객체가 포함된다. 이 영역에서 심리물리적 조건성 속에 있는 것은 심리물리적 주제다. 이러한 방식으로 객관화된 인간이 자연 속에 정립되고 심리학이 인간의 존재 전체를 탐구하려면, 아무튼 심리학은 주체와 모든 동기부여의 연관, 주체의 발생(Genesis)을 함께 탐구해야 한다. 완전히 객관적인 심리학은 당연히 모든 것을, 모든 동기부여의 연관도 포괄해야 한다.

이 객관적 심리학은 순수한 귀납적 심리물리학(Psychophysik)에 부합하지 않으며, 이 심리물리학은 인간을 순수하게 귀납적 원리에 따라 일정한 사물과 같이 경험적으로 탐구하는 연구의 범위에 부합하지도 않는다. 심리물리학은 수학적으로 완결된 학과가 결코 아니며, 본래의 심리학도 전혀 아니다. 심리물리학은 인간을 외적으로, 순수하게 귀납적-경험적 규칙성의 테두리 안에서, 더구나 심리물리적인 것의 테두리 안에서 고찰한다.

그러나 심리물리적인 것의 이러한 징표가 심리물리학과 완전한 객관적 심리학을 구별할 수 있는가?[10] 심리학의 주제인 영혼은 주관적인 인격적 동기부여의 영역 밖에 있는 속성, 예를 들어 기억의 속성·연상 등을 지닌다. 우리는 이것을 객관적으로 관찰할 수도 있고 실험적으로 명백하게 제시할 수도 있지만, 다른 한편 심리물리적 연관으

---

10) 여기에서 분명하게 구별해야 할 것은 ① 귀납적-경험적 연관의 범위 전체, ② 심리물리적 연관의 특수한 것이다. 따라서 귀납적 심리학은 심리물리학이 아니다. 심지어 정신과학에서도 바로 본질적 연관이나 이해함에 관한 아무것도 결과로서 생기게 하지 않는 외적인, 본질 외적 방법으로서 귀납이 존재할 수 있다.

로 간주할 수는 결코 없다. 따라서 귀납적인 것은 신체적-영혼의 조건성에 합치하지 않고, 오히려 여기에서는 귀납적 규칙성(또한 작용행동의 규칙성)의 전체성으로 이해되어야 한다. 이 전체성은 우리가 주체를 경험적-귀납적 연관, '습관에 적합한 예측'의 연관 속에 객체로 고찰함으로써 확립될 수 있다.

아무튼 여기에서 그와 같이 귀납적이지만 심리물리적이지 않은 고찰방식의 경우에도 정신과학 태도 속에 있을 수 있는지 물음을 제기할 수 있다. 그런 다음 경험적-귀납적으로 경우에 따라 실험적으로 처리해가는 정신과학 태도를 취한 심리학의 가능성도 인정해야 할 것이며, 이때 실험심리학은 필연적으로 '자연과학적'(세계〔에 대한〕과학적)·실증적 심리학이 아닐 수도 있다. 자연과학적 심리학 아래 영혼을 '자연화하는', 즉 물질적 실재성처럼 순수하게 귀납적으로 고찰하는 심리학을 이해할 수 있다. 그런데 이것이 정당화되는 제한이 있다. 즉 영혼, 영혼적 인간은 일정한 사물처럼 일정한 상황 아래 규칙에 적합하게 경험적으로 행동하고, 그래서 외적 규칙과 지시함에 따라 인식될 수 있다.

9. 의식의 흐름, 체험 그리고 영혼 삶의 연관인 지향적 상관자

일단 심리학의 주제로서 먼저 '영혼'이 지정되고 처음에 심리학적 태도와 정신과학 태도의 관계가 문제로 제기되면, 이 난점에서 벗어나기 위해 특히 '인간의 영혼 삶'이라는 명칭 아래 포함될 수 있는 것에 관해 개괄적 조망을 제공해야 할 것이다.

여기에서 다음과 같은 것이 있다.

① 신체와 일치한 감각 장(場) 속에 감각의 연관, 연상적 복합체, 통각 등 체험작용의 흐름인 체험의 흐름에 통일체다. 각각의 체험은 객관적 시간 속에 자신의 위치를 획득하고, 더구나 자연의 신체에 객

관적으로 연결함으로써 획득하며, 여기에는 어느 정도 규정되지는 않았지만, 객관적 시간과 객관적 현존재의 형식에 속하는 물리적인 것과 심리적인 것 사이의 다양한 객관적 종속성관계가 존재한다.

② 그래서 체험은 그 자체로 또 그 자체에 대해 내재적 흐름에 시간의 통일체다. 따라서 내재적·시간적인 것을 구성하는 근원적 흐름의 연관과 사회성의 내재적인 상호주관적 연관은 다른 것이다.

③ 지향적 체험 속에 체험의 흐름의 주체에는 다양한 '초월적' 존재, 시각사물, 직관적 사물, 생각된 것 등이 의식된다. 따라서 여기에는 세 종류가 논의된다. 즉 체험작용, 체험작용의 주체, 체험작용 속에 의식된 객체. 그렇다면 '영혼'이라는 명칭은 하나의 체험의 흐름과 함께 (때에 따라 잠을 자거나 깨어 있고, 작용하는 가운데 활동하거나 그 어떤 '자극'에 의해 촉발되며, 자유롭게 실행하거나 감수하는 등) 속해 있는 자아주체를 포괄하며, 다양하게 지향적으로 구성된 '직관적'이거나 비-직관적인 이 대상――자아주체가 향해 있거나 향해 있지 않은 대상――은 자아주체에 '미리 주어진다'. 그래서 '대상'은 때때로 속견을 '정립'하는 형식으로, 또는 현존하는, 가능하게 존재하는, 개연적으로 존재하는 대상으로서 또한 가치의 대상, 실천적으로 요청되거나 욕구된 대상으로서 특성의 형식으로 주어진다. 일정한 방식으로 이 모든 것은 그 자체로 의식의 흐름에 속하지만,―― 이러한 인식대상의 형식으로 공리(公理)를 정립하는 특성과 그것이 변형되어 자아와 관련된――그 흐름 속에 생각된 것, 상정된 것, 추정된 것, 가치평가된 것 등이다.

어쨌든 자아는 자신의 체험에 관련될 수 있고, '자신을 의식하는 [자기의식]' 형식으로 자기 자신에 관련될 수도 있다.

10. 심리학적 고찰에서 정신적인 것과 그 '설명'의 문제. 자연에 관한 두 가지 개념

이제 경험적 심리학과 심리물리학의 관점에서 인식대상의 존립요소, '대상', 자아는 사정이 어떠한가? 자아는 자신의 대상, 경우에 따라 자기 자신과 자신의 체험에 대해 행동한다. 이 체험은 객관적인 시간적 사실로서 그때그때 고찰될 수 있다. 영혼을 객관적으로 시간화함(Verzeitlichung)으로써 자아도——자아 자체가 내실적으로 의식의 흐름에 속하지는 않더라도——시간화된다. 즉 모든 내재적인 것은, 내재적 시간에 속하는 한, 객관적 시간과 합치하게 되고, 이 흐름의 분리할 수 없는 자아인 한, 이것과 일치해 자아다. 모든 내재적인 것은 '항상' '지속하면서' 자아에 속하며, 각각의 사유작용과 감촉은 자신의 시간위치를 지닌다.

그렇다면 어떻게 객관적 사실인 체험은 신체성에 종속하는가? 여기에는 체험으로서 각각의 사유작용도 속하고, 그래서 자아가 사유된 것(cogitatum)에 다양한 태도를 취하는 점, 자신의 '대상'에 (인식대상으로) 다양하게 행동하는 점도 속한다. 이 모든 것은 체험 자체와 합일된 사태다. 즉 관련된 체험은 다양한 사유작용의 체험으로서 흐름 속에 등장한다. 이렇게 등장하는 것은 물리적 상황에 종속적인 것으로 나타날 수 있는——그 반대로 물리적 경과는 그 결과 객관적 자연 속에 등장할 수 있다——객관적인 실재적 사태다. 정신적 사태(Tatsache)(나의 인식대상의 상황 아래 나에게 그렇게 행동하는 나)는 의식의 흐름 속의 사실(Faktum), 신체에 결합된 영혼적 존재 속의 사실이다. 그것은 이러한 자연의 사실로 연구될 수 있으며, 그래서 심리물리적 조건성에 따라 또 그밖의 모든 경험적-귀납적 규칙성에 따라 연구될 수 있다.

인격 그 자체는 그 감촉과 작용의 다양체 속에 시간적으로 지속하는 통일체인 중심적 자아통일체다. 이러한 시간적 자아-사건(事件)의 진행에서 그것은 인격, 즉 인격적 특성의 기체(基體)로서, 기체 통일체로서 자신의 시간적 존재 속에 근원적으로 구성된다. 인격이 그때그때 구성되듯이, 인격은 새로운 감촉과 작용에 대한 동기부여의 주체로 기능한다. 그 반대로 인격은 자신을 이해하는 사람(자기이해에서 나는 나 자신에 대한 자기 자신이다)에게 인격이 그때그때 동기가 부여되게 허용하거나 활동하는 방식으로 '드러난다'. 따라서 근원적 구성과, 구성하는 가운데 또 이미 구성된 것 — 이것에 대한 이해는 구성이 더 밝혀질수록 그만큼 더 완전하다 — 을 이해하면서 경험함을 구별해야 한다.

그의 작용과 감촉 속에 드러나는 통일적 인격성을 연구하면, 어떻게 그가 다른 인격성에 '영향을 주고' 마찬가지로 정신적으로 이들에게서 영향을 받는지, 어떻게 더 높은 등급의 인격성이 구성되는지, 어떻게 개별적 인격성과 더 높은 단계의 집합적 인격성이 작업수행을 하는지, 어떻게 그의 정신적 작업수행의 상관자로서 문화의 대상성과 문화제도 등이 구성되는지, 어떻게 개별적 또는 공동체의 인격성과 문화형성물이 어떤 형식과 어떤 유형으로 발전되는지 등을 연구하는 것이다. 물론 이 모든 것에는 경험적-인과적 공간-시간의 세계질서로서 — 즉 공간-시간의 자연 속의 통일체인 인간 체험의 체계가 바로 이 모든 것에 상응하는 한 — '자연'의 사건의 체계도 놓여 있다. 이 체험이 심리물리적으로 종속적이고 일반적으로 경험-외적·귀납적·실험적 규칙에 지배된다면, 그러한 한, 이 정신적 사태도 심리물리적으로, 일반적으로 자연스러운 관점에서 고찰될 수 있을 것이다.

그러므로 학문적 실재성의 고찰(인간에 관한 실증과학인 완전한 과학적 인간학)은 정신과 이와 함께 정신적 작업수행의 학문적 연구를 포함한다. 왜냐하면 모든 정신적인 것은 개별적 인간의 체험연관 속에 일정한 방식으로 포함되어 있고, 규정되지는 않았지만 바로 더 상세하게 탐구될 수 있는 범위 속에 물리적 자연에 대한 심리물리적 조건성을 지니기 때문이다. 더 일반적으로 말하면, 경험적 사태는 귀납적이며, 어쨌든 이러한 점을 제외하고도 공간-시간적 세계의 사태가 존재하고, 그러한 종속성이 문제로 제기되지 않은 곳에도 남아 있다. 체험에는 인간이 그 어떤 사물에 가치의 술어 등으로, 작업·기계·도면 등의 술어로 의미에 부여한 것도 포함되어 있다.

이때 문화는 한편으로 실증과학의 심리학자 자체가 객관적으로 직면하고 세계〔에 관한〕학문의 객체로서 기능하는 인간이 추정한 사물과 동일하게 확인하는 실제적 사물에 대한 명칭이고, 다른 한편으로 이러한 인간이 자신이 추정한 사물과 관련해 의미를 부여하는 작용에 대한 명칭이다. 따라서 실재성을 고찰하는 관점에서 가치의 술어, 실천론의 술어, 감성적 성질·색깔·음향 등의 술어는 '단순히 주관적'이다. 이것은 실재적 특성에 따라 이것을 통해 구성되는 실재적인 것의 의미에서 '단순히 주관적인' 나타남의 방식의 술어가 아니다. 이 단순히 주관적인 것은 가장 넓은 의미에서 이념적인 것 또는 비-실재인 것이다. 어쨌든 이것은 자신의 방식으로 생각된 것으로서 참으로 존재하며, 어쩌면 단순한 나타남에 대립되는 것으로 입증된 진리다. 그것은 예를 들어 경험하는 인간인 우리의 정상성에 관련된 올바른 색깔이다. 또한 다른 방식으로 이것은 자신의 측면에서 가령 그것의 보인 색깔과 형태에서 단순히 주관적인 것으로서 정상의 존재진리 속에 기초지어진 진정한 예술작품의 가치진리다.

심리학적인 것은 한편으로 심리적 연관(곧 체험연관) 속의 내실적 심리적으로 존재하는 의식이며, 다른 한편으로 지향적-심리적으로 존재하는 것, 즉 나타남의 속성, 가치의 속성 등을 지닌 일정하게 추정된 사물의 형식 속의 지향적 상관자다. 그런데 실증적 심리학자 또는 자연과학자인 심리학자는 물리적 자연[11]의 정립을 기본정립으로 수행하고, 경우에 따라 이에 적합하게 자신에게 객체로 이바지하는 인간의 자연정립에 참여하지만, 심리학자는 자기 자신으로부터 입증된 근거에 따라 이 정립을 승인하는데, 이렇게 함으로써 심리학자가 지향적으로 정립한 사물은 동시에 자연의 실제적 사물로 간주되고, 적어도 일정한 상황에 따라 그밖에 다양한 주관적 특성을 지니고 추정되거나 간취된 실제적 사물로 간주된다.

물론 인간들 사이의 모든 정신적 관련과 더 높은 인격성의 정신성에서 전체 자연 속에 이 정신성에게 시간·공간적 현존재를 부여하는 관점에서 구성되는 모든 것은 심리물리적으로 고찰된 개별적 인간과 이들 사이의 자연적 연관으로 환원된다. 상호주관적 정신성은, 순수하게 보면, 세계경험 속에 자기 자신에 대해서가 아니라, 세속적이며, 따라서 개별적인 실재적 신체에 대해 개별적으로 감정이입하는 개별적 주체의 일정한 기초지음(Fundierung)을 통해 자연스럽게 시간적이다. 이 경우 각각의 자연과학(실증과학)이 하나의 분야에 관해 탐구하는 '자연'(실증성의 세계)은 언제나 시간적 현존재질서의 통일체, 공간-사물로 규정된 하나의 시간 속에 공존(共存)하고 계기(繼起)하는 질서의 통일체, 구축할 수 있고[12] 예측할 수 있으며 ─ 나중에 추적할 수 있듯이 ─ 재건할 수 있는 물리적이며 부분적으로는 적어도 심리적인 질서의 통일체로 생각된다. 자연은 모든 존재자를 명백하게 규정할 수 있는 체계임에 틀림없다고 물리적 자연의 근본

---

11) 자연은 항상 실재성들의 보편적 세계라는 의미에서 전체 자연(Allnatur)을 뜻한다.

12) 이것은 물리학적 전형(典型)의 의미에서 구축할 수 있음(Konstruierbarkeit)을 뜻한다.

영역에 이끌린 자연과학자 스스로 주장한다. 자연으로서의 세계, 보편적인 객관적 세계는 진리 그 자체에 대한 기체(基體)가 우주이며, 보편적 학문 속에 '공리' 또는 전제에서 연역할 수 있는 것으로 생각된 이 우주(Universum)는 기하학적이며 물리학적인 전형(Vorbild)이다. 그런데 후자는 일정하게 해석된 것이다.

그러므로 어쨌든 '자기 자신을 양도하는' 자연의 형태 속에 확고하고 명백한 시간의 결과를 보증하는 자신의 완결된 합법칙성을 지닌 물리적 자연을 넘어서 ─ 반면 이것은 다른 한편으로 정신성과 정신적 영향을 미치는 공간을 물리적인 것 속에 남겨놓는다 ─ 여전히 심리물리적 합법칙성과 정신적 합법칙성이 존재함에 틀림없다. 심리물리적 합법칙성에 관해서는 정신적으로 '평행하는 것'이 일정한 물리적 존재배열(모든 물리적인 것에 대한 것이 전혀 아니라면)에 대해 규정된 본질을 요구하며, 다른 한편으로 〔정신적 합법칙성은〕 통일체의 구조법칙, 경우에 따라 내재적인 심리적 법칙인 심리적인 것의 고유한 본질적 발전의 법칙이다. 인격의 모든 정신적 실행·가치평가·작업수행·창조는 여기에 배열되며, 하나의 시간-공간적 질서 속에 객관적 사실의 영역에 속한다.

그래서 여기에서 자연을 다음과 같은 두 가지 의미로 다룬다.

① 가장 넓은 의미로 그 속에 정당하게 감정이입된 영혼적인 것을 지닌 물리적 자연. 이것은 '단순한 주관적 사실'에 대립한 객관적인 실재적 사실의 영역이며, 단순히 '실질적' 경험에 주어진 것, 그 추정된 경험의 객체가 단순히 주관적인 ─ 우선 개별적 주체와 이것이 자신의 원본적 입증에서, 그런 다음 상호주관성 속에 일치함 안에서, 바로 일치하지 않으며 입증이 일치함에 확실히 적합하지 않은 ─ 모든 규정에서 해방된 모든 전체성이다. 그러나 이것은 '그 자체'의 이념 속에 아프리오리하게 근거한, 우연적이지 않은 필연적 일치함이

어야 한다. 우연적 일치함의 영역에는 객관적인 물리적 자연이 주체를 '제시할' 2차 성질'도 속한다. 그래서 이러한 의미에서 물리적 자연의 경우 실질적인, 객관적으로 규정할 수 있는 존재의 우주——자신의 고유한 술어적 의미 속에 그것을 경험하고, 그것에게 제시되고, 느끼며, 그것에 태도를 취하고 행동하는 등으로서 주체와 그 그룹을 소급해 지시하는 모든 규정에서 자유로운 우주——가 중요하다.

이러한 객관적 자연의 연관에는 경험에 적합하게 신체에 연결된 것인, 객관적인 실재적 사실로서 영혼도 있다.

② 더구나 자연을 귀납적 경험속성의 영역으로도 이해할 수 있고, 정신적인 것, 체험의 상관자가 자연으로 정돈되는 것에 관한 논의가 일정한 의미를 지녀야 한다면, 그러한 속성이 존재함에 틀림없다.

이러한 방식으로 모든 심리적인 것, 모든 인격적인 것은 일정한 존재자, 사건, 연관된 경과를 형태화하는 관점에서 객관적인 공간-시간적 자연 속에 고찰될 수 있고, 그래서 항상 물리적 사물, 즉 신체에서 '영혼'의 존립요소다. 이 경우 인격은 자연(자연과학의 객관적 자연) 속에 일어난 사건, 일정한 신체에 연결된 것, 자신의 영혼적인 것에 속한 것, 그 자체로 존재하는 신체물체 위에 구축된 것이다.

이렇게 파악하는 경우 자연과학 태도에서 심리적인 것에 대한 '자연과학의 설명'에 명백한 문제가 생기는데, 이 문제의 의미와 권리를 숙고해야 한다. 확실히 심리적인 것에 관해 '현존하는 것'이라 부른 것(현존재자인 심리적인 것)을 연구해야 한다. 심리적인 것은 감정이입의 경험 속에 있는 주관성이다. 왜냐하면 주관성은 신체적-물리적인 것과 시간적으로 공존하는 것으로 경험되기 때문이다. 비-실재적 술어(가치처럼 물리적 사물의 술어)를 지닌 각각의 물리적 객체는 물리적인 것으로만 정립된다. 자연스러운 태도에서 정립되는 것은 바로 개체적인 것이다. 이것은 모든 사람에 대해 상호주관적으로 동일한 것, 즉 가장 낮은 단계에서는 물리적 자연으로, 이것 위에 구축된 것인, 객관적 시간 속에 이것에서 함께 경험할 수 있는 것으로 정립할 수 있는 것, 따라서 '심리적인 것'이다.

그렇다면 문제는 '어떻게 감정이입된 심리적인 것의 객관적 시간 질서가 자신의 다양한 내용에 따라 규정되는가?'다. 심리적인 것은 철저하게 자신의 고유한 존재의미에 따라 귀납적-경험적이다. 과연 귀납적-경험적인 것은 이것을 넘어서 어디까지 도달하는가? 그런데 자신의 독자성에서 영혼적인 것은 사정이 어떠한가? 귀납적-경험적인 것도 존재하며, 이것은 모든 귀납적·심리적 경험(Empirie)에 의해 전제된 아프리오리한 본질을 지니지 않는가? 따라서 본질상 필연적으로 구조에서 그 본질을 빼내면, 귀납적-경험적이지 않은 것이 여전히 탐구될 수 있게 남아 있지 않은가? 직접적인 심리물리적 지시의 범위를 넘어서 도달하는 내적 삶의 영역은 어떤 종류의 객관적 시간배분을 지니는가? 여기에서 귀납적 연관을 구별하는 데 무엇이 필요한가? 이러한 문제를 제기하기 시작한 것만으로도 (여기에서는) 충분할 것이다.

11. 정신과학의 고찰은 주관성을 절대적으로 정립한다. '내적' 경험과 '외적' 경험

이제 정신과학 태도의 고찰에 주의를 기울이자. 이 태도의 본성은 정신, 인격, 인격적 공동체, 인격적 작업수행을 자연 속에 배열하는 대신, 이것을 근거로 놓고 그 자체로서 (절대적으로) 정립된 자연에 편입시키는 대신, 오히려 주관성을 절대적으로 정립하고, 자연을 직관적으로 현존하는 환경세계 또는 표상되고 생각되며 추정된 인격의 환경세계로만 인식한다. 그리고 이전에 '참된 실제성'이었던 수학적으로 객관적인 자연을 일부는 개별적·인격적이며, 또 일부는 사회적-인격적인 학문적 활동의 주체로서 이론적이지만 이성적인 인간의 구축물(실제로 단지 그 본질)로만 간주한다.

정신적 태도에서 우리는 주어진 통일체인 인격과 그 환경세계 그리고 이 환경세계에 관련된 인격이 활동하며, 이것을 직관하고 분석하면서 추구하고, 이것을 (직관에 근거한) 학문적 이해로 이끈다. 학문적으로 우리는 자신의 감성적 토대를 지닌 그때그때 자아에 속한 의식의 흐름의 연관으로 되돌아가고, 여기에서 지향적 탐구로 인격적 통일체가 환경세계로 (구성된) 규정됨으로써 구성되는 이 모든 연관과 종류를 추적한다. 환경세계로 주어진 것, 자연의 사물 등은 구성된 통일체와 상호주관적 규칙화로 환원된다. 요컨대 모든 정신과학은 (선험적 현상학의 전환Wendung인) 경험적 현상학으로서 현상학 속에 궁극적으로 결합된다. 정신과학은 단순한 직관에 근거한 학문이며, 그 이론적 규정은 객관적 시간질서의 구축에 있지 않고, 주관적이지만 개인을 넘어서는 시간질서—모든 내재적 체험의 흐름과 지향적 상관자를 자신의 내재적 시간질서를 지닌 그것 속에 하나의 통일적 질서의 관련으로 정립하는 질서, 그 지표는 초월적으로 구성된 객관적 시간의 질서다—속에 인식작용이며 인식대상으로 동기부여에 따른 현상의 주관적 질서의 구축에 있다.

자연과학은 외적 경험에서 시작하며, 이 경험은 그것이 미리 주어지는 자연과학의 근본토대다. 자연과학은 주체(다르게 주어지는 다른 주체)가 경험한 것—변화하는 성질(반면 성질화와 주관적 조망이 다르지만 이것은 동일하며 현실적으로 존재하는 것으로 확증된다)로 경험한 것—에 근거해 '그 자체', 즉 동일한 것을 경험하는 각각의 주체에 대해 그리고 다양한 주관적 상황의 모든 술어와 관련해 논리적으로 불변자(Invariante)인 초-주관적인 것(Übersubjektives)의 존립요소를 만들어낸다. '객관적인 것'(Objektives)은 변화하는 주관적인 것 속에, 자신의 주관적으로 변화하는 다양체 속에 불변하는 '참된 존재'이며, 우선 최초의 의미, 즉 물리적 자연의 의미에서 객관적 자연이다. 확장된 두 번째 자연은 외면화함으로써, 심리적인 것을 물리적인 것에 규칙화해 연결시킴으로써 생긴다.

기술하는 자연과학, 직관적 부류의 형태와 질서에 관한 학문(정상의 인간 공동체에 기초해 상호주관적 존립요소를 지닌 학문)은, 정상의 인간 공동체에 속한 일반적-주관적인 것을 객관적(정밀한) 자연과학의 의미에서 이론적-객관적으로 규정하는 과제를 수반하는 하부 단계로 파악되는 한에서만, 자연과학이다. 또한 개체적·심리학적 형태학을 포함해 모든 정신과학의 형태학(Morphologie)은 그러한 하부 단계로 간주될 수 있다. 따라서 '객관적' 규정 —공간적-시간적 현존재인 객관적 현존재 속의 규정— 의 목표에 따라 그것은 '외적 경험'의 통각 속에 포착된다.

그러나 정신과학은 순수하고 단적으로 '내적 경험', 더 적절하게 말하면, 현상학적 경험에 입각한다. 왜냐하면 물리적 경험 속에 기초하는 것으로서 심리학적 자기경험과 타자경험의 의미에서 내적 경험은 외적 경험, '자연'[에 대한]경험의 형식이기 때문이다. 나 자신 속에 발견된 내재적인 것은 내 신체에 속하는 영혼 속에 발견될 수 있는 것, 체험 등으로서 주제로 고찰된다. 일정한 방식으로 정신과학도 외적 경험을 주제로 사용한다. 하지만 자연과학이 내재적 경험을 (자연화된 주제의 태도를 통해) 외면화하듯이, 정신과학은 외적 경험을 내면화한다. 성신과학은 외적 경험을 외적인 것으로 주제화하지 않고, 내적 작업수행으로 주제화한다. 정신과학자는, 자연과학자처럼, 외적 경험을 주제로-이론으로 수행하는 주체가 아니다. 즉 그의 이론적 태도는 외적으로 경험된 객체를 단적인 주제로 정립하고, 게다가 순수하게 실질적으로 객관적으로 규정할 수 있다는 의미에서

정립하는 것으로 나아가지 않으며, 그 객체를 경험작용의 인식대상
(Noema)으로 또 경험하는 주체나 공동체의 환경세계인 것으로 정립
하고 이것을 주관적 연관 속에 규정하는 것으로 나아간다.

여기에서 수행된 정립은 경험함, 즉 '자아주체는 이러저러한 것을
경험한다'의 현상학적 정립이다. 그래서 이 정립에는 자연을 경험함,
감성적인 직관적 사물, 감각사물, 이러한 가치론적이며 실천적인 객
체성을 경험함이 완전히 동등한 상태에 있다. 따라서 주체는 주관성,
주관적인 것 속에 나타나는 것, 정립된 것, 경우에 따라 이론으로 규
정된 객체 그 자체 등과 같은 것, 자신의 모든 지향적 상관자를 지닌
개인의 것뿐 아니라 공동체의 것인 주관성이다. 그렇다면 자연과학
의 모든 객관적인 것은 주관성 ─특히 이성적 방식으로 자연을 탐구
하는 주관성─의 부각된 형성물의 체계로 특성지어진다. 결국 정신
과학자는 바로 일정한 단계, 즉 자연을 탐구하고 그래서 각기 이성적
또는 비-이성적으로 활동하는 주체로 되돌아간다.

물론 '자연'-과학을 객관성에 관한 학문으로, 정신과학을 주관성
에 관한 학문으로 규정하는 것은 매우 오래된 진부한 것이다. 그렇지
만 딜타이가 비로소, 이것을 결코 이론으로 명석하게 밝히지 못했고
그 순수한 구별조차 〔준거를〕 제시할 수도 없었지만,* 주관성에 관한
두 가지 학문이 반드시 존재한다는 사실을 간취했다. 즉 심리물리학
의 방식에서 학문, 더 분명하게 말하면, 정신적인 것을 자연으로 또
한 자연 속에 객관적으로 따라서 객관적으로 세속적으로 규정하는
학문과, 자연과학적이지 않지만 외적 경험에 입각한 정신에 관한 학
문이 아니라 모든 자연과학과 또한 정신에 관한 자연과학적 이론(자
연과학적 심리학·인간학)을 '정신의 형성물'로 포함하지만 이것을

---

* 딜타이에 대한 후설의 이러한 관점의 비판은 48항과 241쪽의 역주를 참조할 것.

특히 정신의 형성물로도 인식하는 학문이다. 그밖에 아주 다른 것이 많이 있다. 현존하는 경험적 정신과학은 기술하며 직관적이다. 왜냐하면 모든 정신적인 것은 직관적 원천 자체에서 주어지고 그 원천에 입각해야 주어질 수 있지만, (정밀한 자연과학의) 물리적인 것 '그 자체'처럼 명증한 사고를 통해 이념의 형성물로 주어질 수 없기 때문이다. 이것에는 그 속에 정신적 형성물의 유형을 제시하고 이러한 것으로서 주관성의 영역에 속하는 기술하는 '자연'-과학도 일정한 방식으로 배열된다.

그러나 직관적으로 주어진 것, 직관적 개념 속에 포착된 것은 여기에서 객관화하는 설명(자연에 대한 설명)의 하부단계가 아니라, 주관화하는 설명, 즉 형성물을 조직하는 구성의 측면에 따라 그리고 다른 상관적 층(層) 속에 경과하는 모든 동기부여의 측면에 따라 이해하게 하는 것이다. '동기부여'는 체험을 이해할 수 있게 〔다른〕 체험과 결합하며, 자아와 지향적 상관자 사이에서 진행한다 등등. 왜냐하면 극도로 확장된 의미에서 순수하게 주관적인 것은 순수하게 직관적으로 드러내 밝힐 수 있는 인과성의 연관, 즉 '~때문에(만약~), 그렇다면~'이기 때문이다.

따라서 역사학자·언어학자 등의 태도는, 그때그때 매우 제한된 그룹의 형성물과 제한된 층의 동기부여만 자신의 주제시선 속에 들어오더라도, 정신과학 태도다. '철학적' 심층으로 이끄는 학문은 자연과학이 아니라 정신과학이다. 왜냐하면 철학적 심층은 궁극적 존재자의 심층이기 때문이다.

실제로 원본적 직관을 지닌 한, 우리는 바로 원본적인 것을 지닌다. 또한 자연과학 태도에서는 '단순히 주관적'이라 부르며 자연과학의 이론적 관심이 이것을 배제할 것을 요구하기 때문에 중요하지 않은 것으로 다루어지는 실제로 원본적으로 직관적인 것은 더 나은 의미에서 참된 것이다. 이것은 모든 것이 발원하는 절대적인 것이며, 절대적 자기타당성을 지니지, 단순히 학문적 경험의 구성적 산물인 타당성을 지니지는 않는다. 어쨌든 이 산물은 궁극적 진리에서 단지 규칙화된 주관성에 대한 지표일 뿐이다.

객관화(Objekivierung)의 엄청난 실천적 의미, 객관적 사건의 경과를 '계산하는' 필연적 과제에 대한 그 의미는 근대가 직관이 주어지는 근원적 권리와 다음과 같은 사실에 맹목적이게 만들었다.* 즉 여기에 모든 권리의 원천이 놓여 있다는 사실, 이 원천은 가령 자연과학으로 확장되는 것이 아니라 자신의 근원적 형식 속에서만 진리를 포함한다는 사실, 진리의 발전은 직관의 형식을 견지해야 하지만, 자연과학은 ── 발원된 것으로 또 (세계에 대한 독단적 파악이 부여하는 절대적 의미가 아닌) 자신의 주관적 의미로 해석되는 경우에만 비로소 ── 철학적 진리의 영역에 배열된다는 사실이다.

12. 정신과학 태도에서 자연. 정신과학 태도와 현상학의 태도

그러나 전체로 유용한 이 상론은 제한과 보충이 필요하다.

정신과학자, 예를 들어 언어학자나 역사가는 끊임없이 외적 경험을 '수행한다'. '자연'은 그에 대해 현존하고, 이것은 공동체연관 속

---

* 후설은 『위기』에서 이러한 측면을 더 자세하게 비판한다. '단순히 주관에 상대적'이기 때문에 모호한 명증성을 지닌 것으로 경멸당했던 주관적 속견(doxa)은 술어로 충분히 확증될 수 있는 진리의 영역, 참된 이성(logos)의 직접적인 최초의 형태로, 객관적 인식(episteme)이 그 타당성의미와 정초관계상 되돌아가야 할 궁극적 원천이다. 즉 "자연과학이 망각한 의미기반"(같은 책, 48쪽), "학문적 사고나 경험이 끊임없이 전제하는 존재타당성의 토대, 자명성의 원천"(112, 124~131, 150~151, 382쪽), "객관적 학문의 의미원천과 권리원천"(143쪽)이다. 물론 이것은 생활세계(Lebenswelt)가 지닌 토대(Boden)의 측면에 관한 분석이다.

에 있는 모든 인격에 공통인 —이들 모두에 의해 공통으로 경험되는, 모두에게 현존하는 것으로 입증되는— 자연이다. 어쨌든 이론적으로 그는 공통의 자연을 규정하려 하지 않고, 따라서 이론적-자연과학적으로 규정된 자연과 '결합된' 영혼의 자연을 규정하려 하지도 않는다. 그의 이론적 주제는 그의 환경세계와 관련된 인격적 주관성이다. 직관적으로 주어진 자연도 직관적인 직접적 환경세계로서 인격에 의해 직관되고, 인격에 대해 직접 곧바로 직관적으로 주어진다. 그렇지만 경우에 따라 자연과학으로 사유된 자연도 환경세계, 즉 그때그때 자연과학자에 대한 그리고 자연과학자가 자신의 이론 속에 그것을 알 수 있는 한에서의 환경세계다.

그런데 정신과학자는 현상학의 현상, 선험적으로 순수한 사유주체(cogito), 사유작용을 하는 주체와 이들이 사고되어 있는 선험적 다수(多數)로의 선험적-현상학적 환원이 결코 필요없다. 경험된 세계는 정신과학자에게 바로 경험되고, 실천적 삶의 의미인 자연적 의미에서 경험되며, 경험하는 가운데, 즉 사물 —인간과 동물, 자연스러운 사태인 사물, 어쩌면 국가경제의 가치인 사물, 일반적으로 유용한 것, 목적에 이바지하는 것 등— 이 구성된 세계를 단적으로 모든 측면에서 '경험하는' 가운데, 예술작품·문예창작 등을 '경험하는' 가운데 체험한다. 단적으로 '경험된' 세계는 인격이 세계와 관련해 자신의 태도를 취하고 판단하며 가치평가하고 그것을 실천적으로 변형시키면서 등 수동적-능동적으로 살아가는 세계다. 정신과학자는 인위적 방법론에 따라 이 영역에서 아무것도 배제할 수 없다. 물론 정신과학의 내면심리학에 대한 방법은 '심리학적 환원'을 요구한다. 그러나 구체적으로 기술하는 역사적 정신과학은 경험과 그 경험의 통일체에 집착하며, 엄밀한 방법으로서 현상학적-심리학적 환원이 필요없다. 왜냐하면 그 정신과학은 궁극적으로 구성적인 기본적 분석, 지향성의 기본적 본질법칙, 이 궁극적인 정신과학의 '설명'으로 나아가지 않기 때문이다. 정신과학자에게는 모든 것이 거기에 남아 있으며, 따라서 그는 이것을 다양하게 추구한다. 즉 정신과학자로서 그는 인간, 이들이 상호작용하는 인격적 연대, 그 작업수행 — 이들이 작업수행하는 것과 작업수행된 것 — 등을 추구한다.

그러나 그가 탐구하는 관심이 오직 공동체의 주체(이것은 그의 측면에서 개별적 주체의 인격적 영향을 미침으로써 서로 잇달아 생긴다)처럼 개별적 주체인 인격적 주체와 인격적 주체의 작업수행 — 작업수행한 것과 작업수행된 것 — 을 향해 있기 때문에, 그에게는 (언제나 곧바로 타당한) 모든 대상성, 모든 자연, 심지어 그밖의 모든 대상성(또한 작품·재화 등)이, 대상이 인격에 의해 경험되고 그밖의 방법으로 의식된 대상인 한에서만, 또한 인격의 능동적 의식활동을 통해 새롭게 구성되는 한에서만, 고려된다.

우리는 정신〔인문〕과학적 연구(나는 역사적으로 형성된 이른바 '정신과학'Geisteswissenschaft을 뜻한다)라는 명칭 아래 특히 인격적 작업수행을 능동적 주체의 작업수행과 그 '산출물', 능동적 형성물로써 해명하는 이해를 연구한다. 그러나 이 가운데 우리의 정신과학자에게는 당연히 순수하게 분리되지 않은 이해할 수 없는 영역이 남는다. 왜냐하면 정신과학의 설명에는 아무튼 설명되지 않는 것, 그 결과 심지어 정신과학 외부의 것으로, 자신의 동기부여 연관 속에 세속적으로 존재하는 미리 주어진 인격의 활발한 작용에서 발원하지 않은 것으로 특성지어진 많은 것이 남아 있기 때문이다.

구체적 인격의 능동적 동기부여를 다루는 심리학은 여기에서 아프리오리한 것과 일반적으로 이러한 영역의 경험적인 것을 탐구해야 한다. 다른 한편 물론 심리학도 주체의 수동적 감촉과 수동적 행동방식, 그 상상과 연상 등의 영역을 연구해야 한다. 그러나 일반적으로 궁극적 설명을 향한 것으로서 정신과학의 심리학은 단지 능동적 동기부여의 심리학일 수는 없다. 이 심리학은 이해할 수 없는 것은 결코 남겨둘 수 없다. 구체적으로-기술하는 정신과학은 여기에 만족할 수 있다. 왜냐하면 이 정신과학은 궁극적 구성에 대한 본질법칙의 기본적 이해—이것은 보편적으로 설명하는 현상학의 인식이다—없이도 가능한 구체적인 직관적 이해를 추구하기 때문이다.

이것에 유비적인 것은 기술(記述) 안에서 기술하는 자연과학(왜냐하면 직관적 기술은 자연스러운 '그 자체'의 기술이 아니기 때문에 '기본적 법칙에 입각해 설명하는 것'으로서 이론적 자연과학에 대립하는 것이 아니다)과 이것을 이해할 수 있음이다. 그래서 직관적 세계는 항상 전제되고 정립되어 지속한다. 하지만 직관적 세계는 바로 순수하게 그 상호인격적 나타남의 방식에 통일체인 세계다.

공간 '은' '객관적' 공간이지만, 정신과학자의 학문적 관심은 무조건 객관성의 이념 아래 이 객관성을 단적으로 규정하는 것이 아니며, 모든 사람과 모든 시간에 대해 무조건 '그 자체로 참된' 그 존재에 따라 공간사물을 규정하는 것이 아니다. 사물 '자체'는 '여기'와 '거기' 속에 동일하게 확인된 것이지만, 이 경우 그때그때 직관적으로 그렇게 나타나는 것으로 동일하게 확인되고 마찬가지로 성질화되더라도, 인격적 주체의 사물로서 '여기'와 '거기' 속에 나타나는 것으로만 고찰된다. 공간은 방향이 정해지는 체계에 대한 지표다. 모든 사물은 방향이 정해지는 가운데 이것이 어떻게 주어지는지에 따라 고찰되며, 주체는 주체가 '여기에서 거기로' 가면서 등 공간사물에 행동한다. 각각의 주체에는 이렇게 방향이 정해지고, 감성적으로 이러저러하게 성질화되며, 종종 개체적으로 몹시 변경되면서 성질화된 사물이 자신의 환경세계로 미리 주어지고, 각각의 주체가 '그' 사물에 관한 자신의 조망, 지각 등을 지닌다는 사실이 주어진다.

이제 다음과 같이 구별해야 한다.

① 인격, 자신의 환경세계와 관련해 그의 인격적 행동, 이 환경세계 자체에 관한 학문인 구체적 정신과학과, 주관적인 '인격적 세계'에 대해 보편적으로 기술하는 학문.

② 인격적 내면, 인격적인 세속적 태도 속에 은폐된 인격 이전의 세속적인 구성적 주관성에 대한 학문적 탐구와, 본래의 선험적 주관성에 대한 학문적 탐구.

더 나아가 한편으로 구체적(역사적)으로 기술하는 태도와 학문, 다른 한편으로 법칙적 일반성으로 향한 학문——따라서 항상 여전히 역사적 사실성 속에 단순한 형태학이 아닌 학문——을 구별해야 한다. 그렇다면 ① 인격적으로 가능한 세계의 형상학(Eidetik)과, ② 형상적 현상학에 이르게 된다.

이제 직관적으로 성질을 띠고 스스로를 부여하는 동일한 사물 대신, 오히려 상대적인 인식작용의 의미에서 사물의 나타남——즉 우선 다양하게 제시되는 직관적 사물(항상 직관적으로 동일하게 정립된 사물)의 나타남——도 주체에 대해 기술하려 겨냥하면, 이것의 연관을 추적하고 이것이 주체의 의식 속에 또 주체의 감정이입의 연관 속에 서로 뒤섞여 현상적으로 제시되고 그 다른 단계에 따라 의식에 적합하게 발원하는 방식——주체 속에 사물의 통일체인 통일체가 통각으로 발전되고 주체가 태도를 취할 수 있는 미리 주어진 것이 되는 방식——을 추적하려 겨냥하면, 더구나 정신과학에 미리 주어진 존재인 환경세계의 존재를 더 깊이 '이해하는' 해명을 하는 것이며, 정신과학의 궁극적 토대에 대한 현상학적 해명을 하는 것이다. 이 해명은 사실(Faktum)로서——당연히 선험적 '현상학'[13])이 아니라 형상적인

---

13) 선험적 해명: 자신의 방식에서 실증적 학문인 정신과학의 토대는 인격적 세

정신의 심리학적 '현상학'을 적용해—미리 주어진 존재자를 해명하는 것이다. 미리 주어진 세계에 대한 태도는 여기에서 변경되지 않는다. 자연이 나타나는 것은 여전히 자연적 방식으로 정립되며, 단지 차이는 학문적 탐구와 이론적 규정의 주제가 주관성, 게다가 궁극적으로 또한 여기에서—주관성이 그 자체로 인식으로서 그 표상으로 현존하는 자연과 다양하게 존재하는 자연을 다양한 나타남의 방식 속에 그리고 의식의 방식 속에(이 속에서 주관성은 바로 이 자연을 지향적으로 나타나게 하며 현존하는 것으로 인식에 적합하게 정립한다) 어느 정도 산출하는 한—주관성이라는 것이다. 그렇다면 이것에는 이러한 연관 속에 자연과학에 대한 정신과학의 해명이 되는 자연과학적 인식이 연결된다.

따라서 이 모든 것은 '현상학적 환원'이 명확하게 수행되지 않아도, 자연적 실제성의 정립을 중지하지 않아도, 그러하다. 마찬가지로 국

계[세속]성(또한 이념적으로 세계[세속]적인 것에서)에 관한 형상적 학문이다. 왜냐하면 이 속에는 인격적 작업수행인 모든 학문의 방법에 대한 토대의 인식이 포함되어 있기 때문이다. 어쨌든 인격적 학문 또는 정신과학에는 인격 '속에서' 진행되는 구성하는 삶이 들어 있지 않다. 그렇지만 그 이상이다. 즉 정신과학, 역사적으로 기술하는 학문과 본질의 학문은, '자연스러운' 태도 속에 자연이 전제되어 있는 것과 전적으로 마찬가지로, 사실적(또는 가능한) 정신세계를 미리 주어진 것으로서 항상 지닌다. 자연적 태도 일반은 자연적 정신세계를 미리 주어진 것으로 지니며, 자연적 태도와 자연 자체를 인식의 주제로서 그 정신세계에 배열한다. 그러나 나는 판단중지(epoche)를 할 수 있다. 내가 정신세계에 관해 판단중지를 하면, 그 결과 또한 물리적 자연에 관해, 그런 다음 확장된 의미의 자연에 관해 판단중지를 한다. 그렇다면 무엇이 남는가? 나는 나의 인격적 자아를 현상으로서 지니고 그래서 인격적 세계 전체를 갖는 자다. 그렇다면 새로운 것, 즉 절대적인 선험적 주관성과 그 현상의 우주(Universum)에 도달한다. 그러나 어떠한 판단중지도 하지 않으면, 나는 단지 정신세계의 자연적 토대 위에서, 자연스러운 심리학과 평행하는 것인 정신과학과 정신과학의 심리학을 획득할 뿐이다.

510

가·교회 등 모든 역사적 인격성은 미리 정립되어 있고, 이후에 주관적-정신과학으로 '설명되며', 이해할 수 있게 된다. 그래서 동등한 방식으로 미리 주어진 세계는, 괄호 속에 넣지 않더라도, 주관성으로부터 이해될 수 있게 된다.

이러한 파악에 따라 정신과학 속에 해명의 다른 단계와 이에 상응하는 다른 학과도 있을 것이다. 구체적 정신과학 속에 인격, 인격적 공동체, 작업수행의 과정인 작업수행, 작업수행 속에 산출된 형성물—이 모든 것은, 바로 특수한 의미에서 인격적인 것에 관계한다면, 본래의 작용 속에 실행하거나 감수하는 자유로운 주관성의 영역에 속한다. 관련된 대상성을 주어진 것으로 이끌려면 경험—여기에서는 인격적 통일체와 그 형성물에 대한 경험, 이것을 산출하는 활동과 그 동기에 대한 경험—이 필요하다. 요컨대 고유한 세계의 존재영역으로 통합되고 특히 그렇게 특성지어질 수 있는 '정신성'(Geistigkeit)의 영역이 필요하다. 이러한 특성묘사는, 물리적 생물학에 대한 유기적 생명체처럼, 정신과학의 특별한 과제다.

어쨌든 이제 동일한 공간시간 실재성의 세계가 인격적 환경세계의 존립요소에 함께 속하지만, 인격적 공동체에 대해 직관적으로 규정되는 방식으로 함께 속한다는 사실에 주목해야 한다. 이 세계를 주어진 것으로 이끌려면 원본적으로 부여하는 직관(경우에 따라 재생산하며 그런 다음 유사-원본적으로 부여하는 '내적' 직관)이 필요하다. 이것은, 학문적 방법의 범위에 삽입되더라도, 학문에 앞서 놓여 있다. 이 경우 일정한 학문적 주장을 하지 않아도, 누구나 그의 영향을 미치고 산출하는 가운데 일정한 인격성을 직관적으로 생생하게 만들 수 있다. 이것에는 무엇보다 학문적으로 기술하는 개념에 의한 기술(記述)이 속한다. 물론 여기에는 정신성의 형태학, 또한 발전의 형태학이 연결된다.

구성하는 직관을 수립하는 가운데는 그에 상응하는 기술에서 이미 학문적 이해(Verstehen)인 이해가 벌써 놓여 있다. 특히 동기부여의 형상적 필연성이 인식되거나 심지어 고유하게 명백히 제시되고 주어진 경우에 적용되는 한, 설명하는 이해가 있다. 따라서 구체적으로 이해하며, 일반적으로 동기부여의 법칙에 의지함으로써 학문적으로 이해한다. 인격적 주관성 또는 인격적 상관자의 대상성의 개별적 계열, 개별적 측면, 행동, 특성속성을 이해하지만, 다른 측면들은 알려지지 않은 것, 이해되지 않은 것으로 남아 있다. 정신 삶의 통일체, 이것을 포괄하는 거대한 구조연관을 직관적으로 또 개념과 동기부여의 법칙에 따라 명백히 제시하는 목표를 세운다. 그러나 수동성(Passivität)의 토대가 여기서 연구되지 않고 남아 있는 한, 비-합리적인 것(Irrationales)이 남게 된다.

학문적 과제

① 인격적인 그래서 보편적인 경험을 수립함. 인격은 동일하게 존재하는 자로 자신의 '역사'(Geschichte)가 알려지지 않았고, 자신의 인격적 삶도 지금까지 알려지지 않았다. 단순히 감정이입을 통해 직접 지시된 것 그리고 일반적 통각인 인격에 삽입된 특수한 '파악'을 다소 모호하게 일깨움이 경험 속에 들어온다. 인격적으로 충족된 시간성을 드러내 밝힘, 이와 함께 그것에 속한 세속적 나타남, 의견, 동기부여, 활동, 자신의 인격적 연관 속의 외적이든 내적이든 행동──이것 자체는 어느 정도까지 마찬가지로 드러내 밝혀진다.

인격의 통각에는 인격적 연관이 속하며, 모든 개별적 인격성이 인격적 연관의 통일체 속에 '발전되는' 역사의 무한한 지평이 있다. 역사를 기술하는 것은 일치하는 역사적(historisch) 경험으로서 이러한 경험을 드러내 밝혀 진행하는 가운데 견지하는 일치성 ── 이것은 언제나 동일한 참된 것(경험의 진리)을 오직 계속되는 상세한 규정에서 만 낳는다──의 이념 아래 참된 역사(Geschichte)*를 수립한다. 드러내 밝힘은 역사가(歷史家) 자신에게 필연적으로 속하는 현실적인 역사적 현재로부터 일어난다.

언어적 표현은 여기에서 우선 절대적으로 확고한 개념성의 기능을 하는 것이 아니라, 최초의 의미에서 기술하는, 즉 매우 적절하게 직관을 일깨울 수 있는 '묘사하는' 표현이다. 이에 대한 각각의 수단은 여기에서 정당하다.

② '정밀성'을 목표로 노력하는 학문이라는 중요한 의미에서 학문은 직관된 것을 고유한 본질적 개념으로 규정하고 개념적 본질의 절대적 동일성 속에 확정하는 **방법론**을 요구한다.

이것은 확고한 유형의 개념을 추구하고 동시에 역사적인 것에 대해 이미 일반성 속에 움직이는 '자연의 역사'(Naturgeschichte)를 창조하는 보편적 형태학으로 이끈다.

③ 형상적 이념화. 자유로운 변경 및 본질필연성과 본질법칙의 추구.

그렇다면 인격성과 인격적 세계의 형상적 주제에는 동일한 자연스러운 (실재적) 세계가 속하지만, 인격적 세계 일반의 이념이 이중이기 때문에 이중으로 속한다. 우선

ⓐ 형태론적 이념. 존재하는 인격적 세계의 이념은 흐름 속에 존재하며, 그래서 형태론적 이념으로 존재한다. 왜냐하면 이 이념에는 개방된 지평이 속하기 때문이다. 그러나 이 지평은 그렇기 때문에 아직 무한성은 아니다. 우리나 어떤 인격성이 자신의 지평을 드러내 밝히

---

* 'Historizität'는 개인이나 사회에 일어난 사건이나 그 흥망의 역사적 사실 그리고 과정에 대한 총체적 기록을, 'Geschichtlichkeit'는 그 역사적 사실 그리고 과정의 의미연관에 대한 성찰과 해명을 뜻한다. 그러나 후설은 종종 이들을 엄격하게 구별해 사용하지 않는다.

고 무한한 것으로 발견한다면, 무한성이 실제로 존재하는 것으로서 요구될 수 있는지는 적어도 처음에 문제시되어야 한다.

ⓑ 우리는 무한히 견지되는 인격성의 이념과 이에 상응해 인격성에 견지되는 동일한 실재적 세계의 무한성을 함께 형성한다. 무한한 이념은 그 자체로 절대적으로 타당한 진리의 기체(基體)인 그 자체로 존재하는 세계의 이념이다. 자신의 인격적 (상대적) 환경세계 속의 생생한 인격성에 대해 인식의 규범으로 간주되는 이 이념은 이 이념에 대립해 무한히 노력하면서 접근해가는 '정밀한 학문'의 실천적 목표를 낳는다.

이론적 주제인 '인격적 주관성'*

주체와 주체의 삶에 대립해 이론적 주제인 '인격적 주관성'은 물리적 자연, 특히 물리적 신체성과 결합된 실재성으로, 심리물리적 조건성의 결합점으로 고찰된다. 이것은 다양한 에테르(Äther) 진동이 생리학적으로 정상으로 기능하는 그의 망막을 맞히기 때문에, 이것에서 신경자극이 중추신경계로 전파되기 때문에 지금 빨갛게 감각하는 주체다. '생생한 주체'는 자신의 공간사물의 환경세계, 가치의 세계, 재화의 세계, 인격적 환경세계와 사회적 환경세계를 포함하는 자신의 환경세계의 주체다. 왜냐하면 주체는, 그 자신이 인격 가운데 하나의 인격, 국가의 시민, 권리의 주체, 단체의 회원, 관료 등이며, 그때그때 주어진 자신의 환경세계의 객체에 의해 촉발되고, 이것에 시달리며, 이것과 관련해 능동적으로 행동하기 때문이다. 이 생생한 주체는, 자신과 동등한 사람과 함께 감정이입의 연관 속에 있고 따라서 다른 사람과 자기 자신이 하나의 동일한 공통의 환경세계를 우선 경험하면서——각자는 이 공통의 환경세계를 자신의 주관적으로 주어지는 방식으로 갖더라도——인정하는, 현실적 삶의 주체다.

그래서 자연으로서 자연, 즉 자연과학 태도의 상관자인 자연 속의 인간과, 자신의 환경세계의 중심으로서 인간은 구별된다. 물질적 환

---

* 이 부록은 제3장, 특히 64항에 대한 것이다.

경세계로 제한해 고찰하자.

① 환경세계의 물체적 사물과 관련된 주체.

② 동일한 사물, 가령 대성당과 실재적 관계에 있는 자연으로서 주체.

①에 관해, 현실적 삶의 태도에는 자아가 직접 '대응물을 가짐'으로서 객체를 의식에 적합하게 가짐, 예를 들어 대성당에 대한 생생한 현재의 의식이 앞에 놓여 있다. 내 옆에 이 대성당에 시선을 향한 다른 사람이 있다면, 나는 이것을 즉시 이해한다. 내가 그에게 감정이입하는 그의 봄(Sehen)은 마찬가지로 직접 '자신에-대응하는 것을-가짐'이고, 객체는 직접 주어진다. 내가 걷는 각 발걸음에 따라 대성당의 '모습', 그 방향이 정해짐은 변경되지만, 나는 직접 대성당 자체를 본다. 또한 나의 모든 행위는 보인 것으로 향하고, 이것으로부터 모든 관심과 활동 등에서 나는 촉발된다. 이러한 삶의 인간을 주제로 삼으면, 나는 그를 그의 환경세계의 주체로, 그에게 의식되어 '존재하는' 객체들과 관련된 지향성의 중심으로 다루어야 한다.

②에 관해, 자연과학 태도에서 인간은 물체적으로 일정한 실재적 공간상황 속에 대성당이 발견되는 물체 가운데 하나의 물체다. 나는 나 자신과 다른 사람을 **물체적으로** 영혼의 통일체로 경험하며, 따라서 그를 지금 심리물리적으로 경험한다. 즉 지금 영혼의 지각이 나타남은—가령 에테르 진동이 물리적 물체인 '대성당'에서 퍼져나와 세계의 공간 속에 전파되고 나와 다른 사람의 물체적 신경 등에 물리적 자극으로 영향을 미치는 것처럼—이러한 내용의 물리적-인과적 과정과 심리물리적으로 조건적 과정의 최종구성원에 대한 실재적 의미를 받아들인다.

과연 이것이 실재적 진리이며, 이에 대립해 생생한 주체의 **직접적 봄**은 단순한 가상(假象)인가? 그러나 인식론적 논의로 들어가지 않고도, 어쨌든 모든 심리물리적 인식, 모든 실재성에 관한 인식이 직접적 경험에 의거하는 곳에서는 그렇게 해석이 전도(顚倒)될 것이다. 달리 말하면, 자연스러운 태도는 삶 안에서 특별한 태도다. 왜냐하면 나는 단지 삶과 자연적으로 관심을 쏟는 이 삶의 지향적 주체인 자아만 주제로 삼지 않기 때문이다. 이것은 자기망각(自己忘却) 속에 남아 있다. 더구나 직접적 봄은, 자신의 고유한 의미에서 심리물리적 진리를 통해 반박되는 의견을 포함할 경우에 한해, 가상일 수도 있다. 그렇지만 이것에 관한 것은 문제 밖이다. 오히려, 단적인 지각은 자신의 지각의미 속에 나의 영혼 ─ 나의 감각·나타남 ─ 과 사물 사이의 인과적 관련에 관한 어떠한 파악도 포함하지 않는다.

보는 자인 나는 또한 직접 보인 것으로서 나의 신체를 지니며, 고유한 경험계열 속에 비로소 나의 (직접 지각되었거나 지각할 수 있는) 일정한 기관이 지각의 기관이라는 사실, 이 기관이 모든 사물에 관한 봄과 실재적으로 일정한 관계가 있다는 사실, 결국 여기에 다양한 심리물리적 인과성이 존재한다는 사실을 깨닫게 된다.

심리물리적 파악은 일관되게 이론적 태도와 심리물리적으로 학문적 태도가 될 수 있는 특별한 태도 속에 생긴다. 마찬가지로 자연(자연과학의 의미에서 자연, 하지만 주제의 일관성이 없더라도 이미 학문에 앞서 있는 자연)으로서의 사물에 대한 주제의 파악은 이미 보인 것의 참된 그 자체의 존재, 즉 그 자체로 존재하는 것인 인과적 속성의 기체(基體)에 대한 특별한 주제의 태도를 통해 생긴다.

마찬가지로 실재적 세계 속의 실재성으로서의 영혼에 대한 파악은 바로 이와 같은 태도 속에 생긴다. 그렇다면 바로 이러한 태도에는 주관성을 이 심리물리적 실재성인 인간적 실재성의 실재적 구성요소로 만드는 모든 것, 따라서 심리물리적 인과성 전체가 속한다.

자연에 대한 ─ 실재성의 전체 통일성의 세계에 대한 ─ 이론적 태도는 유일하게 가능한 이론적 태도인가? 아니다. 그것은 특별한 자아 삶과 자아 삶의 습득성이다. 그렇지만 바로 그래서 이 자아 삶 자체는 익명으로 남아 있다. 왜냐하면 다른 가능한 태도는 '생생한 주관성'을 향한 태도, 또는 정신과학 속에 정신을 향한 태도이기 때문이다.

각각의 학문은 자연적 토대로부터 나아간다. 더 적절하게 말하면, 그것은 자연적 토대 위에 있다. 자연과학은 실재성과 실재적-인과적 연관을 겨냥하고, 정신과학은 자연적인 인격적 존재와 삶, 인격적 삶의 연관(받아들이고 영향을 미치는 자아 삶)을 겨냥한다. 자연의 세계와 정신의 세계는 상관적이지만, 서로 방해되지 않는 '세계'다. 인격의 생활세계(Lebenswelt)는 자연과학—비록 실재성의 전부(All)를 탐구하지만—에서 벗어나 있다. 극도로 면밀한 자연과학의 이론도 이 생활세계를 다루지 않는다. 이것은 단순히 자연과학자가 주제로 삼는 사고방향이 삶의 실제성에서, 이론적 흐름에서 생기기 때문이다. 이 흐름은 처음에 삶의 실제성을 마찬가지로 버리고, 비로소 기술(Technik)의 형식과 그래서 삶 속에 모든 자연과학으로 적용하는 형식으로, 삶의 실제성으로 되돌려 보낸다.

삶의 주체는 자신에 대립해 사물을 지닌다. 즉 자신의 고유한 삶에는 필연적으로 직관적인 삶의 지평이 있으며, 인간의 삶인 이 삶에는 단순한 물체가 아니라 가치의 객체·재화 등인 사물의 지평이 있다. 그리고 그가 통각 속에 경험하고 다른 방식으로 의식하며 정립한 모든 객체는 사유·가치·욕구·실행에 속한다. 이 객체는 주관성의 테두리 안에 놓여 있고 촉발하는 것으로서 자신의 소유물이다.

이러한 생활세계 속에 방법의 관점을 미리 지시하는 근본적 관계는 인과성의 관계가 아니라, 동기부여의 관계다. 주체는 자신이 '체험하는' 것, 자신의 삶 속에 그에게 의식되는 것, 현실적인 것, 확실한 것, 추정적인 것, 가치 있는 것, 아름다운 것, 좋은 것으로 주관적으로 주어지는 것을 통해서만 동기가 부여될 수 있다. 이러한 특성은 동기가 부여된 것으로서 등장하며, 다른 한편 그 특성은 마찬가지로 동기 부여한다. 동기부여의 주체는 원본적 자기경험 속의 그러한 것으로 자기 자신을 정립하며, 다른 사람을 감정이입의 경험 속에 정립한다. 감정이입은 다른 사람이 심리물리적으로 자신의 신체물체에 종속적인 것으로 경험된다는 의미에서 간접적 경험함(Erfahren)이 아니라, 다른 사람에 대한 직접적 경험(Erfahrung)이다.

이것은 다른 사람과 의사소통하고 상호 교류하는 경험에도 비슷하게 적용된다. 우리가 눈으로 서로 보면, 주체는 다른 주체와 직접 접촉하게 된다. 내가 다른 주체에게 말하고, 다른 주체는 나에게 말하며, 내가 그에게 명령하면, 그는 따른다. 이것은, 다른 사람에 대한 그리고 그와의 의사소통에 대한 이러한 경험 속에 독특한 현전화가 관계하고 나는 나의 주관적인 것에 관해서만 원본적으로 지각에 적합한 경험을 갖더라도, 직접 경험된 인격적 관계다. 표현의 간접성은 경험을 추론하는 간접성이 아니다. 우리는 다른 사람을 '보지', 단지 다른 사람의 신체를 '보는' 것이 아니며, 그는 우리에 대해 '자신의 인격 속에' 신체적으로뿐 아니라 정신적으로 스스로 현재한다.

생활세계는 자연적 세계다. 자연적으로 그럭저럭 살아가는 태도에서 우리는 기능하는 다른 주체의 개방된 사회와 일치한 생생하게 기능하는 주체다. 생활세계의 모든 객관적인 것은 주관적으로 주어진 것이며, 나와 다른 사람 그리고 모두에게 일치해 일반적인 우리의 소유물이다. 물론 주체와 소유물은 동등하지 않다. 주체는 단적으로 존재하며, 인격적이지 않은 것은 환경세계이고, 체험된 것은 환경세계의 체험이며, 보인 것, 사유된 것 등도 마찬가지다.

그렇다면 삶, 주체와 그 소유물은 어떻게 학문적 주제가 되는가? 이것을 바로 존재하는 것으로 간주하고, 주체, 주체의 주변을 통해 촉발된 것, 감수하는 것, 실행하는 것으로서 무엇이 이것에 속하는지를 심문하고, 마찬가지로 이것이 자신의 환경세계에서 무엇을 수행하고 창조하는지, 그 환경세계가 자신의 개별적 작업수행을 통해 또 전체 작업수행으로서 상호 동기부여 속에 어떻게 생기며 성장하고 발전되는지를 심문함으로써 이것은 학문적 주제가 된다. 학문은 그 자체로 주관적 영역에 속한 이론적 관심의 기능이다. 이론적 관심은 그 환경세계의 주관성 ― 환경세계에서 작업수행하고 영향을 미치는 주관성 ― 인 주관성 자체를 그리고 주관성을 통해 성취된 것 자체를 겨냥할 수 있다. 따라서 과제는 이 주관성, 그의 삶, 영향을 미침, 창조함, 형성물을 〔그에 의한〕 형성물로서 기술하고, 여기로부터 생길 수 있는 의미에서 이것을 설명하는 것일 수 있다.

개체적 기술, 형태학적 기술(記述).

결국 어떤 민족, 그 어떤 공동체 모두에 공통인 것으로서 자연적 세계의 보편적 형태학. 인과성도 모두에게 공통으로 타당한 이 환경세계 속에 직관적 인과성으로 등장한다. 이 인과성 속에 촉발할 수 있는 모든 것은 경우에 따라 이론적 관심도 일깨울 수 있고, 이 세계의 참된 존재의 과제로 이끌 수 있다. 그래서 '객관적 학문'이 생긴다. 이 학문 자체는 자신의 인식과 더불어 가령 이것에 관여하는 인격성에 대한 환경세계에 속한다. 그런데 이것은 단지 특별한 경우일 뿐이다. 일반적 주제는 주관성 일반과 그 환경세계이며, 이것은 여전히 남아 있다.

아프리오리한 기술.

일반적으로 이것에 속하는 것〔이다〕. 인격성의 본질형식에 상관적인 환경세계와 환경세계적 변화의 본질형식〔이다〕. 또한 인격적 토대의 본질형식〔이다〕. 본질의 물음에는 사실적 주관성이 보편적 경험 — 일치함을 위해 노력하고, 일치함을 끊임없이 수립함에서만 관통하는 세계를 타당하게 지닐 수 있는 경험 — 속에 통일적으로 견지되는 하나의 세계를 지닌다는 사실에 관해 환경세계로 필연적 구조가 있다. 이것은 직관적으로 지속하고 견지되며 모든 사람에 대해 타당한 세계 — 즉 '선험적-감성〔감각〕적 세계' — 의 본질구조로 이끈다. 이것은 그러한 필연적 타당성으로서, 모든 가능한 세계학문으로서 자연적 세계개념이다. 또한 여기에서 환경세계의 주체로서, 신체적-물체적 주관성으로서 자연과학적으로 탐구할 수 있는, 신체-영혼의 주관성으로서 심리물리적으로, 어쨌든 '생생하게' 기능하는 생활세계의 주체이며 따라서 다시 이것을 기술하는 것으로서 순수하게 주관적으로 탐구할 수 있는 인간적 주관성이 다시 돌아온다.

인간과 동물은 세계의 객체로서 지각된다. 그래서 이것은 객관적 학문, 우선 기술하는 학문의 주제가 된다. 그렇다면 영혼적인 것은 함께-지각되며 함께-객체적이다.

물리적 사물은 '그 자체로' 존재하며, 이 '그 자체'는 자연과학으로 통일체의 형식적-방법적 규칙일 뿐이다. 이에 따르면 일정한 근원의 지위를 지닌 사실(예수의 탄생 등)에 인습적으로 관련된 상호 의사소통(Verständingung)의 통일체 속에 있는 각자는 자신의 환경세계('나타남')의 직관적 사물성을 구축할 수 있다. 자연과학의 물리적 사물은 단지 형식적 본질만 지니고, 단지 자신의 공식(Formel)만 지니며, 그밖에 이 공식에 따라 그것이 '모든 인간'의 무한히 다양한 나타남의 규칙화된 지향적 통일체라는 사실만 자신의 본질일 뿐이다.

그러나 각각의 주체는 실제적 본질을 지니며, 단순히 상대적인 것(자신의 궁극적인 절대적 관계항關係項들을 주체 속에 지닌 무한히 다양한 나타남의 체계가 일치함에서)이 아니라, 그 자체에 대해 또 그 자체로 그리고 나중에 비로소 의사소통(Kommunikation)에 의해 다른 사람—자신의 본질을 직관적으로, 따라서 '충전적으로'(즉 자신의 영혼적 존재를 간취함에 근거해 수행할 수 있는 완전성과 규정성의 정도程度로 동화同化시키는 가운데) 추후로 이해할 수 있는 다른 사람—에게 거기에 있고 포착할 수 있다.

정신과학 태도. 다른 종류의 직관적 인과성.
추상적−학문적 탐구. 정신과학 내부의 자연과학.
객체성의 개념*

정신과학 태도. 자연과학이 정신과학 태도로 전이된다

이후에 밝혀지겠지만, 우리의 연구는 선험적−현상학적 연구로 간주된다. 따라서 정신과학 태도와 이것에 주어진 것은 선험적 주관성 안에서 현상으로서 기술되고, 그런 까닭에 구성에 관한 학설과 기초적 구조분석이 사용된다. 그러나 연구가 자연적 태도 속에 수행된다 해도, 본질적인 것은 유지된 채 지속한다.

우리는 공통의 환경세계와 관련해 인격적이다. 즉 함께 속해 있는 일정한 인격적 연대 속에 있다. 우리는, 우리에 대립해 하나의 공통의 환경세계가 없다면, 다른 사람에 대해 인격일 수 없을 것이다. 어떤 사람은 다른 사람과 더불어 구성된다. 각각의 자아는, '함께 파악함'(Komprehension)이 환경세계와 관련을 맺을 때, 비로소 인격적 연대 속의 인격이 될 수 있다.**

이제 **공동체의 경험**인 경험의 세계에 우선 관심을 기울이자.

우리의 이론적 관심은 어떤 주어진 인격적 연대, (물론 자신의 환경세계와 관련해) 폐쇄된 연대에 기울일 수 있지만, 이 연대가 자신의

---

* 이 부록은 제3장에 대한 것이다.
** 이 단락은 제3장, 특히 51항 초반에서 활용된다.

동기부여 속에 환경세계에 사실적으로 관련되는 한에서만, 사실적 인격이 자신의 사실적 주변에 대해 갖는 동기부여의 관련이 직관적 이해를 획득할 수 있는 한에서만, 그 연대는 그렇게 고려된다.

직관적 이해는 여기에서 다음과 같은 것을 뜻한다. 즉 역사가로서 나 공동체 속에 작업하는 역사가로서 우리는 실제적 경험의 자료에 입각해 인격적 작업수행과 작업수행의 형성물에서 전진해 통일되는 가운데 인격적 존재에 관한 정당한 현전화를 구축한다. 그렇게 체계적으로 통일된 현전화 속에 항상 확장되는 전체 경험을 구축적으로 수립하고, 진행하는 가운데 지탱하며 불일치를 통해 다시 해소되지 않는 구축적인 간접적 경험을 수립한다.

이러한 경험은 해명하는 경험——개념적으로 판단에 적합한 해명이 아니라 직관적 해명이며, 그 성과는 명제가 아니라 체계적으로 통일된 직관이다——인 반면, 이 경우 직관적-대상적인 것은, 주제의 인격성이나 그 연관 속에 있는 다른 인격성에 대해 직접 직관적이거나 그럴 수 있는 것처럼, 인격적 존재와 삶 자체다.

따라서 이것은 **역사**의 단계다. 이것은 자신의 공통인 정신적 환경세계와 관련된 정신에 대해 직관적 이해를 수립하려 한다(이것에는 인격성과 인격성의 연대를 직관적으로 형태화하는 형식에 관한 일반적 학설로서의 형태학이 연결되어 있다).

더 깊은 상론

나는 주체가 어떻게 자신을 동기부여시키는지 그 환경세계와 관련해 주체를 고찰했다. 나는 이렇게 인격성으로서, 정신적 개체성으로서 주체를 알게 되고, 주체가 어떻게 발전되는지 그의 인격적 행위와 활동 속에 주체를 알게 되며, 이것은 그의 개체성이나 공동체의 작업수행 속에 있는 공동체에 대해서도 마찬가지다. 왜냐하면 이것이 어떻게 발전되고 형성되며 변형되는지 탐구하기 때문이다. 나는 그 존재와 생성, 그 '역사' 모든 것에서 직관적 이해를 획득한다.

환경세계는 한편으로 사태의 환경세계, 사태의 경험이나 개체적 경험 속에 경험된 사물적 환경세계이며, 그런 다음 '함께 파악함' 속에 보완되고 교환되며 교정된다는 사실에 주의해야 한다.[14]

그러나 이제 이전에 언급한 것을 고려해야 한다. 즉 우선 우리에게 대립해 있는 공통의 대상으로서 단순한 환경세계의 사태인 사태는 가치에 대한 통각, 실천적 통각 등을 통해 더 높은 단계의 정신적 대상이 된다. 예컨대 식료품, 연료, '자기유지'를 위한 재화로서 공통으로 가치가 평가되고, 그래서 이제는 곧 '재화'이며, 더 높은 등급의 대상으로서 환경세계에 들어오며, 이러한 통각 속에 구성된 것으로서 새로운 대상이 구성될 수 있는 새로운 행동방식을 규정한다. 따라서 환경세계에는 우선 단순한 자연인 사태가 있고, 그런 다음 더 높은 단계의 사태인 모든 실질적 문화형태가 있다.

ⓐ 인격성 자체에 대한 관심. 이제 인격과 인격적 연대가 어떻게 자신의 환경세계의 임의의 단계에서 미리 주어진 인격[15]이나 사태에 대립해 '행동하고' 이 속에 자신의 개체성을 드러내면서 이것을 통해 '동기부여하게' 허용하는지, 이 경우 이것이 어떻게 자신의 개체성을 미리 지시하는 양식으로 발전되는지 고찰할 수 있다.

---

14) 더 정확하게 말하면, 첫 번째 구별은 환경세계가 한편으로 사실적 환경세계이며, 다른 한편으로 인격과 인격의 연대로 이루어진 환경세계라는 점이다.(인격과 비-인격의 대립)

　　두 번째 구별은 환경세계의 대상 일반은 인격적으로 부여된 의미에서 자유롭거나 이 의미를 지닌 문화라는 점이다. 특히 사태는 단순한 자연이나 문화의 사물, 즉 정신적 의미를 지닌 사태, 인격적 작업수행의 특성을 지닌 사태다.

15) 인격도 환경세계의 '문화객체'다.

ⓑ 개체적 문화의 작업수행과 사회적 문화(공동체작업)에 대한 관심. 어쨌든 이것을 고찰할 수 있다. 이 경우 이것이 어떻게 환경세계를 창조하고, 스스로 문화세계를 산출하며, 산출된 것으로부터 항상 새로운 산출함으로 규정하게 허용하는지 등을 고찰할 수 있다.

이것은 다른 종류로 탐구하는 작업수행의 동기를 불러일으킨다. 그것은 인격과 인격적 연대를 더 추구하는 작업수행, 이 두 가지가 어쨌든 함께 속하더라도, 그 상관자를 더 추구하는 작업수행이다. 예를 들어 순수하게 역사적으로 앞서가 독일 민족이나 국가의 역사를 끄집어낼 수 있으며, 이 경우 인격적 통일체인 민족과 국가가 탐구의 초점에 놓이게 된다. 그러나 독일의 문화·문학·예술 등의 역사를 쓸 수도 있다. 물론 앞서 언급했듯이, 이 둘은 함께 속한다. 형태학, 즉 가재도구·무기·종교·상징 등의 형태학도 마찬가지다. 여기 어디에서나 탐구는 대상을 주체에 현존하는 것으로만, 주체가 경험하고 이것에 관해 주체와 그 동료가 아는 것으로만, 이것에 관해 주체가 동기부여되게 허용하는 것으로만 고찰할 것이다.

그러므로 여기에서 탐구는 직관적으로 추후에 이해될 수 있는 것만 끌어들일 수 있고 또 끌어들일 것이며, 여기에서 대상은 그것의 본질로서 추후의 이해함(Nachverstehen) 속에서만 주어질 수 있다. 따라서 모든 물리학과 화학은 배제된다.

단순하지만 환경세계로서 순수한 직관적 자연

비-인격적 대상의 가장 낮은 한계는 순수한 사태다. 이것은 자아에서 극도로 먼 것, 하여튼 가능한 한 자아에 생소한 것, 그래서 결국 사태와 인격이 서로 잇단 관련 속에 구성될 수 있는 데 요구되는 최소의 것을 지닌다. 이것은 '감성적' 대상, 정신에 생소한 것으로서 정신에 대립된 '단순한 자연'이다. 정신세계를 체계적으로 탐구하는 학문적 과제가 수립되면, 이러한 과제도 '단순한 자연'을 기술하는 과제에 종속된다. 일반적으로 알려진 인격의 환경세계는 모든 사람에 대해 개방된 〔아직〕 알려지지 않음(Unbekanntheit)의 지평을 지닌다. 자아에 생소한 직관적 자연에 관해 이것은 직관적 자연〔역〕사적 탐구——현실적으로 알려지지 않았던 한에서 비-역사적 탐구——의 가능성을 낳는다.16)

그러나 이 경우 세계——즉 우리의 사실적 환경세계의 지금의 의미에서 세계——는 개방된 무한한 지평을 지닌다. 나와 나의 친지, 나의 인간적 공동체에 '객관적' 환경세계로서 대립해 있는 사태의 세계는 사태-세계를 파악하는 의미에 상응해 무한하다. 그렇지만 나에게 인격적 관련 속에 있고 이 관련을 수립할 수 있는 인격의 총괄인 인격세계 자체도 무한하다. 인격적 주변은 개방된 것이며, 새로운 인격이 항상 우리의 경험에 들어올 수 있고, 다른 사람이 사라질 수도 있어, 결국 예를 들어 화성인(火星人)의 등장을 방해하는 것은 아무것도 없다. 그런 까닭에 이념적 가능성에 따라 '무한성'이다. 이러한 의미에서 이 지평 속에 파고들어가는 것이 겨냥될 수 있다.

관심은 우리와 의사소통하는 인격의 우주와 이에 상응하는 보편적인 사실적 환경세계에 대한 관심으로, 먼저 가령 '단순한 자연'의 측면에 따라, 그런 다음 정신적인 것에 따라, 확장될 수 있다. 탐구의 순례자는 알려지지 않은 지역 속으로 돌진해가고, 그가 기술한 것을 통해 이것을 알게 된다. 독자적 그룹의 학문(기술하는 자연과학)은 우선 알려져 있는 것의 지평을 순수하게 기술하면서 확장하는 작업(보

---

16) 여기에 다음과 같은 것을 첨부해야 한다. 즉 가령 공통인 실천적 삶의 인격적 태도에서 출발하자. 이 태도 속에 우리는 (비록 개방되어 있지만) 제한된 인격의 범위——가족, 사회적 범위 등——와 제한된 환경세계를 향해 있다.

편적으로 기술하는 탐구, 보편적 인간의 환경세계에 대한 탐구)을 수행하는데, 이 기술은 정확한 물리학적 자연과학이 개입되기 전에 수행되었다. 이 학문은 인간적 환경세계, 순수한 사태의 세계, 동물의 환경세계, 인간학에서 인간학적 환경세계를 기술한다.

따라서 이 학문은 인격주의 태도에서 발원한다. 왜냐하면 적어도 이 학문을 그렇게 간주할 수 있기 때문이다(이 학문은 자연과학이나 '객관적 학문'에 대한 통과단계로 이바지할 수도 있다). 우리의 대응물인 환경세계에는 인종(人種)들이 있으며, 이 속에는 다양한 민족, 그런 다음 이 민족의 문화·학문·예술 등이 있다. 그래서 정신과학은 결국 자기 자신으로 소급해 관련되고, 이러한 점은 정신과학의 고유한 본성 속에 놓여 있다. 나는 독일인으로서, 더 일반적으로는 유럽인으로서(유럽의 삶의 공동체와 문화공동체의 인격으로서) 주변세계의 통일적 지평을 횡단하고 기술할 수 있다. 그렇다면 모든 유럽인, 그런 다음 모든 문화·세계·동물성·인간성, 결국에는 유럽문화, 독일문화의 문화형성물인 고유한 학문에 직면하게 된다.

인격적 세계 안에서 다른 종류의 직관적 인과성

정신 삶과 자신의 환경세계를 지닌 정신적 공동체를 연구하자.

① 구체적으로 이것을 그 개체성, 개체적 발전 속에 연구하며

② 이것을 형태학적으로도 연구하고, 모든 사실적이고 인격적인 방향에 관해 경험적 일반성도 추적한다.

이것은 두 가지 측면에서 타당하다. 즉 여기에서 ⓐ 동기부여의 인과성을 발견한다. 정신은 자신의 인격성이 상세히 기록되는 작용으로 '규정되게' 허용한다. ⓑ 단순한 물리적 사태, 즉 자연의 사태로서 서로 뒤섞인 사태의 인과성을 발견한다. 돌덩이는 떨어지고, 자신을

방해하는 것을 분쇄한다. 이것은 보고 이해할 수 있는 인과성이며, 그밖에 계속된 경험을 통해 또는 상호주관적 이해를 통해 경험된 모든 것처럼 입증되는 인과성이다. 이것은 각기 자신의 방식으로 이루어진다. 물질적 사태는 원근법적 제시를 통해 '나타나는' 사태이며, 인격은 나타나는 신체와의 연관을 통해 주어지지만, 그 개체성에 관해서는 이러한 의미에서 '나타나는 것'이 아니다.

③ 정신적(인격적)-사실적 인과성도 지닌다. 인격적 정신은 신체를 움직이고, 손은 내가 손을 움직이기 때문에 거기에 있는 이 사물 가운데 공간 속에 움직인다. 이것은 직접 이해할 수 있는 관계다. 여기에서 어떤 물리적인 것이 동기부여에 들어오는가? 어쨌든 이 경우 신중해야 한다. 예를 들어 나는 지우개를 붙잡고, 이것으로 지우기 위해 들고 온다. 공간운동이 경험적으로 포함된 붙잡는 행동은 지우려는 의지를 통해 동기가 부여된다. 그러나 이러한 방식으로 손의 물리적 운동은 동기가 부여되지 않으며, 예컨대 손을 행동하게 만드는 의지의 상관자를 통해서도 동기가 부여되지 않는다. 사물 자체는 밀쳐지는 등 기계적으로 움직인다. 그런데 '신체마디'라 부르는 사물은 '나는 실행한다' '나는 산출한다' '나는 손을 펴고 감는다' 등이 자발적으로 지배하는 가운데 움직인다.[17] 인격적 주체는 물리적 '작

---

17) 구성적으로 물체사물인 신체는 물체적 통각의 통일체이며, 그때그때 현실적 통각이나 경험 속에서 함께 구성된 자신의 인과적 특성의 지평을 지닌다.
　　그러나 통각 속에 신체마디 또는 '기관'의 체계인 신체는 주관적으로 또한 자의로 움직이는 것으로 구성된 각각의 신체마디다. 따라서 여기에서 몇 가지 동기부여의 단계가 있다. 즉 물체적 사물의 연상적 체계는 주관적인 운동감각적 운동의 연상적 체계를 통해 동기부여되며, 이 운동은 동시에 지각기관의 운동으로서 통각된다(사물로서 신체마디는 지각기관으로서 다른 신체마디를 지시한다. 왜냐하면 이 경우 문제가 되는 운동감각의 경과는 신체운동으로서 통각되기 때문이다). 체계는 경험적으로 연상적이며, 나타남 속의 경과는 직접 주관적(운동감각의) 경과이거나 결과적으로 주관적 경과다. 그렇다면

업수행'을 한다. 이것은, 그밖의 인격적 작용처럼, 자신의 동기를 지니지만, 여기에는 독특한 종류의 원인(Weil)이 있다. 물리적 과정은, 신체의 자아가 행동의 방식으로 이 과정을 수행하기 때문에, 경과한다.

다른 '원인'을 구별하는 것은 중요한 현상학적 과제다. 어쨌든 신체와 관련해 정신의 인과성에 관해, 인격적 인과성이나 자유로운 인과성에 관해 정당하게 논의하고 있다.

그 반대로 환경세계의 객체인 신체는 정신을 규정한다. 예를 들어 그것의 추정적 아름다움은 자아를 허영심으로 규정하고, 신체적 고통은 자아를 …… 등으로 규정한다.

추상적인—학문적 · 법칙적 · 정신과학(인격주의) 탐구에 무엇이 있는가?

나는 다음과 같은 것을 고찰한다.

ⓐ 존재하는 그대로의 주체, 자신의 환경세계와 관련해 작용을 수행하는 인격인 정신.

나는 작용을 고찰하고, 인격의 체험연관으로 소급된다. 이제 현상학은 나에게 '의식'의 본질을 알려준다. 즉 모든 종류의 작용과 이것을 기초짓는 수동적 체험의 본질도 이 연관 속에 '원인'(Weil)과 '결과'(So)의 독특한 관계를 알려준다. 나는 '나는 경험한다'와 감각 · 음영 · 시각사물 등의 관계로 이끌리고, 함축된 '동기부여', 운동감각의

의지의 '개입함'(Eingreifen)은 더 이상 연상적이 아니지만, 경험적 구성에 기인한다. 그러므로 사물세계 속에 주관적 운동을 자의의 운동으로서 수행함, '개입함'은 단순히 직관적인 물리적 경과처럼 이해될 수 있는 것이 아니라, 초(hyper)-물리적 층(層)을 지닌다. 그밖의 것은 다음을 참조할 것.

계열과 이에 속한 시각적 자료 등의 관계로 이끌린다.

순수현상학 또는 정신과학의 심리학[18]은 여기에서 구성적 본질필연성과 본질가능성을 탐구한다. 경험적 학문은 사실적 존재의 경험적인 일반적 규칙을 탐구해야 할 것이다. 이것이 이른바 물리학적-생리학적 설명과의 모든 관련을 배제하고 그래서 모든 심리학적 연구가 '순수한 심리학적 연구'로 이끌며 정신 삶의 단순히 일반적인 경험(Empirie)이 추구되는 한, 여기에는 경험적 기억심리학과 연상심리학 전체가 속한다. 인격적 삶에서 현상학적 본질의 연관과 경험적 연관을 구별하는 것이 엄청난 의미를 반드시 획득할 것은 분명하다. 작용, 특수한 사유작용은 더 깊은 영혼적 환경(Milieu) 속에 수행되며, 이 속에서 경험적으로 탐구됨에 틀림없다.

ⓑ 정신과학 안에서 자연과학

인격주의(정신과학) 태도 속에 머물러 있는 우리는 사물에 대한 이론적 경험에 근거해 사물에 대한 통각의 의미에 적합하게 사물에 관한 '참된 존재'를 탐구하려는 자연과학적 탐구자의 공동체 구성원일 것이다. 추정된 참된 존재인 직관적 존재는 인격적 연대 속에 있는 인격인 경험하는 자의 체험을 규칙화(Regelung)하는 것으로 구성된 존재다. 모든 객관적 자연은 인격적 연대 속에 발견되는 인격의 순수 의식을 규칙화하는 것으로 환원되는데, 개방된 공동체 속에 또 상호

---

18) 정신과학 태도와 탐구의 본성에 대한 숙고로서 연구가 자연적 토대 위에 수행되면, 현상학의 어떤 성과도 이끌어올 수 없다. 그러나 인격적 탐구는 자신의 단계를 지닌다는 사실, 특수한 인격적 동기부여의 명백한 연관을 지닌 인격적-실천적 세계가 우선 드러난다는 사실, 하지만 각각의 인격에는 지향적인 잠재적 삶—이것을 드러내 밝힘은 자신의 구체성에서 비로소 인격적 존재를 포착한다—이 속한다는 사실을 지적해야 할 것이다. 이것은 자연주의의 현상학적 심리학에 평행하는, 주제로 삼는 태도를 통해서만 비로소 이것과 구별되는 정신과학의 현상학적 심리학에 이르는 길이다.

주관적 시간성의 개방된 지평과 함께라도, 단순히 사실적 인격이 아니라 정밀한 자연과학의 객관성 — 참된 존재, 즉 일치할 수 있는 경험 속에 예측할 수 있게 계속 그리고 실천적으로 항상 참된 존재가 명백하게 제시된다는 것 — 으로 환원된다.

그런데 오히려 근대 자연과학, 특히 고전적 자연과학은 이것을 줄곧 이념화(理念化)하고, 개방된 무한성을 외적으로뿐 아니라 내적으로도 무한한 시간공간성으로 또 무한히 나눌 수 있는 것으로 절대화(絶對化)한다. 근대의 자연과학은 이것을 위해 절대적 무한성의 수학을 고안해 사용하고, 자연과 그 존재구조 전체를 수학화(數學化)한다. 그렇지만 근대 자연과학은 이렇게 함으로써 정신세계도 외적으로 또 내적으로 무한한 세계로 무한화(無限化)한다. 그 결과 수학의 진리 자체와 정밀한 자연과학의 추정된 진리 자체는 이러한 무한성이라는 이념성의 각인을 지니게 되었다.* 〔이것이 곧 근대 자연과학의〕 영원한 진리(aeterna veritas)다!(이것이 모든 형상Eidos 속에, 모든 본질고찰 속에 포함되어 있지 않은가 하는 물음을 제기할 수 있다.)

그 개방성에도 불구하고, 인격의 이 연대는 탐구자와 관련됨으로써 확고한 연대다. 그러나 자연과학의 탐구에서 주체, 주체의 의식, 실제적이거나 가능한 구성하는 체험은 탐구되지 않는다. 오히려 자연과학의 탐구는 경험 속에 기록되는 물리학적 존재, 기술하는 상호

---

* 후설은 이 책을 초안하기 이전인 『엄밀한 학문』(1911)에서도 사태 자체를 실증적 사실로만 받아들여 이념(본질)을 자연화하고 물질을 심리현상의 원인으로 간주해 의식 자체를 자연화하는 자연주의를, 이 책의 초안을 몇 차례 수정 보완한 이후인 『위기』(1936)의 특히 8~9절에서도 근대 물리학적 객관주의가 구체적 직관의 생활세계에 수학적 이념과 상징의 옷을 입혀 합리적이고 무한한 존재 전체를 체계적으로 지배하는 학문의 이념으로 절대화되는 과정을 상세히 분석하고 비판했다. 그런데 흥미로운 점은 그 비판적 시각뿐 아니라 그 문체마저도 동일하게 표현되고 있다는 사실이다.

주관적 교환을 통해 또는 자연과학의 방법을 통해 자신의 ('절대적')
'객관성' 속에 달성되는 것을 겨냥한다. 이러한 탐구에서는 탐구자
인 우리 자신을 정립하지 않고, 마찬가지로 다른 정신을 정립하지 않
고, 환경세계의 사태와 정신세계의 사태로 정립하며, 이것을 그것의
정밀한 또는 절대적으로 참된 '그 자체의 존재'(An-sich-sein) 속에
'객관적으로' 규정한다.*

　우리는 이것이 뜻하는 것을 안다. 즉 물리적 사태가 우선 개별적
주체의 '나타남'이라는 사실, 나타남은 어느 정도 교환할 수 있다는
사실, 정상성과 비-정상성을 구별해야 한다는 사실, 개별적 주체는
자신의 정신적 상태에 관해서도 자신의 신체성에 종속적인 것으로
분명히 지시된다는 사실, 그 주체는 정상성과 비-정상성을 구별하
고 구별할 수 있다는 사실, 더구나 사태의 절대적 객관성에 관한 학
문은 모든 가능한 종속성을 고찰함(그렇지만 무한성도 절대화함)으
로써 이 구별을 극복하고 모든 측면에 따라 실재성의 이념을 관철한
다는 사실[19]을 안다. '정상의' 관계를 전제하는 것은 변화하는 일정

---

*　후설은 『위기』에서 데카르트가 물질적 자연(연장실체)과 심리적 마음(사유실
　체)을 구분했지만, 심리적 마음이 자연과 관련되어 있기 때문에 독자적으로 탐
　구하지 않고 객관적인 기하학과 자연과학의 방법에 따라 물리학주의로 설명했
　다고 파악한다. 그래서 데카르트가 순수 자아에서 신체(Leib)를 배제함으로써
　자아(ego)를 '마음=영혼=지성'으로 왜곡해 심리학적으로 규정했기 때문에 근
　대의 합리론과 경험론은 모두 데카르트에서 출발한다고 근대 철학사를 매우
　독특하게 해석한다. 이렇게 자연의 한 부분인 '인간'과 규범의 담지자인 '인격'
　이 분열된 결과, 이론을 탐구하는 연구자 자신은 주제로 부각되지 못하고 세계
　와 자연만 부당하게 절대화되어 인격적 자아를 스스로 망각한 "심리(영혼)가
　빠진 심리학"(『이념들』 제1권, 175쪽)이 되었다고 비판한다.
19) 어쨌든 통상적 의미에서 물리학은 아닌, 물리적 학문(자연과학)인 생물학의
　문제는 고려되지 않았다. 왜냐하면 정확하게 고찰해보면, 물리적 신체성은
　물리적 요소로 이루어진 '구축'으로 소급되지만 일정한 '물질대사'와 발전의
　형성물이며, 일정한 유형의 개체는 경험적인 직관적 유형의 개체 속에 직관

한 상황과 이 상황에 항상 지속되는 그에 속한 종속적 속성을 고려하지 않는 것이다. 많은 인격에 접근할 수 있는 2차 성질이 부여된 사물로 간주된 것은 사고를 통해 만들어낼 수 있는 그 자체로 존재하는 사물―자신의 측면에서는 현상의 규칙화에 대한 지표―의 '나타남'으로만 간주될 것이라는 점은 명백해진다. 이것은 정상의 공동체의 상호주관적 사물을 동기부여하는 '비-정상성', 즉 인격의 신체적이며 물리적인 조직화에 종속적으로 만든다. 따라서 물리학은 본질적으로 생리학과 심리학에 관련된다.

더 상세한 논의

직관적으로 주어진 물리적 사물 가운데 신체는 심리적 자료가 사물에 관한 인식가능성의 조건을 포함하는 이것에 결합되어 있다는 특징을 띤다. 신체는 생물학적 탐구자의 인격적 공동체 속에 다른 물리적 객체(신진대사 속에 유형으로 유지되고 발전하는 가운데 형태화되며 전파되는 등 유형의 객체)와 같은 객체로 탐구될 수 있다. 이 경우 탐구자에게 기능하는―자신의 인식을 가능케 하는 방식으로 기능하는―객체인 그 신체가 구별된다. 그러나 탐구자의 신체도 마찬가지로 다른 탐구자에 의해 탐구될 수 있다 등등. 탐구자는 정신적으로 '정상의' 상태(정상의 지성의 경우, 그렇지만 아마 결함이 있는 감각의 경우)에 있고, 객관적 인식의 계열이며 자신의 본질 속에 타당한 경험적 인식의 규범에 상응하는 체험의 계열이 이 속에 사실적으로 경과한다. 이 인식을 교환하는 가운데 탐구자는 그것을 통해 새로운

적으로 주어지지만 물리학적인 것으로의 정밀한 환원 속에는 어쨌든 법칙적 유형으로 남아 있기 때문이다.

인식이 가능해지는 등의 동기부여를 경험한다. 방법 자체는 상호주관적으로 동기가 부여된 사유작용과 인식작용 속에 타당한 것으로 입증되며, 상호인격적으로 구성된 나타남의 계열에 대해 타당한 인식의 본질법칙에 상응하는 것으로 입증된다.

객관적 세계를 다듬어 만들어냄은 나타나는 사물의 감각성질이 제거되는 것을 뜻한다. 왜냐하면 이 성질은 신체의 기능에 종속적이기 때문이다(따라서 이에 상응하는 지각판단도 상대적이다). 우선 감각론으로서, 그런 다음 심리물리학 일반으로서 감각생리학은 이 종속성을 탐구한다.[20] 이 종속성은 독자적 층(層)을 형성한다. 풍부한 관련이 남아 있으며, 나타나는 사물은 비-정상의 감성적 나타남의 경우에도 동일하게 확인할 수 있는 방식으로 이 관련을 통해 동일하게 규정된다. 감성적으로 성질화된 사물은 단순히 주관적이며, 주체에 속하고, 다수의 주체는 동등한 감각사물을 가질 수 있다. 그러나 그 주체는, 그 주체가 신체에 의해 감성적으로 나타나는 사물 자체가 변경되고 더구나 다른 주체에 다른 방식으로 변경되는 정도로 변양될 수 있는 신체를 지닌 한에서, 동등한 감각사물을 우연적으로 지닌다. 사물이, 그것이 동일한 것으로 존재하듯이 동일하게 지속하려면, 따라서 감성적으로 규정되지 않고 단순히 수학적-물리학적 술어를 통해 비-감성적으로 규정되는 사물 자체와, '우연적' 주관성에 관련된 주관적 '나타남'의 감각사물을 구별해야 한다.

순수한 정신적(현상학적) 태도 속에 바로 다음과 같은 것이 구별된다.

① 각각의 주체(이 속에 자기 자신에 미리 주어진 것으로 구성되는

---

20) 어쨌든 감각성질에 관해서는 여전히 아무것도 모르고 단지 감각영역에 관해서만 아는 감각론만으로는 안 된다. 따라서 여기에서 현상학적 방법에 근거한 심리학[에 의지해야 한다].

인격과 함께)의 실제로 경과하는 정신적 삶.

② 주체 속에 또 각자 속에 자신의 방식으로 구성되는 초월적-자연적 경험(신체와 외적 사물)의 통일체. 이것은 각각의 주체가 자신의 '외적' 경험을 지니며, 언제나 자신의 참된 존재의 지평, 참된 자연 자체의 끊임없는 이념, 게다가 이성적이며 지금까지 언제나 확증된 정립 속에 정립된 것으로, 미래에 대해 동기가 부여된 일치성으로 [그러한 지평과 이념을] 지닌다는 것을 뜻한다. 각각의 주체는 이러한 자연을 이론으로 정립할 수 있지만, 자기 자신과 다른 모든 사람을 (이론으로) 정립할 수도 있고, 더구나 정신의 상호주관적 통일체를 정립할 수도 있고 자연을 '배제할' 수도 있다. 여기에 존재하는 관련의 이론적 탐구는 자연과 관련해 정신을 (위의 ①에 따라) 이론으로 정립하고 탐구하는 등 이론적 자연의 정립이다.

자연적 태도에서 자연은 이론 이전에(vortheoretisch) 현존하며, 다른 사람도 현존하고 동일한 자연과 관련되며 정신의 공동체가 현존한다. 그러나 이것은 현상학에 의해 비로소 순수성으로 해명된다. 이론적으로 나는 자연(자연과학)을 탐구할 수 있고, 자연과 관련해 또는 자연 속에 정신을 탐구(정신을 자연스럽게 향한 탐구)할 수 있으며, 결국 정신을 그 인식대상으로 나타나는 추정된 자연 ― 참된 것으로 간주된 자연, 정신성 속에 확증된 것으로 존재하는 자연 ― 과 관련해 탐구할 수 있다.

그런데 자연에는 더 높은 생리학적 층의 다른 종속성이 출현한다. 따라서 재생산과 그래서 통각도 신체에 종속한다.[21] 재생산은 주관

---

21) 다음과 같이 명백하게 구별해야 한다. 즉
　　① 신체적으로 장소화된 감각자료, 감성적 성질에 대해 이것을 제시하고 동기부여하는 자료로서 고찰되는 감각론적 종속성
　　② 연상과 통각으로 소급하는 제시함 자체의 기능.

성의 연상적 연관 속에 있다. 이것을 통해 통각이 규정되며, 이것은 다시 주체에 대립하고 경우에 따라 다수의 주체에 동일한 것으로 대립하는 사물에 대해 중요하다. 주체가 자신에 대립하는 세계로서 지닌 것은 신체와 〔그〕 심리(Psyche)의 독자적인 것에 종속한다. 그렇지만 이 종속성에 대한 탐구는 독자적 학문에 위임될 수 있다.

ⓐ 한편으로 우리는 인격이 경험한 것, 물리적으로 경험한 것 또는 감정이입에 적합하게 경험한 것의 객관적 실제성을 학문적으로 확정한다. 인격이 지닌 통각·경험은 자신의 권리와 권리입증을 그 자체로 소유한다. 이것은 그의 고유한 본질을 통해 지정된다. 우리는 경험된 사물이 경험이 진행되는 가운데 실제성으로 확증되는지, 또 이것이 다른 사람들에 의해 확증되는지를 잘 알려진 방식으로 확신한다. 이것은, 우리 모두에게 확증되고 우리가 연대의 각기 새로운 주체에게 확증될 것이라는 점을 전제해도 된다면, 실제적이다. 내가 어떤 것을 보고 나와 상응하는 장소에 위치한 다른 사람이 보지 못할 것을 내 경험 속에 일치하는 일관성으로 확증된 것으로 발견하면, 다른 사람은 내가 "병들었다"고 말하거나 나는 그가 병들었다고 말할 것이다. 이 속에 놓여 있는 것은 특별한 탐구의 사태다.

마찬가지로 나는 '함께 파악하는' 경험이 올바른지 아닌지를 내가 확증하는 잘 알려진 방식을 취하고 그 경험이 일치해 확증되는지 폐기되는지 그리고 이것이 모든 종류의 경험에 대해 그러한지를 내가 인식하는 잘 알려진 방식을 취한다. 예를 들어 어떻게 타당하거나 부당한 인식작용의 규칙이 다른 종류의 경험의 인식작용의 본질에 속하는지, 어떻게 경험〔에 근거한〕사유(Erfahrungsdenken)가 타당하거나 부당한 것으로 측정될 수 있는지, 어떤 본질연관이 여기에 존재하는지 ― 이것은 현상학에 근거한 인식작용학(Noetik)이 탐구한다. 이것이 일반적으로 명백하게 제시하는 것은 명증성, 즉 명백한 경험

〔에 근거한〕사유로 그때그때 수행하고 체험하는 통찰 속에 특수화된다. '객관적' 자연과학, 즉 수학적 자연과학은 물질적 존재의 객관성을 확신할 수 있고, 이것을 객관적인 것으로 규정할 수 있으며, 따라서 '우연적' 주체에 의거하는 것을 배제하는 가운데 규정할 수 있는 자신의 방법을 지닌다. 이 자연과학의 진술은 각각의 주체에 의해 추후에 언급되고 현실적으로 판단되거나 통찰되기를 요구하지 않지만, 수학적 탐구자의 동일한 인격적 연대에 속한 각각의 주체에 의해 원리적 가능성에 따라 추후로 검증되고 확증될 수 있기를 요구한다. 어쨌든 이 가능성은 곧 2차 성질과 단순히 주관적인 모든 규정성에 근거해, 이에 상응해 단순히 주관적인 개념에 근거해 끌어오는 언표에 존재하는 것이 아니다.

ⓑ 그러나 모든 측면의 객관적 탐구는 이 배제된 주관성을 탐구할 것을 요구한다. 이것은 객관적 물리학에 관련된 객관적(자연스러운-세속적) 신체론과 영혼론의 영역이다. 따라서 우리는 한편으로 객관적인 수학적 물리학──이것에 직관적으로 주어진 모든 사물은 단순한 나타남이다──의 물질적 사물을 지니며, 다른 한편으로 타당하거나 부당하게 구성되는 이 객관적 통일체에 대한 다양체가 있고, 주체와 주체의 체험을 지닌다. 이 체험 속에는 그 자체가 통일체인 나타남이 더 깊은 단계의 다른 통일체를 통해 밑으로는 궁극적 통일체까지, 희미한 배경, 명백한 전경(前景), 특수한 작용에서 자신의 존립요소를 지닌 체험의 흐름 자체까지 구성된다. 자신의 체험과 체험의 상관자를 지닌 주체의 이 전체 기제(機制)는 물질적 자연의 객관적 탐구를 보완하는 객관적 탐구를 요구한다. 여기에서 어려움은 주관적인 것을 상호주관적으로 탐구하는 것, 이것을 상호주관적으로 규정하는 것에 있다. 이러한 규정은 상호주관적으로 교환할 수 있는 개념을 요구한다. 이것이 어떻게 가능한가? 그런데 우선 객관적 자연 자체는

상호주관적으로 교환할 수 있는 개념과 인식, 심지어 현상에 대한 지표다. 교환할 수 있는 주관성이 존재하지 않는다면, 상호주관적으로 이해할 수 있는 가능성이 없기 때문에 인격적 연대의 가능성도 존재하지 않는다.

더구나 2차 성질로 배제된 특별한 종류의 상호주관적으로 교환할 수 있는 현상에서 존립요소는, 기술하는 자연사(Naturgeschichte)가 가르쳐주듯이, 사실 현존해 있다. 일반적으로 기술하고 그래서 상호주관적으로 이해할 수 있는 광범위한 그룹의 진술이 존재한다. 그렇다면 교환할 수 있는 것에 의존해 단순히 주관적인 것도 어느 정도까지 간접적으로 기술되고 규정될 수 있다. 우리는 비-정상인의 봄(Sehen)을 색깔을 동등하게 하고 이와 비슷하게 음(音)을 동등하게 하는 등을 통해 간접적으로 규정한다. 감각——예를 들어 시각적 감각——을 산출하기 위해 물리학적 수단을 사용한다. 왜냐하면 비-정상성은 일반적으로 아무튼 광학적 체험이 충전적 자극을 통해 일어나는 데까지, 따라서 가장 일반적인 테두리 안에서 광학적으로 공감하게 하거나 시각적 자료를 상호주관적으로 구성하게 하는 데까지 도달하지 않기 때문이다. 이 모든 것을 상세하게 연구해야 하며, 그 학문적 의미 속에 명백하게 제시해야 한다. 신체의 객관적 존재, 모든 주관성과 결국 주체로서 정신 자체의 객관적 존재에 관한 학문은 그것에 가능성을 발견하는 곳에서 항상 자명하게 실험적으로 처리한다. 이 학문은 하나의 객관적 세계인 세계연관 속에 모든 종속성을 탐구하고, 종속적 결과를 관찰할 수 있기 위해 가능한 곳에서는 자연히 자의(恣意)로 상황을 변경시킨다.

작용의 동기부여의 개체적 주체인 정신. 작용을 수행하고 이렇게 수행하는 가운데 동기가 부여된 것, 즉 영혼을 지닌 주체인 정신.* 일정한 체험에 근거해 파악을 내포하고 동기부여가 다른 의미로 지배하는 더 포괄적인 연관 속에 서로 얽혀 있는 사유작용(cogitation)을 수행하는 주체들. 자연스러운 '영혼'은 체험 속에 드러나며, 즉 태도를 취하는 자아가 (태도를 취함에 관해) 관계하지 않는 표상의 성향과 습득적 속성이 체험 속에 드러나는 한, 그 속에 드러난다. 여기에는 연상심리학의 분야가 속한다. 자연스러운 영혼은 태도를 취함의 주체와 일치하고, 이 둘은 유일한 경험적 통일체를 형성한다. 이 통일체에서 주체의 통일체(태도를 취하는 자아의 통일체)만 부각된다. 이 영혼은 나의 것이며, 나의 주체에 '속하고', 나의 주체와 일치한다. 이 영혼은 토대로서 분명 인격에 속한다.

'영혼'은 여기에서 객관적 실재성이 아니라, 정신의 영혼(Geistes-seele)이다. 이것은 물론 이러한 의미에서 '영혼'이 객관적 자연의 상황에 관련된 실재적 통일체로 정의되지 않고, 따라서 심리물리적으로 정의되지 않으며, 이렇게 정의되면 안 된다는 것을 뜻한다. 태도를 취하는 주체에 대한 토대로서 성향을 형성하는 내재적 합법칙성이 존재한다. 다른 한편 이 규칙화는, 이 둘이 심리학에서 하나로 고찰되기 때문에, 심리물리적 규칙화와 서로 관련된다.

정신은 태도를 취하는 작용의 추상적 자아가 아니라, 완전한 인격성, 즉 내가 사유하고 가치평가하며 행동하고 일을 하는 등 태도를 취하는 자아-인간이다. 그렇다면 체험의 토대와 체험의 기제(機制) 속에 드러나는 수동적 자연('나의 자연')의 토대는 나에게 속한다. 이 수동적 자연은 생리학적인 자연스러운 심리학의 의미에서 영혼적인 것이지만, 태도를 취함 자체의 영역으로도 도달하며, 일정한 자연의 측면도 지니고 성향으로 들어온다.

어쨌든 '토대'는 다음과 같은 것을 뜻한다. 즉 태도를 취하는 주체

---

* 이 단락과 다음의 두 단락은 61항 후반에 다시 활용된다.

는, 내가 태도를 취하는 가운데 동기부여를 경험하기 위해 바로 동기부여하는 체험을 지녀야 하며 이것이 연상적 연관 속에 있고 연상적 성향의 규칙에 지배되는 한, 이 기초에도 종속적이다. 그러나 태도를 취함 자체도 그러한 규칙에 지배되고, 각각의 태도를 취함과 함께 비슷한 상황 아래 동등한 태도를 취하는 '경향' 등이 생긴다. 그럼에도 나는 '자유롭다'. 여기에서 자유(Freiheit)의 문제와, 심리학적 연상의 주체에 대립된 자유로운 주체인 태도를 취하는 주체의 독자성의 문제에 직면한다. 그래서 자유로운 주체와, 충동, 지속하는 경향, 지속하는 자연의 영혼(Naturseele)의 주체가 대립된다.

'정신적' 태도에서 인격성의 태도 테두리 안에 생긴 것은 어떤 종류의 객관적 학문인가? 그리고 이에 대립해 정신과학 자체는 어떤 종류의 객관적 학문인가? 또는 정신적 태도에 관해 상론한 것에 따라 정신과학의 특수한 '대상'(주제의 객체)의 객관성에 즉시 배열되는 (또 이렇게 해서 자신의 절대성을 상실하는) 물리적·영혼적·심리 물리적 자연의 객체성은 사정이 어떠한가?

우리는 한편으로 물리학적 객체성을 지니며, 다른 한편으로 자신의 희미한 감동, 파악, 파악의 상관자──이 가운데는 객관적 자연에 구성적인 것, 즉 가능한 객관적 사물에 대한 인식에 타당한 기초인 것으로 나타나거나 경험되는 것도 있다──인 나타남을 지닌 물리적 신체에 결합된 객체성을 지닌다.

여기에서는 함께 속한 객체성, 종속성관계를 통해 서로 함께 연결되고 서로 잇달아 지정된 객체성을 고찰한다. 여기서 '객체성'은 무엇을 뜻하는가? 가장 넓은 의미에서 이것(문제는 경험적 객체성이며, 이념의 객체성이 아니다)은 그것이 연대의 각 자아주체에 의해 탐구하는 가능한 주체로서 절대적으로 동일한 방식으로 원리상 규정될 수 있으며 항상 규정될 수 있게끔 일정하게 개방된 인격적 연대 속에 규정될 수 있거나 규정된 것으로 생각된 존재를 뜻한다.

그러나 이러한 관점에서 나타남을 통해 경험되는 존재, 마찬가지로 이렇게 경험된 것 자체와의 실재적 결합을 통해 나타나는 것의 특성을 —비록 2차적이라도— 받아들이는 각각의 존재와, 다른 한편으로 이렇지 않은 경우의 존재는 본질적으로 구별된다. 물론 후자의 관점에서는 인격 자체의 존재를 뜻한다. 인격은 ⓐ 〔자기〕관찰 (Inspektion) 속에, 또는 ⓑ 〔자기〕관찰의 독특한 변양인 〔자기〕관찰적인 것을 함께 파악해 포착하는 '함께 파악함'(Komprehension)의 방식으로 경험된다.

ⓐ 〔자기〕관찰 속에. 인격은 자신의 대응물로 '나타남'을 지니지만, 인격 자체는 나타나지 않으며, 나타나는 것에 종속적인 것이 아니다. 인격과 나타나는 존재의 관계는 인격이 자신에게 대상이 나타나는 파악을 하고 이 파악에 자신의 시선을 향하며 이 파악에서 다양한 작용 속에 행동하고 태도를 취하는 등을 통해 그 존재를 '지닌다'는 데 있다. 이렇게 행동하는 방식으로 인격은 자신의 개체성을 드러낸다. 인격은, 자아의 시선이 일련의 자아의 감촉과 자아의 작용을 향할 때, 〔자신을〕관찰하는 포착, 즉 자신을 포착하기에 이르게 된다. 이 자아의 작용 속에 자아는 동일자로서 관련된 작용의 상관자에 다양하게 행동하며, 그 상관자 중에는 자기 자신이 존재하는 것으로 경험하고 정립한 대상이 포함된다.

ⓑ 하지만 인격은 다른 인격에 의해 '함께 파악하면서' 포착될 수도 있으며, 일정한 신체 속의 주관적 삶의 '표현'으로 포작될 수 있다. 자신의 체험의 흐름, 솟아나오는 작용의 흐름을 지닌 인격의 자아는 공감하면서 포착되고, 그래서 함께 포착된 동기부여의 방식으로 동기부여의 습득적 유형 속에 개체성이 포착된다. 타인의 인격은 자신의 자아 삶, 자아의지, 자아의 영향을 미침 등에서 포착된다. 각

각의 자아는 자신의 자아 삶을 지니지만, 각자는 또한 인격이고 개체성이며, 서로 다른 개체성을 지닌다.

원리상 인격과 인격적 대상성의 이 객체성은 연대의 각 인격에게 이해될 수 있으며, 가능한 이해(Verstehen) 속에 접근될 수 있다. 이 객체성은 정신과학의 장(場)이며, 일반적 탐구에서 일반적 정신과학의 객체다.

그와 같은 학문은 정신의 존재론인 본질학의 형식으로 가능하다. 또는 역사나 전기(傳記)의 경험적 형태학으로 가능하다. 그것은 사정에 따라 단순한 본질직관이나 경험적 직관으로 작업을 처리한다.

물리적 존재와 이에 근거한 감각론적 또는 심리학적 존재의 경우 사정은 전혀 다르다.

물리적 사물은 나타나며, 물리적 사물을 부여하는 경험은 사물이 그 자체로 존재하는 대로가 아니라 나타나는 대로만 사물을 부여한다. 즉 자연과학의 방법에서 경험은 연대의 각 주체가 원리상 실행할 수 있고, 정확하게 실행된다면, 각각의 주체에서 동일한 성과, 즉 상호주관적으로 동일하게 확인할 수 있는 존재의 규정 — 원리상 연대의 각 주체에 의해 승인될 수 없음에 틀림없는 단순히 현상적인 규정성에 대립해 그 자체로 상호주관적으로 동일하게 확인할 수 있는 규정 — 으로 이끄는 사고를 다루기 위한 발판이다.

자연스러운 영혼적인 것으로서는, 나타나는 대상성(존재론적 의미에서 또 각각의 종류의 나타남)의 단순히 주관적인 것 모두가 영혼을 파악하는 상관자로서 이 속에 배열되며, 그래서 이것은 물리학적 실재성을 보완하고 이 실재성과 서로 얽혀 있는 객체성이다.

이러한 사실은 물리학의 측면에서가 아니라, 자연을 참된 객체성으로 정립하고 탐구하면, 또한 신체를 물리적 자연사물로 발견하고 그런 다음 이것 '에서' 영혼적인 것을 우선 객체적 공간시간의 주관적인 것으로 발견하기 때문이다. 어쨌든 그렇다면 우리는, 감정이입의 의미내용에 이끌려, 영혼적인 것이 신체에 종속적임을 발견한다(물리적 자연은 최초의 것이었고, 영혼적인 것은 이것을 객관적 세계로 보충한다. 보충하는 것은 기초짓는 것에 종속적이다).

이제 계속될 상론이 적절하다. 즉 심리적인 것이 물리적인 것에 경험적으로 종속하는 체계 속에 일종의 '실재성'은 구성된다. 그러나 이 '실재성'이 곧바로 완전한 영혼은 아니며, 오히려 영혼(신체물체를 넘어서는 객관적 과잉)은 신체물체성에 대립해 실재성의 층(層)을 지닌다. 완전한 실재성인 영혼은 단적으로 이론으로 정립된 자연을 보충하는 것으로서 객관적 세계를 완전하게 만드는 전체의 객체적-세속적 주체〔주관〕성이다. 공간시간으로 배치되어 존재하는 이 주체는, 그것이 변화하는 객관적 조건(상황) 아래 규칙화되어 행동하고 이에 따라 자신의 '실재적' 규칙의 속성을 지니는 한, 실재성이다. 아무튼 행동함은 여기에서 사물의 경우에서와 똑같은 것을 뜻한다. 시간적으로 현존하는 것은 실재로서 변화하는 가운데 실재적 상황에 종속적인, 변화하는 것이다.

그러므로 물리학은 감각론의 생리학과 심리학을 필요로 한다. 왜냐하면 예를 들어 2차 사물성질인 색깔이 눈의 조직화와 체계 C에 종속적이라면, 색깔은 비-물리학적인 것으로 배제되고, 객관적 성질, 즉 색깔에 관한 물리학적 상관자의 단순한 드러남으로 간주되기 때문이다. 어쨌든 바로 이것에 의해 감각이 지각 속에 들어오기 때문에 영혼적인 것은 신체적인 것에 종속하며, 그런 다음 앞에서 상론했듯이 계속 진행한다. 즉 이 종속성 속에 일정한 '실재성'이 드러난다. 이것은 종속성의 통일체가 존재할 수 있는 실재성 일반의 본질이다. 이미 직관적 영역 속에 이러한 종속성이 부각되어 나타나며, 기초지어진 통각으로서 신체에 대한 통각과 영혼에 대한 통각인 통각을 규정한다. 또한 영혼이 깃든 신체는 실재적 통일체로서 우리에게 직관적으로 현존하고, 이 경우 영혼적인 것은 신체 속에 장소화되며 자연의 시간의 통일체 속에 시간화된 것으로 주어진다. 이 실재적 통일체를 주제로 추구하고 게다가 '모든 사람에 대해 타당한' 인식을 목표로 추구한다면, 신체를 물리학적·화학적·생물학적 사물로 규정해야 하고, 그런 다음 영혼을 이러한 물리학적 신체성과 관련해 규정해야 한다(그래서 우리는 이전의 서술로 되돌아온다).

실재적 영혼적인 것은 이제 자신의 '상태' 자체에 관해 직관적으로 주어질 수 있다. 영혼의 상태 속에 영혼의 실재성 자체는, 예를 들어 '포도주를 마시는 것은 〔우리를〕 기쁘게 한다' 등을 경험하는 한, 직관적으로 주어진다. 그러나 이 직관적인 심리물리적 인과성은, 직관적으로 경험된 물리적 인과성(예를 들어 유리잔을 떨어뜨렸기 때문에 깨짐)이 이에 상응하는 '객관적' 인과성이 주어진 것은 아니듯, '참된' 인과성이 주어진 것은 아니다. 따라서 동기부여의 인과성의 경우와 완전히 다르다.

ⓒ 정신과 인격은 그 신체와 인과적 관련 속에 있고, 신체를 통해 그밖의 환경세계와 인과적 관련 속에 있다.[22] 우리는 한편으로 정신의 신체에 관련되며, 다른 한편으로 그 반대로 관련된다.

전자의 관점에서 신체는 의지의 장(場)으로서, 더구나 영혼 삶의 본의 아닌 '표현'으로서 문제가 된다. 영혼 삶은 감각-신체적 사건 속에 반영되며, 경험 속에 인과적인 것으로 파악되는 영혼의 사건은 경험적으로 연구될 수 있는 후자의 사건에 평행하게 경과한다. 이것은 직관적 영역 속의 심리물리적 인과성이다. 예를 들어 어떤 사람이

---

22) 정신은 여기에서 당연히 자연을 지닌 영혼의 토대를 포함하며, 실로 일반적으로 자신의 자연[본성]을 지니고, 이 자연과 함께 신체에 종속적이다.

수치심을 느꼈다. 그는 수치심을 느꼈기 때문에 얼굴을 붉혔지만, 얼굴을 붉혔기 때문에 수치심을 느낀 것은 아니다. 그의 맥박은 흥분되었기 때문에 더 빠르게 뛴다 등등.

그 반대방향에는 특수하게 영혼적인 것을 기초짓는 종속성, 즉 신체에 대해 감각론의 통일체로서 구성적인 종속성이 있다. 더구나 건강과 질병의 경험에서는 정상의 신체적 구성과 비-정상의 신체적 구성의 차이 그리고 정신적으로 비-정상인 것이 신체적으로 비-정상인 것에 종속함이 대조되어 드러난다. 경험은 여기에서 종속함을 물리-심리적인 것으로—무감각[마취], 무통(無痛), 다른 언어장애 등의 경우처럼—간주하게 이끈다. 그래서 감각뿐 아니라 이에 상응하는 재생산(환영)도 신체에 종속적이며, 그렇다면 이것을 통해 이것에 의해 기초지어진 다른 모든 현상이 명백하게 매개된다.

이 모든 연구는, 구체적으로 주어진 것의 테두리 안에서 진행되는 한, 형태학, 즉 동물학과 인간학 등 기술하는 학과에 속한다.

우선 신체와 그 자체에 대한 물리적 자연 전체를 '객관적인' 정밀한 탐구에 일단 떠맡기면, 사태는 달라질 것이다. 단순히 기술하는 해부를 추구하고 구체적인 직관적 종속성을 추적하는 생리학은 철저하게 형태학적 인간학에 속한다. 이것은 궁극적 객관성을 겨냥하고 물리학적-화학적인 것을 신체성 속에 물리적으로 나타나는 모든 것으로 대체하는 생리학과 다르다. 그렇다면 '물리학'으로 인도된다 (통상의 의미에서 이른바 '생물학'인 물리적-유기체적 학문은 고려되지 않는다).

그러므로 객관적 세계 또는 모든 신체와 인간이 바로 자연으로서 배열되는 객관적 공간과 객관적 시간을 지닌 전체 자연(Allnatur)은 자연과학—게다가 초월적 자연의 학문으로서, 따라서 가장 넓은 의미의 물리학, 나아가 감각론과 심리학—의 상관자다.

그러나 다른 측면에서 주관성에 관한 전혀 다른 학문, 즉 인격성, 인격성의 연대, 인격성의 상관자에 관한 학문이 있다. 그중 가장 낮은 단계에는 물리학의 의미에서 객관적 자연에 관한 학문이 아니라 현상적 자연 ─ 정상인의 공통적 환경세계 ─ 에 관한 학문인 순수한 '감각적' 자연론(Naturlehre)이 있다. 더 높은 단계에는 물론 이른바 모든 문화과학(Kulturwissenschaft)이 여기에 속한다.

따라서 자연과학과 정신과학을 첨예하게 구별해야 한다. 즉 자연과학은 나타나는 세계 속에 실재성(실체성과 인과성)을 겨냥한다. 정신과학은 인격적 개체성과 인격적 인과성 ─ 자유와 동기부여의 인과성 ─ 을 겨냥한다. 어쨌든 그래서 자연과학은 정신영역 속의 학문으로 배열된다. 정신과학의 객관성에 배열되는 것은 자연이 아니라 자연에 관한 학문, 즉 심리학 등이다. 상관자, 그때그때의 단계에서 인식된 것, 다양한 시대에 학문의 '세계상(像)'으로서의 자연은 물론 정신과학에, 역사(Geschichte)에 속한다.

여기에는 한 가지 주목할 만한 평행론이 있다. 모든 정신과학적인 것은, 직관적 자연이 객관적 자연의 나타남(Erscheinung)으로서 각각의 정신적 사실로 파악될 수 있는 한, 자신의 작용과 상태 속에 있는 각각의 인격이 물리학적 사물인 일정한 신체(다른 태도에서 이것을 표현하는)와 관련된 영혼의 '드러남'(Bekundung)으로 파악될 수 있는 한, 자연과학적인 것으로의 전환을 허용한다.

분명히 우리는, 딜타이가 실행했듯이, 기술(Beschreibung)과 설명(Erklärung)의 대립을 정신과학과 자연과학의 대립과 혼동하면 안 된다. 요컨대 기술과 설명(이에 따라 기술하는 학문과 설명하는 학문)을 대립시킨다면, 기술을 설명의 하부단계로 파악하게 된다. 이렇게 대립시키는 것이 자신의 의미를 가지려면, 기술과 설명의 경우 동일한 것, 즉 '객체적인 것'(Objektives)을 향해야 한다. 참으로 우리는 이제 각각의 영역 ─자연의 영역과 정신의 영역─ 속에 기술과 설명의 이러한 구별을 표준적인 것으로 발견한다. 어쨌든 더 자세하게 주의해보면, 사실 이른바 기술하는 학문은 이에 상응하는 '설명하는' 학문의 기초가 아니며, 우선 자연과학에 관해 이 막연한 관계를 여기에서 명확하게 밝히는 것이 매우 필요하다.

찾아보기

지은이 에드문트 후설

에드문트 후설(Edmund Husserl)은 1859년 오스트리아에서 유대인 상인의 아들로
태어났다. 20세기 독일과 프랑스 철학에 큰 영향을 미친 현상학의 창시자로서
마르크스, 프로이트, 니체와 더불어 현대사상의 원류라 할 수 있다. 1876년부터 1882년
사이에 라이프치히대학교와 베를린대학교에서 철학과 수학, 물리학 등을 공부했고,
1883년 변수계산에 관한 논문으로 박사학위를 받았다. 1884년 빈대학교에서 브렌타노
교수에게 철학강의를 듣고 기술심리학의 방법으로 수학을 정초하기 시작했다. 1887년
할레대학교에서 교수자격논문 「수 개념에 관하여」가 통과되었으며, 1901년까지
할레대학교에서 강사로 재직했다. 1900년 제1주저인 『논리연구』가 출간되어 당시
철학계에 강력한 인상을 남기고 확고한 지위도 얻었다. 많은 연구서클의 결성으로
이어진 후설 현상학에 대한 관심은 곧 『철학과 현상학적 탐구연보』의 간행으로
이어졌으며, 1913년 제2주저인 『순수현상학과 현상학적 철학의 이념들』 제1권을
발표해 선험적 관념론의 체계를 형성했다. 1916년 신칸트학파의 거두 리케르트의
후임으로 프라이부르크대학교 정교수로 초빙되어 1928년 정년퇴임할 때까지
재직했다. 세계대전의 소용돌이와 나치의 권력장악은 유대인 후설에게 커다란
시련이었으나, 지칠 줄 모르는 연구활동으로 저술작업과 학문보급에 힘썼다.
주저로 『유럽학문의 위기와 선험적 현상학』 『데카르트적 성찰』 『시간의식』 『엄밀한
학문으로서의 철학』 등이 있다. 후설 현상학은 하이데거와 사르트르, 메를로 퐁티
등의 철학은 물론 가다머와 리쾨르의 해석학, 인가르덴의 미학, 카시러의 문화철학,
마르쿠제와 하버마스 등 프랑크푸르트학파의 비판이론에도 지대한 영향을 미쳤다.
아울러 데리다, 푸코, 리오타르 등 탈현대 철학과 프루스트, 조이스, 울프 등의
모더니즘 문학에도 많은 영향을 주었다.

옮긴이 이종훈

이종훈(李宗勳)은 성균관대학교 철학과와 같은 대학교 대학원에서 후설 현상학으로
박사학위를 받았다. 춘천교대 명예교수다. 지은 책으로는 『후설현상학으로
돌아가기』(2017), 『현대사회와 윤리』(1999), 『아빠가 들려주는 철학이야기』(전 3권,
1994~2006), 『현대의 위기와 생활세계』(1994)가 있다. 옮긴 책으로는 『형식논리학과
선험논리학』(후설, 2010, 2019), 『논리연구』(전 3권, 후설, 2018), 『순수현상학과
현상학적 철학의 이념들』(전 3권, 후설, 2009, 2021), 『유럽학문의 위기와 선험적
현상학』(후설, 1997, 2016), 『시간의식』(후설, 1996, 2018), 『현상학적 심리학』(후설,
2013, 2021), 『데카르트적 성찰』(후설·오이겐 핑크, 2002, 2016), 『수동적 종합』(후설,
2018), 『경험과 판단』(후설, 1997, 2016), 『엄밀한 학문으로서의 철학』(후설, 2008),
『제일철학』(전 2권, 후설, 2020), 『상호주관성』(후설, 2021)이 있다.
이 밖에 『소크라테스 이전과 이후』(컨퍼드, 1995), 『언어와 현상학』
(수잔 커닝햄, 1994) 등이 있다.

순수현상학과 현상학적 철학의 이념들 2

지은이 에드문트 후설
옮긴이 이종훈
펴낸이 김언호

펴낸곳 (주)도서출판 한길사
등록 1976년 12월 24일
주소 10881 경기도 파주시 광인사길 37
홈페이지 www.hangilsa.co.kr
전자우편 hangilsa@hangilsa.co.kr
전화 031-955-2000~3 팩스 031-955-2005

부사장 박관순 총괄이사 김서영 관리이사 곽명호
영업이사 이경호 경영이사 김관영 편집주간 백은숙
편집 노유연 김지연 김대일 김지수 최현경 김영길
마케팅 정아린 관리 이주환 문주상 이희문 원선아 이진아
디자인 창포 031-955-2097
CTP출력·인쇄 오색프린팅 제본 경일제책사

제1판 제1쇄 2009년 5월 20일
제1판 제2쇄 2013년 9월 25일
개정판 제1쇄 2021년 7월 26일

값 30,000원

ISBN 978-89-356-6497-9 94080
ISBN 978-89-356-6427-6 (세트)

한길그레이트북스 인류의 위대한 지적 유산을 집대성한다

● 한길그레이트북스는 계속 간행됩니다.